封建社会

〔法〕马克·布洛赫 著
张绪山 李增洪 侯树栋 译
郭守田 徐家玲 张绪山 校

Marc Bloch
LA SOCIÉTÉ FÉODALE
根据卢德里奇和基根·保罗出版公司1989年英文版译出
The Foreword 1961 by M.M.Postan and the Foreword 1989
by T.S. Brown are translated and published
by the arrangement of Routledge, Taylor & Francis Group.
本书所收录的1961年和1989年版英译本前言经泰勒和
弗朗西斯集团下属卢德里奇出版公司授权出版。

中文版序言

马克垚

布洛赫的名著《封建社会》于1939—1940年出法文版。过了20年,1961年有英文版问世,由著名经济史学家波斯坦作序,称赞它是论述封建主义的国际水准的著作,涉及封建社会的各个方面,较之只研究封君-封臣[*]关系的狭义封建主义为优。又过了20余年,1989年,《封建社会》英文版第九次重印,这回由布朗作序,仍然肯定这部书作为研究封建社会奠基之作的历史功绩,并且对一些批评意见做出了回应,也根据研究进程对书中的不足做了一些补充说明。现在中文版得以出版,距离原著发表已有60余年,可见这部著作具有不可磨灭的学术价值。布洛赫作为年鉴学派的奠基人、享誉世界史坛的史学大师,在我国史学界已广为人知,所以我这里只想就封建主义、封建社会的有关问题说几句话。

布洛赫的这部著作,无疑是研究封建社会的一部综合性巨著,它包括了西欧封建社会的经济、政治、文化心态等诸多结构。他明确地认为封建主义是一种社会类型(a type of society),并把它和日本的封建社会相比较,所以说他研究的是封建社会形态我想也是可以的(当然不是马克思主义的那种社会形态学说)。他在书中

---

[*] "封君"、"封臣"在本书中分别通译为"领主"、"附庸"。——译者

大量论述的是西欧的封建君臣关系、封土*制、封建贵族等级等政治内容,而对经济结构论述较少(波斯坦认为是他已经写有《法国农村史》,所以经济方面的内容就少了),这是因为西方研究封建主义的历史一直就是以法律、政治为主要着眼点的,布洛赫所代表的年鉴派开始改变这一传统,当然也不是一蹴而就的。

《封建社会》出版60年来,像这样的对西欧封建社会全面、系统的综合之作,我所知道的也就只有年鉴派第三代学者勒高夫所写的《中古文明》①。这本书法文版出于1964年,英文版也过了20余年,到1988年才出版。《中古文明》的时间跨度比《封建社会》要长许多,论述的重点也与之有所不同。第一部分写的是政治史,其中关于封建主义的叙述只有几页,而且明确说明他采取的是冈绍夫对封建主义的形成、杜比对马康奈地区封建主义的描述等内容和布洛赫的分期(即9世纪至11世纪中期为第一时期,11世纪中期至13世纪初为第二时期)。在另外一处他还说,封建制度当然不能等同于庄园制度,但它植根于到处基本上都一样的一种经济管理方法,即由教俗领主享用农民群众农业生产的全部剩余。②第二部分是文明史,包括了物质文明和精神文明的大部分内容。勒高夫在为这本书的英文版写的序言(1988年)中说,他的书主要是说明:一,中世纪是一个充满暴力、生活条件严酷、自然统治的世界,但同时也是特别具有创造力、奠定西方文明发展基础的时代;二,中世纪西方的物质、政治、社会现实诸方面都充满了象征主义

---

* "封土"在本书中通译为"采邑"。——译者

① J. Le Goff, *Medieval Civilization 400-1500*, Oxford, 1989.

② *ibid*, pp.92, 226.

和各种表象,只有这样才可以了解它。他还说这也是中世纪研究的新进展,所以他在这本书中专门有一章题为"心态、感觉、态度",讨论中世纪时人们的道德、心智、名与实的问题,对光亮、颜色、健康的态度等,不过此书可能因为写得较早,其中后来成为研究热点的如关于妇女、家庭、儿童、性等内容写得并不是很多。至于为一些学者所称道的没有使用封建主义一词的萨瑟恩的《中世纪的形成》①,其特点是肯定了970—1204年之间西欧历史的成就,但内容太偏重于思想和教会,不是一部封建主义的综合之作。

　　自布洛赫开创了封建社会的研究后,对西欧封建经济、政治和文化各方面的研究大为发达,取得了许多引人注目的成果,各国家、各地区的研究也有许多进展,所以对于如何理解封建主义不断有所讨论。先是有"变态封建主义"的讨论,②从变态封建主义出现的时间讨论到封建主义的定义等。后来又有11世纪是不是封建革命的讨论,③涉及这一时期封建政治的变化。晚近雷诺兹的《封土与封臣》一书,更对封建主义是否可以成立提出了挑战。雷诺兹从原始材料出发,结合19世纪以来史学家的成果,对封土与封臣重新进行了详细的考察。她认为在12世纪以前,西欧不存在封君和封臣这样的关系,当时国家和臣民的关系仍然是主要的,也谈不上社会主要由个人之间的关系维持这一原则。臣民向君上宣

---

　　① R. W. Southern, *The Making of the Middle Ages*, first published in 1953, Pimlico edition, 1993.

　　② P. R. Coss, 'Bastard Feudalism Revised', *Past & Present*, Nov.1989; May 1991.

　　③ T. N. Bisson, 'The Feudal Revolution', *Past & Present*, Feb. 1994; Aug. 1996; May 1997.

誓效忠普遍存在,不具有后来所说的封臣对封君的那种意义,也没有形成如布洛赫所说的那种规范。当时存在着各种不同的个人之间的依附关系,如统治者与臣属、保护者与被保护者、地主和佃户、雇主和雇工、地方豪强和贫弱者等,并不是只有封君和封臣一种。领主和臣属更没有因为封赐土地而由人身关系变成地域关系,当时领主下面有许多臣属、依附者,受到各种不同的待遇,并不都赐给封土。在12世纪之前,西欧的土地财产主要是私有地产,即alod,地产上并没有封君的权利存在。领主司法权只存在于教会地产上,一般封建主即使有这种司法权也是由篡夺得来的。所以雷诺兹的总结是,以封君、封臣为代表的那种封建主义,在西欧主要是在12世纪以后才出现的,它的出现并不是王权微弱、无政府状态的结果,相反它是国家机构加强、法律制度发展的产物。[①] 雷诺兹的研究可以说是对19世纪以来西欧中世纪研究所建立的封建主义大厦提出的质疑,自然引起了许多的讨论,[②]它反映了原来根据较少的材料所做出的综合、概括是否符合复杂的现实的问题,不过,我们并不能由之否定综合、概括本身。科学研究当然要求进行科学的抽象,否则我们也无法认识客观的事物及其规律了。

布洛赫以来封建主义的研究著作层出不穷,大部分仍是以讨论其政治、法律形态为主,也涉及社会经济等诸方面。西方的一些马克思主义史学家才明确地视封建主义为一种社会形态,为一种

[①] S. Reynolds, *Fiefs and Vassals*, Oxford, first published in 1994, then in 1995, 1996.

[②] 讨论情况参看黄春高:《有关封建主义研究的新动向》,《世界历史》1999年第5期。

社会生产方式,并从这方面进行了研究。早在20世纪50年代,讨论英国马克思主义史学家道布的《资本主义发展研究》时,已经就封建主义是否和农奴制等同、封建制有无商品经济等内容进行过讨论。① 安德森对封建生产方式在西欧和东欧各地区的特点都进行了论述,他认为封建生产方式的特征是自然经济的统治,即劳动力和劳动产品都不是商品;直接生产者——农民被束缚在土地上,法律上被认为是农奴,受超经济强制的剥削;封建主控制着土地,并对农民享有司法审判权,他们的土地以服军役为条件领自上级封君,形成等级连锁;结果是政治主权不能集中在一个中心。主权的分割是封建生产方式的要素。② 另一个著名的马克思主义史学家希尔顿,也多次讨论过封建主义、封建社会的内容,他认为对于社会形态、生产方式,必须要从其特殊性上加以掌握,而西欧封建生产方式的特殊性是它的政权的分散,一般把这种政权分散归之于上层建筑,但希尔顿以为西欧封建时期的政权分散意味着领主对佃户的法律审判权,所以可以把它作为生产关系看待。③ 这方面他和安德森的意见是一致的。安德森也认为,超经济强制是封建生产方式的有机组成部分,因此不通过这些政治、法律上层建筑就无法了解西欧封建主义。④ 他们都是太强调了西欧封建社会

---

① R. H. Hilton, *The Transition from Feudalism to Capitalism*, London, 1976.

② P. Anderson, *Passage from Antiquity to Feudalism*, London, 1974, pp.147-148.

③ R. H. Hilton, *Class Conflict and the Crisis of Feudalism*, London, 1990, p.2.

④ P. Anderson, *Lineages of the Absolutist State*, London, 1986, p.403.

的特殊性,从而把封建社会和西欧的封君-封臣制度紧密地结合起来。雷诺兹正确地指出,封君-封臣制这样的狭义封建主义远不如马克思主义的广义封建主义重要,因为马克思主义的封建主义不但研究贵族和农民的关系,还研究整个封建社会的经济结构和经济、社会变化的原因。可是现在的情况是当研究广义的封建主义时,却被从狭义封建主义所继承的封君-封臣关系等认识所妨碍。特别是在进行比较研究时,往往还是要用封君-封臣关系来讨论非欧洲的封建社会。[①]

苏联历史学家进一步确定了封建生产方式、封建社会的概念。他们认为封建生产方式是一种大土地所有制和农民小生产相结合的生产方式。从生产力方面说,农业是主要的生产部门,手工业有一定程度的发展,生产具有细小的、个体的性质;生产关系方面,则是封建大土地所有制占垄断地位,广大农民在封建主分给的土地上劳动,身份是农奴,受到超经济强制的控制。封建地租是封建土地所有制由以实现的经济形态,其形式是由劳役、实物、货币地租依次过渡。在封建社会下是自然经济的统治,但商品经济也有一定发展。[②] 应该说苏联学者已经不太强调封建社会中的封君-封臣关系了,但仍然留有这方面的痕迹。例如,波尔什涅夫的封建主义政治经济学,是以全世界的封建社会为研究对象的,可是他在谈到封建土地所有制时,仍然说"等级所有制是封建土地所有制固有

[①] S. Reynolds, *Fiefs and Vassals*, p.3.
[②] (苏)科斯敏斯基、斯卡斯金主编:《中世纪史》,俄文版,1952年;中文版,朱庆永等译,生活·读书·新知三联书店,1957年,引论;(苏)波尔什涅夫:《封建主义政治经济学概要》,俄文版,1956年;中文版,建安译,生活·读书·新知三联书店,1957年。

的特征,……有条件性也是封建土地所有制的特征","封建主不完全占有生产工作者即农奴,马克思主义政治经济学把这种所有制形式也包括在封建主义生产关系的基础之中"。[1] 因为苏联的学术传统也是西方的,他们把欧洲以外的历史归之于东方学,对世界史的认识往往也还要对立东西方。20 世纪 90 年代,俄国科学院主编了八卷本的欧洲通史,其第二、三卷为中世纪部分(第二卷为 5—15 世纪,第三卷为 16—17 世纪中期)。在第二卷的序言中,对封建生产方式的描述,我感到能照顾到各地区的特点,例如在谈到封建土地所有制时,说在中欧和北欧、俄国和拜占庭,土地财产长期在国家手中,国家成为农民的主要剥削者,因此农民在土地上依附于国家但人身是自由的,虽然没有全权。对于封土制和封臣制,也认为主要是在西欧存在,欧洲的其他地方有的较弱,有的就根本没有。[2]

从布洛赫把西欧的和日本的封建主义相比较开始,就不断有学者从比较上研究封建制度、封建社会,想论证封建主义在全世界的存在。20 世纪 50 年代美国学者柯尔本编《历史上的封建主义》一书。他认为,封建主义不是一种社会经济制度,而是一种统治方法,其中最重要的内容是封建君臣关系。作为一个高度抽象的概念,封建主义正如官僚、专制这些概念一样,并不单单为西欧所独有,而在不同地区、不同时间都可以出现。以此为前提,该书作者们研究了古埃及、巴比伦、波斯、中国、日本、俄国等地的封建

---

[1] (苏)波尔什涅夫:《封建主义政治经济学概要》,建安译,第 23—24、33 页。
[2] 俄国科学院主编:《欧洲史》第二卷,俄文版,莫斯科,1992 年,第 8 页。

主义。① 但因为该书作者们的封建主义概念主要是封土制和封臣制，所以大都拿这些和其他国家相比较来考察其有无。如日本部分为美国的日本史专家赖肖尔所写，他认为日本9—19世纪的封建主义和西欧的封建主义是如此地相似，说明封建制度不是欧洲早期偶然事件的罗列，而是人类组织的一个基本形式；中国部分是老汉学家卜德所写，他认为政治上的封建主义中国也有，就是周代（作者定为纪元前1122—前256，包括春秋战国时期），而魏晋南北朝则是准封建时期。② 但有一些马克思主义史学家却不能认同封建社会在全世界的存在，如前引的安德森就说，把封建社会只概括为大土地所有制和小农生产的结合并不能说明问题，因为前资本主义社会形态通过超经济强制而运行，有关的政治、法律等上层建筑是其生产方式的本质结构，是剥削剩余价值的中介，因此不可能不通过如主权分割、封君封臣关系等来理解封建社会。③ 他只承认日本还存在有似西欧的封建生产方式，至于广大的亚非国家，他认为都没有过封建社会。不过感谢他还承认这些社会本身有其发展规律，不是停滞的亚细亚生产方式。④ 也就是说，直到现在，亚细亚生产方式的观念还强有力地存在于世界史坛上，不少学者仍然主张，亚洲、非洲的许多古代国家、民族，是专制君主统治的小农社会，可以称之为贡纳制。⑤ 这就大大妨碍了统一的封建社会认

---

① R. Coulborn, *Feudalism in History*, Princeton, 1956.
② *ibid*, pp.26, 49-50.
③ P. Anderson, *Lineages of the Absolutist State*, p.403.
④ *ibid*, p.495.
⑤ S. Annin, *Eurocentrism*, N.Y., 1989; C. Wickham, 'The Uniqueness of the East', in J. Baechler ed., *Europe and the Rise of Capitalism*, Oxford, 1988.

识的形成。

苏联科学院曾经主编过全世界的世界通史,其中古部分为第三、四卷,可说是把全世界各国的历史都概括在封建社会范围内的一种尝试。只是他们仍然是以西欧的封建史为中心来看待其他国家、地区的历史,所以不免有削足适履的毛病。如该书的序言中说,封建制的形成以农村公社的解体、自由农民受奴役为特征,封建土地所有制都具有等级结构等,[1]就不符合其他国家的情况。后来的苏联学者,开始认识到,正如没有统一的西方一样,也没有统一的东方社会模式,所以他们想要划分出西方封建社会形成的各种类型,并且也想要划分出东方封建社会的各种类型。[2]

印度学者夏尔马,著有《印度封建主义》一书,认为印度历史上的 300—1200 年是封建时代,其特征是封建大土地所有制的统治和农民的被奴役。他特别指出印度历史上的拉其普特王公之间分封土地,形成等级关系,下级对上级有军事服役的义务等,有点拿西方的封建主义来比附印度的情况。[3] 后来印度学者慕克亚和夏尔马展开争论,涉及到印度是否有封建主义和农奴制的问题,慕克亚认为印度自然条件优越,土地肥沃,农业实行精耕细作,不可能对农民的耕作实行监督,所以没有形成农奴制,印度历史上的农民是自由农民。夏尔马则认为印度的农民一样也存在人身依附关

---

[1] 苏联科学院主编:《世界通史》,第三卷,北京编译社等译,生活·读书·新知三联书店,1961 年,第 6—12 页。

[2] (苏)阿拉耶夫:《论东方封建社会类型学》,《世界中世纪史研究通讯》1984 年第 5 期。

[3] R. S. Sharma, *Indian Feudalism*, Delhi, 1980.

系。双方的分歧是在于夏尔马认为封建主义是一个世界性的结构，而慕克亚认为封建主义只是西方所特有的。①

中国史学界从讨论封建主义开始，就不只把它当作一个政治制度，而兼及其社会、经济内容，例如陶希圣著《中国封建社会史》，主张周代即是封建社会，春秋之际封建制度开始解体，但封建的自然经济则一直延长到1500年。② 陶希圣对中国封建社会中的土地制度、庄园制度、农民状况、分封制度等都做过分析。不久，瞿同祖也写成《中国封建社会》，以西方的封建主义来比附中国的封建，但也讨论到封建社会的内容，他认为封建社会的要点是土地所有权的有无和主人与农民的关系，"封建社会只是以土地组织为中心的权利义务关系的阶级社会而已"。③ 新中国成立后，中国史学界对中国历史上存在过封建社会已经达成共识，对中国封建社会的相关内容，如土地所有制、阶级关系、庄园制度之有无、能否过渡到资本主义社会等问题，有过热烈的讨论，并有研究中国封建社会理论的著作问世。④ 中国学者大都把封建作为一个社会经济形态来考察，强调中国封建的特征，如土地的国家所有、没有农奴制和庄园制、以租佃小农为主要生产者、统一的中央集权专制主义等。不过最近似乎不少学者主张中国的封建制被秦始皇废除以后就没有

---

① H. Mukhia, 'Peasant Production and Medieval Indian Society'; R. S. Sharma, 'How Feudal Was Indian Feudalism', in T. J. Byers et al eds, *Feudalism and Non-European Societies*, London, 1985.
② 陶希圣：《中国封建社会史》，上海南强书局，1930年，第1页。
③ 瞿同祖：《中国封建社会》，商务印书馆，1936年，第4页。
④ 侯外庐：《中国封建社会史论》，人民出版社，1979年；胡如雷：《中国封建社会经济形态研究》，生活·读书·新知三联书店，1979年。

了，而不再愿意使用封建一词。

自布洛赫的《封建社会》发表以来，对封建主义、封建社会的研究确实已经有了很大的进展。一方面是把它从一个西欧所特有的概念向全世界的历史不断推广使用，另一方面则是对它的存在，无论是在全世界甚或西欧本地都提出了质疑。我认为，封建主义、封建社会的概念、范畴出自西欧，在开始总结、概括时有简单化的毛病，和西欧本地的真实情况都有许多不合，更不要说放之于全世界了。但经过长期的研究，在前资本主义时代，大土地所有制和小生产的结合，是各国家、民族的共同经济特征，应该是没有问题的。无论你使用封建主义这一名词与否，但在此共同性下，如何认识各地区、国家、民族的特殊性，并从而对全世界的这一社会有进一步的认识，仍然是一个重大的历史研究课题。而在广大的亚非地区，如何解决大地产和小农经济的发展问题，更是这些地区如何现代化的一个现实问题，我想这也可以说就是布洛赫的《封建社会》仍然有生命力的一个原因吧。

现在，布洛赫的《封建社会》经张绪山、李增洪、侯树栋诸同志译成中文，又经已故历史学家郭守田先生及其弟子徐家玲同志校阅。这一工作费时不少，张绪山同志态度认真，对有关名词等均反复推敲，译文准确通达，便于阅读了解。嘉惠学林，功莫大焉。谨序。

于北京大学历史系

目　　录

英译本 2014 年版前言 …………………… 杰弗里·科齐奥尔 1
英译本 1989 年版前言 …………………… T. S. 布朗 9
英译本 1961 年版前言 …………………… M. M. 波斯坦 27
导论　本书研究的总体范围 …………………………………… 35

上卷　依附关系的成长

第一编　环境：最后的诸次入侵

第一章　穆斯林和匈牙利人 ………………………… 47
　1　被入侵和包围的欧洲 …………………………… 47
　2　穆斯林 …………………………………………… 48
　3　匈牙利人的侵袭 ………………………………… 54
　4　匈牙利人入侵的终结 …………………………… 59
第二章　诺曼人 ……………………………………… 66
　1　斯堪的纳维亚人入侵的一般特点 ……………… 66
　2　从劫掠到定居 …………………………………… 72
　3　斯堪的纳维亚人定居英格兰 …………………… 76
　4　斯堪的纳维亚人定居法兰西 …………………… 84

| 5 北欧皈依基督教 ……………………………………… 91
| 6 原因之探究 …………………………………………… 96
| 第三章 各族入侵的影响和教训 ………………………………… 103
| 1 混乱 …………………………………………………… 103
| 2 对人类的贡献:语言和人名、地名上的证据 ……… 108
| 3 对人类的贡献:法律和社会结构上的证据 ………… 116
| 4 对人类的贡献:起源问题 …………………………… 120
| 5 教训 …………………………………………………… 122

第二编 环境：生活状况和心态

| 第四章 物质状况和经济特点 …………………………………… 131
| 1 封建主义的两个阶段 ………………………………… 131
| 2 封建社会第一阶段的人口密度 ……………………… 133
| 3 封建社会第一阶段的交通 …………………………… 134
| 4 封建社会第一阶段的贸易和通货 …………………… 140
| 5 封建社会第二阶段的经济革命 ……………………… 145
| 第五章 情感和思想方式 ………………………………………… 150
| 1 人对自然和时间的态度 ……………………………… 150
| 2 表达方式 ……………………………………………… 154
| 3 文化和社会阶层 ……………………………………… 160
| 4 宗教心态 ……………………………………………… 164
| 第六章 民间记忆 ………………………………………………… 173
| 1 历史编纂 ……………………………………………… 173
| 2 史诗 …………………………………………………… 180

第七章 封建社会第二阶段的思想复兴 ······ 196
 1 新文化的一些特点 ······ 196
 2 自我意识的成长 ······ 201

第八章 法律之基础 ······ 205
 1 习惯法的优势地位 ······ 205
 2 习惯法的特点 ······ 210
 3 成文法的复兴 ······ 216

第三编 人际纽带：家族关系

第九章 家族群体的连带关系 ······ 225
 1 "血缘朋友" ······ 225
 2 族间复仇 ······ 229
 3 经济上的连带关系 ······ 237

第十章 家族关系纽带的特性和变迁 ······ 242
 1 家族生活真相 ······ 242
 2 家族结构 ······ 246
 3 亲属纽带和封建主义 ······ 253

第四编 人际纽带：附庸制和采邑

第十一章 附庸的臣服礼 ······ 259
 1 从属于他人之人 ······ 259
 2 封建时代的臣服礼 ······ 260
 3 各种人身依附关系的起源 ······ 263
 4 私家武士 ······ 268

目录

   5　加洛林王朝的附庸制 …………………………………… 276

   6　古典类型附庸制的形成 ………………………………… 281

第十二章　采邑 …………………………………………………… 284

   1　"恩地"和采邑：薪俸佃领地 ………………………… 284

   2　附庸的"安置" ………………………………………… 292

第十三章　对欧洲的总体考察 …………………………………… 303

   1　法国的多样性：西南地区和诺曼底 ………………… 303

   2　意大利 …………………………………………………… 305

   3　德国 ……………………………………………………… 308

   4　加洛林帝国之外的地区：盎格鲁-撒克逊英国及
　　　西班牙西北部 ……………………………………… 310

   5　输入的封建制度 ………………………………………… 319

第十四章　采邑变成附庸的世袭财产 …………………………… 323

   1　"荣誉地"和普通采邑的继承问题 …………………… 323

   2　法国采邑继承权的发展 ………………………………… 328

   3　神圣罗马帝国采邑继承权的发展 ……………………… 334

   4　采邑继承法反映的采邑变化 …………………………… 337

   5　出售效忠 ………………………………………………… 349

第十五章　一仆数主 ……………………………………………… 352

   1　多重臣服 ………………………………………………… 352

   2　绝对臣服的盛衰 ………………………………………… 357

第十六章　附庸和领主 …………………………………………… 364

   1　援助和保护 ……………………………………………… 364

   2　作为家庭纽带替代品的附庸关系 ……………………… 372

3 契约的相互依存和毁弃 ······ 376
第十七章 附庸制的悖论 ······ 381
1 证据的矛盾 ······ 381
2 合法关系纽带和人际接触 ······ 389

第五编 下层社会的依附关系

第十八章 庄园 ······ 397
1 领主的地产 ······ 397
2 庄园制度的扩展 ······ 399
3 领主和租佃人 ······ 407
第十九章 奴役和自由 ······ 415
1 起点:法兰克时期的个人地位 ······ 415
2 法国的农奴制 ······ 422
3 德国的农奴制 ······ 431
4 英国农奴制的变迁 ······ 436
第二十章 向庄园制新形式的发展 ······ 442
1 义务的稳定化 ······ 442
2 人际关系的变化 ······ 447

下卷 社会等级和政治体制

引言 ······ 451

第六编 社会等级

第二十一章 实际存在的贵族等级 ······ 455

1 古代血缘贵族的消失 ·· 455
2 "贵族"一词在封建社会第一阶段的不同含义 ············ 459
3 作为领主等级的贵族等级 ······································· 463
4 战争职业 ·· 464

第二十二章 贵族的生活 ·· 469
1 战争 ··· 469
2 家内贵族 ··· 478
3 职业和娱乐 ·· 483
4 行为规则 ··· 488

第二十三章 骑士制度 ··· 498
1 骑士授封式 ·· 498
2 骑士法规 ··· 505

第二十四章 贵族向合法等级的转变 ··························· 510
1 骑士身份和贵族地位的继承性 ······························· 510
2 骑士后代成为特权等级 ··· 518
3 贵族的法律 ·· 521
4 英国的特例 ·· 525

第二十五章 贵族内部的等级区别 ······························· 529
1 权力和地位的等级 ··· 529
2 管家和农奴骑士 ·· 536

第二十六章 教士与市民 ·· 548
1 封建社会中的教会团体 ··· 548
2 市民 ··· 559

第七编 政治体制

第二十七章 司法制度 ········· 567
1 司法制度的一般特点 ········· 567
2 司法权的分裂 ········· 570
3 由同等地位者进行的审判或由领主进行的审判 ······· 580
4 濒临解体:遗存与新因素 ········· 582

第二十八章 传统权力:王国和帝国 ········· 589
1 诸君主国的地理分布 ········· 589
2 王权的传统和性质 ········· 596
3 王权的传承:王朝问题 ········· 602
4 帝国 ········· 610

第二十九章 从领地大公国到城堡领地 ········· 616
1 领地大公国 ········· 616
2 伯爵领与城堡领 ········· 624
3 教会领主权 ········· 627

第三十章 混乱与克服混乱的努力 ········· 636
1 国家行动的范围 ········· 636
2 暴力与对和平的渴望 ········· 640
3 上帝的和平与休战 ········· 643

第三十一章 走向国家重建:民族性的发展 ········· 655
1 权力再集中的原因 ········· 655
2 新型王权:卡佩王朝 ········· 657
3 拟古王权:德意志 ········· 662

| 4 | 盎格鲁-诺曼王权:征服与日耳曼残余 | 667 |
| 5 | 民族性 | 670 |

第八编　作为一种社会类型的封建主义及其影响

第三十二章　作为一种社会类型的封建主义 ･･････････ 681
  1　封建主义不止一种吗? ･･･････････････････････････ 681
  2　欧洲封建主义的基本特征 ･･･････････････････････ 684
  3　比较史学的一个典例 ･･･････････････････････････ 688

第三十三章　欧洲封建主义的延存 ･･････････････････ 692
  1　残存与复活 ･･･････････････････････････････････ 692
  2　武士观念与契约观念 ･･･････････････････････････ 695

参考书目 ･･ 699
索引 ･･ 772
1989年法文版序言 ･･･････････････････ 罗贝尔･福谢埃 811
译后赘语 ･･ 824

图 版 目 录

I.* 斯堪的纳维亚船只。出自 9 世纪早期乌塞堡的船葬地。Oslo, University Museum.

II. 圣路易的登基礼。13 世纪晚期的手稿。Bibl. Nat., MS. Fr. 5899, f. 83v.

III. 向魔鬼行臣服礼。西奥菲勒斯向魔鬼行臣服礼。取自 *Psautier de la Reine Ingeburge*（约 1200 年）。Musée Condé, Chantilly, MS. 9, f. 35v.

IV. 情人的臣服礼。取自 12 世纪蒙德拉贡的雷蒙的印章。Cabinet des Médailles. Bibliothéque Nationale, Paris.

V. 以军旗进行的授封仪式。查理曼将西班牙边区授予罗兰。取自 12 世纪雷根斯堡地方康拉德的罗兰斯利特。University Library, Heidelburg, MS. Palat. germ. 112.

VI.** 以长矛作战的新旧方式。黑斯廷斯之战。诺曼骑士发起进攻，一些骑士将长矛做标枪，另一些骑士则以新方式使用长矛。11 世纪末巴约壁毯。

---

　* 第 I—V 图，见第 255 页前。——译者
　** 第 VI—XIII 图，见第 601 页前。——译者

VII. 以新方式使用长矛作战。昂古莱姆大教堂西面的中楣装饰。12 世纪前 30 年。

VIII. 火攻木城堡。攻占迪南。11 世纪末巴约壁毯。

IX. 石造贵族建筑。安茹伯爵富尔克·奈拉于 994—995 年在郎热地方建造的城堡要塞。

X. 向新骑士授武器。年轻的奥法从沃曼手中接受武器。Matthew Paris, *Historia de Offarege* 中的素描,可能是作者本人所作(1250 年前后)。British Museum, Cotton MS., Nero D1, f.3.

XI. 国王的涂油礼。法国诸王加冕礼的《教会历书》。14 世纪初的手稿。这种彩饰图可能从稍早些的样板复制。Bibl. Nat., MS. Lat. 1246, f. 17.

XII. 斯拉夫地区、日耳曼尼亚、高卢(即莱茵河左岸的帝国领土)和罗马向奥托三世皇帝致敬。取自 10 世纪赖歇瑙学院的奥托三世的福音书。Munich, Staatsbibliothek, Latin 4453.

XIII. 山上的领主变为平原上的领主。艾米利地区亚平宁山上的卡诺莎城堡。

英译本 2014 年版前言

杰弗里·科齐奥尔[*]

为何要读一部写于七十余年前的史学著作？是因为这位史学家重要吗？马克·布洛赫当然是重要的史学家。他写过三部成熟的史学著作，每一部著作的主题都截然不同，使用的原始资料迥然殊异，但都有惊人的创新力。《国王神迹》(Les rois thaumaturges, 1924)研究的是英法两国流行的信仰，即相信国王仅靠触摸就能治愈以瘰疬病之名为人所知的疾病。在这里，布洛赫展示了其著作特有的两个旨趣：非理性信仰的社会力量，以及正统信仰罅缝间产生的次生信仰与仪式的特殊力量。《法国农村史》(Les caractères originaux de I'histoire rurale française, 1931)追溯法国不同农业机制的嬗变，但这种说法对本书不太公道。布洛赫以史学家非惯用的材料(包括古地图与词源学)向人们说明，农业耕地形态在法国历史进程中呈现出极为不同的形式，而这些极不同的形式反映的是一个网络中的各因素——耕作技术、土壤特点

---

[*] 杰弗里·科齐奥尔(Geoffrey Koziol, 1951—)，加州大学伯克利分校历史系中世纪史教授。这是他为《封建社会》新版所写的前言。该前言已得到卢德里奇出版公司授权翻译出版。Marc Bloch, *Feudal Society*, translated from the French by L. A. Manyon, With a foreword by Geoffrey Koziol, Routledge Classics Edition, London and New York, 2014.——译者

及领主统治体制——所发挥的作用,这些因素错综复杂、交互作用,又导致了大相径庭的重要社会、政治后果。一种形式导致农民聚合体的产生,另一种形式则阻碍农民聚合体的形成。至于《封建社会》(*La Société Féodale*, 1939—1940),真正说来并非全然的史著,毋宁说是对整个中世纪文化构造所做的高屋建瓴的分析。在这个构造中,家族纽带、宗教信仰、政治惯制与经济必要性交织在一起,形成一幅生动活泼、变化万千的多面且连贯的人类社会的画卷。布洛赫不仅仅是一位书斋中的历史写作者。他身死之时,留下了一部未竟的著作,后来以《为历史学辩护,或史学家的技艺》(*Apologie pour l'Histoire, ou Métier d'Historien*, 1949)之名出版。在这一著作里,布洛赫开篇即亮出儿子所提的问题:"爸爸,告诉我,历史学有什么用?"值得嘉许的是,布洛赫对此问题颇为严肃。他的这本书篇幅短小,风格简朴,难以使人相信其价值:人们只有在获得了经年累月的历史教学与写作经验之后,才能认识到它的渊深。最后,他与吕西安·费弗尔共同创办、编辑了《经济社会史年鉴》,许多年间他与费弗尔是该杂志的主要撰稿人。20世纪60年代这本杂志改名《经济、社会与文明年鉴》时,已经是历史研究中独享极大影响的杂志。

布洛赫是一位重要的历史学家,《封建社会》是他最具综合性的史学著作。不过,如果我们扪心自问,这大概还不是我们仍然阅读它的原因。我们阅读它,是因为布洛赫视为公民行动的东西。就像他那一代许多世俗化的犹太人一样,布洛赫豪情满怀地坚信法兰西第三共和国的重要意义——不是它实施的政治,而是使之立国的自由理念,包括政府的世俗化及政府保护个人权利的责任。

1940年，德国侵入法国北部，布洛赫逃往南方的蒙彼利埃以后，写下《奇怪的战败》，记录了战争爆发后他作为前线军官的经历。在这部书中，布洛赫不再是阅读往昔证据的史学家，而成为了未来审判室——历史就是它的法官——的见证人。他用第三共和国的失败以及1940年法国的溃败来斥问社会领袖、将军、政治家、工业巨头，也斥问社会的教育者。在他所斥问的教育者中，他尤其批评了史学家，批评他们虽执着地相信法国辉煌的历史，却不明白眼前的现实是多么嘲弄这些信念，使各种历史本身也变得具有危险性。《奇怪的战败》是一位法国自由主义者对民族主义与各种民族主义历史的控告，在更宽广的意义上，也控告史学家按照政治要求而非历史真相讲授历史的行为。布洛赫躬行自己所宣传的公民义务。1943年，他在里昂参加了法国抵抗组织，利用其联络技能将不同抵抗团体聚拢起来。1944年他被逮捕后，与其他27人一起被敌人用机枪杀害于一块田地里。坦白地讲这就是我们阅读布洛赫的原因：因为他是一位英雄。他的生与死向史学家们证明，学问与英雄气概并非互不相容：要想做好学问，需要英雄气概。

所有这一切也许就是我们应该阅读马克·布洛赫生平、书信，或阅读《奇怪的战败》本身的原因。难道这也是我们阅读《封建社会》的原因吗？布洛赫本人肯定不这么认为。因为布洛赫撰写历史，不是从党派人士、哲学家或社会批评家身份出发。他是以科学家的身份写作。事实上，布洛赫成为如此重要的史学家的一个原因是：他相信，史学实践必须更加科学。他的历史学不是19世纪许多史学家所信仰的单纯的实证主义的历史科学，那种历史学认为，历史科学是由不容争辩的事实与因果链组成的科学，人们认为这些事实与因果链促成了一个个的近代民族国家的形成,这些民族国家被视为历史演进的巨大成就。他的历史学是复杂得多的科学,就像爱因斯坦和海森堡[*]创立的相对论和不确定性原理那样的科学,在布洛赫时代的科学那里,电与磁已成为了同一个东西,只是人们的观察角度不同,而唯一恒定不变的只有光的速度。^{**} 布洛赫的时代也是诸如埃米尔·涂尔干^{***}的社会学、约翰·梅纳德·凯恩斯^{****}的经济学等新社会科学出现的时代。布洛赫充分认识到这些变化,不断地思考着它们对历史研究的意义。他认为,涂尔干的社会学由于拒斥历史学而带有与生俱来的缺陷,经济学应该获得历史学的强力支持。但他也认为,历史学必须成为一门真正的社会科学。如何做到这一点?对布洛赫而言,科学的历史学与其说是重大事件与大人物的历史,毋宁说是社会与物质力量的历史;与其说是国家与民族的历史,毋宁说是诸群体与诸集体特性

---

  * 沃纳·卡尔·海森堡(Werner Karl Heisenberg,1901—1976),德国著名物理学家,量子力学的主要创始人,哥本哈根学派的代表人物,1932年诺贝尔物理学奖获得者。著有《原子核科学的哲学问题》、《物理学与哲学》、《自然规律与物质结构》、《部分与全部》、《原子物理学的发展和社会》等。——译者

  ** 此处原文颇难理解。据作者的邮件答复,此处指J.C.麦克斯韦1873年出版的《论电和磁》的理论。麦克斯韦(James Clerk Maxwell,1831—1879)出生于苏格兰爱丁堡,英国物理学家、数学家,经典电动力学创始人,统计物理学奠基人之一。1873年出版的《论电和磁》,被认为是牛顿《自然哲学的数学原理》之后的最重要的一部物理学经典。——译者

  *** 埃米尔·涂尔干(Émile Durkheim,1858—1917),法国犹太裔社会学家、人类学家,《社会学年鉴》创刊人,著有《自杀论》、《社会分工论》等著作。——译者

  **** 约翰·梅纳德·凯恩斯(John Maynard Keynes,1883—1946),英国经济学家,现代经济学最有影响的经济学家之一,被称为"宏观经济学之父",其创立的宏观经济学与弗洛伊德所创的精神分析法和爱因斯坦发现的相对论并称20世纪人类知识界的三大革命。代表作有《就业、利息和货币通论》《论货币改革》和《货币论》。——译者

的历史；历史学应该提出历史问题并解决问题，而不是讲述往昔英雄与歹徒的典例故事；它应该是比较历史学，通过系统追问各社会形态呈现的相似性与差异性，逐渐清理出术语定义与问题的阐述方式。布洛赫对科学历史的规划，其证据遍布于《封建社会》：他关注人口统计学；他不仅总想知道发生了什么事情，而且还想知道事情是如何发生的；他费心界定欧洲"封建主义"的特征，然后运用这个界定提出有关日本封建主义的问题。尤其是，布洛赫的规划见于这一点：他使王国的历史从属于社会的历史，因为旧历史曾经是诸民族的历史，是为民族主义服务的历史。故旧历史与其说是科学的历史，毋宁说是历史神话，其虚妄性已经被布洛赫在《奇怪的战败》中次第记录的败绩所证实。如果说欧洲、和平、个体权利还有希望，那么这个希望一定是在脱去了各国历史神话的历史中找到。

在某些方面，布洛赫取得了巨大成功。史学实践确实像他所希望的那样变得更为"科学"，研究活动更为系统，术语的使用更为精确，对材料的分析与情境化更为透辟。布洛赫倡导运用新技术去研究旧问题，所以其后继者追随着他的榜样。特别是，考古学还在继续改变着我们的理解——对中世纪早期族群迁徙、聚落模式、种族关系、疾病、饮食、性别、商业和权力的理解。由于所有这些工作，布洛赫本人所写的历史已经被取代了。他本人预料到这种情况会发生，而且盼望着它发生，因为它意味着历史研究已经成为一门科学，能够纠正贫乏的解释，创造更好、更全面的解释。但是，这使今天阅读《封建社会》成了问题，因为它不再是对这个时代准确的论述。现在研究中世纪的优秀史学家都不会将附庸制作为理解中世纪社会的关键：附庸与采邑完全没有那么重要；维京人与马扎尔人的入侵不再像布洛赫所想的那样被视为创生性的大变动；现在也没有人对布洛赫的"封建社会第一阶段"持有如此沮丧的看法；相应地，也几乎没有人认为在"封建社会第二阶段"上，商业、农业、社会关系开始发生突如其来、面目一新的变革。虽然大多数研究者仍然承认，中世纪的人们在受到侮辱与伤害时感到需要复仇，但是没有研究者认为引起长期仇斗的复仇行为在大范围的宗族间发生；仇斗行为现在更多地被视为法庭裁决的附属物，而非与法庭裁决相互排斥；现在史学家们也不把流行的调解与调停行动完全视为国家权力软弱的结果，也不再将暴力视为不间断、无节制的行为；在当下书写的有关世俗之人信仰与习俗的任何论述中，基督教与教会都发挥着更大、更具建设性的作用。鉴于有教堂为自己的骑士发起骑士爵位授封式，布洛赫所建构的骑士爵位授封式的演化过程应该完全颠倒过来。当下若有人撰写中世纪文化史，不会如此纯粹地局限于西欧，如此大规模地依靠法文材料；也不会如此完全地忽略妇女。没有人会使用以下短语"地道的野蛮人""未受教化的头脑""这个民族最根本的因素"——这些短语提醒我们，布洛赫的预设仍然是欧洲漫长的19世纪使用的那些预设。人们读《封建社会》时，不应该认为它的刻画代表我们当前对西欧9—12世纪文化的认识。

诚然，布洛赫在众多问题上都是对的，这证明他才华横溢，博览群书——他阅读了大多数最高端的学术著作，终其一生，为数以千计的著作写了书评。他已经认识到查理曼摧毁阿瓦尔王国所产生的长期影响，认识到第聂伯河作为斯堪的纳维亚半岛与拜占庭贸易之路的重要意义；他正确地批评了中世纪早期封闭经济的观念。他对嵌入社会关系中的中世纪早期法律所做的分析，远超法、英两国的同代人——虽然其分析被他同代的德国人奥托·布鲁纳惊人地重复了一遍，但布洛赫与他毫无共同之处；布洛赫正确地认识到，中世纪早期宗族认同的不稳定，不适于充当社会秩序的基础，因此领主制行使了其他社会中亲属关系所发挥的组织作用；他了解城镇公社根植于各类同行誓约，这些誓约象征着早期的和平行会与"上帝的和平"；他知道12世纪国王日渐增长的力量只是权力集中化大趋势的极端表现。布洛赫在如此众多的问题上做出正确认识，这是了不起的成就；令人讶异的是，史学家的工作在很大程度上仍然是按照他参与建立的学术原则进行。不过，如果因为布洛赫位于当今众多史学实践的源头而阅读他的著作，那么对他仍然是一种伤害，布洛赫本人厌恶他称作"起源偶像"的东西。我们仍然阅读他的著作，他对此会感到满意，但也许会感到惊愕。

那么，我们为何仍然要读《封建社会》？也许我们应该扩展一下这个问题的范围，即：我们为何要读往昔史学家们的著作？为何要读修昔底德、塔西佗、比德、吉本或托克维尔？我们阅读他们的著作，是因为他们文体优美，能教会我们写作；因为他们拥有强大的头脑，他们写出的历史真正有助于人们讨论政府的性质、权力、理性，或历史的逻辑本身；因为他们是如此优秀的作家，拥有如此强大的头脑，即使现在人们知道他们的著作有失误，有倾向性，或很不完备，但看起来仍然是完全令人信服，自圆其说；因为能够写出来的仅见的历史著作？我们阅读他们，既是把他们当作所写有关历史的资料，但是也把他们当作著史时所处时代的见证。我们仍然在读《封建社会》,也许同样是因为这些原因。布洛赫是一位奇妙的文体家,他的文字郑重其事但又具有谈话风格,虽然具有谈话风格但又一丝不苟;他举重若轻,游刃于普遍性与特殊性之间,以完美的细节说明宏大的论断。我们阅读他的著作,把他当作一个特殊时刻的见证人——在这个特殊时刻,欧洲历史上最可怕的事件之一引起人们对历史与历史写作的全面的重新思考,其影响至今犹存。我们阅读布洛赫,是因为他写成了一部令人叹服的中世纪社会论著,即使在今日,它看起来还是正确无误,尽管我们知道它并非如此。这是如何成为可能的呢?在《封建社会》出版后七十年间,还没有人成功地写出一部中世纪社会史论著,哪怕有其一半的折服力,这又是为何?

英译本 1989 年版前言

T.S. 布朗[*]

"现代的一部史学杰作"、"一部典范作品"、"一部重要的综合著作",这是人们给予布洛赫的《封建社会》一书的一些赞誉。在 1961 年出版的英译本第一版的序言中,迈克尔·波斯坦教授称该书为"论述封建主义的国际水准的著作",并开始高度赞扬布洛赫的科学研究方法("词语严格意义上的实证性和理性特点")、他所创造的广义封建主义概念以及他对人类心态和"整个人类环境"的研究。[①] 这部著作对中世纪研究专家、非历史专业的研究者、大学生和一般读者所产生的影响,远非任何其他中世纪史著作所能比拟。

当然,布洛赫作为现代中世纪史研究权威(*doyan*)的地位,并非仅仅依靠《封建社会》一书(该书第二卷首先于 1940 年出版)。他早期关于法国乡村生活的专题著作,以及对诸如古代奴隶制的衰落、卡佩王朝诸王创造奇迹的能力等各种问题的广泛研究,早已使他名闻遐迩。他对历史学的更广泛的兴趣,反映在他和吕西

---

[*] T.S. 布朗(T.S. Brown),爱丁堡大学中世纪史讲师。——译者
[①] M.M.Postan, *M. Bloch Feudal Society* (London, 1961),前言,xii, xv。

安·费弗尔一道创办的影响巨大的杂志《经济和社会史年鉴》(*Annales d'Histoire Économique et Sociale*)和他那振奋人心却未撰写完毕的论文《为历史学辩护，或史学家的技艺》(*Apologie pour l'Histoire, ou Métier d'Historien*)[①]中。1944年6月16日，布洛赫被纳粹德国的盖世太保杀害。无论生前还是死后，他的崇高地位都取决于他的著述和行动：他是受人敬重的同事和师友，同时他又满怀激情地关注着他所热爱的法国和他那个时代的法国所进行的各种斗争。《封建社会》被公认为布洛赫作为一位中世纪史研究家的巅峰之作。1961年英文译本的出版使作者在法国长期享有的偶像地位扩展到英语世界。[②]

但是，自英文版问世以来，反对崇拜偶像的人一直在进行活动。一种反对思潮已开始冲击布洛赫的封建主义概念，《封建社

[①] 译为 The Historian's Craft (Manchester, 1953); Les Caractères originaux de l'histoire rurale française, 2 vols (2nd edn., Paris, 1952, 1956)，译为 French Rural History (London, 1966); Les Rois thaumaturges (Strasbourg, 1924)，译为 The Royal Touch (London, 1973)。在 Mélanges Historiques, 2 vols (Paris, 1963)及 Land and Work in Medieval Europe (London, 1967)中发表过他的一些重要的长篇研究文章。

[②] 对布洛赫生平及作品的评价有：L. Febvre, 'De l'histoire au martyre: Marc Bloch 1886–1944', in Annales d'histoire sociale, 1945; J. Stengers, 'Marc Bloch et l'histoire', in Annales: économies, sociétés, civilisations, 8 (1953), 329–337; G. Bourdé and H. Martin, Les Ecoles historiques (Paris, 1983), 179–185; B. Geremek, 'Marc Bloch, Historien et résistant', in Annales: économies, sociétés, civilisations, 41 (1986), 1091–1105; R. R. Davies, 'Marc Bloch', in History, 52(1967), 265–286; H. Loyn, 'Marc Bloch', in J. Cannon (ed.), The Historian at Work (London, 1980), 121–135. Comité Français des Sciences Historiques, La Recherche Historique en France des 1940 à 1965 (Paris, 1965), xiv–xxi 概述了布洛赫和年鉴学派的影响。

会》一书被不适宜地与他早期的一些著作相比较。新的史学运动如"历史哲学"*和"计量史学",指责年鉴学派的著作疏漏迭出,方法陈旧,而"叙述史学"和"描述史学"的鼓吹者方面则强烈抨击与年鉴派传统相关的概括分析法。① 对《封建社会》的这种重新评价是否仅仅反映了史学潮流的变动,抑或该书是否因为研究内容和方法上的落伍而应成为史学博物馆的展品呢? 要对此做出回答,必须详细地考察对它所做的各种批评。

一

除了从事中世纪史研究的史学家之外,社会学、人类学、文学甚至现代史的研究者中也有很多人对《封建社会》深表赞誉。这些领域的学者发现,这部著作文理清晰、通俗易懂,以大家所熟悉的方法考察了中世纪西欧的制度,因而颇为有用。对《封建社会》的这种赞扬在一些史学家方面已经引起了职业性的排他反应。1963年美国的中世纪研究者布赖斯·莱昂写道:"围绕着《封建社会》一书形成了一种学问崇拜……因为社会科学家和跨学科的学者们在

---

* Metahistory,现译为"历史哲学",也有人译为"元历史学"。Metahistory 是"历史哲学"的别称,只是"历史哲学"一词使用的时间更长,也更为人们熟悉,意义有些模糊。它既可以理解为对历史思辨方法的批评,也可以理解为以一套规律体系来概括整个历史、建立思辨的历史体系的意向(见《丰塔纳现代思想词典》,第 385 页)。——译者

① 例如,L. Stone,'The Revival of Narrative', *Past and Present*, 85(1979),3-24。有人说布洛赫在他死时已经疏远了年鉴学派的研究方法,我认为这种说法没有道理。B. Lyon,'Marc Bloch: did he repudiate *Annales* history?', *Journal of Medieval History*, 11(1985), 181-191。

这本书中找到了熟悉而又弥足珍贵的概念,在他们看来这些概念使历史变得更富有意义了。"①

人们当然可能会猜想到,在这些非历史学的研究者中,一些人只限于阅读布洛赫在第八编中所做的概括性考察,但布洛赫为架设各个学科之间的桥梁出过力,理应受到赞扬,不应该因为其他学术领域中那些追随或歪曲其观点的人的过火行为和误解而受到指责。同样,马克思主义史学家也经常援引布洛赫的研究成果,因为他们认为布洛赫的广义的封建主义定义与他们自己对封建主义所做的定义是相容的,但把布洛赫的著作同马克思主义著作混为一谈,则殊为不当;布洛赫在著作里从未提到马克思,并且厌恶这类理论的僵化和教条,不过他对马克思的社会分析能力表示钦佩。不管这样的联系正确与否,但它可能已经成为针对布洛赫著作反复出现的一种批评的一个原因。这个批评说"他过分迷恋集体心态和现象",缺乏对个体人格的关注。②

在过去 25 年里,史学家对"封建主义"这一词语的强烈兴趣骤然消退,这一史学风尚的急剧变化已经大大影响了《封建社会》一书的地位。在相当大的程度上,只有马克思主义者以及研究晚期中世纪史和东欧史的史学家才使用这一词语;譬如,最近一本研究

---

① B. Lyon, 'The Feudalism of Marc Bloch', *Tijdschrift voor Geschiedenis*, lxxvi(1963), 282－283。该文在他的 *Studies of Western European Medieval Institutions* (London, 1978), no.XII 中重印。

② ibid., 282;F. R. H. Du Boulay, *Land and Work in Medieval Europe* (London, 1967),前言,xi;马克思主义史学家援引布洛赫著作的例证,可以在 R.H.Hilton(ed.), *The Transition from Feudalism to Capitalism* (London, 1976)中找到。

中世纪早期法国历史的优秀著作的作者就完全避而不用这个词语。① 对这个词语的责难落在两个方面:第一,这个词语的定义多种多样,已经变得混乱和无用;第二,它代表着一种武断的建构,将它强加在中世纪史上,只能起到歪曲事实的作用。② 甚至那些准备继续使用这个词语的史学家,也对布洛赫研究方法的主要方面表示疑问。半个世纪以来非常活跃的研究已经不可避免地引起侧重点和见解上的巨大变化。

二

让我们从封建主义概念开始考察各种批评。布洛赫毫不怀疑他所研究的是一个主要由封建关系纽带联结起来的独特的社会形态,所以他对封建主义所下的经典定义是:

> 依附农民;附有役务*的佃领地(即采邑)而不是薪俸的广泛使用……;专职武士等级的优越地位;将人与人联系起来的服从-保护关系(这种关系在武士等级内部采用被称作附庸关系的特定形式);必然导致混乱状态的权力分割;在所有这些关

---

① E. James, *The Origins of France. From Clovis to the Capetians* (London, 1982), 213. 翻阅一下 *International Medieval Bibliography* (Leeds, 1987)中的条目,可以证实这个词语使用的有限性:1986 年 1—6 月发行书籍的书目索引中仅有十条在题目中使用"封建主义"一词,并且其中的大多数发表于东欧。

② E. A. R. Brown, 'The Tyranny of a Construct: Feudalism and Historians of Medieval Europe', *American Historical Review*, 79(1974), 1063–1088.

* 这种服役含劳役,但更主要的是军役。——译者

系中其他的组织形式即家族和政府的存留……这些似乎就是欧洲封建主义的基本特征。①

但是,同样清楚的是,布洛赫对这个词语是有所保留的。在《为历史学辩护》里,他承认该词语有"情感意义",随便使用它可能会导致时代错乱(anachronism),而且"几乎每个历史学家都在随心所欲地使用这个词语"。② 在《封建社会》一书中,他承认这个词语"有时被做出如此不同的解释,几近相互矛盾",他不情愿地承认,该词语是18世纪政治理论家们创造出来用以表示一种特定社会状态的抽象词语,并姑且承认,这个词语是"一个不恰当的选择"。然而他的结论是,"这个词语的存在本身就证明,人们已经本能地承认了"它所表示的"这个阶段的独特性质"。③ 布洛赫证明了他使用这类词汇,是由于它们是科学研究所必需的抽象,因而是有道理的。④

在最初给《封建社会》所作的前言中,波斯坦为布洛赫使用这一词语做了有力的辩护。尽管他承认,使用合成的套语来概括一种社会制度的本质,会诱使学者们"陷入唯名论谬误的极可怕的泥潭中,而且……会鼓励他们把自己的词语强加于真实的存在之上……或者仅仅以语义上的牵强附会来建立历史论证的大厦",但他争辩说:

---

① Marc Bloch, *Feudal Society*, Routledge, 1989, vol.2, 446.
② *The Historian's Craft*, 171,173,176.
③ *Feudal Society*, vol.1, xxiii, xxv.
④ *The Historian's Craft*, 147-148.

所有概括性的词语都存在同样的危险性。如果有人坚持这种异议……那么就有充分的理由反对使用诸如战争、和平、国家、财产、等级、工业、农业这类老生常谈的概念。实际上,没有概括性的词语,不仅历史学无从谈起,而且一切知识领域的论说都无法进行。①

批评者们已经指出,布洛赫的论点和波斯坦的辩解都不无瑕疵。但事实是,布洛赫既不是语源学家,也不是纯粹追求语义精确性的语言哲学家。他对于那样的研究方法经常显露出不耐烦,并且承认这样的词语仅仅是用来帮助分析问题的"符号"。正如迈克尔·华莱士·哈德里尔在一个颇有见地的评论中指出:

事实似乎……是,作为一位经验主义者,布洛赫接受封建主义这一词语,是把它作为描述他感兴趣的社会的标签,他无意于浪费时间去论证这个标签的确切性。②

尽管一些评论者的见解给人留下了印象,但布洛赫所追求的并不是把封建主义确立为一个普遍适用的词语。每位史学家都得在实践中借助于这样的词语从事研究:"历史学家的个人语言将永

---

① M.M. Postan,1961年版前言,xii-xiii。
② J.M. Wallace-Hadrill 对1961年版《封建社会》的评论,见 *English Historical Review*,78(1963),117。

远不会……成为历史学的语言。"①

三

最重要的问题应该是,布洛赫对"封建社会"一词的处理方法,是否还是一种行之有效的经验性研究工具?数年来,评论者(包括波斯坦在1961年所作的前言中)都把布洛赫的"广而散"的定义同其他史学家,特别是英国和法国那些研究法律和政治的专家们所坚持的较为狭隘的定义加以对照;波斯坦赋予这种概念的特点是,"作为军事组织的普遍原则体现在采邑(feudum)中的诸法律或习惯原则……[即]男爵和骑士的役务契约",并批评这一概念同那类仅用于"教学目的"的思想工具一样毫无用处(这是一种教师们不会接受的在学术研究和严格的学校教育之间所做的区别)。②然而这样一种狭隘的"法律上的"定义却已经被广泛地接受了,并在比利时史学家弗朗索瓦·冈绍夫于1944年发表的著名论文《何为封建主义》(Qu'est-ce que la foédalité)中得到极为清楚的表述。冈绍夫认为封建主义是:

一套制度,它们创造并规定了一种自由人(附庸)对另一种自由人(领主)的服从和役务——主要是军役——的义务,以及领主对附庸提供保护和生计的义务。③

---

① *The Historian's Craft*, 176.
② M.M. Postan, 1961年版前言, xii – xiii。
③ F.L.Ganshof, *Feudalism* (London, 1952), xvi.

但是，冈绍夫对封建社会的整体见解是否与布洛赫的见解大相径庭呢？事实上，冈绍夫也承认"封建制度可以被视为一种具有鲜明特征的社会形式"，并循着与布洛赫无甚差异的路线来给这些特征下定义，只是由于其著作篇幅短小，他选择从狭隘的技术意义来研究封建制度，而没有探讨其社会结构或状态。① 冈绍夫的一个主要不同点在他对司法权的观点：对他来说，"无论是从个人立场还是财产立场，封建主义的各种关系中没有任何内容要求，一个接受采邑授封式的附庸一定可以在采邑中获得司法权上的益处，甚至可以代表领主或更高层的权力机关行使这种司法权。"但冈绍夫继而又承认，"司法上的各种权利……与各种封建关系是密切关联的"②。布洛赫的见解实际上与此几无差异。他详论司法制度的一章阐述大量"封建"司法权的特性，以及其他司法权在国王、伯爵和教会手中持久存在的问题。而且冈绍夫本人也承认，"在这个社会类型所包含的以土地为基础的权力等级制度中，采邑如果不是基础，至少也是最重要的因素"③。

有人曾争辩道，采邑在社会上层各等级的社会关系中也许起着关键作用，但布洛赫却误认为它在领主-农民关系中起主导作用。布洛赫终究认为"依附农民"是"欧洲封建制度的基本特征之一"。④ 实际上他并不认为领属纽带是封建关系中不可或缺的部

---

① F.L.Ganshof, *Feudalism*, xv, xvii.
② *ibid*., 156, 158.
③ *Feudal Society*, vol.2, ch. xxvii; F.L.Ganshof, *Feudalism*, xvi.
④ *ibid*, vol.2, 446.

分。在《为历史学辩护》中,他认为"把武士贵族阶级中特有的一套依附关系与农民依附关系等同起来是武断的。农民依附关系不仅在性质上有所不同,而且在世界范围内产生得更早,延续时间更长,分布范围更广"。[①] 布洛赫所关注的不是领主地产（seigneurie）的起源或经济作用,而是它在封建社会中所处的地位,即在多大程度上它是贵族权力和财富的源泉。(这里需要注意,马尼翁把 seigneurie 译为"庄园",有时会引起误解,实际上它确指的是一种地产组织:该组织分为领主领有地和农民领有地两个部分,实施强制性劳役。)

所以,对布洛赫关于封建主义处理方法的批评,很多是不公正的或者弄错了方向。布洛赫所要解释的是中世纪西欧社会中将各种关系连接起来的各种势力,在这些势力中采邑无疑起着中心作用。他使用"封建"一词是把它当作一种方便的标签,而不是韦伯所阐发的理想类型,一种各历史过程与之相适应的抽象。

四

另外一些观点更多地从狭隘的方法论上批评布洛赫的著作,其中有些批评有道理,另一些则不是很有道理。一种观点认为,布洛赫的著作过分关注于法国北部。这种责难不能成立。布洛赫在第十三章作了"对欧洲的总体考察",(其中有一节论述"法国的多样性")并在第十九章和第三十一章讨论英国和德国的奴役制和君

[①] *The Historian's Craft*, 171.

王权力。每位史学家在著述时都得从他最精通的领域开始向外扩展,无可否认的是,一些主要的封建风俗制度的确曾经从法国北部向西班牙、英国、巴勒斯坦和诺曼人占领的西西里等地传播。同样,对布洛赫致力于历史比较研究方法的批评也是同样没有道理的。这里需要记住,布洛赫是比较史学的先驱者,他以日本的发展为参照,以一页半的篇幅仅做了几点具有启发性的类比,他将这一页半的篇幅用作"比较史学的一个典例"。从那时起比较史学应用于各大陆和各历史阶段的研究,在"封建主义"的研究上取得众多成果,已经蓬勃发展起来。虽然有人说,在这一相对年轻的历史研究分支领域,到目前为止质量尚不及数量,但布洛赫不应由于这个领域存在的不足而受到指责。①

其他两个批评也许更有道理。有人指出,与诸如理查德·萨瑟恩爵士(Sir Richard Southern)的巨作《中世纪的形成》(*The Making of the Middle Ages*)相比,《封建社会》对个人几乎没有任何富有同情心或启发性的研究,缺乏对物质、经济和社会实际的直接研究,而这些内容在布洛赫早期的杰作《法国乡村史的特征》(*Les Caractères originaux de l'Histoire rurale française*)*一书中却是十分突出的。② 但是,这是在要求作者做一件不可能办到

---

① O.H.Hill and B.H.Hill, 'Marc Bloch and Comparative History', *American Historical Review*, 85(1980), 28-57 评价过布洛赫的贡献。

* 中译本书名为《法国农村史》,余中先、张朋浩、车耳译,商务印书馆,1991年。——译者

② F. R. H. Du Boulay, *Land and Work in Medieval Europe*, preface, xi; B. Lyon, 'The Feudalism of Marc Bloch', 278-279, 283,并参见同一作者为 M. Bloch, *French Rural History* (London, 1966)所作的前言,xiv-xv。

的事，即对四个多世纪的人类关系做广泛的综合，对人类的思想状态和生活习惯进行研究。

可以说，布洛赫这部著作的最大弱点在于他对年代的处理方法。人们已经恰当地指出，布洛赫的研究方法使他具有"一种倾向于共时性的视觉"(une optique favorisant la synchronie)。① 在《为历史学辩护》中，他对史学家因迷恋"起源偶像"而误入歧途所表示的厌烦感，最生动地体现在他对一句阿拉伯谚语的赞赏："同辈相似，胜于父子。"② 此外，布洛赫相信每个时代都有其"创造力"。不论在历史编纂学上这种见解遇到何种反对意见（而且这些反对意见是很有力量的），它在《封建社会》中对各种主题的研究已经产生了不利影响。譬如，该书对早期附庸制的变化所做的论述模棱两可，未有断论。他把9世纪出现的各次入侵*视为引起一个全新社会产生的关键因素，这一观点几乎难以令人满意。但必须承认，《封建社会》是作为亨利·贝尔主编的《人类的进化》(L'Évolution de l'Humanité) 系列丛书之一出版的，因此，这种年代学方面的不足，部分地是该丛书的一些要求所致。

五

在此，我们要涉及这样的一些领域：在这些领域中近期的研究

---

① B. Geremek, 'Marc Bloch, Historien et Résistant', 1097.
② The Historian's Craft, 35.
* 原文为 the ninth-century invocations，疑误，似应为 the ninth-century invasions。——译者

已经修正了布洛赫的见解。布洛赫赞同他的朋友亨利·皮朗的观点,倾向于认定罗马的制度在9世纪基本上已经消失,前维金时代是由严格的日耳曼社会所支配。现在我们应该强调罗马制度和文化的遗存。① 同样,加洛林时期的经济背景现在看来比布洛赫所想象的有活力。② 封建关系中的许多因素以及产生这些因素的社会力量,现在看来,在墨洛温时代就已存在。③ 同时,对9世纪各次入侵对于欧洲社会的影响也已有重新估价:它们不再被视为一种导致混乱的力量,而逐渐被认为影响相对短暂,充其量是加速了加洛林国家中已出现的诸因素进一步发展的催化剂。④ 布洛赫认为封建主义骤然产生的观点,将不复成立;封建因素在相当长的时期内不断出现,在加洛林王朝早期已结合起来。

布洛赫认为血缘关系和附庸制密切相关,大多数学者现在也会对此观点提出疑问。布洛赫说:"人身依附关系……是家族连带

---

① J. M. Wallace-Hadrill, *English Historical Review*, 78(1963), 118 注意到这一倾向,而更近时期众多的研究对此加以肯定。英文研究成果包括 R. McKitterick, *The Frankish Kingdoms under the Carolingians*, 751-987 (London, 1983)。

② 例如,参见 R. Hodges, *Dark Age Economics* (London, 1982)。

③ F.L. Ganshof, *Feudalism*, 3-12 提出这一观点;E. Magnou-Nortier, *Foi et fidelité: recherches sur l'évolution des liens personnels chez les Francs du VIIe au IXe siècles* (Toulouse, 1976)加以肯定。

④ 这次重新评价主要由 P. Sawyer, *The Age of the Vikings* (2nd ed., London, 1971)发起。顺便讨论维金人入侵对欧洲之影响的有:L. Musset, *Les Invasions: le Second Assaut contre l'Europe Chrétienne (VIIe - XIIe siècles)* (Paris, 1965); A. d'Haenens, 'Les invasions normands dans l'empire franc au IXe siècle', *Settimane di Studio del Centro Italino di Studi sull' alto medioevo*, xvi (Spoleto, 1969), 233-298;还有 J. M. Wallace-Hadrill, 'The Vikings in Francia', 见他的 *Early Medieval History* (Oxford, 1975), 217-236, 以及 F. D. Logan, *The Vikings in History* (London, 1983)。

关系的一种替代物或补充物",①但许多人认为它们之间是有根本区别的横向和纵向的关系。最近对中世纪早期贵族人物志的广泛研究说明,家族关系虽在某些方面有变化,但仍然是根深蒂固的。在特定地区,由于男子继承权、土地和职务的世袭占有制的确立,贵族大家族的连带关系和凝聚力增强。② 此外,在诸如家族复仇等家族活动衰微的领域,其相关角色不是被封建关系所代替,而是由王室权力机关所取代。在这一问题上,布洛赫虽然承认国家概念从未完全消失,但他低估了王室威望和公共权力机关持续存在的重要性。在这方面人们批评他是对的。王室威望和公共权力机关先前曾与分割的行政权力一起存在,在布洛赫所称的"封建社会第二阶段"变得非常强大。③

研究9、10世纪法国历史的学者们已强调指出,在许多地区权

---

① 下文,P.224,并见 B. Lyon,'The Feudalism of Marc Bloch',280。

② 有关大陆文献的考察,见 M. Hinzelmann,'La noblesse du haut moyen âge (VIIIe – XIIe siècle): à propos d'ouvrages récents', Le Moyen Age, lxxxiii(1977), 133-144。也可参见 C. B. Bouchard,'The origins of the French nobility: a reappraisal', American Historical Review, lxxxvi(1981), 501-532。T. Reuter (ed.), The Medieval Nobility (Amsterdam, 1979)中收集翻译了大陆学者的文章,K. Leyser,'The German Aristocracy from the Ninth to the Early Twelfth Century', Past and Present, 41(1968), 25-53,以及 D. A. Bullough,'Early Medieval Social Groupings. The Terminology of Kinship', ibid.,45(1969),3-18。

③ J. M. Wallace-Hadrill, English Historical Review, 78(1963), 118. 参见 W. Ullmann, The Carolingian Renaissance and the Idea of Kingship (London, 1969); J. L. Nelson, Politics and Ritual in Early Medieval Europe (London, 1986); J. Bak, Medieval Symbology of the State: Percy E. Schramm's contribution, Viator, 4 (1973), 33-63,以及 J.-F. Lemarignier, Le Gouvernement royal aux premiers temps capétiens 987-1108 (Paris, 1965)对德国学者 P. E. Schramm 的各种著作进行了讨论。

力机关都驻留于地方公国内,地方公国的权力最初是以加洛林王朝委派的公职人员(bannum)为基础的,在那里权力机关实质上仍是公共机构。乔治·杜比于1953年发表了具有重要影响的关于马康奈(Maconnais)地区状况的研究以后,进一步研究业已表明,到11世纪独立的城堡主逐渐居于支配地位以前,许多地区并没有产生封建主义,所以封建主义一词是强加于当时存在的各种组织结构之上的。① 布洛赫认为,势力日渐壮大的新的骑士社会群体兴起于外族入侵时期,而对"封建"贵族阶级的新近研究表明,这一群体在加洛林贵族阶级中在很大程度上是一脉相承的。11世纪骑士地位还相对低微,当贵族开始"僭取"骑士群体日益风靡的精神风尚时,二者才逐渐有某种融合。②

布洛赫在导论的末尾说过,他的书如能使读者产生"求知的渴望……尤其是研究的渴望",他就满足了。如果布洛赫能看到他的一些结论已为新的研究成果所匡正,那么一定不胜欣慰。在半个世纪的时间里,《封建社会》一直在推动着活跃的研究活动,而且布洛赫本人已注意到这些非常复杂的论题,至少近来研究中关注的问题一般都在他的著作中预先涉及了,新近研究的最终结果

---

① G. Duby, *La Société aux XIe et XIIe siècles dans la région mâconnaise* (Paris, 1953, reprinted, 1971).

② 有关这一专题的著作现在非常多。除了翻译收集在 T. Reuter(ed.), *The Medieval Nobility* 中的研究成果外,可参见 F. L. Cheyette, *Lordship and Community in Medieval Europe* (New York, 1969)中的文章,以及 J. Martindale, 'The French Aristocracy in the Early Middle Ages: a Reappraisal', *Past and Present*, 75(1977), 5-45。最近对法国文献的考察有 E. Hallam, *Capetian France* (London, 1980), 13-26 及 J. Dunbabin, *France in the Making 843-1180*) (Oxford, 1985), 42-43。

只是侧重点的变化,而不是研究方向的完全改变。①

六

虽然近来更多的研究已证明,布洛赫的一些观点已不可避免地失之不当,但这部著作所研究的大量内容和使用的方法仍有其价值。其中的一节由于受到学者们几乎普遍一致的赞扬而显得格外醒目,这就是第二编布洛赫对"环境:生活状况和心态"的论述。这一部分不仅展示了作者将"总体的"和"心理学的"研究方法应用于社会问题所做的淋漓尽致的发挥,而且也显示了布洛赫对当时的文献惊人的熟稔,对中世纪人们的心态(mentalités)有直感的把握。但是,即使在这里,心态综合体的一些主要部分也莫名其妙地付之阙如,这大概在一定程度上是由布洛赫所接受的早期犹太教育造成的。布洛赫对基督教信仰——对西欧社会的凝聚力贡献最大的因素——缺乏领悟,这一点十分明显地表现在他用来论述"宗教心态"的区区五页半篇幅中,在这里信仰被非常狭隘地理解为对即将到来的末日审判的恐惧。②

布洛赫在别的地方也显示出真知灼见,但并非总是如人们希望的那样充分展开。布洛赫提出的"封建主义两个阶段"的观念是

---

① 这方面的有力例证是杜比教授最近倾向于从心态和观念形态角度来考察封建主义:G. Duby, La Féodalité, Une mentalité médiévale, *Annales: économies, sociétés, civilisations*, 13(1958), 765-771 及同一作者的 *The Three Orders. Feudal Society Imagined* (Chicago, 1980).

② *Feudal Society*, vol.1, 81-87.

特别富有内涵的,因为在早期阶段,简单的实际需要所产生的人际关系不拘礼节、直截了当,与11世纪中叶以后的情况形成明显的对照,11世纪中叶以后,人与人之间的关系变得礼节化、法律限定化,并转变成一种文学上和教养上的俗套,但其实际重要性却受到新的社会和政治形势的限制。令人费解的是,布洛赫从未充分阐释这种颇具启发意义的区别,在很大程度上还是喜欢从每个时期的不同经济状况来讨论这种区别。

布洛赫著作的永恒价值与其说在于它的见解,毋宁说在于它的研究方法。他视野的开阔至今仍是令人惊异的,他开风气之先,迅速地应用了诸多可行的研究方法——其中一些研究方法是从其他学科借鉴而来,这种精神后来在巴黎高等实践研究院(*Ecole pratique des Hautes Etudes*)第六部*的纲领中找到了学术研究上的名副其实的归宿。他从社会学家如涂尔干那里受益匪浅,学到了社会学的研究方法,这反映在他强调社会各群体的定义以及社会群体与总体社会结构的关系上。他所进行的研究绝大部分已成为当今史学家的范本——在某种程度上我们现在都是布洛赫学派的门徒——只要读一读二三十年代大多数史学家从政治和法律方面所做的狭隘的研究,就能懂得布洛赫研究方法所具有的使人耳目一新的创造性。

布洛赫研究方法的恢宏和强大生命力在很大程度上来源于他对教学活动的重视。但是在《封建社会》一书中,其他优点也是很

---

* 1947年由法国年鉴学派创立,全称为:法国高等实践研究第六部——经济社会科学部,1975年独立为高等社会科学研究院。——译者

突出的,特别是它文字清晰明快而又充满活力,富有激情而又充满理性,提出问题,然后系统地找出既准确又可靠的答案和方法,这些优点使该书成为教学上的无价之宝。这些优点加上布洛赫那渊博的知识、情文并茂的论述,使《封建社会》一书堪与理查德·萨瑟恩爵士的《中世纪的形成》相媲美,共同成为中世纪社会和文化研究的最优秀的入门之作。它仍然是比绝大多数教科书更出色的"教科书"。

1962年一位批评家写道:"研究中世纪史的人不会从《封建社会》中获得很多新东西。"[1]当然,《封建社会》不是中世纪史研究的尽善尽美之作,也不是一些褒贬者所描述的理论论文或比较史学的指南手册。它是一幅个人的、经常呈现出印象派特点的图画,在这个图画上充溢着一位学术巨擘在一个完整社会最广阔的方面上所展现的真知灼见,所以这部著作理所当然地仍然是历史著作中的经典之作。

---

[1] B. D. Lyon,'The Feudalism of Marc Bloch',282.

英译本 1961 年版前言

M. M. 波斯坦

一

马克·布洛赫的这本书现在是论述封建主义的国际水准的著作,它是布洛赫学术活动的最后作品。可是,人们不能视之为布洛赫毕生事业的概略。该著作的第二卷于 1940 年问世,是从"服役的作者"(de la part de l'auteur aux armées)那里流传到他的本国朋友手中的。虽然他的战时读者未能料到他三年后的悲惨命运,并且有充分的理由期待着他重新回到中世纪研究上来,但当时这本书肯定已经给他们留下了印象,正如它作为中世纪研究系列论著的一个部分一定给现在明达的读者留下了印象一样。这一系列著作的其他部分几年前已经出版。在他更早的著作中,最著名也最重要的是《法国农村史》,这部著作就像此前或与之同时的几部论著[1]一样,展现了中世纪社会的形象,但从布洛赫个人的观点

---

[1] 特别是 *Rois et Serfs*, Paris, 1920;'Liberté et servitude personelles au moyen âge', *Annuario de historia del derecho español*, Madrid, 1993;以及 'The Rise of Dependent Cultivation', *in Cambridge Economic History*, I.

看,这个形象是不全面的。尽管这些早期著作思路开阔,但没有阐明中世纪文化和社会的全貌。这些著作的研究兴趣敏锐地(在论到布洛赫时,我们不能狭隘地使用这个词)集中在中世纪生活的物质基础上:土壤、地形、耕作技术、定居形式;或集中在清楚地显示这种物质基础的那些社会关系上。

这不是布洛赫的完整的中世纪观念。这一点不仅显见于他的作品中,而且显见于《法国农村史》本身的无数提示和附注中。诚然,他作为史学家的嗜好和关注点在于历史的"理性的"方面,在于能够理解的看得见的事实,即以大多数现代科学家处理、分析其资料的方式进行处理和分析的有形的事实。有的观念研究者恰好保存了未被近来用法讹化的词汇,因此他们将承认布洛赫的研究方法是真正意义上的"实证主义",布洛赫本人也许一直在回避这个称号。在他身后出版的有关历史学家技艺的札记中,他表示不赞同错误的实证主义,即墨守成规的实证主义(*positivistes de stricte observance*),或有点简单化的实证主义(*positivisme une peu rudimentaire*),或难以理解的实证主义(*positivisme mal compris*)。[①] 但是,渴望使自己脱离实证主义的错误观念,这本身就说明他本人与真正意义上的实证主义有着密切关系。对他而言,在真正的认识论意义上,历史学是一门科学:一种可以提供我们理性分类和进步知识(*un classement rational et une progressive intelligibilité*)的认识方法(*connaissance*)。所以他为历史学享有科学之名(*au nom scientifique*)的权利进行辩护,

---

① *Le métier d'historien*, Paris, 1948(英译本为 *The Historian's Craft*), pp.xii, 4。

尽管它无法像欧几里得那样展示不可改变的法则。①

不过,即使坚持词语严格意义上的实证性和理性特点,这种态度也没有将布洛赫局限于经济现象、简单的买卖业务或马克思主义者列为"社会生产关系"的那些社会问题。历史研究中可以由确凿证据检验和能够产生有益观念的任何事物都为其所利用。他研究领域的强大粉碎机最大程度地利用了形形色色的历史事实——人的观念、信仰、恐惧、政治动机以及物质需求和经济欲望。

他的计划由此从《法国农村史》及类似的研究转向了对封建主义——被视为一种人类关系体系——的研究。由于早期的研究几乎全部讨论农业和农村社会,避开了中世纪史的其他许多课题,所以它们只不过是布洛赫整个规划的一部分。为了完成其构想并且以符合其观点的方式来完成其构想,他必须循着早期的研究,从中世纪社会秩序的视点,或更确切地说,从中世纪社会秩序中的那些因素——这些因素不涉及生产过程或不再直接由这些生产过程所决定——的视点出发,以进一步的著述来分析中世纪社会。这就意味着要撰写社会关系史,这些社会关系表现在附庸制、效忠关系、人身依附、私人对臣仆的权力,以及被封建制同化或取代的旧的家族和部落制纽带关系上。

二

布洛赫这部著作所集中论述的正是这些关系,因此补充了他

---

① *Le métier d'historien*, pp.xvi, xii–xiii, 72.

的其他论述。可是,即使就这部著作本身而论,它所展现的中世纪景象,也比其他表面上研究同一主题的大多数著作更加广阔得多,也许更加真实得多。一位接受英国或德国中世纪研究传统的急躁的读者,也许会认为这部著作只是再一次简要复述构成中世纪研究的学术思想主体的观念。在这个学术思想主体中,"封建主义"只是作为军事组织的普遍原则体现在采邑中的诸法律或习惯原则的一个名称。这样叙述出来的封建主义的历史,主要的就是男爵和骑士的役务契约史。从事制度研究的史学家在追溯这些契约的起源时,通常满足于说明中世纪早期军事需求如何促生了具有贵族性和荣誉性上层结构的骑士采邑。在追溯英国和德国封建主义的后来的变化时,他们试图说明军事采邑制如何崩溃、被取代、复活或变异,新的契约原则——合同或简单的雇佣关系——如何取代旧的军事采邑契约。

将封建主义等同于军事役务,必定将封建主义的历史缩小到一个单一问题上,将其他史学家习惯上纳入封建主义史之中的大量主题排除在外,而正是由于这些主题的存在,封建主义这个词语和概念才在历史编纂学上居于突出的地位。这种研究方法的差别有时究竟有多大,最近已经在有英国人和俄国人参加的一个讨论会上显现出来,当时来自俄国和英国的两位主要发言人做了有关封建主义的精思附会的演讲,但这两个演讲几乎没有在一个问题上发生接触。英国演讲人博学而优雅地讨论军事采邑,而俄国演讲人则集中讨论地主对农民的阶级统治和剥削。毋庸说,俄国人的演讲充满了人们熟悉的马克思主义的内容:国家是阶级统治的工具,"商品交换"是封建主义瓦解的催化剂,封建经济是早期资本主义的前身。不过,尽管俄国人对这个词的使用充满教条主义和陈词滥调,但它比英国演讲者所采用的传统涵义对历史思想的研究具有更直接的影响。

不用说,封建主义概念出现在英国和德国历史编纂学中的时候有其本身的用法。创造了这个概念的英国和德国的律师们和发展了这一概念的制度学派史学家们,赋予它许多法律和学术上的严肃性。这种严格的传统现在已经保存了一套观念,大学教师们可以行之有效地将这套观念应用于教学目的,特别是用作思想训练的工具,矫正当代历史编纂学的新闻报道式的轻率做法。但是,传统的英-德研究方法被视为一种思想工具应用于社会研究时,至少可以说,是一直没有效用的。它关注的中心在于军事役务,因此它不能为中世纪社会,或者说为任何社会的基本法则提供答案。只要它仅仅关注契约原则,它就看不到潜在的社会现实。而且,即使在法律和契约问题的狭隘范围内,它也不能考虑到法律形式的变迁和变化中的社会需要之间的时滞差。

当然,从某些观点看来,对封建主义所做的法律上的系统表述,并不逊色于其他的概括性表述。确实可能有人(而且一些作者发现也很方便)争辩说,没有一种合成的表述方法、当然也没有一个词语可以胜任我们期望封建主义一词所能为之事,即概述一种社会制度或一种历史状况的本质。这类意义广泛的词语,无论是重商主义,还是资本主义,抑或是社会主义,必定将它们意欲概括的现实过分简易化。在某些情况下,赋予一些完整的时代以一种概括性名词的做法甚至是危险的。它可能会诱使使用者陷入唯名论谬误的极可怕的泥潭中,而且也许会鼓励他们把真实的存在强加于自己的词语之上,从这个用来描述现实的词语的语源中推论出一个时代的特征,或者仅仅以语义上的牵强附会来建立历史论证的大厦。

这都是非常实际的危险。但是,所有概括性的词语都存在同样的危险性。如果有人坚持对概括性词语的这种异议,那么就有充分的理由反对使用诸如战争、和平、国家、财产、等级、工业、农业这类老生常谈的概念。实际上,没有代表整个的一组现象的概括性词语,不仅历史学无从谈起,而且一切知识领域的论说都无法进行。

布洛赫清楚地意识到了这一点。他询问为什么"担心概括性的词语?没有抽象,任何科学都无法进行……难道说叶绿素的作用比经济的作用更'真实'吗?"[①]但是,如果使用概括性的概念,那么,仅仅为使用这些有用的概念——那些可以帮助我们将一种历史状态与另一种历史状态区别开来,将不同国家乃至不同时代的类似状态排列起来的概念——就要说许多话。[②] 这样,为了使封建主义的概念有用,就必须乞灵于一种历史状况或一个时代的真正的本质特征,说明它们的相互依赖关系。

这是制度上和法律上的封建主义概念无法胜任的,但它显然是布洛赫已经想到的。诚然,他试图对封建主义所做的定义(如在第八编中),乍看起来也许很类似于各种教科书中的传统界定。但细审之下,人们看到,它包括了中世纪社会的大部分重要特征。

---

① *The Historian's Craft*, p.74.

② 'un lexique ... dont la généralité se veut supérieure aux résonances d'aucune époque particulière', *ibid.*, pp.87-88;又见 p.72。

"依附农民;附有役务的佃领地(即采邑)而不是薪俸的广泛使用……;专职武士等级的优越地位;将人与人联系起来的服从-保护关系……;权力分割;在所有这些关系中其他组织形式即家族和政府的存留……",较之那种将封建主义和采邑等同起来、以骑士役务史为封建主义史之始终的研究方法,这种方法当然要宽广得多。在布洛赫对封建主义所做的定义中,采邑只是整个环境的一个因素,尽管是一个非常重要的因素。但对他而言,即使采邑占据一个更次要的位置,一个社会仍可能是封建社会。在正统派看来,这种自由观念也许是与这个名称的语源不相符的。但布洛赫认为,语源学上的正确性不是一个历史概念最终的检验者。他在《历史学家的技艺》中发问道:"如果现在用这个名词来描述一些社会——在这些社会中采邑不是其最重要特征——又当如何呢?这样做没有什么东西违背所有科学坚持的做法。如果物理学家坚持将原子——不可分的物质——这个名称用于他们要进行极大胆分裂的对象上,我们会感到吃惊吗?"

三

封建主义——采邑只是其中一个部分——的概念显然源自这样的假设:统御一个社会的各项制度的结构,只有通过对整个人类环境的了解才能最终得到理解,布洛赫不断地提到整体社会环境(*ambiance sociale totale*)[①]也同样清楚地表达了这个含义。所

---

① *Le métier d'historien*, p.8 and *passim*.

以，人们发现他令人振奋且非常敏锐地讨论了中世纪的心态，依此引导他对封建社会史的论述时，也就不感到吃惊了。因为人们的观念体现在整个环境中，而且它们就是社会结构的本质内容。让我们再次引用他的话吧："社会划分归根到底只是由于观念而存在，人们用观念构造了社会划分。"

然而，使这一警言具有重要意义的，不仅仅是它对观念的强调，而且还在于它潜在的假设，即一位研究封建主义的史学家的真正论说畛域是社会划分。一旦社会划分成为封建主义史的主题，那么其历史必然关注军事采邑制度下面及外面的民众。

布洛赫可能坚持认为庄园史不同于封建制度史，但他一再强调庄园是"封建社会的一个根本因素"。实际上，他对封建主义所做的最终界定是从"依附农民"开始的。如果说他在本书的主要内容中没有详细讨论依附农民，那只是因为他在《法国农村史》中已经详细讨论过了。从这一观点看，这两部著作是互为补充的，除非将二者结合起来，就无以展示布洛赫对封建社会的见解。即使如此，这一见解也许是能够再进一步扩展的。因为我们都知道，如果布洛赫在战争中大难不死，他也许已经写成一部中世纪思想史的巨著，即《欧洲思想精神史的特征》(*les caractères originaux d'histoire morale et intellectuelle européenne*)，完成了他对中世纪史的论述。

导论　本书研究的总体范围

作为书名的"封建社会"一词，只是在最近两个世纪左右的时间内，才表达了该书所论述的观念。但"封建的"这个形容词本身却由来已久，它的拉丁文形式 *feodalis* 在中世纪就存在了。法文名词 *féodalité*（封建主义）虽产生较晚，但至少可追溯到 17 世纪。不过在相当长的时期，这两个词只是在狭隘的法律意义上使用。正如我们将要讨论的，采邑（*feodum*）是一种不动产，所以 *féodal*（封建的）一词被理解为"与采邑相关的"（这是法国科学院对它所做的界定）；*féodalité* 既含有"采邑独有的特质"的意义，又表示随采邑占有而来的义务。1630 年，法国辞典编纂家里歇莱把这些词语称为"律师的行话"，而不是——请注意——史学家的行话。那么，从何时起最先有人想到扩大这些词语的含义，用以标称一种社会状态呢？1727 年，即在德·布兰维利耶伯爵去世五年后，他写的《议会历史文书》(*Lettres Historiques sur les Parlemens*)[①]一书出版，该书在这种意义上使用了"封建政府"（*Gouvernement*

---

① *Histoire de l'ancien gouvernement de la France avec XIV Lettres Historiques sur les Parlemens ou Etats-Généraux*, The Hague, 1727. 第四件文书的标题是：*Détail du gouvernement féodal et de l'établissement des Fiefs*（《封建政府之详情及采邑的确立》)(1, p.286)并有(p.300)这样的句子："我已深入到这个法令中，相信它可以提供旧封建制度的确切概念。"

féodal）和"封建主义"（*féodalité*）。这是我经过相当广泛的研究之后所能发现的最早的例证。也许有朝一日其他研究者会更幸运，找到更早的例证。布兰维利耶是位奇人，他曾一度是费奈隆*的朋友，翻译过斯宾诺莎的著作，更是贵族阶级的热情辩护人。他相信贵族阶级是日耳曼部族首领的传人——可以说，他是戈宾诺**的原型，只是不那么狂热、更为博学而已。在没有发现更早的例证之前，也许布兰维利耶可权且被看作是一种新的历史分类法的发明者，因为此种分类法正是"封建主义"真义所指，而且历史研究中，几乎没有几个历史阶段像这个历史阶段一样具有决定性意义：在这个历史阶段里，一些"帝国"、王朝和著名的时代与某个响亮的名称画上等号——一句话，以帝王和修辞传统对历史所做的所有武断的旧划分，开始让位于另一种基于社会现象观察的历史分类体系。

但是，使这一概念以及表达这一概念的词语获得广泛传播的，却是另一位更著名的作家。孟德斯鸠读过布兰维利耶的著作，而且，律师们使用的词汇对孟德斯鸠并不可怕：出自他笔下的法兰西文学语言，难道不是由于法庭上搜集到的材料而得到极大丰富吗？如果说，孟德斯鸠似乎在避免使用"封建主义"这个词语——这个词语无疑太抽象，不合他的口味——那么，无可否认的是，正是他

---

* 费奈隆（Fénelon S. Mothe，1651—1715），法国主教，社会、政治问题著作家，被认为是18世纪思想家的先驱。——译者

** 戈宾诺（Joseph-Arthur, de Gobineau，1816—1882），法国外交家、作家、人种学者和社会思想家。在历史、文学与文艺批评领域亦多有著述。他的《人种不平等论》（*Essai sur l'inégalité des races humaines*），(1853—1855)一书，提出了种族成分决定文化命运的理论，为20世纪的种族主义者、大战犯希特勒所崇尚。——译者

使他那个时代受过教育的人相信,"封建法律"(lois féodales)是一个特殊历史阶段的显著特征。这些词汇与这种观念一起从法语传播到欧洲的其他语言中:在一些情况下只是被抄录下来,而在另一些情况下则是被意译出来,如德语中用 Lehnwesen 来表示封建主义。法国大革命在反对新近被布兰维利耶以完全相反的情感所赋予名称的那些制度的残余时,最终将封建主义这一概念传播到了民众中。1789 年 8 月 11 日的著名法令宣布,"国民议会彻底废除封建体制"。从那时起,谁能否定曾经存在过一种人们以高昂的代价才摧毁了的制度呢?[①]

但是,应当承认,封建主义这个前景广阔的词汇,即使在看来有充分理由采用它的时候,也是一种不恰当的选择。对于生活在君主专制制度下的布兰维利耶和孟德斯鸠来说,中世纪最显著的特征,就是众多的小诸侯甚或仅仅拥有几个村落的小领主瓜分统治权。他们用封建主义这个词语所表示的正是这个特征。他们谈到采邑时,有时指地方公国,有时又指庄园。但在实际上并不是所有庄园都是采邑,也不是所有采邑都是公国或庄园。最重要的是,仅仅强调其政治方面,是否可以恰如其分地标示出一个非常复杂的社会组织类型,或者——如果从最狭隘的法律意义上理解"采邑"——是否可以在许多权利中只强调一种特殊的不动产权利,值得怀疑。但是,就像用旧了的钱币一样,各种词汇在不断的使用过程中会失去明晰的轮廓。以目前的用法,"封建主义"和"封建社

[①] 在今天那些纽扣上装饰着红色绶带或玫瑰结的法国人中,有多少人知道 1802 年 5 月 19 日的第一部宪法要求他们的等级必须履行的义务之一就是"同……任何复辟封建统治的企图进行斗争"呢?

会"涵盖了一整套复杂的观念,在这套观念中严格意义上的所谓采邑不再占有最突出的地位。假如史学家仅仅把这些词语当作现代用法上认可的标签,来标明他仍须解释的事物,那么他不必有任何顾虑。这就像一个物理学家,可以不考虑希腊人的观点,坚持把他花费时间加以分裂的东西称为"原子"一样。

一个令人深感兴趣的问题是,在其他的时代和世界的其他地区,是否存在其他一些社会形态,其社会结构的基本特点与我们西欧的封建主义具有充分的相似性,从而使我们可以将"封建的"这一词语同样地应用于这些社会呢?这一问题将在本书的末尾再作讨论,现在暂且不做探究。这里我们要分析的是首先使用"封建主义"这一名称的社会。除了研究有关封建主义起源及其后来的发展诸问题,本书研究范围将大致限定在9世纪中叶到13世纪最初几十年的这一历史时期,且限于西欧和中欧。何以选择这样的起止点,通读此书,可以自明,但对地理界限做这样的规定,则似乎需要做一点简单的解释。

古代文明是以地中海为中心的。柏拉图写道:"我相信世界非常辽阔,我们这些居住在直布罗陀海峡和法思河*之间的人们,只是生活在这个海**周围的世界的很小一部分,就像蚂蚁或青蛙蕃息在一个池塘边。"①这片水域在许多世纪里一直是罗马世界的轴

---

* 法思河(Phasis),位于黑海东岸。——译者

** 指地中海。——译者

① *Phaedo*,109b。[按:《斐多篇》为古希腊哲学家柏拉图以斐多(前417—?)的名字命名的对话。——译者]

心,甚至在罗马的征服活动扩大了罗马世界的范围以后仍是如此。一位来自阿基坦地方的元老院议员可以在博斯普鲁斯海岸谋求功名,也可以在马其顿拥有大片地产。震撼罗马经济的价格大变动影响到从幼发拉底河到高卢的广大地区。没有非洲的粮食,罗马帝国的生存是不可思议的,就像没有非洲的奥古斯丁*,天主教神学是不可思议的一样。另一方面,任何人一旦跨过莱茵河就会立即发现自己置身于一块陌生且充满敌意的土地:那是蛮族统治的广袤地区。

在我们称为中世纪的这个历史时期的开端,两次规模宏大的民族迁移已打破了这种平衡——这种平衡在多大程度上已从内部受到动摇,暂且不必探究——取而代之的,是一种由各民族构成的迥然不同的格局。这两大民族迁移,一是日耳曼人的入侵,二是穆斯林的征服。日耳曼人渗透到此前属于罗马帝国的西部领土的大部分地区。被他们占领的地区有时由于属于同样的政体而联合起来,但通常都是由于入侵者具有共同的心理习惯和社会风俗而统一起来。渐渐地,居住在不列颠诸岛的凯尔特人小群体与罗马-日耳曼社会联合起来,或多或少地同化于其中。另一方面,北非却沿着完全不同的道路发展。柏柏尔各部落的反抗已孕育了与罗马决裂的萌芽;伊斯兰教徒的征服完成了这一分裂过程。在其他地区,如黎凡特(Levant)海岸,阿拉伯人的胜利已使以前的东罗马帝国局蹐于巴尔干半岛和安纳托利亚高原地带,并使之变成希腊人的

---

* 奥古斯丁(Augustine, 354—430),北非希波城主教,主要著作有《上帝之城》、《忏悔录》等,其思想对西方基督教世界有重要影响。——译者

帝国。交通的困难，不同的社会和政治结构，以及与拉丁基督教大相径庭的宗教心态和教会组织，所有这些因素结合起来，越来越多地割断了东罗马帝国同西欧基督教团体的联系。诚然，西欧社会对欧洲东部的各支斯拉夫人有着广泛的影响，在某些斯拉夫人中，不仅传入了天主教，而且传入了西欧的思维方式乃至西欧的某些制度；但是，斯拉夫语系的各社会群体，在极大程度上仍然是沿着非常独立的道路发展的。

罗马-日耳曼世界处在穆斯林、拜占庭和斯拉夫三大集团包围中，汲汲于推进不断变动的疆界，但其自身也绝非和谐一致。不同背景所产生的差异，已给构成罗马-日耳曼世界的不同社会群体打下深刻的烙印，并具有持久的影响。甚至在起点差不多相同的各地区，各社会群体的发展路线在随后也可能相去甚远。但是，不管这些差异多么明显，我们能不承认在这些差异之上存在一种共同文明即西欧文明所具有的显著的品质吗？在下面的论述中，如果在也许应该使用"西欧和中欧"这一语词的地方，我们简称为"欧洲"，那么，这不仅仅是为了避免重复烦琐累赘的形容词。在人为地将世界分为"五个部分"的旧地理学中，欧洲这个名称及其界限究竟如何规定，又有什么要紧的呢？真正值得考虑的是欧洲在人类发展中的意义。欧洲文明在定居于第勒尼安海、亚得里亚海、易北河和大西洋之间的那些人中间产生、开花结果，最终传遍了世界各地。欧洲文明的故乡正是这些地区。8世纪一位西班牙的编年史家已朦胧地领悟到这一点。这位编年史家在查理·马特领导法兰克人取得对伊斯兰教徒的胜利后，称他们为"欧洲人"。同样，大约200年后，萨克森修士威杜金德也意识到这一点。奥托大帝击退匈牙利人后,他热烈地称赞奥托大帝为"欧洲"的解放者。① 按照该词的这种含义——其历史内容极为丰富——欧洲形成于中世纪早期。严格意义上的封建时代开始时,它已经形成了。

把"封建主义"一词应用到这样限定的欧洲历史的一个阶段,有时会被做出极不相同、几近对立的解释,但是这个词语的存在本身就表明,人们已经本能地承认了这个词语所表示的这个阶段的独特性质。所以,可以认为,一本关于封建社会的书,就是力图回答它的标题所提出的一个问题:这个需要加以独立研究的历史阶段的显要特征是什么?换言之,我们这里尝试进行的,是对一种社会组织结构以及把它联为一体的各项原则进行剖析并做出解释。类似的方法——如果被经验证明行之有效——也许可以在不同的限定条件下,用于其他研究领域。我希望目前研究中确实新颖的方法将补偿实践上的缺点。

如此构想的研究工程,规模颇为浩大,因此有必要把资料加以分配。上卷将概括性地叙述这个阶段的社会背景,并研究人与人之间互相依存的那些契约关系的成长过程。这些互相依存的契约关系,较之其他事物更多地赋予这种封建结构以独特性。下卷讨论社会等级和政府组织的发展。解剖活的有机体总是困难的。旧的社会等级的最终分化,一个新阶级——资产阶级(*bourgeoisie*)——的出现,国家权威在长期衰落后重新恢复,这些变化与西方文明最典型的封建特征的开始消失同时产生;这就

---

① *M.G.H.*, *Auctores Antiquissimi*, XI, p.362; Widukind, I, 19.

说明虽然不可能严格地按年代顺序进行划分,但还是由上卷首先讨论封建社会的产生,下卷讨论封建社会发展壮大和衰落。

但是,历史学家绝非随心所欲之人,对历史的了解只能以历史所允许的程度为限。而且,在他所要研究的课题过于庞大、不允许他对所有的资料亲自考订时,他便意识到,他的研究时常为研究条件所限制而无法如愿。本书将不检评学者们以往有时进行的笔战,我所关注的是历史而非历史学家。但是,不论那些学者们进行论战的理由是什么,我决心永不隐瞒我们知识中的空白或含糊之处。在这方面,我觉得不应冒险从事,使读者感到沮丧。相反,人为地强迫一个在本质上处于运动状态的知识学科变得僵化,会使人们感到厌烦和丧失兴趣。对中世纪社会了解最深刻的人之一,英国伟大的法学家梅特兰说过,一本历史著作应该使它的读者产生渴望——求知的渴望,尤其是研究的渴望。如果本书能达到这一点,我将满足之至矣。[①]

[①] 每一部历史著作,如果要面向较多的公众,那么其作者都会面临一个极难办的实际问题——参考书目问题。合理的办法也许是,将本书必须参考的所有博学的著作的名称详列于每页脚注。我冒着被人们认为不义的危险,将绝大部分参考书置于本书末尾的书目中。不过,我有一条规则,即:对于一条原始资料,如果不能向每一位缺乏经验的研究者提供找到它的段落出处,并证实我对它的解释的办法,那么就不加引用。如果没有将参考书列出,其原因是我文中所列出的资料,辅之以文献所在的详细目录,使之很容易被找到。在这一切都略去的地方,注释可以作为线索。在法庭上,证人的身份毕竟比辩护人的身份要重要得多。

上卷
依附关系的成长

第一编

环境:最后的诸次入侵

第一章 穆斯林和匈牙利人

1 被入侵和包围的欧洲

"你们看,上帝降怒了……城镇渺无人烟,寺院或被夷为平地,或被付之一炬,土地荒芜,一切都荡然无存矣,……到处是强者凌弱,人如海中之鱼疯狂地相互吞噬。"909年兰斯省的主教们在特洛斯利聚会时的情形就是如此。9、10世纪的文献、契约书和宗教会议辩论记录中,这类悲伤哀怨之词比比皆是。在排除所有夸张成分及宗教演说者本身固有的悲观情绪后,我们还需要考察一下,在这一不断触及的主题中,这种甚至在当时都被认为是难以忍受的形势的证据如何,尽管它已经拥有众多的时证。当然,在这一阶段,那些有能力进行观察并做出比较的人,特别是教士阶层,都感觉到自己生活在一个天下大乱、暴力充斥、令人憎恶的环境中。封建主义就产生于这个灾难深重的时代,并且在一定程度上就是这些灾难的产物。但是某些促成或维持这种混乱状态的原因,却与欧洲社会内部的变化全然不相干。几个世纪以前,新的西欧文明经受了日耳曼人入侵的血与火的锻冶,现在似乎又成了一个受到围攻的城堡——的确,它的半数以上的地区已遭到包围。它的三面同时受到攻击:南面是伊斯兰教的信奉者,即阿拉伯人或他们的阿拉伯化的属民；东面是匈牙利人；北面则是斯堪的纳维亚人。

2　穆斯林

在上述敌人中，伊斯兰教势力显然是危险性最小的敌人，虽然人们不能肯定地谈到它的衰落。在相当长的时期内，无论是高卢还是意大利，其贫困不堪的城市与富庶辉煌的巴格达或科尔多瓦相比，可谓相形见绌。12世纪以前，伊斯兰世界与拜占庭世界一起，仍对西欧拥有名副其实的经济霸权：在我们居住的欧洲的这一部分地区，仍在流通的惟一金币出自希腊或阿拉伯的铸造厂，或者至少——也像不止一种银币那样——是仿照希腊或阿拉伯货币铸造的。如果说8、9世纪哈里发帝国的统一最终陷于瓦解，那么当时从哈里发国家废墟上兴起的各个国家仍然是强大的势力。但此后伊斯兰教徒的行动不再是严格意义上的入侵，而是边界战争了。在东方，阿莫里亚（Amorian）王朝和马其顿王朝（828—1056）的皇帝们正在为重新夺回小亚进行着艰苦卓绝的斗争。这些我们先暂且撇开不谈。西欧社会同伊斯兰教国家的冲突只是从两个战场展开的。

第一个战场是意大利南部。这个地区仿佛是统治古罗马非洲行省的君王们逐鹿争雄的战场：先是凯万地区艾格莱卜王朝的埃米尔们，10世纪初法蒂玛（Fatimite）王朝的哈里发承继之。艾格莱卜王朝从希腊人手中逐渐蚕食了自查士丁尼时代以来即占有的西西里，902年攻克希腊人的最后一个据点塔奥米纳。与此同时，阿拉伯人在意大利半岛也站稳了脚跟。他们跨过意大利南部拜占庭属下的各行省,兵锋威胁着第勒尼安海沿岸的半独立的城市,以及坎帕尼亚和贝内文托地区的或多或少依附于君士坦丁堡的伦巴第各小公国。11世纪初,阿拉伯人的掠夺活动仍然远达萨宾山。有一伙匪徒曾在加埃塔附近的阿根托山上丛林茂密的高地上建立了据点,从事劫掠活动达20年,到915年才被摧毁。982年,年轻的"罗马皇帝"奥托二世开始征伐意大利南部。奥托虽为萨克森民族血统,但他自认为是罗马皇帝的继承人,无论在意大利还是其他地方都是如此。他干了一件令人吃惊的(中世纪屡次发生的)蠢事:他选择了夏季向这块骄阳似火的地区进军,军队不习惯此地迥然殊异的气候;7月25日他与穆斯林匪帮在卡拉布里亚东岸相遇,蒙辱惨败。

穆斯林势力一直在严重地威胁着这些地区,直到11世纪,从诺曼底来的一股冒险者击败了拜占庭人和阿拉伯人。西西里岛和意大利半岛南部联为一体,最终建立起生气勃勃的国家。它注定要永远阻挡入侵者的去路,充当拉丁文明和伊斯兰文明之间富有灵感的媒介。在意大利国土上,反对萨拉森人的斗争从9世纪已开始,持续了很长时间,在土地的争夺上双方互有得失,进展甚微。但是对于整个基督教世界而言,那只是一块遥远的悬而未决的领土。

另一个战场是在西班牙。在那里,对于伊斯兰教徒来说已不再是掠夺财物或暂时的领土兼并;伊斯兰教民众大量居住在那里,阿拉伯人建立的各政权在西班牙领土上有其统治中心。10世纪初,萨拉森匪帮还没有完全忘记翻越比利牛斯山的道路,但长途跋涉的侵袭变得越来越少。基督教徒的收复失地运动从西班牙最北端开始，虽然经受了许多挫折和屈辱，但仍在缓慢地进展。对于加利西亚和西北部的高原地带，远在南部的科尔多瓦的埃米尔和哈里发鞭长莫及，从未实施非常牢固的统治。各基督教小王国，有时分裂，有时又联合在一个统治者之下，从11世纪中叶开始向杜罗河推进；1085年抵达塔古斯河。* 另一方面，比利牛斯山下的埃布罗河虽近在咫尺，却长期为穆斯林占领。直到1118年萨拉戈萨才被攻陷。这些斗争虽没有阻碍更多的和平交往，但照例只有在短期休战时才停止。它们给西班牙社会留下了带有其自身特点的烙印。这些斗争对于"山口外"**的欧洲，几乎没有任何触动，却为欧洲的贵族——特别是从11世纪下半叶以后——提供了从事轰轰烈烈、有利可图并表示其虔诚信仰的冒险机会，与此同时，也使欧洲的农民有机会在西班牙国王和贵族的恳请下定居于未被阿拉伯人占领的土地上。但是，与真正意义上的战争相伴随的，却是海盗活动和匪徒劫掠，萨拉森人主要是通过这些途径给西欧造成普遍的混乱。

阿拉伯人从很早的时候起就是水手。他们的海盗船从非洲、西班牙，特别是巴利阿里群岛的巢穴出发，袭击地中海西部的目标。但是，靠几只船在这片水域上来回穿梭进行名副其实的海盗贸易获利甚微。萨拉森人控制地中海后，正像同一时期的斯堪的纳维亚人一样，首先认准了抵达海岸的各种途径，从那里可以进行获利丰厚的劫掠活动。从842年开始，他们上溯罗讷河，远至阿尔

---

* 跨越西班牙、葡萄牙两国，在西班牙境内称塔霍河，在葡萄牙境内称特茹河。——译者

** 指比利牛斯山北侧。——译者

附近,沿河两岸大肆抢劫。这一时期康马格通常是他们的根据地。但不久后的一个偶然事件不仅使他们获得了更为安全的大本营,而且也使他们有可能极大地扩展其劫掠范围。

在一个难以确定的日子里——大约是在890年左右,一艘来自西班牙的萨拉森人的小船被风吹到了普罗旺斯海岸,也就是今天的圣特罗波兹城郊。船上的人昼伏夜出,杀害邻近村庄里的居民。他们隐蔽的这一地区多山冈,森林茂密,当时被称为梣树林堡(frênes),或叫弗莱内(Freinet),①是个易守难攻的隐蔽地。此时这伙阿拉伯人同坎帕尼亚地区阿根托山上的同胞一样,在高地的茂密荆棘丛中建筑了堡垒,并召集同类入伙。于是就产生了一个极为危险的盗匪巢穴。但是,除了弗雷瑞斯遭受劫掠外,各城镇由于有城墙的防护,似乎没有遭到劫难,但普罗旺斯海岸附近的乡村地区却蒙受了惊人的蹂躏。梣树林堡的匪帮还捕捉了许多俘虏,将他们带到西班牙市场上出卖。

此外,阿拉伯人毫不迟疑地侵入内陆腹地。罗讷河谷人口比较稠密,并有设防城市或堡垒,阿拉伯人的人数很少,所以他们似乎不愿在此冒险。但阿尔卑斯山脉却能使小股经验丰富的山匪向纵深偷袭,从山的一段转移到另一段,从一处丛林转移到另一处丛林,并像他们从西班牙山地或马格里布山区到来时一样返回。用圣加尔修道院一位教士的话说,这些萨拉森人已成为"真正的山羊"了。而且,不管阿尔卑斯山外貌如何,作为强盗出没之地,不可

---

① 现存的一个村庄的名字 La Garde-Freinet 中,还保留着对这个名字的记忆。但萨拉森人的城堡并不在内陆的拉伽尔德(La Garde),而是位于海岸上。

等闲视之。山间有肥沃的河谷掩映,从周围环抱的群山上很容易悄然来到河谷上。格累斯沃丹就是这样的河谷。河谷中星罗棋布的寺院,成为打家劫舍者的理想猎物。(早在 906 年,苏萨之上的诺瓦莱萨寺院的大多数教士逃走后,寺院就被付之一炬。)最为重要的是,行旅、商人甚或去罗马使徒墓前朝拜祈祷的香客,都要经过阿尔卑斯山的这些山口。还有什么比在路途上伏击这些人更有诱惑力呢?早在 920 或 921 年,一些盎格鲁-撒克逊的朝圣者就在一个关隘被劫匪们用石头砸死,此后类似的罪恶事件经常发生。阿拉伯人的武装匪徒(djichs)不惮犯险涉远北进。940 年,他们在莱茵河谷上游附近和瓦莱出现,在那里焚烧了著名的圣莫利斯·达高尼修道院。大约与此同时,一伙阿拉伯人用弓箭射杀了圣加尔修道院教堂周围正在安详地列队行进的修士。但是这帮匪徒被修道院长紧急召集起来的自卫者驱散;他们中的许多俘虏被带到修道院。这些人昂然绝食而死。

维护阿尔卑斯山或普罗旺斯乡村的治安,为当时的各世俗政府的能力所不及。除了捣毁他们在桦树林堡的巢穴,别无良策。但这样又面临新的困难:如果不切断它的海上通道,阻止来自海上的援助力量,那么围剿这个堡垒就不可能真正奏效。当时,无论这个地区的各位国王(西边普罗旺斯和勃艮第的国王、东边的意大利国王)还是伯爵们,都没有归其统辖的船队。基督教徒中惟有希腊人是技术熟练的水手,然而希腊人有时也像萨拉森人那样参与海盗活动,从中牟利。(848 年洗劫马赛的就是希腊海盗。)931 和 942 年,拜占庭船队两次出现在离桦树林堡不远的海岸;起码在第二次,甚或第一次,船队是应意大利国王阿尔的休之召而来。休在普罗旺斯有重要利益。但两次进军均一无所获。更有甚者,当942年围剿阿拉伯人的斗争正在进行时,休却变了卦,准备与萨拉森人联盟,依靠他们的帮助来封锁阿尔卑斯的山路,阻击他的一位对手在争夺伦巴第王冠时所等待的援兵。951年,东法兰克(今天的德国)国王奥托大帝自立为伦巴第国王。他的目标就是在中欧乃至意大利建立一个像加洛林帝国一样的国家、一个基督教强国及和平事业的保卫者。奥托自认为是查理大帝的继承人,在962年加冕时就承袭了查理大帝的皇冠。他相信自己的使命就是结束萨拉森人的侵掠。他首先试图通过外交手段,劝服科尔多瓦的哈里发下令撤走在梣树林堡的属民,然后又制定了一个御驾亲征的计划,但始终没有付诸实施。

与此同时,在972年,这伙强盗因俘虏了一件过于辉煌的战利品而铸成大错。克吕尼修道院院长梅艾乌尔从意大利返回,经由德朗斯河谷中的大圣伯纳德路段时,遭到伏击并被带到山上一个密营中。萨拉森人外出不能返回其老巢时经常以这些密营宿身。梅艾乌尔手下的修士交纳了一大笔赎金后他才被放回。这位梅艾乌尔曾整顿过许多修道院,是当时许多国王和贵族,特别是普罗旺斯伯爵威廉所尊敬的朋友、训诲导师,也可以说是神圣的座上宾(*saint familier*)。在那帮亵渎神明的强盗打点回程的途中,威廉袭击了他们并予以重创。接着,威廉召集了罗讷河谷的许多贵族——这些贵族随后将分得罗讷河谷的耕地——对梣树林堡的阿拉伯人要塞发动了进攻。这一次阿拉伯人的堡垒终于被摧毁了。

对萨拉森人而言,这意味着在内地大规模劫掠活动的结束,虽然普罗旺斯海岸和意大利海岸一样,还仍处于阿拉伯人的侵扰之下。我们看到,甚至在11世纪,莱林斯的修士仍在为赎回被阿拉伯海盗捕获并运到西班牙的基督教徒而奔忙;1178年阿拉伯人对马赛附近进行了一次袭击,捕获了许多俘虏。但是普罗旺斯海岸及阿尔卑斯山麓地带已能恢复耕作,阿尔卑斯山各路线在安全方面重新变得和欧洲其他山路不相上下。此外,在地中海上,意大利的商业城市,如比萨、热那亚、阿马尔斐,从11世纪初即转入反攻。它们把伊斯兰教徒从撒丁岛驱走,甚至在马格里布(从1015年)和西班牙(1092年)港口里追捕他们。于是这些城市开始廓清这片海域,它们的贸易在很大程度上依赖于这片海域的安全。这只是相对的安全,但直到19世纪地中海上的秩序没有更大的改善。

3 匈牙利人的侵袭

就像此前的匈奴人一样,匈牙利人——即马扎尔人——几乎是在没有发出任何警告的情况下就出现于欧洲。在很早的时候已对匈牙利人了如指掌的中世纪作家,对罗马作家竟然没有提及匈牙利人表示由衷的惊讶。无论如何,匈牙利人的早期历史比匈奴人更为晦暗不明,因为早在西方开始记录之前很久,中国方面的资料就能使我们了解"匈奴"的来龙去脉,但对马扎尔人的情况却未曾提及。可以肯定的是,刚刚闯入欧洲的这一不速之客,也来自亚洲大草原上很独特且相当典型的游牧世界:这些民族通常操着不同的语言,但因生存环境相似,其生活方式表现出惊人的相似性;

他们饲养马匹,是马上的武士,以马奶或渔猎的果实为生;他们尤其是周边农耕者的天然敌人。马扎尔语从基本结构上讲属于芬兰-乌戈尔语族;今天与其最为接近的方言,是西伯利亚某些土著民族的语言。但在漂泊游荡过程中,原来的民族血统中已混杂了众多的突厥语成分,并烙上了深刻的突厥文明的印记。①

我们发现,匈牙利人的名称于833年首次出现,这一年匈牙利人袭扰了已定居下来的居民:亚速海附近的哈扎尔汗国和拜占庭帝国的殖民地。不久他们又逼近第聂伯河,随时都可能切断这条水上运输线。当时第聂伯河是一条极其活跃的商路,依靠这条商路,北欧的皮毛、罗斯森林的蜂蜜和蜂蜡,以及从各处捕捉的奴隶,沿着各个运输点和市场转运,换取君士坦丁堡或亚洲的商品或黄金。但是,来自乌拉尔山脉另一边的新的游牧部落佩彻涅格人尾随其后,开始不断地骚扰他们。通向南方的道路被保加利亚帝国完全堵死,所以匈牙利人被逐回之后,其中一部分消失在东方更远处的大草原上,但大部分人在896年前后跨越喀尔巴阡山脉,散居在蒂萨河和多瑙河中游的平原上。

自4世纪以来,时常遭到入侵和破坏的蒂萨河和多瑙河中游平原上的一片片辽阔地带,在这一时期的欧洲版图上形成一个巨大的空白地带,普吕姆地区的编年史家莱吉诺用"荒野"这个字眼来称呼这一片片空旷地域,但没有必要过分地从字面上理解这一措词。从前曾是这里的重要定居者或仅仅路过此地的各种人群,

---

① "匈牙利人"这一名称本身大概是突厥语称谓。至少其部族之一的马扎尔人的名称可能是突厥语称谓,马扎尔一名最初似乎只用于一个部落。

很可能遗留下了小股落伍者。尤其是，许多斯拉夫部落逐渐渗透过这些地区。但是定居者无疑很稀少，可以说明这一点的是，马扎尔人到来以后，一些地理名称包括一些河流的名称几乎全部改变了。而且，自查理大帝击溃阿瓦尔人势力后，再也没有强大的有组织的国家能抗拒入侵者了。匈牙利人的惟一对手是摩拉维亚人的一些头领，这些人不久前曾在西北部成功地建立了一个比较强大的公国，正式接受了基督教。事实上，他们已经成功地迈出了建立一个纯正而地道的斯拉夫国家的第一步。906年，匈牙利人的进攻一举彻底摧毁了这个国家。

从这时起，匈牙利人的历史翻开了新的篇章。从严格意义上讲已不能再称之为游牧部族了，他们已在今天仍沿袭其名称的匈牙利平原上有了永久性定居地。他们从居住地出发，成群结队地侵掠周围国家，而不是征占领土。他们惟一的目的就是劫掠，然后满载战利品返回其定居地。保加利亚皇帝西蒙死（927年）后，其国家势力衰微，为匈牙利人敞开了通向拜占庭帝国属地色雷斯的通路。匈牙利人多次抢劫色雷斯。西欧防务松弛，对匈牙利人更有特别的吸引力，所以匈牙利人不久就与西欧发生了接触。

早在匈牙利人翻越喀尔巴阡山之前，他们的一支远征队就于862年到达德国边境。稍后他们中的一部分人曾受雇于德国国王阿尔努夫，作为辅助部队参加过这位国王对摩拉维亚人的一次战争。899年匈牙利人成群结队奔袭在波河平原上。次年，出现在巴伐利亚。从这时起，意大利、德国和不久以后的高卢修道院的编年史上，几乎每年都有关于这一省或那一省"遭匈牙利人蹂躏"的记载。意大利北部、巴伐利亚和土瓦本遭到的破坏尤为严重。整

第一章　穆斯林和匈牙利人

个恩斯河右岸地区（在这里，加洛林王朝曾建立边防统辖区并把土地分给修道院）被迫放弃。但是匈牙利人的劫掠活动已大大超出了这个范围。如果不考虑这样一个事实，即匈牙利人从前习惯于在亚洲广阔的大草原上远途游牧，在多瑙河平原（puszta）有限的方圆范围所继续进行的活动只不过是精彩的演练，那么，对匈牙利人活动范围的如此辽阔就会感到不可思议。这个来自亚洲大草原上游牧部族（已经是名副其实的匪盗）的游牧习尚是匪徒流寇主义的预演。向西北，萨克森地区（这里指的是易北河到莱茵河中游的广大地区）早在906年即受到侵袭，此后不断地遭到蹂躏。在意大利，匈牙利人的兵锋远至奥托朗托海峡。917年匈牙利人通过孚日（Vosges）森林和萨勒关隘到达富庶的修道院聚集的默尔特。此后，洛林和高卢北部成了他们熟悉的猎场之一。从这里匈牙利人冒险到达勃艮第乃至卢瓦尔河以南。这些人虽然来自平原上，但是，如果需要翻越阿尔卑斯山，他们绝不会畏缩不前。924年他们正是从意大利出发，"经由阿尔卑斯山偏僻的山路"袭击了尼姆地区。

匈牙利人并不总是回避同正规部队作战，而且在战斗中也能取得不同程度的胜利。但他们通常更喜欢迅疾地越过旷野，这些地道的野蛮人是被首领们的皮鞭驱赶上战场的，但同时他们又是勇猛可畏的战士，精于从侧翼发动进攻，猛烈追击，并善于机敏地脱离困境。也许他们需要渡过一条河或是威尼斯潟湖，这时他们便匆匆忙忙地制造皮筏或木船。在宿营地他们架设草原民族惯用的那种帐篷，或者隐蔽在修士遗弃的一座修道院里，从这里出发侵掠周围的乡村。这些人不仅仅是野蛮，而且同样工于心计，他们事先派出使节,必要时可以从使节那里得到情报。这些使节与其说是去谈判,毋宁说是刺探情报。他们很快就洞察到西欧在制定政策方面的笨拙不便,随时都可以得到对于他们兴兵进犯特别有利的有关西欧帝王王位空缺的消息,并利用基督教世界各王朝的不睦,插手其中,以求渔利。

有时匈牙利人按照各时期匪盗活动的习惯,以赦免其性命为条件向被征服的人民勒索金钱;甚至对有些人征收固定的贡物:巴伐利亚和萨克森蒙受此种屈辱达数年之久。但是,除了在与匈牙利本土毗邻的地区,这些办法几乎是难以实行的。在其他地区,匈牙利人只是实行残暴的屠杀和抢掠。他们同萨拉森人一样,很少袭击设防城镇。当他们冒险进攻城镇时,通常是以失败而告终。早年他们远征第聂伯河流域,兵临基辅城下,就曾遭到过失败。他们攻占的惟一的重要城市是帕维亚。对匈牙利人感到极为恐惧的是那些通常孤立地建立于乡村地区或处在城墙以外的郊区的村落或修道院。尤其是,匈牙利人似乎特别嗜好捕捉俘虏,仔细地从人群中挑选出最精壮的留下,有时从处死的全部人口中只留下年轻妇女和很小的男童,供其役使和享乐,但大部分无疑是要卖掉的。有时,他们甚至在西欧市场上毫无愧色地出卖这些人畜;而在西欧市场上,也并不是所有买主都在乎他们要购买的是些什么人。954年一位贵族出身的女孩在沃姆斯郊外被捕获,并被带到该城内的市场上出售。[①] 更为常见的是,这些不幸被捕获的人被带到多瑙河各地区出售给希腊商人。

---

① Lantbertus, *Vita Heriberti*, c. I in *M.G.H.*, SS., IV, p.741.

4 匈牙利人入侵的终结

955年8月10日,东法兰克国王奥托大帝在获悉匈牙利人入寇德国南部的消息后,在莱希河两岸袭击了返回途中的匈牙利人。* 经过一番血战,奥托大帝获胜,并一鼓作气将胜利坚持到底。因此,这次被击败的掳掠性远征注定是最后的一次。此后在巴伐利亚边境地区敌对双方的行动只限于边界冲突。不久,按照加洛林王朝的传统,奥托在各边界上重新建立边防指挥部。两个边防辖区应运而生:一个是在阿尔卑斯山脉穆尔河沿岸,另一个在更北方的恩斯河沿岸。不久,后一个边防辖区获得了东部边防区——"奥斯塔里奇"(Ostarrichi)——的称号。从这个称谓派生出了奥地利这个名称。这个边防辖区早在10世纪末就扩展到了维也纳森林,11世纪中叶到达莱塔河和摩拉瓦河。

虽然奥托大帝取得了辉煌胜利,并产生了巨大的精神影响,但像莱希河原野之战这样的一次孤立的军事胜利,显然不足以结束匈牙利人的侵掠。匈牙利人的领土尚未受到触动,匈牙利人也未曾受到早年阿瓦尔人在查理曼手中所遭到的那种致命打击。其中的一支人马被击溃(他们的几支人马已经同样被打败)并不能改变他们的生活方式。事实上,大约从926年起他们所进行的远程侵袭虽凶猛依旧,但次数却越来越少。在意大利,虽然没有经历过战

---

* 这次战斗即著名的莱希河原野之战,旧译累赫原野(或雷赫弗尔德)之战。见〔美〕威廉·兰格主编:《世界史编年手册》,刘绪贻译,生活·读书·新知三联书店,1981年,第327页。——译者

斗,但在954年后他们也停止了侵掠。在东南方,960年以后对色雷斯的侵袭变成了有节制的小规模的海盗式冒险活动。毫无疑问,这一切乃是许多深层原因已经逐渐产生作用的结果。

以古代传统方式进行的横跨西欧的远途劫掠,并非最终都能够获利。成群结队的匈牙利人所到之处,大肆掳掠,但是大量的劫掠物却使匈牙利人不胜负载。被掠为奴的人必须步行,总是减缓他们的行军速度,而且要防止他们逃跑也并非易事。一些文献材料时常提到逃亡事件。有一个例子是,兰斯附近一个教区的修士被强迫随同捕捉他的人远行至贝里,有天晚上他乘这些人的疏忽,躲藏到一块沼泽地里待了几天,最后终于满载着他的冒险传奇故事,成功地返回家乡。[①] 匈牙利人沿着当时坎坷不平的小道,穿过充满敌意的地区,用马车来运输财物。这种运输方法比起诺曼人在欧洲畅达的河流上用船只运行要笨拙得多,也更为危险。在到处都是狼烟烽火的土地上,常常难以弄到足够的马饲料。拜占庭的将军们深谙此情:"匈牙利人在战争中遇到的大难题来自牧草的缺乏。"[②] 在路途上匈牙利人被迫屡屡作战,即使取得胜利,返回时也由于这种游击战而伤亡很多人。疾病也袭击他们。兰斯教堂的教士弗洛道特在其编年记(此编年记是他逐天编定的)中结束924年的记述时,兴高采烈地记录了刚刚收到的消息:入侵尼姆河地区的匈牙利人大多数人死于痢疾"瘟疫"。而且,随着时间的推移,设防城镇和城堡数量增多,将那些只对入侵者有利的旷野分隔开来。

---

① Flodoard, *Annales*, 937.
② Leo, *Tactica*, XVIII, 62.

第一章　穆斯林和匈牙利人

最后,大约从930年起,欧洲大陆实际上已摆脱了诺曼人可怖的威胁,各国王公贵族已经能够腾出手来对付匈牙利人,并组织更有效的抵抗。从这个方面来看形势,奥托大帝所进行的事业的决定意义,与其说在于莱希河原野上的辉煌胜利,毋宁说在于他建立了边防辖区。

所以很多动因促使马扎尔人放弃了冒险事业。这种冒险事业获得的好处越来越少,付出的生命代价却越来越大。但是,如果不是马扎尔人社会本身正在发生重要变化,那么这些动因的影响就不会产生如此明显的效果。

遗憾的是,关于马扎尔人社会的变化,我们几乎完全不能从资料中了解到。同其他民族一样,匈牙利人只是在皈依基督教并接受拉丁文化以后才开始编年记。然而,我们得到的印象是,农业逐渐占据一定地位并与牲畜饲养业并存。总之,这是一种缓慢的蜕变状态,是在很长一段时期内产生出来的一种介于真正的草原民族游牧生活和纯粹的农耕群体定居生活之间的生活方式。1147年,巴伐利亚主教弗赖辛地方的奥托参加十字军来到多瑙河畔,得以观察当时匈牙利人的情况。只有在寒冷的季节,匈牙利人才在用芦苇(极少使用木头)修造的房舍中避寒:"夏秋季节他们生活在帐篷里。"稍早些时候的一位阿拉伯地理学家注意到,伏尔加河下游的保加尔人*中也存在同样的变化住处的习惯。他们的村落规模很小,可以迁移。传入基督教以后,1012—1015年间的一个宗

---

*　早期的游牧民族,随匈奴人之后西迁,定居在黑海北部和东部地区,后进入多瑙河下游地区,7世纪起建立王国。——译者

教会议规定,村落不能迁移得离教堂太远,否则,迁走的村落将被强制罚款并"迁回"。①

不管怎样,匈牙利人扩张性的抢劫活动结束了。毫无疑问,最重要的是,对收获物的关心与从事匪盗行为而进行夏季大规模迁徙,二者是背道而驰的。大概受到所吸收的外来因素,即早已停止游牧生活的斯拉夫部落以及来自西欧旧乡村文明的俘虏的影响,马扎尔人社会生活方式的这些改变与深刻的政治变化协调起来了。

我们朦胧地感觉到,在早期匈牙利人以或名或实的血缘关系联合起来的小社团之上,存在着更大但不太稳固的群体。皇帝智者利奥*写道:"战争一结束,匈牙利人便分散到他们的氏族（γενή）和部落（φυλάι）中去。"这种组织形式在整体上很类似于今天蒙古人中仍可见到的组织形式。早在马扎尔人于黑海以北地区滞留时期,他们就试图效仿哈扎尔国家的榜样,在所有部落首领之上设置一个"大头领"(这是希腊和拉丁资料使用的名称)。推举出的首领是某个名叫阿尔帕德的人。从那时起,虽然断言匈牙利人已建立了统一的国家还很不准确,但阿尔帕德王朝**显然已自认为是命定的统治者。10世纪下半叶,经过一番斗争阿尔帕德王朝统一了全国。那些已经定居或只在有限的范围内游动的人口,比

---

① K.Schünemann, *Die Entstehung des Städtewesens in Südosteuropa*, Breslau, n.d., pp.18-19.

* 拜占庭皇帝利奥六世(Leo VI, 886—912年在位),因崇尚学术,修编《帝国法典》(*Basilika*)而以"智者"著称。——译者

** 阿尔帕德王朝(Arpad dynasty),是阿尔帕德的后裔建立的匈牙利本地人的王朝(895—1310)。——译者

第一章 穆斯林和匈牙利人

不断漂泊流动的游牧群体更容易驯服。1001年,当阿尔帕德家族的王公维克取得国王的称号时,国家的稳定局面似乎已经完成。①

按照西欧各王国或公国的模式——实际上在相当大的程度上是它们的翻版——一个四处抢劫、游荡不定的相当松散的联合体,变成了一个牢固植根于自己土地上的国家。因为,这些十分尖锐的冲突通常并没有阻止两种文明间的交流,较先进的文明影响了较原始的文明。

此外,伴随着西欧政治制度所产生的影响,西欧的整个世界观更深入地渗透到匈牙利人中。维克宣布自己是国王时,他已经以斯蒂芬的名字领洗,教会为维克保留了这个教名,将他置于教会圣徒之列。正如东欧广袤的宗教"无人区"一样,从摩拉维亚、保加利亚到罗斯,信仰异教的匈牙利人从一开始就成为两支福音传道队伍争夺的对象。每支队伍代表两个宏大宗教体系中的一个。从那时起,基督教就非常明显地分裂为两支:拜占庭教会和罗马教会。匈牙利首领在君士坦丁堡领洗,匈牙利各修道院在11世纪以前一直坚持按希腊教会仪式进行宗教活动,但是拜占庭传教使团来自的地方太远,最终注定要被它的对手所压倒。

以明显地具有和亲(rapprochement)目的的王室间的联姻关系为开端,巴伐利亚传教士们非常积极地进行着促使匈牙利人改宗的活动,特别是971—999年在帕绍教区任职的皮尔格林主教,

---

① 关于匈牙利人建国的比较模糊的情况,参见 P.E.Schramm, *Kaiser, Rom und Renovatio*, I, 1929, p.153 *et seq*。

把改变人们的信仰当成了他魂牵梦绕的事业。他认为,对匈牙利人来说,帕绍具有传教首府的地位,就像马格德堡对于易北河彼岸的斯拉夫人以及不来梅对于斯堪的纳维亚各民族一样重要。遗憾的是,帕绍不像马格德堡和不来梅,它只是一个简单的主教区,萨尔茨堡的一个副主教辖区。但这有什么关系呢?帕绍教区实际上建于8世纪,但帕绍教区的主教们自认为是那些自罗马人时代就已在多瑙河岸边的设防城堡洛奇(Lorch)拥有教区的人们的继承者。皮尔格林屈服于当时每位教士都难以抵御的诱惑,让人编造了许多假的教会谕令,根据这些谕令,洛奇被认为是"潘诺尼亚"的大主教驻锡地。于是,所应做的一切就是重新组建这一古老的"潘诺尼亚"行省。帕绍将同萨尔茨堡断绝一切关系,恢复伪造出来的在古代所享有的地位;在帕绍周围将形成众星捧月般的新的匈牙利潘诺尼亚的各主教区。但是,无论是教皇们还是皇帝们都不可能相信并承认这一点。

至于马扎尔的王公们,即使愿意受洗,他们也决心不依附于德国教士。他们宁愿任命捷克甚至威尼斯修士做传教士和后来的主教。大约在1000年,斯蒂芬在自己的国家建立了教会组织。经教皇同意,教会组织被置于马扎尔大主教区统辖之下。斯蒂芬死后,发生了争夺继承权的斗争,虽然这些斗争暂时恢复了某些仍为异教徒的首领的威望,但最终并没有对斯蒂芬的成就造成严重影响。由于受到空前深入的基督教的影响,又有加冕的国王和大主教的干预,"斯基泰"(Scythia)各民族中最迟到达的民族——用弗赖辛的奥托的话说——最终放弃了以前从事的狂暴的劫掠活动,而把自己限定在此后范围固定的耕地和牧场内。他们同附近德国统治者的战争仍时常发生。但自此以后,相互对抗的已是两个定居民族的国王了。①

---

① 这里我们不直接讨论"封建以外"的欧洲的民族学上的地图史。但应注意,匈牙利人在多瑙河平原定居,其结果是将斯拉夫集团分割成两部分。

第二章 诺曼人

1 斯堪的纳维亚人入侵的一般特点

从查理曼时代起,居住在日德兰半岛以南的操日耳曼语的所有人口,由于接受基督教并被纳入法兰克诸王国领内,而进入西欧文明的影响范围中。但是日德兰半岛以北更远处居住的却是另一些日耳曼人,他们一直保持着独立的地位和自己的习惯传统。他们的语言内部虽有差异,但与严格意义的所谓日耳曼土语差别更大。这种语言属于起源于共同语族的另一个语支,我们今天称之为斯堪的纳维亚语支。公元2、3世纪的民族大迁徙,几乎使波罗的海沿岸和易北河周围日耳曼居住地上的人口全部迁移,并且赶走了许多居间的过渡性群体。此后斯堪的纳维亚文化和更南部的邻族文化的区别已十分明显了。

北部远处的这些土著居民既没有形成零星的部族,也没有形成一个单一民族。下列群体却可以辨别出来:丹麦人,居住在斯堪尼亚以及各个岛屿,稍后居住在日德兰半岛;哥塔尔人(Götar),对他们的记忆保存在今天瑞典的东、西哥得兰(Oester- and Vestergötland)两省的名称中;①瑞典人,分布在梅拉伦湖畔;最后是那些为大片大片的森林所分隔、部分地被大雪覆盖的荒野及冰封的地带所隔离开,但却由共同的海域联系起来的各群体,这些人占据着多山谷和海岸线绵长的地区,该地区不久后被称为挪威。不过,对他们的邻人来说,这些群体的家庭非常相似(这无疑是大融合的结果),以致可以将他们等而视之。这些天生神秘的外来人的最突出特点,似乎在于它突然出现的方向,所以易北河这岸的日耳曼人形成一种习惯上的简捷称谓:"北方人"(*Nordman*)。奇怪的是,这个词虽然形式怪僻,但却为高卢的罗马人原封不动地采纳了,这或是因为在与"北方蛮族"发生直接接触之前,罗马人已从发自边界行省的报道中得知它的存在;或者更有可能是因为普通老百姓首先从他们的首领、即王室官员那里听到这个名称,因为 9 世纪初,王室官员中的大部分都是奥斯特拉西亚人(Austrasian)诸家族的后裔,一般都说法兰克语。而且,这个名称严格地限于大陆使用。英国人或者竭力区分其中不同的人群,或者干脆笼统地冠之以其中一个群体的名称——丹麦人,因为他们与丹麦人打交道最多。②

这就是"北方的异教徒"。大约在公元 800 年,他们突然发动侵袭,在近一个半世纪里注定要困扰西欧。较之那些目光盯着海域、一旦发现敌人的船头就吓得瑟瑟发抖的警戒人员,或那些在缮写室(*scriptoria*)里忙于记录诺曼人劫掠行为的教士,我们今天自

---

① 这些斯堪的纳维亚哥塔尔人与在日耳曼人侵中占有重要地位的哥特人(Goths)的关系,是一个难以解决的问题,对此专家们的意见颇不一致。

② 在盎格鲁-撒克逊文件记载中有时处于突出地位的"诺曼人",按照斯堪的纳维亚人的习惯,是挪威人,有别于严格意义上的"丹麦人"。

然更能将诺曼人的入侵活动置于其历史背景中。从正确的观点看,诺曼人的入侵只是一次人类大冒险中的一个插曲,一个确实特别血腥的插曲;大约在同一时期,斯堪的纳维亚人所进行的从乌克兰到格陵兰的远程迁徙,也创造了众多新的商业和文化联系。但说明农民、商人和武士们所创造的史诗般的成就怎样扩大了欧洲文明的范围,不在本著作研究的范围内;我们对于诺曼人在西欧的破坏和征服活动的兴趣,仅限于它们在封建社会中所起的酵母作用。

由于诺曼人的埋葬风俗,我们得以确切了解其船队的情况,因为其首领喜欢将船只埋葬在土丘下作为坟墓。现代考古发掘——主要是在挪威境内——已使几处这样的船葬例证大白于世:礼仪船,诚然是用于峡谷到峡湾的和平行动而不用于远航,但在必要时也能用于远程航行;完全仿照其中一只礼仪船——戈克斯塔德船——制造的船只,在20世纪仍能横渡大西洋。在西欧使人胆寒的"长船"的构造明显不同,但差别也不是太大。根据埋葬的遗迹,辅之以文献记载,我们可以不太困难地将其外观复原。这种船只没有甲板,乃是工匠们用木头完成的杰作,线条巧妙均匀,只有伟大的航海民众才能制造。船的长度一般为65英尺稍多,既可以用船桨划动,也可扬帆远驶,每只船平均可容纳40—60人,这无疑是很拥挤的。依据发掘出的戈克斯塔德船的模型判断,这些船只的行进速度达到10海里是不难的。它们吃水浅,不超过三英尺,当离开深海而冒险进入河流入海口、甚或溯河流而上时,有相当大的优势。①

---

① 见图 I.

对于诺曼人来说,就如同对萨拉森人一样,水路只是进入陆地进行劫掠的小途径。虽然诺曼人有时并非不屑于向基督教的背教者学习,但他们拥有一种直觉的河流知识,很快熟悉了一套行进方式,早在830年,就有一支小分队护送艾博大主教从兰斯逃脱皇帝的控制。他们的船队则沿着错综复杂的河渠支流前进,经过无数迂回曲折,寻找有利时机发动突然袭击。他们沿着些耳德河,远行至康布雷;沿着约讷河,到达桑斯城;沿厄尔河,远涉沙特尔;沿卢瓦尔河,到达由奥尔良上溯很远的弗勒里。在不列颠,那些潮汐不能到达的水路十分不利于航行,但乌斯河却将诺曼人运载到约克,而泰晤士河及一条支流将诺曼人载至雷丁。如果无法使用风帆或桨橹,他们就用纤拉。为了不使船超载,一部分人通常在陆地上随船行军。有时河水太浅不能接近岸边,或者为了进行一次劫掠必须沿浅水河前行,这些情况下就要从大船上放小船下水。为了绕过阻挡水路的要塞,就要随时准备水路联运。888和890年,为了绕开巴黎他们就曾进行过水陆联运。在东方的罗斯平原上,斯堪的纳维亚商人早已有了这种水陆联运的长期经验。他们把船只从一条河流转移到另一条河流,或绕过一个个急流湍滩。

此外,这些出色的水手对于陆地并不感到恐惧,无论是在陆地行程还是在陆上作战都很自如。如果有必要,他们会毫不犹豫地离开河流发动抢劫;就像870年那样,当弗勒里的教士从卢瓦尔河岸边的修道院遁逃时,一些诺曼人就沿着车轮的辙迹和教士们的行踪,穿过了奥尔良森林。而且,他们逐渐学会了使用马匹(主要是为了旅行而不是用于作战)。这些马匹通常是他们从进行抢劫活动的地区获得的。866年斯堪的纳维亚人曾在东盎格利亚圈拢一大群马。有时他们会将马群从一个劫掠地转移到另一处,比如,885年他们将马群从法国运输到了英国。[①] 由于马匹的使用,他们越来越多地不再依靠水路了:如864年,他们把船只丢在夏朗德省,冒险远至奥弗涅的克莱蒙,并攻克之。由于能够迅速地从陆地上移动,他们更能够以突袭战攻击敌人。对于建筑工事进行防御,他们亦颇为谙熟。更重要的是,他们很懂得如何攻击设防据点。在这方面他们优于匈牙利骑兵。到888年,虽有壁垒防御但仍为诺曼人所攻取的城市,已可列出一长串,其中最著名的有科隆、鲁昂、南特、奥尔良、波尔多、伦敦和约克。事实上,除了突然袭击这一因素有时起作用外(如南特是在宗教节日被攻克的),罗马的旧城墙并非总是维护得很好,何况这些城墙也并不总是得到坚决的保卫。845年巴黎居民几乎是不战而放弃此城,巴黎遭洗劫,随后两次遭到同样的命运。888年一些斗志旺盛的人把防御工事整修一番,决心一战,这时巴黎曾一度进行过成功的抵抗。

诺曼人的劫掠获利丰厚。劫掠前引起的恐慌同样不小。一些群体(如早在810年弗里西亚人[*]的一些群体)和孤立的修道院由于认识到政府无力保护它们,从诺曼人入侵伊始就开始购买豁免权。后来一些君王本人也习惯于这样做:即交出一笔钱使抢劫者承诺不再继续破坏,至少暂时不再继续作恶或转向其他猎物。在

---

① Asser, *Life of King Alfred*, ed. W.H.Stevenson, 1904, c.66.

* 弗里西亚人(Frisian),罗马时代以来居住在从莱茵河口到石勒苏益格的沿海地区居民。——译者

第二章 诺曼人

西法兰克,秃头查理于845年首开此例;864年洛林国王罗退尔二世步其后尘;在东法兰克,882年胖子查理又仿效之。在盎格鲁-撒克逊人中,麦西亚国王大概早在862年就已购买豁免权;当然,威塞克斯国王也在872年照此行事。用钱购买豁免权类似于交纳赎金,起到了永恒的诱惑作用,所以几乎不断地重复进行。由于国王们被迫向其臣民特别是教会征敛必需的金钱,西欧的财富源源不断地流向斯堪的纳维亚。今天,在各族英雄时代的众多遗物中,北欧各陈列馆的玻璃橱柜中,保存着数量惊人的金银:这些金银无疑大部分是商业贸易的收益,但正如德国教士不来梅的亚当所说,其中很多也是"强取豪夺的果实"。一个鲜明的事实是,这些抢来的或受贡接纳的贵金属,有时是货币形式,有时是西欧风格的珠宝,这些东西通常依据新主人的情趣被改造成小装饰物。这个事实充分证明一种文明的存在。

北欧人也将俘虏带走,如果此后他们没有被赎回,则被转运到海外。所以,860年稍后一些时候,在摩洛哥遭围捕的黑人俘虏在爱尔兰被出卖。[①] 最后,这些诺曼武士骁勇剽悍,并且残忍暴虐,嗜血成性,破坏成癖,这一点在不时发生的疯狂骚乱中最为明显,此时残暴之烈无以复加:1012年的一次著名的宴会就是这样一次疯狂大骚动。此前坎特伯雷大主教一直被严加看守,抓获他的人希望得到赎金。在这次宴会上,坎特伯雷大主教被诺曼人以宴会享用后的兽骨击毙。萨迦*告诉我们,一位曾在西欧征战的冰岛

---

① H.Shetelig, *Les origines des invasions des Normands* (*Bergens Museums Årbog*, *Historisk—antiqkvarisk rekke*, nr.1), p.10.

* 即中世纪冰岛和挪威的历史事件、历史人物、轶事传闻等北欧传说。——译者

人被称为"孩子们的守护人",因为他拒绝用长矛去刺穿孩子们。"用长矛去刺杀孩子是他的同伙的习惯"。① 这一切充分说明侵略者走到哪里就把恐怖传播到哪里。

2 从劫掠到定居

然而,自从诺曼人在诺森伯里亚海滨劫掠第一座修道院(793年),并迫使查理大帝匆匆忙忙在英吉利海峡法兰克王国沿海建立防务(800年)以后,他们的冒险事业在性质和范围上就逐渐发生重大变化。最初的侵袭是由小股"维金人"在天气晴朗时从事的季节性活动,局限于北部海岸,即不列颠各岛、与北部大平原毗邻的低洼地区、纽斯特里亚的海岸崖边。关于"维金"一词的来源现在众说纷纭。② 但它指谋求暴利和战争冒险的人,则是无可怀疑的。而且,为了冒险事业,维金人组成帮伙时一般并不顾及家族或民族关系,这一事实也是无可怀疑的。只有丹麦诸王作为具有起码国家组织的国家首脑,企图在南部疆界上实行名副其实的征服,虽然这种征服实在没有多少成就。

---

① *Landnámabók*, cc.303, 334, 344, 379.
② 有两种主要解释。有些学者认为该词是由斯堪的纳维亚词"海湾"(*vik*)派生而来;另一些学者则认为系由普通日耳曼词汇中的 *wik* 衍生而来,意为城镇或集市。〔参照低地日耳曼语 *Weichbild*(城市法),以及大量地名,如英国的诺威奇(Norwich)或德国的不伦瑞克(Braunschweig)〕。依前一种观点,是因为维金人隐藏于海湾中等待发起攻击,故以海湾命名;依后一种观点,则是得其名于他们有时作为和平商人出于其中、有时又加以抢劫的城镇。目前尚无人为其中的一种观点提供决定性的论证。

第二章　诺曼人

于是，维金人的活动范围迅速扩展开来。他们的船只到达了大西洋并继续向南方更远处行进。早在844年海盗就到达了西班牙西部的某些港口。859和860年，海盗到达地中海。巴利阿里群岛、比萨、罗讷河下游都有海盗们的足迹，而且海盗们的活动渗透到阿尔诺河流域，上溯至斐索勒。但是这次进犯地中海沿岸内陆，却是此类侵袭活动中绝无仅有的一次。这倒不是遥远的里程使这些冰岛和格陵兰的发现者们感到惧怕。17世纪巴巴里的海盗船不是沿着相反的方向在圣东日视力所及的范围内，不，甚至在远至纽芬兰浅滩的范围内纵横冒险吗？真正的原因是，欧洲南部各海域都有阿拉伯船队严密地防守着。

另一方面，海盗抢劫逐渐深入到欧洲大陆内部，并深入大不列颠。圣菲利贝尔修道院的教士们携带着圣物浪迹各地的行程，比任何图表都更具有说服力。该修道院7世纪建于努瓦尔穆捷岛上，只要这一海域多少可以免受强盗的骚扰，该岛是教士们理想的居处，但是当第一批斯堪的纳维亚船出现在港湾时，它便成了极其危险的地方。在819年之前不久，教士们在大陆迪埃斯地方的格兰德略湖（Lac de Grandlieu）岸边建立了一座避难所。很快他们就形成一种习惯：每年初春到那里，待到秋末天气变坏时才返回；秋后的坏天气似乎成为阻止海上敌人的安全堡垒。于是岛上的教堂可以重新开放，举行圣事。但是836年，努瓦尔穆捷岛不断遭到破坏，食物供应越来越困难，教士们认为此地难以再维持下去了。以前仅仅作为临时避难所的迪埃斯地位提高，成为永久性驻地，而在其后部新近在索米尔河（Saumur）上游的库纳乌尔获得的一个小修道院此后则成为退却时的据点。858年必须进一步退却时，迪埃斯仍然距海岸太近，它也被永远抛弃，而退向库纳乌尔。遗憾的是，库纳乌尔这个地方处在航行便利的卢瓦尔河上，定居此处也并非明智的选择。862年教士们认为必须离开卢瓦尔河迁往普瓦图的梅塞——大约10年以后他们才意识到，这里仍然距离大海太近，危险如旧。这时整个中央高原似乎也不足以成为大的保护性屏障，于是这些教士在872或873年逃到了希乌尔河上的圣普尔桑。但即使在那里，他们也未能立足长久。最后，此去东方更远处的索恩河(Saône)上的设防城镇图尔尼成为他们的避难所。这个修道圣团经历了许多的艰难历程，在875年以后终于找到了一个王室特许状中称为"僻静之处"的地方。①

诺曼人的长途远征自然需要一种大不同于早些时候适用于闪电般抢掠活动的组织。首先，长途远征需要更大的队伍。聚集在"海上之王"周围的各小股队伍逐渐联合起来，直至形成真正的军队。例如，诺曼人的"大部队"(magnus exercitus)形成于泰晤士河边，在抢劫了佛兰德海岸以后，又有几股单独行动的队伍加入进来，势力得到加强。879—892年它残暴地蹂躏了高卢，最后返回，于肯特海岸解散。最重要的是，维金人已不可能每年都返回北欧，所以他们适应了在选作猎场的国家度过两次战役中间的冬天。835年前后他们在爱尔兰度冬；843年在高卢努瓦尔穆捷岛第一次度冬；851年在泰晤士河口的萨尼特岛度冬。起初，他们驻扎在岸

---

① R. Poupardin, *Monuments de l'histoire des abbayes de Saint-Philibert*, 1905, 导言，以及 G. Tessier, *Bibliothèque de l'École des Chartes*, 1932, p.203。

第二章　诺曼人

边,但不久便不惮于向内地纵深远涉。通常他们盘踞在河中的岛上或者驻扎在很容易到达河流的地方。因为长期驻扎,他们中的一些人带来了妻儿家眷。888年,巴黎人从堡垒中能听到敌人营寨中妇女为死去的武士唱挽歌的声音。虽然匪徒们不断从这些巢穴发动侵掠,引起极大恐慌,但一些当地人仍然冒险进入匪徒越冬的营寨去兜售他们的产品,于是强盗窝穴一时变成了集市。这时的诺曼人虽然仍然是海盗,但已是半定居的海盗,他们即将成为土地的征服者。

的确,一切都在促使从前十足的匪帮向定居方向发展。西欧所产生的供人掠夺的机会吸引着包括农民、铁匠、雕木工、商人,也有武士在内的维金人。他们或为利益驱使或因乐于冒险而离开家园,有时则是因为家族间的世仇或头领间的争斗而被迫离乡背井,但他们依然有固定形式的社会传统。从法鲁各地到赫布里底群岛,斯堪的纳维亚人毕竟是作为殖民者定居于各岛的,从870年起,他们再一次作为殖民者和处女地上的真正开拓者完成了大规模的"土地占领",即在冰岛的定居(Landnáma)*。由于习惯于将海盗活动和贸易活动混杂进行,诺曼人在波罗的海沿岸建立起一圈设防市场。9世纪诺曼人各首领在欧洲两个端点上建立的早期的公国——在爱尔兰围绕都柏林、科克和利默里克;在基辅罗斯则是沿着大水路各段——有着共同的特点,即它们基本上

---

* Landnáma,似为冰岛语"定居"之义。12世纪初编纂的《定居记》(Landnámabók),记载了400名冰岛的最早开拓者和他们的挪威祖先及后代的世系、地产和冰岛地形、地貌等情况。见《简明不列颠百科全书》(中文版),中国大百科出版社,1985年,第2卷,第653页。——译者

都具有城市公国的性质,以一个选定的城镇为中心统治周围的领地。

这里必须略去诺曼人在西部各岛建立的各殖民地的历史,虽然这段历史很有意思。这些殖民地包括:设得兰群岛和奥克尼群岛,这两个群岛从10世纪起就归并于挪威王国,直到中世纪最末(1468年)才归属苏格兰;赫布里底群岛和马恩岛,直到13世纪中叶它们才形成一个独立的斯堪的纳维亚公国;爱尔兰沿海各公国,11世纪初它们的扩张受到扼制,但直到一个世纪后受英国征服的影响才最终灭亡。在位于欧洲边缘地区的这些土地上,与斯堪的纳维亚文明相冲突的是凯尔特人社会群体。在这里,关于诺曼人定居范围的论述将限于两大"封建"国家:原来的法兰克国家和盎格鲁-撒克逊不列颠。虽然在这两个地区之间——就像毗邻岛屿之间——人们的交流在继续发展,武装匪徒总是很容易地跨过英吉利海峡或爱尔兰海,而统治者们如果在海峡此岸经受了挫折,也习惯于转向彼岸寻求好的机遇,但为了叙述更为简明起见,我们必须分别讨论这两个征服区。

3 斯堪的纳维亚人定居英格兰

851年,斯堪的纳维亚人在不列颠领土上度过第一个冬天,从此在那里开始实行永久定居的新政策。从这时起,斯堪的纳维亚人的队伍或多或少地实行轮班值勤,绝不放走其猎物。在盎格鲁-撒克逊人建立的国家中,一些国家由于国王被杀而灭亡了,如英国东海岸亨伯河(Humber)和蒂斯河(Tees)之间的德伊勒王国*;泰晤士河和沃什湾(Wash)之间的东盎格里亚王国。另一些国家如最北端的伯尼西亚王国**及中部的麦西亚王国,虽然规模已大为萎缩,差不多已沦为诺曼人的保护国,但还维系了一些时间。只有威塞克斯在这时扩展到整个英格兰南部,成功地捍卫了独立地位。但这是自871年以来英明顽强的英雄国王阿尔弗烈德进行多次艰苦卓绝的斗争而获得辉煌胜利的结果。

盎格鲁-撒克逊文明已经比其他任何蛮族王国文明更为成功地以一种创造性的综合方式,将明显不同的文化传统的积极因素融汇在一起。作为这种文明的一个既定成果的阿尔弗烈德,既是一位学者型的国王,又是一位战士型的国王。他(约在880年)成功地征服了麦西亚的残余部分,使麦西亚摆脱了丹麦人的影响,尽管根据条约必须同时放弃不列颠岛的整个东部,让给入侵者。但不应该认为这一广阔的区域(西面大致以罗马古道为界,从伦敦到彻斯特)此时在征服者手中已形成一个国家。毫无疑问,斯堪的纳维亚的国王即"首领"(jarls)与零零落落的盎格鲁-撒克逊小首领,像伯尼西亚诸王公的继承者一样,时而因联盟或从属关系而联合起来,时而因争执而彼此反目,因而把国家搞得四分五裂。在其他地方,一些类似冰岛共和国的小贵族共和国建立起来。一些设防城镇建筑起来,它们既是各种"军队"的据点,又是市场,现在则变

---

* 6—7世纪形成于英国北方的盎格鲁-撒克逊王国,6世纪末与邻国伯尼西亚合并,形成诺森伯里亚王国。——译者

** 6—7世纪英国北方的盎格鲁-撒克逊小王国,6世纪末与德伊勒合并。——译者

成了固定的市场；由于必须为来自海外的军队提供给养，土地已经在武士中分配。同时，在各海岸，维金人的其他一些团伙仍在继续劫掠。直到阿尔弗烈德统治末年，他的记忆中仍充满众多恐怖的景象，他在翻译波埃修斯*《哲学的慰藉》(Consolation)中对黄金时代的描述时，禁不住在原文加了这样一句批语："那时候人们从没有听说过战船"，[①]这难道还奇怪吗？

在不列颠岛丹麦人占领区普遍存在的混乱状态，可以说明这样一个事实，即从899年以后在整个不列颠岛拥有广阔领土主权和相当多资源的威塞克斯诸王，何以能够进行收复国家失地的运动。他们进行的战斗是以逐步建立起来的要塞系统为基础的。954年以后，经过极端残酷的战斗，他们在从前被敌人占领的领土上成功地确立了其最高权力。但这当然并不意味着斯堪的纳维亚人定居的痕迹消失了。事实上，少数诺曼首领及其追随者或多或少地又自愿逃回到了海上，但从前的入侵者大多都留在原地：各首领在承认威塞克斯王室霸主地位的前提下保持着它们的权力，普通成员则保持其土地。

同时，斯堪的纳维亚半岛上也在发生深刻的政治变化。虽有小部落群体造成的混乱，但真正的国家正在巩固或建立起来：尽管此时的国家还非常不稳固，为无数的王朝冲突或彼此的无休止的

---

* 波埃修斯(Anicius Manlius Severinus Boethius，480—524)，古罗马哲学家和政治家，曾以拉丁文译注亚里士多德著作。后以通敌罪被处死，在狱中写成《哲学的慰藉》。——译者

① *King Alfred's Old English Version of Boethius*, ed. W. J. Sedgefield, §XV.

战争所摧毁,但至少已能够阶段性地集中起它们的庞大力量。在10世纪末的丹麦,王室权力已经相当强大;在瑞典,哥塔尔王国已经被吞并进去。依傍着丹麦王国和瑞典王国连绵延伸开来的,是新生的北方君主政权。这些政权最初产生在奥斯陆峡湾和米约萨湖*周围比较开阔而肥沃的地带。这就是"北路"(north way)王国,即英国人所称的"挪威"(Norway)王国:这个名称只是简单地表示地点的称谓,而不具有种族含义,它表示一个联合权力已经逐渐强加在曾保持明显不同特性的民族之上。这些更为强大的政治联合体的统治者们,仍然十分熟悉维金人的生活方式。他们早在就职掌权之前的青年时代,已在海上漫游,如果以后遇到挫折、被迫暂时逃离一个更走运的对手时,他们会再度开始大冒险。既然他们曾经在一块广阔的领土上发号施令,大规模征集人员和船只,那么他们再次将目光投向大海,在陆地领土之外去寻求征服新土地的机会,难道不是很容易理解吗?

980年以后入侵不列颠的活动再度加强,有意思的是,我们很快发现,统率主力队伍的是两位觊觎斯堪的纳维亚王位的人:一位图谋挪威王位,另一位则觊觎丹麦王位。这二人后来都成了国王。这位挪威人奥拉夫·特里格瓦逊再没有返回不列颠。而丹麦人八字胡斯韦恩则没有忘记返回不列颠的路程。起初他似乎是因部族间的仇争而返回。一位斯堪的纳维亚的英雄如想不丢脸面,对这种部族间的仇争是不能置之不理的。在他离开英国期间,掠夺性

---

* 挪威最大的湖泊,位于奥斯陆以北35英里著名的居德布兰海谷南端。——译者

远征仍在其他首领的指挥下进行。英国国王埃塞赖德认为,对付这些强盗的最好办法就是雇佣他们中的一些人来保护自己。这种以维金人制维金人的方法,是欧洲大陆的君王过去有时使用的旧把戏,但大多数情况下很少取得成功。

埃塞赖德也尝到了"丹麦"雇佣兵的不仁不义,1002年11月13日(圣布赖斯节)他下令将可以抓到的丹麦雇佣兵悉数杀掉,以为报复。后来传说,被杀的人中有斯韦恩的妹妹,但这种说法无法证实。从1003年开始,丹麦国王焚毁英国城镇,此后兵燹不断地蹂躏着英格兰,一直延续到斯韦恩和埃塞赖德死后。1017年初,威塞克斯王朝的最后一批代表或者避难高卢,或者被丹麦征服者遣送到遥远的斯拉夫地区,英国的"贤人"、即大贵族和主教组织的议会承认斯韦恩的儿子卡纽特为全英国的国王。

这并不是一次简单的王朝更迭。卡纽特登上英国王位时,他还不是丹麦国王,他的一位兄弟在那里执掌大权,但两年后他成了丹麦国王。随后他征服了挪威,并且至少曾企图越过波罗的海乃至爱沙尼亚,建立对斯拉夫人和芬兰人的统治。由于他企图建立一个海上帝国,自然会发动海上掠夺远征。在这一规划中,英格兰被认为是海上帝国最西部的省份。卡纽特选中英格兰作为他度过整个余生的地方,并且已准备向英国教士倡议,在他的斯堪的纳维亚统治区组织传教团体。这位异教国王的儿子,大概于晚年皈依了基督教,向罗马教会效忠;他建立了一些修道院,是一位查理曼式的有头脑、重教化的立法者。

当卡纽特忠实于他的几位盎格鲁-撒克逊前辈的榜样,"为了补赎灵魂、拯救人民",于1027年去罗马朝圣时,他就与他的英国臣民完全合拍了。他出席了西欧最伟大的君主、德国和意大利国王、神圣罗马帝国皇帝康拉德二世的加冕礼；也会晤了勃艮第国王。作为一个商人兼武士的民族的优秀儿子，他极力从扼守阿尔卑斯山通道的人手中，为英格兰商人争取利润丰厚的过境税豁免权。但是他用以镇守英格兰大岛的大部分兵力，却是从斯堪的纳维亚国家中招募的。"此碑为阿勒所立。他曾在英格兰为卡纽特国王征税。上帝使他的灵魂安息。"这是用古代北欧文字写成的墓志铭，今天在瑞典阿普兰省的一个小村庄附近的坟墓上仍然可以读到这段文字。① 这个以北海为中心的国家，是许多种文化潮流交汇的十字路口，在拥有多种因素的不同地区，虽然仍信仰异教或只是表面上接受了基督教，但它的官方信仰却是基督教。通过基督教这一渠道，它置身于古代文献的影响之中。最后，它使斯堪的纳维亚各民族的不同传统与盎格鲁-撒克逊文化传统相融合，而后者本身一度是日耳曼和拉丁文明的一部分。

大概是在这个时候，更可能稍早些，在诺森伯里亚——从前有几支维金人住在这里——一位盎格鲁-撒克逊诗人，将有关哥塔尔国家和丹麦诸岛的古老传说写进诗文，写成了《贝奥武夫之歌》(*Lay of Beowulf*)，其中处处模仿仍完全属于异教范畴的史诗的格调。这部奇异而充满忧郁感的诗篇受到相互对立因素的影响，其进一步的证据是，在该诗手稿的前半部提及的神话中的怪兽形象，是通过亚历山大致亚里士多德的一封信而留传至今的，而史

---

① Oskar Montelius, *Sverige och Vikingafäderna västernt* in *Antikvarisk Tidskrift*, XXI, 2, p.14（尚可见其他例证）。

诗的后半部则是译自《犹滴传》*的片段。①

但是,这个引人注目的国家一直是一个相当松散的联合体。跨越遥远的路程和波涛汹涌的大海进行交流有许多风险。1027年卡纽特从罗马返回丹麦的路上,发表了一个声明,在声明中他对英国人宣称:"一旦我的东部国土得以安定……今年夏天我能够极早获得一支舰队,我将回到你们那里。"对一些人来说,听到这个消息则会焦虑不安。国王对不能实行有效统治的帝国的某些部分,不得不委任总督统辖,而总督们并不总是效忠的。卡纽特死后,他依靠军事力量建立和维持的联合体便土崩瓦解了。挪威最终脱离联合体。英格兰作为一个单独的国家,先是划归卡纽特的一个儿子统治,以后又短时期联合于丹麦。最后在1042年又是一位威塞克斯王室的王公、后来被称为"忏悔者"的爱德华被推举为国王。

与此同时,斯堪的纳维亚人并没有完全停止对英国海岸的袭扰,那些北方首领的野心也没有收敛。可这时的英国却因纷繁的战乱和劫掠、政治和教会组织的瘫痪、贵族统治集团争夺王位的纷争丧尽了元气,奄奄一息,显然无力组织哪怕极微弱的抵抗。它成了引颈待戮的猎物,受到两方面势力的窥伺:英吉利海峡对岸是诺

---

* 基督教及犹太教外典之一,但收入七十子希腊文本,被列入天主教正典。该书叙述犹太侠女犹滴杀敌救同胞的故事,在史实和纪年方面讹误甚多,其史料价值不大;但带有启示文学的特色,流传于古代许多民族中,有较高的文学价值。——译者

① 克莱伯(Klaeber)1928年版提供了有关这部史诗的大量文献指南。其写作日期仍是悬而未决的问题,语言学上的证据尤为难以解释。文献中提出的观点在我看来具有历史可能性。参见 L.L.Schücking, *Wann entstand der Beowulf*? in *Beiträge zur Gesch. der deutschen Sprache*, XLII, 1917.最近里奇•格畹(Ritchie Girvan, *Beowulf and the Seventh Century*, 1935)试图把该史诗形成的时间上推至700年左右。但他没有对主题中十分明显的斯堪的纳维亚的影响做出解释。

曼底的法国的各公爵。这些公爵的一些部属在爱德华(他本人在诺曼底公爵的宫廷中长大)执政的前半个时期,已经成为爱德华的随从,并晋身于高级教士之列。北海彼岸是斯堪的纳维亚诸王。爱德华死后,国内的主要权贵之一哈罗德(名字是斯堪的纳维亚的,而他的血统则是半斯堪的纳维亚血统)加冕称王时,在几个星期内就有两支军队在英国海岸登陆。一支队伍在亨伯河边登陆,由挪威国王、另一位哈罗德或哈拉德式的人物——萨迦中的("坚强的")哈拉德·哈德拉德——率领。哈拉德是真正的维金人,在经过了长期的冒险闯荡后才获得王位。他从前曾在君士坦丁堡宫廷中担任斯堪的纳维亚卫队的首领,也曾在派往西西里同阿拉伯人作战的拜占庭军队中担任司令官,他是诺夫哥罗德大公的女婿,最后还是北极各海域无畏的探险家。另一支军队由诺曼底公爵私生子威廉率领,[①]在苏塞克斯(Sussex)登陆。挪威人哈拉德被击败,在斯坦福桥被杀,威廉在黑斯廷斯取得大捷。

的确,卡纽特的继承者们并没有立即放弃他们所继承的勃勃雄心;威廉执政期间,丹麦人曾两度在约克郡出现。但是这种貌似战争的冒险营生很快就变成了地道的强盗劫掠。在最后阶段,斯堪的纳维亚人的远征又故态复萌。在一个短时期内,英国似乎注定要永远归属于北欧势力圈。而在脱离北欧势力圈以后,英国在近一个半世纪内合并于一个囊括英吉利海峡两岸领土的国家中,并被永久性地卷入了西欧政治利益和文化潮流中。

---

① C.Petti-Dutaillis, *The Feudal Monarchy in France and England*, p.63 认为,两方入侵者之间大概存在着相互谅解,也许已打算缔结分赃条约。此一假说颇具匠心,但几乎不能证实。

4 斯堪的纳维亚人定居法兰西

征服英格兰的诺曼底公爵威廉,虽在语言和生活方式上彻底法国化了,但他同样是地地道道的维金人后裔。因为在欧洲大陆也如在不列颠一样,不止一个"海上之王"最终自立为一方领主或君王。

这一过程在大陆很早即已展开。从850年前后,斯堪的纳维亚人首先试图在莱茵河三角洲法兰克国家统辖的政治领地内建立他们的公国。大约在这时,丹麦王室的两个成员因遭放逐而离开丹麦,从皇帝虔诚者路易手中得到杜尔斯特德周围地区作为"恩地",当时杜尔斯特德是帝国在北海的主要商贸中心。后来这块封地由于合并弗里西亚的其他一些地方而进一步扩大。885年这个家族的最后一位继承人被他的主子胖子查理背信弃义地下令处死,在此之前,帝国让出的这块土地几乎一直处在这个家族的继承人控制中。对于这些人,我们所具有的与此相关的一点历史知识已足以说明,他们有时把目光投向丹麦,注视着丹麦王国的王朝争执,有时又投向法兰克人统治的行省。虽然在法兰克行省他们已成为基督教徒,但他们仍会毫不迟疑地大肆抢劫。作为封臣,他们毫无信义可言,作为土地的守护者,则毫无用处。但就是这个没有得到保留的尼德兰的诺曼底,对历史学家却具有全部先兆性价值。

稍后,一伙仍是异教徒的诺曼人,似乎在南特或南特周围地区与布列塔尼(Breton)伯爵和睦相处了相当长一段时间。法兰克诸王曾多次雇佣维金首领服役。譬如,862年,秃头查理接受沃伦德尔的臣服礼。如果沃伦德尔不是稍后不久即在司法决斗中殒命,他肯定很快会被授予采邑,其必然结果亦可想而知。10世纪初,维金人的定居意识显然在流传中,一个定居计划终于初露端倪。但是,确切地说它是怎样形成的,是以何种形式出现的呢?在这些问题上,我们非常孤陋寡闻。这是个十分重要的学术问题,历史学家实在禁不住要向读者一吐心言。所以我们暂时试着探索一下吧。

这一时期,许多教堂里都有一些修士专门记录每年发生的事件。这是一种与记年法有关的古典传统,其做法是在记年的同时,记下过去和当年同一时间发生的重大事件。在中世纪初期,当人们仍以执政官年号($fasti$)来推算年代时,这种记事方法是编写执政官年表的程序;后来用于编写复活节年表,以确定这一节日的日期变动,*主要用于调节复活节仪式的程序。到加洛林王朝初期,历史的扼要记录虽然仍严格按年代划分,但已与历法分离。当然,那些编年史家的观点是与我们大相径庭的。他们对降雹、酒或谷物的荒歉、奇观异兆的兴趣,不亚于对战争、君王的驾崩、国家和教会的大变动的热情,而且,他们的智力水平和掌握资料程度也不相同。他们的求知欲望、研究问题的技巧以及热心程度因人而异。最重要的是,他们所搜集资料的质量和数量,都取决于他们所处的修道院的地位及其重要程度,以及它与宫廷或贵族的亲疏关系等

---

* 复活节日期的推算主要根据犹太历,即犹太教逾越节后三天;按照公历,则在春分后的第一个月圆日的星期日。因此,每年的复活节的公历日期都有很大变化。——译者

因素。

9世纪末10世纪间,高卢地区最优秀的编年史家无疑是阿拉斯地区圣瓦斯特修道院的一位匿名修士和兰斯的教士弗洛道特。弗洛道特有极其敏锐的头脑,并且得天独厚地住在资料中心和事件发生地,二者相辅相成。遗憾的是,圣瓦斯特的编年史只记录到900年就终止了,而弗洛道特的编年史从919年以后才开始。至少这是我们目前见到的形式,因为我们必须考虑时间对它的损坏。最为不幸、令人烦恼的是,历史记载中出现的这一罅隙恰巧与诺曼人在西法兰克王国的定居相重合。

的确,这些年代记并不是一个非常贯注于往事的时代所留下的惟一历史作品。诺曼人在塞纳河下游建立公国后不到一个世纪,诺曼底公国建立者的孙子查理一世公爵,就决定让人记录其先祖和他本人的功绩。他把任务交给圣昆丁修道院一位名叫杜恩的修士。这部著作于1026年前完成,资料十分丰富。从中我们可以看到11世纪一位作家工作的情景:他忙碌着从更早的从未引用过的编年史中摘录一些事件,拼凑在一起,同时附之以他非常重视的口头传说材料,再根据他对于读过的一些事件的回忆,或干脆按照其主观想象加以润饰。我们发现,这里显示出一位饱学的教士为加强其所记事件的情调而认为应该有的藻饰,以及一位狡猾的献媚邀宠者为满足其庇护人的自尊心而使用的伎俩。借助于能使我们考证这位教士之记录的一些可靠文献,我们能够判断出,那个时代人们的历史记忆,在推移了几代人的时间后,在多大程度上被遗忘了,在多大程度上被歪曲了。简言之,在揭示一个属于特殊环境和时代的心态方面,这个记录是非常珍贵的证据,但就其记录的事实而言,至少在诺曼底公国的早期历史方面,它所做的陈述几乎毫无价值。

这里是我们借助于一些质量不高的编年记和为数不多的记载,对那些极端模糊的事件所能弄清楚的一些情况。

维金人虽然没有完全忽略莱茵河和些耳德河河口,但大约从885年起,他们的活动越来越多地转向了卢瓦尔河谷和塞纳河谷。例如,896年一伙维金人在塞纳河下游地区永久地驻扎下来,从那里四面出击,寻机抢掠。但是那些远距离的抢掠并不总是获得成功。911年这些强盗在勃艮第数次被击败,在沙特尔城墙下也遭败绩。另一方面,在卢姆瓦及其相邻地区,他们却获得成功,成了主人。毫无疑问,为了在冬季有粮食吃,他们已经不得不耕种土地,或让他人为其耕种;自从这块定居地成为颇有吸引力的活动中心、第一批为数很少的人到来之后,冒险者纷至杳来,所以耕种土地以养生就更为发展了。

如果说实践证明抑制维金人的破坏不是不可能的,那么,要把他们从其栖息处赶走,却似乎远非当负其责的惟一权威即国王力所能及,因为地方政府已不复存在:在这个遭受可怕蹂躏的地区,地方政府中心只是一个成为废墟的城市,地方指挥机构已完全瘫痪。除此之外,新上任的西法兰克国王傻瓜查理(893年继位,他的对手奥多死后被一致推举为国王),似乎从登基伊始就打算同入侵者谋求议和。897年他试图将这一妥协计划付诸实施,把当时统领塞纳河下游的诺曼人首领召到宫中,认其为教子。但这和解企图的第一步未取得成功。14年以后他又旧念复萌,转而与罗洛对话,这就没有什么奇怪了。当时,罗洛已接替查理的教子统领同一支"队伍"。罗洛新败于沙特尔,对他来说,此次败绩不能不使他正视从事抢掠所面对的重重困难,所以他认为接受国王的提议是明智之举。这就意味着两个方面都承认了这一既定事实。对国王及其臣僚而言,还有另外的好处,即通过附庸臣服关系及与其相伴的军事援助义务,将一个羽翼已经丰满的公国并入其领地中。此后这一公国在世界上将有充足的理由保卫海岸,抵抗海盗们进一步的劫掠和骚扰。在918年3月14日的一个特许状中,国王提到"为了保卫疆土……"给予"塞纳河上的诺曼人,即罗洛及其同伙"一些特许领地。

这一和解发生的日期,我们无法确切地判断;但肯定是在沙特尔战役(911年7月20日)之后,也许是在此战役后不久。罗洛和他的许多部属接受了洗礼。此后他行使的权力,大致相当于法兰克政府中的最高地方官——伯爵的权力。这些权力实际上是世袭的,他在法王割让给他的地区享有这些权力。当时惟一可信的资料弗洛道特的《兰斯教会史》(*History of the Church of Rheims*)明确指出,让与的地区是鲁昂周围的"若干伯爵领"。这些伯爵领大概包括夹在埃普特河和海岸之间的鲁昂主教区的一部分,以及埃夫勒教区。但是诺曼人不会长期地满足于如此有限的生活空间,而且新涌入的移民必然迫使它扩张领土。这时在西法兰克王国重新爆发的王朝战争,迅速地给诺曼人提供了插手干预的机会。924年拉乌尔国王把贝桑地方让给罗洛;[①]933年又把阿弗朗什教区和库唐斯教区让给罗洛的儿子及其继承者。这样,纽斯特里亚

---

① 同时,正如在曼恩省一样,割让的土地后来显然被撤销了。

第二章　诺曼人

的"诺曼底"已经初具规模，此后基本保持原貌。

但是，维金人还占据着卢瓦尔河下游地区——这个问题也存在于另一条河流的河口——法王起初试图采用同样的办法加以解决。公元921年，前国王奥多的兄弟、一身而兼公侯二爵的罗伯特（他在西部占有着大片领地，并在此实行完全的自治），把南特伯爵领割让给卢瓦尔河上的海盗。在这些海盗中，只有少数人接受了基督教洗礼。然而，斯堪的纳维亚人的这一匪帮显然已不那么强大，罗洛早在10年前已开始的正常定居生活吸引了他们，阻止了其势力的增长。更重要的是，南特地区不像鲁昂周围各伯爵领，既不是无人聚居地带，也不是孤立的地区。事实上，自840年以后它就被并入布列塔尼公国。而在阿莫里卡*人居住的布列塔尼公国（或王国），王位觊觎者之间的斗争以及斯堪的纳维亚人的入侵本身都曾引起极度混乱。但是公爵们或公爵地位的觊觎者们，特别是毗邻瓦讷地区的伯爵们，都认为自己是讲罗曼语的这块边界地区的合法主人，为了重新征服这一地区，他们得到了从布列塔尼地区追随者中征集起来的军队的援助。936年在英国避难的卷胡子阿兰卷土重来，赶走了这些北欧侵略者。所以，与塞纳河上的诺曼底不同，卢瓦尔河上的诺曼底只是一现即逝的昙花。①

罗洛的同伙在英吉利海峡岸边定居后，并没有立即结束劫掠

---

*　阿莫里卡（Amoric），法国布列塔尼的旧称。——译者

①　后来法国不同地区的一些显贵家族都声称是诺曼首领的后裔：其中有维格诺利和奥布堡的贵族（Chaume, *Les Origines du duché de Bourgogne*, I, p.400, n.4）。一位学者莫兰维勒（Moranvillé）把鲁西（Roucy）家族也归于这一血统（*Bibl. Éc. Chartes*, 1922）。但缺乏确切的证据。

骚扰。各霸一方的海盗首领因没有得到赠地而怒火中烧,更加渴望掠夺,[1]故而继续窜犯蹂躏四方乡村。924年勃艮第再次遭到破坏。有时鲁昂地区的诺曼人也加入盗匪行列,甚至各公爵本身也没有完全放弃旧习。兰斯教区的教士里歇尔在10世纪最后几年的写作中,几乎总是不忘记称他们为"海盗公爵"。事实上,他们的军事征伐和以前的劫掠并无大的差别,特别是当他们经常雇佣刚从北方来的维金匪帮时,就更无大差别了,这些维金人是"冒险者、渴望掠夺的人"。[2] 在罗洛宣誓臣服法国国王一个多世纪后的1013年,一伙维金人在挪威王位的觊觎者奥拉夫的率领下来到。当时奥拉夫还是异教徒,但他受洗后注定要成为其国家的民族圣徒。另一些帮伙则沿海岸独立行动。其中一支人马(从966—970年)甚至远涉西班牙海岸,占领了孔波斯特拉的圣詹姆斯城。1018年另一支人马出现在普瓦图附近海岸。

但是,斯堪的纳维亚人的船只逐渐放弃了长途远征。法兰西疆域以外的莱茵河三角洲也几乎摆脱了诺曼人的骚扰,所以930年左右乌特勒支的主教得以重返故乡,并组织人力重建乌特勒支,而他的前任们曾经很难在此地长期停留。但北海沿岸却仍在遭受着许多突然袭击。1006年瓦尔河(Waal)上的蒂尔港遭到洗劫,乌特勒支受到威胁;居民纵火焚烧了没有设防保护的码头和商业区的设施。稍后一些时候的一部弗里西亚法记载了显然十分寻常的案例:在这些地区居住的一位居民被诺曼人带走,并将其强迫编入

---

[1] Flodoard, *Annales*, 924 (有关 Rögnvald 的内容)。

[2] William of Jumièges, *Gesta*, ed. Marx, V, 12, p.86.

他们的一支海盗队伍中。在许多年内,斯堪的纳维亚水手继续维持着不安定状态,这种不安定状态是某个文明阶段特有的。但是在斯坦福桥之役失败后,他们带着越冬帐篷进行长途远征的时代过去了。他们进行海外征服的时代也就此结束。

5 北欧皈依基督教

与此同时,北欧本土也逐渐皈依基督教。一种文明缓慢地转向一种新的信仰,这类事例常常为史学家提供极有兴趣的材料,而像诺曼人皈依基督教这一事件则尤其如此:虽然资料残缺是无可弥补的,但人们仍能相当准确地搞清楚该事件的来龙去脉,并揭示出相同过程的其他运动。但是本书不可能进行详尽的研究,指出几个显著的特点就足够了。

认为北方异教信仰没有进行顽强的抗拒是不正确的,因为征服异教经历了三个世纪。我们可以指出导致异教最终失败的几个内部原因。斯堪的纳维亚人没有相应的团体来对抗基督教民族组织强大的教士团体。各血缘群体或民族群体的首领是仅有的祭司。的确,国王们一定尤其担忧,一旦失去主持祭祀的权利,就失去了他们权力中的一个基本因素,但基督教并没有强迫他们一概戒绝其神圣性。这一点后面我们还要论述。对于那些家族或部落的首领来说,与迁徙运动和国家形成相关联的社会结构的深刻变化,对他们作为祭司的威望也许是个沉重打击。旧的宗教不仅缺乏教会组织,而且在它皈依基督教时似乎已经显露出自然解体的许多征兆。斯堪的纳维亚文献相当频繁地提到真正的无信仰者。在长期发展过程中,这种天然的怀疑态度所导致的不是信仰的缺失(无任何信仰几乎是不可思议的),而是对一种新信仰的接受。

最后,多神崇拜本身也使人们容易接受新的宗教。不管新的宗教来自何方,不习惯于对事实进行批判性思考的头脑,就几乎不会否定这种超自然物。当基督教徒拒绝向各异教崇拜的诸神祈祷时,通常并不是因为不相信它们的存在,相反,是因为把它们看作是邪恶的魔鬼,它们虽然危险,但比惟一的救世主虚弱。同样,我们从大量的材料中知道,诺曼人了解到基督及其圣徒时,也很快地习惯于视其为异己神,以自己信仰的诸神与之对抗并对其加以嘲笑,但是在另外情况下,对于智者来说,基督及圣徒的力量过分晦暗不明,并不是那么可怕,也没有必要讨好他们,尊重他们的崇拜所要求的神秘魔法。有案可稽的是,860年一位生病的维金人向圣里奎尔宣誓祈祷。另一方面,稍后一些时候一位真正皈依基督教的冰岛头领,却在许多危难境地仍继续向雷神祈求保佑。[①] 从认定基督教所信仰的上帝为一种可怕的力量到接受上帝为惟一的神,是一个从容的转变过程。

由于休战和谈判(*pourparlers*)而时断时续的诺曼人的掠夺性远征本身,在其皈依基督教过程中起到了一定作用。不止一位来自北方的水手在战争历险结束时,将新的信仰带回家乡,这似乎也成了其战利品的一部分。挪威两位最伟大的基督教化的国王,特里格维(Tryggvi)的儿子奥拉夫和哈拉德的儿子奥拉夫,在他们

---

① Mabillon, *AA. SS. ord. S. Bened.*, saec. II, 1733 ed., II, p. 214; *Landnamabók*, III, 14,3.

还没有自己的王国、只是维金匪徒的首领时就已领受洗礼,前一位于994年在英国领洗,后一位于1014年在法兰西领洗。随着冒险者新近从海外归来,向基督的戒律转变的人数或快或慢地增加了。这些冒险者在其远征途中,越来越多地遇到那些永久性定居在基督教徒长期居住的土地上的同胞,其中绝大多数人已经被那些此时是他们的臣民或邻居的民众的信仰所征服了。

早在重大的军事冒险活动开始前即已存在、从未因军事冒险活动而中断的商业往来,也促进了北欧人向基督教的转变。在瑞典,第一批基督徒大多数是曾经频繁地活动于杜尔斯特德的商人。此地在当时是法兰克帝国和北部诸海域的主要交流中心。哥得兰岛(Gotland)的一部古老编年史提到这个岛上的居民时说:"他们带着商品游及各地,……到基督徒中,他们发生了改变,适应了基督教的习俗;有些人接受洗礼并将教士带回家乡。"事实上,我们能发现其活动踪迹的最早的基督徒团体,都是形成于贸易发达的城镇:如梅拉伦湖边的伯卡,横贯日德兰地峡而到达海边之通道两端的里奔和石勒苏益格。按照冰岛史学家施诺里·撒特鲁逊精辟透彻的见解,11世纪初"沿海居民大多数已经受洗,而居住在高地山谷和山区的人们则仍全然信仰异教。"[1]在相当长的时期内,随着暂时性的迁徙而出现的人际接触交往,在传播一个外来宗教方面,比之教会派出的传教使团更富有效果。

但是,宗教使团很早即已开始活动。在加洛林王朝看来,为消灭异教而奋斗是基督教诸王与生俱来的使命,也是将其霸权扩张

---

[1] *Saga of St. Olaf*, c. LX.

到一个注定要由一种信仰统一起来的世界的最可靠的途径。加洛林诸王传统的继承者——日耳曼的伟大皇帝们也确实是如此：一旦日耳曼尼亚本身皈依了基督教，他们的注意力自然会转向北欧各支日耳曼人。在虔诚者路易倡导下，传教使团被派往丹麦和瑞典传播福音。正如大格利高里曾一度筹划训练英国的孩子做教士和使徒一样，他们从奴隶市场上买回年轻的斯堪的纳维亚人，为训练教士和使徒做准备。最后，汉堡大主教区的建立，为基督教的传播建立了一个长远的根据地，皮卡第的教士安斯卡尔从瑞典返回以后，被任命为该教区的第一任大主教。这是一个大主教区教会（metropolitan church），当时还没有副主教区，但在斯堪的纳维亚和斯拉夫边境以外，却有大片的地域供其进行基督教的征服活动。不过，在这些地区祖先崇拜仍然根深蒂固，法兰克的教士被认为是外国君主的臣仆，引起尖锐的猜忌，所以虽有如安斯卡尔一样的狂热者，但传教队伍仍很难征募到相应的人员，以迅速实现其宏伟的理想。845年汉堡遭到维金人洗劫以后，这个传教团的母教会所以能够存在下来，仅仅是因为这样一个决定：将汉堡从科隆省分离出来，合并于更古老更富庶的不来梅主教区。

汉堡合并于不来梅教区，至少为传教活动提供了一个后撤和等待时机的据点。事实上，10世纪时传教活动就从不来梅-汉堡主教区发起了新的更有成效的攻势。与此同时，从基督教世界另一个区域来的英国教士，为了争夺给斯堪的纳维亚异教徒洗礼的荣耀，与他们的日耳曼兄弟们发生争执。长期以来，英国人习惯于被称为"传教师"，他们借助于其岛屿的港口与彼岸的频繁交往，尤其是他们比日耳曼人较少受人猜忌，其传教活动的成果似乎确实更为丰硕。例如,瑞典基督教所借用的词汇明显地来自盎格鲁-撒克逊语,而不是德语。同样说明问题的事实是,瑞典众多教区把英国圣徒作为保护神。按照教阶制原则,斯堪的纳维亚国家中建立的历时长短不一的教区,一般被认为从属于不来梅-汉堡大主教区,但信仰基督教的国王们却经常让他们的主教在不列颠领受圣职。在卡纽特及其随后的几代继承者统治时代,英国在丹麦乃至挪威的影响更为广泛。

　　实际上,国王和主要首领们的态度是决定性的因素。教会深谙此中道理,因而竭尽所能争取国王的支持。尤其是,基督教团体数量增多,他们从取得成功的事实中发现自己所面临的形势是,异教团体日益意识到危险局势而更加坚定地进行斗争。这时双方便更加依赖统治者行使(通常是极其严厉地)强制权力。而且,如果没有王室的支持,教会怎能在全国范围内建立主教区和修道院组织系统呢?如果没有主教区和修道院组织系统,那么,基督教又怎能维持其精神统治,深入到下层民众阶层呢?另一方面,在使斯堪的纳维亚国家愈益陷入分裂状态的敌对双方进行的战争中,宗教上的冲突也被充分利用:不止一次的王朝革命曾在短期内摧毁了正在形成中的宗教组织。在北欧三国中,信仰基督教的国王相继登上王位时,基督教的胜利便被认为是确定无疑了。首先是在丹麦,卡纽特登基;继之是挪威,好人马格努斯登基(1035年);很久以后是瑞典,国王英奇于11世纪末继位,他摧毁了古老的乌普萨拉圣殿——在这里,他的前辈们曾经常供奉动物肉乃至生人作为敬神的牺牲品。

　　如同在匈牙利一样,北方各国在皈依基督教时,都小心翼翼地维护自己的独立地位。其必然结果是各自建立直属于罗马的教阶组织。不久以后，一位相当精明的政治家执掌不来梅-汉堡大主教区的事务，他顺应不可避免的命运，赶紧放弃对北欧教会的控制，力图保留其教会在传统上所要求的某些最高权力。自1043年后，阿德尔伯特大主教形成了建立广泛的北欧主教区的想法，在此主教区内即将建立的各国主教区，应该处于圣安斯卡尔的继承者们监护下。但是罗马教廷并不喜欢建立中间的权力机关，拒绝支持这一计划。此外，德国贵族的纷争也使该计划的倡导者不能投入大量精力去实施其设想。1103年，在丹麦斯堪尼亚的隆德建立了大主教区，其管辖范围包括所有的斯堪的纳维亚国家。后来在1152年挪威建立了自己的大主教区，这个大主教区建于尼达罗斯（特隆赫姆），位于丹麦王殉道者奥拉夫的坟墓（一个真正的民族圣迹）附近。瑞典最终（1164年）也建立了基督教大主教区，该大主教区位于异教时代乌普萨拉地方的王室神殿旧址附近。这样，斯堪的纳维亚教会摆脱了德国教会的控制。同样，在政治领域，东法兰克王国的统治者们，虽然无数次插手干涉丹麦的王朝战争，但却从未能够迫使丹麦国王们永远纳贡（臣属的一般标志），甚至也没能将其边界推出多大范围。日耳曼部族中这两大分支的分道扬镳越来越显著。德国不是（也永远不是）日耳曼尼亚的全部。

6 原因之探究

斯堪的纳维亚人放弃劫掠和长途迁徙的习惯是由于皈依基督教的缘故吗？有时起码会有这样一种见解，认为维金人的远征是

第二章 诺曼人

在难以化解的异教狂热鼓动下产生的宗教性军事行动。但是我们知道,维金人在精神上是倾向于尊崇各种巫术的,上述见解与此严重抵牾。另一方面,可以确信,信仰的改变将肯定影响到人们心态的深刻变化。自然,如果不考虑诺曼人对战争和冒险的狂热,那么,诺曼人的航海和侵略史是不可思议的。在诺曼人的社会里,对战争和冒险的狂热与对和平事业的追求是共存的。这些诺曼人作为狡黠的商人,经常往返于君士坦丁堡到莱茵河三角洲各港口的欧洲市场,或在冰冻的季节开垦冰岛的荒野,同时他们又把"刀枪相交"和"盾牌碰击"当作最大的乐趣,视为至上的荣耀:众多的诗歌和叙事故事证实了这一点,它们虽然在12世纪才形诸文字,但忠实地反映了维金时代的情形;同样,斯堪的纳维亚半岛上道路两旁或集会场所附近坟丘上竖立的墓碑(stelae)、墓石或简朴的纪念碑也可以证实上述结论,在这些纪念物上至今仍然可以见到以鲜红色镌刻在灰色石板上的北欧古诗文。这些文字绝大部分不像希腊罗马的碑铭那样,是纪念那些在家内安然溘逝的死者的,它们所追忆的几乎毫无例外的是那些在远征中阵亡的英雄们。这种心态似乎与基督的教诲不相调和。但正如我们下面还要经常述及的,在封建时代的西欧各民族中,基督教神秘仪式中所表现的热诚信仰,与人们对暴力和抢劫的爱好,乃至对战争的最为自觉的颂扬,显然可以毫无困难地调和在一起。

从这时起,斯堪的纳维亚人以同样的信仰与其他的天主教民众联合在一起了,他们与这些民众接受着同样的宗教传说,沿着同样的道路去朝圣,如果他们渴望接受教育,也可以阅读或让别人给他们诵读同样的、或多或少地以歪曲的形式反映罗马化的希腊传统的书籍。但是,西欧文明的基本统一是否已阻止了其内部的冲突呢?充其量可以认为,惟一万能上帝的观念,以及关于彼岸世界的全部概念,在长期发展过程中,沉重打击了命运和荣誉的神秘感(*mystique*)。命运和荣誉的神秘感是北欧古老史诗的特点,毫无疑问,在这些神秘感中,不止一位维金人为他们的激情找到了正当理由。但是决不能认为维金人接受了基督教的上述观念,就足以消弭其首领们追随罗洛和斯韦恩的足迹的愿望,或者足以阻止他们去招募必要的武士以实现其野心。

事实上,上述问题的弊端在于它没有得到完整的表述。在探究某一现象为什么结束之前,难道我们不应该首先问一下是什么因素产生了这一现象吗?这在一定意义上也许只意味着暂时将难题搁置起来,因为促成斯堪的纳维亚人迁徙的原因,几乎与导致它停止迁徙的原因一样模糊不清。无论如何,我们没有必要花费时间详尽地考察分布在北方各民族南部、一般都更为丰饶且具有更古老文明的国家对北方各族具有吸引力的原因。难道日耳曼人的大规模入侵以及它们之前的各族迁徙的历史,在根本上不是一部长途迁徙奔向太阳的历史吗?海上掠夺活动本身有很久远的源流。由于惊人的巧合,图尔的格利高里和《贝奥武夫之歌》都记载了哥塔尔的国王在520年前后对弗里西亚海岸发动的远征;只是由于历史记载的缺乏,我们无法得知其他类似冒险行动的情况。然而,可以肯定,8世纪末这些长途远征已经以前所未有的规模急剧地展开了。

那么,我们能相信当时防务松弛的西欧已成了比过去更容易攫取的猎物吗?这一解释并不能说明完全发生在同时代的一些事件,如冰岛的殖民活动、罗斯各河流上各瓦兰吉亚人国家的建立等等;撇开这一事实不谈,认为分裂时期的墨洛温国家比虔诚者路易甚或他的儿子们统治时期的国家更为强大,这也将是荒谬奇论。很清楚,我们必须通过对北欧各国本身的研究,去寻求决定其命运的关键所在。

将9世纪的船只与更早时期的其他发现物加以比较可以证明,在维金时代以前,斯堪的纳维亚水手已大大改进了船只的设计。无疑,没有这些技术进步,漂洋过海的远航是不可能的。但是众多诺曼人真是因为利用这些更先进的船只消遣才决定离开故土去远方寻求冒险吗?较为合理的解释是,为了更远大的冒险,他们才注意改良航海设备。

11世纪,研究诺曼人的法国历史学家、圣昆丁修道院的杜恩提出了另外一种见解。他认为造成迁徙的原因是斯堪的纳维亚各国的人口过剩,人口过剩则归因于多妻制习俗。起码对第二个假定我们是持怀疑态度的:撇开只有首领们才真正拥有众多妻妾这一事实,人口统计资料从未证明,也远不能证明,多妻制对人口增长有特别的促进作用。人口过剩论本身也大可怀疑。遭受侵略的民族几乎总是提出这种观点,多少有点天真地希望以假定的入侵之敌的庞大数量为其失败进行辩解。地中海各民族如是解释自己对于凯尔特人的失败,罗马人也如是解释自己对于日耳曼人的失败。不过,在北欧人入侵的问题上,杜恩的观点却值得多加考虑,部分原因是,杜恩坚持此论大概并非得自被征服者的传说,而是出于征服者的说法;特别是,人口增长有着某种内在可能性。从2到4世纪,最终导致罗马帝国覆亡的民族迁徙所必定产生的后果是,在斯堪的纳维亚、波罗的海岛屿和日德兰半岛留下了广袤的空地。留在这些地区的部族群体在几个世纪中可以自由地生育繁殖,所以肯定是在8世纪左右,它们开始缺乏生存空间,就其农业状况而言,尤其如此。

确实,维金人最初在西欧的远征,目的不在于获得永久居住地,而是为了掠夺财物并将其运回家乡。但这样做本身就是弥补土地稀缺的一种手段。依靠从南方文明各国掠夺的赃物,因土地和牧场日蹙而焦虑不安的首领得以继续维持其生活方式,并继续向他的亲兵们分赠维持其威望所必需的礼物。在下层民众中,向外迁移为青年人提供了一条道路,让他们从拥挤不堪、前景黯淡的家境中解脱出来。最后,可以设想,斯堪的纳维亚人的社会结构和行为方式所经常引发的争执或族间仇怨,会迫使一个人放弃祖上的产业(gaard),而空地的减少使之比过去更难在国内找到新的安身之处;如果他是被追缉的人,那么除了亡命海上或奔向对他敞开大门的遥远国度外,他难有逃避之处。如果他想避开的敌人是国王,情况就更是如此。由于定居人口的密度越来越大,国王已经能够在广阔的范围内实行更为有效的控制。由于已养成的冒险习惯,加之为成功的希望所鼓舞,冒险的嗜好很快变成了必须进行的活动,通常被证明获利颇厚的出国冒险顷刻间变成了一种职业和时尚。

如果说斯堪的纳维亚人发动侵略行动不能由被入侵国家的政治状况来说明,那么,入侵行动的结束也不能由此来解释。毫无疑问,奥托帝国比加洛林王朝末期具有更强的沿海防卫能力;而私生子威廉及其后继者统治下的英国也证明自己为不可小觑的对手。

但碰巧的是,无论是日耳曼还是盎格鲁-撒克逊的统治者,从来都没有经受此种严峻考验。很难相信,10世纪以后的法兰西和忏悔者爱德华时期的英格兰难操胜券。极为可能的是,斯堪的纳维亚诸王在逐渐强化自己权力时,把许多被放逐者和失败的王位觊觎者抛到了海路上,从而在最初短时期内刺激了迁徙活动,最后取得了清除不法之徒的效果。此后征集人员和船只的活动为政府所垄断,政府特别小心地组织对船只的征用工作。此外,国王们非常不喜欢发动孤立的征伐,这种征伐活动会使骚乱情绪继续维持下去,并使亡命徒轻而易举地获得避难之地,正如在有关圣奥拉夫的萨迦中所揭示的那样,这类征伐为那些阴谋家们提供了积蓄必要财富、实现其阴谋诡计的手段。据说,斯韦恩刚刚入主挪威,就立即禁止了海外劫掠活动。

诺曼首领逐渐习惯了比较规则的生活,在这种生活中,他们在母邦供职于君王或其对手,野心得到了满足。为了获得新的土地,人们更为积极地从事国内殖民活动。国王们的征服活动,如卡纽特已经完成的和哈拉德·哈德拉德企图进行的征服活动一样,仍在进行;但是,在政治组织很不稳定的国家,王室军队是难以启动运转的笨重机器,所以一位丹麦国王在私生子威廉时代筹划的对英格兰的最后一次攻击,甚至在起锚出征前就因宫廷政变而告吹。不久,挪威国王也将其经略方案加以限制,即在从冰岛到赫布里底群岛的西部群岛上建立和巩固自己的统治。丹麦和瑞典国王则忙于进行对邻近的斯拉夫人、列托人和芬兰人的长期战争;这些战争很快成为惩罚战——因为,作为相应的报复,这些民族的海盗不断骚扰波罗的海——征服战和神圣的宗教战争。但是这些战争有时很类似于些耳德河、泰晤士河以及卢瓦尔河流域所长期遭受的侵袭。

第三章 各族入侵的影响和教训

1 混乱

摆脱了最后各次入侵造成的混乱状态后,西欧已是遍体鳞伤。城镇未得幸免,至少是没有躲过斯堪的纳维亚人的侵略。如果说许多城镇在劫掠过后或敌人撤走后又重新在废墟上崛起,那么城镇正常生活的中断却使这些城镇长期衰弱不堪。其他地方则更为不幸:加洛林帝国在北方海域的两个重要港口:莱茵河三角洲上的杜尔斯特德彻底变成了中等村庄;康什河(Canche)河口的昆托维克则完全变成了渔村。沿河商路上的贸易中心已完全失去安全保障:861 年巴黎商人企图驾船逃离,被诺曼人的船只追获,沦为俘虏。

尤其是,耕地遭到极其严重的破坏,通常变为不毛之地。在土伦地区,梣树林堡地区的土匪被驱逐以后,土地不得不重新开垦,由于以前的地产边界已不可辨认,所以每个人——用一个契约书上的话说——"靠其实力占取土地"。① 图赖讷地区时常遭到维金人的蹂躏,900 年 9 月 14 日的一个文件突出记载了安德尔(Indre)

---

① *Cartulaire de l'abbaye de Saint-Victor-de-Marseille*, ed. Guérard, no. LXXVII.

谷地封特斯地方的一个小庄园和卢瓦尔河畔马蒂尼地方的一个完整村庄。在封特斯,五个农奴地位的人,"如果在和平时期可以拥有财产";在马蒂尼,应得的土地被详细列举出来。但这都是过去的事情了,因为,虽列出了 17 块持有地即份地(mansi),但它们已没有任何意义。只有 16 户人家生活在这块贫瘠的土地上;虽然户数比份地数量还少一个,但实际上一些份地中的每一块通常由两户或三家持有。一些人"既无妻子也无儿女"。人们可以听到同样的哀怨之词:"如果我们能享有和平,这些人是可以有土地的。"① 然而,并不是所有破坏活动都是侵略者干的。因为,为了迫使敌人屈服,通常必须让它挨饿。894 年一伙维金人被迫龟缩在彻斯特的古罗马城墙内,编年史写道,英国军队"带走了城周围所有的牲畜,焚烧了庄稼,让战马吃光了周围村庄所有的东西"。

较之其他阶级,农民自然更为这种种情况所苦,他们被逼迫到了绝望的边缘。塞纳河和卢瓦尔河之间的乡村地区和摩泽尔地区的农民数次被逼到这种程度:他们以宣誓的方式团结起来,向强盗们发动猛烈进攻。然而,组织不良的农民队伍总是遭到屠杀。② 不过,土地遭到破坏时,农民并不是惟一的严重受害者,城镇即使拥有坚固的防御,也有挨饿的危险。从土地获得收益的封建主也陷入了贫困。特别是,教会庄园虽得以幸存,但却困难重重;结果是,修道院的严重衰败和由此造成的精神生活的衰败(百年战争以后的结果也是如此)。英国受到的影响尤其严重。在阿尔弗烈德

---

① Bibl. Nat. Baluze 76, fol.99 (900, 14th September).

② *Ann. Bertiniani* 859 (with the correction proposed by F. Lot, *Bibl. Éc. Chartes*, 1908, p.32, n.2); Regino of Prüm, 882; Dudo of Saint-Quentin, II, 22.

第三章 各族入侵的影响和教训

国王主持下翻译的大格利高里的《教士规则》(*Pastoral Rule*)的前言中,阿尔弗烈德忧伤地回忆起"那一段时光,当时一切还未遭到毁坏和焚烧,英国的教堂里满是财宝和书籍"。① 事实上,这就是盎格鲁-撒克逊教会文化的丧钟;而此前不久,这种文化仍在欧洲传播。但最为广泛而深远的影响无疑来自人类创造的资源的巨大浪费。当较为安全的状态再度恢复时,数量减少的人口所面对的是大片土地,这些土地从前曾由人们精耕细作,现在却再次变得荆棘丛生。未开垦的处女地仍极其丰富,但垦荒活动却延宕了一个多世纪。

不过,物质的损失并非全部,精神上的损失也必须加以考虑。由于这场民族迁徙的风暴是在至少实现了相对安宁的情况下发生的(在法兰克帝国尤其是这样),所以它的影响更为深刻。的确,加洛林帝国造成的和平并不持久,而且也从来不是真正全面的和平。但人们是健忘的,耽于幻想的能力却是无穷的。譬如,让我们看一下兰斯城防御工程的历史吧。该城的防御工程曾以各种形式一建再建,较之其他任何一个城市都有过之而无不及。② 虔诚者路易时,兰斯大主教曾请求路易皇帝批准,将古罗马城墙上的石头搬下来用于重建兰斯大教堂。这位国王,用弗洛道特的话说,"当时正在逸享太平,洋洋得意于其帝国的皇皇威势,对蛮族的入侵毫无戒

---

① *King Alfred's West Saxon Version of Gregory's Pastoral Care*, ed. Sweet (E.E.T.S., 45), p.4.

② 参见 Vercauteren, *Étude sur les cités de la Belgique seconde*, Brussels 1934, p.371, n.1;关于图赖讷,参见 V.S.*Amandi*, III, 2, *M.G.H.*, *Poetae aevi carol.*, III, p.589。

惧",于是便慨然应允。但几乎不到50年"蛮族"便卷土重来,于是以尽快的速度重建壁垒成为当务之急。那一时期欧洲兴工修建的城墙和栅栏就是这场巨大灾难的见证。此后抢劫事件成了寻常之事,处事谨慎之人在签订法律条约时都把抢劫事件的发生考虑进去。例如,876年卢卡附近的乡村订立的租约规定,"如果异教民族焚烧或毁坏了房屋、家具和磨坊",①那么租金便停付;又如,此前十年在威塞克斯国王的一份遗嘱中,国王宣布,对其地产上所征收的贡赋,"只有在每块地产上还有人力和牲畜且未成为荒野的地方才须缴纳。"②

这一时期,那些目的相异、情感相同的颤颤瑟瑟的祈祷者发出的呼号声回荡在欧洲上空。众多的祈祷书为我们保存了他们的呼声。在普罗旺斯,祈祷者们呼叫:"不朽的圣父、圣子和圣灵啊……把您的信众从异教徒的压迫下解放出来吧"(这里自然是指萨拉森人);在高卢北部,教徒在祈祷:"把我们从诺曼蛮族的压迫下拯救出来吧!他们蹂躏了我们的国土,救救我们吧,啊,上帝!"在摩德纳,祈祷者呼喊着圣吉米吉纳诺:"抵挡匈牙利人的箭矢吧!您是我们的保护人。"③让我们试想一下那些虔诚的灵魂每天呼喊哀求

---

① *Memorie e documenti per servir all'istoria del ducato di Lucca*, V, 2, no. 855.

② 国王埃瑟沃尔夫的遗嘱,见 Asser, *Life of King Alfred*, ed. W. H. Stevenson, c.16。

③ R. Poupardin, *Le Royaume de Provence sous les Carolingiens*, 1901, (*Bibl. Éc. Hautes Études, Sc. histor.* 131), p.408; L. Delisle, *Instructions adressées par le Comité des travaux historiques … Littérature latine*, 1890, p. 17; Muratori, *Antiquitates*, 1738, I, col.22.

时的心境吧。一个社会不能处在永远的恐惧中而泰然处之。笼罩在人们心头上的阴影当然不是完全由阿拉伯人、匈牙利人或斯堪的纳维亚人的侵袭造成的,但他们的侵略活动无疑是主要原因。

然而,侵略造成的大浩劫并不仅仅是破坏。这种混乱状态使西欧的内部组织发生了某些变化,其中有些变动的影响是很深远的。

高卢发生了人口迁移。如果我们能够发现关于这些迁移的更多材料,而不只是揣度,那么这些人口迁移无疑将被证明是极其重要的。从秃头查理时代起,政府就在遣送那些入侵者到来之前就逃出来的农民返回家园,但收效甚微。材料证明,下利穆赞的人们有好几次在山中寻求避难,很难设想这些人会全部返回家园。平原旷野,特别是勃艮第,受人口减少的影响似乎比各高地更为严重。① 一般地说,那些消失的旧村落并非都是为兵燹所毁。许多村落只是因为人们逃到更安全的地方而被抛弃了:通常情况下,这种普遍性的危险促使人群集中在一起。我们已十分了解教士们颠沛流离的情形。他们携带着圣骨盒及其虔诚的故事沿着背井离乡的道路行进时,所经过的道路上留下了大量的传说,这也是增强天主教团结和圣徒崇拜的有效途径。尤其是布列塔尼圣物的大量外传,广泛地传播了新的使徒故事,那些对使徒奇迹的传说十分熟悉的人们自然很容易接受这些新故事。

但是,在被外族人特别广泛和持久地占领过的英国,政治和文化面貌则发生了非常明显的变化。不久前还相当强大的两个王国

---

① *Capitularia*, II, no.273, c.31; F. Lot, in *Bibl. Éc. Chartes*, 1915, p.486; Chaume, *Les origines du duché de Bourgogne*, II, 2, pp.468–469.

(东北部的诺森伯里亚和中部的麦西亚)的倾覆,有利于威塞克斯的兴起。威塞克斯在前一个时期已经开始崛起;正因为如此,使得英国南部诸王——用他们特许状中的一句话说——成为"整个不列颠的至高统治者",①这就是卡纽特和后来的征服者威廉所能得到的遗产。此后,南部城市温彻斯特及其后起的伦敦得以聚敛全国的税收而尽入其城堡的宝库中。

诺森伯里亚的修道院在过去一直是著名的学术故乡。比德*曾在这里住过,阿尔昆**是从这里出发到欧洲的。丹麦人的蹂躏,以及征服者威廉为惩治和防止叛乱而进行的一系列破坏活动,结束了这种文化上的统治地位。更重要的是,北方部分地区甚至从英格兰本土永远地分离了出去。由于维金人定居约克郡,割断了此地与其他操盎格鲁-撒克逊语的人群的联系;诺森伯里亚的爱丁堡城堡周围低洼地区落入山地凯尔特人首领的统治之下。所以,讲两种语言的苏格兰王国的形成,是斯堪的纳维亚人入侵的一个副产品。

2 对人类的贡献:语言和人名、地名上的证据

无论是萨拉森强盗,还是来自多瑙河平原以外的匈牙利入侵者,都没有使其血统成分大量地与更为古老的欧洲血统融合起来。

---

① J.E.A.Jolliffe, *The Constitutional History of Medieval England*, 1937, p.102.

* 比德(Bede,673—736),英国著名学者,代表作是《英吉利教会史》。——译者

** 阿尔昆(Alcuin,? —804),诺森伯里亚人,782 年起任职于查理曼大帝的宫廷,为"加洛林王朝文艺复兴"的重要人物之一。——译者

第三章　各族入侵的影响和教训

另一方面,斯堪的纳维亚人的活动却不仅仅限于抢劫:他们在英格兰和诺曼底的定居无疑输入了新的人种成分。怎样衡量这种贡献呢?以目前的知识水准,人类学方面的资料还不能给予任何确切的说明。在考虑到这类资料的同时,我们还是不得不求助于各种支离破碎的间接证据。

在塞纳河畔的诺曼人中,大约从 940 年起,斯堪的纳维亚语在鲁昂地区大致已不复使用。另一方面,斯堪的纳维亚语在贝桑地区却仍在使用,这一地区在稍后一个时期为另一批新的移民所占领;而且斯堪的纳维亚语在此公国内仍然相当重要,执政的公爵发现,他的继承者必须学习这种语言。十分巧合的是,我们最后一次发现,大约与此同时,这一地区有相当多的异教群体;这些群体非常强大,942 年威廉·朗斯沃德公爵被暗杀后,他们参与了骚乱活动。至 11 世纪初的头几年,据一部萨迦说,"鲁昂的北欧贵族首领"的侍从人员还一直"坚信"他们与北方首领的"表亲关系"。这里一定仍有一些人能操两种语言,能用各种斯堪的纳维亚方言进行交流。否则,怎样解释下列这一事实呢?公元 1000 年左右,利摩日子爵夫人在普瓦图附近的海岸边,被一伙维金人绑架并被带"过海去",为了使子爵夫人获释,她的亲属请求理查二世从中斡旋。还有,1013 年理查二世竟能够雇佣奥拉夫的人马服役,第二年他的一些部属又在都柏林丹麦国王的军队里打仗。[1]

---

[1] Adhemar of Chabannes, *Chronique*, ed. Chavanon, III, c. 44（关于子爵夫人的冒险）; H. Shetelig, *Vikingeminner i Vest Europa*（维金人在西欧的考古遗迹）, Oslo, 1933 (*Institutet for sammenlignende Kulturforksning*, A. XVI), p.242（关于诺曼小分队参与克朗塔夫战役）。

语言上的同化过程到这个时期大致上已基本完成。宗教统一的加强以及斯堪的纳维亚殖民洪流——在这一时期第一批殖民者定居之后便是殖民者的纷至沓来——的减弱,都有利于语言的同化过程。查班尼斯的阿德赫马尔在1028年或稍后一些时候的记载中认为,语言上的同化是全面的。① 除了少数几个技术用语外,诺曼底的罗曼方言和以其为中介的日常法语,没有从罗洛同伙的语言中借用任何东西。而这些技术词汇——如果我们暂不计较农民生活用语——几乎全部与航海或海岸地志有关,如"havre"(港口)和"crique"(小湾)。这类词汇在罗曼语仍占统治地位的情况下被频繁使用,正是因为在一个不识航海术的民族的语言中,不可能找到与之相对应的词汇。他们不能建造船只却能描述海岸线的实际特点。

在英国,语言的发展则完全沿着另一条路线发展。如同在大陆一样,斯堪的纳维亚人并没有继续保持语言上的封闭状态。他们学会了盎格鲁-撒克逊语,但只是以一种非常特别的方式使用这种语言。虽然他们尽其所能适应盎格鲁-撒克逊语法并采用大量词汇,但他们仍然坚持把它们与其母语中的大量词汇混合起来使用。另一方面,当地的土著居民由于同新来者的密切接触,也习惯于广泛使用外来词汇。在那个时代,即使那些最依恋民族传统的作家,也不曾有语言和文体上的民族主义情感。盎格鲁-撒克逊人从维金人语言中借鉴词汇的一个最古老的实例,是莫尔登战役之歌(the song of the battle of Maldon)。这首赞歌颂扬的是991年

---

① *Chronique*, III. c.27.

在反抗一伙"凶残恶狼"的战斗中阵亡的埃塞克斯武士的辉煌业绩。这里无需翻检专门的词典。人们非常熟悉的名词,如"sky"(天空)或"fellow"(伙伴);经常使用的形容词,如"low"(低的)或"ill"(有病的);人们不断使用的动词,如"to call"(呼叫)或"to take"(取、得);以及某些代词,包括那些第三人称复数代词,都是极好的例证。这许多在我们看来似乎是英国英语的词语,与其他许多东西,实际上都出自北欧。这种情况如此之甚,假若诺森伯里亚海岸从未出现过"海上之人"的船只,那么,20世纪世界各地数以百万计使用欧洲语言中传播最广的这种语言的人,将使用迥然不同的日常语言进行交流了。

但是,如果有的史学家对斯堪的纳维亚语的宝藏与它对法语所做的很小的贡献进行比较,然后推论说移民人数的差别与语言上借用词的多少成确切比例的话,那将是非常不审慎的。一种正趋于消亡的语言对一种保存下来的与之竞争的语言的影响,不一定与原来使用前一种语言者的数量相对应;两种语言本身的特性也是同等重要的因素。"维金时代"的丹麦和挪威方言完全不同于高卢的罗曼方言,但与古英语却极为相近,古英语和丹麦、挪威方言一样,都源自同一种日耳曼语。两种语言中的某些词汇在意义和形式上完全相同;另一些词汇意义相同、形式相似,多半可以互相替用。斯堪的纳维亚词语即使在替换外表差别很大的英语词汇时,由于当地语言中存在着来自同样的词根、属于类似的思想规则的词汇,它的借用也通常变得容易。但是,如果不是众多的斯堪的纳维亚人生活在英国领土上,并与原来的居民保持密切的接触,那么这种混合语言的形成也就无从解释了。

此外，如果说这许多借用词最终渗透到了通用语中，那么它几乎总是通过英国北部和东北部的特殊方言这一媒介。另一些借用词只是出现在这些地区的方言中。的确，在这里——特别是约克郡、坎伯兰(Cumberland)、威斯特摩兰(Westmorland)、北兰开夏郡以及"五镇区"〔林肯、斯坦福、莱斯特、诺丁汉(Nottingham)、德比(Derby)〕——来自大海彼岸的北欧贵族首领曾开辟过最重要也最持久的领地。这也是入侵者占领区的主要部分。盎格鲁-撒克逊的编年史记载，876年居住在约克的维金贵族首领将德伊勒地区送给他的伙伴们，"此后这些人便耕种这块土地"。编年史继而记载，877年"收获以后，丹麦军队进入麦西亚，将麦西亚的一些地方瓜分"。涉及农民劳动的重要语言现象充分印证了编年史家的记载。因为大多数借用词都是描写琐碎的事物和一些习以为常的活动，并且只有毗邻而居、朝夕相处的农民才能够教给邻居们"bread"(面包)、"egg"(鸡蛋)或"root"(根菜)之类的新名词。

人名研究同样清楚地显示出在英国领土上语言方面的贡献所具有的更深层的重要意义。最能说明问题的并不是上等阶层所使用的那些名字。在上层社会中，名字的选择主要受奉行已久的等级传统所支配，10、11世纪还没有产生其他原则取代这种传统。以父母之名来给孩子命名的习俗已经衰落；教父们还没有形成将自己的名字授给教子的习惯，甚至在更为虔诚的民众中，父母们也还不懂得以圣徒的名字来给孩子取名。1066年以前，斯堪的纳维亚籍的名字在英国贵族社会里已相当流行，诺曼征服后的一个世纪多的时间里，由于每个人都自诩社会地位高贵，这些名字便被抛弃了。另一方面，这些名字在农民甚至城区民众中却仍然使用了

第三章 各族入侵的影响和教训

相当长时间,这些人不抱有跻身胜利者等级的不切实际的幻想。在这些较低的等级中,这些名字继续存留,在东盎格里亚继续存留到13世纪,在林肯郡和约克郡延续到14世纪,在兰开夏郡则存留到中世纪结束。没有理由认为这些名字毫无例外地都来自维金人的后裔,因为十分明显,在乡村地区,在同一等级内,人们互相仿效和通婚的行为发挥了习惯性的影响,但是,若不是为数众多的移民定居在原来的居民中,并过着同样的简朴生活,那么这种影响是无法发挥作用的。

就诺曼底而言,在目前难以令人满意的学术研究状况下,我们所能做的一点观察,使我们想象到这里发生了与英国各郡非常相似的变化,在这些郡中,斯堪的纳维亚人的影响是非常大的。虽然北欧籍的名字,如奥斯本,至少到11世纪仍在贵族社会中使用,但在整个上层社会似乎在很早的时候即采用法国名字。罗洛让他的生于鲁昂的儿子以威廉的名字受洗,不就是这样一个例证吗?从罗洛时代起,没有任何诺曼公爵在命名上回到祖先的传统上去;很清楚,这些公爵并不想以此种方法与领内的其他大贵族隔离开来。相反,如同在不列颠一样,社会下层则显示出更忠诚于传统。这可以从诺曼人统治地区至今犹存的相当数量的取自古代斯堪的纳维亚名称的姓氏中看出来。我们对于家族命名制度的所有知识,通常使我们难以设想这些名字在13世纪前的最初年月里具有世袭性质。正如在英国,这些事实也说明有一定数量的农民定居;因为在诺曼底所能见到的例证少于英国,说明在此定居的人数也是比较稀少的。

另外,对地名的研究也充分证明,维金人在造成众多无人居住地的地区,也建立了不少新的定居地。在诺曼底,要清楚地区分斯堪的纳维亚地名和来自蛮族入侵时期撒克逊殖民地的更古老的日耳曼式地名,显然并非总是易事。至少在贝桑就有撒克逊殖民地的明显例证。但是在大多数情况下,这类疑案似乎必须由新近的移民活动加以说明。譬如,如果我们将塞纳河下游在墨洛温王朝属于圣万德里尔修道院修士的那些辖地的名称列出一个表格(这样做可能比较准确),就会得到两个很有特色的事实:第一,这些名称全是高卢-罗马名称或法兰克世代的名称,与后来的斯堪的纳维亚名称泾渭分明;第二,大量的名称今天已完全不可能辨别出来,因为在诺曼人入侵时代大多数地方无疑已被摧毁或重新命名。①无论如何,这是些非常重要的普遍现象,而且是甚少可疑之处的现象。名称上显示斯堪的纳维亚影响的那些村落,非常稠密地集中在卢姆瓦和科镇地区。此外,这些村落之间的距离较远,虽然在一些地方仍有一些相对密集的群体,如在塞纳河和里斯尔河之间、在兰德(这个名字本身就非常斯堪的纳维亚化)森林边缘上的小群体一样。兰德这个名称使人们回忆起殖民先驱者的劳动,他们家乡的环境已经使他们非常熟悉设置陷阱捕捉野兽的生活。很显然,征服者既要防止过度分散,同时也要避免距离海边太远。在韦克辛、阿朗松以及阿弗朗什等地则未发现他们占领地的痕迹。

在英吉利海峡彼岸,我们也发现同样鲜明的对比,但是分布区域更广阔。在约克郡和索尔韦湾(Solway Firth)以南毗邻爱尔兰

---

① 参见 F. Lot, *Études critique sur l'abbaye de Saint-Wandrille*, 1913 (*Bibl. Écoles Hautes Études*, *Sc. histor.*, fasc.204), p.xiii *et seq.*, and p.1, n.2。

海的各地区,这种特有的完全斯堪的纳维亚化或者有时只是斯堪的纳维亚形式的名称极其密集,向南部或中部逐渐趋于减少,接近泰晤士河谷地东北部边缘的丘陵,则只有白金汉郡和贝德福德郡等稀疏零落的名称。

可以肯定,那些拥有维金名称的地方并不一定是新的殖民地,也不一定居民成分全部发生了改变。我们可以举出几个无可辩驳的例外的事实。塞纳河边小山谷入口处的定居者想用自己的语言称其定居地为"冷溪"(即今天的科德贝克),这些定居者一定全部或几乎全部是操斯堪的纳维亚语的人。约克郡北部的几个地方被称为"英国人的村庄"($Ingleby$,by 是一个确凿无疑的斯堪的纳维亚词语)。很显然,如果在某个特定时期这个地区的一个地方有英国人居住不是一件极不寻常的事情,那么 $Ingleby$ 一词将没有任何意义。有时,不仅在居住地的中心地带,而且耕地的不同部分也获得外来名称。很清楚,只有农民才会费神地去改变微不足道的田地的名称。这种情况在英国东北部司空见惯,但在诺曼底,我们必须再次承认,对它的研究不够充分。

遗憾的是,其他一些证据缺乏确切性。在不列颠如同在塞纳河周围地区,许多村落都是以复合名字见称,名字的第一部分是斯堪的纳维亚籍的人名。名字被用作地名的人(几乎清一色是首领)是外来定居者这一事实,并不一定说明他的属民也是外来人。谁能知道,在科镇地区为哈顿特的哈斯顿领主或约克郡托瑟坡的陶菲领主劳作的那些可怜人之中,有多少人在这些老爷们到来之前,早已世代生活于此地,以其辛勤的汗水肥沃了这片土地呢?必须加以格外注意的是,在前面提到的双词语构成的地名中,第二部分也像第一部分一样,是由外来词语派生出来,但它却属于地方语言。当人们在谈及哈肯领主的土地,称之为哈肯庄园(Haquenville)时,他们肯定已经忘记了入侵者的语言,更可能从来就没有使用过入侵者的语言。

3 对人类的贡献:法律和社会结构上的证据

同样,在法律领域内,并不是所有证据都具有同等意义,少数外来统治者的影响足以说明某些法律的引入。由于北欧首领在被征服的英国掌管着司法权,他们的臣民——甚至英国臣民——都习惯于以来自海外的人们所熟悉的名词(*lagu*)援引法律。被占领的地方按斯堪的纳维亚人的模式分成百户村,即区(*wapentakes* 或 *ridings*)。在殖民首领的影响下,一种全新的法律体系被输入进来。962 年前后,威塞克斯诸王取得一些胜利之后,他们中的埃德加国王宣布:"我希望在丹麦人中间,世俗法能按照他们的良好传统继续加以调整。"①

事实上,不久前阿尔弗烈德被迫割让给维金人的各郡,绝大部分直到 12 世纪还在"丹麦法区"的共同名义下联合在一起。但是所谓的"丹麦法区"大大超出了地名研究所揭示的斯堪的纳维亚人的密集聚居区的实际界限。实际情况是,在每个地区流行的习惯法已由地方司法大会确定下来。在地方司法大会中,即使在出身

---

① Laws of Edgar, IV, 2, 1.

第三章 各族入侵的影响和教训

上与大多数人不同的权贵,其言论也是举足轻重的。在诺曼底,虽然效忠者(féal)或陪臣在一段时间里仍继续以外来的名称"德楞"(dreng)相称,和平法规直到最后仍有斯堪的纳维亚烙印,但这些遗存物并不能对殖民活动范围提供某种确切的证据:因为"德楞"是惟一受规矩约束的群体,而公共秩序则从来是诺曼底公爵关注的事情。① 总的说来,诺曼法律很快就失去了其种族色彩(除了后面我们将注意到的与军事阶层的等级组织有关的某些特点)。毫无疑问,权力高度集中于那些很快就欣然适应了法国大贵族习俗的公爵们手中,比丹麦法区中的权力分散更有利于司法制度法律的同化。

为了衡量斯堪的纳维亚人的占领给英吉利海峡两岸造成的更深刻的影响,必须考察比行省或郡区规模更小的群体结构,如英国的城堡。这些城堡中有些如莱斯特、斯坦福等长期保留着诺曼人入侵时期定居在此地的武士们和商人们的司法传统;在诺曼底和英国尤其应观察小乡村共同体。

在中世纪的丹麦,属于农民家室的土地总称为 *bol*。这个词传到了诺曼底,后来成为某些地名的组成部分,或在更有限的意义上使用,表示一块圈围地,包括农场建筑、花园或果园。在卡昂平原

---

① 关于 dreng 一词,见 J.Steenstrup, 'Normandiets Historie under de syv förste Hertuger 911—1066'(附有法文摘要), in *Mémoires de l'Académie royale des sciences et des lettres de Danemark*, 7e Série, Sections des Lettres, V, no.I, 1925, p.268。关于和平法,见 J. Yver, *L'Interdiction de la guerre privée dans le très ancien droit normand* (Extrait des travaux de la semaine d'histoire du droit normand), Caen, 1928。K. Amira 的文章(参照 Steenstrup, *Normannerne*, I)仍值得一读:*Die Anfänge des normannischen Rechts* in *Hist. Zeitschrift*, XXXIX, 1878。

和丹麦法区的大部分地方,有一个相同的词语被用来描述农耕地上彼此平行和并排的长条地:在诺曼底称为 *delle*,在英国称为 *dale*。在两个彼此没有直接联系的地带使用惊人相似的词汇,只能说明两地都受到同一种族的影响。科镇地区的耕地具有一种特殊形态:大致呈四方形,而且显然以一种很随意的方式分隔开,这种特殊形态使科镇地区与相邻的法国其他地区分别开来。这种特殊性似乎说明,随着它周围地区人们的定居,出现了乡村的重新组合。在"丹麦人的"英国,丹麦人引起的动荡十分严重,导致了原来农耕单位"海得"(hide)的消失,①代之以更小的土地单位"犁"(ploughland)。是否可以认为,少数贵族首领因取代以前的领主,行使对领地上土生土长的农民的统治而志满意得,希望或有力量改变这些耕地的名称,并胡乱摆弄农耕地边界形状呢?

这一观点可以推而广之。我们发现,丹麦法区的社会结构和诺曼底的社会结构具有共同特点,这种共同特点说明二者具有深刻的制度上内在相互关系。在法国北部的其他地区,隶属关系纽带在领主和"臣仆"之间产生了牢固的世袭关系,而在诺曼底的乡村地区,这种隶属关系则完全没有被发现;如果说在罗洛时代以前,这种关系已初具雏形,那么不久之后它便不再发展。同样,在英国北部和东北部也长期具有这一特点:农民享有一定程度的自由。在小耕种者中,许多人虽在总的隶属关系上从属于领主法庭,

---

① 朱利(Jolliffe)先生一反英国学者的普遍意见而拒绝承认英格兰东北部的"犁"是由斯堪的纳维亚人入侵所引起变动的产物,我认为这是错误的。特别参见"The Era of the Folk", in *Oxford Essays in Medieval History Presented to H.E.Salter*, 1934。

但具有完全自由人的身份，他们能够随意更换主人；也习惯在任何情况下随意转让他们的土地，总的说来，较之他们的处境更差的邻居以及丹麦法区以外生活的大多数农民所承受的沉重负担，他们的负担是比较轻的，也是更为固定的。

可以肯定，在维金时代，斯堪的纳维亚各族人民对庄园制度是全然不知的。是否可以推断，少数征服者由于其人数太少，必须靠被征服民众的劳动过活，所以对于采用被征服群体以前的隶属形态来维持对他们的统治有所顾忌呢？入侵者将他们那里农民保持独立的传统习惯带到殖民地的举动，清楚地表明殖民活动的巨大规模，也清楚地表明，土地被分配后，那些弃枪矛而执犁锄的普通武士，至此还没发现他们故土上未知的奴役制。诚然，第一批到来者的后代很快就部分地接受了周围环境形势所强加于他们的政权组织。定居下来的首领试图模仿其他种族中的被征服首领们的榜样，去获取利益。一旦形势好转，从庄园收入中得到绝大部分给养的教会也同样会如法炮制。在诺曼底和丹麦法区都存在庄园；但在许多世纪里，较之其他地区，这些地区的封建附属关系的严密性和普遍性均显逊色。

所以，各种情况都导向同一结论。最为错误的莫过于臆断仿效征服者威廉的"法国"同伙的斯堪的纳维亚定居者只是军事首领阶级。毫无疑问，在诺曼底和英国北部和东北部，瑞典文石碑中提到的那样的农民武士，很多是驾船从北欧来到这里的。殖民者有时定居在从以前的占领者手中夺取的或被逃走的人放弃的土地上，有时则定居在原始居民居住区之间的空隙地上，他们的人数相当多，已足以建立起一些完整的村落或为之重新命名，将他们的词汇和地名向四方传播,并对农业机构,甚至对那些因入侵而陷于混乱的乡村社会结构进行根本改造。

但是,总的来说,斯堪的纳维亚的影响在法国较弱,除了在天生保守的乡村生活中,影响不及对英国的影响持久。考古学上的证据也为上述其他各种事实提供了印证。虽然我们掌握的材料十分不完备,但无可怀疑的是,北欧艺术在诺曼底的遗存较之英国要少得多。造成这种差别有几种原因。在法国,斯堪的纳维亚人的居住地规模较小,使之更容易接受外部影响。由于土生土长的文化和舶来文化之间存在的更为明显的差别不利于相互交流,导致两种文化中抵抗力较弱的一方被完全同化。诺曼底地区的人口似乎总是比英国的相应地区为多;所以除了在被严重毁坏的卢姆瓦和科镇地区,入侵过后仍居其旧所的土生土长的人群比以前更为稠密。最后,在英国,移民的涌入似滚滚波涛已历两个世纪有余,而在诺曼底,入侵者在相当短的时期内分批到达,而且,即使相对于占领区的规模而言,人数无疑也明显较少。

4 对人类的贡献:起源问题

北方人的定居,不论是否密集,乃是可以接受的事实。但是他们来自北欧的什么地区呢?即使其同代人也并非总是感到易于辨别。那些能说一种斯堪的纳维亚方言的人,很可能不太困难地听懂另一种斯堪的纳维亚方言,尤其是早期那些以劫掠为目的的冒险分子组成的团伙,大概非常混杂。然而,不同民族所拥有的各自的传统、各自的民族意识,随着各大王国在母邦的不断建立,总会

第三章 各族入侵的影响和教训

明显地得到强化,而且似乎确实已经强化。在征服的外国领土上,丹麦人和挪威人进行过激烈的战争。这两个敌对的兄弟为赫布里底群岛、爱尔兰沿海各小王国以及约克王国而彼此争斗过;在"五镇区",丹麦驻军请求威塞克斯的英国国王驱逐敌对的挪威军队。[1] 这些敌对行动植根于不同的、有时是源远流长的民族传统中。只有逐个地考察入侵者定居地,才能更令人满意地确定入侵者的确切来历。

我们看到,在卡纽特率领下征服英国的人中,有一些瑞典人。另一些人则参加了对法兰克各国的抢掠:古德马尔就是这样的人,在南曼兰省他的纪念碑上记载着,他死于"远方,靠近西方的高卢"。[2] 他的同胞们则更喜欢其他的路线:波罗的海东岸和南岸近在咫尺,来自罗斯各河流上的商栈里供劫掠的物品如此诱人,这一切成了主要的诱惑。挪威人由于熟悉环绕不列颠诸岛的北部海路,组成了最大规模的远征队,在分布于不列颠诸岛周围的各群岛及爱尔兰地区进行殖民活动:他们对英国的征服正是从这里开始,甚至远过于从斯堪的纳维亚半岛开始的远征。这说明一个事实:在西部海岸各郡从索尔韦湾到迪河(Dee),挪威人几乎是惟一的入侵者。稍微深入内地,挪威人的踪迹仍历历可见,约克郡西部人数较多,英国的其他地区和"五镇区"则少得多。在后面的这些地区,到处都有丹麦定居者与之混居。在混合居住地带,丹麦人在总

---

[1] 参见 Allen Mawer, 'The Redemption of the Five Boroughs', in *Eng. Hist. Rev.*, XXXVIII, 1923。

[2] O. Montelius, ' Sverige och Vikingäfaderna västernt', in *Antikvarisk Tidskrift*, XXI, 20, p.20.

体上居住得更为集中。很明显,在英国领土上永久定居的移民绝大多数属于斯堪的纳维亚最南端的民族。

有关诺曼底的叙述材料十分缺乏,令人沮丧。更糟的是,这些材料相互矛盾:尽管这里的公爵们似乎已将自己说成是丹麦血统,但挪威的一部萨迦却把罗洛说成是挪威人。还有地名及农耕习惯:这两方面的资料至今还没有得到充分的研究。丹麦人的存在似乎是肯定的;同样也一定有来自挪威南部的人。其比重有多大呢?地理分布又如何呢?目前尚不可能解答。在这里我想斗胆指出,科镇地区和卡昂平原两处农耕地上存在的十分明显的差异,归根到底是定居群体的不同所造成的:科镇地区杂乱的田野使人联想到挪威人的田地,而贝桑地区的条田使人想到丹麦人的农田。我不揣冒昧提出这种尝试性的假设意见,只是因为我忠诚于我所珍视的信条:千万不要让读者忘记,历史学还有许多未发掘的东西,它仍会激发人们无穷的乐趣。

5 教 训

栖息在普罗旺斯山丘的一小撮匪徒竟能在近一个世纪的时间里使一座连绵不断的山脉的沿侧动荡不安,并局部封锁了基督教世界的主要交通路线;从各处草原上来的小股马队甚至在更长的时间里在西欧各地肆虐无忌;从虔诚者路易时代到卡佩王朝初期,不,在英国直到征服者威廉时代,北欧船只年复一年畅通无阻地冲击着海盗们渴望抢劫的德国、高卢和不列颠的海岸;为了安抚这些强盗,竟然需要支付沉重的赎金,最后则向其中最凶悍的强盗割让

第三章　各族入侵的影响和教训

广阔的领土,所有这一切都是令人吃惊的事实。正如一种疾病的发展过程可以使医生了解人体的内部秘密一样,对于历史学家而言,一种巨大灾难的发展过程则可以提供关于这个经受了沉重打击的社会的宝贵资料。

桴树林堡地区的萨拉森人是从海上得到增援的;维金人的船只也正是沿海路到达他们十分熟悉的猎场的。封锁入侵者的海上路线是阻止他们进行劫掠活动最可靠的办法:西班牙的阿拉伯人拒绝斯堪的纳维亚海盗进入南部水域的行动,由阿尔弗烈德国王最终创建的船队所取得的胜利,11世纪意大利诸城市清剿地中海水域的行动,都证明了这一点。但在当时,至少在最初时期,各基督教国当局几乎均表现得极端无能。普罗旺斯海岸(今天这里有众多的渔村若隐若现)的领主们不是曾向遥远的希腊海军请求援助吗?试图说统治者没有战船是无稽之谈。在那个发展海战技术的时期,征用渔船或商船就足以应付,如果必要,可以征集少数修船工对一些船只加以修理,使之更适合海上运行;任何航海者都可以成为船员。但在这个时代,西欧似乎变得几乎完全不习惯于海上行动,这一奇怪的缺陷在各次入侵中显示出来,毫不足怪。在普罗旺斯海岸,罗马时代就坐落在港湾边缘处的那些城镇,这时已撤到了腹地。① 在诺曼人首次发动对兰迪斯法内的袭击后,阿尔昆在他写给诺森伯里亚国王及权贵们的信中,道出了发人深省的断语,他说"人们从来不曾相信可能会有那样的航行"。② 他所说的

---

① E.H.Duprat, 'A propos de l'itinéraire maritime: I Citharista, La Ciotat', in *Mém. de l'Institut Historique de Provence*, IX, 1932.

② *Ep.*16, *M.G.H.*, *Epistolae*, IV, p.42.

航行只不过是跨越北海的行动而已！时过近一个世纪后，当阿尔弗烈德决定"以其人之道，还治其人之身"，与敌人进行海战时，却不得不在弗里西亚征募水手。弗里西亚的居民从很早的时候就专营北部海岸的贸易，而弗里西亚人的邻居们却几乎已放弃了这项经营。后来，是阿尔弗烈德的重孙埃德加（959—975）才实现了组织一支正规的本土舰队的事业。① 高卢地区学会关注悬崖山丘以远处的地区，则显得更为迟缓。值得注意的是，法语中绝大部分的航海词汇，至少在西部地区，竟是后来形成的，有些来自斯堪的纳维亚语，另一些甚至来自英语。

正像匈牙利游牧部落一样，萨拉森或诺曼人的团伙一旦获得立足之地，就难以扼制。除非在人们居住密集的地方，维持秩序是不容易的。用今人的眼光看来，即使当时条件最好的地区，当时的人口也很稀少。各处比比皆是的空地、山丘、森林适于发动突然袭击。那些曾掩护阿尔弗烈德国王逃跑的沼泽灌木丛，也同样很容易隐蔽侵略者的推进。简言之，这个问题与今天的法国军官们试图在摩洛哥边境上或毛里塔尼亚境内维持防务时所面临的问题非常相似，毋庸说，由于缺乏任何有效控制广大地区的更高级的权力机关，这一问题更严重十倍。

无论是萨拉森人还是诺曼人，其装备均不如其对手优良。维金人墓穴中最好的剑都有法兰克人制造的烙印。这些"佛兰德

---

① 关于英国海军发展的迟缓，参阅 F. Liebermann, 'Matrosenstellung aus Landgütern der Kirche London um 1000', in *Archiv für das Studium der neueren Sprachen*, CIV, 1900。851年肯特人进行的海战是一个孤立事件；此外，在这一海岸地区，与高卢附近各港口的联系无疑保持了较其他地区稍显活跃的海上活动。

第三章 各族入侵的影响和教训

剑",在斯堪的纳维亚传说中经常被提到。同一些传说还经常提到英雄们佩戴的"威尔士的(即外国的)头盔"。作为草原上的骑手和猎手,匈牙利人大概是更优秀的骑兵,特别是较西欧人更出色的射手;但在一些阵地战中却被西欧人击败。如果说侵略者拥有军事上的优势,那么其优势不在技术方面,而在于他们兴起于其中的社会。正如后来的蒙古人,匈牙利人的生活方式使其适于战事。"当交战双方在数量和力量上旗鼓相当时,比较习惯于游牧生活的一方获得胜利。"这是阿拉伯历史学家伊本·卡勒敦的观点。① 这一观点在古代世界差不多普遍适用,至少在定居民族可以借助于改进了的政治组织和真正科学的军事机器之前,是普遍适用的。

事实上,匈牙利人是"天生的士兵",他们总是准备以其正常的物力、马匹、装备和食物上阵作战;他们还具备定居民族通常相当缺乏的战略上的方向意识。至于萨拉森人,尤其是维金人,他们的小股队伍从一开始就是特意为战斗而筹划的。一个地区在遭到侵略后才从四面八方仓促征集的临时兵员,在用以对抗具有强烈进攻性的队伍时,会有什么作用呢?让我们用英国编年史中的记载,比较一下丹麦军队(here)的灵活战术和盎格鲁-撒克逊的菲尔德*的笨拙不灵吧。在换班制度下,英国部队准许军人们定期返回农庄,于是这些盎格鲁-撒克逊重装兵,甚至不能用于为期很短的军事行动。这些差别在最初时确实特别明显。而当维金人成为定居者、匈牙利人在多瑙河上成为农民时,新的职业逐渐干扰了他

---

① *Prolégomènes*, trans. Slane, I, p.291. 关于蒙古人,见 Grenard 在 *Annales d'hist. économ.*, 1931, p.564 中所做的精明的观察。我从他那里借用了一些措辞。

* 菲尔德(fyrd),即民兵,古代盎格鲁-撒克逊人的地方部队。——译者

们的运动。西欧由于实行附庸制或采邑制,很早便有了职业军人。这种战争机器在任何时候都可提供真正有效的抵抗,它在战争中的不堪使用,充分说明制度内部存在的弱点。这些职业兵员是否真的愿意打仗呢?"每个士兵都逃走了",大约在862年或稍后,埃尔门塔里乌斯修士曾这样写道。① 甚至在那些显然最为训练有素的士兵中,第一批侵略者的到来似乎也引起了大恐慌,它所产生的望风披靡的效应,使人不禁油然想起一些人种学家所描述的人们在任何好战的原始陌生部落到来之前狼奔豕突的情景。② 未开化的头脑虽能勇敢地面对习以为常的危险,但通常不能经受突如其来和不可思议的事变。854年当诺曼人的船只驶进塞纳河的事件发生后不久,圣日耳曼修道院附近的修士就记载了诺曼人入侵的细节。请注意他那惴惴不安的语调,他写道,"人们从未听说过那样的事情,也从未在书中读到过类似的事情。"③这种情绪在体现着人们精神状态的传奇作品和启示录所表达的氛围中得到证实。欧塞尔的莱米指出,"无数人"相信,在匈牙利人中他们看到了反基督的祖先戈格和默戈。④ 人们普遍认为这些灾难是神降的惩罚,这种信念产生了一种听天由命的情绪。在兰迪斯法内的灾难发生之后,阿尔昆在发往英国的几封信中只是劝勉人们保持善行并进行忏悔,对组织抵抗只字不提。但是证明此类懦弱行为的确凿的

---

① *Monuments de l'historie des abbayes de Saint-Philibert*, ed. Poupardin, p.62.

② 例如,参见 L. Lévi-Bruhl, *La Mentalité primitive*, p.377。

③ *Analecta Bollandiana*, 1883, p.71.

④ Migne, *P.L.*, CXXXI, col.966.

例证，在很大程度上属于最早的时期。稍后，人们勇气渐增。

事实上，与其说这些领导者有能力组织系统的防御，倒不如说，如果他们的生命财产处于危险境地，他们更有能力去作战。而且，他们几乎毫无例外地都不懂自己的特殊利益和一般民众利益的关系。埃尔门塔里乌斯把斯堪的纳维亚的胜利不仅仅归于基督教徒的胆小懦弱和麻木迟钝，而且也归于他们的"倾轧"。他的看法是对的。意大利的一位国王、普罗旺斯的休竟然与榉树林堡地区那些可恶的匪徒达成妥协，意大利的另一位国王贝伦加尔一世竟然将匈牙利人编入队伍服役，而阿基坦的国王丕平二世则在军队中雇佣诺曼人；885年巴黎人竟放任维金人在勃艮第肆意妄为；而加埃塔城长期与阿根托山的萨拉森人保持联盟，只有以土地和黄金为报酬才去支援驱逐这些匪徒的盟军：这一系列事件和其他一些事实，充分展示了那个时代人们的普遍心态。尽管有此种种情形，但可以设想，统治者们也确曾想进行战斗。但这项事业通常就像路易三世所进行的事业那样宣告收场。881年路易三世在些耳德河建立了一个城堡以阻挡维金人的去路，却"找不到人员来防守"。王室军队不多。关于王室军队，人们已不能重提一位巴黎修士关于845年征募军队（可能不无乐观色彩）的话；当时应招的武士中虽然不是全部但有很多人入伍。[①] 但最有说服力的事实无疑是奥托的经历。虽然奥托是当时最强大的君王，但他从未能成功地征集起一支足以结束榉树林堡地区屈辱局面所需要的小规模军队。如果说在英格兰，威塞克斯的国王们直到国家最终倾覆都在

---

① *Analecta Bollandiana*, 1883, p.78.

勇敢地、有效地进行着反抗丹麦人的斗争,如果说在德国奥托的确卓有成效地抗击了匈牙利人,那么,在整个西欧最为成功的抵抗则来自地方政权。地方政权比国家政权更为强大,因为它们更便于组织人力,更少陷入小贵族纷争中慢慢出现的狂妄野心之中。

不管对最后各次入侵的研究会使我们获得多少教益,都不应该让这些教训掩盖了入侵已经结束这一更为重要的事实。外部游牧民族所造成的灾难以及各民族的大迁徙运动,到入侵结束时,在西欧也如在世界其他部分一样,已经塑造了历史的主要框架。此后几乎只有西欧不再遭受干扰。无论是蒙古人还是突厥人,后来的所作所为都只不过是对西欧的边境有些触动而已。当然,西欧社会本身也有冲突,但这些冲突发生在一个封闭的舞台内。这就意味着文化和社会的发展有可能更为规则,不会因来自外部的袭击或任何外来移民的流入而中断。对比一下印度支那的命运吧!在那里,14世纪的占人和高棉人的辉煌声势随着安南人或暹罗人的入侵而崩溃了。尤其是距离家门更近的东欧,直到近代仍遭到平原诸民族及土耳其铁蹄的蹂躏。让我们暂且自问:如果没有波洛夫齐人和蒙古人,罗斯的命运会是怎样呢?认为非同寻常的安全性是欧洲文明的基本因素之一的看法,在该词的最深刻、最确切的意义上,确实不无道理。这种非同寻常的安全性是我们和日本人所享有的特权,其他民族几乎不曾具有。

第二编

环境:生活状况和心态

第四章 物质状况和经济特点

1 封建主义的两个阶段

对于支配着一个社会的制度结构,最终只有通过对整个人类环境的认识才能得到理解。关于人类活动的人为概念使我们把一个血肉之躯划分为各种幻象:经济意义上的人、哲学意义上的人和法律意义上的人(*homo oeconomicus*, *philosophicus*, *juridicus*)。这些人为概念无疑是必要的,但只有我们不为它蒙蔽时,才可以接受。因此,尽管已有许多其他著作论述了中世纪文明的不同方面,但对我们来说,以不同于我们的观点所做的这些论述,并没有排除回顾一下这一时期欧洲封建主义活跃于其中的历史环境的基本特点的必要性。我几乎是在本书的开端即做此说明,难道还需要我补充说,我不想断言这种事实具有某种迷人的重要性吗?当问题涉及对两个独立系列的特别现象进行比较,如对人口分布状态与一定形式的法定群体相比较时,无疑会产生原因和结果这种棘手问题。另一方面,将跨越数世纪之久的两组相异现象加以对比,然后说"这方面全是原因,那方面全是结果",必将形成毫无意义的两分法。一个社会就像一个人的头脑,是由永远相互作用的神经网络构成的。对于其他不同方向的研究来说，经济或心态上的分析是顶点，而对于研究社会结构的历史学家来说，它们则是研究的起点。

在这个篇幅有限的开场白似的描述中，只有基本的而又最少引起疑义的内容才有必要加以保留。我们故意省略了一点，这需要特别说明一下。至少自11世纪以后，封建时代绽开的绚丽的艺术之花，在后人眼中并非仅仅是那个时代最为经久的荣耀。它既是那个时代最崇高形式的宗教情感的载体，也是那个时代特有的交互渗透的圣俗两种情感的载体，它所留下的最自然的证据就是某些教堂顶柱的中楣和柱头。可以说它也经常是在其他地方难以表现的某些价值观的庇护所。中世纪史诗不容许有的限定性，必须到罗马式建筑中去寻找。公证员们在其证书中不能达到的思想准确性，主导着拱顶建筑师们的作品。但是造型表现形式和一种文明的其他特点之间的联系仍然没有被人们充分认识到；从我们所具有的一点知识来看，这些联系似乎非常复杂，非常容易使叙述陷于迟滞和旁枝末节，所以在本书中必须避开由如此微妙的联系以及使我们感到惊讶的矛盾所引起的问题。

此外，如果按年代顺序把"封建文明"当作一个完整的阶段，将是一个严重的错误。最后的各次入侵的停止，无疑造成了或可能造成了一系列非常深刻而广泛的变化，但这些变化的初次显现则是在入侵停止的几代人之后，即11世纪中期。虽然这些变化不是与过去的断然决裂，但方向的改变（在不同的国家或不同的背景下，其发生变化的时间必然不同）却反过来影响了整个社会活动的变化。一言以蔽之，存在着两个连续发展、性质不同的"封建"阶段。在下文中，我们将尽量公允地研究两个阶段的差别以及它们的特点。

2 封建社会第一阶段的人口密度

对我们来说，即使是要大略地推算出封建社会第一阶段西欧国家的人口，现在不可能，将来也是永远不可能的。此外，人口数量无疑存在明显的地区差异，这种地区差异由于间歇性的社会动荡而不断地加剧。伊比利亚高原名副其实的沙漠，使基督教和伊斯兰教边境地带呈现出一片空旷"无人区"的荒芜景象：即使与早期日耳曼地区相比，这片"无人区"也是萧索荒凉的，在日耳曼地区，前一阶段移民造成的破坏正在逐渐向好的方向发展。较之伊比利亚地区，佛兰德的乡村地区和伦巴第似乎是位置优越的地区。但是，不管这些差别具有何等重要性，也不管它们对文明的所有方面有何等影响，人口发展的基本特点仍然是普遍地大幅度下降。在整个欧洲，这一时期的人口数量较之18世纪，甚至12世纪以来的人口数量，也是天壤之别。甚至在以前罗马统治下的各行省，人口数量较之罗马帝国鼎盛时期也要少得多。最重要的城镇也只有数千居民，荒地、果园，甚至耕地和牧场错综复杂地交织在房屋之间。

人口分布的严重不均匀使得人口更加稀薄。毫无疑问，物质状况、社会习俗使得乡村地区的定居方式保持着巨大差异。在一些地区，各家庭（至少有一些家庭）的住宅彼此间相隔相当大的距离，每一住地都处在自家耕地的中央，比如在利穆赞就是如此。相反,在另一些地区,如法兰西岛地区,人们多半集中在村子里。但整个说来,由于首领们施加的压力,尤其是对安全的关注,都不允许人们居住得过于分散。中世纪早期的动荡不安在很多情况下促使人们彼此靠拢,但人们摩肩接踵地相聚在一起的各居民区,却又为渺无人烟的空地隔离开来。较之今日,村民赖以生存的可耕地相对于居民人数,在比例上一定大得很多,因为农业占据了广大的空地。耕地由于没有得到充分耕耘,而且几乎总是施肥不足,谷物的穗子长得既轻且疏。尤其是,并非全部耕地同时都有收获。这一阶段人们知道的最先进的土地轮耕制,要求每年有一半或三分之一的耕地休耕。休耕地和耕地通常无规则地相互交替,听任杂草生长的抛荒时间总是多于耕作物生长的时间;在此情况下,耕地比临时耕地或开垦不久的荒地几乎好不了多少,甚至在农业区的中心地带,自然的野生状态也倾向于不断地重复出现。在耕地的远处、耕地的四周以及穿越耕地中央的地方,是森林、灌木丛以及沙丘。无垠的荒野并非完全荒无人烟,但在这些地方居住的人,如烧炭人、牧人、隐士或不法之徒,付出的代价是与其同胞长期分离。

3 封建社会第一阶段的交通

在这些错落稀疏的人群中,彼此间的交流存在许多障碍。加洛林帝国的崩溃,毁掉了最后一个相当明智地关注公共工程、有充分的力量使其中一些工程付诸实施的政权。甚至连罗马的旧道——有时并不像人们所想象的那般坚固——也由于缺乏维护而趋于荒废。更糟的是,桥梁已再也得不到修缮,许多渡口没有桥

第四章 物质状况和经济特点

梁。除此之外，普遍的不安全状态由于人口的减少而增加，而普遍的不安全状态本身对人口的减少也起了一定作用。841年，在秃头查理的宫廷上，这位王公见到从阿基坦到达特鲁瓦（Troyes）的使者，使者给他带来了王冠上的珠宝，此举令众人大为吃惊，吃惊之余又大大出了一口气：如此少的人马携带着如此贵重的行李，竟能穿越土匪出没的广大地区而安然无恙，简直是奇迹啊！[①] 而盎格鲁-撒克逊编年史在叙述1061年英国最大的贵族之一托斯蒂格伯爵被一撮土匪在罗马城门附近捕获并被勒索赎金这一事件时，显示出的惊讶与此相比要小得多。

较之当今世界为我们提供的条件，那个时代的旅行速度似乎非常缓慢，但与中世纪末期、甚或18世纪初期相比，并非相差甚远。与今天相比，海上旅行比陆路旅行要快得多。假如不是遇到强劲的逆风（这是不消说的），船行速度每天达60至90英里并不是什么特别的记录。在陆路上，对于那些并非急于赶路的旅行者，如商队、从一个城堡到另一城堡或者由一个修道院到另一修道院旅行的大贵族，或携带辎重行李的军队，通常每天的行程在19至25英里之间。信使和少数特别刚毅之人，经过特别的努力，其行程速度至少可为两倍。1075年12月8日格利高里七世在罗马写的一封信于次年1月1日到达哈茨山（Harz）下的戈斯拉尔；送信人每日行程直线距离大约29英里，当然实际距离要大得多。要使旅行既不过分疲劳而又不太缓慢，就必须骑马或坐马车。马和骡子不仅行走速度比人快，而且更适应沼泽地带。这也说明许多交

[①] Nithard, *Histoire des fils de Louis le Pieux*, ed. Lauer, II, c.8.

通何以出现季节性的中断；其原因与其说是天气恶劣，毋宁说是饲料缺乏。加洛林王朝的钦差(*missi*)很早就曾坚持牧草长出后才能启程巡行。[①] 然而，正如在今日的非洲一样，经验丰富的徒步旅行者在几日内可走过相当惊人的长途里程，而且无疑会比骑马者更能迅速地克服某些障碍。秃头查理组织第二次意大利远征时，曾安排人马在一定范围内以信使交替传递的方法，穿越阿尔卑斯山以保持与高卢的联系。[②]

虽然这些大小道路的状况粗劣且不安全，但人们仍在不断地使用它们。在运输困难的地方，人们到所需物品那里去，要比把那东西运回来更容易些。尤其是，当时没有任何制度或方法能够取代人与人之间的直接交往。深居宫中是不可能治理国家的：控制国土的办法就是经常骑马出巡全国各地，除此之外别无良策。在封建社会第一阶段，国王们实际上是在四处旅行中耗尽了精力。譬如，人们知道，皇帝康拉德二世在1033年的例行巡程中，依次从勃艮第到波兰边境，然后再到香槟，最后返回卢萨提亚。这位大贵族及其随从人员不断地从领地的一处转移到另一处，不仅仅是为了更有效地管理这些地产。对他来说，必须就地消耗每一领地的产品，因为要把产品运送到某一个中心，既不方便也相当昂贵。对商人来说也同样如此。他们没有可以托付买卖任务的代理人，而且无论如何都肯定无法在一个地方找到足够的消费者，以保障他的利润收入，所以每个商人都是商贩，都是翻山越岭、跋山涉水的

[①] Loup de Ferrières, *Corréspondance*, ed. Levillain, I, no.41.
[②] *Capitularia*, II, no. 281, c.25.

"行商"(pied poudreux)。渴望求道或苦行生活的教士,为了寻找自己喜欢的老师,也不得不周游欧洲:欧里亚克的格伯特在西班牙学习数学,在兰斯学习哲学;英国人斯蒂芬·哈丁在勃艮第的莫莱斯梅斯修道院研究理想的君主制度。在他之前,后来的克吕尼修道院院长圣奥多为了找到一处严格按修道院规则生活的修道院而游遍了法国。

此外,虽然本笃派的教规对游方修士(gyrovagi)即不断"四处流浪"的恶劣修士的敌视态度由来已久,但当时的教士生活在各方面都有利于这种漫游风习:教会具有的国际性地位;有学问的教士和修士以拉丁语作为共同语言;修道院间的密切联系;修道院地产的广泛分布;最后,"改革"时常震撼着这个庞大的宗教团体,使得最先受到新精神影响的各个地方立刻成为上诉法庭——人们从四面八方来到这里寻求公正的裁定——和传教中心,从这里派遣狂热分子去征服天主教世界。有多少外来拜访者就这样来到克吕尼啊!又有多少克吕尼修士旅行到外国去啊!征服者威廉统治之下,"格利高里"复兴运动最初的浪涛最先冲击到诺曼底的所有主教区和大修道院,这些地方都有了来自意大利或洛林的上司;鲁昂大主教莫里勒是兰斯人,在供职纽斯特里亚教区之前,曾在列日学习,于萨克森任教,又在托斯坎尼隐修过。

平民百姓也沿西欧各大路行走。这些人包括:战争或饥馑威迫下的难民;半是士兵半是土匪的冒险家;寻求更富裕的生活、希望在远离故土的地方找到几块土地耕种的农民;最后还有朝圣的香客。宗教虔诚本身有利于旅行,不管是穷人还是富人,也不论是教士还是世俗人士,许多虔诚的基督教徒相信,只有不惜长途跋涉的辛劳才能追求到肉体和灵魂的解脱。

正如文献通常提到的,坦荡的道路自然会在其周围创造一个空旷地带,这对道路本身有益。在此封建阶段所有道路都恶劣不堪,几乎任何一条坦荡的大路都不能利用这种方法垄断交通。毫无疑问,地域、传统、此处的市场和彼处的教堂等等限定因素,都对某些路线产生有利作用,虽然远不是研究文学或艺术影响的史学家们有时想象的决定意义。偶然性的事件,如自然灾害、需要金钱的封建主的强行勒索,都足以改变人群流动的方向,有时是永远地改变了其方向。在罗马古道上,一座城堡建筑被强盗骑士即梅雷维尔的领主们占据了,而在距离图里的圣丹尼斯小隐修院(St. Denis priory)稍远的那座建筑中,商人和香客们却可以受到相当舒适的接待,这些情况已足以使自巴黎到奥尔良的勒斯路段的交通永远地转向了西部,以致这一古道从那时起便被遗弃了。而且,在旅行者行程的起点和终点,几乎总是几条路线可供选择,没有一条是绝对的必经之路。简言之,交通运输并没有被引向少数几条重要干线:它经常反复分流于众多的小路线。任何城堡、城镇或修道院,不管它如何远离人们走过的小路,没有一个不希望偶然间有漫游者来访,那些漫游者是他们与外部世界保持联系的纽带,但是经常有此类拜访者的地方则是凤毛麟角。

因此,道路上的障碍和危险并没有阻断旅行,但这些障碍和危险却使每次旅行都成为一次远征、一次冒险。如果说人们为需要所迫而不惧怕长途旅程(大概较之近几个世纪人们更少害怕远途旅行),那么他们将经常来往的活动限制在狭隘的方圆范围内,这种来回往复的活动在其他文明世界中是日常生活的特点;在从事

第四章 物质状况和经济特点

定居行业的下层民众中尤其如此。其结果是建立了一种与我们今天所知道的东西完全不同的人类关系体系。几乎没有任何远僻的小地方没有通过某种影响整个社会发展的持续而不规则的"布朗运动"*进行着断断续续的交往；另一方面，在两个彼此很近的居民点之间的联系却少得多，其居民间的封闭隔绝状态比之今日的情形一定严重得多。如果说从现在观察到的角度看，欧洲的封建文明有时似乎非常具有普遍性，有时又具有极端的特殊性，那么这种矛盾的主要根源则在于交通条件：这些交通条件有利于将非常普遍的潮流传播到远方，而在某个特殊地方，却阻碍邻近地区进行趋同性影响的交流。

在整个封建时代，只有威尼斯到君士坦丁堡之间的通信业务多少能够正常进行。这在西欧简直是闻所未闻。按罗马政府的榜样维持王室邮政业务的最后努力，随着加洛林帝国的覆灭而消失了。邮政业务的全面瓦解说明，罗马帝国及其远大抱负的真正继承者日耳曼君主们，既没有必要的权威又没有必要的才智，来恢复对广阔地域的控制所明显不可缺少的机构。各君主、贵族和大修道院的院长不得不将通信事宜托付给特别的信使，或者像下层等级的人们中通常的情形，将信件率直交给好心的过客；例如，由那些去加利西亚的圣詹姆斯修道院的香客带信。① 信使的速度相对缓慢，因为每段路程的灾祸都使前行面临危险，这就意味着，惟一有效的权威就是地方机关。一个强大统治者的每一个地方代表经

---

* 苏格兰植物学家布朗发现的物质微粒体在媒质中进行的无定向、无规则的运动。该运动理论的数学研究对量子力学的发展有很大的影响。——译者

① 参见 E.Farai, in *Revue Critique*, 1933, p.454。

常被迫采取重大步骤(他自然要为自身利益采取相应的措施),于是他最终变成了一个独立的统治者。在这方面,教皇使节的历史是颇有启发意义的。

至于对远方事件的了解,每个人,不管其地位如何,都不得不依靠遇到的机会。消息最灵通人士的头脑,对于当时世界的了解也有许多空白之处。修道院的编年史可以说是中世纪新闻记者的书面报道,甚至最优秀的修道院编年史都存在有不可避免的疏漏,它们使我们可以了解到这些空白处。此外,人们几乎很难及时获得对事物的了解。譬如,像沙特尔地方的主教富尔伯特这样一个有着获取情报的十分优越条件的人,收到卡纽特大王赠给他主持的教堂的礼物时,竟显示出惊讶之态,这是颇为引人注意的:因为他承认自己曾以为这位国王是个异教徒,可实际上卡纽特在幼年时就接受了洗礼。[1] 赫斯菲尔德(Hersfeld)的教士兰伯特对日耳曼人的事件了如指掌,但当他继续记述他那个时代佛兰德——神圣罗马帝国毗邻地区,在某种程度上是帝国的采邑——发生的重大事件时,很快就犯了一系列极其严重的错误。这样一种残缺不全的知识状况,就是任何重大政治决策的薄弱基础。

4 封建社会第一阶段的贸易和通货

封建社会第一阶段欧洲的生活并非完全自给自足。欧洲与毗邻文明之间的交流存在着不止一个渠道,最活跃的渠道大概当推

---

[1] *EP.*, no.69, in Migne, *P.L.*, CXLI, col. 235.

第四章 物质状况和经济特点

欧洲与穆斯林西班牙之间的交流,就如同大量的阿拉伯金币所证实的那样。这些金币沿着欧洲与西班牙交流的通路,进入比利牛斯山以北地区,在那里深受人们的喜爱,经常成为仿制的对象。另一方面,在地中海西部,远程航海此时几乎还不为人所知。同东方的交流路线是在其他地方。其中之一的海路穿越亚得里亚海,以威尼斯为前哨。威尼斯显然属于将世界分隔开来的拜占庭帝国的一部分。在陆路上,多瑙河路线由于长期为匈牙利人阻断,几乎已被废弃。但北部更远处,在联系着巴伐利亚和布拉格大市场并由此穿越喀尔巴阡山北坡、继续向第聂伯河前行的各条小路上,商队穿梭往来,返回时满载着来自君士坦丁堡或亚洲的商品。在基辅,这些小路与大通道*相遇。这条大通道穿越罗斯平原,由一条河流到另一河流,接通了波罗的海沿岸国家和黑海、里海或突厥斯坦各绿洲的联系。西欧已失去了充当欧洲大陆北部或东北部与地中海东部之间的中介的机会,所以西欧境内的商业活动难以与这条道路上生机勃勃的商业活动相匹敌。这种商业活动使基辅罗斯呈现出一派繁荣景象。

贸易不仅限于非常有限的几条路线,而且规模也极小。更为不利的是,贸易似乎一直明显地呈现为逆差,无论如何对东方的贸易是如此。西欧从东方国家所得到的东西几乎只是少数奢侈品,这些奢侈品的价值与其重量之比是如此之高,以致行商们可以不计较运输所消耗的费用以及所付出的冒险代价。西欧用来交换这些奢侈品的东西,几乎只有奴隶。而且,在易北河彼岸的斯拉夫和

---

* 即联系北海、波罗的海及黑海的"大水路"。——译者

列托各地*捕猎到的或从英国贸易贩子手里获得的绝大多数人畜,似乎都运到了穆斯林统治下的西班牙;地中海东部通过自己的渠道获得的奴隶商品非常多,并不需要大规模进口。奴隶贸易总的说来规模还比较小,其利润不足以支付在拜占庭世界、埃及或亚洲近处市场上购买贵重物品和香料的开支。结果是白银,尤其是黄金逐渐枯竭。如果说必定有少数商人因致力于远途贸易而发迹,那么整个社会从这些远途贸易中,除了增加了硬币短缺这一因素外,几乎毫无所获。

然而,在封建时代的欧洲,商业贸易中从来没有完全不使用货币,它作为交换标准甚至在农民阶级中也从未停止过使用。人们通常以农产品作为支付手段,但农产品通常都被逐件定价,于是这些产品的总计价是以镑、先令和便士来计算的规定价格。所以让我们避免使用"自然经济"这个过于概括、模糊的词语,最好是简单地称之为"通货缺乏"。这种通货缺乏由于铸币的无政府状态而更加恶化。而铸币的无政府状态是政治权威依等级分割和交流困难所造成的另一后果,因为每个重要的市场都面临着通货短缺的威胁,不得不铸造地方性的货币。除去外币的仿制品、某些次要的小货币外,此时生产的惟一硬币是第纳里(*denarii*)。这是一种成色相当低的银币。金币只是以阿拉伯和拜占庭硬币的形式或以这两种货币的仿制品的形式流通使用。利比拉(*libra*)和索里达(*solidus*)只是在计算时构成第纳里的倍数,而不具有独自的物质基础。但是被称为第纳里的各种硬币按其来源不同,其金属价值也不相

---

* 列托各地(Lettish territories),指波罗的海东岸各地。——译者

同。更糟的是,即使在同一地区,几乎每次发行的货币,其重量和成色都有变化。货币不仅普遍匮乏,质量不可靠而造成使用上的不方便,而且流通也过于缓慢,太不正常,人们并不相信在需要的时候可以得到它。在缺乏相当活跃的商业的情况下,形势就是如此。

但是,在这里我们要再次注意一个过于简易的"封闭经济"的提法。这个提法甚至用在农民小规模的农业经营上都不准确。我们知道,市场存在于乡村民众向城镇居民、教士和武装人员出卖耕地里或农场里生产的某些产品的地方。乡村民众从市场上获得第纳里以支付欠款。那些从不购买几盎司盐或少量铁器的人,才是地道的穷人。至于大庄园的"自给自足",指的是庄园的主人在没有武装或珠宝的情况下过日子,除非庄园内生产酒便从不饮酒,衣着服饰以佃户妻室纺织成的粗衣料为满足。此外,甚至农耕技术的不完善、社会的动荡不安乃至天气的恶劣都有助于维持一定数量的内部商业活动;歉收虽然确实使很多人饿死,但整个人口并没有陷入绝境。我们知道,谷物从收成好的地区向遭受饥荒的地区流动,这本身很容易导致商业投机。所以,贸易并非不存在,只是极不正常。在这个阶段上人们并非不懂得买卖,但这个社会不像我们所处的社会一样靠买卖而生存。

此外,商业,即使是以物易物形式的商业,在当时也并非货物在社会各阶层流通的惟一的抑或最重要的渠道。大量产品作为支付领主的租税从一处转运到另一处,为的是报答他的保护或仅仅是为了表示对他的权力的承认。在另一种商品即人的劳动力方面,也存在同样的情形:劳动者更多地提供劳役(*corvée*)而非地租。简言之,在严格意义上,货币交换在经济生活中所起的作用肯定比实物地租要小。因为交换是一件如此稀有的事,而只有最贫穷的人才完全依靠自己的产品生活,所以财富和幸福似乎就与权力密不可分了。

但是,在这样一种经济体制中,总的说来,即使有权势者,能自由行使的获取物质的手段也是特别有限的。当我们说到货币时,指的是它的储存的可能性,等待的能力,"对未来价值的预期",即相反的货币短缺的情况下特别难以办到的一切。的确,人们试图以其他方式积储财富。贵族和国王在保险箱里积存金银器皿和宝石;教堂则积累圣餐器具。假若遇到意外需要支付货币,就要卖掉或典押王冠、酒樽或十字架;抑或将它们送到当地铸币厂熔化。由于交换速度缓慢这一事实,变卖财产成为必要,但是这样变卖财产并非易事,也并非总是有利可图;财宝的积存本身毕竟也不会构成很大的数目。大人物也和刚够糊口的平民百姓一样,不得不满足于当时的财力,并多半被迫马上花掉。

贸易和货币流通的薄弱,还有另一个至关重要的影响。它使薪俸的社会作用处于微不足道的地位。薪俸制要求雇佣者手中有适量的自由支配的资金,这笔资金的来源任何时候都不会有枯竭的危险;在雇佣劳动者方面,它要求确实能够使用薪俸收入来获取生活必需品。在封建社会第一阶段,上述两方面的条件都不具备。在封建等级的各个等级中,无论是国王要保证高级官员的服务,还是小地主要保有武装侍从或农场工,都必须依靠一种并非以定期付钱为基础的酬劳方法。有两种方法可供选择:一是把臣服者纳入家内,如常言所说,供其衣食,予其"俸禄";另一种方式是授予地产以酬其役务。无论直接剥削土地耕种者,还是向土地耕种者征收地租,这种地产都可使耕种者养活自己。

这两种方法虽然方向相反,但都会促成极不同于以薪俸制为基础的人际关系的关系纽带。俸禄持有者与所在家室主人的关系,肯定比雇佣者和雇佣劳动者之间的关系密切得多。雇佣劳动者是自由的,一旦工作完成,他可以把钱币装入衣兜扬长而去。另一方面,一旦接受地产的臣服者定居在一片土地上,他便自然而然地日益将这片土地视为自己的财产,并尽力减轻服役负担,于是其依附关系几乎是不可避免地松弛下去。此外,在这样一个交通不便、贸易不充分的时期,也很难维持一个较为富裕的大家庭,所以,"俸禄制"的适用范围总的说来要比以土地为基础的酬劳制度小得多。如果说封建社会不断地动摇于这两极之间,即狭隘的人际关系和松散的土地租佃关系之间,那么,在很大程度上对此负有责任的,至少在开始时负有责任的,是这种使得薪俸制难以实现的经济体制。

5 封建社会第二阶段的经济革命

我们将在另一著作里描述大致从 1050 年至 1250 年间改变欧洲面貌的强大的人口再聚居运动:在西欧边界上,是伊比利亚高原以及易北河彼岸大平原的殖民化;在旧疆域核心地带,森林和荒地正被耕地不断侵蚀;在树林或繁茂小树丛中间开垦出来的空地上,全新的村落簇聚在新开垦的处女地上;在其他地方,人们数世纪以来的定居地的周围,由于拓荒者的辛勤劳动,农耕地扩展了。所以应该对这一发展过程的几个阶段加以区分,并对地区性变化加以描述。目前我们只关注这一现象本身及其主要影响。

在这些影响中,最直接明显的影响无疑是人类群体的联系更加密切。除了某些特别冷僻的地区,各定居地之间的大片空旷地从此消灭了。无论如何各定居地之间仍然存在的距离,已经比过去更容易贯通了。因为各种力量已经兴起或得到巩固(当时人口发展趋势对它们的兴起颇为有利),其扩大的视野带给它们新的责任感。城市中产阶级就是这样的力量,它的一切都取决于贸易。国王和诸侯也是这样的力量,他们对商业的发展繁荣也感兴趣,因为他们以捐税形式从商业中获取了大笔钱财,而且比过去更清楚地意识到,自由畅通地传达命令和调动军队具有极端的重要性。卡佩王朝各位国王为此所进行的活动,以路易六世的执政为具有决定意义的转折点,他们的侵略活动、国内政策以及在人口聚居运动中所起的组织作用,所有这一切大多反映了下列种种考虑:他们需要控制巴黎和奥尔良两个首府与卢瓦尔河或塞纳河以远地区的交通,保持与贝里地区或瓦兹河谷及埃纳河谷的联系。尽管道路上的安全性似乎已经加强,但其状况并没有非常明显地改善。不过,至少桥梁设备已大有发展。12世纪,欧洲各条河流上架设了多少桥梁啊!最后,挽马方法此时的可喜进步也有重要影响,它极大地提高了马匹运输的效率。

与邻近文明的联系也发生了同样的变化。比以往更多的船只扬帆航行于第勒尼安海上,从阿马尔菲礁滩到加泰罗尼亚,第勒尼安海的各港口都已跻身于大商业中心行列;威尼斯人的商贸活动范围在不断地扩展;商队的沉重马车沿多瑙河平原之路行进。这

第四章 物质状况和经济特点

些进步相当重要。与东方的关系也变得更加容易和密切。最重要的是,这些关系已改变了性质。从前一直是进口方的西欧,已成为重要的制造品供给方。多种多样的商品舶往拜占庭世界、拉丁世界或伊斯兰教统治下的黎凡特,甚至有少量商品运往马格里布(Maghreb)。但是,有一种商品很容易超过其他商品而占据统治地位。在中世纪欧洲经济的扩展中,呢绒所起到的至关重要的作用,就如同19世纪的英国经济中金属和棉织品起到的作用。如果说在佛兰德、皮卡第、布尔日、朗格多克、伦巴第以及其他地方——因为纺织中心几乎到处可见——到处回荡着纺织机的嘈杂声和漂洗场里有节奏的轰鸣声,那么,它服务于外国市场需求的程度与服务于当地市场需求的程度,至少是不相上下的。无疑,这场大变动见证了我们西欧国家通过东方之路开始了对世界的经济征服。这场大变动有多种原因,可以尽可能地根据对东欧和西欧的观察来说明。然而,如果没有上面提到的人口的各种变化,这场革命的确也不会发生。如果人口不是比以前增多,耕地面积不是比以前更为广阔;如果耕地——其质量由于人力的增加,尤其是更为精耕细作而提高——不能够提高产量,保证更经常地获得丰收,那么,怎么可能使众多的纺织工、染色工和剪布工聚集在城市并供以衣食呢?

北欧也像东方一样被征服。从11世纪末佛兰德的布匹就销售到诺夫哥罗德。罗斯平原的道路逐渐变得危险并最终关闭了。从那时起,斯堪的纳维亚和波罗的海国家把目光转向了西欧。由此开始的这一变化过程,在12世纪德国商人接管波罗的海时完成了。从那时起,低地国家的港口特别是布鲁日变成了商贸中心,在这些港口，北欧的产品不仅同西欧的产品进行交换，而且也同东欧的商品进行交换。强有力的国际联系通过德国特别是香槟地区的集市，将封建欧洲的两个边境地区联结起来。

这样一种正常的外部贸易不能不使硬币和贵重金属流入西欧，从而在根本上增加了欧洲的货币来源。由于货币流通节奏的加速，货币形势得到相对缓和，货币的作用得以加强。因为在西欧的中心地区，人口再聚居的进展，交通的更为通畅，曾引起西方世界混乱和恐惧的各族入侵的停止，以及其他原因（这些原因需要以大量篇幅进行考察），导致了商业的复兴。

但是，我们要避免言过其实，应仔细地根据不同地区和等级在这幅图画上描绘出不同的色彩。在长达数世纪的时间里，自给自足仍然是许多农民和大多数村落的理想，虽然这是一个难以实现的理想。况且深刻的经济变化只能逐渐发生。在货币领域两个基本变化具有重要意义：一是铸造比第纳里重得多的更大银币，这一变化直到13世纪初才发生，而且那时只发生在意大利一地；另一变化是恢复铸造本土风格的金币，这一变化直到13世纪下半叶才出现。在许多方面，封建社会第二阶段所经历的与其说是早年各种状况的消失，不如说是这些状况的改进。这一观点适于空间距离所起的作用，也适于商业所起的作用。国王、大贵族以及庄园主能够再次积聚大量财富，薪俸形式——有时大致以与古代习惯差不多相符的合法形式——日渐取代其他方式成为役务报酬的主要支付方式，这些都是经济正在复兴的征象，12世纪以后这些变化又反过来影响了整个人际关系的结构。

此外，经济发展还引起社会价值观的真正变化。虽然过去手工业者和商人始终存在,商人阶级中的某些个人在一些地方起着重要作用,但作为一个整体,这两个团体中的任何一个团体都不被人们重视。但是从11世纪末以后,手工业者等级和商人等级在人数上越来越多,日益成为公共生活所不可缺少的成员,他们在城市环境中也越来越显示出勃勃生机。商人阶级尤其如此,因为中世纪的经济在若干年决定性的大复兴之后,并不是由生产者所支配,而是由商人所左右。前一阶段早已建立起来的法律体制并非有利于商人阶级:在这种法律体制所赖以建立于其上的经济制度中,商人只占有一个很低微的位置。但是现在的商人所具有的实际作用和他们的精神姿态,注定要赋予法律体制以新的精神。欧洲封建主义诞生在一个联系非常松散的社会里,在这个社会里商业的作用微不足道,货币乃稀有之物。当人类关系的网络已被拉得更紧密、商品和货币流通得到加强时,欧洲封建主义便发生了根本性的变化。

第五章 情感和思想方式

1 人对自然和时间的态度

封建社会两个阶段中的人们与自然界是很贴近的,比我们与自然要贴近得多;他们所知道的自然界比我们今天所看到的自然界更为暴戾和狂烈。在荒地占很大部分的乡村景象中,还鲜有人类活动的痕迹。现在只有在我们的童话故事中才经常提到的野兽——熊,尤其是狼——出没于各个荒野乃至耕地里。这种情况如此严重,以致狩猎活动为日常安全所不可缺少,作为一种食物补给手段也几乎同样不可缺少。像人类的最初阶段一样,人们仍然继续采集野果和蜂蜜。工具和器械的制造方面以木质为主。由于照明条件恶劣,深夜更为黑暗;即使住在城堡内的生活区中也非常寒冷。简言之,整个社会生活背后呈现出的景象是荒蛮原始,对桀骜不驯的力量的屈从,以及与之相对的无变化的自然状态。我们无法衡量这样的环境对人们的思想所产生的影响,但它肯定促使人们变得粗俗野蛮。

由于资料的匮乏,我们不得不做出一些毫无信心的推测,而一部名副其实的历史,应该以相当的篇幅描述人类社会结构的变迁。不了解人类的健康状况而自称领悟了人类的一切,是幼稚可笑的。

但是这一领域的资料状况,特别是我们研究方法的不完善形成了障碍。在封建欧洲,婴儿死亡率无疑是非常高的,它使得人们对于近乎司空见惯的丧失亲人的痛苦有点麻木不仁。以我们现在的标准,即使排除战争危害这一因素,成年人的寿命通常也是很短的,至少从显贵人物的履历判断是如此。显贵人物的履历(虽然必定常有不准确的情况)是我们判断成年人寿命的惟一的资料来源。虔诚者罗伯特享年约60岁;亨利一世52岁;腓力一世和路易六世均为56岁。在德国,萨克森王朝的前四个皇帝分别活到60岁(或大约60岁)、28岁、22岁和52岁。老年期似乎开始得很早,早至我们的壮年期。我们将看到,这个自认为暮气沉沉的世界实际上是由青年人统治着。

在众多夭亡者中,大批人死于流行病,这些流行病频繁地袭击生活环境恶劣、抵抗力低下的人们;穷人中造成死亡的另一原因是饥馑。这些灾难除了增加了不断发生的暴力行动外,也使人们的生活处于永远的不安全状态中。这也许是产生封建时代,特别是封建时代第一阶段特有的情绪狂躁症的一个主要原因。卫生水准的低下无疑也加剧了这种神经敏感症。时下已经有人花费大量精力来证明浴室对于领主社会并非未知之物。为了强调这一观点而忽视了众多不健康的生活条件,特别是穷人的营养不足和富人的暴饮暴食,是相当幼稚的。最后,人们对于那些被认为是超自然现象的事物具有惊人的敏感。我们千万不要无视这种敏感所产生的影响。它使人们的思想不断地、近乎病态地关注各式各样的征兆、梦境或幻觉。这一特点在修道团体中特别明显。在这些团体中,肉体上的禁欲和自然本能的压抑所产生的影响,是与职业上对灵魂世界各种问题的关注心态所产生的影响结合在一起的。任何心理分析家都不会比第10、11世纪的教士们更认真竭诚地诊断梦境。但是俗人也有一种文明所产生的这种情绪特征。在这种文明背景中,道德和社会传统并不要求有教养的人压抑自己的喜怒哀乐。绝望、暴怒、冲动行为以及情感突变,给历史学家的研究工作带来巨大的困难,因为历史学家天生倾向于以理性重现过去。但是,在所有历史领域,非理性都是一个重要的因素,因此,只有虚假的廉耻心才允许人们悄然放过它对封建欧洲各种政治事件的进程所产生的影响而不做研究。

当时的人们在物质和精神上均为众多无法驾驭的力量所支配,在他们生活的世界里,时间的推移尤其不能为他们掌握,因为他们的技术条件还很低劣,不能计量时间。昂贵而又笨拙的水钟还很稀少,沙漏极少使用,日晷仪的不准确是众所共知的,当天空迅速布满乌云时尤其如此。这就导致了一些奇怪的计时方法。阿尔弗烈德国王为使一次重要的巡游有章法,想出一个主意:他总是随身携带许多长度一致的蜡烛,依次将蜡烛点燃以便计算时间的流逝。[①] 但是在那个时代,人们很少有均匀地划分一天时间的兴趣。受过最高教育的人们通常仿照古代的榜样认定白天有12小时,夜间也有12小时,而不管季节变化;他们习惯于逐一查看每一个时间单位,这些时间单位依太阳在一年中的周期变化不断地增加和减少。这种计时方法一直延续到14世纪初重锤平衡机械钟

---

① Asser, *Life of King Alfred*, ed. Stevenson, c.104. 据 L. Reverchon, *Petite histoire de l'horlogerie*, p.55,法王查理五世仍使用上述方法计时。

第五章 情感和思想方式

发明时。这种平衡机械钟的产生,不仅最终实现了计时仪器的机械化,而且也可以说实现了时间本身的机械化。

埃诺(Hainault)的编年史中记载了一则轶事,颇能说明那个时代计时方法上没有成规可循的事实。在蒙斯,一场司法决斗即将发生。黎明时只有一位决斗士出场;9 点钟——习惯法规定的等候时间的最后时刻——出场的决斗士要求将对手的失败记录在案。在法律上,这是没有疑义的。但是,规定的时间真的过去了吗?伯爵领法官考虑了一下,看看太阳,然后又征询教士们的意见。在公众的眼中,礼拜活动已经使教士们比伯爵领法官对时间的节律变化有更准确的了解,而且人们是根据教士们的钟声大致准确地判断时间的。最终法庭坚定地宣布,"9 时"已经过去了。[①] 对于我们已习惯于不时瞧一眼钟表的人们来说,这个社会距我们的文明是何等遥远啊!在这个社会里,如果不经过讨论和研究,甚至法庭都不能肯定一天的时间。

这种计时方法所存在的缺陷,只不过是人们极为漠视时间的众多表现之一。准确地记载诸如统治者生日之类的重要法律日期,应该是容易且有用的事,但是在 1284 年,为尽量准确地算出卡佩王室最著名的女继承人之一、年轻的香槟女伯爵的年龄,却需要进行充分周密的调查。[②] 第 10、11 世纪,无数的契约和备忘录均未注明日期,尽管其惟一的目的是为了存档。在这方面只有一些特殊的文件是较好的,但是同时使用几种参照方法的书记员,通常

[①] Gislebert of Mons, ed. Pertz, pp. 188 – 189 (1188).
[②] *Les Établissements de Saint-Louis*, ed. P. Viollet, III, p.165, n.8.

还是不能成功地使各种计算结果统一起来。此外,这也不仅仅是时间概念,整个计数系统都是一片混乱。编年史家笔下的夸张数字,不仅仅是文学性的夸张,同时也证明了编年史家缺乏统计学真实性的意识。虽然征服者威廉在英国建立的骑士采邑肯定没有超过5000处,但稍后一些时候的历史学家,甚至某些政府官员,却毫不犹豫地认定威廉创立了32000—60000处军人地产,尽管对他们来说,获取准确的资料肯定并不非常困难。这一时期,特别是11世纪末以后,已出现了追随希腊人和阿拉伯人的榜样勇敢地进行探索的数学家;建筑师和雕刻家已经能够使用比较简单的几何学。但是在所有流传下来的计算中——直到中世纪末一直如此——鲜有无重大错误者。由于算盘的使用已巧妙地克服了罗马数字体系的繁琐,所以这种数字上的繁琐不足以解释这些错误产生的原因。事实是,重视准确性——其坚实的支柱是对数字的尊重——即使对于那个时代的领袖人物的头脑来说,也仍然是极为陌生的。

2 表达方式

一方面,受过教育的人使用的语言差不多一律是拉丁语;另一方面,日常生活中又使用各种语言:这就是几乎盛行于整个封建时代的特有的语言二元制。这种语言二元制是严格意义上的西欧文明所特有的,它有助于将西欧文明明显地区别于相邻的文明:区别于以各种民族语言写成丰富韵文和说教文学的凯尔特和斯堪的纳维亚世界;区别于希腊的东方;至少在真正阿拉伯化的地带,也区别于伊斯兰世界。

第五章 情感和思想方式

诚然,在西欧本土仍有一个国家长期处于例外,这就是盎格鲁-撒克逊人的不列颠。这并不是因为在不列颠不用拉丁文写作,也不是因为那里的拉丁文写得非常好,而是因为拉丁文在那里绝不是惟一的书面语言。古英语很早就被提高到文学和法律语言的地位。国王阿尔弗烈德希望青年人先学古英语,然后更有天才的人再去学习拉丁文。[①] 诗人们用古英语写作诗歌,这些诗歌被记载下来并为人们吟诵。国王颁布法律也使用古英语;大法官法庭(chanceries)为国王或权贵草拟的法律文件也使用古英语;甚至教士的编年史都用古英语写作。一种文化能够在最高程度上与广大民众所使用的表达媒介保持联系,在那个时代是罕见的。诺曼征服打断了这一发展过程。从黑斯廷斯战役之后不久威廉写给伦敦人的信,到12世纪后期一些偶尔颁布的行政命令,这期间没有一个王室文件不用拉丁文拟成。实际上只有一个例外,即盎格鲁-撒克逊编年史从11世纪中叶一直是沉默的。至于那些姑且勉强称为"文学"的作品,直到1200年以前不久才重新出现,而且起初只是一些教诲性的小作品。

在欧洲大陆,加洛林文艺复兴在对优雅文化的探索中,并没有完全忽视民族语言。在那个时代的确没有人想把各种罗曼语当作值得用来写作的语言,罗曼语仅仅被视为错讹极多的拉丁语形式;另一方面,日耳曼方言在宫廷或以日耳曼方言为母语的较高层次的教士中,却吸引了众多人的注意力。此前那些纯粹口语化的古诗被抄写下来,主要以宗教为主题的新诗被创作出来;用"神圣的

---

① *Pastoral Care*, ed. Sweet, p.6.

语言"(lingua theotisca,即日耳曼语)写成的手稿在加洛林帝国各大图书馆占据一席之地。但是,政治事变即加洛林帝国瓦解以及随之而来的动乱,再次打断了这一发展趋势。从9世纪末到11世纪末,少数宗教诗和一些翻译作品构成了德国文学史家们一定很乐意记载的内容贫乏的财富。与此时此地用拉丁语创作的作品相比,我们应该承认,这些民间文学作品无论从数量还是思想水平上看,都是微不足道的。

此外,我们还必须注意,不要认为封建时代的拉丁语是一种"死语言",等同于陈旧僵化、单一不变的名称所表示的一切含义。虽然加洛林文艺复兴有恢复拉丁语的准确性和纯正性的追求,但它或多或少地倾向于依据相关环境和人物去创造新的词汇和新的措词。其中一种情况是,需要描述古代闻所未闻的事实,或者表达一些在他们的观念中颇为陌生的思想,特别是宗教领域内的思想;另一种情况是逻辑程序(与传统语法中的程序迥然殊异)的浸染影响:通过方言的使用,人们在思想上已逐渐习惯此种逻辑程序;最后,愚昧无知或一知半解所产生的影响。此外,如果说书本妨碍语言变化,那么口语不是始终在促进语言变化吗?人们并不仅限于用拉丁语写作,他们还用拉丁语歌唱,其证据是,诗歌(至少是诗歌形式的充满真实情感的绝大多数作品)已抛弃了古典诗歌中的长短音节诗体,而改用重音的韵脚,这是人们此后能够听到的惟一的音乐。他们也讲拉丁语。一位颇有素养的意大利人被召唤到奥托一世的宫廷,因为谈话中违反语法,受到圣加尔修道院(St.Gall)一位小教士的无情嘲讽。[1] 列日主教诺克尔向世俗民众传教布道

---

[1] Gunzo Novariensis, in Migne, *P.L.*, CXXXVI. col. 1286.

第五章 情感和思想方式

时,使用瓦龙语*;向教士宣教时,则使用拉丁语。毫无疑问,许多传教士特别是下级牧区的教士是难以效仿他的,甚至也不能听懂他的布道。但对于受过教育的教士和修道士,教会古老的共通语($\kappa o \iota \nu \acute{\eta}$)仍然在口头交流中发挥着作用,如果没有拉丁语,那么,在罗马教廷上,在各次宗教大会上,或者在巡游修道院的过程中,那些来自不同国家的人员相互间怎能进行交流呢?

当然,差不多在每一个社会,人们的表达方式依其喜欢的用法或所属等级的不同,有时存在相当大的差异。但是,这种差异一般仅限于语法上的微妙变化或词汇性质上的细微变化。在封建社会,这种差异尤其深刻。在欧洲广大地区,和日耳曼有关的各共同语言与有教养的人们所使用的这种语言属于不同的语族。罗曼诸语言本身同它们的共同语言祖先的关系相当疏远,所以从罗曼语转向拉丁语需要在学校中接受长期的训练。

这样,在长期的发展过程中,语言上的分裂变成了两个人类群体的区别。一方是大多数未受教育的民众,他们每个人只懂得自己地区的方言。书面文化仅限于少数差不多全部由口头传诵的世俗诗,和一些由善意的教士们用通俗的语言为民众创作的宗教性质的短歌——有时教士们将这些短歌写在羊皮纸上。另一方是少数受过教育的人,他们经常交替使用地方性惯用语和普遍使用的文学语言,是真正意义上操用两种语言的人。那些毫无例外用拉丁文写成的神学和历史著作,关于礼拜仪式的知识,甚至商业公文的阅读,均由他们完成。

---

* 瓦龙语(Walloon),法语方言之一,主要通行于比利时南部。——译者

拉丁语不仅仅是进行教学活动的语言,而且也是被教授的惟一语言。能阅读就是能阅读拉丁语。虽然在法律文件中有一些使用通俗语言的例外情况,但是发生这种异常情况,一定被简单地认为是愚昧无知的表现。如果说从10世纪起,阿基坦南部地区的某些文件里多少有些错误的拉丁语中充满了普罗旺斯语词汇,那是因为鲁埃日或凯尔西地方的修道院远离加洛林文艺复兴的各大中心,几乎没有学养深厚的教士的缘故。由于撒丁岛是个穷僻乡区,居民逃离遭到海盗蹂躏的海岸地区后,几乎生活在封闭状态中,因而用撒丁语书写的第一批文件,比意大利半岛上最早用意大利文写成的文献要早得多。

语言上的层次区别最直接的明显结果是,封建社会第一阶段留存下来的图景变得极其模糊,令人恼火。出卖或捐赠条例、奴役或释放法令、法庭的判决、王室的特许、臣服式的文字记录,所有这些日常生活中的法律文件,对研究社会的历史学家是极宝贵的资料。如果说它们并非总是真实可信,那么这些资料至少有一个优点,即它们不同于那些专为后人写就的叙述体文献,它们至多是为了欺骗当时的人,而当时人们的轻信比我们受到更多的限制。尽管有上述我们刚提及的极少数例外,在13世纪以前这些材料照例一律用拉丁文草就。但是人们要记载的事实并不是一开始就用拉丁文来表达出来。当两个封建主讨论一处地产的价格或一个从属契约的条款时,他们当然不会使用西塞罗时期的语言彼此讲话。为他们的协定尽量提供一副古典外装,是公证员随后应做的事。所以每件拉丁文契约或公证记录都是翻译品,今天的历史学家如果想掌握该文件内在的真实面目,必须使翻译品回到原文上去。

第五章　情感和思想方式

如果事情的发展总是遵循同样的规则，那就太好了。但事情绝非如此。从学校在校生所做的练习（其中大致能再现方言的精神概貌）到学力深厚的教会文书员仔细润色的拉丁文演说，人们可以发现各个阶段的情况。有时（肯定也是最方便的情况），通用的词语可能只是加上假的拉丁词尾被伪装起来，例如，*hommage*（臣服）一词几乎被 *homagium* 所遮蔽。另一些情况是，尽量只使用严格的古典术语，以致达到这种程度：用一种近乎渎神的 *jeu d'esprit**，将生命之主的教士比作朱庇特的教士，即用 *archiflamen*** 称呼大主教（archbishop）。最糟的是，在寻求词汇对应时，语言纯正癖者毫不犹豫地追求语音的相似而非语义的相同。因为在法语中 *comte*（伯爵）的主格是 *cuens*，所以它被翻译成 *consul*（执政官），*fief*（采邑）可以译作 *fiscus****。诚然，普遍性的翻译法已逐渐建立起来了，其中一些词汇已具有学术语言所具有的共性，如 *fief*（采邑）一词在德文中称为 *Lehn*，而在德意志的拉丁语契约中还有从法语中改造过来的对应词。但是，即使翻译技巧极为纯熟，任何文献被译为公证用的拉丁语时，也不可能没有丝毫歪曲。

所以，法律专用语本身在词语上遇到了障碍，这些词语既古老而词义又不确定，难以贴近现实。平民语言则既缺乏精确性又具有纯粹口语和大众化词汇的不稳定性。当我们去考察社会制度

---

*　意为"神灵的游戏"。——译者

**　archiflamen 由两部分组成，即 archi＋flamen，意为"司祭魁首"。——译者

***　fiscus 在拉丁语中指罗马国家的国库、银箱或财富，同 fief（采邑）不是同一概念。——译者

时，词汇的混乱必然造成对实际事物的混乱认识。只要关于各种制度的专门术语存在缺陷，那么要划分人类社会关系就存在严重的不确定性。然而不尽如此。不管应用拉丁文的目的何在，它的优点是，它为那个时代的知识分子提供了一种国际性的交流媒介。另一方面，对于绝大多数使用拉丁文的人，由于拉丁语极其脱离人们的思维语言（即在人们头脑中自然产生的表达某种概念的语言）而造成极大不便，所以人们不得不总是采取与自己的思维语言相近的词汇来表达自己的思想。如我们所见，这种思想精确性的缺乏是那个时代的特征之一，有许多原因可以解释说明这一特征，难道我们不应该把两种语言之间的这种不断的转换也归入其中吗？

3 文化和社会阶层

受过教育的人使用的这种语言即中世纪拉丁语，在多大程度上也是贵族使用的语言呢？换言之，在多大程度上知识（*literati*）群体与统治阶层是一致的呢？就教会而言，答案是清楚的。恶劣的任命制度已经使愚昧无知之徒到处占据高位，但它并没有产生重大影响。主教法庭、大修道院、王室教堂，一句话，所有教会大团体的中心，从不缺乏受过教育的教士。这些人虽然通常出身于贵族名门或骑士之家，但却是在修道院特别是主教大教堂的学校里长大。然而，一旦说到世俗社会，问题就变得更为复杂了。

我们不要设想，这个社会一定敌视所有学问，甚至不能设想最黑暗的时代就一定如此。人们通常认为，一位首领应该有机会接触到思想和历史的宝库，只有书面文字即拉丁文才能提供打开这

第五章 情感和思想方式

座宝库的钥匙。这种看法是对的。许多君主对后嗣教育的重视最清楚不过地证明了这一点。"精于神学的国王"虔诚者罗伯特曾经是兰斯地方赫赫有名的格伯特的学生;征服者威廉曾让一位教士做他儿子罗伯特的老师。在世界伟大人物中,不乏真正热爱知识的人:奥托三世的确是由他的母亲抚养大的。作为拜占庭帝国的公主,这位母亲从她的祖国带来了一种更灿烂优雅的文化所具有的风俗习惯,因此,奥托三世能够讲流利的希腊语和拉丁语;阿基坦的威廉三世曾建立了一个相当好的图书馆,有时人们看见他在那里阅读到深夜。[①] 除了这些事例外,我们还可举出一些并不罕见的诸侯们的例子。这些诸侯们原来曾想供职于教会,曾保持教士社会的一些学识和爱好。布洛涅的鲍德温就是这样的一个人。他是个粗犷的战士,但做了耶路撒冷国王。

但是,这种教育只有在世袭权力已经牢固的昌盛王朝的环境中才有可能进行。在这方面,德意志各个王朝的创立者和他们的继承人之间几乎惯有的差别最是意味深长。萨克森王朝第三代国王奥托二世和萨利安(Salians)王朝第二位国王亨利三世都受过良好教育,这与他们的父辈们形成对比:奥托大帝 30 岁才开始学习读书;康拉德二世的御用教士坦承,康拉德"不能读懂书信"。如常见的情形,这两位父亲在非常年轻时就投身于冒险、艰难的生活,因而除了实际经验或口头演说传统,他们没有时间从事文化学习以便为其统治生涯做准备。较低级的贵族更是如此。我们不要因

[①] Adhemar of Chabannes, *Chronique*, ed. Chavanon, III, c.54.关于皇帝亨利三世,其资料来源见于修士们为他抄写的手稿:*Cod ex epistolarum Tegernseensium* (*M.G.H.*, *Ep. Selectae* III), no.122。

少数王室或贵族大家族具有相对高雅的教养而产生误解；也不要为意大利和西班牙的骑士阶级坚持发展教育的传统所蒙蔽。意大利和西班牙的教育发展处于初级阶段。熙德和希梅内斯的知识面大约不会太宽，但至少知道签署自己的名字。① 但在阿尔卑斯山和比利牛斯山以北，这一时期大权在握的中小封建主中，至少绝大多数人是不折不扣的文盲。这种情况是如此之甚，以致他们中的一些人于晚年突然遁入其中的修道院中，conversus（晚年从事教职的人）和 idiota（白痴，指不会读圣经的教士）这两个词被视为同义词。

世俗社会对教育的忽视，可以说明教士何以既是伟大人物思想的诠释者，又是政治传统的保持者。诸侯们不得不依靠附庸中的教会人员为其服务，以致其余的侍从者无力效劳。大约在 8 世纪中叶，墨洛温王朝诸王的最后一批世俗咨询官已不复存在；1298 年 4 月美男子腓力把印玺交给骑士皮埃尔·弗洛特。这两个日期相隔 5 个世纪之多，在这五个多世纪里，法国诸王的大臣职位毫无例外地都由教会人员居其首位。总的来说，其他地方也是如此。意识到这一点很重要：这个世界重要人物的决定有时总是由这些人提议并且总是由他们表述出来的；这些人不管忠于哪个民族或等级，其所受的全部训练在本质上属于一个以精神事务为基础的普世者团体。毫无疑问，他们虽造成了地方性小冲突的混乱，但也促使人们关注某些更为广泛的问题。不过，当要求他们将决策法令形诸文字时，他们就会感到必须根据其道德法则来堂而皇之地

---

① Menendez Pidal, *La España del Cid*, II, pp.590 and 619.

第五章 情感和思想方式

证明这些法令的正当性。所以，差不多整个封建时代的文献都披着一层虚伪的外衣，在众多伪托为纯粹的赠礼、实际上却是用金钱购买的自治特许契约的前言中，或在装作因虔诚而颁布的众多王室特许状中，尤其可以看到这种虚伪性。因为在相当长的时期内，伴有价值判断的历史写作本身也掌握在教士手中，所以思想习惯和著述习惯一起将人类动机的狰狞面目掩藏在一层纱幕之后。只有在现代的开端，这一层纱幕才最终被科明尼斯*和马基雅维里那无情的手撕破。

但是，非教职人士在许多方面仍然是俗世社会的活跃因素。毫无疑问，俗人中最没有文化的人并不就是愚昧之人。他们在需要时可以让别人翻译自己不能读懂的内容，除此之外，我们很快就会发现，用方言讲述的故事能在多大程度上传播往事和表达人们的思想。但无论如何我们不要忘记，大多数领主和众多大贵族都是行政官和法官：作为行政官，他们无力亲自研究一份报告或一张账单；作为法官，他们的判决则是用法庭听不懂的语言记载（如果有记载的话）。这些领袖人物不得不靠记忆来重现过去的决定，因此他们可能经常完全缺乏连续性观念，这还值得大惊小怪吗？今天的某些史学家竭力证明这些人具有联系性观念，这是非常错误的。

由于这些首领人物几乎根本不会写字，所以他们往往对此漫不经心。奥托大帝于962年加冕之后，受到加洛林王朝诸皇帝的

---

* 科明尼斯（Philippe de Commynes，约1447—1511），佛兰德政治家和编年史家，著有《回忆录》（1524年出版）。——译者

"协约"的启发，也可能受到某种历史著作的启发，以自己的名义批准了一项特权；即"永久地"授予各位教皇一片广阔领地的所有权。这样，这位国王-皇帝剥夺了自己的领地权，将从此放弃意大利大部和阿尔卑斯山一些最重要的通路的控制权，使之成为教会的财产。当然，奥托从来也不想使这种非常明确的转让权真正付诸实施。如果说这是环境压力下达成的欺骗性协定，任何时候都未打算真正履行，那也是毫不奇怪的。但是，也许除了他对历史传统不甚了解外，绝对没有任何东西迫使这位萨克森王公那般故作姿态。一方面，白纸黑字写在那里；另一方面，所作所为与之毫无关系，这就是典型的两面手法之极为明显的例证。当时，众多身居要职指导人们活动的人物并不懂得，这惟一被认为有价值的语言，不仅应记载对人及其得救最有用的知识，而且也应该记载所有社会活动的结果。

4 宗教心态

通常我们会很简捷地用"信仰时代"这一名词来形容封建欧洲的宗教态度。如果用这个名词来表达这样的意思，即：任何排除超自然的世界观念都与那个时代人们的思想格格不入，那个时代的思想所形成的关于人类和宇宙命运的图景，实际上几乎完全是西欧化的基督教神学和末世学所构织的图案的投影，那么，这是再恰当不过了。对圣经"寓言"可能表示的种种怀疑，是微乎其微的；由于缺乏理性基础，这种朴实的并非受教育者共有特点的怀疑态度面临危险时，就像阳光下的冰雪立即消融了。甚至可以说，这种信仰是再名副其实不过了。有学问的人为基督教神秘主义提供逻辑思辨支柱的努力,随着古代基督教哲学的消失被打断了,只有在加洛林文艺复兴时期曾暂时地、艰难地得以复苏,但直到11世纪末,这种努力还没有完全复生。但另一方面,认为这些信仰者持有僵化不变的教条,也是不对的。

当时天主教还远没有完全确立其教条体系,所以与后来的时代即经院哲学和反宗教改革相继产生影响以后的时代相比,天主教这个最严格的正统派还具有更多的灵活性。此外,在界限不分明的边界地区,基督教异端已蜕变成与基督对立的极其活跃的宗教,古老的摩尼教在许多地区拥有相当数量的信徒。关于这些摩尼教信徒,人们无法确知他们是从中世纪最初数世纪仍顽固坚持这一受到迫害的教派的那些团体中继承了其教义,还是在间隔了很久之后从东欧接受了这派教义。最明显的事实是,天主教还没有完全渗透到普通民众中去。从整体上看,教区的教士在知识和道德上均不能胜任其职守。他们是随便招募来的,所以也没有接受相应的训练;最常见的教育就是由某个其本人所受教育也很少的教士,给一位准备奉命向群众宣教的年轻人偶尔讲授一点课。布道是使人们接受圣经神秘内容的惟一有效手段,但却不经常进行。1031年利摩日宗教会议不得不指责,声称只有主教才拥有布道特权的主张是错误的,因为任何主教显然都不能亲自向全部教区宣讲福音。

在所有教区,天主教信仰者都要听取教士多少还算正确的弥撒,虽然有时水平相当低劣。各主要教堂的墙壁或柱头的壁画和浮雕("无字书")上充满了动人的却不准确的训诫。无疑,几乎所有的信仰者对基督教作品中这种最容易使人联想到世界的过去、现在和将来的特征,都有些肤浅的了解。但是他们的宗教生活也浸润在各种信仰和习俗中,这些信仰和习俗,无论是古老的巫术遗产还是近些时候仍有丰富神话内容的文明成果,都对官方教义不断产生影响。在风暴交加的天空,人们仍然可以看到一群群的幽灵飘然而过:普通百姓说那是一队队的死魂灵;有学问的人则称那是一群群蒙蔽人的恶魔,他们并不否定这些幻象,而是为这些幻象作半正统性质的解释。① 在许多乡村地区,人们举行无数的自然崇拜仪式,其中有我们在诗歌中特别熟悉的五朔节(May-day)庆典。简言之,当神学为人们感受到并被崇奉时,它与民间宗教绝无二致。

虽然这种宗教心态依环境和地域传统发生无数的变化,但一些共同特点是可以确认的。尽管这意味着要略去各种深刻而动人的特色和人们始终关注的令人着迷的某些问题,但这里我们只能勾画对社会行为似乎具有特别强大影响的思想和情感倾向。

在所有那些沉思者看来,物质世界只不过是一具伪装,真正重要的事情发生在背后;在他们看来,物质世界有一种语言,它以符号表达一种更深刻的存在。一系列表象本身并不重要,这种观点的结果是,对事物的观察通常被忽视,而被代之以诠释。拉班努·莫鲁斯*在写于9世纪、长期负有盛名的一篇论宇宙的小论文里,

---

① 参见 O. Höfler, *Kultische Geheimbünde der Germanen*, I, 1934, p.160。

* 拉班努·莫鲁斯(Rabanus Maurus,约780—856),加洛林王朝时期的大主教,基督教神学家、教育家。著有《论事物的性质》(又名《论宇宙》)、《论教士的培养》和《语法学》等。——译者

曾说明他怎样执行其写作计划:"我产生了创作一部小著作的想法……这部著作不仅要探讨事物的性质和词汇的特性……而且还要更多地探讨它们的神秘意义。"①这种态度在很大程度上说明了人们对自然认识的不足:毕竟人们没有认识到自然知识值得充分注意。技术上的进步,有时是相当大的进步,仅仅是经验主义的。

而且,这个令人疑惑的自然界似乎不能提供自身方面的解释,因为在自然界千变万化的种种幻象中,人们首先认为它们是隐秘意志的产物。这多重的"隐秘意志"既存在于普通民众的思想中,也存在于许多学者的思想中。既然人们处在惟一的上帝统治之下并服从于他的无所不能的力量——尽管这种服从的确切意义照例还没有非常清楚地描述出来——那么,一般人便设想处于永恒的冲突状态的许许多多善恶实体间存在对立意志,特别是圣徒、天使和魔鬼间的对立意志。教士赫尔莫德写道:"谁不知道,那些折磨人类的战争、大风暴、瘟疫和各种疾病确实是魔鬼操纵下发生的呢?"②我们注意到,战争和风暴被不加区别地相提并论;所以社会灾难与今天视为自然范畴的灾难等量齐观。于是就产生了前述蛮族入侵史中已提到的一种心态:人们恰恰不是依靠弃绝世俗,而是更加依赖被认为比人的努力更灵验的行为手段。虽然生气勃勃的现实主义从来不乏能动的反作用,但一个像虔诚者罗伯特或一个像奥托三世那样的人,会把朝圣进香与参加战斗或制定法律放在

---

① Rabanus Maurus, *De Universo libri XXII*, in Migne, *P.L.*, CXI, col.12.
② Helmold, *Chronica Slaverum*, I, 55.〔按:赫尔莫德(Helmold,约1120—1177),德意志历史学家,所著《斯拉夫编年史》记载约800—1170年易北河下游地区的历史情况。——译者〕

同等重要的地位,历史学家或者对这种事实感到吃惊,或者坚持要在那些具有宗教目的的旅行中寻找微妙的政治花招,这只能证明他们不能放弃19和20世纪人们的有色眼镜。这些君主的朝圣进香活动并非仅仅是自私地寻求个人得救。他们期望从前往祈求援助的庇护圣徒那里,为自己也为其臣民求得进入天堂的允诺和尘世的富贵。在教堂里、战场上或法庭上,他们都在注意履行其作为领袖的职责。

这个万象纷呈的世界又是短暂的。虽然对世界末日的想象本身与基督教对宇宙的任何描述都分不开,但它此前从未像中世纪这样如此强烈地冲击人们的意识。人们对它进行思考,估测其即将到来的征兆。弗赖辛主教奥托的编年史在所有的世界总体历史中是最宏观的,它从创世纪开始记载,终结于对末日审判的描述。但是不用说,这部编年史有一个不可避免的漏罅:从1146年即作者中止写作的年代,到大灾难来临之日的这段时光付之阙如。当然,奥托预料这段空白时期是很短暂的,他在多处写道:"我们这些被置于时间末端的人……"如同更早的时代一样,这是他的同代人普遍持有的信念,不仅仅为教士所独有。如果认为这种信念为教士所独有,那就意味着忘记了教俗两群体的相互渗透。圣诺伯特行之更甚,他宣布世界末日已经逼近,当代人将目击这一事件。即使在那些不像圣诺伯特一般做此种断言的人中,也没有人怀疑最后的灾难即将来临。虔诚的信徒们相信,他们从每一个邪恶的君王身上能看到反基督的印记,他那可恶的帝国将是上帝王国到来的前兆。

但是,这个迫在眉睫的末日审判的丧钟会在何时真正地敲响

第五章 情感和思想方式

呢?《启示录》似乎已提供了答案:"当一千年届满时……"这是否可以理解为基督死后一千年呢?一些人认为是这样,于是把估测中的这个日期按一般的计算法回溯到1033年。是否应从基督诞生日算起呢?后一种解释看来似乎最为普遍。无论如何,可以肯定的是,在一千年的一个前夕,巴黎教堂里的一位教士曾宣布这一天是时间的终结。如果说,虽然有这种种情形,但当时的民众并未明显地受到浪漫派史学家所错误描绘的世界大恐慌的影响,那么原因首先是,那个时代的人们虽然注意到季节的变化和礼拜仪式在一年内的循环,但通常还没有考虑到年代的数量概念,更不用说在统一基础上进行精确的数字计算了。有多少契约根本没有日期啊!即使其中的一份记载了日期,它在年代参照系中是怎样的不同啊!这些参照系大多与耶稣基督的生活没有关系,这些参照系包括:君主或教皇的在位统治期,各种天文现象出现的年份,甚或作为罗马人征税遗风的15年征税周期。只有一个国家即整个西班牙,比其他地方更为普遍地使用一个确切的年代概念,但却莫名其妙地把这个确切的年代定在一个完全与福音无关的肇始期上,即公元前38年。诚然,法律文件中偶尔使用基督道化肉身*纪元,编年史则更经常地使用这个日子;但是必须考虑有关这一年开始的各种说法。由于天主教把1月1日作为异端节日排除出去,所以,按照各教区和治安法官辖区,这规定中的第一千个年头的开

---

* 道化肉身(Incarnation),基督教基本教义和教条之一。基督教认为,基督是三位一体中的第二位,即圣子,他在世界尚未创造前便与上帝圣父同在,即上帝的"道";因俗人犯罪无法自救,上帝乃差遣他到世间,通过童贞女玛利亚而取肉身成人,故称"道化肉身"。意指基督诞生。——译者

端,竟有六七个不同的日期,按照我们的日历,这六七个日期分别为999年3月25日至1000年3月31日之间的某一天。更糟的是,由于某些起始年代与复活节期间的特殊的礼拜活动有联系而在实际上是可变的,因此,如果没有只有学者才能掌握的日历表,这些起始年代就不能预测;而且,由于这种记年法把一些年份搞得比另一些年份更长,因而非常容易造成永久的混乱。所以一个节日在3月或4月,或者同一位圣者的节庆日在同一年中过两次,并非稀奇之事。的确,对大多数西欧人来说,"一千个年头"这个使我们认为充满痛苦的说法,是不可能与日期序列中任何一个准确日期相一致的。

但是,认为这个臆造的神罚日的迫近给当时人们的思想投下了阴影,这种观点则完全没有错。整个欧洲的确并没有因惧怕第一个千年终端的到来而战栗,当虚拟中的可怕日子过后一切很快便平静下来了。但抑或更糟的是,恐惧的波浪几乎不断地此伏彼起,此消彼长。有时一个幻觉都会引起一场恐慌,或者引发像1009年圣墓被毁这样的历史性大灾难,或者再次发生一场剧烈的社会变动。另一些时候,这种恐慌是由礼拜式的权威们所做的计算引起,从受过教育的各阶层传到普通民众中。在公元1000年到来前不久,弗勒里修道院长写道:"关于世界末日将在天使报喜日与耶稣受难日重合时来临这一谣言,几乎传遍了整个世界。"[①]但是许多神学家仍记得圣保罗说过:"主日来临如夜来之贼",故谴责那些轻率地企图刺探天意的人,因为上帝有意保守隐匿其可怕目

---

① *Apologeticus*, in Migne, *P.L.*, CXXXIX, col. 472.

的的秘密。但是,不知道灾难何时降临就会减少等待时期的忧虑吗?在普遍的混乱——我们可以毫不犹豫地将它比喻为青春期的骚动——时期,人们看到了"苍老"的人类最后的痉挛。无论如何,不可抑制的生命力仍在人们身上骚动,但是一旦人们陷入沉思时,他们不会考虑年轻而富有生机的人类的久远未来的前景。

如果说人类整体似乎是在迅速地走向其终点,那么,"正在途中"的感觉则更适合于每一个人。根据这个让众多宗教作家感到亲切的隐喻,虔诚的笃信者在其尘世生活中就像一个香客,对他来说,旅途的终端自然比旅途中的危险更为重要。当然,大多数人并非总是在考虑得救问题。但是当他们考虑这一问题时,则带着深厚的思想感情,而且首先借助于生动而又非常具体的想象,这些想象会一阵阵地袭上他们的心头;因为他们的理智是不稳定的,易于产生急剧的变化。自动遁于空门追求永恒回报的愿望,加上一个濒于崩溃边缘的社会所产生的忏悔情绪,打断了不止一位统治者的事业前程,使不止一家贵族永远地断绝了子嗣。第戎的方丹地方的贵族的六个儿子就是如此,他们在兄弟中最有名望的克莱尔沃的伯纳德的率领下,急切地投入了修道生活。宗教心态就这样促进了社会各阶层的混合。

然而,许多基督教徒并不履行这些严格的实践。而且他们认为(也许不无理由)依靠自己的功绩并不能够进入天堂。所以把希望寄托在虔诚者们所做的祈祷上,寄托在一些禁欲者团体为所有信众积累的功绩上,寄托在圣者的代祷上。圣者的代祷显形于其遗体上,由他们的仆人教士们代表。在这个基督教社会中,没有任何组织能像修道院这类精神组织那样在公众利益中表现出这样的重要性,而且仅仅因为它们是精神组织(对此,我们不要搞错)。大的教堂教士会和修道院在慈善、文化和经济方面所起的作用也许是相当大的,但在当时人们的眼中,这些作用却仅仅是附带性的。在这方面,完全浸透了超自然意义的现世观念与对来世的执着结合在一起了。国王及其王国的幸福在现世,但王室祖先及国王本人的得救则在来世:这就是胖子路易在巴黎的圣维克多修道院建立正式教规团时,所宣布的他期望从这一举动中得到的双重利益。奥托一世说过,"我们相信,我们帝国的保障维系于正在勃兴的基督教信仰的美好前景。"[①]因此我们发现,一个强大而富庶的教会可以制造新的法律制度,也因其负有将宗教之"城"与尘世之"城"联系起来的敏感责任而引起了许多问题;这些问题已经引起了人们激烈的争论,也注定要深刻地影响西欧总的发展趋势。这些特征是对这个封建世界所做的任何准确描述中的本质组成部分。面对这些特征,谁还能不承认对地狱的恐惧是那个时代强大的社会力量之一呢?

---

① Tardif, *Cartons des rois*, no.357; *Diplom. regum et imperatorum Germaniae*, I, Otto, no.366.

第六章 民间记忆

1 历史编纂

在封建社会里,许多力量结合在一起促进了人们探究过去的兴趣。宗教在其圣典中有历史方面的著述;宗教节日纪念往昔的事件。宗教还以最通俗的形式从流传久远的圣者故事中汲取营养。最后,由于断言人类很快会归于灭亡,它抛弃了以往其他时期人们只对现在和将来感兴趣的乐观情绪。教会法以古代文献为基础,而世俗法以判例为基础。修道院或城堡中空闲无聊的时光适合于讲述冗长的故事。在学校中,历史确实不作为一门课程(*ex professo*)来讲授,理论上人们只是通过旨在其他目的的阅读来了解历史:阅读宗教作品是为了神学和道德教育,阅读古典作品是为了学习优秀的文体。然而,在普通的知识材料中,历史几乎占据着支配地位。

渴望了解过去的受过教育的人可以获得什么知识呢?虽然古典拉丁历史学家只有通过他们作品的断篇残章才为人知晓,但他们并没有因此而失去影响;尽管李维*绝不是人们最经常读到的

---

* 李维(Titus Livius,公元前59—公元17年),罗马历史学家,著有《罗马史》,记述自罗马建城至公元前9年的历史。——译者

作家，但在 1039—1049 年间散发给克吕尼修道院教士作为四旬斋节日读物的书籍中却有他的名字。[①] 中世纪时期的叙事作品也没有被遗忘：譬如，我们就有属于 10 至 12 世纪间抄本的几种图尔的格利高里的作品手稿。但是影响最大的无疑是具有决定意义的 4—5 世纪之交的作家们，他们竭力把此前仍彼此隔绝的两种史学传统熔为一炉，其双重遗产即圣经遗产和希腊-罗马遗产本身闯入了这个新世界。此外，人们没有必要直接回归到恺撒利亚的尤西比乌斯[*]、圣哲罗姆[**]或保罗·奥罗修斯[***]那里，从这些先驱者所从事的调和工作中借鉴学习。这些先驱者著作的精华已经渗透到并继续不断地渗透到后来的众多作品中。

许多作者，甚至那些主要关注最近发生的事件的人，都强烈地渴求揭示超越现时阶段的时间长河中奔涌的激流，他们都认为以序言的方式简要地评述一下世界历史很有好处。在教士兰伯特大约于 1078 年左右在赫斯菲尔德的隐修室里编写的年代记中，我们所要寻找的是有关查理四世统治时期帝国内的各种冲突事件的资料，但这部年代记却是从创世纪开始的。学者们在阅读普吕姆的莱吉诺的加洛林帝国覆亡后法兰克诸王国编年史、伍斯特或彼得伯勒的盎格鲁-撒克逊社会编年史，或贝兹的事无巨细的勃艮第编年史时，可能会注意到，这些著作都简略地叙述了基督道化肉身之

[①] Wilmart, in *Revue Mabillon*, XI, 1921.

[*] 尤西比乌斯（Eusebius of Caesarea, 263—339），巴勒斯坦恺撒城主教，著有《基督教史》。——译者

[**] 圣哲罗姆（St. Jerome, 约 345—419），基督教学者，曾在罗马受教育。——译者

[***] 保罗·奥罗修斯（Paul Orosius, 约 4—5 世纪间），古代基督教学者。——译者

第六章 民间记忆

后的人类历史。即使当叙述的内容的确开始于较近时期,人们通常发现它也是从远早于回忆录作者所追忆的时代开始。虽然经常肤浅而不准确地阅读较早时期的著作造成了这种后果,以致这些序言不能确切地提供其专门叙述的极其遥远事件的资料,但它们提供了这些作品写作时期的精神状态的资料,所以仍然是有价值的。这些序言清楚地向我们显示了封建欧洲所构织的欧洲历史的面貌,也明显地说明了编年史和年代记的编者们并不是有意限制其视野范围。遗憾的是,作者们一旦离开文献上的安全避风港、发现自己必须进行调查时,社会的分裂状态就对其产生影响,限制其知识面,所以通常会产生一种奇特的反差:叙述史在内容上比较详细,在地理范围上就比较狭窄。所以,查班尼斯的阿德赫马尔在昂古莱姆(Angoulême)一个修道院里编成的法国史巨著就逐渐变成了一部阿基坦史。

此外,历史作家的作品在风格上的多样性证明,当时人们对讲述和聆听故事怀有普遍的兴致。世界历史即被认为是世界历史、民族史和教会史的著作,都附有按年代顺序发生的事件的简单记录。一旦重大事件对人们的思想产生影响,那么这些重大事件就成为整个编年史家们的主题,如皇帝和教皇之间的斗争,特别是十字军东侵这类事件。虽然历史作家们不能像雕刻家那样将人类的显著特点形之于具体的个人形象,但人物传记是颇为流行的,而且不仅只有圣徒传记一种形式。征服者威廉、德国的亨利四世、康拉德二世肯定是教会不大喜欢的君王,他们都找到了教士为之歌功颂德。11世纪有名的贵族安茹伯爵富尔克·勒莱琴走得更远:他亲自撰写或者以他自己的名义撰写自己的历史或家族史,这位世界名人竟如此重视编年史！诚然,某些地区这类文学作品似乎比较少,但任何作品在这些地区都几乎没有。阿基坦和普罗旺斯地区的编年史或年代记,较之塞纳河和莱茵河之间的各地区要少得多,同样,神学著作也非常少。在封建社会全神贯注的事务中,历史学的兴衰变化,在相当大的程度上展示了文化的总体状况。

但是有一点我们不要搞错:这个时代虽然对过去的历史如此感兴趣,但它只能在数量胜于质量的历史作品中研究历史。人们在寻求资料上,即使是寻求有关最近事件的资料上所遇到的困难,加上当时人们普遍缺乏精确性的概念,使大多数历史著作充斥着奇闻轶事的糟粕。由于人们忘记了记载 800 年的加冕仪式,从 9 世纪中叶开始意大利一整批叙述体的资料把虔诚者路易当作加洛林王朝的第一位皇帝。[①] 几乎与任何形式的研究都密不可分的对证据的分析判断,在中世纪当然不是绝对没有。吉伯特·德·诺让关于圣骨的有趣的论文,证明批判精神是存在的。但是还没有人设想把这种批判精神系统地运用于对古代文献的批判,至少在阿伯拉尔之前还没有人这样做;即使是这位了不起的人物,也只是把批判精神运用于非常有限的范围内。[②] 对修辞学和英雄诗的癖好是古代历史编纂上的不良遗产,这种癖好对中世纪作家有重大影响。如果说某些修道院的编年史含有丰富的档案记录材料,其

---

① 参见 E. Perels, 'Das Kaisertum Karls des Grossen in mittelalterlichen Geschichtsquellen', in *Sitzungsberichte der preussischen Akademie*, phil.-hist. Klasse, 1931。

② P. Fournier and G. Le Bras, *Histoire des collections canoniques*, II, 1932, p.338.

第六章 民间记忆

原因是,这些编年史的几乎惟一的目的不过是证明该教会团体对其财产拥有所有权。相反,一位名叫吉尔斯·多尔瓦的人却以一种更高尚的文笔进行写作,他致力于追求列日地方历任主教的光辉业绩,当他偶然遇到第一张最早的城市自治特许状——于伊城的自治特许状时,他却拒绝对此做出分析,因为他怕那样做会使读者感到厌烦。(冰岛学派的优点之一,就是避免这些矫饰行为,在历史观念上它大大优越于拉丁世界的编年史家。)对历史事实的正确认识,由于另一种思想趋势对它们的象征性解释而变得更加模糊。《圣经》各卷应该被视为历史著作吗?毫无疑问是肯定的。但至少在这部历史书的整整一段、即《圣经·旧约》里,经典注释强做的解释是,它本身并不是在描述可理解的事件,而是在预示未来:圣奥古斯丁说它是"未来的影像"①。最后也最为重要的是,由于历史观方面对各差别缺乏完整的理解,因而对历史的描述也被歪曲了。

正如加斯顿·帕里斯*所指出的,并不是所有的人都固执地恪守事物"一成不变"的信条。这样的思想倾向和认为人类正在迅速走向命中注定目标的观念是不相容的。弗赖辛的奥托按照当时通行的见解,给他的编年史取标题为"论世事的变迁"。但无可否认,当民间方言诗千篇一律地描述加洛林勇士、阿提拉统率的匈奴人以及古代的英雄时,都赋予了他们以11、12世纪骑士的特征,但是没有人因为与时代不符而感到不安。人们不是没有察觉到世界

---

① *De civ. Dei*, XVII, 1.

* 伽斯顿·帕里斯(Gaston Paris),法国19世纪著名语言学家,曾任法兰西学院法国中世纪文学教授。——译者

在永恒变化这一事实,但他们发现要充分领悟其中蕴含的意义则极不可能。这无疑部分地是因为当时人们的愚昧,但尤其是因为人们认为过去和现在密不可分地联系在一起,无法理解它们之间的差别,甚至没有意识到有必要去区分其中的差别。当人们还相信罗马帝国仍然存在、萨克森和萨利安诸王就是恺撒或奥古斯都的直接继承者时,他们怎能不把古罗马的皇帝描绘成与他们自己生活时代的统治者一样的人物呢?每一个宗教运动都认为自身是一场改革运动,从真正意义上,它意味着回归原来的俭朴纯洁。无论如何,难道不是这种传统主义的态度在不断地把现在扯向过去,从而很自然地倾向于混合二者之间的不同的色彩,大大地远离了以差异性为主要特征的历史精神吗?

虽然幻象通常是无意识的,但它有时又是故意设计的。封建时代对世俗和宗教政策产生影响的重大伪造案都产生在较早的时期:所谓的《君士坦丁的赠礼》文件产生于8世纪末。这个著名的伪造工场的主要产品有:假托塞维利亚的伊西多尔(Isidore of Seville)之名发表的伪教令集和本尼狄克特副主祭的伪教士会法规,这些伪造品都是加洛林文艺复兴鼎盛时期的部分成果。但由此树立的榜样却被仿效了数世纪之久。1008—1012年间由沃姆斯的神圣主教伯查德编汇的教规集充满了伪造的有关职权的授予和令人怀疑的篡改。帝国法庭也伪造文件。其他大批伪造的文件出自教堂的缮写室中。由于这一时期人们知道的或能推测到的伪造文件的恶劣风习是如此臭名昭著,以致在不小的程度上使所有书面资料都遭到怀疑。一位德国贵族在处理一桩诉讼案过程中评论道："一枝妙笔足以形状一切。"①

毫无疑问，如果说在这几个世纪里的各个时代都存在的伪造文件和制造神话的勾当格外猖獗，那么，其根源在很大程度上在于当时以判例为基础的法律实践状况，以及这个时代的混乱秩序。在这类伪造的文件中，不止一件纯粹是为了修复被毁的真件。然而，这个时代竟会产生出如此多的伪造文件，并且有如此多虔诚而且无疑是品德高尚的人插手于这种勾当——尽管他们受到当时的法律和道德的明确的谴责——其心理蕴义是颇令人玩味的。由于一种奇特的矛盾，人们以其对往昔历史的敬重态度，依据他们所想到的历史应有的样子，重新构造了历史。

此外，虽然历史作品为数众多，但只有少数优秀的人物才能读懂这些作品，因为除了在盎格鲁-撒克逊人中，这些作品均用拉丁语写成。依据一个首领是否属于文人（literati）的小圈子，（真实的或被歪曲的）历史或多或少地对其产生潜移默化的影响。以德国的情况为例。奥托一世所采取的是现实主义政策，此后奥托三世的政策就受到他所具有的古罗马历史知识的影响；目不识丁的康拉德二世曾准备放弃永恒之城罗马，让罗马的各派贵族和傀儡教皇们去争斗；而康拉德二世之后，执政的是受过高等教育的亨利三世，他是"罗马人的贵族"，教皇制度的改革者。甚至那些文化教养稍差的首领们，也乐于参与这类记载历史的活动。当然，他们无疑要借助于其身边的教士。奥托一世对罗马帝国历史的兴趣肯定

---

① C.E.Perrin, *Recherches sur la seigneurie rurale en Lorraine d'après les plus anciens censiers*, p.684.

逊色于其孙子,但他却是其家族中第一个要求取得罗马皇帝宝座的人。谁能说清楚这位几近目不识丁的国王在亲自恢复罗马帝国传统以前,究竟从哪些教师爷——他们为他解释或大略讲述什么人懂得什么著作——那里,已经接受了帝国传统呢?

最重要的是,方言史诗故事是那些不能阅读但却喜欢听故事的人们的历史书。史诗诸问题是中世纪史研究中争议最大的部分之一,考察这些复杂的问题绝非短短的几页篇幅所能办到。但这里从民间记忆的观点来讨论这些问题是合适的,因为这一研究不仅与社会结构史直接有关,而且在更广泛的意义上,也许最适合于开辟一些大有可为的天地。

2 史诗

据我们了解,法国的史诗发展史始自 11 世纪中叶前后,也许稍早一点。可以肯定,从那时起方言英雄史诗(chansons)已在法国北部流传。可惜的是,有关较遥远时期的作品,我们仅有间接的资料:即编年史中提到它们的几处文字和一部用拉丁语改写的作品的残篇(即神秘的"海牙残篇")。最早的史诗手稿是 12 世纪下半叶抄写的,但从副本的年代中无法推算原本的年代。许多迹象清楚地表明,至少有三首史诗早在 1100 年以前已经非常接近于我们今天看到的形式。这三首史诗是:《罗兰之歌》;《纪尧姆之歌》(这首诗偶尔提到我们再也找不到的其他几首早期诗歌);最后一部是通常称为《戈尔蒙与伊桑巴》的传说,我们知道这个故事,是因为我们知道手稿的前一部分和自 1088 年以来流传的最早的摘要。

第六章 民间记忆

《罗兰之歌》的情节基于民间传说而非历史,说的是前夫之子和继父之间的仇恨、妒忌和背叛行为。而上述的第二个主题在《戈尔蒙与伊桑巴》中再次出现。《纪尧姆之歌》的情节仅是一个传奇故事。在所有三部作品中,包括一些重要人物在内的许多人物似乎完全是虚构的,如奥利弗、伊桑巴和维维恩(Vivien)等人物。但故事的加工润饰却以历史事实为框架。真实的历史是,778年8月15日,查理曼的后卫部队在翻越比利牛斯山时,与敌人(历史上称之为巴斯克人*,传奇故事称之为萨拉森人)的队伍遭遇。激战中,一位名叫罗兰的伯爵和其他很多首领战死。《戈尔蒙与伊桑巴》故事发生的地方是维米奥平原,881年历史上一位名叫路易的国王,即加洛林王朝的路易三世,在这里取得了对于实际上为异教徒的敌人的辉煌胜利。这里的异教徒是诺曼人,但在故事中被虚构成伊斯兰士兵。纪尧姆伯爵及其妻子吉布丝(Guibourc)都生活于查理曼时代,在《纪尧姆之歌》中,他被描述成一位勇杀伊斯兰教徒的人。在这部诗歌中,他有时也被击败,但总是在经过英勇不屈的战斗之后才被击败。在这三部作品中,读至故事的中间部分,甚至在丰富多彩的背景中,都不难在那些朦胧的虚拟人物的身旁,辨认出不止一位虽没有被诗人置于正确的时代、但确实存在过的人物。如大主教特平,一位确有其人的著名北欧海盗异端国王戈尔蒙等;甚至还有出身微贱的布鲁日伯爵艾斯特米,《纪尧姆之歌》只是不自觉地附和了在伯爵所处的时代他的农奴出身使他蒙受的轻

---

* 巴斯克人(Basques),比利牛斯山西欧地区的古老居民,居住在比斯开、吉普斯夸、阿拉瓦和纳瓦拉等地区。——译者

蔑,才对他做了贬损性的描写。

在12、13世纪形诸文字的类似主题的众多诗歌中,出现了同样的矛盾。这些诗歌充满了日益侵夺真实性内容的传说,因为这类文学作品虽日趋丰富多彩,但其主题却不得不愈益借助于虚构。有些作品今天所见到的形式虽不能明显地追溯到相当早的时期,但其总体概略却可明显地追溯到相当早的时期。至少在这些著作中我们几乎总可以肯定地在情节的核心部分,发现历史主题(motif)和某个惊人准确的细节——一个插曲性的人物,抑或一个早已为人遗忘的城堡。因此,研究者面临两个难以解决的问题。首先,对于如此遥远的历史的知识是通过何种手段在跨越许多世纪之后传至诗人手中的呢?例如,在778年8月15日发生的悲剧事件和11世纪最后几年形成的《罗兰之歌》之间,是什么样的传说在神秘地穿针引线呢?此外,12世纪吟唱《康布雷的拉乌尔》史诗的诗人们(trouvère)从谁那里了解到943年古伊(Gouy)地方的拉乌尔之子拉乌尔发动了对赫伯特·德·韦芒杜瓦诸子的袭击呢?又怎样了解到入侵者的死亡,以及(除了中心事件外)与主人公同时代的几个人物即里布蒙的领主伊伯特、勒泰勒地方的伯纳德以及杜埃地方的厄尔努特等人的名字呢?这是第一个不解之谜。第二个谜同样令人费解:这些确切的材料是怎样被莫名其妙地逐渐歪曲了呢?抑或事实真相到达他们手里时就已掺杂进如此之多的谬误和捏造呢?因为我们显然不能认为只有最晚期的作者们对整个歪曲事件负有责任,那么,这是怎么发生的呢?史诗的材料一部分是真实可靠的,一部分是凭空臆造的;如果不把这两个因素放在同等重要的地位加以考虑,那么,企图做出任何解释都是行不通的。

第六章 民间记忆

从理论上讲,史诗故事(gestes)并不是供人阅读的。史诗创作出来是让人们朗诵的,或者毋宁说是让人们吟唱的,被称为行吟诗人(jongleurs)的职业吟诵者将它们从一个城堡传播到另一个城堡,或者从一个公共广场带到另一个公共广场。行吟诗人中最贫贱者是依靠每位听众"从衣角里"掏出的几文小钱维持生计;[①]另有一些诗人集流动说书人与滑稽弄臣的角色于一身,幸运地获得某个大贵族的保护,大贵族让他们在宫中供职,保证了他们比较安定的生活。这些表演者有时也是诗歌的作者。于是一些行吟诗人演唱另一些行吟诗人的作品;另一些人本身就是其作品的首唱者。但是在这两种情况之间有很大的不同,"创作者"几乎不去合理安排他的全部材料,而解释者则几乎总要去改变材料。这种文学作品的观众是非常混杂的,其中大部分是文盲,他们通常不能判断事实的本相,对事实的真实性也不感兴趣。他们听故事不过是为了娱乐,或者是听自己熟悉而激动的情感故事。这类文学的作者惯于不断改编故事内容,但并不专心于研究。他们总是身处于大人物中间,想方设法取悦于这些大人物。这就是行吟文学的人文背景。要探究众多历史事件何以出现在行吟文学中,就等于设问,行吟诗人是通过何种渠道了解了这些历史事件和历史人物。

据我们所知,史诗中所包含的每一点事实真相都会在编年史或特许状中以不同的形式重现,这几乎是无需多说的;如果事实不是这样,那么我们今天怎么能够将它拣选出来呢?把行吟诗人描述成图书馆里的资料检索员,是明显的歪曲,但是我们有理由问,

---

[①] *Huon de Bordeaux*, ed. Guessard and Grandmaison, p. 148.

他们是否可以间接地接触到他们无法躬亲查阅的写作主题。涉及媒介人,我们很自然地可以认为,中介人就是那些通常管理文件的人,即教职人员,特别是修士。这种见解并非有悖于封建社会的实情。浪漫学派史学家执着于"文""野"迥然不同的观念,非常错误地认为,通俗诗的传播者们和拉丁文学的职业里手即饱学的教士之间,有一条不可逾越的鸿沟。尽管我们缺乏其他证据,但修士哈里沃尔夫的编年史,即"海牙残篇"(大概是出于经院人士的手笔)中保存的《戈尔蒙之歌》的概略,以及12世纪法国教士所写的有关加尼隆叛离的拉丁诗也足以证明,在修道院的庇荫下,方言史诗既非湮没不彰,也非遭人轻觑。同样,在日耳曼史诗《瓦尔塔里乌斯》*中,维吉尔体的六韵步诗体与日耳曼人的传奇文学表现方式如此不同,很有可能也是来源于学院里的写作练习。我们知道,后来在12世纪的英国,关于阿瑟王冒险传奇的生动描述不仅使俗人热泪盈眶,而且也使年轻的修士们潸然泪下。① 此外,尽管严格恪守清规戒律者强烈谴责这类"戏剧式的表演",但修士们通常都很自然地乐于使自己的修道团体扬名,宣传他们最珍视的财产中的圣物圣骨。所以,他们几乎必然认识到,行吟诗人几乎是无与伦比的宣传媒介。这些人在集市上演出的节目,从最世俗的歌曲到圣者的虔诚故事无所不有。

事实上,约瑟夫·比迪尔已经以一种令人难以忘怀的方式揭

---

* 《瓦尔塔里乌斯》(*Waltharius*),是9—10世纪描述日耳曼英雄传说的拉丁文英雄诗,以民族迁徙时代为背景。——译者

① Ailred of Rievaulx, *Speculum charitatis*, II, 17, in Migne, *P.L.*, CXCV, col. 565.

第六章 民间记忆

示出,修士的痕迹显然出现于不止一部史诗传奇中。波迪埃勒地方修士们的不懈努力,足可以说明热拉尔·德·鲁西永的故事何以转移到了勃艮第,更何况还有维泽雷地方的修士们的努力。这个故事中所有的历史因素均与罗讷河两岸地区有着联系。如果没有法国圣德尼修道院及其集市和圣迹,那么,我们就不会有诗文《查理曼的旅程》;《查理曼的旅程》是一部根据圣物史加工而成的幽默作品,它无疑主要是写给去集市的顾客,而不是写给去修道院朝圣的香客;我们也不会有以更严肃沉闷的语调叙述一个相关主题的《弗路凡特》这部作品;很有可能就没有其他许多史诗:在这些史诗的背景上该修道院占据突出地位,都有加洛林诸王公的形象。在这个修道院的围墙内,虔诚地保存着对这些王公的记忆。最后,我们显然还没有提到,在以查理曼为主题的详细描述中,卡佩诸王的伙伴及其顾问这个庞大的群体所起的作用。

然而,在许多作品特别是最早期的一些作品中,很难发现其中有修道院影响的痕迹,至少很难发现形式上一致而持久的影响。《纪尧姆之歌》、《康布雷的拉乌尔》以及《洛林人》故事全集,就是这类作品的典范。有人认为《罗兰之歌》本身与到孔波斯特拉*的朝圣有关,如果此种假设能够成立,那么,人们可以看到,《罗兰之歌》中提到了众多圣徒和西班牙,但独不见圣詹姆斯和有名的加利西亚圣堂位列其中,这难道不是奇怪之事吗?在一部被认为是在修士鼓励下写成的作品里,我们怎样解释诗人所表现出的对修道院

---

* 孔波斯特拉(Compostela),西班牙地名,以圣詹姆斯的墓为朝圣地。——译者

生活的强烈鄙视呢?① 此外,如果说,在理论上史诗故事中所使用的所有真实细节无疑可以征之以档案柜和图书馆,那么也只是零零星星地见之于一些文件中,其他许多细节都没有保留下来。在内容上取此去彼,需要比较剔选,付出很多的劳动。简言之,这种需要渊博知识的工作,不符合当时的思想习惯。最后也最为重要的是,设定每一部史诗都是由一对教学搭档——一个受过教育的教士作为教师,行吟诗人作为善于学习的学生——编成,实际上是不想解释这些作品中与历史真实并存的错误。

虽然编年文献质量平庸,如同人们正确认识到的宗教团体的宗教外传一样,充斥着稗史和伪造——即使排除我们所知道的行吟诗人记忆中的异想天开,以及他们乐于对任何主题的添油加醋——但是,以编年史或文书文献构建的最坏的故事所造成的错误,几乎不到最真实的史诗所犯错误的四分之一。不管怎样,我们还有进一步的证据。大约在12世纪中叶,曾先后有两位教士以极其接近史诗的风格写成了一部以历史为主题的法文诗,这个历史主题故事的很大一部分内容来自一些手稿。当然,无论是瓦斯的《鲁的传奇》*,还是伯努瓦·德·圣莫尔的《诺曼底公爵史》,都免不了有传奇故事或各种混乱,但较之《罗兰之歌》,却是准确度很高的杰作。

---

① V. 1880-1882. 这些评述最为引人注目,因为《罗兰之歌》中将这些话借大主教之口说出。显然格利高里改革还没有超越这一步。

* 瓦斯(Wace,约1100—1174),盎格鲁-诺曼语作家,此处提到的《鲁的传奇》是他的两部诗体编年史之一(另一部为《布鲁特传奇》),是奉英王亨利二世之命而作。——译者

第六章 民间记忆

所以，必须承认，至少在大多数情况下，11世纪晚期和12世纪初期的行吟诗人在进行创作时，不可能从编年史或档案记载中获得史诗的要素，甚至间接地获得这些要素。[①] 我们不得不承认，他们的故事是以一种更早的传说为基础的。事实上，这一长期被奉为经典理论的假说，只是因为这些故事过分常用的模式而一直受到怀疑。这一观点认为，我们所知道的史诗始自某些与历史事件同时代的短歌，这些史诗慢慢地、一般说来是很不成熟地将这些原始短歌（cantilenae）拼凑在一处，首尾衔接地组合成史诗。简言之，最初是民众心灵自发产生的感受，最后才是文学上的创造尝试。这一观点虽然因其简单明了而非常有吸引力，但却经不起严格的推敲。可以肯定，所有的史诗并不都是同样产生的，其中有些不乏生硬拼凑的痕迹，但是任何人如果不带任何成见地虚心阅读《罗兰之歌》，怎会否认这是出于一个人的创作，而且是一位了不起的人物的创作呢？怎能否认这个人的艺术标准——这些标准并不属于他个人——反映了他所处的时代的观念，而不是苍白地反映已消逝了的短歌呢？从这种意义上，认为英雄史诗"产生"于11世纪末，是非常正确的。但是，即使是在一个诗人具有天赋才华的比较罕见的情况下——我们很容易忘记《罗兰之歌》的韵律之美是何等卓尔不凡——他难道不也是照例尽可能地使用了历经数代人而流传下来的这些主题吗？

的确，当我们了解到封建时代的人们对往昔兴趣盎然，并以聆

[①] 这里可能有一个例外。人们有可能在《路易的加冕礼》这部史诗中，找到使用编年史记载的证据。参见 Schladko, in *Zeitschrift für die französische Sprache*, 1931, p.428。

听往昔故事为娱乐时,我们还会对讲故事的传统经历几个时代而流传下来感到大惊小怪吗?凡有漫游者驻足的地方都是讲故事的好去处,如集市和那些脑子里装着诸多诗歌的香客和商人旅行的路途上。根据一份偶然发现的文件,我们知道远途经商的德国商人把某些德国传说带到了斯堪的纳维亚地区。① 那么,有什么理由认为法国人就不会以同样的方式沿着熟悉的商路,在携带着他们的布匹和香料货物旅行的同时,将大量英雄诗方面的主题,或者仅仅英雄的名字,向外传布呢?毫无疑问,正是这类旅行者以及香客所讲的故事,使行吟诗人了解了东欧的地理名称,使北欧诗人熟悉了地中海岸边橄榄树的婆娑风姿。英雄史诗带着对异国风光的天真情趣,以及对本地景物的委婉的藐视,极富想象力地将地中海边的橄榄树栽植到了勃艮第或皮卡第的山顶上。

虽然修道院可能并不经常鼓励写作传奇故事,但多少为传奇故事的发展繁荣提供了肥沃的土壤。首先,修道院经常接待来往的旅行者们。其次,通常修道院都拥有能够唤起历史记忆的文物遗产。最后,修士们对讲故事总是乐此不疲。以恪守戒律者如彼得·达米亚尼的见解,修士们是沉迷于讲故事的。② 最早的关于查理曼的逸事趣闻,是由圣加尔修道院于 9 世纪记载下来的。位于塞尼(Cenis)山路上的诺瓦莱萨修道院的编年史编成于 11 世纪初,其中有很多与这位著名皇帝有关的传奇故事。

然而,千万不要认为所有的历史传说均来自修道院。显贵家

---

① *Thidreksaga*,前言;参见 H. J. Seeger, *Westfalens Handel*, 1926, p.4。

② *De perfectione monachrorum*, in Migne, *P.L.*, CXLV, col. 324.

第六章 民间记忆

族有他们自己的传说,这种传说必定产生了不止一种准确或歪曲了的历史记录。而且人们乐于在城堡的大厅中谈论其先祖,就像教士喜欢在修道院的拱廊下谈论先辈一样。我们碰巧了解到,洛林公爵戈弗雷有一个习惯,就是喜欢在招待客人时讲述查理曼的趣闻逸事。[1] 我们能假定此种习惯为洛林公爵一人独有之情趣吗?此外,在史诗中,我们可以看到查理曼这位伟大的加洛林帝王的两副十分矛盾的形象。《罗兰之歌》几乎是以宗教般的虔敬笔触刻画了这位杰出的帝王,与此形成明显对比的是,其他许多史诗把他描绘成一个贪婪、痴迷的老头。第一副形象与教会历史编纂学相一致,也符合卡佩王朝鼓吹宣传的需要;在第二副形象中,我们几乎可以察觉到反君主政体的封建贵族的画外音。

逸闻趣事很可能以这种方式世代相传,而不一定以诗歌形式流传。但是,这些史诗毕竟产生了。但从何时产生的呢?这一问题几不可知。我们正在与之打交道的法语只是由于被视作拉丁语的一种讹用形式,花费了几个世纪的时间才被提高到文学语言的地位。英雄史诗的某些因素是否早已渗透到乡村史诗(chansons rustiques)这种用方言写成的诗歌中呢?早在 9 世纪末,奥尔良的一位主教就认为必须在他的管辖区内的教士中禁止这种乡村史诗的传播。对此疑问,我们将永远不得而知,因为乡村史诗产生在一个文人极难注意到的环境中。如果不使这个见解过于牵强的话,那么可以断言,最早提及史诗体诗歌的材料只是在 11 世纪才出现;经过漫漫长夜之后,这种证据的突然出现似乎清楚地说明,韵

---

[1] Peter Damiani, *De elemosina*, c.7, in Migne, *P.L.*, CXLV, col. 220.

文史诗故事并没有在很早的时候发展起来,至少没有大量地发展起来。此外,非常值得注意的是,在大部分旧诗歌中,拉昂通常是加洛林诸王的宅邸;《罗兰之歌》恢复了艾克斯拉沙佩勒(亚琛)的真正地位,但似乎是由于传说者的疏忽,它似乎无意中仍带有拉昂传说的某些痕迹。这一现象只能出现于 10 世纪在"蒙洛翁"(Mont-Loon)真正起到名副其实的作用时候。再迟些时候或早些时候,都无法解释它。① 所以从各种迹象来看,正是在这个世纪里,叙事史诗的主题确定下来,如果说还没有采用诗的形式,那么至少也已具有接受诗体形式的完全成熟的条件。

此外,史诗的主要特点之一就是只愿追述往事。几乎只有十字军运动立即被认为值得作为史诗主题对待,原因是十字军运动具有激发人们想象力所需要的一切内容,而且它将 11 世纪以来人们在诗歌中所熟悉的某种基督教英雄气概传至现在。这样一些有关时事的作品,使行吟诗人有机会对富有的庇护人略作敲诈。阿德尔地方的阿尔努夫因为不肯给一位行吟诗人一条深红色的紧身裤,他的名字便被从《安条克之歌》上勾销。② 但是,不管贵族们听到有人为其歌功颂德时如何得意洋洋,也不管诗人们有可能从这种作品中获得多大的好处,除非当时的战争发生在圣地巴勒斯坦,那么照例不会有任何人以这种方式为之大唱赞歌。这是否像加斯顿·帕里斯书中所写的那样,意味着"史诗的酝酿期"中止于法兰

---

① 参见 F. Lot in *Romania*, 1928, p. 375;关于以上所述全部内容,参见该作者的系列文章。

② Lambert of Ardre, *Chronique de Guines et d'Ardre*, c. CXXX, ed. Ménilglaise, p.311.

西民族形成之时呢？这一说法本身是非常不可信的,因为它是以这样的假定为基础:即与 9—10 世纪相关的故事都已迅速采用了诗歌形式——这完全是无稽之谈。真实情况无疑是,由于那个时代的人们对过去的时光充满敬意,所以除非在他们的思想中赋予古代事物以相当威望,他们便找不到灵感。1066 年一位行吟诗人伴随诺曼武士到达黑斯廷斯,当时他吟唱什么呢？他唱的是"查理曼和罗兰"。大约在 1100 年的一场小规模的地方战争中,另一位行吟诗人先于勃艮第匪盗来到此地,他吟唱什么呢？"祖先的丰功伟绩"。[1] 当 11、12 世纪的重大冲突业已隐退到时间的帷幕之后,对过去的兴趣仍然存留,但它从另外的表达方式中得到满足,这就是历史,它有时虽仍被诗韵化,但却从此以书面文献为基础,因此,它所受传奇故事的侵害也大为减少了,这样的历史著作取代了史诗传奇。

封建时代对历史故事和传奇故事的迷恋并非限于法国,乃是整个欧洲共有的现象,但其表现方式不同。

我们回顾日耳曼各族的历史时发现,日耳曼人有以诗歌颂扬英雄们丰功伟勋的习惯。此外,欧洲大陆和不列颠的日耳曼人中,却如同斯堪的纳维亚人一样,似乎有两类赞美战争的诗歌并存。一类诗歌献给古代人物,有时献给神话中的人物;另一类则是赞颂仍然健在或刚刚死去的首领的光辉业绩。所以自 10 世纪起,开始了一个人们几乎完全不写作、极个别情况下仅用拉丁语写作的时代。在这几个万马齐暗的世纪里,能够证明德国领土上有古代传

---

[1] *Miracles de Saint Benoît*, ed. Certain, VIII, 36.

奇故事流传下来的，几乎只有惟一的一本拉丁版作品——叙事诗《瓦尔塔里乌斯》——与一些移植到北欧国家的题材。在这些北欧国家，民间文学方兴未艾。但是传奇文学并没有消失，也没有失去其魅力。1057至1065年在班贝格（Bamberg）教区任职的冈特主教更喜欢（如果我们相信他手下的一位教士的记载的话）阿提拉和6世纪灭亡的东哥特古王朝阿马凌斯王朝的故事，而不是圣奥古斯丁的著作，甚至有可能他亲自以这些世俗题材"写成诗篇"，但此处的文献记载很模糊。[①] 所以在他的辖区人们始终对久远的先王们的冒险故事津津乐道。他们无疑还坚持用民众语言吟唱先王们的业绩，但这些诗歌却没有一首流传下来。1077年之后不久，科隆教区的一位教士用德语诗写的大主教汉诺传记，在更大程度上属于使徒传记，而不是意在广大听众的叙事文学。

法国的史诗故事出现后将近一世纪，朦胧的纱幕才被揭去。这时仿照法国史诗故事所作的作品，或仿照以同样的材料写成的更晚时期的著作写成的作品，在一代人的时间里已使德国民众习惯于欣赏以方言配诗的伟大的壁画。以近似于我们今天所知道的史诗形式写成的第一部民族素材的英雄诗，直到12世纪末才出现。正如法国一样，德国人也从传颂数世纪的冒险故事中寻找主题，同时代的伟大功绩则留给编年史家和拉丁诗人去记载。有趣的是，德国的诗歌叙述更为遥远的往事。恩斯特公爵的《诗歌》是个例外，它描述的是11世纪早期的事件，但将事件歪曲得不成

[①] C. Ermann, in *Zeitschrift für deutsches Altertum*, 1936, p.88 and 1937, p.116.

样子。

在其他英雄诗中,纯粹的传奇故事和仍然完全属于异教范畴的奇异感与蛮族入侵时代的陈旧往事交织在一起,但是这些蛮族入侵活动通常已从夸大的近似于世界大灾难的地位上,贬到了平凡的人际怨隙的水平。在整个这类文学中可以指出21位与历史人物彼此相符的人物,包括自375年死去的哥特国王到575年死去的伦巴第国王时代的历史人物。那么,是否偶尔也有晚些时候的人物出现呢?在《尼布龙根之歌》中,我们的确可以发现,一位10世纪的主教巧妙地将他本人插入了非常明显地属于不同族类的一伙人中。在这伙人中,与阿提拉、狄奥多里克大帝以及莱茵河岸的勃艮第诸王同时出现的,是西格弗里德、布伦希德等虚幻的非历史人物。但这种移入似乎只是插曲,大概是受教会或地方势力影响的结果。可以肯定,如果诗人们是从那些处理书面文件的教士那里得到他们的写作主题,那么就不会以这样的面貌出现。德国修道院并不是由蛮族首领建立的,所以,如果编年史家要就阿提拉甚至"暴君"狄奥多里克创作鸿篇巨作,那么对他们的描述显然要比史诗对他们的刻画要晦暗些。

有什么比这种反差更明显呢?法国文明在中世纪早期的熔炉中已经在深层上被赋予了新形式,她的语言作为变异出来的语族,是非常年轻的。她能寻找到的最遥远的传说也不超过加洛林王朝。(据我们所知,仅有一部史诗《弗路凡特》提到墨洛温王朝,我们看到,《弗路凡特》属于相当晚的作品。这一作品大概是在圣德尼修道院学识丰富的教士直接授意下产生的一批作品中的一部分。)另一方面,德国却吸收了非常古老的原始资料作为其故事的源泉,因为各种故事、也许还有诗歌的涓涓细流虽然长期在地下潜流暗淌,但却从来没有断流。

卡斯蒂尔的例子也同样有启发意义。在那里人们对往事的渴望与其他地方同样强烈。但在收复后的土地上,最古老的民族往事也是相去不远的事件。其结果是,行吟诗人们并没有照搬外国模式,而是从记忆犹新的事件中获得了灵感。熙德死于1099年7月10日,《熙德之歌》(*Poem of the Cid*)大约创作于1150年,是歌颂最近战争中的英雄的全部说唱作品(*cantares*)中惟一流传下来的作品。

意大利的情形更值得注意。意大利没有民族史诗,似乎从来也没有过一部史诗问世。原因何在呢?想用几句话解答如此困难的问题,将是轻率至极的。但有一种解释值得提出来。在封建时代,意大利是这样的少数国度之一:在这些国家的贵族、当然还有商人中,具备阅读能力的人为数众多。如果说对往事的情趣没有通过诗歌表现出来,也许是因为人们在阅读拉丁文编年史著作时已获得了满足感的缘故吧?

史诗在其能够发展成长的地方,对人们的想象力产生了重大影响,因为史诗不像书面作品那样仅仅针对视觉,但它的优点在于,它有人类发音语调所产生的各种亲热感,反复吟唱同一主题甚至同样的两行诗会对人们的心神产生影响,我们不妨问一下当代的政府,电台是不是一种比报纸更有效的宣传媒介呢?诚然,上层社会真正以传奇故事作为消遣,主要是从12世纪末叶开始,而且局限于此前最有教养的社会圈子里。骑士们可以从骑士文学里找到更多的和最辛辣的典故,嘲讽胆小懦弱的怕死鬼;稍后一些时候,一伙塞浦路斯贵族以身示范,演出了《列那狐传奇》中的角色,很像距我们时代更近些时候,某些社会团体的人们模仿巴尔扎克小说中的主人公来娱乐一样。[1] 无论如何,从法国英雄史诗兴起的最早时期——1110年——以前,贵族们就喜欢给儿子取名为奥立弗和罗兰,而加尼隆之名,由于带有邪恶的痕迹,从来再没有人使用过。[2] 有些时候,人们像对待真实文献一样地提到这些故事。金雀花王朝亨利二世的著名首席法官雷纳夫·格兰维尔是饱览群书的一代人杰,但有人问他,与诺曼人的诸位公爵相比法国国王何以长期积弱时,他把原因归咎于从前"几乎摧毁"法国骑士制度的战争。他引用了《戈尔蒙之歌》和《康布雷的拉乌尔》的故事作为依据。[3] 这位了不起的大臣必定是通过阅读这种史诗学会了省思历史。英雄史诗所表达的生活观念,在许多方面仅仅是公众生活观念的反映:在每一部文学作品中,一个社会都在考虑着自己的形象。而且,伴随着对陈旧经历的记忆——虽然这些记忆已被歪曲且极不完整——真正来自往昔历史的传说已经积淀下来;我们将一再遇到这些传说的遗迹。

---

[1] *Histoire de Guillaume le Maréchal*, ed. P. Meyer, I, v. 8444 *et seq.*; Philip of Novara, *Mémoires*, ed. Ch. Kohler, c. LXXII;参见 c. CL *et seq*。

[2] 也许应顺便指出,对于这个名字消失过程的研究,显然还无人问津,而这种研究显然可以为确定有关罗兰传奇故事的年代,提供一种有益的方法。

[3] Giraldus Cambrensis, *De principis instructione*, dist. III, c. XII (*Opera*, Rolls Series, VIII, p.258).

第七章　封建社会第二阶段的思想复兴

1　新文化的一些特点

11世纪法国伟大史诗的出现,可以视为下一个时代文化大发展的预兆之一。"12世纪文艺复兴"是人们经常用来形容这一运动的习惯用语;从字面上,"文艺复兴"这个词容易使人认为仅仅是旧事物的复生,而不是新事物的发展,但由于在该词之前加了"12世纪"这个必要的限定,所以,假若不是过分严格地从年代学意义上来理解这个词,那么这一习惯表述是站得住脚的。尽管这一运动只是在12世纪中叶才全面展开,但正如与之相伴的人口和经济的变化一样,这一文化运动在1100年之前的二三十年间已经初露端倪。这是真正具有决定意义的时期。仅举几个事实:坎特伯雷的安塞尔姆*的哲学著作,意大利第一批罗马法教师及其论敌宗教法学者的法律著作,沙特尔各学校开始进行的严肃的数学研究,都属于这个时代。思想领域发生的这场革命,并不比人类活动的

---

*　安塞尔姆(Anselm of Canterbury,约1033—1109),坎特伯雷大主教。——译者

第七章　封建社会第二阶段的思想复兴

其他领域内发生的革命更彻底。封建社会第二阶段在心态上的许多方面,虽然与第一阶段非常相似,但它已具有某些新思想的特点,我们必须尽力搞清楚这些新思想特点的影响。

在经济地图上,各地区的交流与文化方面的交流发展得同样显著。希腊和阿拉伯的著作,特别是阿拉伯著作(虽然这些著作大部分只是注解希腊思想)的大量翻译,以及他们对西欧科学和哲学的影响,证明一种文明正在获得更为灵敏的触角。在翻译者中有一些人是定居在君士坦丁堡的商侨团体的成员,这并非偶然。在欧洲的中心,古老的凯尔特传奇故事从其起源地向东传播,开始将其神奇的魔力注入法国传奇作家的想象力中。同时法国创作的诗歌——用更新的手法创作的旧的英雄传奇或故事——在德国、意大利和西班牙被人们效仿学习。博洛尼亚、沙特尔和巴黎等新的学术中心成为伟大的国际学校,"雅各梦中的梯子通向了天堂"。[①]罗马式艺术就其超越无数地方多样性的普遍性而言,主要表现了众多小的势力中心相互影响形成的一种文明共同体。另一方面,哥特式艺术却是向外输出的艺术形式之一,这些艺术形式(当然是因地制宜)的向外传播同样广泛,因为它们正从有着明确界限的中心地带,即法国的塞纳河到埃纳河之间的地区,或者说勃艮第的西多会诸修道院中向外扩散。

修道院院长吉伯特·德·诺让(生于 1053 年)在他那本写于 1115 年前后的《忏悔录》(*Confessions*)中,对他一生早年和晚年

[①] John of Salisbury in H. Denifle and E. Chatelain, *Chartularium universitatis Parisiensis*, I, pp. 18 – 19.

经历的社会状况做过比较,"我出生前不久和我的童年时代,教师极度缺乏,在小城镇里实际上不可能找到任何教师,甚至在城市里也几乎难以找到。就算偶尔能找到吧,他们的学问也很贫乏,甚至不能与今天微不足道的流浪学者的学问相提并论。"[①]12世纪的教育无疑已有长足进步,质量已大幅度提高,在不同社会等级中也普及得多。超越于以前的是,这时的教育以仿效古代榜样为基础,虽然古代教育也许还没有受到人们更多地尊崇,但已为人们更深刻地理解和感受到。这种理解和感受的程度非常深刻,在一些处于教士统治边缘区的诗人,如莱茵河边上的著名的大诗人（*Archipoeta*）中,出现了一种与前一阶段精神风尚大不相同的异教道德思想。这种新人文主义多半是基督教人文主义。"我们是站在巨人肩膀上的侏儒。"沙特尔的伯纳德经常重复这一格言,说明那个时代比较严肃的思想家们怎样感激古典文化的恩泽。

这种新的精神风尚已开始渗透到世俗社会。香槟伯爵亨利·勒·利伯拉尔阅读过韦格提乌斯和瓦勒里乌斯·马克西姆[*]的原著;安茹伯爵杰弗利·勒·贝尔为了改进城堡建筑,也开始翻阅韦格提乌斯的著作。这样的统治者已不再罕见。[②] 然而,这样的兴趣常常受到教育程度的妨害,教育仍然极不发达,以致人们难以读

---

① *Histoire de sa vie*, I,4; ed. G. Bourgin, pp. 12 – 13.

[*] 韦格提乌斯(Vegetius)是罗马帝国时期(4世纪)的军事专家;瓦勒里乌斯·马克西姆(Valerius Maximus)是罗马帝国早期(创作年代为公元20年前后)的历史学家。——译者

② D'Arbois de Jubainville, *Histoire des ducs et comte de Champagne*, III, p.189 *et seq.*, and *Chronique des comtes d'Anjou*, ed. Halphen and Poupardin, pp. 217 – 219.

懂用学术语言写成的著作，洞悉其中的奥秘。但是这并没有妨碍他们寻找一个出路。以吉讷伯爵鲍德温二世（卒于1205年）为例。这位皮卡第贵族既是猎手、酒徒，又是有名的嫖客，他谙熟于吟唱史诗传奇，又具有朗诵粗俗的韵文故事（*fabliaux*）的禀赋，他虽是"文盲"，但他并不是仅以英雄传奇或滑稽故事娱乐消遣。他找到教士与之对话，然后给他们讲祖先的"浑邪"掌故；这种谈话方式受到至少一位皮卡第教士的喜欢，他从这些涉猎广泛的谈话中获益匪浅，因为他运用由此获得的神学知识同他的教师们进行辩论。但他并不仅仅满足于玩弄辞令，他还让人将几本拉丁文著作译成法文，以便让人为他朗读；在这些著作中，除了《歌之歌》（*Songs of Songs*）、《福音书》和《圣安东尼传》（*Life of St. Anthony*）外，还有亚里士多德《物理学》（*Physics*）大部及罗马语法学家索利努斯的古老的《地理学》（*Geography*）。[①] 所以，为适应新的需要，几乎欧洲各地都产生了方言文学，这种方言文学虽是为了适应俗界人士的需要，但并非仅仅是供其消遣。如果说起初这种文学几乎全部是由拉丁文原作的译文组成，那么它却开启了一个完整的传统之门，尤其是开辟了一条通向真实历史的途径。

诚然，用方言记述的历史在许多年间仍然保留着诗歌形式和旧的史诗故事风格，但13世纪最初几十年产生两类新的历史作品之前，还没有出现散文这种写实文学的自然工具。这一时期产生了两类新的历史作品：一是两个人的回忆录，这两个人既非行吟诗人又非教士，他们是大贵族维拉杜安和小骑士罗伯特·德·克拉

---

① Lambert of Ardre, *Chronique*, c. LXXX, LXXXI, LXXXVIII, LXXXIX.

里；一是为启蒙一般民众特别编辑的汇编作品《罗马人的功绩》(*Deeds of the Romans*)、中肯地自称为概略的《法兰西全史》(*The Whole History of France*)以及以《世界编年记》(*Universal Chronicle*)著称的萨克森作品。几乎没经过多少年，先是在法国，接着在低地国家和德国，一些用方言写就的证书文件开始出现（这些证书文件开始时为数极少）。这使得参与契约的各方，在没有翻译的情况下就能明白一个契约的含义。行动和语言表述之间的隔阂正在逐渐缩小。

同时，著名的统治者们如安茹家族、香槟伯爵、德国的韦尔夫诸侯的文化气氛浓郁的宫廷，也逐渐迷上了全新的神话和幻想文学。英雄史诗为了适合当时的情趣或多或少地改变了形式，而充满了增加的奇闻轶事，但它肯定还没有失去其魅力。不过，随着民众记忆中真正的历史逐渐取代史诗，起源于普罗旺斯或法国北部的新诗体突然绽现出来，并迅速在整个欧洲传播开来。

浪漫传奇是新诗体之一，是纯粹凭想像创作的作品，这种想象中的惊心动魄的刀光剑影，是对一个从根本上说来仍很好战的社会的爱好的迁就；但从这时起，这些行为的背景通常却是神秘仪式和妖术行为的天地。不借助于历史真实性而逃遁到幻境中去，这一点反映了这个时代过分讲究感觉作用，将文学想象中的虚构和对真实事件的描述割裂开了。

当时盛行的另一种诗体是短篇抒情诗。最早的抒情诗几乎与英雄史诗一样历史悠久，但这个时代抒情诗的创作，数量上日新月异，设计上日益精巧。因为日益发达的审美意识越来越重视风格的新颖，乃至在当时就已达到了矫揉造作的极致。这个时代有一种令人愉快的自负。克雷蒂安·德·特鲁瓦*被誉为12世纪法国人最优秀的说书人,一位堪与之媲美的说书人就是以这样的自负称颂他的记忆力;他觉得对他的任何赞誉都不及说"他已经将法国语言应用得得心应手了"。

特别重要的是,浪漫传奇作家和抒情诗人都不再仅仅满足于描述人们的行为;他们已经试图严肃地剖析(虽说做得略显笨拙)人们的情感了。甚至在战争故事中,旧史诗中受人喜爱的特色——军队的冲突,已经让位给仅有两位斗士参加的马上枪术比武。整个新文学的发展趋势是恢复个人的地位;它鼓励思想习惯向更为内省的方向发展,在这个方向上强化秘密忏悔这一宗教活动的作用。秘密忏悔曾长期限于宗教界,而在12世纪已在俗界获得广泛传播。1200年前后上流社会人们的许多特点很类似于几代前的祖辈:他们同样地崇尚暴力,同样地情绪无常,同样地痴迷于超自然力量。最后的这一个特点(它表现为邪恶的精灵附体)可能更多地受到了二元论者的影响,当时特别盛行的摩尼教异端甚至以它的二元论教义影响到正教。但这时人们在两个方面上与其先辈大相径庭:他们所受的教育更为优良,自我意识也更强。

2 自我意识的成长

自我意识的成长的确从独立的个人扩展到了社会本身。11

---

* 克雷蒂安·德·特鲁瓦(Chrétien de Troyes,活跃于1160—1181年),法国诗人,以五首描写阿瑟王的传奇叙事诗而闻名。——译者

世纪下半叶促使人类意识向这个方向发展的动力,曾是通常被称为格利高里改革的伟大的宗教"觉醒"运动。由于格利高里七世是该运动的领袖之一,故名。这是一场极其复杂的运动,在这场运动中,从民众心灵深处产生的思想观念,与教士特别是修士中培养起来的对古代文献的真诚渴望交汇在一起。世俗民众和修道院的狂热分子中都有人坚定不移地拥护这个观点,即神父一旦犯有不洁之罪,就失去了掌管教会圣礼的资格,而且他们比神学家们更激进。格利高里改革是一场影响异常深远的运动,毫不夸张地说,拉丁基督教的明确形成就由此开始;东西教会的最终分裂发生在这个时期,绝不仅仅是偶然的巧合。这种精神风尚的革命性超出当时人们的认识,虽然它的表象多种多样,但它的本质可以用几句话来概括:在神圣社会和世俗社会至此一直纠缠不清的世界上,格利高里的改革宣布,教会具有独特性质,负有极端重要的精神使命;它所力求做到的是将教士与普通信众分别开来,并将教士置于普通信徒之上。

自然,最严厉的宗教改革家几乎都不是理性生活之友。他们不信任哲学。虽然他们为修辞学的魅力所折服,但对它又十分藐视。圣彼得·达米亚尼说:"我的语法是基督。"但他的变格、变位却做得非常准确。他们认为,修士的本分不是进行研究,而是做忏悔,自圣哲罗姆时代以来,不止一位基督教徒既钦慕古代的思想或艺术,又注意禁欲宗教的要求,因而使心灵备受折磨。在两种忠诚分离的戏剧性事件中,宗教改革者中的狂热分子站到了不妥协的教士一边,他们不赞成阿伯拉尔认为异教哲学家是"被上帝赋予灵感"之人的观点,而支持赖彻斯堡的格霍的观点,认为异教哲学家是"基督十字架的敌人"。在他们的改革运动及其被迫进行的反对世俗政权,特别是反对神圣罗马帝国的斗争中,宗教改革家们又不得不赋予其理想以理性形式,去进行辩论并要求别人也这样做。所以从前只能由少数学者讨论的所有问题立即成了当时的主题。据说在德国,即使在市场上和作坊里,人们都在朗读(或让他人为其朗读)教士们在辩论最激烈的时候写下的著作,自由地讨论诸如国家的目的、国王、教皇和人民的权利等题目。[1] 其他国家在这类论战中虽还没有达到同样的程度,但其影响无处不在,人类事务又重新成为反省的主题。

还有另一种力量促进了这种决定性的变化。在一个每位活动家都必须有点律师才华的年代里,法学的复兴(在后一章我们将加以考察)已引起了广泛的反响;它使人们认识到,社会现实生活是可以有条不紊地加以描述并可以有意识地加以设计的。但新的法律教育所产生的更为现实的效果在另一方面也表现出来。首先,它反复向人们灌输这种习惯:不管讨论任何题目,辩论都按照推理进行。以这种方式,它便与在其他一些方面与之密切相关的哲学思辨的进步联系起来了。诚然,一个圣安塞尔姆式、阿伯拉尔式或彼得·隆巴德式的人物所写的逻辑学著作,可能只为几个人所理解,而且几乎全部是教士。但这样的教士通常是涉入俗界事务的:达瑟尔的赖纳德曾经是巴黎各学校的学生、神圣罗马帝国的掌玺大臣、后来的科隆大主教,就是这位赖纳德曾在许多年里指导着德

---

[1] Manegold of Lautenbach, *Ad Gebehardum liber*, in M.G.H., *Libelli de lite*, I, pp.311 and 420.

国的政策；斯蒂芬·兰顿曾是一位教士-哲学家，在失地王约翰统治时期，就是他领导了英国贵族的起义。

此外，接受一种思想运动的影响而又不以非常明显的表象展现出来，也是非常可能的。如果把两份契约——一份注明是公元1000年前后，另一份注明12世纪最后几年——放在一起加以比较，你几乎总会发现，第二个契约更为明晰、准确，语言逻辑更趋合理。自然，即使在12世纪里，来源不同的文件之间也有很大差别。城市特许状是因精明有余而教养不足的自由市民的要求而制定的，一般说来，它比（假定说）一位巴巴罗萨*式君王的有教养的大臣们的精良之作要逊色得多。但就整体而言，封建时代两个阶段上的差别非常明显。在封建社会第二阶段，人们的表达方式与想要表达的思想之间的脱离已不复存在。到12世纪末，活动家们已经掌握了比其前辈们更为有效的思想分析方法，在思想和行为的关系（这仍是一个模糊不清的题目）的历史上，这是一个具有重要意义的事实。

---

* 即红胡子腓特烈。——译者

第八章　法律之基础

1　习惯法的优势地位

在9世纪初的前封建欧洲,如果一位法官必须说明法律是什么时,他将从何着手呢?他要做的第一件事就是查阅文献。这些文献包括:罗马法汇编——如果案件需要按罗马法处理;日耳曼各族的习惯法——这些习惯法已逐渐全部形诸文字;最后是蛮族各王国统治者颁布的大量法规敕令。在处理上述法律文献已有明确答案的那些案件时,只需服从先例就可以了。但是事情并非总是如此简单。由于法律原本的缺乏,或者——由于像罗马法汇编那样卷帙浩繁——查询不便,要查找的法规虽然可能源自法律典籍,但实际上只是由于惯例才为人知晓。对于这些实际上肯定颇为常见的案件,我们先暂且不谈。最严重的问题是,任何一本书都不可能包罗万象。社会生活的各个方面,如已经预示了封建主义人际关系的庄园内部关系,在这些文献中只是很不全面地涉及,通常是完全未涉及。所以与成文法比肩并存的,是一个已经产生的纯粹口传的习惯法支配的领域。在随之而来的时期,即封建制度真正建立起来的时期,一个最重要的特点是,习惯法支配的领域越来越大,超越了所有界限而达到这样的程度:在某些国家它已侵入到整个法律领域。

在德国和法国,这一变化达到了顶点。那里不再有立法存在。在法国,最后的"法规"——而且是一个抄袭来的法规——产生于884年;在德国,法规的产生似乎从虔诚者路易死去、帝国分裂时已经枯竭。充其量只有几位地方诸侯——一位诺曼底公爵、一位巴伐利亚的公爵——零星地颁布了一两项适用范围相当宽泛的条令措施。有时人们认为法律的衰退是王室权力式微造成的。如果仅就法国而言,我们也许能够接受这一观点,但对于力量强大得多的德国君主,这一观点显然是不能成立的;而且居于阿尔卑斯山以北的萨克森王朝或萨利安王朝的那些皇帝们,在他们的契约状中,从未处理与个别案件无关的问题,但在他们建立的意大利国家中,却把自己树为立法者,尽管他们在意大利的权力肯定不会更强大。如果说阿尔卑斯山以北的人不再感到必须为不久前清楚系统地编纂的那些法规增加点内容,那么,其真正的原因是,这些法规本身已经无声无息地湮没无闻了。10世纪时蛮族法规像加洛林王朝的敕令一样,除了被随便提及外,逐渐不再被抄录或提到。如果说书记员们仍在装模作样地引证罗马法,那么在大多数场合下所提到的也仅仅是老生常谈或曲解的内容。若非如此,又有什么办法呢?欧洲大陆所有古老的法律文件均用拉丁语写成,而拉丁语知识实际上已为教士垄断。当时的教士团体已有自己的法律,这种法律越来越具有排他性。教会法以法律文献为基础,所以教会只关注仍继续被注解诠释的法兰克教会法规。学校里教授的就是这种教会法,而学校则完全被掌握在教士手中。世俗法在学校课程中无立足之地。当然,如果曾经有过某种法律职业存在,旧的法律书本知识就不会完全失传。然而这时期的诉讼程序并不需要辩护律师,领主就是法官。这实际上就意味着绝大多数法官均无阅读能力。这种态势很不利于成文法的继续存在。

在法国和德国,旧法律的衰微和俗界教育的没落之间存在的密切关系,由相反方面的例证得到非常清楚的证实。在意大利,法律和教育之间的联系,早在 11 世纪就由一位外国观察者、德意志王室的教士维坡绝妙地说明了。他说,在这个国家,"所有的青年人"——他指的是统治阶级的青年——"被送入学校辛苦攻读"的地方,[①]都有人在继续研究、概述和评注蛮族法、加洛林王朝教会法以及罗马法。同样,那些稀疏但反映出明显连续性的一系列法规的存在,证明了意大利立法活动的恒久。在盎格鲁-撒克逊英国,法律语言就是普通民众的语言,所以,正如阿尔弗烈德大王的传记作者所说,不识字的法官们可以让别人为他们读法律抄本并理解其中的含义。[②] 卡纽特大王之前的英国的统治者,已将习惯法整理成法典,并颁布敕令对习惯法加以修改。诺曼征服以后,似乎有必要让征服者、至少是他们的教士了解这些用他们读不懂的语言写成的法律文献的要义,所以,在不列颠岛,从 12 世纪初起产生了同时期海峡彼岸不知晓的事物——法律著述。法律著述虽系用拉丁语写成,但基本上是以盎格鲁-撒克逊资料为基础的。[③]

尽管封建欧洲各地存在着这种巨大差异,但这些差异并没有

---

① *Tetralogus*, ed. Bresslau, v. 197 *et seq*.
② Asser, *Life of King Alfred*, ed. Stevenson, c. 106.
③ 同样,如我们所见,在西班牙的俗界人士中也保持着一定的教育水平,西哥特人的法典一直有人抄写和研习。

影响其本质特征的发展。在法律不再以书面语言为基础的地方,许多来源不同的旧法规还是以口头传播形式保存下来。反之,在仍然熟悉并重视旧的法律文献的国家,因社会的需要产生大量新的习惯法规,其中一些新的习惯法规补充了旧的法律内容,另一些则取而代之。简言之,在所有地区,都是由习惯法最终决定了前一时代法律遗产的命运。习惯法已经变成了法律惟一的有活力的源泉,甚至诸侯们在其立法中,也不过是要求对它加以解释而已。

随着习惯法的发展,法律结构产生了深刻的变化。在蛮族占领的曾为古罗马辖区(Romania)的大陆各行省,以及后来法兰克人占据的德国,来自不同民族的人们比肩定居的情况,最初造成了一种非常独特的法律混杂局面,这种局面甚至会使法学教授感到头痛。将法律应用到籍贯完全不同的两个诉讼者之间,必然产生各种困难,如果对此加以充分考虑,那么,从理论上讲,不管个人居住在什么地方,都该仍然遵从其祖先的法规。所以,里昂的一位大主教有段著名的评论:在法兰克人统治下的高卢,碰巧有五个人聚集在一起,如果他们——一位罗马人、一位萨利克法兰克人、一位里普利安法兰克人、一位西哥特人和一位勃艮第人——中间的每个人各自服从一种不同的法律,那是毫不足怪的。9世纪以后,任何一位善于思考的观察者都不会怀疑,以前因迫切需要而实行的那种法律制度,已经变成了可怕的累赘,与一种各民族因素几乎完全融合起来的社会所具有的形势越来越不协调。

几乎从来不曾认真对待土著居民的盎格鲁-撒克逊人,从不知道法律属人制度(the system of the personality of law)。西哥特王国早在654年就蓄意废除了法律属人制度。但在仍然保留着这些特别的成文法规的地方,这些法规所产生的抗拒力是很大的。值得注意的是,12世纪初以前,多种法典并存时间最长的国家是学问之邦意大利,但即使在意大利,保留下来的法律属人制度也是面目全非了。当追溯法律条文的本源似乎变得越来越不容易时,便引入了这种办法:一个人无论何时涉入一桩法律案件,都必须详述他本人认为自己所遵从的法律;所以法律有时按照案件的性质随当事人的意愿变化。在欧洲大陆的其他地区,从10世纪开始,前一个阶段的文献已湮没无闻,它使一个全新的法律体系的出现成为可能。这个全新的体系有时被称作区域习惯法体系,但称之为群体习惯法体系则更为准确。

每个人类群体,不管其大小,也不管其是否占有一个明确的地域,都想发展自己的法律传统。所以按这些群体活动的不同范围,人们依次从一个法律区过渡到另一法律区。让我们以乡村的聚合作用为例加以说明。农民的家族法通常主要遵循整个周围地区的同样规则。另一方面,农耕法则要与公社的特定惯例相一致。在他们负担的义务中,有一些是以佃户身份承担的,这些义务由庄园习惯法所规定,这个庄园的边界并不总是与村落农耕地的边界相一致。如果这些农民是农奴身份,那么另一些义务则涉及其人身地位,并为有关这个群体的法律所规定。这个群体通常是一个限定性的实体,由定居在一处受同一主人管辖的农奴组成。毋庸赘言,所有这一切并不损害各种契约或先例,有一些严格地限于个人来履行,有一些则可以通过家族链由父亲转到儿子来履行。即使在两个结构相似的相邻小社会团体中,虽然原先的习惯处理方法大致相似,但也会因这些习惯处理法没有形诸文字而不可避免地逐渐走上异途。面对如此细致的区别,历史学家怎能不油然赞许编纂于亨利二世朝廷的《英国法论》(*Treaties on the Laws of England*)一书的作者所作的发人深省的评论呢?他说:"将王国内的法律和习惯全部地形诸文字,在今天是根本不可能的……这些法律和习惯法已是汗牛充栋,混乱不堪。"①

但是最明显的区别还是在内容和表达方式上。在一定地区内不同群体所遵守的法规,在很大程度上表现出一种家族性的相似。这种相似性通常扩大到更远的范围内。封建时代的法律为一些强大而又简单的思想观念所左右,这些思想观念有些是属于欧洲特定的社会团体,有些则为整个欧洲所共有。这些思想观念的应用性确实非常繁杂,但这种繁杂不是可以起到棱镜的作用,将发展过程中的多种因素分离开来,向历史学家提供特别丰富的社会材料吗?

2 习惯法的特点

从根本上讲,这个时期的全部文明是因循传统的,所以封建社会第一阶段的法律制度是以这样的观念为基础的:从来之事物事实上都是天然合理的——虽然确实受到更高道义的影响,但并非毫无保留地接受。尤其是教士阶级,面对一个其遗产远非与他们的理想相一致的尘世社会,更有充足的理由拒绝承认先例永远正

---

① Glanville, *De legibus et consuetudinibus regni Angliae*, ed. G.E. Woodbine, New Haven (U.S.A.),1932 (Yale Historical Publications, Manuscripts, XIII),p.24.

确。兰斯的欣克马尔早就断言,如果断案不符合"基督徒的正义感"而被认为过于残忍,那么国王就不应按习惯来判决。教皇乌尔班二世于1092年给佛兰德伯爵的信中,解释了一种真正的改革热情在狂热追随者中所激发的格利高里精神,并将德尔图良(他在其生活的时代也是敢于打破传统的人)的一句话视为天然遗产而加以引用,他说:"你不是宣称迄今为止你仅仅做了与这块领土的古代习惯相符的事情吗?然而你应该知道,造物主曾说过:我的名字是真理。他没有说,我的名字是习惯。"①因此,可能存在"坏的习惯"。实际上,法律文献非常频繁地使用这些词语,但几乎总是针对事实上近期产生的或被认为近期产生的习惯,即许多修道院文献谴责的"那些可恶的新发明"、"那些闻所未闻的勒索"。换言之,某种习惯如果它是过于晚近才产生的,似乎就更应该加以谴责。不管涉及教会改革还是相邻的两个封建主的争讼,往昔历史所形成的威望几乎是不可抗拒的,除非以更悠久更庄严的历史与之对抗。

奇怪的是,在那些将任何变化都视为罪恶的人们的眼中,法律却不是不能改变的,实际上它是人们所知道的最为通变的事物之一。这一现象首先应归因于这个事实,即法律并没有形诸文字,它既没有写进法律文件,也没有写进成文法。大多数法庭满足于单纯的口头判决。如果以后人们要求重述这次判决,那将怎么办呢?如果法官们还活着,那么就去征询他们。在签订契约文件时,缔约

---

① Hincmar, *De ordine palatii*, c. 21; Migne, *P.L.*, CLI, col. 356 (1092, 2 Dec.). 参见 Tertulian, *De virginibus velandis*, c.1。

各方以某种手势,有时是重复使用常用的客套话,事实上是以一整套专门设计的程式加深对于不易记忆的契约要点的印象,使双方的意愿结合起来。意大利是个例外,在这里文字记载仍在互换的协议中发挥着作用,并且书写文契就是仪式中一个公认的因素。为了说明一块地产已经转让,契约书从一方手中转到另一方手中,而在其他地方则将一块泥土或一束稻草从一方转到另一方。在阿尔卑斯山以北,即使羊皮纸已有生产,也只不过是充当记事纸;它不曾有真正的价值,主要用于提供证人名册。因为归根结蒂一切都取决于人证,即使已用"黑墨水"加以记载,也是如此,更何况众多案件是没有用"黑墨水"加以记载的。因为记忆明显地有可能需要保留得更为持久遥远,记忆者必须更长久地活在这个世界上,所以缔结协议者经常随身将孩子带来。那么,他们是否担心孩童们心不在焉呢?于是他们用各种方法引起孩童们的注意:打一记耳光,给一份礼物,甚至强迫洗澡。

无论问题是涉及特殊事务还是涉及习惯法的一般规则,记忆差不多都是习惯法的惟一维护者。被博马努瓦尔*视为易变、无定制的(*escoulourjante*)人类记忆力,特别是我们称之为集体记忆的东西,是一种淘汰和改造的绝妙工具。因为这实际上仅仅是资料的世代嬗递,所以,如果不形诸文字,不仅容易产生在记忆事实时都容易犯的错误,而且还会误解他人的话而受到损失。如果封建欧洲像其他社会群体——比如说斯堪的纳维亚人——一样,

---

* 腓力普·德·博马努瓦尔(Phillippe de Beaumanoir,约 1246—1296),贵族出身,行政官和法学家,主要著作《博韦人的习惯法》(约 1280—1283 年编订)是一部较早的旧法国法律的汇编。——译者

第八章 法律之基础

存在着一个专门掌管以往法律记录的阶级,那么事情也许不会太严重。但在封建欧洲世俗社会中,宣示法律者几乎没有谁定期承担过此务。既然没有经过系统的训练,那么正如这些人中的一位所抱怨的那样,他们往往被迫按照"在他们看来任何可行的或由他们即兴想到的办法"办事。① 简言之,裁判规程不是知识的表现,而是各种需要的反映。它力图模仿过去,于是不可避免地只是以对以往的不准确的理解为基础,因此,尽管封建社会第一阶段发生的变化非常迅速也非常深刻,但它自身却认为没有变化。

此外,从一种意义上讲,归结到传统上的权威也有利于这种变化。因为每一个条例,特别是当它反复实施三四次后,都有可能变成为一个惯例,即使最初它曾是例外,甚或明显地不合法。9世纪的一天,威尔地方的王室酒窖里的酒告罄,圣德尼修道院的教士受命提供王室需要的两百桶酒。此后,每年向他们索求贡酒就成了一种权利,废除这项权利则需要颁布王室特许状。我们还知道,在阿德尔地方曾有一只熊,这只熊是当地领主的财产。当地居民喜欢观看熊与狗搏斗,承担为熊喂食的任务。最后这只熊死掉了,但封建主却继续征收面包钱。② 这个故事的真实性也许可以讨论,但它具有无可置疑的象征意义。许多税款就是这样作为慈善赠礼而产生的,并且在很长时期内以此为名目。反之,停付了一些年头的地租或一度省略的臣服式便几乎不可避免地从旧习惯中消逝湮没。所以,这些实践行为被越来越多地用文字记载下来。研究古

---

① *Chron. Ebersp.*, in M.G.H., SS., XX, p.14;整段文字都极为奇怪。

② *Recueil des Historiens de France*, VI, p.541; Lambert of Ardre, *Chronique*, c. CXXVIII.

抄本的人称这些古怪文件为"非伤害性契约状"。一位男爵或主教可以向修道院长请求寄宿；一位缺钱花的国王可以请求一个属臣的慷慨奉献。被请求者回答说，可以，但有一个条件：应该用白纸黑字详细说明，我答应此种请求，但它将不会产生一种使我受损害的权利。然而，除了对于有一定地位的人，这些预防性措施是很难得到应许的，并且只有势力相差不太大时才能奏效。这种习惯观念的一个十分普遍的后果是，在利益驱使下蛮横行为被合法化并受到鼓励。加泰罗尼亚就有这种习惯，当一种地产转让给国家时，则用一种带有讥讽语气的特别套话说，这份地产是在"感化或暴力"之下与所有者所享受的所有权益一起交出的。[①]

对往昔所作所为的重视，对于不动产权利制度产生了独特的影响。在整个封建时代，任何人都很少提及所有权问题，包括地产或某一职位的所有权；涉及这类所有权的诉讼案件则更少得多，也许除了意大利，其他地方从未有过。当事人所要求的几乎一律是"依法占有权"（seisin，德文是 *Gewere*）。甚至在 13 世纪，卡佩王朝诸王时期的高级法庭由于受罗马人的影响，在审判每一件有关占有权的案件时，都采取措施为"涉及所有权"即有所有权要求的诉讼案件保留一席之地，但都归于枉然徒劳。事实上，这样拟订出来的诉讼程序，似乎从未使用过。那么，这种著名的占有权到底是何物呢？它不是严格意义上的只要占有土地或某种权利就足以形成的那种所有权。这是一种由于时间的流逝而变得神圣起来的所有

---

① E. de Hinojosa, *El regimen señsorial y la cuestión agraria en Cataluña*, pp. 250–251.

第八章 法律之基础

权。两位诉讼当事人可以为一块土地或一项司法行使权打官司。不管哪一方是这块土地或这项权利的当前持有者,如有一方能够证明他前些年曾耕种过这块土地或行使过司法权,或者还能够拿出更有力的证据,证明他的祖先曾经这样做过,那么这一方将获胜。为达到这一目的,在案件没有交付神命裁判或决斗裁判时,他可以援引"最遥远的人们记忆"作为规则。如果地契不能帮助记忆提供佐证,人们几乎永远不会拿它出来,而且如果地契证明土地已经转让,那么也仅仅是占有权的转让。一旦长期使用的证据已经列举出来,人们就会认为不再需要其他佐证了。

此外,由于其他原因,"所有权"这个词用于地产时差不多一直是毫无意义的。或者,至少需要说清楚对一块土地拥有的某一权利是所有权还是占有权,就像后来更发达的法律词汇得到应用时所常常做的那样。因为此时几乎所有的土地和为数众多的人都负载着性质不同、但显然具有同等重要性的多重义务。任何权利都不意味着那种属于罗马法所有权概念的固定的专有排他性。佃户——照例是从父到子——耕种土地收获作物;向直接领主交纳佃租,在某些情况下,直接领主可以收回土地的所有权;这位领主的领主,以此类推,上至整个封建等级,多少人彼此都有同样的理由说,"这是我的土地!"即使这样说也是打折扣的说法。因为这类封建联系的网络既有纵向的扩展,又有横向的延伸,而且还应考虑到农村公社的存在,通常一旦庄稼收割完毕,农村公社便恢复使用全部耕地;也应考虑到租佃者的家族,因为没有该家族的同意,地产就不能转让;还必须考虑到继承地产的封建主的家族情况等等。

人与土地之间的这种等级关系综合体的约束力,无疑起源于非常遥远的时期。在罗马世界的大部分地区公民所有权（Quiritarian ownership）只不过是门面而已。然而，在封建时代，这种制度却以前所未有的规模发展起来。对于那些不太注意逻辑矛盾的人来说，"各种占有权"在同一事物上的相互贯通并未引起任何不安，对法定权利的这种态度，大概最好是借用社会学上一个熟悉的惯用语来加以表示，称之为法律"参与"心态。

3　成文法的复兴

我们已经提到，在意大利的学校里，对罗马法的研究从未停止过。据马赛的一位教士说，大约从 11 世纪末叶起，人们看见学生们简直是"成群结队"地参加一组组教师开设的讲座，此时学生人数日趋增多，组织更加完善，[①]在博洛尼亚尤其如此。博洛尼亚因为有"法学先锋"、伟大的伊尔内里乌斯而闻名遐迩。与此同时，学校中教授的主题也正在发生许多深刻的变化。过去因偏爱无聊的法律概要而被忽视的原始材料重新跃居头等地位；尤其是，几乎早已被遗忘的查士丁尼《法学汇纂》（Digest），从那时起以其极为精雅的形式打开了省思拉丁法律的道路。法律的复兴和这个阶段其他思想运动之间存在着明显的联系。格利高里改革的危机促进了社会各方面对法律和政治的思考；在格利高里改革直接推动下编成的有名的教会法汇集和博洛尼亚各学校的第一批著作的问世在时间上完全一致，这并非偶然的巧合。从博洛尼亚各学校的这批著作中，我

[①] Martène and Durand, *Ampl. Collectio*, I, col. 470 (1065).

们完全可以辨认出回归古典时代和追求逻辑分析倾向的痕迹。而这一切即将在新的拉丁文学和哲学的复兴中绽开花朵。

差不多与此同时,欧洲的其他地区也发生了相似的变化。在这些地区,特别是大贵族中,希望获得职业法学家指点的愿望日益强烈。大约在1096年以后,我们可以看到,在布卢瓦伯爵法庭的陪审法官中,有人不无自豪地自称为"法律硕学之士"。[1] 他们很可能是从阿尔卑斯山以北修道院仍然保存的古代法律文献中获得了法学知识,但是这样一些因素还是太贫乏了,其本身不足以提供当地文艺复兴所需要的材料。推动文艺复兴的动力来自意大利。借助于空前密切、频繁的社会交往,博洛尼亚学术团体的影响通过讲座(外国学生可以参加这些讲座)、著作以及一些教师的迁移传播开来。德意志和意大利王国的统治者红胡子腓特烈在历次远征意大利时,都欢迎伦巴第的法学家加入随从队伍。一位曾在博洛尼亚大学学习的名叫普拉森提努斯的人,于1160年后不久就在蒙彼利埃定居;另一位名叫瓦卡里乌斯的学生则在1160年之前几年曾被召到坎特伯雷。12世纪,罗马法渗透到每个学校。例如,1170年前后桑斯大教堂附近的学校里,罗马法与教会法一并被教授。[2]

但是,对罗马法的研究兴趣的复兴也激起了强烈的反对。由于罗马法基本上是世俗法,其中潜在的异教思想惹恼了许多教会人士。修道生活的卫道士们指责罗马法使教士不再进行祈祷。神

---

[1] E. Mabille, *Cartulaire de Marmoutier pour le Dunois*, 1874, nos. CLVI and LXXVIII.

[2] *Rev. histor. de Droit*, 1922, p.301.

学家们斥责罗马法排挤掉了在他们看来符合教士身份的最合适的各种沉思活动。法国的诸位国王本人或他们的咨询官,至少从腓力·奥古斯都以降,似乎都对罗马法为拥护神圣罗马帝国霸权的理论家们提供了过于现成的依据而感到不愉快。但是,这种反对思潮并没有阻止罗马法复兴运动的发展,只是证明了这一运动的强大势力。

在法国南部,民间习惯法曾留有很深的罗马烙印。法学家们的成就就是为人们提供了接触原始文献的手段,其作用是把"成文"法规提高到近乎普通法的地位。这种普通法应用于没有明显对立习俗的地方。所以,从12世纪中叶,《查士丁尼法典》在普罗旺斯的俗人眼中也显得十分重要,以致他们已拥有了方言体的查士丁尼法典摘要。在其他地方,这种影响不那么直接。即使在这种影响有着特别肥沃土壤的地方,祖先留传下来的规则也是十分牢固地根植于"人们的记忆中",并且与大不相同于古罗马社会组织的整个社会组织制度十分密切地结合在一起,不能仅凭少数法学教师的意愿而被废除。但是,此后所有地区对古老的取证方法,特别是决斗裁判法以及公共法中可能因《法学大全》(*Corpus Juris*)正文和注解中的某些例证发展起来的叛逆罪概念,都表现出敌意。在这里对古代榜样的仿效再次得到了其他势力的支持。教会对于流血事件就如同对于每一种似乎用来"试探神意"的习惯一样深恶痛绝。更为方便、更趋合理的诉讼程序对人们有着很大的吸引力,商人对此有特别深刻的感受。而且君主制也重新获得威望。如果我们看到12、13世纪的某些公证员试图用《查士丁尼法典》中的词汇表述他们时代的现实,那么这些笨拙的尝试几乎没有反映人们的根本关系。当时罗马法是通过另一个途径,即通过教授罗马法使人们对罗马法获得更为明晰的认识,而对正在发挥着作用的法律产生真正影响的。

当那些在罗马法学校受过训练的人,以新的客观态度审视此前已经或多或少在社会上曾居统治地位的纯粹传统上的戒律时,必然会受到激励,去排除传统法则中的矛盾性和不确定性,这种态度理所当然地会传播开来,不久就会超出对古代法律遗留下来的伟大思想方法有直接了解的团体的有限范围。而且,在这里,这种态度与多种独立运动再次协调起来。社会已不像先前那样缺乏教化,人们对书面文字充满了强烈的渴求。更强大的社会群体,首先是城镇,要求对法规做出更精确的界定,这些法规的不稳定导致它的滥用。社会各阶层组成的强大国家政权和大公国的稳固,不仅有利于立法活动的复兴,而且也有利于将统一的法律制度推广到广阔的领土上。《英国法论》的作者在上述引文的后续文字里,指出了地方习惯法令人无所适从的繁芜复杂和王室法庭诉讼活动的有条不紊,强调了二者之间的差别,这不是没有理由的。[①] 卡佩王朝的一个最突出的特点是,大约在1200年,在提到最狭义的地方习惯的地方,也出现了习惯法中更为广阔地区的名称,如巴黎周围的法兰西、诺曼底和香槟。所有这一切表明,法律正在向具体化发展,如果说12世纪最后几年不是这一过程的终结,那么至少也是开端。

在意大利,以1142年比萨城章程为肇始,城市法规不断增多。

---

① 见前文,边码第112页。

阿尔卑斯山以北,颁给市民的城市自治特许状对习惯法的叙述越来越详细。在英国,亨利二世这位法学家国王"精于制定和修正法律,是非惯例裁判法的出色的创始人",①他制定了大批法规。在和平运动的掩护下,立法活动甚至重新传到了德国。在法国,腓力·奥古斯都在处理所有事务上都倾向于仿效他的英国对手,他以法令来使各种各样的封建争端条理化。② 最后,我们发现有些作者没有经过官方授权,仅仅是为了方便于从业律师们的活动,便着手将其身边实行的法规加以整理使之条理化。自然,这种首创精神来自那些已长期不再依赖纯粹口头传统习惯法的团体。譬如,在意大利北部,大约在1150年,一位法规的汇编者将神圣罗马帝国各位皇帝在伦巴第王国颁布的法律中涉及采邑法的各种主张汇集成篇,供国内的法学家使用。在英国,大约于1187年,首席政法官雷纳夫·德·格兰维尔周围的一帮人编成了我们已数度提及的《英国法论》。接下来(大约1200年)我们有了诺曼人最古老的习惯法,以及(大约1221年)一位骑士用方言写了《萨克森法鉴》③;这是新精神深远影响力的双重证据。

在以后几代人中这项事业仍在积极进行,因此,为了理解一种社会结构而使用较晚时期的著作时,必须十分谨慎。13世纪以前,人们对于这种社会结构从来没有做过恰当的描述。这种社会

---

① Walter Map, *De nugis curialium*, ed. M.R. James, p.237.
② 耶路撒冷诸位国王提供了另一个早期的王室立法活动的榜样。参见 H. Mitteis, in *Beiträge zur Wirtschaftsrecht*, I, Marburg, 1931, and Grandclaudes in *Mélanges Paul Fournier*, 1929。另一个例子是西西里的诺曼诸王,虽然这在一定程度上是西欧传统以外的各传统的延续。
③ 至少见于我们拥有的惟一的版本;它前面可能有已经失传的拉丁版本。

结构的许多特点在欧洲强大的君主国中存留下来。更晚些时候的著作,反映了一个拥有高大教堂并产生了《大全》(*Summae*)*的伟大时代所具有的组织能力。菲利普·德·博马努瓦尔是位骑士风格的诗人和法学家,法兰西两位国王(腓力三世和腓力四世)的全权大法官(*bailli*),1283 年问世的《博韦人的习惯法》的作者。哪一位研究封建主义的历史学家能忽视这位令人敬佩的中世纪社会的剖析者呢?

由于习惯法当时已在教授并以文字加以记载,而且部分地由立法固定下来,所以它不可避免地失去了其多样化和灵活性的许多因素,当然,任何事物都不能阻挡习惯法的发展,并且它也在继续发展,但是变化已很少是潜移默化地进行,因而也不再那么频繁地进行。因为,如果一个人事先思考审慎,那么也许最终总是决定不进行计划中的变革。于是,一个不引人注目但却酝酿着深刻变化的特殊运动时期,从 12 世纪下半叶以后接踵而来:在这个时代里,社会的发展趋势是使人际关系变得更为严格,等级划分更为鲜明,地区差别大为减少,最后,使社会变化限于更低程度。尽管法律思想的变化与其他发展变化密切相关,但对于 1200 年前后这一决定性的质变,它并不是惟一的原因。不过,它无疑是非常重要的促进因素。

---

* 指中世纪最伟大的哲学家和神学家、意大利人托马斯·阿奎那(Thomas Aquinas,约 1225—1274)著作的《神学大全》。——译者

第三编

人际纽带:家族关系

第九章　家族群体的连带关系

1 "血缘朋友"

以血缘关系为基础的人际关系纽带，早在封建主义特有的人际关系形成之前很久即已存在，而且在性质上也与之不相关涉；但这些关系纽带在新的社会结构内部仍继续发挥着重要的影响，所以我们不能不对其进行研究。可惜的是，这不是一个容易研究的课题。在旧日的法国，乡村地区的家族共同体通常被描述为"鲜为人知"(*taisible*)的共同群体，这不是没有道理的。肩摩毂击的亲属间进行交流，自然无需书面文字。虽然在一些特殊情况下可以借助于那些家族通信，但来自上层社会的这些通信样本几乎毫无例外——至少13世纪以前的那些书信样本——大部分已经消失。教会档案实际上是此前惟一的文字材料。但这并不是惟一的困难。对封建制度的全面描述可以合理地尝试进行，因为真正意义上的欧洲形成之时所产生的这些制度，传播到整个欧洲时并没有呈现根本性的差异。相反，血缘关系制度却是每个血统各异的群体从独特的过去继承下来的遗产，一份特别顽固的遗产。这些不同血统的人由于命运中的机缘而毗邻生活。例如，我们可以比较一下，有关军事采邑的继承法规几乎具有均匀一致的性质，而其他形式的财产继承规则却几乎是千差万别。在下面的叙述中，必须集中讨论几个主要的发展趋势。

在整个封建欧洲，当时存在着以血缘关系为基础的群体。用来称呼这些群体的词语是相当模糊的，在法国最常用的是 *parenté*（亲属关系）或 *lignage*（家族），由此产生的关系纽带被认为是非常牢固的。有一个词很有特色。在法国，当人们谈到亲属成员时，通常直接称之为 *amis*（朋友），在德国则称之为 *Freunde*（朋友）。一份写自 11 世纪法兰西岛的法律文献这样列数家族成员："他们的朋友们，即他们的母亲、兄弟们、姐妹们以及以血缘或婚姻维系的亲属。"①只是为了准确起见，才有人偶尔明确地称"血缘朋友"（*amis charnels*）。这些称呼的总前提似乎是，除了有血缘联系的人之外，没有真正的友情可言。

得到最好服侍的英雄，是这样一些人：他的武士们全部是通过新建立的附庸制关系或古老的亲属关系而依附于他，因为附庸制关系和亲属关系——一般被视为具有相同约束力的关系——似乎比其他任何关系都重要。*Magen und mannen*（肚子和亲兵）这句头韵在日耳曼史诗中几乎像谚语一样为人熟悉。但是诗歌并不是我们立论的惟一依据。远见卓识的儒安维尔*甚至在 13 世纪就已清楚地认识到，盖伊·德·毛瓦辛的军队之所以在曼苏拉大获

---

① *Cartulaire de Sainte Madeleine de Davron*: Bibl. Nat., MS. latin 5288. fol. 77 vo. "朋友"和"亲属"的对应性也见于威尔士和爱尔兰的法律文献；参见 Thurneyssen, in *Zeitschr. der Savigny-Stiftung*, G.A., 1935, pp. 100 – 101.

* 儒安维尔（Jean de Joinville, 1224—1317），法国编年史家，青年时代随法国国王路易九世参加第九次十字军，著有《圣路易史》一书。——译者

全胜,是因为他的军队完全是由这位首领的忠实的部下或者与他有亲属关系的骑士组成。当这两种连带关系交结在一起时,忠诚感就变成了炽热的激情,如史诗所说,两千名"出于同一家族"(trestous d'une parenté)的附庸对贝格公爵就是如此。依编年史家的叙述,一位诺曼底或是一位佛兰德的封建贵族从何处获得他的权力呢?无疑是他的城堡、他的可观的银币收入,以及为数众多的附庸;同样也来自他的许多亲属。但在更低的社会阶层上,也是同样的道理。这也适用于商人。比如,一位对根特市民了如指掌的作者说,根特市民拥有两个重要的力量来源:"他们的楼塔"和"他们的亲属"。城中贵族气派的城堡的石墙,使一般人居住的粗陋的木质房屋相形见绌。这也同样适用于那些家族共同体成员,他们中的许多人是自耕农,至少是享有 200 先令赎杀金的小自由民。10 世纪下半叶,伦敦居民已做好同他们斗争的准备,"如果他们庇护强盗,妨害我们行使权利",就对他们发动战争。①

被交付法庭的人可以从他的亲属中找到天然的援助者。在古代日耳曼人中,有根据他人作保即他人发誓作证宣告无罪的诉讼程序,在这种诉讼程序中集体誓词足以开释对被告人的指控,或者确证原告的指控;在这样的诉讼程序仍然有效的地方,无论根据法律或是习惯,都必须在"血缘朋友"中找到宣誓作证者。这里有一个恰当的例子。在卡斯蒂尔的乌萨格雷,一位妇女声称她被人强

---

① Joinville, ed., de Wailly (Soc. de l'histoire de France), p. 88; *Garin le Lorrain*, ed. P. Paris, I, p. 103; Robert of Torigny, ed. L. Delisle, pp. 224–225; Gislebert of Mons, ed. Pertz, pp. 235 and 258; Athelstan, *Laws*, VI, c. VIII, 2.

奸,她的四位亲属被要求为她宣誓作证。[①] 如果有人愿意以决斗裁判作为一种取证的手段,那又怎么办呢?博马努瓦尔解释说,在理论上,决斗裁判只能由其中一方当事人提出。但是这个规则有两个例外:领主的附庸可以合法地代表其主子请求决斗,如果案件涉及其亲属成员,任何人都可以这样做;还有,两方的关系看上去处于同等地位。所以,我们在《罗兰之歌》中看到,加尼隆的亲属委派其成员之一向那位指控加尼隆为叛徒的人挑战。此外,在《罗兰之歌》中,血缘连带关系扩大到更大的范围。在加尼隆家族的决斗士失败后,为加尼隆"做担保"的三十名亲属,全部被绞死在当作"耻辱柱"的树上。这无疑是诗人的夸张手法。但史诗是放大镜,除非诗人的虚构顺应了普通人的情感,否则虚构的内容就难以引起共鸣。1200年前后,诺曼底公国的管家,一位在法律上代表着更高阶段的人,竟难以阻止他的各代理人在惩罚罪犯时,把罪犯的所有的亲属包括在内。[②] 个人与其亲属的密不可分竟达到此种程度。

尽管血缘群体对个人来说是力量之源,但这个群体本身也是一个法官。如果我们相信史诗的话,那么骑士在危难时刻就想到它。"请帮我一下吧!我不会充当胆小鬼,使我的家族蒙受耻辱"——这就是奥兰治的纪尧姆向圣母发出的简单的恳求。[③] 如果说罗兰不向查理曼的军队求援,恐怕是担心他的族人因他而蒙

[①] E. de Hinojosa, 'Das germanische Element im spanischen Rechte' in *Zeitschrift der Savigny-Stiftung*, G.A., 1910, p.291, n. 2.

[②] J. Tardif, *Coutumiers de Normandie*, I, p.52, c. LXI.

[③] *Le Couronnement de Louis*, ed. E. Langlois, vv. 787–789.

受耻辱。一个小群体的成员的光荣和耻辱,会使所有的族人受到影响。

但是,在族间复仇发生时血缘关系纽带尤其能淋漓尽致地展现出来。

2 族间复仇

中世纪,特别是封建时代的生活,自始至终笼罩在私人复仇的征象之下。当然,复仇的义务首先是由受到伤害的人来承当;复仇是他必须履行的最神圣的职责,甚至是延续到死后的职责。一个佛罗伦萨富豪维鲁托·迪·逢克利斯迪亚诺是一个城市公社的成员,这些城市公社伟大政权的独立性培育了一种根深蒂固的传统荣誉感。这位富豪受到他的一位敌手的致命伤害,于1310年立下了遗嘱。在那一时期的人们眼中,遗嘱是一种重要的虔敬行为,而且是一种明智的预备措施,遗嘱人的虔敬遗赠,首先用来保证其灵魂的得救。但是,即使在这样的文件中,维鲁托也不怕做出这样的决定:如果有人替他复仇,这位复仇者将得到一份遗产。①

然而,孤立的个人几乎难以有所作为。而且在大多数情况下,伤人致死是必须复仇的。在此情况下,家族群体行动起来,*faide*(族间复仇)产生了。这里用的是一个逐渐传遍欧洲的古日耳曼词,一位日耳曼宗教法学者对该词做过这样的表述:"我们称亲属

---

① R. Davidsohn, *Geschichte von Florenz*, IV,3, 1927, pp. 370 and 384-385.

成员进行的报复行动为族间复仇。"[1]任何道德义务似乎都难比族间复仇更为神圣。大约在12世纪末,佛兰德有一位贵妇人,她的丈夫和两个孩子被敌对者杀死;从那时起家族仇杀搅扰着毗邻的乡区。一位德高望重的苏瓦松主教阿努尔夫前来劝解,这个遗孀为了避开他的劝解,让人拉起了吊桥。这些弗里西亚人则在被害者尸体前恸哭,声言要报仇雪恨;这具尸体被置放在房内任其干燥,直到复仇完毕,族人才最后有权埋藏。[2] 甚至在13世纪最后几十年,在维护和平上卓有建树的法国国王的官员、睿智的博马努瓦尔,为什么还赞许每个人都能决定亲属关系的等级呢?他说,为的是在私人战争中,一个人可以请求"族人的援助"。

所以,家族全体成员通常听从一个"族长"的指挥,拿起武器来惩罚杀害或仅仅虐待其家族成员之一的行为。但复仇并不仅仅针对作恶者本人,因为与进攻者家族的连带关系并立的是防御者家族的连带关系,二者同样坚韧有力。在弗里西亚,为了使死者遗体在报仇后得以安葬,复仇者不一定必须杀死凶手,只要杀死凶手家族中的一个成员就行了。如我们所知,如果维鲁托立下遗嘱后24年,在族人中终于找到一个愿意替他报仇的人,那么,这一报复行动将不会降临到罪犯本人身上,而是落到罪犯的某个亲属身上。巴黎最高法院一个较晚时期的判决,最能证明这些观念的强大有力和顽固持久。1260年,一位名叫路易斯·德费乌克斯的骑士被一个叫托马斯·德·乌佐尔的人打伤,向法庭控诉袭击他的人,被

---

[1] Regino of Prüm, *De synodalibus causis*, ed. Wasserschleben, II, 5.

[2] Hariulf, *Vita Arnulfiepiscopi*, in *M.G.H.*, SS., XV, p.889; Thomas de Cantimpré, *Bonum universale de apibus*, II, 1,15.

第九章 家族群体的连带关系

告并不否认将人打伤这一事实,但辩解说,他本人从前某个时候曾遭到他所攻击的这个人的侄子的攻击。那么他何罪之有? 难道他没有按照王室法令在实施报复前等待四十天吗? 四十天是必须等待的一段时间,为的是向一个家族的人示警。这位骑士回答说,我同意你说的话,但我侄子的所作所为与我无关。骑士的这一辩解毫无作用,因为一个人的行动与他所有的亲属息息相关。总之,这就是虔诚而爱好和平的圣路易的法官所做的判决。所以,血债要用血来还,一些无足轻重的原因所引起的没完没了的争吵,常常会导致两个敌对家族大打出手。11世纪,勃艮第两个贵族家族在葡萄收获季节的某一天发生的纠纷,持续了30年,在这场争端中,一方有11人丧命。[①]

在这些族间仇怨中,编年史特别记载了大贵族家族间的冲突,如12世纪诺曼底的吉罗瓦家族和塔尔瓦家族卷入其中的"宿仇",以及与此相关的各种可恶的背叛行为。[②] 在行吟诗人吟唱的故事中,贵族阶级找到感情上的共鸣,从而使史诗更为壮观。洛林人与波尔多人的血仇,康布雷的拉乌尔家族与赫伯特·德·韦芒杜瓦家族的族间仇恨,构成了一些最优秀的史诗的内容。一个节日里,拉腊的一个孩子给他姨妈的一个亲属以致命打击,引起了一连串的杀人事件,这些杀人事件彼此联系起来,构成了著名的西班牙史诗(*cantar*)的主线。但是在每个社会等级中都盛行着同样的习惯。的确,13世纪的贵族阶级最终演变成为一个世袭集团后,力

---

① Ralph Glaber, ed. Prou, II, c. x.

② Vicomte de Motey 的 *Origines de la Normandie et du duché d'Alençon* (1920)以毫不掩饰地袒护塔尔瓦家族的偏见记载了这一仇争。

图给自己保留使用武器的权利以示尊荣。法律原则和公共权力机构（如1275年埃诺伯爵的法庭①）也很快起而效尤，其中部分原因是它们赞同贵族阶级的偏见，但同时也因为正在致力维护和平的君王或法学家怀有防止战火蔓延的朦胧的意愿。强迫军事等级放弃全部的个人复仇在实践上不可能，在原则上也不可思议；但是如果能使其他等级的人群放弃个人复仇，无论如何都是一个巨大的进步。于是暴力行为变成了一个阶级的特权——至少在理论上是如此。甚至如博马努瓦尔这样的作者，都认为"除了贵族以外，不允许其他人发动战争"，他们的记载不容我们怀疑这种规则的限制意义。正如阿西西大教堂壁画中表现的那样，阿雷佐并不是圣弗兰西斯从中驱逐了导致分裂的撒旦的惟一城市。第一批城市章程把维护和平作为头等重要的大事，按当时这些城市有时使用的名字，这些章程主要是作为"和平"法规而产生的。正如博马努瓦尔再次指出的那样，制定城市章程的主要原因，除了因为存在其他许多冲突外，还因为正在勃兴的资产阶级"为家族间的相互冲突和仇恨"所烦恼。我们所具有的有关偏僻乡村地区生活的些微知识说明，乡村地区也存在类似的情况。

但是，这类攻击性的情绪并没有完全控制人们的思想。它们遇到了其他力量的抵抗，如教会反复教诲的对流血冲突的厌恶、传统上维护公共和平的观念，最重要的是对和平的需要等。整个封建时代人们千方百计建立内部秩序的历史（关于这一点下面还要

---

① F. Cattier, *La Guerre privée dans le comté de Hainaut* in *Annales de la Faculté de philosophie de Bruxelles*, I, 1889-1890. 关于巴伐利亚，Schnelbögl, *Die innere Entwicklung des bayerischen Landfriedens*, 1932, p. 312。

论及),提供了人们力求克服这些灾祸的生动例证。

"血海深仇"这一短语过去差不多具有专门的意义,亲属关系纽带产生的这些仇恨,无疑是造成普遍混乱的主要原因之一。由于它们是道德准则的一个组成部分,大多数热情的和平拥护者在其心灵深处肯定仍然固守之,只有少数空想家才会相信可以将它全部废除。尽管已有刑罚条例,或者列出了禁止任何形式的暴力行为的地点,但许多和平条约仍然承认家族复仇为合法。大部分地区的权力机关都采取同样的政策,力图保护无辜的平民免遭家族连带关系所产生的最为恶名昭著的弊端的危害,并且规定了宽限期。它们还力图在合法报复和凭借正当报复借口实施的十足的强盗行为之间划清界限。[①] 有时它们还试图限定可以用血债偿还的犯罪行为的数量和性质;在征服者威廉颁布的诺曼法令中,只有杀父或杀子属于可以用血债讨还的案件。随着权力机关的日益强大,它们越来越敢于以破坏和平的罪名镇压那些臭名昭著的犯法或犯罪行为,以阻止私人复仇。尤其是,它们不辞辛劳地让敌对双方讲道理,有时强迫他们在法庭的仲裁下缔结休战或和解条约。总之,除英国外(在那里,自诺曼底征服后,合法复仇现象的消亡是王室"暴政"的一个方面),权力机关只是对那些它们不能制止、也许不愿完全制止的太过极端的复仇行为加以适当控制。偶尔有受伤害的一方希望以司法程序来指导其行动时,司法程序也不过是将族间复仇合法化。一个重要的例证是,1232 年阿图瓦地区阿尔

---

① 例如,在佛兰德:Walterus, *Vita Karoli*, c. 19, in *M.G.H.*, *SS.*, XII, p.547。

克市的章程规定了故意杀人案中权力和责任的分配。罪犯的财产将判归领主；罪犯交给受难者的亲属，受难者的亲属可以将他处死。[①] 控诉权几乎一律属于亲属；[②] 13世纪，即使在管理最好的城市和公国，如佛兰德或诺曼底，除非首先与受害人的亲属达成协议，否则杀人犯不会从君主或法官那里获得赦免。

西班牙诗人们曾自鸣得意地提到的"那些久远的酝怀很深的仇恨"，虽然看起来很重要，但它们不可能永远存在下去。"为死去的人复仇"——这是《吉拉特·德·鲁西永》的作者的表述——的做法迟早必须放弃。按照非常古老的习惯，通常可以由交纳赔偿金来实现和解。"如果你不想让长矛对准你胸膛，就要交钱使它离开你的胸膛"，益格鲁-撒克逊人的这一古谚仍然是非常明智的忠告。[③]

过去蛮族法详细规定的赔偿金固定价格表，特别是对赎杀金细致的等级划分，当时只有在少数地区如弗里西亚、佛兰德以及西班牙的一些地区保留下来，并且形式也有较大的变化。萨克森地区整个说来是守旧的，13世纪早期这一地区编成的《萨克森法鉴》中的确提到了赔偿金价格制度。但除了表示毫无意义的仿古倾向外，它几乎没有列举数字。根据卢瓦尔河谷的文献，圣路易统治时

---

① G. Espinas, *Recueil de documents relatifs à l'histoire du droit municipal*, Artois, I, p. 236, c. XXVIII.值得注意的是，这一条款在1469年的 *Keure* 中消失了，p.251, c. IV j.

② 正如随后我们所见，这种权利也属于受害者的领主或其附庸，但在实际上这是个人保护和依附关系同化于亲属关系的结果。

③ *Girart de Roussillon*, trans. by P. Meyer, p.104, no. 787; *Leges Edwardi Confessoris*, XII, 6.

期这种偿命金（*relief de l'homme*）仍固定为 100 索里达,但这种偿命金只适用于一些例外情况。① 它怎能不如此呢？古老的蛮族法典已为地方习惯法所取代,此后地方习惯法成为不同刑法传统的民众所共有的东西。行使权力的政权从前对于预定的偿命金之严格兑付十分关注,因为它们从中分得了一杯羹,但在 10、11 世纪的混乱状态中,这些权力机关已失去索取任何东西的力量。最后,也是最重要的,古代赖以为评定偿金之基础的阶级区别已发生了深刻的变化。

但是,固定的赔偿金等级的消失并没有影响赔偿习惯本身。这项习惯与和平运动的拥护者所提倡的作为更有效的威慑力量的体罚制度相抗衡,一直持续到中世纪结束。但是对伤害罪或杀人罪所做的赔偿,包括有时人们为逝者的亡灵而设立的慈善事业基金,此后在各个具体案件中要依协议、仲裁或司法审判来决定。我们可以从社会等级的两端撷取两个例证。大约在 1160 年,巴约主教从一位杀害其侄女的贵族的亲属那里接受了一座教堂；1227 年桑斯地方的一位农妇从杀害她丈夫的凶手那里获得了一小笔钱。②

正如家族复仇本身一样,了断复仇的赔偿也涉及整个家族群体的利益。在发生简单伤害行为时,似乎从很早的时候起就有向受伤害者进行有限赔偿的习惯。反之,假若是凶杀或毁坏四肢

---

① *Établissements de Saint Louis*, ed. P. Viollet, in table.
② L. Delisle and E. Berger, *Recueil des actes de Henri II*, no. CLXII；参见 CXCIV；M. Quantin, *Recueil de pièces pour faire suite au cartulaire général de l'Yonne*, no. 349。

案——这种事件也时有发生，那么，将由受害者的亲属全部或部分地接受赎杀金，而犯罪者的亲属则要偿付赎杀金。在某些地区，固定的赔偿金已由法律规定下来，但在其他地区，习惯则是决定性的因素，或者取决于行事合理的感觉。这两者都是被当局认可的几乎具有法律力量的相当强硬的因素。美男子腓力的大法官属下的职员们在他们编纂的有关文件中，在"关于亲属财援"的标题下，抄写了一道皇室命令，规定：亲疏间密不同的相关亲属所分担的赔偿金应按照确定的习惯固定下来。无疑，他们希望以此为榜样经常使用这一规定。[①]

支付赔偿金通常还不足以达成和解，另外还要有向受害者或其家族正式表示道歉或毋宁说表示屈服的行动。至少在地位较高的人中，通常要采取一种当时所知道的最庄重的服从姿态——"口头和手上的"臣服式。在这里，彼此相面对的又是家族群体而非个人。1208年圣德尼修道院教士的管家在阿让特伊与被他打伤的蒙莫朗西领主的管家议和时，被迫偕同他的29位家属一道表示赎罪臣服。1134年3月奥尔良副主教被暗杀后，死者的所有亲属聚集起来接受臣服礼，表示臣服的不仅有一位凶手、帮凶和他的附庸，而且还有"家族中的大部分人"，共计240人。[②] 在每个方面，一个人的行动都连续不断地波及整个家族圈。

[①] Bibl. Nat., MS. latin 4763, fol. 47 ro.

[②] Félibien, *Histoire de l'abbaye royale de Saint Denys*, docs., no. CLV; A. Luchaire, *Louis VI*, no. 531.

3 经济上的连带关系

封建西欧普遍承认个人所有权的合法性,但在实际上家族连带关系时常扩延到共有的财物。在整个乡村地区到处都是为数众多的"兄弟会"。这些"兄弟会"由若干个有亲属关系的家庭组成,它们共用一个炉灶、同桌进餐,耕种同一块共有地。领主通常鼓励甚或强迫人们做出这样的安排,因为他认为这样做有利于迫使"公社中的各家庭"共同偿还赋税。在法国广大地区,适用于农奴的继承法,只有在现存的家庭共同体中实行的连续继承制,而没有其他财产转移制度。如果一个自然继承人(一个儿子或一位兄弟)在继承权生效之前,已离开"共同家庭",那么,这时,也只有此时,他的各项权利才被完全取消,而归于他的主人。

无疑,这样的处理方法在较高的社会等级中是比较少见的,在一定程度上这是因为,随着财富的增长,财产的分配自动地变得更容易,但也许主要地是因为,领主权与政治权力不能非常清楚地区别开来,而政治权力自然难由一个群体来行使。但许多小领主,特别是法国中部和托斯坎尼地区的小领主,像农民一样共同继承、共同使用其公共遗产,共同居住在祖传的城堡里,至少共同保卫其城堡。这些人是"衣衫褴褛的共同继承人"。行吟诗人伯特兰·德·博恩是其中的一位,他把这些人当作穷骑士的样板。迟至1251年,热沃当地区一个城堡的31位共同所有者都属于这类人。[①] 可

---

① B. de Born, ed. Appel, 19, vv. 16 – 17; C. Porée, 'Les Statuts de la communauté des seigneurs pariers de La Garde-Guérin (1238 – 1313)', in *Bibliothèque de l'École des Chartes*, 1907, and *Études historiques sur le Gévaudan*, 1919.

以想见,偶尔也有陌生人加入这个集体。无论是乡村人还是较高等级的人,入会行动都可能采取人们想象中的"共济会"的形式,似乎只有这样的社会契约才是牢固的,即:它如果不是建立在真正的血缘关系之上,那么至少也要仿效这种关系。大贵族本身并非总是这些群体性活动的局外人。博骚家族几代人均控制普罗旺斯地区的各个伯爵领,虽然这个家族的每一分支都有自己的势力范围,但都认为整个采邑的统治权是统一不可分的,并且所有人都采用同一普罗旺斯"伯爵"或"诸侯"的称号。

即使在个人财产明显居于主导地位的时候,也不意味着个人对财物的所有权能够完全摆脱家族的羁绊。这个以"分享"财产为合法的时代,看不到我们也许认为彼此抵牾的词语之间存在的矛盾。教会档案柜里保存下来的10、11及12世纪的出卖或赠送契约,对我们颇有启发意义。在教士书写的前言里,通常转让人都宣称对自己的物产拥有完全自由的处理权,实际上这是教会的说法。由于教会不断接受赠礼而变得富裕起来,而且被委以保护人们灵魂的责任,所以它几乎不能承认,那些渴望保证他们及他们亲人的灵魂得救的忠实信徒们,在行使权利上会遇到障碍。由于小土地所有者多少有点自愿地将土地转让,大贵族的财产增加起来,他们也同样对这种转让颇感兴趣。早在9世纪,萨克森法曾列举一些土地转让中即使涉及亲属丧失继承权但也被允许进行的情况;其中列举了对教会和国王的礼赠,还列举了这种情况,即"为饥饿所迫"的可怜家伙以得到势力强大的领主的养活为条件,将自己的一点土地转让给他。提到这一点并非只是偶然。[①]

[①] *Lex Saxonum*, c. LXII.

第九章　家族群体的连带关系　　　　　　　　　　　　239

　　尽管这些契据或证书明确地宣称个人对财产拥有各种权利，但在稍后阶段上它们差不多总是提到出卖人或捐献者的各种亲属表示同意的情况。亲属的同意似乎极为必要，以致通常人们毫不犹豫地为之付出代价。假若某个亲属当时未被征询意见的话，他会声称（也许在许多年之后）该项契约无效。受领者们会强烈地指责他的不义和不虔诚行为；有时会诉诸法庭，求得有利于自己的判决。① 然而，虽有受领者的抗议行动，也有法庭的判决，但十之九次他们最终会被迫和解。当然，在严格的意义上，就像我们的法律制度一样，继承者会得到保护，这是没有问题的。由于没有一个固定的原则来限定必须考虑其意见的家族成员群体的规模，所以，虽有直系后裔出现，旁系亲属也会加以干预；或者需要将同一支系的几代人召集在一起，一致表示赞同才行。理想的办法是，获得"尽可能多的亲属和亲戚"的赞同，正如沙特尔的一位行政官所做的那样，即使已获得妻子、孩子和姐妹们的同意，也这样做。② 当财产不再为其控制时，整个家族会感到蒙受了损失。

　　然而，从12世纪起，通常模糊不定却为一些宽松的集体原则支配的习惯，逐渐被更准确更清晰的法律制度所取代，与此同时，经济上的变化也使有关买卖的限制变得越来越令人厌烦。从前，出卖地产的情况比较少，依当时的民众看来，除非是因为极其"贫困"，出卖土地的合法性就很可疑。所以当买主是教会时，土地的

---

　　① 见（布卢瓦法庭的）一个判例。C. Métais, *Cartulaire de Notre-Dame de Josaphat*, I, no. CIII; 参见 no. CII。

　　② B.Guérard, *Cartulaire de l'abbaye de Saint-Père de Chartres*, II, p.278, no. XIX。

出卖往往假借虔诚捐献的名义。实际上，出卖人期望从仅有一半骗局的故作姿态中得到双份的收获。在尘世上，他会得到购买价（虽然较之没有任何其他报偿的情况下，这一价钱大概低一些）；其次他还可以通过上帝仆人们的祈祷，获得灵魂的救赎。

但是，从此时起，真正的土地出卖变成了无需掩饰的经常进行性交易。不过，土地买卖的绝对自由，还需要那些只有在特殊形态的社会群体中才能找到的东西，这就是少数大的市民共同体具有的商业精神和大胆进取的勇气。在这些群体之外，土地的出售由明显不同于捐赠法的土地买卖法所支配——土地捐赠法仍然受到某些限制因素的制约，尽管这些限定因素比过去更为宽松且更为明确。在这一发展趋势中，起初规定，每一份土地以可接受的价格转让之前，应首先售给亲属——前提是土地已通过继承关系获得。这是一个重要的且保留下来的限制条件。① 最后，大约从13世纪初开始，家族对土地买卖的控制被简化为对亲属权利的简单承认：一旦土地出售，在规定的范围内按照约定的顺序，亲属在偿还已付地价基础上，可以取代买主的地位。中世纪社会有家族成员享受赎回权（retrait lignager）的制度，这种制度的普遍性，其他制度几乎无出其右。英国是惟一的例外。② 但即使在英国，某些城市习惯法中，也有这种制度。这种赎回权制度盛行于从瑞典到意大利的各个地区，任何一种习惯制度都不会更为根深蒂固；在法国，

---

① 这个限制条件早在1055—1070年就见于一份文件中：*Livre Noir de Saint-Florent de Saumur*：Bibl. Nat. nouv. acquis. lat. 1930, fol. 113 vo。

② 应补充的是，早在盎格鲁-撒克逊时期，英国就有一个地产目录（地产数目的确不多），这些地产称为"特许保留地"，不受习惯条款的限制，可以自由转让。

只有大革命才将它废除。所以家族的经济作用以更微弱但却更明确的形式存在达数世纪之久。

第十章　家族关系纽带的特性和变迁

1　家族生活真相

尽管家族势力给予家族成员以支持或限制，但若把家族内部生活描绘得始终具有田园牧歌色彩，将是严重的错误。家族群体随时准备参加族间复仇这一事实，并不总是能够克服极为凶残的内部倾轧。虽然博马努瓦尔认为亲属间的冲突令人痛心，但他显然并不认为这些冲突是稀罕事件，除了亲兄弟相残外，他甚至并不认为冲突是真正的非法行为。要理解这种具有普遍性的态度，只要查阅一下几个王侯家族的历史就可以了。譬如，如果我们要探究安茹王朝——中世纪真正的阿特里代家族*——世世代代的命运，我们应阅读了解将富尔克·奈拉伯爵及其儿子杰弗里·马特卷入其中的长达七年之久的"不止是内战"的战争；要知道富尔克·勒·莱琴怎样在剥夺了兄弟的财产后，将他投入监狱，18年后才将他作为疯子释放；要知道亨利二世的儿子们对其父怎样怀有

---

* 阿特里代家族（Atrides），阿特柔斯（Atreus）的两个儿子阿伽门农和墨涅拉俄斯的合称。典出希腊神话。——译者

第十章 家族关系纽带的特性和变迁

刻骨铭心之恨;最后需知道亚瑟怎样被他的叔父约翰王暗杀。

在王室之下的社会等级中,许多中小贵族为争夺家族的城堡发生流血冲突。例如,佛兰德的一位骑士,被他的两个兄弟赶出家门,目睹他们屠杀了他的妻子和孩子之后,亲手杀死了其中的一位凶手。[①] 更为可怕的是康博恩各位子爵的事件。这是一位教会作家以安详的笔触记载下来的一个故事,因情节扣人心弦而不失其情趣。[②] 在故事的开头,我们读到阿香博子爵为了替他那被抛弃的母亲报仇,杀死了他的一位异母兄弟,许多年后,子爵杀死了从前曾伤害过他的父亲并使之留下难愈创伤的骑士,由此赢得了父亲的宽恕。子爵本人也留下了三个儿子。长子继承了子爵头衔,但此后不久便去世了,他留下了一个年幼的男孩做他的惟一继承人。由于他不信任第二个兄弟,便委托最小的兄弟伯纳德在他的儿子未成年期间行使对财产的保护权。及至骑士冠礼之年,"孩子"埃布尔要求继承其父遗产,但归于无效。由于朋友们的斡旋调解,他得到了康博恩城堡,此外一无所有。他住在城堡里,怒火中烧,直到有一天他的婶娘(伯纳德的妻子)偶然落入他手中。他光天化日之下强奸了她,希望用这种办法迫使她丈夫将她休掉。伯纳德领回了妻子,并准备复仇。在一个风和日丽的日子里,他骑马带着一小队随从绕行康博恩城堡,好像在虚张声势。由于饮酒而有些飘飘然的埃布尔恰好从桌子旁站起来,立即开始疯狂地追击。走出一小段路程后,假装逃遁的叔叔返回身来,向这位年轻人发动

---

① *Miracula S. Ursmari*, c. 6, in M.G.H., SS., XV, 2, p.839.
② Geoffroi de Vigeois, I, 25, in Labbé, *Bibliotheca nova*, II, p. 291.

了袭击,伤其致命。这个悲惨的结局,死者从前遭受的委屈,尤其是他的青春年少,使人们十分感动,以致在他被杀害的地方,好些天里人们还在将祭品放在为他临时建起的坟墓上,似乎这里是一位殉道者的圣殿。但这位沾满血污的发伪誓的叔叔及其后代,却仍然泰然自若地占据着城堡和子爵头衔。

我们对此不必吃惊。在那些充斥着暴力和紧张情绪的世纪里,社会关系纽带似乎很容易显得非常强大,甚至自身也时常证明是非常强大的,但它仍然会被勃然迸发的雷霆之怒所撕裂。即使撇开那些时常由贪婪和怒气引发的野蛮吵闹,事实仍然是,在绝大多数正常情况下,强烈的群体意识和对个体成员的相当冷漠的态度,非常协调地交汇在一起。在一个亲属关系被当作最为重要的互助关系的基础、一个群体被看得比群体中的个别成员更为重要的社会里,这大概是很自然的。由于一个男爵大家族所雇佣的官方史学家的记载,我们得以知晓这个家族的一位祖先某一天所发表的一句极有代表性的妙论。约翰是英国的典礼官,他虽有多次允诺,但仍拒绝将他治辖的一个城堡交给斯蒂芬国王。所以,他的敌手们威胁着要当着他的面杀死他不久前交出来作人质的年幼的儿子。"这个孩子关我什么事",这个诚实的贵族回答说,"难道我就没有砧子和锤头造一些更好的吗?"[1]至于婚姻,通常是非常明显的利益联合,对女人来说则是一项保护性的制度。请听《熙德之歌》中主人公的女儿们在其父亲宣布已将她们许配给卡里翁(Carrion)的儿子们时所讲的话吧!毋庸说,这些少女们从来未见过她

---

[1] *L'Histoire de Guillaume le Maréchal*, ed. P. Meyer, I, v.399 *et seq*.

第十章 家族关系纽带的特性和变迁

们的未婚夫婿,但她们表示感谢说:"您将我们嫁出去后,我们就是贵妇人了。"这样的习俗如此牢固,以致在仍然深信基督教的民族中,引起了社会习惯和宗教法之间的奇怪的冲突。

教会不喜欢再婚或三婚,尽管没有明确表示反对。然而,在从上到下各社会等级中再婚几乎是普遍存在的。无疑,在一定程度上是由于渴望为肉欲的满足披上神圣的外衣;但另一个原因是丈夫先死后,妻子独自生活过分危险。此外,封建主发现,当每一块地产落到女人一方时,行使严格的劳役地租就面临着威胁。1119年安条克骑士在血野之战*失败以后,耶路撒冷王国国王鲍德温二世重建耶路撒冷公国,他决心既要为孤儿们保留他们的遗产,又要为寡妇们找到新丈夫。儒安维尔在谈到战死在埃及的六位骑士时,很直率地写道:"为此,六位死者的遗孀不得不再婚。"[①]有时领主甚至命令,因过早孀居而不能进行适当耕作或履行规定的劳役义务的农妇,必须找丈夫结婚。

教会宣称夫妻关系是不可废弃的;但这并不能阻止通常由最世俗的利益引起的经常发生的休妻事件,特别是在各上层等级中。在许多著名的证据中,约翰的典礼官的婚姻传奇可为证明。他的孙子们所雇佣的行吟诗人,总是以一种平淡的语调叙述约翰婚姻投机的故事。约翰曾与一位门第高贵的妇人结婚。如果我们相信

---

* 马尔丁地方(现在土耳其境内)的奥托奎·伊尔盖(Ortoquid Ilghai of Mardin)于1118年控制了阿勒颇(Aleppo),于1119年6月27日在安条克全歼以意大利南部骑士为主的十字军(700骑士,3000步兵),西方人称这次惨败为"血野之战"(Field of Blood)。——译者

① William of Tyre, XII, 12; Joinville, ed de Wailly (*Soc. de l'Hist. de France*), pp. 105 – 106.

这位诗人的叙述，这位妇人容貌超群轶伦，见识出类拔萃，"他们在一起曾生活得十分快乐"。不幸的是，约翰有一位"十分强大的邻居"，约翰出于远虑必须与这位邻居建立密切关系。他休掉了风度高雅的妻子，与那位危险人物的妹妹结了婚。

但是，如果把婚姻置于家族群体的中心位置，肯定会歪曲封建时代的诸多现实。妻子只是一半属于命运将她置于其中的家族，她大概不会长久地置身于其中。加林·勒·洛兰的兄弟被人杀害，死者的妻子抚尸恸哭，慨叹命运不济时，洛兰粗暴地说道："别哭啦！一位高贵的骑士会来再娶你……必须继续忍受悲伤的是我。"[1]在相对晚出的《尼布龙根之歌》中，克伦希德为她死去的第一个丈夫西格弗里德向她的兄弟们复仇。必须承认，她的行动的正义性似乎无论如何都难以肯定。但故事最初的说法似乎是，她为她兄弟们的血仇向阿提拉实施报复。阿提拉是她的第二个丈夫，也是杀害她兄弟们的凶手。无论从情感氛围还是规模上，当时的家族都与后世的小规模婚姻家族迥然殊异。那么，当时的家族规模到底又是怎样呢？

2 家族结构

界限分明并为一种信念，即相信出自同一个祖先的信念——且不管其对错——联系在一起的规模庞大的族（gentes）或氏族，对于封建时代的西欧，除了它的真正封建化地区以外的边缘地区，是不知为何物的。在北海岸边有弗里西亚部族（Geschlechter）或

---

[1] *Garin le Lorrain*, ed. P. Paris, II, p. 268.

迪特马申部族,在西部则有凯尔特部落或氏族。似乎可以肯定,这种性质的群体在蛮族入侵时期的日耳曼人中仍然存在。譬如,伦巴第人和法兰克人的法莱伊(farae),意大利或法国的村落不止一个今天仍然保留着这个名称;阿勒曼尼人和巴伐利亚人中也存在部族(genealogiae),一些文献证明这些部族还占有土地。但那些非常大的单位却逐渐瓦解了。

罗马氏族的结构之所以异乎寻常地牢固,是因为父系传承制占据绝对统治地位。类似的传承制在封建时代是没有的。在古代的日耳曼地区,每个人有两类亲属,一类是"父系的",一类是"母系的",他隶属于第二类亲属关系,也隶属于第一类亲属关系,虽然程度不同。在日耳曼人中,父系原则的胜利似乎从未完全彻底地消除更为古老的同母异父关系的所有遗迹。遗憾的是,我们对罗马人所征服地区的土著家族传统几乎一无所知。但是,不管怎样认识血统上的各种问题,完全可以肯定,在中世纪的西欧,亲属关系曾经具有或仍然具有非常明显的双重性。史诗赋予舅父和外甥之间的感情以重要意义,只是从一个方面展现了一种制度:在这种制度下母系纽带几乎和父系纽带同样重要。[1] 各种命名习惯可为明证。

大多数日耳曼人的名字都由两个要素组成,每个要素都各有意义。只要人们还意识到两个家系的界限,就会借用其中的成分

---

[1] W.O.Farnsworth, *Uncle and Nephew in the Old French Chansons de Geste : a Study in the Survival of Matriarchy*, New York, 1913(Columbia University: Studies in Romance Philology and Literature); C.H.Bell, *The Sister's Son in the Medieval German Epic : a Study in the Survival of Matriliny*, 1922 (University of California: Publications in Modern Philology, Vol. X, no. 2).

之一以标示其血统。这即使不是一条规则,也是一种普遍的传统。甚至在讲罗曼语的地区也是这样,在这些地区,征服者的显赫地位已使得当地各族民众广泛地模仿他们的取名方式。孩子们既可从其父命名,也可从其母命名,似乎没有固定的规则。譬如,在帕莱索的村落里,9世纪初的农民杜德·利古斯(Teud-ricus)和他的妻子埃尔曼·伯达(Ermen-berta)给他们的一个儿子取名为杜特·哈都斯(Teut-hardus),另一个儿子则取名埃尔曼特·阿利乌斯(Erment-arius),第三个儿子采用双方的名字以为纪念,名杜特·伯图斯(Teut-bertus)。[①] 于是这种全名代代相传的习惯发展起来。这种习惯又变成从每一方交替取名。例如,昂布瓦的领主利斯瓦(死于1065年)的两个儿子就采用了这种方式取名,一个儿子依其父取名,但其长子则取了一个类似他的外祖父和舅父的名字絮尔皮斯(Sulpice)。后来,当人们已经开始在教名之后加上姓时,他们仍长期保留着交替使用父亲和母亲名字的方式。雅克·达克(Jacques d'Arc)和伊莎贝尔·罗密(Isabelle Romée)的女儿贞德对审判她的法官说:"我有时叫让娜·达克(Jeanne d'Arc)[*]有时又叫让娜·罗密(Jeanne Romée)"。她只是以这两个名字中的第一个名字名垂青史;但她指出了在她生活的那个地区,人们有为女儿取其母姓的习惯。

这种双重联系具有重大影响。因为这样每一代人就有一个不

[①] *Polyptyque de l'abbé Irminon*, ed. A. Longnon, II, 87 想表明双重身份的意图,有时产生奇特荒谬的结果,比如,盎格鲁-撒克逊名字 Wilgfrith 直译出来,意为"战争-和平"。

[*] 通行的译法为贞德。——译者

第十章 家族关系纽带的特性和变迁

同于前代人的亲属圈,家族责任的轮廓范围不断地发生变化。家族义务是严格的,但家族群体却不稳定,不能作为整个社会结构的基础。更糟的是,当两个家族发生冲突时,很有可能同一个人恰好就属于冲突中的两个家族:依其父论他属于一个家族,依其母论则属于另一个家族。在两个家族中他如何做出选择呢?博马努瓦尔有一个聪明的办法,即站到关系更近的亲属一边,如果亲疏远近程度相同,就超然事外。毫无疑问,实际上人们经常依个人的偏好做出决定。当我们研究严格意义上的封建关系时,我们将遇到一个附庸从属于两个领主的情况下所碰到的这种法律上进退两难的窘境的各个方面。这种尴尬局面产生于一种特别的精神状态,在长期发展过程中它产生了瓦解封建关系的作用。家族制度中存在着一个很重要的内在缺陷,它迫使人们像13世纪博韦地区的人们一样,承认两个兄弟即同一父亲(经几次婚姻)的儿子间进行战争的合法性。这些儿子发现自己卷入了他们的母系亲属的族间复仇中。

为"血缘朋友"承担的义务在各家系中扩展到多大的范围呢?除了在一些保持固定赔偿金等级习惯的群体内,我们没有发现明确规定的界限,即使在这些群体中,这种赔偿习惯之形诸文字也是在比较晚的时候。更为重要的是,赔偿习惯所规定的赔偿家族成员的范围和承担赔偿家族成员的范围都大得惊人,而且是分等级的。在这些等级范围内,赔偿数量根据关系的亲疏而变化。在13世纪,卡斯蒂尔的塞普尔维达地方的复仇者,只要与原来的受害人拥有同一个太祖父,就可以向杀害亲属的凶手复仇而不被视为犯罪。按照奥登纳尔德法,同等亲属关系的人都有权接受一份血杀赔偿金,在里尔,同等亲属关系的人有义务分担血杀赔偿金。在圣奥默尔,人们把家族的共同建立者扩展到远至曾祖父的祖父,从此以下的人都有义务分担赎金。[1] 其他地方,家族世系比较模糊。但是正如已经指出的,涉及财产转让时尽量征求更多的旁系亲属的同意,被认为是审慎的。至于乡村地区的"缄默的"团体,它们在很长时期内仍然是把许多人召集到同一家庭里进行商讨,我们注意到,在11世纪的巴伐利亚多达50人聚在一起讨论问题,在15世纪的诺曼底参加讨论者多达66人。[2]

然而,严密的考察证明,从13世纪以后,家族义务圈似乎在缩小。不久前庞大的亲属群体正在慢慢地被非常类似今天的小家族的群体所取代。13世纪末,博马努瓦尔认为,承担复仇义务的人员范围已与前一个阶段大不相同。在他所处的时代,已缩小到这种程度:即只包括隔房堂(表)兄弟姊妹,也许只包括嫡堂(表)兄弟姊妹——这些人仍然非常强烈地意识到他们所承担的复仇义务。我们注意到,12世纪末期的法国契约中有一种发展趋势:征求家族成员的同意,仅限于最近的亲属。于是就产生了亲属享有赎回权的制度。由于人们在已获得的财产权和家族财产权之间做了区分,在家族财产中又依血统对父系和母系的财产权做了区分,所以,这种赎回权制度已不像早期的惯例那样遵守无限定的亲属关

---

[1] *Livre Roisin*, ed. R. Monier, 1932, 143–144; A. Giry, *Histoire de la ville de Saint-Omer*, II, p. 578, c.791.这可以解释为什么教会法规可以在没有很多根据的情况下,禁止血亲婚姻的范围扩大到第七等表亲。

[2] *Annales Altahenses maiores*, 1037, in M.G.H., SS., XX, p.792. Jehan Masselin, *Journal des États Généraux*, ed. A. Bernier, pp. 582–584.

系概念。这种变化的节奏快慢自然是因地而异,在这里,非常简明地指出引发一场变化的最普遍的、也最有可能的原因,就足够了。这场变化孕育着非常重要的后果。

毫无疑问,政府机构通过它们作为和平卫士的活动,有助于削弱亲属联盟。政府机构有许多途径做到这一点,特别是像征服者威廉那样,限制合法的血族复仇的范围,尤其是鼓励人们不参加族间复仇。自愿脱离亲属团体是一项古老的普遍的权利;但它在使个人避开许多风险的同时,也剥夺了他将来享受某种长期被视为个人不可缺少的受保护的权利。一旦国家保护变得更有效力,"发誓脱离亲属团体"所具有的危险性就越来越小。有时政府当局会毫不迟疑地强制推行"发誓脱离亲属团体"。1181年,一场杀人案发生后,埃诺伯爵焚毁了凶犯所有亲属的房屋,并逼迫他们许诺不给凶犯以援助,以此阻止了族间复仇的发生。然而亲属群体作为经济单位和族间复仇工具,它的瓦解和衰弱似乎主要是更深刻的社会变化的结果。贸易的发展使家族对财产买卖的阻碍受到限制;互相交往的进步导致过分庞大的群体的瓦解,这些过于庞大的群体由于缺乏法人地位,除了聚居在一处外,几乎不具有统一感。蛮族入侵活动已给古日耳曼人组织牢固的氏族以致命的打击。英国所受到的那些强烈冲击——斯堪的纳维亚人的入侵和定居、诺曼人的征服——毫无疑问是使这个国家古老的亲属关系组织过早衰亡的重要因素。事实上在整个欧洲,土地大垦荒时代在新开垦的土地上建立的新兴城镇和乡村所产生的吸引力,已瓦解了许多农村公社。如果说,那些兄弟会组织在最为贫穷的省份持续的时间更长(至少在法国是如此),那么这种现象绝非偶然。

先前阶段上的大家族群体开始解体的这个时期,恰好正是家族名称初次出现的时期,尽管还只是雏形。这虽然奇怪但却不难理解。就像罗马的氏族,弗里西亚和迪特马申的部族也都有它们传统的称号。日耳曼时期各首领建立的王朝也被赋予一种神圣的世袭性质。另一方面,封建时代的家族在很长时期内却是莫名其妙地缺乏名称的。无疑,这在一定程度上是因为家族族系模糊不清,同时也因为族谱为人所熟知,以致被认为无需文字加以提示。此后,特别是从12世纪以降,在原来的单个名字(今天我们称之为教名或名字)之后,添加诨号抑或第二个教名,已成为普遍的习惯。许多旧名的废止以及人口的增长所产生的结果是,同名者的数量增加造成了极大的麻烦。同时,书面法律材料的使用增多,人们普遍地越来越追求明朗清晰,从而使得名字贫乏造成的诸多混乱越来越难以容忍,这迫使人们寻求清晰易辨的称号。

但是,这还完全是一些个人的名称。只有当第二个名字——不管形式如何——都变成世袭的名字并演化成姓(patronymic)时,具有决定性的一步才算完成。特别典型的是,真正的家族名称的使用,首先兴起于较上层的贵族阶级中。在这些人当中,个人活动的流动性增大,当个人离家外出时,对保持来自家族的资助益加关注。在12世纪的诺曼底,人们已习惯于提到吉洛斯家族和塔瓦斯家族;在东方的拉丁人地区*,1230年前后,人们已习惯于提到"姓德伊伯林的家族的人"。① 随后,这一活动漫无边际地蔓延到

---

* 指十字军在近东的侨居地和封建领地。——译者

① Philip of Novara, *Mémoires*, ed. Kohler, pp. 17 and 56.

城市市民等级。城市市民也习惯于到处流动,因为关系到商业利益,他们渴望避免在个人身份甚至家族身份上出现错误。个人和家族身份通常与商业协会是一致的。这一发展过程最终传遍整个社会。

但是,必须清楚地认识到,像这样获得确定称号的群体既不是非常稳固,在规模上也完全不能与旧家族相提并论。如前所述,姓名的传承时而按父系时而按母系进行时,出现了许多断层。处于分离状态的同一支系时常以不同的姓名见称。另一方面,仆人也很容易采用主人的姓名。简言之,这里所涉及的,在很大程度上不是氏族名称,而是与血缘关系的总体进化相一致的同一家族中的成员的诨名(nickname),这种名称的连续性,取决于这个家族或个人历史上最微小的偶然因素。直到很久以后,政府当局才强制施行严格的姓名传承制及公民身份制,以便于治安和行政管理。所以,在欧洲,封建社会灭亡很久以后的家族固定名称,并不是血亲精神的产物,而是与这种精神根本对立的制度——主权国家——的产物。今天人们共同使用的家族固定名称,通常不再具有家族连带关系所产生的任何情感。

3 亲属纽带和封建主义

我们切不要以为,从遥远的部落时代,人们就开始了向个人解放稳步发展的历程。在欧洲大陆,至少在蛮族诸王国时代,财产转让依赖近亲允许的程度,要比封建社会第一阶段弱得多。对死后财产的处理也是如此。在 8 世纪甚至 9 世纪,人们可能在某种程度上能够自由地处理自己的财产,有时是按照罗马法立下遗嘱,有时则按照从日耳曼习惯法发展而来的各种制度进行处理。从11世纪起,除了在意大利和西班牙外,这种权利实际上已不复存在。我们知道,意大利和西班牙是两个特别忠于古代成文法教诲的国家。只有死后才能生效的赠礼此后一律采取捐献的形式,这种捐献理所当然地必须经过亲属的同意。但是,这种形式不适合于教会,在教会的影响下,严格意义上的遗嘱制在12世纪又恢复起来。起初仅限于处理信众的遗产;随后为了保护自然继承者的利益,范围逐渐扩大。就是在这个历史阶段上,已经衰弱的赎回权制度取代了家族允许制度。血族复仇本身曾被蛮族入侵时期产生的国家所制定的立法限定在一定程度内。一旦这些障碍物消除,血族怨仇在刑法中占据了或恢复到了最重要的地位,一直延续到它再次成为重振威势的皇室或君主机构所打击的对象之时。简言之,这种平衡似乎在每个完整的方面都有。在我们称之为封建主义的这个时期,社会环境所独有的人身保护和依从关系开始膨胀的同时,亲属纽带也真正地绷紧起来,因为这个时代多灾多难,公共机构软弱,个人更强烈地意识到自己与地方群体的联系。不管这是怎样的群体,他能够从这些群体中寻求帮助。以后的数世纪中,真正的封建主义逐渐崩溃或发生蜕变,随着大的亲属群体的瓦解,这几个世纪也出现了家族连带关系逐渐衰落的早期特征。

但是,对于充斥着暴力的环境所产生的众多危险所威胁的个人,即使在封建社会第一阶段,亲属群体似乎也不能提供适当的保护。就当时亲属群体的存在形式而言,其轮廓太不明晰,也过于多变,它因家系上的父系、母系双重遗传制而遭到严重破坏。这就是

I. 斯堪的纳维亚船只

出自 9 世纪早期乌塞堡的船葬地。Oslo, University Museum.

II. 圣路易的登基礼

13 世纪晚期的手稿。Bibl. Nat, MS.Fr.5899, f.83v.

III. 向魔鬼行臣服礼

西奥菲勒斯向魔鬼行臣服礼。取自 *Psautier de la Reine Ingeburge*（约 1200 年）。Musée Condé, Chantilly, MS.9, f.35v.

IV. 情人的臣服礼

取自12世纪蒙德拉贡的雷蒙的印章。

Cabinet des Médailles. Bibliothéque Nationale, Paris.

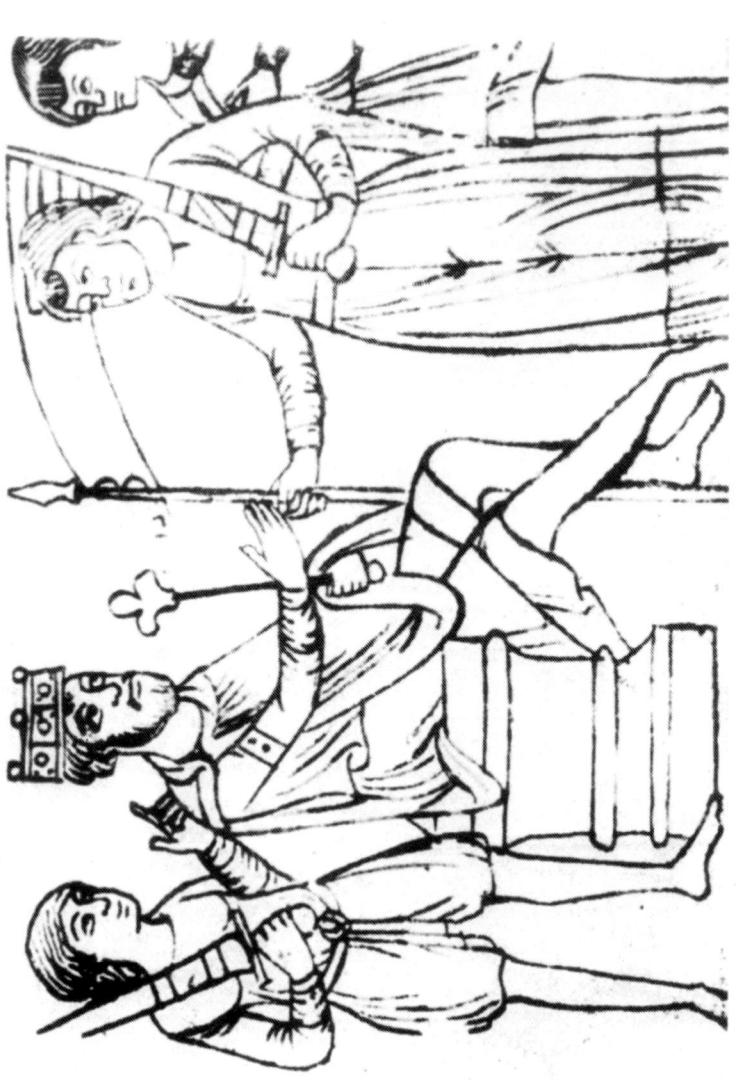

V. 以军旗进行的授封仪式

查理曼将西班牙边区授予罗兰。取自12世纪雷根斯堡地方康拉德的

人们为什么寻求或接受其他关系的原因。在这方面,历史因素具有决定性的影响,只有在强大的父系群体残存的地区,如北海岸边的日耳曼地区、不列颠诸岛的凯尔特地区,才对附庸制、采邑和庄园一无所知。亲属关系是封建社会的基本因素之一,它的相对弱小很能说明封建主义存在的原因。

第四编

人际纽带:附庸制和采邑

第十一章　附庸的臣服礼

1　从属于他人之人

在关于封建主义的词汇中,任何词汇都不会比从属于他人之"人"这个词的使用范围更广,意义更泛。在罗曼语系和日耳曼语系各种语言中,它都被用来表示人身依附关系,而且被应用于所有社会等级的个人身上,而不管这种关系的准确的法律性质如何。如同农奴是庄园主的"人"一样,伯爵是国王的"人"。有时甚至在同一文件的数行文字之间,它表达出几种迥然殊异的社会身份。关于这一点,11世纪末的一件事可为例证。诺曼修女们在一份请愿书中申诉说,她们的"人"即她们的农夫,被一位声势显赫的男爵挟持到他的"人"——指男爵的附庸骑士——驻守的城堡中去劳动。① 这样含糊幽晦的文字并不会使任何人感到困惑,因为各社会等级之间虽存在着一条鸿沟,但它所强调的是根本的共同因素:即一个人对另一个人的从属。

然而,如果说这种人际关系的原则渗透到了整个社会生活,那

---

① C. H. Haskins, *Norman Institutions*, Cambridge (Mass.), 1918 (Harvard Historical Studies, XXIV), p.63.

么它的表现形式却是各种各样的：从最高级形式到最低级形式，有时存在着几乎难以觉察的各种过渡形式；此外，不同国家之间也存在许多变化。如果我们以这些依附关系中最重要的一种即附庸制关系纽带为主线，首先研究这种关系在"封建化"程度最高的欧洲地区，即从前加洛林帝国的中心地带、法国北部、德国的莱茵地区和土瓦本等地的情况，并且在开始研究这种关系的起源之前，先描述出这种制度在它扩展得最有力的时期即10至12世纪中最明显的特征，那么一定是大有裨益的。

2 封建时代的臣服礼

可以设想，两个人对面而立，其中一方愿意为人效劳，另一方则愿意或渴望接受他人的效劳；前者合掌置于另一人双手中——这便是服从的简单象征。这种服从的意义有时进一步由一种跪拜姿势加以强化。同时，先伸出双手的人讲几句话即一个非常简短的宣言，承认自己是面对着他的这个人的"人"。然后主仆双方以唇相吻，表示双方的和谐和友谊。表示臣服关系的姿势就是如此。这些非常简单的姿势，在极敏感于直观事物的头脑中颇能留下印象，所以有助于强化封建时代人所共知的一种最强大的社会关系。这种仪式被称为"臣服礼"（德文为 Mannschaft）。它在各种文件中被上百次地描述或提及，复制在一些印章、小画像和浅浮雕上。① 由这种臣服行为所产生的地位较高的一方，不用其他词语

---

① 见图 II, III, IV。

而用一个极为普通的词语"领主"来称呼;①同样,从属者通常被简单地称作这个领主的"人",有时被更精确地称为领主的"爪牙之徒"(homme de bouche et de mains)。但也使用诸如"附庸"之类的更专门性的词语,12世纪初使用"委身之人"(commendé)一词。

臣服礼的这种形式不带有基督教的痕迹。这种缺漏大概可以解释为:它所表达的象征意义源自久远的日耳曼社会。对于一个除非由上帝作保便将一种誓言视为无效的社会来说,这种缺漏已逐渐变得不能接受。就其形式而言,臣服礼本身从来没有改变,但从加洛林时代起,显然又加入了第二种基本上为宗教性的仪式:新产生的附庸将手置于圣经或圣物上,宣誓忠于主人。这就是效忠礼,法文是 foi(德文为 Treue,从前作 Hulde)。

所以,臣服礼经历了两个阶段,但这两个阶段的重要性则不相同。因为效忠行为中没有特别的东西。在一个动荡不安的社会,怀疑猜忌是司空见惯的事情,诉之神的仲裁似乎是少数行之有效的约束性措施之一,所以有很多原因要求效忠宣誓频繁进行。王室或领主的各级官员就职时要宣誓效忠;各修道院院长经常要求其教士宣誓效忠;而庄园主也间或要求其农民宣誓效忠。臣服礼一次限定一个人的终生,通常不能重复进行;而效忠宣誓则不同,它几乎是最平凡的事情,可向同一人数度重复进行。所以无臣服

---

① "宗主"(suzerain)一词,出自旧制度(Ancien Régime)封建法的研究者。由于误解,"宗主"一词也在这种意义上使用。但该词的真正含义非常不同。譬如,设想保罗向彼得表示臣服,而彼得本人已向詹姆斯表示臣服,那么,詹姆斯而非彼得将是"领主宗主"(lord suzerain),简言之,詹姆斯是保罗的宗主,也即最高领主(suzerain一词似乎来自副词 sus,与 souverain 相似)。换言之,我的宗主是我的封主的封主,而不是我的直接的封主。无论如何,这种表达方法似乎出现较晚(14世纪?)。

礼的效忠礼很多,但我们不知道是否存在无效忠礼的臣服礼,至少在封建时代是如此。而且,当两种礼仪结合起来时,臣服礼总是在仪式中首先进行,这一事实说明臣服礼的头等重要性。使两个人紧密地联系起来的是臣服礼;附庸效忠礼是单方面的承诺,领主方面对此难得有相应的誓言。一言以蔽之,正是臣服礼中的行为才使附庸关系中的依附和保护的双重关系真正建立起来。

从理论上讲,由此形成的纽带关系,伴随着它所联系的双方的一生,其中一方死亡,它便自动解体。我们将看到,附庸关系实际上在绝大多数情况下很快变为世袭;但这种局面实际上允许其法律原则原封不动地保持到底。已故附庸的儿子通常要向曾接受其先父臣服礼的领主履行臣服礼,或先前领主的继承人依例接受其先父之附庸的臣服礼,这都无关紧要,但随着当事人的每一次变化,臣服礼必须重新进行。同样,臣服礼不能由代理人授受;由代理人授受臣服礼的事例在很晚的时期才有,当时旧的礼仪形式差不多已失去意义。在法国,就代理国王的臣服礼而言,这种特权只是在查理七世时代才被合法化,即使那时也不是没有很多疑虑。① 这种社会关系似乎确实与这种正式礼仪在两个人之间造成的实际接触密不可分。

附庸必须承担的援助和服从的普遍职责,是任何附属于他人

---

① L.Mirot,'Les Ordonnances de Charles VII relatives à la prestation des hommages', in *Mémoires de la Société pour l'Histoire du droit et des institutions des anciens pays bourguignons*, fasc. 2, 1935; G.Dupont-Ferrier, *Les Origines et le premier siècle de la Cour du Trésor*, 1936, p.108; P.Dognon, *Les institutions politiques et administratives du pays de Languedoc*, 1895, p.576(1530).

的"人"所履行的义务。但这种义务演变成一些特别的义务。关于这些特别的义务,下面我们将详细讨论。这些义务的性质对应于相当严格地规定了的等级和生活方式,因为各附庸虽在财富和声望上有巨大差异,但并不是从社会的所有阶层中不加区别地招募来的。附庸制度是各上层等级特有的依附形式,这些上层等级的特点首先表现为专事武装并行使指挥权。至少附庸制度曾是这样。为了对附庸关系的性质有清楚的了解,这里应该研究一下它是怎样从一整套个人关系中逐渐分离出来的。

3 各种人身依附关系的起源

寻找一个保护人,或满意地成为一个保护人,这些事情在所有时代都是寻常之事。但是我们发现,除非在社会结构的其他部分正在崩溃的那些文明中,这样的事情几乎不能引起新的法律制度的产生。罗马帝国崩溃后的高卢就是这样的例证。

以墨洛温王朝时期的社会为例吧。那时的国家和家族均不再能够提供有力的保护。乡村共同体的力量仅能勉强维持自己内部的秩序,而城镇共同体几乎还不存在。孱弱不堪的人们到处都感到需要接受势力更强大者的庇护;而有势力的人除非以说服方式或强迫手段获得其依附者的支持,也不能保持其威望或财产,甚至不能保证其自身的安全。一方面,一些人急切寻求庇护者;另一方面,一些人通常以暴力手段僭取权力。弱小和强大的概念总是相对的,所以在很多情况下,同一个人一身兼二任:他既是更强大之人的依附者,同时又是更弱小之人的保护者。于是,一种脉络纵横交错地贯穿于社会各阶层的庞大的人际关系体系开始形成。

所以,这几代人为时所迫而结成新的关系时,既没有创造新的社会形式的清醒愿望,也没有意识到正在创造新的社会形式。每个人都本能地极力利用现实社会组织提供的资源,如果说新事物最终被无意识地创造出来了,那么它也是在适应旧事物的过程中创造出来的。此外,这个从入侵中出现的社会已经继承了一套特别庞杂的制度和习惯。在这个混合体中,日耳曼传统中混杂着罗马遗产,也掺杂着曾被罗马征服但其民族习惯未被完全泯灭的人民所留下的遗产。让我们不要在此处陷于误区,试图到附属关系,或更宽泛些,到封建风俗制度中,去寻求一种特殊的种族起源;也不要使自己再度陷入著名的两难推论:罗马还是"日耳曼森林"。这样的幻想必须留给这样的一些阶段:在这些阶段上,人们对人类进化的创造力的了解比我们更少,像布兰维利耶一样,相信17世纪的贵族几乎全部是法兰克武士的传人,或者像年轻的基佐[*]那样,将法国大革命解释为高卢-罗马人的报复行动(*revanche*)。这就像过去的生理学家臆想精子中有一个完全成型的胎儿(*homunculus*)。然而,封建词汇所表现的内容是明晰的。如下所述,这些词汇中充满了同时并存的不同来源的因素,有的来自被征服人民的语言,有的来自征服者的语言,有的则是新创造的词汇,如"臣服礼"一词。这类词汇无疑是一种社会制度的真实反映,虽然这种社会制度本身深深地烙有复杂的历史印记,但它首先是当时社会状

---

[*] 基佐(François Pierre Guillaume Guizot,1787—1874),法国历史学家及政治家。——译者

况的产物。阿拉伯谚语说："同辈相似,胜似父子。"

在那些寻求保护的下层民众中,最悲惨的人确实沦为了奴隶,由此也决定了他们的后代与他们一样悲惨的奴隶命运。但其他人,甚至最微贱的人,很多都渴望保持自由人的身份;而接受其效忠誓言的人,一般也没有理由反对这种愿望。这个时代人身关系尚未凌驾于政府机构之上,享受所谓的"自由"在本质上就意味着拥有一种无可争议的权利,即作为墨洛温王朝诸王的臣民——法兰克人(*populus Francorum*)的权利;当时的人称法兰克人时,将征服者和被征服者笼统地归在了这同一个名字之下。其结果是,"自由的"和"法兰克的"两个词语逐渐被视为同义词,并继续长期作为同义词使用。对一个首领来说,身边簇拥着享有自由人特有的司法特权和军事特权的附庸,在许多方面比统辖一群奴隶来得更为有利。

这些"适合于自由人"(*ingenuili ordine*)的依附关系——图尔地方的惯用语这样描述这些关系——绝大部分是以来自古典拉丁文的词语来表述的。在罗马或罗马化的世界,波澜起伏的历史虽然经历了许多变化,但古老的保护-被保护关系的习俗从未消失。特别是在高卢,这些古老习俗尤其容易扎根,因为它们与臣属居民的风俗是协调一致的。在罗马军团到来之前,没有一个高卢首领身边不簇拥着一群由农民或武士组成的侍从。这些古老的本土习俗多大程度上在罗马征服后保存下来,并在一种世界性文明的掩饰下继续生存,对此我们知之甚少。然而,所有证据都导向这一结论:虽然这些习俗在一个迥然不同的政治制度的压力下发生了深刻的变化,但它们继续以某种形式存在。无论如何,在以后的数世纪里，帝国境内各地区发生的灾难，使得就近寻求豪强们的保护比以往更为必要，而且比任何公共法律机构更为行之有效。在4、5世纪的社会各阶层，如果一个人想保护自己免遭收税人的苛捐杂税之苦，使法官的判决于己有利，或仅仅保证自己有个体面的职业，那么最好的办法就是依附于一位地位更高的人，即使自由人甚或一个颇有地位的人也是如此。这些关系不被公共法承认，甚至遭到禁止，所以不具有合法效力，但它们构成了最为强大的社会关系之一。法兰克人统治下的高卢居民越来越多地利用保护和服从关系的契约时，并没有意识到，他们正在做的事情在他们祖先的语言中是找不到现成的词语来加以描述的。

古代词语 *clientela*（被保护人），除了作为一个具有时代错乱性的书面词语存在外，在罗马帝国晚期的几个世纪里已被废弃。但在墨洛温时期的高卢也像罗马一样，人们在提到首领时，仍会说主子"承纳"（*suscipere*）其下属而成为他们的"庇护人"；在提到臣属者时则说，他"委身"即将自己"委托"给他的保护者。这样接受的义务通常称为 *servitium*（役务）。不久前，一个自由人会对"役务"这个词感到恐惧。在古典拉丁语中，它只是在奴役的意义上使用，而与自由身份相容的各义务是 *officia*（职务）。但在4世纪末 *servitium* 已失去原来的意义。

日耳曼地区也做出了自己的贡献。强者对附近弱者的保护通常称为 *mundium*，*mundeburdum* 或 *mitium*。*mundeburdum* 在中世纪法语中演变为 *maimbour*。*mitium* 一词特别用于表达司法事务中代表依附者所行使的权利和义务。所有这些词语都是日耳曼词汇，经拉丁语外表的粗劣包装后出现在契约书中。

第十一章 附庸的臣服礼

这些不同词语差不多是可以相互替换的,不管签约方是出身于罗马人还是蛮族,都使用这些词汇。个人依附关系不从属于"法律属人"原则,因为它们还仍处于所有的法律体系的边缘。这些关系没有受到官方的控制,这一事实使它们更能够适应于无限多样化的环境。国王本人按其资格是其人民的领袖,他一视同仁地对其臣民提供援助,而他也有权接受自由人共同誓言所规定的臣民的效忠,但是他答应给予一部分臣民以人身保护权(maimbour)。伤害了国王承诺保护的人,被视为冒犯国王本人,因而要受到极为严厉的惩处。在这个相当芜杂的人群中,选拔出数量更有限且更为出类拔萃的王室侍从队伍,这些人被称为国王的近臣(leudes),即国王的"人";在墨洛温王朝后期的混乱状态中,这些近臣不止一次地控制了国王和政府。正如稍早时期的罗马一样,如果一位有远见的父亲在儿子幼年时没有给他找到庇护人,安排好他的前程,那么这位想闯荡一番的富家子弟就会自己"委身"于一位豪强。虽然宗教会议有各种禁令,但每个等级的许多教士都毫不犹豫地在俗界寻求保护。但是很明显,正是在社会下层中,从属关系得到最广泛也最强烈的传播。我们所掌握的"委身"的惟一套语告诉我们,一个穷鬼寻找主人的惟一原因是"他缺衣少食,难以维生"。虽然依附者的社会地位千差万别,但不同方面的依附关系在使用的措词上没有不同,至少概念上没有十分明显的不同。

不管委身者拥有何种地位,他似乎一定向他的主人宣誓。以正式的行动表示服从也是习惯吗?对此我们无从确知。官方的法律系统,对此没有说明。这些法律系统只涉及调整民众和家族事务的旧制度,至于可以单独提供确切证据的各种协议,几乎从未形诸文字。但是从8世纪下半叶起,文献中开始提及握手仪式。我们见到的第一个例证是这样一种情况:当事者双方均为地位最高的人,被保护人是一位外国王公,保护人是法兰克国王;但是我们千万不要被这些记录的编辑者的片面性所蒙蔽。这种仪式除非与高层决策有关,是统治者会见中的一个特点,它似乎就不值得加以记载;在平常生活中,这种仪式被认为是微不足道的事件,所以流于湮没不彰。毫无疑问,这种仪式在它突然见诸文献记载之前,一定已在相当长的时期内为人们所采用。这种风俗在法兰克人、盎格鲁-撒克逊人和斯堪的纳维亚人中的相似性,证明它起源于日耳曼人。但它的象征性十分明显,所以很容易为所有这些人接受。我们发现,在英格兰及斯堪的纳维亚人中,这种仪式被毫无区别地用于表达奴隶对奴隶主的服从和自由亲兵对武士首领的服从等非常不同的服从形式。所有一切都使人得出结论:法兰克人统治下的高卢也是长期如此。这种臣服姿势有助于缔结各种保护性的契约;它有时要进行,有时则被省略,似乎并非任何情况下都必不可少。一种制度的建立需要一个意义明确的名称和一种较为稳定的仪式;但在墨洛温王朝统治的世界里,人身关系仍停留在习惯性礼仪行为的水平上。

4 私家武士

然而,由于生活状况不同而永远与其他人分离开来的一些依附者群体已经存在。这就是簇拥在包括国王本人在内的各豪强身边的私家武士群体。在当时困扰统治阶层的难题中,最迫切需要

第十一章 附庸的臣服礼

解决的不是和平时期对国家或私人地产的管理,而是获得进行战争的手段。不管是为了公共利益还是个人利益,也不管是轻易发动还是为了捍卫生命财产,战争在许多世纪里将被视为每个领袖人物一生的正常的事业,也是每一个权力机关存在的理由(raison d'être)。

法兰克诸王入主高卢后发现,他们已经继承了与民众利益息息相关的两种募兵制度。在日耳曼尼亚,每个自由人都是战士;而罗马,在它仍然使用本国军队时,主要是从土地耕种者中间招募军人。法兰克国家前后相继的两个朝代,都坚持普遍兵役制原则。这种普遍兵役制原则后来确实继续存在于封建时代并流传下来。法兰克王室颁布法令,试图按财富多少将兵役义务规定下来,将最贫困的人分成小组,每小组必须提供一名士兵,但这一做法未获成功。实际上,法兰克人的募兵措施可能因时而异,但普遍兵役制原则本身则原封不动地保留下来。同样,豪强们在争斗中也毫无顾忌地让手下的农民参战。

不过,在蛮族诸王国,这种募兵机制在日趋无能的官僚制度中是极为笨拙不灵的。而且,日耳曼人的征服活动已经打破了其社会所创造的这种既适于战争又适于和平的募兵制度。入侵时期的普通日耳曼人,是战士而不是农夫,但最后终因专务于日益稳定的农耕生活,他们身上的农夫成分增多,而战士成分减少。诚然,早些时候罗马的佃农(colonus)在被迫离开农田服兵役时,也同样昧于战争,但他被编入组织严密的军队后,要接受一个士兵所需要的训练。相形之下,在法兰克国家,除了国王和贵族身边聚集的侍卫外,没有常备兵,所以征募来的新兵得不到正规训练。新兵员对作战既缺乏热情也缺乏经验,而且装备这些新兵员存在各种困难(查理曼时期需要发布命令,禁止只装备一根竿子的士兵入伍),这些无疑都是墨洛温王朝军事制度从早期就存在的缺陷。当战场上的优势从步兵转向重装骑兵时,这些缺陷就更加明显了。为了拥有战马,并将自己从头到脚武装起来,需要有相当富裕的家境,否则就要接受更富裕之人的援助。按照里普里安法(Ripuarian Law),一匹马的价值是一头牛的六倍,一副锁金甲皮护胸(broigne)与一匹马价值相当,甚至一副头盔的价值也是该价格的一半。据记载,761年阿勒曼尼亚(后来的士瓦本)的一位小地主用他祖传的地产和一个奴隶换取了一匹马和一把剑。[1] 另外,一个人能在战场上熟练地驾驭战马,披坚执锐,冲锋陷阵,需要很长时间的实践练习。"你可以使一位少年在妙龄时成为骑兵,晚了则不可造就。"在加洛林早期,这一格言已成为谚语。[2]

步兵制的衰落将对社会产生重大影响,但它因何衰落呢?有时人们认为步兵制衰落是阿拉伯人的入侵造成的。现在有人指出,正是为了抵挡萨拉森骑兵的冲锋或追击萨拉森骑兵,查理·马特才将法兰克人推上了马背。即使认定骑兵当时在伊斯兰军队中确实发挥决定性作用——是否真是这样还有争议——法兰克人也不是等到普瓦提埃战役才重视骑兵的重要作用的,因为法兰克人此前一直拥有骑兵队伍。755年,一年一度的贵族和军队集合时,国王丕平把集合的时间从三月移到了草料初备的五月:这一具有

---

[1] H. Wartmann, *Urkundenbuch der Abtei Sankt-Gallen*, I, no.31.
[2] Rabanus Maurus, in *Zeitschrift für deutsches Altertum*, XV, 1872, p.444.

重要意义的举措只是标志着一个变化过程的结束阶段,这个变化过程此前已经历了几个世纪。促成这个变化的原因,虽然适用于大多数蛮族国家,甚至也适用于东罗马帝国,但并没有被人们充分理解,这一方面是因为没有充分考虑到某些技术因素,另一方面则是因为在战争史这个特殊领域,人们的注意力过分专注于战斗中使用的战术,而忽略了是什么因素决定了这些战术,以及使用这些战术产生的后果。

古代地中海地区的人民对马镫和马掌的使用一无所知,9世纪时西欧文献插图中才出现马镫和马掌。但是插图形象可能落后于它的实际运用。马镫大概是萨尔马提亚人的发明,是西欧从欧亚草原游牧民族那里得到的一份礼物。马镫的采用是民族入侵时期西欧定居群体与欧亚大草原骑马民族之间建立起的频繁交往所产生的结果之一。由于阿兰人的迁徙,有时这种交流是直接的。受到日耳曼迁徙潮流的冲击,一些阿兰人从早些时候他们在高加索以北地区的老家迁出,最终在高卢和西班牙找到栖身之地。但更频繁的接触是通过那些曾在黑海沿岸居住过一段时间的日耳曼民族如哥特人的中介而实现的。马掌显然也来自东方。马掌的使用大大有利于在崎岖不平的地面上骑行和冲锋,而马镫的使用不仅仅免除了骑手的疲劳,而且使骑手坐势更稳,冲锋更为有效。

骑兵的冲锋成了战斗中人们最喜欢采用的一种攻击方法,虽不是惟一的方法。地势不利于骑马时,骑兵就要下马,徒步进攻。封建时代军事史上这些战例比比皆是。但在缺乏畅通的道路或接受过熟练的协同战术训练——这曾是罗马军团克敌制胜的法宝——的军队的情况下,只有使用战马才能使各国统治者发动长途远袭的战争,使大多数首领进行灵活的游击战。马匹能使军队迅速到达战场,跨过耕地和沼泽而不太疲劳,并以出其不意的战术打乱敌人的部署。如果天时不利,纵马逃遁则是逃脱灭顶之灾的最好方法。1075年萨克森人被德国亨利四世打败时,贵族们骑马迅速逃走,所以他们蒙受的损失比行动迟缓的农民步兵小得多。

在法兰克人统治的高卢,形势的发展越来越需要招募职业武士,即以群体传统接受训练的男子,首先是骑兵。虽然直到9世纪末在财力上能承担骑兵义务的所有自由人,在理论上仍需要向国王履行骑兵义务,但训练有素、装备精良的骑兵队伍的核心——只有他们才具备高水平的作战效率——自然是那些武装侍从,这些人长期以来已是国王和显贵们的扈从。

虽然古代日耳曼社会中的家族群体和民众的事务,为一般人提供了足够的用武之地,但并不能满足日耳曼人的冒险精神和勃勃雄心。日耳曼人的首领,特别是年轻的首领们,身边都簇拥着"亲兵"("亲兵"在古德语为 gisind,书面含义为"从事远征的伙伴";塔西佗*非常准确地将该词译为拉丁文 comes)。首领们领导这些亲兵参加战争,进行掠夺性远征,闲来无事则在其用木头建筑的宽敞的"厅堂"里款待这些人,"厅堂"里的氛围颇适合于长时间的狂饮宴会。这伙人是首领发动战争和进行族间仇杀的中坚力量;它在自由人商讨问题时支撑着首领的权威;而首领向随从者慷慨施赠礼物,如美食、好酒、奴隶和金戒指等,则是头领威望得以确

---

* 塔西佗(Publius Cornelius Tacitus,约55—120),古罗马历史学家,著有《编年史》、《历史》、《日耳曼尼亚志》及《阿古利可拉传》等。——译者

立的不可缺少的因素。塔西佗所描述的1世纪的日耳曼尼亚的"亲兵制"(comitatus)就是这样；几个世纪以后，史诗《贝奥武夫》和古代斯堪的纳维亚的萨迦(不可避免地有些变异)对它的描述仍然是如此。

蛮族首领一旦在西罗马帝国的废墟上站稳了脚跟，更不愿意放弃这些习俗，因为在他们占领的这个世界里，豢养私人武装侍从的习惯盛行已久。在罗马帝国晚期的几个世纪里，几乎没有一位高级贵族不拥有个人家兵。这些家兵经常被称为 bucellarii*，来自一种饼干(bucella)的名字。由于这种饼干比家兵们日常的定额军粮面包好吃，所以一般分配给那些享有特权的士兵食用。这些个人侍卫是雇佣兵而不是"亲兵"，他们人数众多，对首领竭尽忠诚，所以其主人成为帝国的将军时，他们经常被擢升到作战部队的要职上。

在动荡不安的墨洛温时代，雇佣这种武装侍从比以往更为必要。国王有自己的侍卫，称作 trustis，这些人总是(至少大部分是)骑兵。国王的臣属，无论是法兰克人还是罗马人，也都有武装侍从。甚至教会也认为必须有自己的武装侍从以保证其安全。这些"斗士们"——图尔的格利高里这样称呼他们——是一个相当混杂的团体，其中可以发现形迹恶劣的暴徒。奴隶主们则毫不犹豫地将最强壮的奴隶编入侍从队伍。然而，自由人显然构成侍从队伍的最大部分，不过他们以其出身并非总是属于最高的社会等级。从事侍从役务无疑会获得一定的名望和报酬。不过，具有重要意义

---

* 意为"得小块者"。——译者

的是，7世纪赠给一个奴隶或一位 *gasindus* 的"小块地产"，可以一视同仁地使用同一形式的文书。

在上面提到的 *gasindus* 一词中，我们可以辨认出日耳曼语亲兵的旧称。实际上这个名词在墨洛温王朝统治下的高卢似乎早已普遍使用，它的确像在整个蛮族世界一样，指的是私人战斗人员。不过，这个名词逐渐地让位给土生土长的名词"附庸"(*vassus*, *vassallus*)。"附庸"一词后来大放光彩。从起源上看，这个词并不是罗马词语，而是凯尔特词语。① 不过，它首次以文字形式出现在《萨利克法典》之前很久，无疑早已渗透到高卢的拉丁语口语中；因为该词的借用只能发生在克洛维以前很久的时候：那时候在法国领土上仍然居住着一些使用祖传语言的大群体，他们与采用罗马语言的各民族比邻而居。所以在这一珍贵的古代遗物中我们可以看到保留在法语深层中的古代高卢的一个真实遗迹。但同时我们必须当心，不要从封建时代词汇吸收的这个词语中，推出军事附庸制起源于遥远古代的结论。毫无疑问，罗马征服前的高卢社会大致上就像凯尔特社会一样，早已实行一种在许多方面与古日耳曼的亲兵制度相似的"亲兵制度"。但是，不管这些习俗可能在多大程度上在罗马上层建筑下流传下来，有一个事实可以肯定："被保护人"之名——恺撒称作 *ambacte*，在阿基坦称作 *soldurius*——已经消失得无影无踪了。② "附庸"一词进入拉丁语口语时，含有更低微的涵义，意思是"年轻男仆"，这种含义以一种昵称的形式

---

① G.Dottin, *La langue gauloise*, 1920, p.296.

② 至少在这种意义上是如此。但是从 *ambacte* 派生出了法文的 *ambassade* 和英文的 *embassy* 及 *ambassador*。这种派生是通过间接途径，这里我们不做探讨。

第十一章　附庸的臣服礼

valet 或 *varlet*（侍童）贯穿于中世纪，并潜移默化地演变为"家奴"之意，其情形正如拉丁文 *puer** 的变化一样。对于其主子而言，称那些时常簇拥在身边的人为"男仆"是很自然的事情。在法兰克人统治下的高卢，在 6 至 8 世纪的各种文件中，这个词语仍被继续赋予"家奴"的含义，随后逐渐出现新的含义，8 世纪新的含义与前一种含义并驾齐驱，而在随后的一个世纪中则取而代之。不止一位家奴被"荣幸"地接纳为侍卫。侍卫中的其他人虽不是奴隶，但住在主人家中，宣誓以不同方式效劳，听从主人召唤。他们也被主人称作"男仆"，因此他们与奴隶出身的同事一起被列入附庸的范畴，附庸从此已具有武装侍从的特殊含义。附庸曾经是所有武装侍从的共同标签，由于表示一种赞美性的亲密关系，所以最终专门用来指示武装侍从中的自由人。

一个词语从奴隶制世界内部出现后，逐渐提高到一个荣耀的位置，这段历史忠实地反映了附庸制兴起的过程。大权贵们甚至国王豢养的许多"凶徒"虽然原来的社会地位不高，但此后却声望日隆。联系武装亲兵及其首领的纽带所代表的是自由缔结的忠诚契约关系之一，这种关系是与最受人尊敬的社会地位一致的。用来称呼王室侍卫的名词 *trustis* 即效忠，极富寓意，意味深长。新招募的侍从宣誓忠于国王，国王则承诺"提供援助"。这些都是"委身制"的原则。毫无疑问，豪强及其附庸也互做类似的承诺。此外，受到重要人物的保护，不仅可以得到安全上的保证，而且可以得到社会地位上的保证。随着国家政权的分崩离析，每个掌权的

---

*　"幼童"之意。——译者

人都不得不越来越多地从自己的直接依附者那里寻求援助，而随着旧的军役制形式的衰败，招募职业性的战斗人员日益迫切，武装人员的作用愈益受到重视。在这些情形之下，人们更加坚信，在所有人身役务中，最高级的役务就是为自己庄严宣誓忠心追随的主人挺枪跃马，效力尽忠。

但是，一种深深地影响着附庸制发展的力量开始显现，并在很大程度上使之脱离原来的发展进程。这就是国家政权对当时尚未被承认的这些人际关系的干预。这个国家政权如果不是一个新政权，那么至少也是一个革新的政权，这就是加洛林王国。

5 加洛林王朝的附庸制

可以说，加洛林人的政策既受到既定习惯的支配，也受到各种原则的支配。"加洛林人的政策"当然不仅仅指君主们——他们中有些人是非常杰出的人物——的计划，而且也指他们的主事谋僚们的意见。贵族成员经过反对旧王室的长期斗争后已经掌握了权力，他们将成群的武装侍从聚拢在身边，强行对其他首领行使保护权，逐渐成为法兰克人的主人。这些人一旦达到权力的顶峰，将继续视这种关系为正常之物，这有什么奇怪呢？另一方面，从查理·马特时代起，这些人的理想就是重建先前他们和其他贵族一起毁坏了的中央政府权力。他们要在其领地内建立秩序和基督教的和平，要把士兵派往辖下的各个地区，并对异教徒进行圣战。圣战事业的进行既有助于提高他们的权力，又可以改变人们的灵魂。

旧制度看来难以胜任这一使命。君主政体只有为数不多的官

第十一章 附庸的臣服礼

员,但这些人并不是非常可靠,而且除少数教会人员外,他们缺乏职业传统,也缺乏教养。更何况,经济状况不允许建立规模庞大的薪俸官员体系。交通联络迟滞、笨拙且不稳定,所以中央政府面临的主要困难是如何与个体臣民保持联系,以便征索役务,实施必要的惩罚。为达到这一统治目的,便产生了利用根深蒂固的保护关系网的想法。在这个等级社会中,每个等级的领主都要为他的"人"负责,都要敦促他履行义务。这种想法不独加洛林人有,在西哥特人统治的西班牙这种思想早已是立法的主题;阿拉伯人入侵西班牙后,逃往法兰克宫廷中的许多西班牙难民可能向法兰克人传播了这种原则,受到法兰克人的重视,后来的《盎格鲁-撒克逊法典》所表现出的对"无领主之人"的强烈不信任,也反映了相似的态度。但是,有意识地推行这种政策,并且——应该说——对这种政策抱有坚定不移的幻想,其他任何地方均不及 800 年前后的法兰克王国。"每位首领必须约束其属民,裨使其更自愿地听从皇帝的命令和训示",[①] 810 年一个法规中的这些话简洁明快地概括出了丕平和查理曼所建基业的根本原则之一。同样,在农奴制时代的俄国,沙皇尼古拉一世吹嘘说,在他控制的领主(*pomeshchiks*)中有"十万警察监护官"。

在这一政策实施过程中,最需要采取的措施,显然是使附庸制适应这种法律制度,同时使之具有稳定性,只有这种稳定性才能使附庸制成为王权的坚固堡垒。在早期,身份低微者已经为生计而委身于人,就像图尔地方的故事套路中的饥饿者一样。虽然,实际

---

① *Capitularia*, I, no.64, c.17.

上许多亲兵早已是终生服侍其主人(而且无疑早已长期如此),有的是为了一项明确的事业,有的是迫于社会习俗或个人利益,但没有证据证明墨洛温时期委身制已是通例。在西班牙,西哥特法从未否认私人武士有权改换主人,因为法律称,"自由人永远有权支配自身"。而在加洛林时期,王室的各种敕令都关注对各种罪行的准确的界定,如果领主犯法,附庸有权不遵守契约。这种情况意味着,除非领主犯罪及双方同意脱离关系,领主和附庸的纽带关系终生有效。

另外,领主要承担法定责任,敦促附庸出席法庭,履行必要的军事役务。如果领主本人参加战斗,那么其附庸就在他的指挥下作战,只有在领主不在场的情况下,附庸们才归属于国王的代表——伯爵直接指挥。

但是,如果领主强制附庸效忠,而领主本身又不牢固地归附于国王,那么这样的体系有什么用处呢?正是为了达到其宏伟规划中的这个不可或缺的目标,加洛林王朝将附庸制原则最大限度地推行到所有社会关系中。

加洛林人一旦掌握了权力,就不得不酬劳他们的"人",将土地分配给他们。分配土地的方法,我们将在下面详加讨论。而且,作为宫相和后来的国王,他们必须有支持者,首先需要建立一支军队。所以他们通常以分赐土地的办法,将许多已经拥有高官显位的人笼络过来为己所用。以宫相分赠土地为基础安置下来的从前的军事从员,仍然被视为国王的附庸,而新产生的追随者也被认为以同样的附庸纽带附属于国王,即使这些新产生的追随者从前从来不是他的武装亲兵。两部分人都要率领他们的附庸——如果有

第十一章　附庸的臣服礼

附庸的话——为国王服兵役。但是，由于他们大部分时间远离主人生活，其生活状态与不久前的私家武士迥然殊异。他们中的每个人都处于中心位置，周围一定范围内疏疏落落地分布着一些依附者，国王希望他能使这些依附者相安无事；如果需要，国王还要求他对其邻居行使相似的监督。所以在加洛林帝国庞大的人群中，赫然形成了一个数量相当大的"钦命附庸"（vassi dominici）等级。这个附庸等级享有君主的特殊保护，负责向国王提供他所需要的大部分军队，在各个行省构成一个巨大的忠顺连锁的一个重要环节。871年，秃头查理战胜他的儿子卡洛曼，希望重新树立这位年轻叛乱者的同谋人的忠诚，他殚精竭虑寻谋到的最佳方法，就是强迫每位叛乱同谋人从国王的附庸中自愿选择一位领主。

还有另外一个原因。经验似乎已经证明了附庸制所具有的力量，加洛林王朝为了强化官员的忠顺，克服其不断动摇的态度，打算将附庸制应用到它的官员身上。王室官员过去一向被认为处于君主的特殊保护之下；他们向国王宣誓效忠，且越来越多地是从那些早已成为国王附庸的人中招来任职的，这种做法逐渐推广开来。如果不是更早，那么最迟从虔诚者路易统治时代起，任何宫廷官职、重要的指挥权特别是伯爵衔，其获得者在就职时，无不以最庄严的方式称自己是国王的附庸。从8世纪中叶起，即使是外国统治者，如果他们承认法兰克国家为保护者，也要履行这种仪式，称为国王或皇帝的附庸。当然没有人会期望这些显赫人物会像先前的随从一样，成为主人家中的骑马侍从。然而，在某种意义上，他们属于国王的军事家族，因为这些人宣誓效忠，向国王提供最重要的战争援助。

这些显赫的权贵们,已长期习惯于从家内仆从之中忠心耿耿的亲兵里物色可以信赖的愿意执行各种任务的附庸。如果远方的一项任命、一处地产或遗产的赠给,使一位忠诚的随从不能再履行人身役务,那么情况将是怎样呢?领主仍将视他为宣誓的随从。简言之,自发成长起来的附庸关系在这里再次倾向于突破领主家庭小圈子。国王们的榜样和国王们颁布的法律条文使这些变化中的习俗具有稳定性。领主和附庸都赞同有一种契约,这种契约此后将被赋予法律约束力。依靠附庸关系,伯爵们使低一级的官员附属于自己;同样,主教和修道院院长则以附庸关系使世俗信徒附属于自己,依靠这些世俗信徒的支持行使审判权或由他们带领其臣属履行兵役役务。所以,无论是哪位豪强,都极力将日益增多的小封建主笼络于其麾下,而这些小封建主也如法炮制,将势力更弱小者笼络于自己势力下。这些私人附庸组成了一个由社会地位相当低的成分组成的斑驳陆离的社会。如果主人受召见离开,伯爵、主教和修道院院长有权将这一地区留给一些人管理。在这些人中,有些人如同小国的钦命附庸,被委以重任,负责维护和平的光荣使命;另一些人则承担起为主人看家护院、照管庄稼和护理主人家内事务的次一等的任务。[①] 这些职位都享有权力,所以也是值得尊敬的位置。正如国王周围的情形,早些时期围绕各等级的首领们形成的纯粹的家内役务,为此后的各种体面的依附形式提供了模仿的范本。

---

① *Capitularia*, I, no, 141, c.27.

6 古典类型附庸制的形成

加洛林王朝的倾覆,代表着虽在许多方面落伍和失算但又不乏良好愿望的少数人,试图保存一种秩序井然的文明生活中的某些社会准则的努力,迅速地悲剧性地失败了。此后便是一个漫长而动荡的时期,但同时也是附庸制的特点即告形成的孕育时期。

此后欧洲陷于内部纷争和外部入侵的无穷无尽的战争状态。在这种状态中,人们比以往更迫切地寻找首领,而首领更要寻找附庸。但这些保护关系的扩展不再是为了国王的利益。此时私人纽带关系数量增多,尤其在城堡周围更是这样。由于斯堪的纳维亚人和匈牙利人开始入侵,乡村地区兴起越来越多的堡垒,以个人之名或以更强大的人物之名控制这些堡垒的领主,竭力召集附庸团体进行防卫。"现在国王除了他的名号和王冠外一无所有……他既无力保护面临危险的主教们,也无力保护身处险境的臣民们。所以我们看到这些人都联合起来为圣上服务。他们由此获得和平。"1016年勃艮第王国的一位德国高级教士这样刻画当时的混乱状态。在随后的一个世纪,阿图瓦的一位修士恰如其分地说明了"贵族阶级"中何以只有少数人能够避免领主统治,而"仍然只从属于公共权力"。应该明白,即使在这里,"公共权力"一词显然并不是远离此地的王室政权,而是伯爵政权。代替王权发挥作用的伯爵政权,依其性质仍然是高于个人关系的政权。[①]

[①] Thietmar of Merseburg, *Chronicle*, VII, 30. *Miracula S. Bertini*, II, 8, in Mabillion, *AA.SS.ord.S.Benedicti*, III, I, pp.133-134.

无须说,这些依附关系贯穿于社会各等级,并不仅仅限于这位修士所说的这些"贵族"。但是,加洛林时代已开始描绘的以不同社会环境为特点的不同关系的分界线,这时已更清楚地划定了。

当然,语言乃至行为方式会长期保留旧时混乱状态的遗迹。一些规模不大的庄园的臣属肆力于受人蔑视的土地耕作,承担的任务从此被认为是受奴役的工作,直到12世纪一直负载着"委身者"之名。《罗兰之歌》的作者将这个名称用到最著名的附庸们的头上。因为农奴是领主的"人",所以人们常常说农奴生活在"臣服"状态中。甚至一个人承认自己是另一个人的农奴所做的正式动作,有时也被称为"臣服",在这种仪式上的正式动作有时确实使人想起"握手"臣服礼所特有的姿势。[①]

不过,这种农奴臣服礼在它盛行的地方,却与附庸臣服礼有着极大不同;它不需要世世代代重复进行。当时两种附属形式的区别日益清晰地显现出来,一是世袭的,其特征是承担各种各样被认为属于一个相当低下等级所承担的义务,尤其是它不允许依附者一方有选择权,所以它被认为是与"自由"相对立的。这种附属形式实际上是农奴制,大多数身份低微的委身者都是不知不觉地继承了这种身份,尽管在一个社会划分基于不同原则的时代,他们最初的归附具有"自由"的特点。另一种依附关系叫做附庸制,在附

---

① 前文(边码第130页)已提到的作为赎罪行为的臣服礼,其作用可追溯到向地位较高的人表示屈服的特有姿态,普拉冬(G. Platon)在一篇不那么严谨的文章('L' Hommage féodal comme moyen de contracter des obligations privées' in *Revue générale de droit*, XXVI, 1902)中引用的例证说明,这种仪式还是肯定私法规定的各种契约义务的一种手段。但是,这里指的是一种非正常的习俗,仅限于少数几个地区(加泰罗尼亚,或许还有卡斯蒂尔),且时间上也较晚。

第十一章 附庸的臣服礼

庸制中,一方死亡,这种关系即告终结,如果在实际上并非如此,那么在法律上也是如此。这一特点解除了世袭性对个人行动自由的限制这一污点,所以它颇适合于武士这一荣耀行当。从本质上,这种关系所产生的援助形式与战争有关。由于特征上的相似性,11世纪末以后拉丁语契约几乎毫无差别地称一个人为其领主的附庸或 miles。从字面意义上,miles 一词应译作"士兵"。但是法文文献从该词出现之日,就将它译为"骑士",更早时期的书记员心目中所知道的自然是这个方言词汇。士兵是披坚执锐、跃马冲锋的典型,而附庸的使命首先是以这种方式为领主效命。于是,民众语言中的"附庸"通过这个古字的升华——该字不久前还表示一种低微的身份——而获得广泛的用途,用来表示一个终身从事战争的群体最为人称道的品德,即勇敢。这种依附关系以握手的臣服礼正式完成,而握手礼此后几乎完全限于此一用途。但是,自 10 世纪以后,这种意义重大的献身仪式通常要辅之以亲吻礼来完成,亲吻礼将两个人置于同一水准的友谊上,使大家熟悉的附庸制从属关系获得尊严。实际上,这种依附关系此时限于社会地位很高、有时是非常高的人物之间。军事附庸制的出现经历了一个缓慢的分化过程,它从古代根本不同的委身习惯中分化出来,最终演化成委身制的最高形式。

第十二章 采邑

1 "恩地"和采邑：薪俸佃领地

在法兰克时代，大多数的委身者从新领主那里所寻求的不只是保护，因为这位势力强大的主人同时还是一位富人，所以委身者们也期望新领主对他们的生计给予帮助。圣奥古斯丁生活在西罗马帝国最后几十年，他的书中记载了穷人寻找能提供"吃饭手段"的庇护人的情形。从奥古斯丁的记载到我们多次引述的墨洛温时代的俗套话，我们听到的是同样的连绵不断的呼号声——饥饿者的哀鸣声。就领主而言，他不只是为行使对附庸的权力的野心所驱使，而且还时常试图通过附庸们的力量控制财产。简言之，各种保护关系从一开始就涉及经济方面，附庸关系和其他关系都是如此。首领对其亲兵的慷慨赠予似乎是主仆关系纽带非常重要的一部分，在加洛林时代，赐赠礼物，如一匹马、武器和珠宝，几乎是人身从属礼的恒定的奖赏。一个法规规定，如果附庸从领主那里已经接受了价值一个金索里达的礼物，那么他就不能解除依附关系。领主只有将礼物赠予依附者以后，才是名副其实的领主。

当时，拥有一群附庸的领主就像每一位雇主一样，多少受到当时总体经济状况的制约。对附庸的役务有两种付酬方法，领主必须选择其中之一。一是将附庸豢养于家中,供其衣食并出资为其提供装备;一是给予附庸一份地产或提供一份固定的地产收入,供其维持生计。在法语流行各地区,后一种方法被称为"安置"(chaser)附庸,字面上的意思是给予附庸房舍(casa)。这种让步是通过何种方法实行起来的呢?

在早期,这种继承性没有任何限定的简单赠礼方式被广泛采用。这是根据7世纪的惯例所采用的形式,按照这种形式,领主赐给他的"亲兵"一小块地产。我们发现,后来虔诚者路易的儿子们多次使用这种办法,以显示对附庸的慷慨,其目的很明确,就是笼络附庸恪尽职守;有时还附有约定,如果没有达到预期目的,礼物可以收回。然而,因为领主定期分配给附庸的这些地产,在性质上更多的是报酬而不是奖赏,从根本上讲,这些地产在附庸役务停止时就应毫无困难地归还领主,至少依附关系因死亡而中止时应该如此。换言之,由于附庸关系不能继承,对附庸的报酬从逻辑上不具有继承性。

依当时的定义,至少在最初时期,这种土地授予是缺乏任何"授权证明"的,所以有着固定的双向契约体系的官方罗马法和日耳曼习惯法,都没有提供任何先例。然而,在罗马帝国,由于重要人物的影响,此类契约作为个人协议已经大量存在。这类契约涉及主人对被保护人的豢养,所以很自然地与保护-被保护关系联系起来。这些契约中使用的术语相当暧昧不清,只有在法律边缘的惯例中方能找到。用来描述这种惯例的一个词语是 *precarium*(恳求地),因为祈求(preces)来自或者被认为来自地产的接受者;另一个名词是"恩地"(*beneficium*)。虽然法律不承认这种契约,在法庭上也不向授田者提供手段,强迫执行他通常强加于地产上的各种义务,但这对授田者影响甚微,因为他总有权利收回在理论上完全出于仁善行为赠送的礼物。

这两个词语在法兰克人统治下的高卢继续使用,但 *precarium* 的形式发生了改变。这种改变让史学家颇费思索。它从中性名词变成阴性名词 *precaria*。这种演变似乎只是广为流行的拉丁俗语中的一种语言现象的特例,系由语言的混杂所产生:以 a 结尾的中性复数词很容易有这种变化,例如,法语 *feuille** 转自 *folium* 即属此类。由于祈求者创造的"请求信"(〔*epistola*〕*precaria*)之名所产生的同化作用,很容易出现我们现在讨论的 *precarium* 一词的这种变化。

precaria 和 *beneficium* 两个词语最初在使用上似乎无甚差异。然而,由于 *precaria* 包含来自出租-租用法中的成分,逐渐获得了一种相当特别的契约形式,因此它倾向于专用于表示支付地租的转让地产;另一方面,"benefit"一词意义比较含糊,也比较体面,因为它不具有祈求的意思,这个词语受到偏爱,被用来表示作为役务报酬授予附属于领主家庭的人员,特别是附庸的临时转让地。一个重要事件促成了这两个词语间的区别。为了获得地产用以谋求大量武装侍从的支持,加洛林王朝毫无廉耻地没收了大量教会地产。查理·马特统治时的首次掠夺是残酷无情的。他的后继者并没有放弃征用的这些财产,而是将它们加以合法化:一方面处理已经没收的土地,同时处理那些将来可能没收的土地。他们

---

* 意为"叶子"。——译者

所关心的是在一定程度上保护合法所有者的权利。他们要求主教或修道院将一处地产交付国王的一位附庸（理论上只是终生使用），此后他得到一份地租，而附庸则向国王服役。所以，就教会而论，这份地产在法律上是"恳求地"，但国王的附庸则是"蒙恩典"持有国王的这份土地。

以"恩地"（benefit）一词来称述以役务，特别是附庸役务为代价获得的转让地，这种用法在大法官们和编年史家们使用的拉丁语中一直存在到12世纪。然而，与真正的活生生的法律词语形成对照的是，*beneficium* 并没有在罗曼语系各语言中提供诸如 *commandé* 这样的派生词；它最终以 *bénéfice* 的形式出现于法语的时候，变成了一个与教士阶层密切相关的词语。很清楚的是，在口语中它的作用早已被另一个词语所取代。在封建时代，大概早在9世纪，法国的抄写员缮写 *beneficum* 一词时，他们脑海中想到的是"fief"（采邑）。

尽管这个重要词语在语音上存在的一些困难，对罗曼语各形式的影响比拉丁语的转写形式为小，但其历史是清晰的。[①] 古代日耳曼各语言中都有一个与拉丁语 *pecus*（家畜）有远亲的词汇，这个词汇有时被毫无区别地用来表示笼统的动产，或动产形式——其中家畜在当时是最普通最有价值的财产；在另一些情况下又限于其中的一种或另一种意义。德语中现在还保留第二种意义，今天将这个字写作 *Vieh*（牲畜）。高卢-罗马人从日耳曼入侵

---

① 从语言学角度，最出色的论述见于 W. von Wartburg, *Französisches etymologisches Wörterbuch*, III（不过，应指出，胖子查理884年的特许状是伪造的）。

者那里借用了这个词汇,转写为 $fief$(在普罗旺斯语中作 feu)。该词至少在最初时以这种形式保留了原意之一,即广义的动产。勃艮第的各种契约书证明,这种用法一直持续到10世纪初叶。我们从契约书中看到一个人购买了一片土地,价格以通常的货币标准确定下来,但购买者并没有这笔现金,所以他按照当时流行的做法,支付相同价值的实物。契约书如此叙述这笔交易:"我们从贵处接受议定的价格,以 feo 计为这些镑、先令或便士。"[1]比较其他文件可以看出,通常所涉及的东西有武器、衣服、马匹,有时也包括食物。领主豢养家中的侍从或领主出资装备的侍从所分配到的商品,在很大程度上与这些商品是相同的。在这些人群中,他们无疑也会谈到 $feos$。

但是,$feos$ 这个词语所由来的语言,在讲罗曼语的高卢地区无人通晓,结果是失去了它原来所在语言的全部词汇的支持,所以它很自然失去了其大部分语源上的内容。在每天都使用该词的领主的家务中,它逐渐毫无例外地与报酬观念本身联系起来,不管赠品是动产还是地产。如果一位侍从从原来在家中豢养他的主人那里接受一块土地,情况又是怎样呢?这块土地也被称作附庸的 $feus$。由于土地已经逐渐变成了附庸正常的报酬,所以这个本义完全相反的古老词汇最终保留下来,单用以指示这种形式的报酬。正如多次发生的情况,语义上的演变是以误译告终。以采邑表示附庸持有的地产,被书面文献记录下来,最早的例证见于9世纪末

---

[1] *Recueil des chartes de l'abbaye de Cluny*, ed. Bruel et Bernard, I, nos. 24, 39,50,54,68,84,103,236,243.

第十二章 采邑

叶。[1] 在法国南部的一份契约书中载有这个词语,这些契约是由一些识字不多的办事员起草,其中异乎寻常地使用了口语词汇。在随后的一个世纪中,这个词语出现在朗格多克地区的其他几份文件中。大约在1000年前后,布列塔尼地区、法国北部和勃艮第等地区的大法官们虽然非常注意语言的纯洁性,但在这个词汇的使用上也开始屈从于大众语言的压力。即使如此,它最初经常意味着,这个土语化的措辞变成了一种注解文字,为的是使所有人都明白这个古典词汇的意义。"大众语言中称作采邑的恩地(*beneficium*)"这样的表达方式,见于1087年埃诺地方的一份文件。[2]

但在日耳曼语各地区,Vieh 一词仍保持"牲畜"的意义,没有更冠冕堂皇的含义。高卢书记员们独出心裁地设计出用以表达罗曼语 *fief* 的拉丁语对应词,契约语言中借用其中的某一个词是不可避免的;这些对应词中,*feodum* 是其中传播最广泛的一个,它对于讲德语的大法官们是很熟悉的,对于卡佩王朝的大法官们也不陌生。但为了表达采邑这样在很大程度上成为人们日常生活一个部分的事物,日常用语必须创造出自己的词语。由于授予附庸的土地在理论上是暂时的,所以人们养成习惯,以一个意为"暂时交付、借给"的常用动词派生出的代名词来称述这些转让地。采邑

---

[1] *Cartulaire de Maguelonne*, ed. J.Rouquette and A.Villemagne, no. III(不同文献见 C.de Vic and J.Vaissète, *Histoire générale de Languedoc*, V. no.48)。日期:893年1月23日至894年1月27日,或者(更有可能为)898年1月1日至12月31日。这里我无法引述有关后一些例子的参考书。普罗旺斯地区作 *feuz*,早在956年6月9日已可以见到(*Histoire générale de Languedoc*, V, no.100)。

[2] A.Miraeus, *Donationes belgicae*, II, XXVII.

是一个借用词：Lehn。[①] 这个词和它的动词词根（在当代德语中仍广泛使用）之间的联系总是历历可辨，所以它从未像它的法文对应词一样变得非常专门化。至少在民众用语中，它继续表示各种方式的土地转让。所有这一切说明，借用词本身比其他词汇更适用于表达一个新的精确的专门意义。

"恩地"、采邑和借用地——这些同义词所要表达的概念总体上是非常清楚的，它基本上是一个经济概念。在这一点上我们不要搞错。采邑指的是一种转让的财产，它所换取的不是支付某件东西的义务——即使有必要，也只是在次要方面——而是做某事的义务。更确切地说，一块采邑不仅包含一种承担役务的义务，而且也涉及一种非常明确的专门职业和个人行为因素，早在13世纪的法官们之前，11世纪的契约书就已经明确地将维兰[*]佃领地与采邑区分开来；维兰佃领地要承担劳役和实物地租。但维兰佃领地所要求履行的这些役务如田内劳动、马车运输，甚至提供家庭小手工业产品，被认为是任何人都能做的事；而且这些事是由农村共同体的风俗所规定的。假若这块地授予了领主的一位"管家"，那么条件是管家忠实地为领主监督其他佃户；假若授予一位油漆工，那么代价是油漆工为他所服务的教堂进行装饰；假若授予一位木匠或金饰匠，那么条件是匠人此后以其技艺供领主调遣；假若授予一位教区的教士，那么是作为他医治人们心灵的报酬；最后，假

[①] 在诗歌《赫里昂》(*Heliand*，822-840)中，人们发现，与"采邑"一词和德文 *Lehn* 有关的两个主语，在 *Lehni feho*＝"借来的财产"这一短语中被奇妙地联系起来。(v.1548)。

[*] 参见下文，边码第272页。——译者

第十二章 采邑

若授予一位附庸,即领主手下的一位武装亲兵和一位职业武士,那么这种佃领地就承担了特殊性质的役务,这些役务在不同情况下,取决于不同的习惯和传统。这种佃领地的独特性主要在于这一事实:它是一种报酬形式,简言之,是一种薪俸性质的佃领地。这就是采邑。① 不管任何等级,它都是如此。当然,涉及下层劳工时,是不要求举行臣服礼的。领主的管家通常是一个农奴;无论是马耶赛地方的本尼狄克会*,还是普瓦图伯爵的厨师,抑或定期为特里尔的修士们放血治病的扎针人,大概都不会以其职业获得显赫声望。不过,由于他们都已被授予佃领地,而不是在领主家中靠领主豢养,所以这些具有职业资格的仆人都被合法地列入领有采邑的依附者之列。

某些历史学家注意到这些身份微贱者持有采邑的事例,认为是晚些时期发生的偏离现象。其实不然。对9世纪的考察已经使人们看到,庄园的管家、工匠和马车夫们都领有"恩地"。虔诚者路易统治时期的艾因哈德提到,一位画家持有"恩地"。1008—1016年间,采邑这个新名称以拉丁语的形式第一次出现于莱茵兰地区,是用来描述一位铁匠的佃领地。采邑(以及封建时代的附庸制和其他许多法律形式)的历史,是一部制度发展史,这种制度原来具有极大的广泛性,但逐渐演变成一种与特殊的社会等级有关的制

---

① 管家采邑的例证〔法国南部的管家采邑(*fevum sirventale*),参见 de Vic and Vaissète, *Histoire générale de Languedoc*, V, no.1037〕是人们熟悉的,同样,教士采邑(*feudum presbyterale*)的例证也是人所共知的。关于工匠的采邑,参见 'Un Problème d'histoire comparée: la ministerialité en France et en Allemagne', *Revue historique de droit*, 1928, pp.54-55 中我提到的参考书。

* 又译本笃会。——译者

度。其演变过程就是如此,而不是相反。

毫无疑问,人们发现,被迫用同一个名称去称呼各种财产,是很不方便的,这些财产不仅在性质和规模上大不相同,而且持有者身份各异,如小庄园官员、厨师、武士(他本身是领有很多农民的领主)、伯爵或公爵。(即使在我们相对民主的社会中,我们不是也感到需要使用带有等级区别的词语吗?我们不是说体力劳动者的工资、官员的薪水、专职人员的报酬吗?)然而,这种暧昧不清的状况持续了很长时期。在13世纪的法国,人们仍然提到庄园官员和工匠的采邑;热衷于区分附庸采邑的法学家们,往往以修饰词"自由的"(*francs*)来表明其特点,即是说,这种采邑只承担完全自由人的义务。其他语言从法语借用了采邑一词的用法,在这些语言中,除用于土地转让外,它在报酬的广义上继续使用了更长时期。在13世纪的意大利,付给某些政府官员和民政官的货币薪金被称作*fio*,在今日的英语国家,医生或律师的报酬仍然称作"fee"。但在不加特别修饰使用这个词时,人们越来越多地认为,它指的是采邑(采邑数量既多且社会意义更为重要)——一部与采邑有关的真正的封建法律已经发展起来;也就是说,它指的是承担着界定明确的附庸制役务的佃领地。附庸制这个名词在更早的时候就已获得了这种明确的专门意义。14世纪时《萨克森法鉴》的注释这样界定这个名称:"采邑(*Lehn*),即赋予骑士的报酬。"

2 附庸的"安置"

支付附庸役务的报酬有两种方法,即授其采邑和将其豢养在

第十二章 采邑

家中,这两种方法并不是绝对不相容的。附庸在佃领地上定居下来以后,并不因此而放弃对领主慷慨施赠其他物品的要求,对领主施赠马匹和武器,特别是"灰色和灰白色"长袍和斗篷的要求尤为强烈。这些赠品逐渐被明确地列入许多"习惯法"中,甚至一些非常著名的人物,如列日主教的附庸埃诺伯爵也郑重地接受。例如,我们看到,在1166年的英格兰,在一位著名男爵的随从中,一些骑士已经得到了土地,但仍然与男爵生活在一起,并从男爵那里接受"生活必需品"。①

然而,除了某些例外情况,"私家"附庸和接受封地的附庸实际上代表着鲜明不同的类型,从领主的观点看,这两类附庸服务于不同的目的;早在查理曼时期,一位王室附庸在宫中供事,但却拥有采邑,就被认为有违常规。事实上,无论在服军役或提供咨询方面,还是在和平时期的管理上,不管对附庸提出何种要求,只有时常在身边服侍的私家附庸,才有可能履行数不尽的服侍义务或更高级的家务。由于这两种附庸类型不能相互置换,所以它们之间的差别在严格意义上不是连续发展阶段上的差别。毫无疑问,豢养在领主家中的亲兵代表一种更古老的关系,但私家亲兵在很长时期内继续存在,与新类型的随从即被授予采邑的依附者同时并存。如果一位附庸追随在领主身旁一段时间后获得一份采邑,那么情形又当如何?另一个人会填补其空缺,列入领主的亲兵之列,这个人可能是等待继承权的年轻人,即他的小儿子。成为领主亲

---

① Gislebert of Mons, *Chronique*, ed. Pertz, p.35; *Red Book of the Exchequer*, ed. H. Hall, I, p.283.

兵之后得到的食宿保障为人垂涎,以致中等势力的骑士家族有时会恳求领主承诺将其较年轻的成员纳为亲兵。[①] 腓力·奥古斯都执政之初,无地的附庸仍然为数众多,所以,这位国王在为十字军征收"什一税"的敕令中,虽不愿意让任何等级的纳税者免除什一税,但却认为需要将他们列于特殊范畴中。

但是,早在加洛林时代,这两种附庸的数量无疑已有显著不同,采邑持有者居多;这种不同与时俱增。对于这一过程,至少对于这种不同形成的原因,我们拥有极其有力的例证。虽然这一例证涉及法国以外发生的故事,但与我们的主题有关,因为所涉及的风俗制度从根本上讲源于法国。

"私生子"威廉征服英国后,他所关注的第一件事就是在他的新王国中引入盛行于诺曼公国的引人注目的封建军役制,所以他给手下主要的附庸们规定的义务是,忠贞不渝地为他掌控一定数量的骑士,骑士的人数在各男爵领地内要一劳永逸地固定不变。这样一来,每一位直接依附于国王的大贵族就不得不领有一定数量的军事附庸。当然,他有权决定采取何种办法养活这些附庸。起初许多主教和修道院院长喜欢"在领内"供给骑士食宿,而不是授予采邑。在每个地区,从教会权贵们的观点看来,这种办法自然是最佳选择,因为它表面上保持了他们受人委托而加以管理的不可分割的地产遗产的完整无损。大约一个世纪以后,萨尔茨堡大主教康拉德一世的传记作者仍然祝贺其传主能够"只以施赠动产的办法征募骑士"发动战争。然而,英国的高级教士们,除少数人

---

① *Cartulaire de Saint-Sernin de Toulouse*, ed. Douais, no.155.

之外,很快就被迫放弃了这种对他们颇为适合的制度,此后王室军队的服役义务就加在了从教会地产中分割出来的采邑上。[1] 编年史家伊利说,那些附庸由修道院直接供养时,向食品管理员吵吵嚷嚷地抱怨,讨厌至极,让人难以容忍。不难想见,一个欲望不受约束的喧嚣的武装团体,对于宁静的修道院来说,是一个扰乱因素。似乎可以肯定,在高卢地区,武装团体造成的此类麻烦,可能是教会中私家附庸人数很早就迅速减缩的部分原因。9世纪初叶前后,在一些大修道院中私家附庸人数仍然为数众多,以致修士们养成一种习惯:为武士们保留一份特殊的面包,其质量比其他附庸所享用的面包要好些,如科尔比修道院就是如此。但是,除了在行使封建领主权方面所遇到的这种特有的不便外,还有另一种更严肃的难题,如果说这个难题没有完全结束私家豢养附庸的习惯,那么也在很大程度上限制了它的发展。在封建时代第一阶段,为一个规模相当大的团体提供正常的给养是一件大事情。不止一位寺院编年史作者提到修道院饭厅中出现的饥荒。所以,在很多情况下,无论是领主还是武装扈从都发现,给武装扈从以生计出路,让他们自我赡养,乃是最好的办法。

当附庸们的地位太高,领主必须对他们的效忠支付报酬,而附庸们又不满足于永远在领主羽翼庇护下生活时,这种私家豢养制度的弊端则更为显见。这些附庸需要独立的收入,这种收入与其已行使的政治权力相结合,将使之能够拥有一种与其威望相符的

---

[1] J.H.Round, *Feudal England*, London, 1907; H.M.Chew, *The English Ecclesiastical Tenants-in-Chief and Knight-Service, especially in the Thirteenth and Fourteenth Centuries*, Oxford, 1932.关于萨尔茨堡,见 *M.G.H.*, SS, XI, c.25, p.46。

生活。此外,有时这也是附庸役务本身的需要。一个钦命附庸发挥作用的前提是,他在自己的领区内度过大部分时间,行使监督权。所以,正是在加洛林时期,伴随着"恩地"的广泛分布,附庸关系不仅在数量上获得发展,而且可以说在高度上也得到发展。

如果认为所有的采邑实际上是由领主授予附庸土地而产生,这将是一种误解。尽管看似奇怪,但许多采邑实际上出自附庸对领主的土地赠予,因为这位寻求保护者的人,经常要为这种被保护权付出代价。迫使其弱小的邻居屈从于自己的强权人物,往往要求屈从者既献出财产,又要献出其人身权利,所以弱小者在向领主委身的同时,也要献出土地。人身依附关系一旦确立,领主便将新产生的依附者临时交出的土地返还给后者,但此时这块土地的所有权属于领主,领主对土地的这种权利,由施加在土地上的各种义务表现出来。这种规模宏大的献地运动,在法兰克时期和封建社会第一阶段在社会各阶层展开,但因献地者的社会身份和生活方式不同,献地方式迥然殊异。农民的土地返还后,农民被课以货币或实物地租以及农业劳役。社会地位较高且有尚武习惯的人在举行臣服礼之后,接受他从前的土地作为一名附庸的荣誉采邑。于是,拥有不动产权利的两大阶级最终划清了界限。一方面是由通常的庄园习惯法规定的不大的维兰佃领地和采邑,另一方面则是仍然完全独立的"自主地"。

如同采邑一词一样,"自主地"(allods)一词也源于日耳曼语,但是,语源传承上更为直截了当:*od* 意即"财产",而 *al* 可能意为"全部";如同采邑一词一样,它以 *alleu* 的形式被罗曼语系各语言吸收,并注定与此类借用词一道流传下来。其德语对应词是 *eigen*

第十二章 采邑

("自己的")。从法兰克时代到封建时代结束乃至更晚时期,这两个同义词的含义完全没有变化,虽然不免出现零零星星的曲解。有时它被界定为"自由领有地",但这种定义法忘记了,这个词语从未以非常准确的意义应用于中世纪的法律。一块自主地的所有者,如果他本人是一位领主,那么他除了会遇到广泛的亲属方面的羁绊外,他很可能拥有佃户乃至附庸,这些人对土地的权利实际上在大多数情况下是世袭的,这种权利对领主的权利形成严格的制约。换言之,自主地在较低层次上并不一定是一种绝对权利,但在较高的层次上却是如此。"阳光照得到的采邑",即无领主的采邑,是中世纪末叶以前德国法学家用来形容自主地的恰当词汇。

自然,这一特权可以适用于任何一种地产或地产收入,不管这种财产——从小块农田到最大的地租和权力综合体——的性质如何,也不管持有者的社会地位如何。所以,自主地和维兰佃领地之间、自主地和采邑之间存在着区别。我们现在所关注的只是第二种区别。在法国和莱茵河地区,这种区别的发展分为时间长短不等的两个阶段。

加洛林王朝崩溃过程中及其崩溃以后所产生的混乱,最初给予许多附庸公然吞占土地的机会,这些土地是作为临时转让地接受的。如果这些转让地是由教会和国王所授予,那么情况就更是如此。让我们比较一下来自利摩日地区的两份时隔38年的契约书吧。第一份签订于876年,其中规定,秃头查理将卡瓦利亚古的财产交付其附庸阿尔德伯特,"作为蒙恩典享有用益权的财产",供他和他的儿子们终生使用;第二份签订于914年,其中提到阿尔德伯特的儿子阿尔杰向利摩日教团赠送"我的叫作卡瓦利亚古的自主地,这份自主地是我从父母那里得到的"。①

然而,这些地产除非像卡瓦利亚古的这份地产一样落于教士手中,那么,无论是作为吞占行为结果的自主地,还是那些起源于古代的名副其实的自主地,通常都注定不会长期保持其性质。一位编年史家告诉我们,从前有兄弟二人,名字叫赫罗伊和哈克特,其父是博普林赫的一位富裕的封建主;父亲死后,二兄弟平分了其父留下的自主地产业。布洛涅伯爵和吉讷伯爵穷追不舍、苦苦相逼,企图迫使他们献出土地,向自己行臣附礼。哈克特"怕人甚于怕上帝",所以他屈从了吉讷伯爵的要求;而赫罗伊不愿向两位勒索者中的任何一位让步,将他分得的这份遗产交给塞茹安奈主教,并从他那里将土地作为采邑接受回来。② 这个故事是后来讲述的,只是道听途说而已,其细节大概不很可靠,但主要精神却可以忠实地说明那些持有自主地的小领主,在被怀有敌对企图的强邻盯上时,情形会是怎样。同样,蒙斯的吉尔伯特所编成的精确的编年史也记载,埃诺地区自主地上建立的城堡逐渐被埃诺伯爵或佛兰德伯爵们变成采邑。封建体制从根本上可以被理解为一种依附关系网,这种体制即使在它诞生的国家中,也从未变成一种完善的制度,所以自主地继续存在。加洛林王朝初期,自主地仍数量众多,拥有一处自主地——这一自由地需要在相关的伯爵领中——在当时确实是担任教会俗世代表(*avoué*)的必要条件。但从10世纪以后,自主地急剧消失,而采邑数量却在不断增加。土地及其主

---

① *S.Stephani Lemovic.Cartul.*, ed. Font-Réaulx, nos. XCI and XVIII.
② Lambert of Ardre, *Chronique de Guines*, ed.Manilglaise, c.CI.

第十二章 采邑

人一起陷入从属状态。

附庸的采邑,不管其真正的来源如何——无论是出自领主属地的地产,还是重新收回的采邑(fief de reprise),即由其原来的主人献出、然后又以一定的封建条件"接受回来"的从前的自主地,它在正式形式上,都是领主授予的地产。这可以说明不动产权利交接时,何以采用一种与当时所有不动产权利转移时通常采取的形式一致的仪式行动。这类象征性的行动被称作封地仪式。领主将一件象征财产的物件交给附庸。为表达此种意义,通常一根小手杖就足够了,但有时人们更喜欢采用一种更具表现力的象征物,如一块泥土表示出让的土地,一柄长矛表示军役;如果附庸不仅是一位武士,而且还是一位首领,那么就授予他一面旗帜,表示其他骑士供其驱使。在不同的地区,风俗习惯和一些聪明的法官也在这幅原本相当模糊的图画上添加了许许多多的细节。一份采邑授予一位新的附庸时,臣服礼和效忠礼之后,接下来进行的就是封地仪式,封地仪式永远不能在臣服礼和效忠礼之前举行。[1] 造就效忠纽带的效忠礼是授予封地的必要条件。

在理论上,任何形式的财产都能够成为采邑,但就附庸采邑而言,附庸的社会地位实际上却造成某些限制,至少不同形式的委身制之间形成截然不同的区别之后是如此。正如我们看到的一份7世纪的文献所表明的那样,授予一位"亲兵"一块土地时,契约套语中似乎规定,可以征收农业劳役。但是后期的附庸已不屑于从事体力

---

[1] 至少在高度封建化的国家,如法国大部地区是如此。意大利的情况是例外。(关于封地仪式,见图 V。)

劳动，所以他以其他人的劳动为生。他接受一份地产时，期望看到土地上的佃户，这些佃户一方面要缴纳地租，另一方面则要服劳役。佃户履行劳役才能使通常留给主人直接耕种的那片土地得到耕种。简言之，附庸的采邑大部分都是规模不等的庄园。不过，另一些采邑则是由一些收入组成，这些收入虽然保证了采邑主享有贵族般的闲逸生活，但并没有带来对其他附庸的权威，只是具有次要的可能性。这些收入包括什一税、教堂不定期收入、市场税和渡口税。

实际上即使是这类收入，因其在一定程度上附属于土地，以中世纪的分类，也被列入土地产出的财产的范畴。只有后来交换经济和行政机构能够使各王国和大公国积累大量货币时，国王和大贵族们才开始将纯粹的收入作为采邑分配。虽然这些"金钱采邑"（*fiefs de chambre*）不是来自土地，但涉及臣服礼。从领主的观点看，"金钱采邑"有许多优越性，领主不会有转让地产的危险。我们将看到，采邑形式上的变化，使土地采邑变成了世袭财产，这些金钱采邑大多不受其影响，金钱采邑的授予充其量给予附庸一生之利，并使附庸更严格地从属于领主。对于统治者而言，这些金钱采邑的授予提供了一种掌控远方附庸，乃至非直接控制区的附庸的方法。英国各王很早即饶有资财，最先使用这种方法的人中间似乎就有他们；早在 11 世纪末，他们就向佛兰德的贵族们（尤其是佛兰德伯爵）授予金钱采邑，以便获得其军事支持。腓力·奥古斯都总是喜欢模仿其对手金雀花王朝*诸王，所以他也试图在同一地区以同样的方法与之竞胜。13 世纪，霍亨斯陶芬王朝以类似的

---

* 即安茹王朝。——译者

方法使得卡佩王朝诸大臣及卡佩朝廷成为其附庸。圣路易以这种方法与此前惟一的潜在附庸儒安维尔建立起直接的关系。[①]但是,如果相关的附庸是私家的武装侍从,情形又是怎样呢?这种情况下,金钱采邑避免了豢养附庸的不便之处。如果说13世纪私家附庸数量骤减,那么,在大多数情况下,肯定是因为纯粹的私家豢养制度已经被采邑形式的固定货币薪俸授予制取代了。

但是,是否可以肯定只有动产类型的收入可以合法地成为采邑授予物呢?这个问题不能从字面上来理解,它已转变成这样的一个问题,即围绕附庸采邑概念逐渐发展起来的独特法律条例的适用范围有多大?这就是为什么在意大利和德国法律原则和法庭判决最终拒绝承认金钱收入为采邑的原因。在意大利和德国的特殊条件下(这些我们在下文将加以论述),这一封建法本身非常成功地演变成一种自治体系。而在法国,这个难题似乎没有给法官们造成麻烦。在军事占有制的旧名义下,各名门望族不知不觉中过渡到一种实际上以买卖为基础的新经济特有的货币报酬制度上。

由于采邑的授予是委身者的报酬,所以它的有效期即是这种人身依附关系的有效期。这种人身依附关系是采邑存在的理由。大约从9世纪以后,附庸制被认为是连接两个生命的关系,所以附庸对"恩地"或采邑的持有既以附庸的死亡为限,也以领主的死亡为限,只能持续到一方死亡。这一点直到最终都是封建法的条文。

[①] G.G.Dept, *Les Influences anglaise et française dans le comté de Flandre*, 1928; Kienast, *Die deutschen Fürsten im Dienste der Westmächte*, I, 1924, p.159; II, pp.76, n.2; 105, n.2;112; H.F.Delaborde, *Jean de Joinville*, no, 341.

正如原来的两人中的存在者与死者继承人之间的附庸关系只有在臣服礼再次举行之后方能继续存在一样，领主的继承人将采邑重新授予附庸的继承人或者附庸本人，也需要重新举行授予仪式。这其中的矛盾极为显见，不久即在事实和理论之间显露出来。这一点我们即将在下文讨论。由于这种演变过程在整个封建时代的欧洲具有普遍性，所以首先应该勾勒一下与上述制度近似或类似的那些制度在我们迄今未做考察的国家中的发展情况。

第十三章　对欧洲的总体考察

1　法国的多样性:西南地区和诺曼底

自中世纪以来,法国的命运一直是,原来被强烈的差别性分隔开来一些社会被日益密切的国家统一的纽带联系起来,其情形如同罗讷河地区接纳迪朗斯河(Durance)地区。对此米斯特拉尔有恰如其分的论述。每个人都知道或本能地意识到这一点,可是,这种社会地理学的研究较之其他研究,更少为人注意,所以这里只能为研究者们提供一点向导。

让我们先研究一下阿基坦南部、即图卢兹地区、加斯科尼、吉耶讷的情况。这些地区的社会结构在各方面都很独特,只受到法兰克制度的轻微影响,保护关系的传播在这些地区似乎遇到许多障碍。自主地——庄园领地以及小农佃领地——直到最终仍为数众多。虽然采邑概念在重重阻力下引入了这一地区,但其轮廓很快就变得模糊不清。早在12世纪的波尔多或图卢兹附近地区,"采邑"这个词汇就被用于各种佃领地,包括那些征收简单实物地租或农业劳役的佃领地。"荣誉地"一词也经历了同样的发展过程,在法国北部这个词几乎变成了"采邑"的同义词(这是由于语意变化的结果,下文将做论述)。毫无疑问,这两个名词在最初采用时,其意义曾是正常的、非常专门化的。意义的偏离——在彻底封建化的国家完全没有出现——是随后发生的,真实情况是,这些法律概念本身被一个风俗迥异的地区性社会团体做了不准确的理解。

另一方面,罗洛的斯堪的纳维亚随从们,已习惯于类似法兰克人原始风习的亲兵制,他们在纽斯特里亚定居时发现,在自己的民族传统中没有类似于采邑和附庸制的东西,而这些东西在高卢已经发展起来。然而,斯堪的纳维亚的首领们以极大的灵活性适应了这些风俗习惯。这些贵族在征服的领土上比任何其他地方更能利用这种封建关系网为其统治服务。然而,在社会下层,一些外来特点仍历历可见。正如在加龙河(Garonne)两岸的情形一样,采邑一词在诺曼底迅速获得了普通佃领地的意义,但并不是出于同样原因。诺曼底似乎缺乏其他地区具有的一个人生活状况所决定的非常强烈的等级差别感,以及由此形成的身份差别感。"陪臣"(*vavassorerie*)的特殊地位可以为证。这个词汇本身并没有特殊意义,在整个罗曼语世界,它指的是军事采邑持有者中最低的等级,就国王和大贵族而言,这些人只是附庸的附庸(*vassus vassorum*)。但诺曼陪臣的原始特点却在于他的财产所承担的独特的混合义务。除了军役——有时是骑兵役务,有时是步兵役务——陪臣佃领地要交纳地租,甚或承担劳役;所以陪臣佃领地实际上半是采邑,半是农奴佃领地。这种异常现象似乎是维金时代留下的残迹;看一下英国领土上的"诺曼底",即英国北部和东北部各郡——所谓的"丹麦法区",这一点即可明了。在"丹麦法区",一个被称作"德楞"(drengs)的依附阶级的佃领地,被课以同样的双重义务。"德楞"一词的本义与附庸相同,即"男仆",虽然它是地道的北欧词汇。我们已经看到,该词在诺曼人入侵以后不久,显然已在塞纳河畔使用。① 在以后的数世纪中,陪臣和德楞两个词语将给法官们造成极大麻烦,这些人不能对已经日渐成型的阶级划分视而不见。在一个把武装职业置于其他所有世俗活动之上并使之与这些世俗活动分离开来的世界上,这些名词经常且令人难堪地想到这个时代:当时诺曼人中的农民生活和武士生活之间并没有不可逾越的鸿沟(这一点在冰岛的萨迦中仍清晰可见)。

2 意大利

伦巴第人统治下的意大利所经历的人身依附关系的自然发展,几乎在各方面都与高卢经历的各种委身形式——从简单的个人自投奴役到军事亲兵制——很相似。武装亲兵,至少那些簇拥在国王、公爵和大首领身边的武装亲兵,拥有一个共同的日耳曼名称 *gasindi*。虽然他们中的许多人接受了地产,但如果不再继续效忠,那么通常要将土地交还给领主。按照当时的习俗——在这种关系的根基上,我们在各处都可以看到这些习俗——这种关系在此一时期还不是牢不可破的:对于自由的伦巴第人来说,假若他没有离开其国家,那么法律明确承认他有权"与其亲属到他愿意去的地方"。

然而,专门用作役务报酬的属于法律范畴的地产观念,在伦巴第国家并入加洛林王朝之前,似乎还未清晰地形成。在意大利,

---

① 对于英语 drengs 一词的最透彻的论述,见 G. Lapsley 的文章,载于 *Victoria County History*: *Durham*, I, p.284。参见 J. E. A. Jolliffe, 'Northumbrian Institutions', in *English Historical Review*, XLI (1926)。

"恩地"是从法兰克人那里传入的事物,正如在它的发源地一样,由于人们的偏好,"恩地"很快被称作"采邑"。这个词汇将以旧的动产的意义出现在伦巴第语言中,但早在 9 世纪末,它已在军事佃领地的新义上使用,这可由来自卢卡附近地方的文件得到证实。[①] 同时,高卢-法兰克词汇"vassal"(附庸)也逐渐取代了 gasindus 一词。gasindus 一词被降低到更狭窄的意义上,限于没有授予采邑的武装侍从。外族统治已给这些制度本身打上印迹。部分地由于征服战争造成的社会危机(关于这个问题,一个加洛林法规提供了有趣的例证),[②] 部分地由于占据高官显位的外来贵族移民的勃勃雄心,各种类型的庇护关系都已有发展。而且,在阿尔卑斯山的这一侧,也像在其另一侧一样,加洛林王朝的政策同时也使得原本相当松散的人身和土地依附制度得到调整和扩展。如果说在整个欧洲范围内,意大利北部的附庸制和采邑最近似于法国本土的附庸制和采邑,那么原因在于这两个国家的基本条件大致相同。这两个国家都有发展这种制度的相似基础,即社会的根基是罗马的庇护制习俗与日耳曼传统的融合;在这两个国家中,加洛林王朝初期的组织工作都提供了一种黏合力。

但在意大利,立法活动和法律教育从未中断过,从很早的时候封建习惯法就不再像法国那样长期毫无例外地由相当模糊而且几乎完全是口头传播的传统的或法律的训诫集录组成。自 1037 年

---

① P.Guidi and E.Pelegrinetti, 'Inventari del vescovato, della cattedrale e di altre chiese di Lucca', in *Studi e Testi pubblicati per cura degli scrittori della Biblioteca Vaticana*, XXXIV, 1921, no.1.

② *Capitularia*, I, no.88.

起意大利王国的统治者们——实际上是德国国王——就此颁布的敕令,促进了整个法律文献的产生,这些法律文献除了为法律本身提供注释外,也开始记录"法庭上的良好惯例"。我们知道,这种法律文献的主要部分收编在著名的法律汇编《采邑书》(*Libri Feudorum*)中,在这些文献中,关于附庸制法律的内容有一点是很独特的:以语言和手势表达的臣服礼从未提及,效忠誓言似乎就足以成为忠诚的基础。诚然,按当时几乎所有训诲性作品所具有的精神,这种效忠誓言中也有了一定程度的系统化和人为加工。普通的法律文献说明,在意大利的封建时代,模仿法兰克风尚的臣服礼有时也在举行,但并非固定不变,大概也不是常规性的。人们认为没有必要创造出这种契约来。一种外来的仪式无疑从未完全被法律观念接受,较之阿尔卑斯山以北地区,意大利的法律观念更易于承认没有正式臣服礼的义务。

在意大利的另一部分——罗马教廷,附庸采邑的历史可以生动地说明附庸采邑的本质概念。999年,由于皇帝奥托三世的袒护,一位生于阿基坦腹地的人被扶上了教皇宝座。此人在他的跌宕起伏、成就非凡的履历中,已经获得了先前法兰克诸国和伦巴第国家时期的几代君王和著名教会王公的经验,他就是欧里亚克的格伯特,教皇西尔维斯特二世。他发现他的前几任教皇都不知采邑为何物。罗马教会当然有自己的附庸,并习惯于向附庸供给地产,但它仍然使用罗马时代的旧方式,尤其是永佃制(*emphyteusis*),这些契约适用于另一类型社会的需要,但却不适合当时的要求。这些土地本身不带有任何劳役义务;土地授予是暂时性的,虽经历几代人,在一代代的递传中却没有表现出归还授田者的重要原则。格伯特希望以地道的采邑取代这种土地,并且解释这样做的原因。[①] 他最初的努力显然不太成功,但在他之后,采邑和臣服礼已逐渐渗透到教廷的实践中,这一点证明,对于军事等级中的任何健全的依附关系组织,这种涉及两个方面的制度此后被认为是不可缺少的了。

3 德国

默兹地区和莱茵地区从最初即为克洛维王国的主要部分,加洛林王朝的统治中心。德国人的国家在 10 世纪初成形时,这两个地区之外,还包括一些广袤的地区,这些地区处于高卢-法兰克社会所包含的大量庞杂人群和制度之外。在这些地区中,最重要的是莱茵河和易北河之间的萨克森平原,这一地区只是从查理曼时代起才被带入西欧文化圈。尽管采邑制和附庸制的传播遍及莱茵地区的德国,但不像在法兰克人旧有领土内那样,深刻地渗透到社会主体内部。德国北部情况尤其是如此。臣服礼虽已为上层阶级作为适于其等级的人际关系加以接纳,但不像法国那么完全,所以,作为一种纯粹的从属关系仪式,它仍保留较多的原始特点。只有在极特殊的情况下,握手礼才伴有差不多可以使领主和附庸平起平坐的表示友好的亲吻礼。可能从一开始首领们的大家族或成员,对于服从这种仍被视为半奴役性质的关系纽带,就有几分不情愿。12 世纪韦尔夫家族中流传着一个故事,说的是该家族中的一

---

① 见于 1000 年 12 月 26 日有关泰拉奇纳(Terracina)土地的教皇敕令。参见 Karl Jordan, 'Das Eindringen des Lehnwesens in das Rechtsleben der Römischen Kurie', in *Archiv für Urkundenforschung*, 1931。

位先祖听说他的儿子向国王行臣服礼，极为愤怒，他认为儿子的行为是对其家族"高贵传统"和"自由"的玷污，于是出家遁入修道院，至死不愿再见这位忤逆之子。这个故事存在族系方面的讹误，其真实性并不确凿可靠。然而它具有象征意义，它所反映的态度在封建世界的其他地区是没有的。

此外，军役和土地耕作之间的差别——在其他地区这是等级分野的真正基础——在这里的确立经历了更长时期。10世纪初，萨克森出身的国王亨利一世，在不断遭受斯拉夫人和匈牙利人威胁的萨克森东部边境建立防御基地以后，便将防务交给了武士们，据说这些武士通常分为九个组群，其中八个组群居于要塞的周围地区，只是在面临敌人攻击的威胁时方进入要塞进行防御。第九组群则久居要塞，以便照看要塞中的房屋和伙伴们的给养。乍看上去，这种方法与同时期法国各城堡的防御方法不无相似之处，但细加审思，其中的迥异之处显而易见。西欧的附庸从事"城堡防卫"，其生计或者依靠领主的分配物，或者依靠领主已经提供的采邑的地租；与西欧的附庸不同，萨克森边境上的护城者本身是亲手耕种土地的地道的农民，即农兵（*agrarii milites*）。

直到中世纪末，德国社会的两个特点仍然可以证明其封建化的不太发达。首先是数量众多而范围广泛的自主地，特别是属于大人物的自主地的存在。巴伐利亚和萨克森的公爵、韦尔夫家族的狮子亨利于1180年被依法判决剥夺其控制的帝国采邑时，他的自主地——仍继续留在其后人手中——规模之大，足以组成一个名副其实的公国；七十五年之后，这份地产以不伦瑞克和吕讷堡公国之名变成帝国采邑，成为未来德意志邦联中不伦瑞克州和汉诺威州的基础。① 其次,德国的采邑和附庸制法律不像法国一样错综复杂地交织于整个法律网,而从很早的时期就被当作单独的体系,其规则仅适用于某些地产或个人,而且由特别的法庭执行。这种情况颇类似于今天法国的情形:有关商务和商人的法律与民法分离。《采邑法》(Lehnrecht)和《乡村普通法》(Landrecht)是13世纪著名的法律指南,这两部法律几乎完全以这种双重性为基础。法国佬博马努瓦尔做梦都不会想到这一点。这种双重性惟一的合理性在于,许多法律关系,甚至上层社会各等级的法律关系,都没有归于封建标题之下。

4 加洛林帝国之外的地区: 盎格鲁-撒克逊英国及西班牙西北部

甚至在最动荡不安的时期,驾驶小船也可以渡过英吉利海峡,因此,英吉利海峡对岸不列颠岛上的蛮族国家,并没有外乎法兰克人的影响范围。尤其是,不列颠岛诸君王对加洛林政权的倾慕之情,似乎时时在其真心实意的仿效行动中表现出来;证据之一是,显然为借用词的附庸一词出现在几个契约的故事体文献中。但是这些外来影响整体上仍然滞于表面。盎格鲁-撒克逊英国为研究封建主义的史学家提供了弥足珍贵的例证,它说明一种日耳曼式结构的社会,直到11世纪末所遵循的是一条几乎完全自发的发展

---

① 参见 L. Hüttebräuker,'Das Erbe Heinrichs des Löwen', in *Studien und Vorarbeiten zum historischen Atlas Niedersachsens*, H.9, Göttingen, 1927。

第十三章　对欧洲的总体考察

路线。

盎格鲁-撒克逊人和其同代人一样,并没有在种族和亲属纽带中找到一种方法,既可以充分满足弱者对保护的需求,也可以满足强者对权力的欲望。当我们深入研究这一段迄今尚缺乏文字记载、内容仍晦暗不明的历史时,我们发现,从7世纪初开始,一种保护关系体系正在逐渐形成,两个世纪后在丹麦人入侵的压力下这一保护关系体系宣告完成。从这一过程的开始,法律就承认这些关系并对它们加以合法化,在这里,当强调地位低的一方的从属行为时,这些关系也使用拉丁名称 commendatio,而在强调领主给予的保护时,则使用日耳曼词汇 mund。至少自10世纪以后,这些习惯受到英国诸王的支持,因为它们有助于维护公共秩序。925到935年埃塞尔斯坦国王制定的一部法律,涉及无领主之人的案件。如果无领主之人的存在妨碍法律制裁的行使,那么他的亲属在民众大会上就要为他指定一个领主。如果其亲属不愿意或不能够为他指定领主,那么又将如何呢?他就成为一个不受法律保护的人,任何人都可以像对待强盗一样得而诛之。这一原则显然没有触及国王直接统治下的显赫之人,这些人可以自作担保。我们不知道这一原则在多大程度上付诸实施。尽管如此,至少就其意旨而论,这一原则为查理曼及其继承人所不敢尝试。[①] 此外,英国

[①] Aethelstan, II, 2.——847年虔诚者路易的三个儿子在墨尔森(Mersen)签订几个协议,秃头查理的声明中包含有下列文句:"我们准许我们王国内的任何自由人按他们自己的意愿从我们或我们的附庸中间选择他们的领主。"(Volumus etiam ut unusquisque liber homo in nostro regno Seniorem, qualem voluerit, in nobis et in nostris fidelibus accipiat.)考察瓜分查理曼帝国的不同协定中所包含的类似的处理情况,可以看出这里的"volumus"一词意思是"我们准许",而不是"我们规定"。

诸王本身毫不犹豫地利用这些关系为己谋利,他们的军事依附者即所谓"大乡绅",如同许多钦命附庸一样遍布全国,受到特殊的赎杀金等级制的保护,并承担着真正的公共职务。然而,如果说由于典型的历史时滞性,诺曼征服前英国的保护关系的发展尚未超越不确定状态——这种状态墨洛温时期的高卢大约已经达到——那么,其原因不应归于深受丹麦战争影响而造成的王权衰微,而应归于原社会结构的韧性。

在英国也像在其他地方一样,国王和贵族身边簇拥的武装侍从自很早时期就在成群的依附者中处于突出地位。对于这些私家武士,同时或连续使用的称号各不相同,但语气却相当低微,也很家庭化。在这些称号中,我们自然可以发现 *gesith*,对其拉丁化形式 *gasindus*,我们已经很熟悉;还有 *gesella*,意思是"大厅中的伙伴";*geneat*,"餐桌上的伙伴";*thegn*,这个词是希腊字 τέκνον 的远亲,如同附庸一词,本意为"年轻的男仆";还有"knight",它与德文 *Knecht* 为同一个词,意为仆人或奴隶。从卡纽特时代,借自斯堪的纳维亚语、意为"家仆"的 *housecarl* 一词,经常用来指称国王或大贵族的武装侍从。领主——武装侍从以及低微的委身者,甚至奴隶的领主——则称作 *hlaford*（现代英语中的"lord"一词即源出于此）,字面上的意思为"供给面包的人",而聚集在主人家内的人则是"吃面包的人"（*hlafoetan*）。的确,领主既是养父,也是保护人。一首有趣的诗让我看到一位武装侍从的哀怨。由于领主死去,这位武装侍从被迫流浪街头,寻找一位新的"散财之人"。这首诗是社会流浪者一类人发出的令人心酸的悲鸣,这些流浪者失去了生活中极为必需的保护、温情和快乐。"他时时梦见自己拥抱和亲吻着主子,将他的双手和额头放在领主的膝上,他从前就曾这样,在高高的座位旁得到封赏;这位孤立无援的人醒来,看到眼前只有黑色的波浪……大厅内的欢声笑语到哪里去了?啊!那亮晶晶的酒杯又在何方?"

阿尔昆于801年记载过约克大主教的一个私家武装团体,提到这个团体中既有"贵族武士",也有"非贵族武士"。这一记载证明,各等级的混杂原来是这类武装侍从团体的特点,但这群人中差别已很普遍。盎格鲁-撒克逊文献的贡献之一是,在这一问题上它们突出了一种因果关系,这种因果关系在墨洛温王朝极为稀少的资料中几乎没有显示出来。武装侍从的分化是一个自然发展过程;但是,为这些武装人员授田的做法逐渐扩展开来,显然也加速了这一过程。授田的范围和性质因人的地位而异,所以加剧了武装侍从的差异。最具有说服力的是词汇的变化。在上文已提及的词语中,有一些最终被废弃不用,另一些则获得了更具体的意义,提高或降低了其社会级别。7世纪初,*geneat* 是真正的武士,社会等级相当高,而在11世纪则是一位中等租佃农,与其他农民之间的惟一差别在于他需要为其领主担当侍卫,传达领主的命令。相反,*thegn* 仍然是一个颇为受人尊敬的军事依附等级的称号。但是,由于这些人中的大多数已经逐渐被授予佃领地,所以不久就要求有一个新名称,来称呼那些取代这些从事家内军役之人的私家武士。这个新采用的名称就是"骑士"(knight),这个名称此时已不再具有农奴的贬义。然而,薪俸形式的土地持有制度正在形成,这种变化趋势是不可阻挡的,所以在诺曼征服的前夕,"骑士"被授予田地的情况不乏其例。

这些词汇特性的不固定表明各等级间仍然缺乏截然分明的区别。另外的证据是臣服式的形式。不论双方的社会地位如何,臣服仪式结束时,握手仪式可以举行,也可以随意省略。在法兰克人统治的高卢,附庸制和较低级的委身行为之间最终出现的泾渭分明的分别,是基于一种双重性原则:一方面是武士和农民间的两种生活、因而也是两种义务间的不可调和性,另一方面则是自愿承担的生活义务和世袭纽带关系之间存在的巨大鸿沟。这两个因素在盎格鲁-撒克逊社会都同样不起作用。

"农兵"这一词语,我们在论述德国的部分已经提到。一位盎格鲁-诺曼编年史家于1159年也用这个短语来描述英国军队中某些传统成分的特点。英国的国家组织并未因诺曼征服而完全颠覆,所以英国仍将这支军事力量交由它的外来国王指挥。[①] 虽然这些军事成分在这一时期只是残存,但它们与一个世纪前极普遍的习惯相关。那些 *geneats*(餐桌上的伙伴)和那些 *radmen* *——10 世纪时他们的佃领地为数众多——既要承担地租和农耕役务,也要负担警卫和传达命令的任务,因此他们实际上是集武士和农民成分于一身。这种情况难道不是同样适于因为拥有地产而需要承担除军役外的简单徭役的"大乡绅"中的一些人吗?各方面情况的共同作用,保持了这种等级混淆。首先,英国缺乏高卢-罗马社会所具有的深层基础。在高卢,这种社会基础显然对等级差别的发展起过促进作用,虽然对这种作用还不能做出准确的判断。其

---

① Robert of Torigny, ed. L.Delisle, I, p.320.

* 在英格兰一些地方除了其他的劳役(如耕地)之外,还要坚持在马背上服役的条件的封建佃户阶级成员。——译者

第十三章 对欧洲的总体考察

次是北欧诸文化的影响。英国北方各郡深受斯堪的纳维亚文化影响，所以正是在北方各郡，人们尤其能看到，农民大乡绅与我们已熟悉的"德楞"相与共存。另外一个原因是马匹所发挥的小作用。盎格鲁-撒克逊侍从中许多人确实拥有马匹，但他们通常是徒步作战。从根本上讲，黑斯廷斯战役中步兵队伍是被步兵辅以骑兵的混合军队所击败。在诺曼征服前的英国，"附庸"和"骑兵"从来不像欧洲大陆那样，是同一回事；如果说诺曼人到来以后，"骑士"一词最终（有些犹豫地）用作"骑兵"的移译，那么无疑是因为，入侵者最初带来的骑兵中的大部分人，像大多数"骑士"一样，是无地的武士。要学会在战斗中驾驭战马、手执沉重的武器在马鞍上作战，必须要随人学习和不断地训练；让农民学会骑射，奔向战场，实无必要。

这种关系在其他地区在不同阶段上出现的差异，在英国领土上没有机会赫然显现出来。因为各阶层的保护关系都可以被轻而易举地终止（纯粹的奴隶制显然是例外情况）。诚然，法律禁止附庸在没有经过领主同意的情况下离开领主，但是，假若以服役为条件而授予的土地已经交还给领主，而且过去应承担的义务均已履行，那么领主就不能不允许附庸离开。"寻求领主"是可以永远不断进行的事情，它被认为是一个自由人不可侵犯的权利。埃塞尔斯坦说，"领主一旦得到附庸应付出的东西，那么他不能阻止附庸离去"。毫无疑问，特殊的协议、地方或家族习俗，甚至强力有时可能比法律条文更有力量。实际上不少附庸对领主的臣属已变成了终生甚至世袭的关系，但即使如此，大量的依附者——有时是地位很卑微的依附者——仍然有权，如《末日审判书》（*Domesday*

Book）所说，"投向另一位领主"。另外，土地关系没有严格的划分，不能为人身关系体系提出一个框架。如果说在领主授予附庸的地产中，许多是所有权的完全转让，其情形如同欧洲大陆早期的附庸制，那么另外一些则是以附庸效忠存在的长短为转移。如同德国的情况一样，那些暂时性的转让地通常称作借用地（laen，拉丁文为 praestitum）。但是，一种薪俸性质的土地在一方死后必须归还授予者的观念，似乎尚未清楚地发展起来。10世纪后期，伍斯特主教授田给附庸，条件是附庸承诺臣服、交纳地租并服军役，他采用的是教会古老的三代出租期制度。有时出现的情况是，人身关系和土地关系这两种关系并不相合。忏悔者爱德华统治时期，一个人从教会的领主那里获得一块土地（也是为期三代），同时他还获得授权"在此期间可以与土地一起投往任何一位他愿意去的领主"，这就是说，他可以连人带地一并委身于授田者之外的领主。这种双重性在同时期的法国，至少在法国的上层阶级中，是极不可思议的。

此外，在盎格鲁-撒克逊英国，尽管各种保护关系已变成一种很重要的社会凝聚手段，但它们并没有使其他各种关系归于歇绝。在公共场合领主为其附庸负责，但是与这种领主和依附者间的连带关系并存的，还有充满活力并由法律详加规定的古老的相邻家族和团体间的集体连带关系。同样，每一位民众成员或多或少按其财富比例分担的军事义务也流传了下来。于是在这里就出现了一种混乱局面，这种混乱局面具有很强的启发意义。为国王效劳的有两种全副武装的武士：国王手下的大乡绅——他们多少有些相当于法兰克人中的附庸，和普通的自由人——假若他有办法将自己武装起来的话。当然,这两个范畴部分地重叠,因为这些大乡绅照例不是穷人。所以 10 世纪左右,人们习惯于将国王属下那些拥有广泛地产的自由民称作大乡绅(指国王的大乡绅),并认为他们拥有大乡绅身份所具有的特权,虽然他们可能并不处于国王的特殊保护之下。这种大乡绅身份甚至可以给予那些已在海外贸易中大展宏图、大获成功的人。所以,这同一个词在不加区别的情况下使用,既可以表示一个人以人身臣服而获得的身份地位,也可以表示属于一个经济等级的成员的资格。这种暧昧性(即使考虑到那个时代人们的头脑对于观念上的矛盾极为麻木)之所以出现,只是因为在诺曼征服前的英国,人与人之间的关系并没有被绝对地认为是最强大的社会关系纽带。把盎格鲁-撒克逊文明的崩溃理解为一种社会灾难,也许并非完全没有道理:当旧的社会范畴分化时,这个社会又被证明无力代之以建立在等级原则基础上的界线分明的保护关系体系。

研究封建主义的历史学家,如果要在伊比利亚半岛上寻找一个可以进行比较的真正独特的地区,那么就不应将注意力指向西班牙东北部。加泰罗尼亚地区原是加洛林帝国的边境,过去一直受到法兰克制度的深刻影响。附近的阿拉贡王国情况也是如此,虽然所受法兰克制度的影响较为间接。另一方面,伊比利亚半岛西北部各地,即阿斯图里亚斯、莱昂、卡斯蒂尔、加利西亚以及后来的葡萄牙的社会结构,则是再原始不过了。遗憾的是,对这一地区社会结构的研究还很不深入。这里简述一下迄今为止所取得的研究成果。

早期西哥特国王和贵族留下的社会遗产,以及同时期整个西欧所共有的生活状况,在这里也像其他地区一样,有利于人身依附关系的发展。尤其是,首领们拥有私家武士,称之为 criados(家内侍从),即"养子"。文献有时称其为"附庸",但"附庸"一词是借用语。使用该词的少数事例令人感兴趣的原因,主要在于它提醒人们,即使是伊比利亚半岛上这块特别独立的地区,也日益明显地受到比利牛斯山以远的封建社会的影响。既然有众多的法国骑士和教会人员来回穿梭于比利牛斯山各隘口,那么又怎能不是如此呢?同样,"臣服"一词和臣服礼也偶尔见诸记载,但当地表示臣服的姿势有所不同。当地臣服礼表现为吻手礼,并有一种不太严格的程序,可以作为一种普通的表示礼貌的行为,相当频繁地重复进行。尽管 criados 一名的主要意思是家内侍从,且《熙德之歌》中仍然将主人公的侍从们称作"那些吃主人面包的人",但这一地区也和其他地方一样,其发展趋势是土地授予取代食物和礼物的分赐;不过,由于各位国王和贵族从他们发动的对摩尔人国家的战争中获得大量的战利品,这一过程多少有些被延宕。然而,持有土地须服役务、不履行役务则可收回的观念,在这一地区已相当清晰地出现。受外国词汇激发以及由法国教士起草的少数文献,称这种佃领地为"采邑"(用的是它的拉丁语对应词)。地方语中则相当独立地演化出一个词语 prestamo,其字面的意思是"借用地":这在观念上表现出一种与日耳曼语或即盎格鲁-撒克逊语词汇 Lehn(借用)奇妙的相似性。

然而,这些习惯并没有像法国那样创造出一个贯透整个社会的强大而层次分明的封建关系体系。有两个重要事件给西班牙西北部地区的历史打上了自己的烙印,这就是再征服运动和再移民运动。大片的土地从摩尔人手中收复以后,农民作为小块土地的持有者被安置在这片土地上。这些定居者在保持着边境民军必备的战争警惕性的同时,至少避开了最具压迫性的领主隶属形式,其结果是,在西班牙,以非自由佃农的地租收入和强迫劳动供养的附庸,在数量上比法国少得多;另一结果是,虽然武装侍从是出色的(*par excellence*)战士,但他们不是惟一的战士,甚至不是惟一的骑兵。与私家侍从的骑士并存的,是最富裕的自由佃农组成的"农民骑士"。此外,较之比利牛斯山以北地区,国王作为战争领袖的权力仍然更有效,并且由于这一地区的国家版图不太广袤,其统治者比较容易与其臣属群体保持直接接触。所以附庸的臣服和官员的服从、职位和采邑并没有混同起来。从最低微的骑士渐次及至国王——除了被自主地产打断的地区——没有一个固定的附庸等级制度。各地都有侍从群体,其中很多人被授予地产作为他们服役的报酬,但他们是被松散地联在一起,未像法国那样形成为社会和国家的主要组织结构。对于任何充分发展的封建体制,似乎有两个因素确实是不可缺少的:附庸骑士享有军事职业的实际垄断权;为了附庸关系的发展,他们或多或少地自愿放弃其他统治手段。

5 输入的封建制度

诺曼底诸公爵定居英国,是法律制度移植的众多显著例证之一:法国封建习俗传播到一个被征服的国家。11世纪,这种现象发生过三次:一次是1066年以后,封建习俗穿越英吉利海峡传播到英国。一次是发生在意大利南部。大约自1030年起,另一些诺曼冒险家开始在那里建立了几个公国;这几个公国在一个世纪后联合组成了西西里王国。最后一次发生在叙利亚,十字军在1099年以后建立的国家中。在英国境内,被征服的居民中存在的已经很近似于附庸制的习惯,有助于接纳外国的制度。拉丁叙利亚则是一片空白状态(*tabula rosa*)。至于意大利南部,早在诺曼人到来之前,已经被瓜分归属于三个不同政权。在贝内文托、卡普亚、萨勒诺(Salerno)的伦巴第诸公国,人身依附习惯广泛盛行,但还没有发展成为组织完善的等级制度。在拜占庭帝国各行省,土地所有者、武士以及商人形成的寡头政权统治广大下层民众,有时下层民众通过一种保护和被保护的关系与统治者联系起来。最后,在阿拉伯埃米尔统治的各地区,甚至没有任何东西与附庸制有些微相似之处。不管这三者之间的差别何等悬殊,它们都是等级制度,这一事实使封建关系和附庸关系的移植变得容易。在农民等级、甚或市民等级这两个世袭等级之上的统治集团,主要由入侵者组成(在英国,特别是意大利,当地某些贵族的成分也加入其中);他们形成许多殖民团体。支配这些团体的习惯,也像统治者自身一样,是来自外国。

在输入封建制度的国家中,封建主义的组织较之封建主义纯粹自然发展的国家更为系统化。诚然,自主地在意大利南部继续存在,因为这些地区是被逐渐征服的(既得因于双方的协议,也得因于双方的战争),在这些地区上层等级及它们的传统并未完全消失。这些地区的突出特点是,许多自主地掌握在旧的城市贵族手中。另一方面,在叙利亚和英国,自主地——如果我们不考虑这个

第十三章 对欧洲的总体考察

词的某些出入——是不允许存在的。所有土地都为领主持有,而且这种持有关系链各处均无间断,直到国王。所以,每一位附庸不仅是作为属臣与国君联系在一起,而且被从下及上的人际关系纽带联系起来。于是,先前加洛林时期领主所采用的"高压"原则,几乎丝毫不爽地适用于不知加洛林帝国为何物的国家。

一位强大的君主将诺曼公国的强硬管理方法带入了英国,输入进来的这些制度,在这里不仅形成为比其他任何国家管理更严格的体系,而且通过从上到下的传播,实际上渗透到整个社会中。我们知道,在诺曼底,采邑一词的含义经历了深刻的变化,以致可以用于任何形式的佃领地。意义上的这种偏离大概在 1066 年以前已经开始,但在 1066 年尚未完成。如果说这种变化在英吉利海峡两岸是并行发生的,那么其路线并不完全相同。12 世纪下半叶,英国法律开始清楚地区分两类佃领地,一些土地被称作非自由地,因为它们的持有期限不定,且需负担让人瞧不起的役务(这种土地无疑构成小农佃领地的多数);另一些土地受到王室法庭的保护,形成为一些自由佃领地。此时采邑一词指的就是这类土地。骑士采邑和享受自由免役权或租佃权的土地都包括在这一类土地中。我们不要认为这只是一个纯粹的文字同化过程。我们很快会看到,在整个欧洲,11、12 世纪军事采邑实际上变成了一种世袭财产。而且,由于军事采邑被视为不可分割的财产,所以在许多国家只能由长子继承。英国的情况尤其是这样。这种长子继承制度在英国逐渐渗透到大部分社会组织中,应用于被称作采邑的所有地产上,有时应用到更小的佃领地上。所以,这种将成为英国社会风俗中最重要、最显明的特征之一的与生俱来的特权,从根本上所表现的是一种过程,在这一过程中,采邑仿佛演变成了自由人特有的占有物。在各封建社会中,英国在某种意义上处于与德国完全相悖的一极。对英国而言,像法国一样,仅仅不让封建各等级的这种"风俗"变成单独的法律体系是不够的;在英国,与不动产权相关的乡村普通法的相当大的一部分内容是采邑法。

第十四章　采邑变成附庸的世袭财产

1 "荣誉地"和普通采邑的继承问题

采邑继承权的确立被孟德斯鸠视为与加洛林时代"政治政府"相对立的"封建政府"的要素之一。这种划分是对的，但应该记住，从字面意义上讲"继承权"这个词语是不正确的。采邑的占有从未由于先前持有者的死亡而实现自动传递。但是，除了某些严格规定的情况，假如自然继承人事先已行臣服礼，那么领主无权拒绝为他举行封地仪式。在这个意义上，继承权的胜利是各种社会力量对一种过时权利的胜利。为了弄清其中的缘由，我们需要对相关方面的态度有所了解。我们的研究将限于最简单的情况，即附庸身后只有一个儿子。

即使在没有授予地产的情况下，效忠关系纽带对两个家族的黏合力，也远过于对两个个人的黏合力。这两个家族中一方宣誓行使权力，另一方则宣誓服从权力。在一个家族关系纽带非常强大的社会里，不如此又能怎样呢？在整个中世纪，人们对"天然领主"即与生俱来的领主这一说法在情感上颇为重视。但采邑一旦授予附庸，附庸关系中子承父业的要求就会变得难以抵御。拒绝臣服礼或臣服礼不被接受,不仅将失掉采邑,而且也将失掉父亲的大部分乃至全部遗产。如果采邑是重新收回的采邑、即实际上的旧的家族自主地时,附庸所受损失则更为严重。薪俸性质的土地佃领权使附庸关系附属于土地,不可避免地使之附属于家族群体。

领主则更不能任意行事。对他而言,至关重要的是,"发伪誓的"附庸要受到惩罚;附庸如不履行义务,采邑则应该收回,授给更驯服的仆人,简言之,自身的利益使领主强烈地坚持采邑可以撤销的原则。另一方面,领主没有必要反对采邑的世袭继承制。首先,他需要附庸,还有什么地方比在那些为他效劳过的附庸们的后代中招募附庸更合适的呢?其次,拒绝将父亲的采邑授予其子,不仅有阻断另外的委身行动的风险,而且还陷于一种危险境地,即警示手下的其他附庸,使他们明白无误地意识到他们的后代将来所要受到的处理。这是一件更为严峻的事。用休·卡佩统治时期写下著作的里歇尔教士的话说,剥夺孩子的权利将使所有"循规蹈矩的人"绝望。但是,暂时被人强占了部分遗产的领主,可能也迫切地希望重新拥有其对地产、城堡以及附庸所行使的政治权力的所有权;甚至在他决定授予新的采邑时,他也可能优先选择他认为比先前附庸的继承人更可靠、更有用的另一位委身之人。最后,教会作为理论上不可分割的一种财产的监护者,特别不愿承认采邑授予的永久性。教会对于采邑的承认,先前在大多数情况下是不情愿的。

这些不同因素错综复杂的交互作用,在加洛林王朝初期非常清晰地表现出来。此后"恩地"经常被传给附庸后代。一个恰当的例子是福伦布雷的地产,这份地产是一块王室"恩地",也是兰斯教

第十四章　采邑变成附庸的世袭财产

会的恳请地,从查理曼统治时期到秃头查理统治时期,这份地产连续传承了四代人。[1] 甚至在附庸活着的时候,对他所做的考虑有时也以一种奇特曲折的方式推动着采邑的世袭化。大主教欣克马尔说,假若一个附庸因年事已高或体弱多病不能履行其职责,而以其儿子代行其职,那么就不允许领主剥夺他的土地。[2] 如果这位继承人在采邑持有者活着的时候就承担起了后者的责任,那么预先承认他的权利就不是什么异乎寻常的步骤。而且,即使一个孩子还在年幼,无力履行其军事役务,剥夺他对其父的"恩地"的继承权,也确实被视为非常残酷的行为。在类似的事例中,我们看到,虔诚者路易为一位母亲的祈求和费里耶尔(Ferrières)修道院院长瑟瓦图斯·卢普斯向一位主教发出的慈悲为怀的呼吁所感动。然而,在严格的法律上,"恩地"完全是终生使用的转让地,这是无可争辩的。843年一位名叫阿达拉尔的人向圣加尔修道院捐献了几处面积相当大的地产,其中一部分已分配给附庸。这些附庸归于修道院统治之后,仍将终生持有这些"恩地",他们的子辈如果愿意服役,那么也可以终生持有这些地产。此后修道院院长可以自由处理这些地产:无限期地束缚其手脚显然会被认为与公认的风习相悖。[3] 此外,阿达拉尔所关心的可能只是他本人所认识的那些孩子们。臣服关系在其初始阶段,只能产生狭隘的个人情感。

---

[1]　E.Lesne, *Histoire de la propriété ecclésiastique en France*, Lille, 1910 – 1936, II, 2, pp.251 – 252.

[2]　*Pro ecclesiae libertatum defensione*, in Migne, *PL.*, CXXV, col, 1050.

[3]　*M.G.H.*, *EE.*, V, p.290, no.20; Loup de Ferrières, ed. Levillain, II, no.122; Wartmann, *Urkundenbuch der Abtei Sankt-Gallen*, II, no.386.

在最初便利、权宜行为的基础上,真正的采邑继承权在加洛林帝国瓦解后开始的动荡不安而又富有革新成果的时期中逐渐形成,各地的发展都倾向于这个方向。但是,每一类采邑并不是都以同样的词语表现这一问题。有一类采邑必须单独加以研究,这就是出自国王委派官员的公共职务的采邑,后来研究封建法律的专家称之为"职位采邑"(*fiefs de dignité*)。

我们已经看到,自加洛林王朝早期起,国王便将政府管理的主要职位,特别是一些重要的领土辖区、即重要的伯爵领、边区或公爵领地交给一些人管理,以附庸关系为纽带使他们从属于自己。这些职务地仍然保留"荣誉地"一词的拉丁语旧称,当时被仔细地与"恩地"区分开来。职位地不同于"恩地"的显著特点之一是,职位地不是终身的,持有者即使自身无过错,也可以随时被调离,有时被调离职位地符合其本身的利益,因为位置变动也许是职位的升迁。例如,817年易北河河畔的一位小伯爵调任重要的弗留利边区主掌事务,就属于此类情况。9世纪上半叶的文献,在历数君主给予手下这位或那位附庸的优越待遇时,总是准确无误地将它们列在"荣誉地"和"恩地"两个标题下。

然而,由于经济状况不允许实行货币报酬,职位本身就是薪俸,易北河岸边的这位伯爵不仅得到辖区内三分之一的地租,而且(除其他财物外)还得到财库中的一些财产,这些财产是特意储备起来供其生活之用的。在那个充当领主即为真正财富的时代,对居民拥有的权力,除了提供经常获得非法收益的机会外,其本身肯定是一个合法利益源头。所以,在多种意义上,酬答一个附庸的最好的礼物之一就是授予一块伯爵领地。受封者因授地而成为法官和首领,这使他与许多普通"恩地"持有者毫无二致,所不同者只是行使权力的范围大小。普通的"恩地"持有者多半也行使领主权。废除职位的因素仍然存在。从虔诚者路易以后,王权逐渐衰弱,维护中央权威的这一原则实际上已越来越难以实行。伯爵们又恢复了从前墨洛温王朝衰落过程中贵族社会特有的习惯,极力使自己成为牢固控制领地的地方豪强,并且越来越多地取得成功。867年秃头查理力图从一位叛乱的附庸手中夺回布尔日伯爵领,不是徒劳无功吗?从此以后采邑与职位融合的障碍已不存在,因为明确的相似性实际上已为其融合铺平了道路。在加洛林帝国鼎盛时期,将所有王室附庸的"恩地"当作"荣誉地"来对待已成习惯,而王室附庸在国家中的作用与严格意义上的政府官员已十分相似。"荣誉地"这个词最终演化为采邑的同义语,尽管在一些国家,至少在诺曼人统治下的英国,倾向于将该词限用于享有很大行政自治权的规模极大的采邑。经过一个类似的发展过程,作为报酬分配给一个职位的地产,然后是职位本身——由于更严重的偏离——逐渐被称作"恩地"或"采邑"。在加洛林政策传统根深蒂固的德国,作为主教和编年史家的蒂耶马尔,忠于他一身二任中的主教职责,在1015年前后,非常清楚地将梅泽堡伯爵领和附属于该伯爵领的"恩地"区分开来。但当时人们在口语中早已不再费力劳神地区别其中细微的差别:口语中所称的"恩地"或采邑实际上完全是指作为权力和财富之源的职位地。早在881年,《富尔达纪年》(*Annals of Fulda*)记载,胖子查理在这一年授予他的一位名叫休的亲属"若干伯爵领作为恩地,为的是获得他的效忠"。

当时教会作家喜欢称之为新的行省"总督"的那些人,可能从王室授权中获得了主要的权力基础,此后,他们将以此谋取私利。但是,为了牢固地控制一个地区,他们也需要在各处获得新的地产,在道路交汇处建筑堡垒,自命为与自己有利害关系的教堂的保护人,最重要的是,为自己找到当地的附庸。这是一个长期而艰巨的任务,需要几代人连续占有同样的地产,做耐心的工作。简言之,采邑向继承性发展是出乎对土地控制权的自然需求。所以,简单地视之为荣誉地融合于采邑的结果,将是一个严重的错误。盎格鲁-撒克逊的伯爵们所拥有的大片辖区从来没有被认为是封建佃领地,而伦巴第各公国的王室总管(*gastaldi*)则不是附庸,对于他们来说,这种向继承性的发展是必要的,正如它对于法国的伯爵们是必要的一样。但是,在由法兰克帝国发展而来的各国中,各公爵领地、边区和伯爵领很早就被列入封建授予地,因而这些地产转变为家族财产的历史,是与采邑继承性的全面发展错综复杂地联系在一起的,尽管表面上看它总是具有特殊性。就普通的采邑和职位采邑而言,不仅各地的发展速度各不相同,而且各国发展的特点也不相同。

2 法国采邑继承权的发展

在法国西部和勃艮第,由于早期王权的衰弱,由公职而获得的"恩地"成了最初的继承性财产。在这一问题上,最具说服力的,莫过于877年秃头查理在著名的《基尔希敕令》(*placitum of Quierzy*)中所做的规定。在动身前往意大利的前夕,秃头查理所关心的事情是他不在国内期间如何管理国家。如果在他远离期间恰有

第十四章 采邑变成附庸的世袭财产

一位伯爵亡故,将何以处之?首先,必须将这一情况通报国王,因为国王将任命永久性职位的权力留控在自己手中。他留下儿子路易作摄政王,只赋予他任命临时行政官员的权力。查理所做的安排大致反映了政权的排他精神,这个敕令的其他内容对此提供了众多例证,然而,敕令特别提到的两种特殊情况表明,这一规定的制定,至少同样在很大程度上是迎合大贵族家族的勃勃雄心。一种情况是,亡故伯爵身后留下的儿子可能随远征队去了意大利。查理不授予摄政王任命官员填补空缺的权力,首先意在向随他出征的同伙们保证,他们忠诚地追随国王不会使他们失去继承久已垂涎的官位的希望。另一种可能性是,伯爵死去,未成年的儿子留在法国。在这种情况下,在国王的决定宣布前,伯爵领将由伯爵的官员以伯爵儿子的名义代行管理权。查理敕令的内容就是这些。很明显,在一部法律中,对继承权转移的原则不做详尽的阐述,这种做法似更可取。另一方面,在这位皇帝令其大臣在议会宣读其声明时,对此却不再沉默。他在声明中毫不含糊地做出承诺,属于父亲的荣誉地将传给其子,不管其子已去意大利作战,还是未及成年。可以肯定,这些措施都是权宜之计,是出于一项雄心勃勃的决策的需要。这些措施并没有明确地与将来联系起来,更没有与以往的传统决裂,只是在一个时期内,正式承认了早已存在的习惯性特权。

此处,为了理解世袭性继承的发展趋势,我们需要尽可能地注意各地主要的伯爵家族数代人以后的发展情况,譬如,让我们考察一下法国诸王中第三个王朝的先辈的情况吧。864年秃头查理还能够从大力士罗伯特手中收回他在纽斯特里亚的荣誉地产,对他另做任用。但是,这种剥夺并不是永久性的,因为866年他在布里撒特阵亡时,他已再度控制了塞纳河和卢瓦尔河之间的地区。不过,他虽有两个儿子——二人的确都很年幼——但无人继承其父的各伯爵领,国王查理将这些地产授予了另一位权贵。不及这位插入者于886年死去,他的长子奥多已能收复安茹、图赖讷,可能还有布卢瓦伯爵领。此后这些土地一直是罗伯特家族的世袭财产的一部分,直到罗伯特家族被他们的官员逐出这些土地,而这些官员则变成为世袭权贵。从885至1136年罗伯特家族灭绝,该家族一脉相承的伯爵们依次在普瓦提埃继承爵位,中间只有一次中断。这次中断为期很短(从890至902年),因继承人的年幼引起。而且,更为严重的是,这次中断的非法性受到人们的怀疑。同样具有典型意义的是,在国王命令之下进行的这桩剥夺案,最终将有利于前公爵的儿子无视国王的命令,要求世袭继承权。数纪之后,某位称作查理五世甚或约瑟夫二世的人占有了佛兰德,只是因为经过多代婚姻关系后,他们身上传承了铁臂鲍德温公爵的一点血统。这位铁臂鲍德温斗胆包天,曾于862年诱拐了法兰克国王的女儿。我们看到,所有这一切事情都使我们回溯到同一个时期:9世纪下半叶无疑是这个时期的关键阶段。

然而,如果是普通采邑,情况又如何呢?《基尔希敕令》中的规定明显地不仅适用于各伯爵领,而且也适用于王室附庸持有的"恩地"。这种"恩地"也是一种"荣誉地"。但是秃头查理的敕令和声明并不以此为限,他要求将他本人为其附庸利益而制定的规则所产生的好处,由这些附庸扩展到他们的附庸身上。这个命令似乎也是出于意大利远征的迫切需要而制定的:远征队由附庸的附庸

第十四章 采邑变成附庸的世袭财产

组成,对于他们以及少数大首领做出让步是适宜的。不过,在这里我们所遇到的事情不仅仅是一种权宜措施,它的意义远过于此。在一个许多人既是委身之人同时又是领主的社会里,人们不愿意承认这样的事情,即:如果这些人中的一个人以附庸身份为自己争得某种利益,作为领主时他可以拒绝将这种利益给予那些以同样的依附形式附属于他的人。从旧的加洛林法规到英国"自由"的古典基石《大宪章》(Great Charter),这种权力平等观从社会上层顺利地传布到社会下层,它将始终是封建习俗的最肥沃的资源之一。

这种思想所产生的影响,尤其是一种非常强大的家族继承权意识,即父亲服役为后代创造了一种权利的感觉,支配着大众舆论;而在一种既没有成文法典、又没有审判机构的文明中,公众舆论和法律差不多就是一回事。这种情况忠实地反映在法国的史诗中。不过,诗人们所刻画的情景不经过一定的矫正是不能接受的。传统赋予他们的历史结构,使他们的叙述仅限于与著名的王室采邑相关的继承权问题。而且,由于诗人们让加洛林王朝前期的皇帝们充当史诗的主要角色,所以不无理由地将这些皇帝描述得比11、12世纪的国王们更为强大,他们甚至可以牺牲天然继承人的权利,随意处理其辖内的荣誉地。对于这一点,卡佩王朝的君主已无力为之,所以诗人们在这个问题上提供的证据,除了表示对迄至当时久已逝去的一个时代的还算准确的重构外,没有任何价值。另一方面,符合那个时代的真实情况的,是他们对这些习惯的判断,这些判断无疑适用于所有类型的采邑。诗人们并不认为这些习惯与法律完全相悖,但他们认为它们在道德上是应该受谴责的:在这些史诗中,这些习惯导致了灾难的产生,似乎是出于神的裁判。这类双重性的掠夺是前所未闻的灾难的根源,这些灾难在传奇故事《康布雷的拉乌尔》中比比皆是,一首史诗记载查理曼对其继承者所做训诫之一是:"好自为之,不要剥夺孤儿的采邑。"①善良的领主应铭记这一格言。

但是,多少领主是或一定是善良的领主呢?要撰写采邑继承史,需要搜集各个时期的可继承采邑和非继承采邑的统计资料。由于资料的贫乏,这项工作永远不可能完成。毫无疑问,每一具体事件中,解决的方法在很长时期内取决于各力量的平衡。教会的力量较之世俗权贵为弱,通常管理上也较差,它们在大多数情况下从10世纪初即向附庸的压力做出让步。另一方面,在各世俗大公国,我们获得的印象是,采邑继承习惯是极不稳定的,这种不稳定状况大约持续到下个世纪中叶。我们可以考察一下富尔克·奈拉伯爵和杰弗里·马特伯爵(987—1060)治下安茹家族的一份采邑,即圣萨图尔宁采邑。② 不仅在附庸不再保持效忠的迹象初露端倪之时,而且甚至在附庸准备前往邻近的行省、可能妨碍履行其役务之时,伯爵就收回采邑。没有任何现象表明伯爵认为自己必须尊重家族的权利。在五十年左右的时间中,先后有五人相继持有采邑,但只有两人——两兄弟——似有血缘关系,即使在这两兄弟中,还插入一位陌生人。虽然有两位骑士被认为有资格终生持有圣萨图尔宁采邑,但他们死后这份地产也不再为其继承人持有。当然,没有确凿的证据证明这两位骑士拥有子嗣。但是,即使假定

---

① *Le Couronnement de Louis*, ed. E. Langlois, v.83.
② Métais, *Cartulaire de l'abbaye cardinale de 'La Trinité' de Vendôme*, I. Nos. LXVI and LXVII.

第十四章 采邑变成附庸的世袭财产

这两种情况下当事人都没有男性后裔,那么这份内容详尽的记录对此未有只言片语,也是颇令人玩味的。我们的知识来自这份记录。这份记录的形成,为的是证明最后继承这份地产的旺多姆修道院修士们的权利。如果说,这份记录在证明旺多姆修道院收获最终果实的这一地产连续转移过程的正确性时,忽略了各家族灭绝的情况,那么,其原因显然在于,当时剥夺一位继承人的采邑绝非违法。

然而,从那时起,采邑继承的不固定已是一种非正常现象。在安茹,几个主要的封建王朝都建立在 1000 年前后。此外,1066 年采邑传入英国时,它在诺曼底肯定已经被普遍认为可以传给继承人了,因为,在英国,采邑的继承性实际上从未有过争议。10 世纪时偶尔有一位领主同意一份采邑实现继承性转移时,他要将这一让步明确地写入转让契约中;从 12 世纪中叶这种形势已颠倒过来。此后被认为必须签订的契约,只是那些很少见但又可能发生的例外情况,即将采邑的终生享有权限于最初的接受者。这样的假定,说明当时世袭性继承的流行。在法国,也如同该时期的英国一样,采邑这个词语本身指的是一种世袭地产,譬如,各教会团体宣称断不可像以前那样用这个词语来称述他们的官员的役务时,其惟一目的是否定有义务接受子承父业带来的役务。早在加洛林时期,习惯法就有利于依附者后代们提出各种要求,这种发展趋势由于为数众多的回收采邑而得到强化。回收采邑由于其产生的具体环境不可避免地具有世袭财产的特点。在加洛林王朝晚期和卡佩王朝早期,子承父业的仪式已经成为普遍性的习惯。在到处都以法律意识觉醒为标志的封建社会第二阶段,这种习惯成为法律。

3 神圣罗马帝国采邑继承权的发展

各种社会力量的冲突构成采邑发展的基础,这在意大利北部表现得再清楚不过了。让我们考察一下伦巴第王国社会的封建等级。位于社会顶端的是国王,951年以后,除了一些短暂的空缺以外,伦巴第的国王同时也是德国国王和(由教皇加冕的)皇帝,*国王之下是他最大的佃户——教俗大贵族;再往下是中等贵族附庸群,这些人是国王的次附庸,因此通常被称作"陪臣"。11世纪初叶,上述两大群体之间发生了严重的争吵。陪臣群体声称有权将其采邑作为家族财产加以处理,而最大的佃户们则坚持采邑的终生转让地性质,并主张可以时常废止。1035年其冲突终于引发了一场真正的等级战争,米兰及其周围地区的陪臣盟誓以战,彻底击溃了大贵族的军队。两个等级间的纷争引来了远在德国的集国王和皇帝于一身的康拉德二世。奥托家族的康拉德二世的前辈们,从前对教会财产的不可分割性至为尊重。康拉德二世抛弃了这一政策,站到了地位较低的附庸一边;因为意大利仍然是法治国家,他认为,意大利"渴望立法",所以在1037年5月28日以立法形式颁布敕令,制定了有利于较低级附庸的法律。他在法律中规定,此后所有世俗大贵族佃户、主教、男女修道院院长的"恩地"都将被视

---

* 955年教皇约翰十二世即位,罗马贵族不服,发动叛乱。德王奥托一世应约翰之请,率军进入罗马,稳定了教皇的统治地位。962年2月,教皇在圣彼得大教堂为奥托加冕称帝。从此西方又出现了一个日耳曼民族的"罗马帝国",1155年德皇腓特烈一世加冕时,又加上了"神圣"二字,称"神圣罗马帝国"。——译者

第十四章 采邑变成附庸的世袭财产

作世袭地产，可由子孙或兄弟继承；这一规定同样适用于由这类"恩地"而来的次一级的采邑。法律中没有提及自主地所有者所接受的采邑。康拉德显然自认为是以采邑等级制首脑的身份制定法律，而不是以君主的身份制定法律，但是他的行动影响了广大中小骑士的采邑。虽然某些特殊原因，特别是他个人对陪臣们的主要对手米兰大主教阿里伯特的憎恨，可能影响了他的态度，但是，他的视野似乎肯定超越了暂时的利益和怨恨。对付大封建主对君主们来说永远是一着险棋，所以他在反对大封建主时，所寻找的是与大封建主的附庸们结成联盟。对于这一点，其根据是，在无立法武器可资利用的德国，康拉德试图以另外的手段达到同样的目的：可能对王室法庭的审判规程施加影响，使它向着欲求的方向发展。还有，据他的随军教士记载，他"不允许从子孙后代手中夺取授予父亲的恩地，由此赢得了骑士们的衷心拥护"。

皇权对采邑的继承性原则进行有利于其发展的干预，是采邑发展过程的一个阶段，这个发展过程已经完成过半。早在11世纪初叶，德国已有越来越多的私人协定，承认附庸后代对一些特别的采邑享有继承权。1069年洛林的戈弗雷公爵仍然相信，他可以随意处理手下骑士们"薪俸佃领地"，将这些地产授予教会，但利益受到损害的附庸们"怨声"载道，致使公爵死后，他的继承人不得不改变这种赠礼方式。[①] 意大利盛行法制，德国王权相对强大，而法国既没有成文法，实际上也几乎没有国王，在这些国家中采邑继承权发展的相似性，显示出较政治利益更深层的各种力量所发挥的作

---

① *Cantatorium S.Huberti*, in M.G.H., SS., VII, pp.581–582.

用。至少就普通采邑而论,这是正确的。对于一个相对强大的中央政权赋予德国和意大利封建主义历史的独特性,我们必须到职位采邑的发展过程中去寻找。

由于这些采邑直接来自帝国,所以康拉德二世的法律在概念上与之没有关涉。但是,这里也存在有利于亲属各种权利的公众成见,且不无影响。从9世纪起,只有在例外的情况下,君主才会对一种不可小觑的传统置之不理。如果君主置传统于不顾而行事,那么舆论会对此种独断行为表示抗议。编年史家给我们留下了这方面的记载。不过,如果问题涉及酬答一位勤劳的仆人,或摒除一位少年或一个被认为不可靠的人,那么国王经常会采取这一严肃的措施,即使这位蒙受冤屈的继承人需要授予其他类似的职务作为补偿。特别是,各伯爵领除非在限定的家族群内是不能转手的,而伯爵的职位在一定意义上在单个的伯爵领成为世袭之物前很久早已成为世袭之职。最重要的辖地、边境区和公爵领在很长时期中同样是君王采取行动的目标。10世纪时巴伐利亚公爵领曾有两次未传给前任公爵之子;935年在米斯尼亚(Misnia,即迈森)边境区,1075年在卢萨提亚(即劳斯茨)边境区,均发生过类似的事件。通过一种在中世纪德国司空见惯的拟古风尚,神圣罗马帝国境内对主要荣誉采邑的处理方法,直到11世纪末还保留着秃头查理时期法国对荣誉采邑处理方法的很多成分。

此后形势发生变化。在这个世纪里变革运动迅速蓬勃发展。我们看到,康拉德二世本人就曾授予过享有继承权的伯爵领。他的孙子亨利四世和重孙亨利五世,将同样的权利授予卡林西亚公爵领和土瓦本公爵领以及荷兰伯爵领。12世纪,采邑继承原则已不复存在争议。在神圣罗马帝国,也像在其他地区一样,领主——即使领主是国王——的权利,已经逐渐让位于各附庸家族的权利。

4 采邑继承法反映的采邑变化

只有一个儿子有资格直接继承采邑,这种情况可以为我们的分析提供一个便利的起点,但实际情况通常要复杂得多。一俟舆论承认亲属的各种权利,继承权便面临各式各样的家族形势,每一家族都有各自的问题。简略地考察一下不同群体解决这些难题的方法,有助于真切地理解采邑和附庸关系的演变。

在父亲或祖父一生的役务中,儿子或者——在没有儿子的情况下——孙子经常会帮忙出力,所以儿子或孙子似乎就是天然的继承人;另一方面,继承人的表兄弟通常早已在别处另谋生路。这就是为什么承认旁系继承权可以极为简捷地提供一个真正的继承范围的原因,在这个范围内旧的"恩地"正在转化为世袭财产。[①]对这一做法,反对力量颇为强大,尤其是在德国。1196年皇帝亨利六世试图使贵族们同意另一种继承权,即德国皇位的继承权,为此他向贵族们主动送上一份厚礼,即正式承认旁系亲属对采邑的继承权;但这项计划无果而终。除了在最初的转让书或特殊的"习惯法"〔如13世纪支配帝国侍臣(ministeriales)采邑的特殊的"习惯法"〕写入特殊的条款外,中世纪德国的领主从未被迫为附庸后

---

① 但是,早期各兄弟都可以享有特权(见康拉德二世法),按照对一老辈人有利的民众权成见,这些特权要优先考虑兄弟,而不是儿子。参见 M. Garaud in *Bullet. Soc. Antiquaires Ouest*, 1921。

代之外的继承人举行封地仪式,尽管这样做事实上并不能阻止领主时常向这种倾向妥协。在其他地区,似乎可合理地划出一条界限:采邑可以在最初的附庸的后裔中随意继承,但不能越出此限。伦巴第法中的解决方法就是如此。12世纪起,这一原则也为法国和英国所采纳,应用到大量新产生的采邑契约中,但是在这里它所代表的是对普通法的背离。在西欧各国,采邑继承原则的发展势头已相当强劲,几乎扩展到整个亲属群体。在这些国家有一点保留下来,使人们想到一个事实,即与役务观念相连的封建习惯法已经发展起来。因为在很长时期内人们不愿意承认,附庸死去后采邑可由其父继承。在英国,这点从未被承认。一份军事佃领地从一位年轻人手中转到一位老人手中,尤其被认为荒谬可笑。

妇女可以继承采邑,看起来尤其与采邑的性质相悖。这并不是因为中世纪一直认为妇女无力行使权力;当男爵外出、男爵夫人主持男爵法庭时,也没有人会对此情形感到不舒服,但是人们坚持认为妇女不能披坚执锐冲锋陷阵。具有象征意义的是,12世纪末的诺曼底习惯法,已准许女儿享有继承权,但是与加佩王朝国王的残酷战争刚一爆发,狮心王理查就处心积虑地废除了这一规定。这些法律制度,即伦巴第人统治下的意大利的司法条律、拉丁叙利亚的风俗书以及德国王室法庭的裁判权制度,都极为审慎地力图保持采邑继承制的原始性质,理论上总是拒绝赋予女性继承人以男性继承人的权利。亨利六世面对手下的大附庸们的压力,做出让步,主动表示要取消女人无继承资格以及旁系亲属无继承资格的规定,这种情况可以说明这一规定在德国仍然是何等顽固。这一事件使我们对于贵族们的要求获得许多了解。这位霍亨斯陶芬

第十四章 采邑变成附庸的世袭财产

王朝的君主对附庸们的让步,正是稍晚些时候君士坦丁堡的拉丁帝国的建立者们向他们未来的君主所要求的让步。

事实上,即使在那些理论上仍排斥女性继承权的地方,女性继承很快就有了许多实际上的例外。领主总有权对此置之不理,除这一事实外,这一原则可能因为特殊的风俗而不被遵守,或者由于签订转让契约而被明确地弃置。1156年奥地利公爵领的继承就是如此。在法国和诺曼人统治下的英国,此前很久就已规定对女儿们(在无子的情况下)、有时甚至对一般的女性亲属们(如果没有同辈男性亲属)都可赋予同样的采邑继承权,如同其他形式的财产继承权一样。因为人们很快认识到,如果一位妇女无法履行采邑规定的役务,那么她的丈夫可以代行其职。一种特有的相似性是,这种从附庸制原始规则中逸出的有利于女儿或女婿的规则,最早的事例均与法国的大公国有关,这些大公国最先获得一般意义上的继承权,而且不再涉及任何程度的人身役务。罗伯特家族的奥托是"勃艮第大伯爵"之女的丈夫,由于这一婚姻关系,早在956年他即拥有了勃艮第各伯爵领,这份财产成为他此后获得公爵头衔的主要基础。通过这种方式,特别是由于女嗣继承权与直接的女性继承人的继承权差不多同时得到承认,各个等级的封建家族发现,自己可以开始实行婚姻联盟的政策了。

继承人尚未成年这种情况的存在,无疑是封建习惯法从一开始就必须加以解决的最敏感问题之一,难怪诗人们总是喜欢从这个角度看待有关继承权的大争论。将一份军事佃领地交给一个孩子,这是多么荒谬啊!但剥夺这个小家伙的继承权又是何等残酷啊!对于这一难题,早在9世纪就已有解决的办法:即承认这个少年为继承人,但是在他有能力履行附庸义务前,一位暂时的管理人代行其职,持有采邑,向领主尽忠并完成役务。将这位代行其职的人称为监护人是不确切的,因为他作为承担采邑责任的代理人(baillistre),也可以将采邑收入纳入囊中,对未成年的继承人除了供其生活费用外,不承担其他义务。虽然这类暂时附庸的产生,对附庸制这种被视为终生关系的制度的性质是一个沉重打击,但它将附庸役务和家庭情感巧妙地调和起来,所以在原法兰克帝国采邑制度盛行的地方,这种办法被非常广泛地采纳。在意大利,人们不愿意再增加符合封建主利益的特殊规定,所以只有在那里仍然保留着简单的监护人制度。

然而,很快就出现了一种奇特的偏离现象。选择一位家庭成员代替这个孩子充任采邑首领,似乎是最自然的程序。这种做法显然是最初的通例,而且在许多地区直到最终仍是如此。尽管领主本身也对这位孤儿负有义务——这些义务出自效忠誓言,但为不久前死去的附庸所接受——但在这个孤儿未成年期间,领主试图以牺牲家族亲属的利益更换自己的附庸的念头,最初会被认为是荒谬的;领主所需要的是人,而不是地产。但理论很快即与实际活动发生了矛盾。有意思的是,最早的例证之一是,领主作为代理人取代(至少是试图取代)亲属的做法,竟使法国国王路易四世与诺曼底(法国著名的"荣誉采邑"之一)的年轻继承人成为直面相对的双方。在巴约或鲁昂亲自发号施令,毫无疑问会比依靠诺曼底公国的摄政者所提供的不稳定的援助更令人满意。不同国家引入领主监护制度是一个时代的标志,在这个时代,采邑作为一种可以利用的财产的价值,超过了可望从采邑中得到的役务的价值。

第十四章 采邑变成附庸的世袭财产

这种习惯最为根深蒂固的地方莫过于诺曼底和英格兰,在这两个地方,附庸制组织在各个方面都有利于封建上层。如果领主是英王,则英国贵族颇受附庸制之害。另一方面,贵族对其依附者行使这种权力时,则从这种制度中获益,所以,1100年贵族们重新恢复家族监护制时,他们无力或者不愿意阻止这一让步成为一纸空文。此外,在英国,这种制度的本来意义很快成了逝去的光景,领主们,尤其是国王,通常都将对这个孩子的监护权与对采邑的管理权一并出让或出卖。在金雀花王朝的宫廷上,这种性质的赠礼是最为人所垂涎的奖赏之一。实际上,由于这是一份荣耀的义务,防守城堡、征收税款、在森林中狩猎或抽空鱼塘,也许成了人们乐于做的事情,但是这些财产并不是这份赠礼中最重要的部分。男女继承人的人身价值更高。我们将看到,充当监护人的领主或领主的代表,被赋予了安排被监护人婚姻的职责,从这种权利中他肯定可以获得经济利益。

在理论上,采邑一定是不可分割的,这一点十分清楚。如果采邑是一个公共职务,上级权力机关允许它为人分割的话,那么马上就会遇到一种危险,即在这个职务之名下加以行使的行政力量会被削弱,对它的控制更加困难。如果是一份普通的骑士采邑,那么采邑的瓜分会造成役务履行上的混乱,因为在不同的伙伴之间进行役务分配很难使每个人都满意。而且,原来的地产可以支付一个附庸及其随员的报酬,如果将这份地产分配开来,那么就会产生一种危险,即被分配的土地不足以养活新的持有者,其结果是造成新的持有者武装简陋,或被迫另谋出路。所以,佃领地变成世袭财产后,无论如何都应传给惟一的继承人,这一点非常重要。但在这一点上，封建组织的要求与普通的继承法规则发生了冲突，因为在欧洲的大部分地区，继承法主张同级别的继承人享有平等的继承权。由于各对立力量的影响，这个严肃的法律问题因时因地以不同方式获得了解决。

最初的难题是：在与死者具有同等关系的各候选继承人——譬如在他的儿子们——中间，以什么样的标准选择继承人呢？数世纪的封建法和王朝法使我们习惯于优先考虑长子继承权。实际上，长子继承权就像今天我们社会所赖以拟定成年年龄的许多神话一样，不是"天经地义"的事情，成年年龄的拟定，甚至使大多数人的意志成为其对手们的意志的合法解释者。在中世纪，长子继承制甚至在王室中也并非毫无阻力地为人接受。在某些乡村地区，从远古时代延续下来的习惯法，的确是以牺牲其他诸子的利益为代价来维护其中一个儿子的利益，但在涉及采邑的情况下，会是怎样呢？原始习惯似乎承认领主有权将土地授给他认为最适合于拥有它的儿子。这仍然是 1060 年前后加泰罗尼亚地区的规则。由于父亲在完成一生的采邑役务过程中，大约已将选定的儿子与自己联系在一起了，所以有时父亲也会提名自己的继承者，争取领主的同意。不过，在共同继承制盛行的地方，则以集体受封的形式继承土地。

这些古旧的习惯在德国比其他地方更顽强地保存下来，一直流传到 12 世纪。与此同时，至少在萨克森盛行着另一种习惯，这种习惯说明家族情感的深厚程度：家族诸子自己决定他们中的哪一位继承遗产。当然，可能出现且确实经常出现的情况是，不论采用何种办法，选中的仍然是长子。但德国的法律并不愿意放弃对

第十四章 采邑变成附庸的世袭财产

这种优先权的约束力。正如一位诗人所说,这种权利是一种"异国味"的风俗,一种"外来的把戏"。① 红胡子腓特烈皇帝本人不是在1169年做出安排,将皇位传给一位较年轻的儿子吗? 由于当时没有在继承人中建立起明晰的区别对待原则,所以实际生活中保持采邑不被分割尤为困难。此外,在神圣罗马帝国,传统上反对同一家族中人与人之间不平等关系的旧社会团体所产生的影响力,并不像其他国家一样可由国王或诸侯们的封建政策有效地加以平衡。由于德国诸王和地方首领从加洛林国家政权那里接受了一种制度,长期作为其有效权力的基础,所以他们比法国的统治者较少依赖附庸的役务,很自然地也就不太关注采邑制度。德国诸王几乎毫无例外地都像1158年红胡子腓特烈一样,念念不忘于一件事:禁止瓜分"伯爵领、侯爵封地和公爵领"。然而,对伯爵领的分割至少此时已经开始。1255年,巴伐利亚公爵爵位与领地一起首次被瓜分。对普通采邑的分割,1158年的法律被迫承认其为合法。简言之,乡村普通法最终战胜了采邑法。对这一现象的反作用直到很晚(实际上是在中世纪末)才产生,而且是在各种力量的压力下产生的。在各大公国,诸侯们以特定的继承法,极力阻止其历经磨难所获得的权力被分割。至于一般的采邑,采用的方法之一是以迂回曲折方式限定继承权,引入长子继承制。所以在相当晚的时候,各王朝对继承权的忧虑和等级利益,完成了封建法律不能完成的事业。

在法国的大部分地区,其发展进程迥然殊异。法国诸王并没

---

① Wolfram von Eschenbach, *Parzival*, I, verses 4-5.

有感到有必要阻止由数个伯爵领聚合而成的大公国陷入分崩离析,除非在国防事业中他们可以利用这些集合起来的力量。但不久这些地方首领就变成了国王的敌人而不是臣仆。单个的伯爵领几乎没有被分割,但联合体被分割开来,每个儿子分得一份遗产,其结果是,每一代人都面临联合体瓦解的危险。各贵族家族很快就意识到这种做法的威胁性,并采用长子继承制以图补救,一些地方进行得快一些,一些地方则慢一些。12世纪时,长子继承制差不多到处建立起来。正如德国一样——只是时间上要早得多——先前的各大公国又恢复了其不可分割的性质,尽管是作为一种新型的政府而不是作为采邑。

至于不太重要的采邑,附庸役务所带来的利益(在这块最适于封建主义发展的土地上,这一点受到更多的关注)在经历了少许波折后,已在早些时候使这些采邑从属于准确而明晰的长子继承制法规。然而,由于从前的佃领地演变成世袭财产,所以将弟弟们排斥在继承权之外就似乎更难了。只有少数特殊风俗,如科镇地区的风俗,才能将长子继承制原则严格地保持到底。在其他地区,为人们接受的做法是,承受着道德责任的长子,不能将弟弟们撇开不理,置之于无援之境,他能够而且确实必须从父亲遗留的地产中为弟弟们提供一些生活供应。因此,在许多行省中通称为"帕拉日"(parage)的制度发展起来。长子一人向领主行臣服礼;独自一人承担责任,履行采邑役务。弟弟们从长兄那里取得他们的份地,有时(如在法兰西岛)向长兄行臣服礼;有时(如在诺曼底和安茹)家族纽带的力量十分强大,似乎使亲属群体内任何其他形式的关系成为多余之物。这种观念至少是盛行了一段时间;但是在主要的

第十四章 采邑变成附庸的世袭财产

采邑和次生采邑传承几代人之后,原共同继承人的后继者们的关系最终变得十分疏远,单是依靠亲属连带关系来行事,似乎已经是不明智了。

虽然如此,这一制度并不能排除土地瓜分中的弊端。这就是为什么英国在诺曼征服后初次引入这种制度,而在12世纪中叶又废弃之而采用严格的长子继承制的原因。即使在诺曼底,成功地利用封建义务服务于招募军队的公爵们,除了在继承问题——涉及几位骑士的采邑,而这些采邑可以分别在继承人中分配的情况下,从未认可"帕拉日"制度。如果只有一处采邑,那么这处采邑就要完整地传给长子。但是对役务单位做出严格的限定,只有在力量特别强大、具有异乎寻常的组织能力的地方管理机构的干预下才有可能。在法国的其他地区,习惯上的理论可能力图将较大的采邑——通常称作男爵领地——排除在分割范围之外;而实际上,继承者们几乎总是将整个遗产分而享之,并不区分其中的不同部分。在一定程度上保留以前完整性的惟一事物,就是以长子继承制秩序对长子及其后代保持效忠。到最后,这一防护措施也消失了。这一变化的各种条件大大有助于说明后来封建主义的演变。

世袭继承权在成为一种权利之前,曾长期被视为一种礼赠品,所以新产生的附庸应向领主贡献一份礼物以表示感激之情,似乎只有这样才是合乎礼仪的。有证据证明,这种习惯早在9世纪已存在。在这个本质上以风俗为基础的社会中,每一份自愿奉献的礼物,如果完全变成习惯性的东西,那么它最终会变为一种义务。既然如此,那么附庸献礼这种习惯更容易获得法律的效力,因为先例不难寻得。想必从很早的时期,如果不先从领主那里获得封地许可,是不能获得一份负担地租和役务的农民佃领地的;但封地许可通常并非是毫无所取的授予。军事采邑虽是一种非常特殊类型的佃领地,但也包括在中世纪社会特有的复杂的不动产权利制度中。"relief"(慰问费)、*rachat*(赎买费)、*mainnmorte*(永久管理费)这几个有时在法国某些地区使用的词汇,意义是相同的,不管继承税是落在附庸的财产上,还是维兰甚或农奴的财产上。

然而,严格意义上的封建慰问费以其缴纳方式的不同有所区别。正如大多数类似的租税一样,慰问费在 13 世纪以前一般是以实物缴纳的,至少一部分是以实物缴纳。譬如说,农民继承者缴纳一头牛,而军事附庸则要献上一份"战具",即一匹马或武器,或两样东西兼而有之。通过这种方式,领主的要求很自然地变成了土地负担的役务形式。[①] 对于新封授的附庸,领主有时只要求战具,甚至这笔债务也可以通过双方的协议,以价值相当的一笔钱来支付。有时,除了缴纳一匹战马或农用马(*roncin*),还要支付一笔钱款。在其他支付方法均被废弃的地方,甚至可能完全以货币形式进行结算,简言之,这些支付习惯在细节上几乎均各有不同,因为根据地区、附庸群体乃至各个采邑不同,风俗的影响具体化为通常以完全偶然的方式产生的各种习惯。只有根本的分歧才具有象征性的价值。

[①] 一些史学家根据原来领主向附庸提供装备的习惯来解释这种征索要求;他们认为战具是由领主提供的,所以在附庸死后必须归还。但附庸的儿子被接纳为附庸以后,归还战具又有什么意义呢? 此处所做解释的长处是,它考虑到了封建慰问费和其他类似税费的明显相似性,譬如,为取得某些行业的入业权利,需要以相关行业器物的形式向封主交纳税费。

第十四章 采邑变成附庸的世袭财产

从很早的时候,德国差不多就完全将缴纳慰问费的义务,限于庄园官员持有的不太重要的采邑。这些官员通常都是农奴出身。毫无疑问,这是中世纪德国社会组织特有的等级和佃领地呈等级结构的表征之一。这一特点注定会产生重要影响。13世纪前后,由于附庸役务制的衰落,德国封建主实际上已不可能从采邑中获得战斗人员,所以也不能从采邑中获得任何东西了。这是一个严峻的形势,从贵族政府观点来看尤其如此,因为大多数采邑和最富庶的采邑自然是由王公贵族所持有。

另一方面,西欧各国经历了一个过渡阶段。在这个阶段上,采邑作为各役务之源已变得无足轻重,但由于广泛盛行的慰问费制度,采邑作为获利之源仍有丰厚收获。12世纪英国诸王从采邑中获得巨额钱款。在法国,腓力·奥古斯都正是依靠慰问费制度才获得了吉昂的要塞,得以控制跨越卢瓦尔河的津梁。就大多数小采邑而言,领主一般只是对这些继承税感兴趣。14世纪,巴黎地区正式承认,领主向附庸征索一匹农用马,附庸除了承担马匹不对领主造成伤害这一纯属否定性的义务外,免除其他任何人身义务。但是,随着采邑日益变成世袭遗产的重要部分,继承者便越来越无法忍受这样的形势:他们只有打开钱袋掏钱才能获得已经被视为自己权利的封地仪式。虽然他们无法彻底取消这一负担,但最终成功地使之大为减轻。在一些"习惯法"中,这一习惯只是对继承资格不太明晰的旁系亲属还有效。首先,12世纪以后,社会各等级中兴起了一种运动,这个运动的一种趋势是,各种支付款被代之以固定数额的税款,税款的数量或是主观性地规定下来,或是经过艰难的谈判才确定下来。下一个步骤是,仿效法国通行的做法,将一年的地产收入用作定额；这样的估算基准不受通货波动的影响。相反，在税款以货币单位一劳永逸地固定下来的地方（最有名的例证是英国的《大宪章》），慰问税最终受到渐次贬值的影响。从12世纪到近代，这种渐次贬值不可避免地影响到所有固定不变的款项。

不过，对于这些偶然性权利的关注，同时也急剧改变了继承问题的约定。"帕拉日"制度虽然保障了来自采邑的役务，但也减少了来自慰问费的收益，它将慰问费限于家族嫡系、即惟一直接附属于原采邑领主之人的所有权的变更。只要役务比其他东西更为重要，那么，不能得到财政上的收获就不会被人耿耿于怀，但是在役务价值已经降低以后，得不到慰问费就难以容忍了。对封建制度有影响的第一部法律，是由卡佩王朝的一位国王颁布的，这部法律源自法国贵族们的要求，于1209年轻而易举地获得了其本人就是王国最大封建主的国王的同意，其特定目标是废除"帕拉日"制度。当然也禁止已经成为人们公认习惯之一部分内容的采邑瓜分。此后的份地将直接从原领主手中获得。实际上，腓力·奥古斯都的"定制"似乎并没有被忠实地遵守。古老的家族风俗传统再一次与特有的封建原则发生冲突；由于这些传统已引起采邑的分割，此时的作用是防止采邑分割导致家族连带关系的削弱。我们知道，"帕拉日"制度不会轻易消失，但是法国贵族阶级态度的改变，标志着一个历史阶段的到来。在这个阶段的法国，曾是武装扈从报酬的采邑，降低到了以缴纳地租为主要特点的佃领地的地位。[1]

---

[1] 在1290年的英国，同样的原因（通过 Quia Emptores 法规）引出了一种规定，禁止以分赐采邑的形式出售采邑。此后采邑的购买者必须从采邑出售者的封主的手里直接获得采邑。

5 出售效忠

在加洛林王朝初期，认为附庸可以自由转让采邑将是荒谬绝伦的念头，因为采邑不是属于附庸的财产，只是委托给他以换取其严格意义上的人身役务的。但是，在附庸感觉不到这种转让地原有的不稳定性所造成的影响之后，无论出于对金钱的需要抑或出于慷慨行为，他们都越来越倾向于自由处理他们逐渐认定属于自己财产的东西。在这方面他们得到教会的鼓励。在中世纪，教会千方百计地帮助打破旧领主或旧风俗对个人所有权设置的障碍。许多封建主的惟一财富就是采邑，如果他们不能从其遗产中拿出点东西奉献给上帝及其圣徒们的事业，那么慈善事业将无法进行，教会扑灭的"洪水猛兽般"的地狱之火就会熊熊燃烧起来，宗教团体将面临死于营养不足的危险。事实上，采邑的转让以其具体性质表现出两种迥然不同的情形。

有时转让的采邑只是其中的一小部分。从前以整个采邑为基础的传统义务，现在集中在仍保留在附庸手中的这一部分土地上。除了可能被没收或充公——这种可能性越来越少——领主并未丧失任何实际利益。但是，他可能会担心，这样一来所造成的采邑减少将不足以养活一个依附者，使之能够履行其义务；所以部分转让采邑以及诸如采邑上的居民免付地租之类的习惯，都归于法国法律所称的采邑"削减"名目下，即价值降低。对于采邑转让，就像一般的采邑削减一样，"习惯法"表现出的态度是不同的。有的习惯法对它加以限定后最终承认了它；有的习惯法则坚持要求征得直接领主的许可,甚或整个上级领主等级的许可。当然,领主的这种许可照例可以花钱买取,并且由于这是勒索金钱的资本,利润丰厚,所以人们日益倾向于认为,它是无法抗拒的东西。发财的欲望再次与封建役务的要求相违抗。

将全部采邑转让则更与附庸制精神相悖,这并不是因为采邑全部转让会造成采邑义务被取消的危险——因为采邑义务随采邑转移而转移——而只是在于这些义务转归于他人。采邑世袭性传递方式所产生的矛盾于此被推向极限。人们可以以稍微乐观的情绪希望从同一门第连续几代人中得到一种固有的忠诚,但是怎么能期望从一个不认识的人那里得到这种忠诚呢?这个陌生人在附庸关系中承担各种义务,获得的只是一个称号,这个称号的获得是因为他当时金钱充裕。诚然,如果领主要求采邑转让须经自己同意,这种危险性则可以消除;而且事情确是长期如此。更明确地说,领主首先将采邑收回,如果他愿意,可以在接受新的租佃人的效忠之后将采邑重新授给他。毋庸说,几乎在每一次交易中,事先的协议允许采邑出卖者或供给者延缓交付土地,直到他获得领主同意将采邑转让给其继承者。这种形式的土地转让习惯几乎与采邑或"恩地"制度同样悠久。在世袭继承制度上,当领主先是在封建社会人们心目中、然后是在法律上无权拒绝举行新的封地仪式时,决定性的变化便出现了。

设想继承制是一个从未间断的每况愈下的过程,是不正确的。在10、11世纪的无政府状态中,领主经常丧失对采邑的各种权利。这些权利在以后数世纪中的复兴,部分地得因于法律力量的增长,部分地得因于一些政府机构的压力,这些政府机构希望建立像金

第十四章 采邑变成附庸的世袭财产

雀花王朝统治下的英国所盛行的那种秩序井然的封建关系体系。在某一点上,这一古代原则的强化确实是具有普遍性的。13世纪比以往更为普遍、更为彻底的情况是,领主可以绝对地禁止将采邑转让给教会。这是世所公认的。教士阶层为了从封建社会中解脱出来所进行的非常成功的斗争,似乎空前地证明了以教士无力履行军役为基础制定的一条法规是正确的。国王和贵族们坚持认为这条规矩必须遵守,因为他们看到,这条规定既可以防止可怕的土地垄断,也可以防止可怕的财政掠夺。

除此之外,采邑转让须经领主同意的原则很快就进入了普遍的恶化过程;最终的结局只是租佃权变更税的法律化。诚然,领主通常还有另一种方法可资利用,即在采邑转移过程中将它保留在自己手中,同时给予购买者赔偿。所以,领主至上权威的削弱,恰如家族的衰落一样,通过同样的制度表现出来:这种相似性鲜明地表现在,在没有家族收回权(retrait lignager)的地方(如在英格兰),也没有领主收回权(retrait féodal)。而且,赋予领主的最后这一特权最清楚不过地说明,这时的采邑何等根深蒂固地变成了附庸的遗产,因为此后领主要想重新取得这份法律上属于他的财产,要付出与其他购买者同样的价钱。实际上,至少从12世纪以后,采邑的出卖或转让几乎没有任何限制。效忠行为已变成一种交易品,其结果并非使之更为强大。

第十五章 一仆数主

1 多重臣服

"一位武士不能侍从两位主子。"迟至1912年,乃木希典大将还在援引日本这一古老的格言,证明天皇死后他不能苟活。这一格言所表达的是任何一种严格设计的个人效忠制度所具有的必然法则。毫无疑问,这也是法兰克附庸制最初的规则。但在加洛林王朝的法规中,这一规则没有被清楚地表述出来,可能是因为它不言自明、在所有的规定中都被认为是理所当然的缘故。委身者在他最初发誓效忠的主人同意解除誓约的情况下,可以改换主人。在对第一位主人保持效忠的同时向第二位主人宣誓效忠,则是严格禁止的。在帝国的各个地区,通常都采取必要措施防止附庸契约的重复,它最初的严格性在人们的记忆中保存了很长时期。1160年前后,赖歇瑙的一位修士,像他那个时代的几位出征意大利的皇帝所要求的那样,记载了这个与军役有关的规定,此时他萌生了将它附会在查理曼大名之下的念头。他用一种他自己认为符合古代习惯法精神的词语说:"如果发生这样的事情,即同一位骑士由于获得不同的'恩地'而依附于几个领主,这件事是不会使上

第十五章 一仆数主

帝高兴的……"①

但当时在骑士等级中,一仆同时有二主乃至数主,早已是司空见惯。目前所能见到的最早的事例发生在895年的图尔。② 在随后的数世纪中,这种事件到处都在增加,以致11世纪的一位巴伐利亚诗人和12世纪末的一位伦巴第法官已全然视此为寻常之事。向领主表示臣服的行动有时连续进行很多次。13世纪最后数年间,一位德国男爵相继成为20位领主的授田附庸,另一位男爵则有43位领主。③

附庸契约原来意味着,附庸要以整个身心服务于他自由选择的主人,而附庸誓约的这种多重性完全否定了这一点。当时大多数富有思考能力的人都像我们一样对此洞若观火。一位法官、一位编年史家,甚至一位像圣路易那样的国王,都会时常忧郁地向他的附庸提到基督的训诫:"一仆不事二主。"11世纪末,一位优秀的宗教法学家、沙特尔的伊沃主教认为,应解除一位骑士对征服者威廉的效忠誓言——这个效忠誓言显然是一种附庸誓约。这位主教说,"这样的附庸誓约与这位骑士从前根据与生俱来的权利与其合

---

① *M.G.H.*, *Constitutions*, I, no.447, c.5.

② H.Mitteis (*Lehnrecht und Staatsgewalt*, Weimar, 1933, p.103)和 W. Kienast (*Hisorische Zeitschrift*, CXLI, 1929-1930)指出了他们认为属于更早时期的一些事例。但是惟一真实地表示双重效忠的事例,涉及的是教皇和皇帝在罗马的权力分配,即主权的两元性,并不是效忠的双重性。圣加尔契约涉及的是佃领地的转让。在《契约书》(*Urkundenbuch*)中的编号为440。这份契约冈绍夫(Ganshof)教授和米泰斯(Mitteis)教授均未能见到。

③ *Ruodlieb*, ed. F. Seiler, I, v.3; E. Mayer, *Mittelalterliche Verfassungsgeschichte: deutsche und französische Geschichte vom 9. bis zum 14. Jahrhundert*, Leipzig, 1899, II, 2, 3; W.Lippert, *Die deutschen Lehnsbücher*, Leipzig, 1903, p.2.

法领主们签订的契约是相悖的,根据这些契约他们从领主那里得到了世袭的恩地。"令人吃惊的是,这种明显的偏离现象竟然迅速而又广泛地出现了。

历史学家倾向于将这种现象归因于很早就产生的将采邑授予附庸以酬其役务的习惯。毫无疑问,获得一处风光秀美、供给充足的庄园的美妙前景,会诱使许多武士向不止一位主人臣服。休·卡佩统治时期,这位国王直接治辖下的一位附庸拒绝援助一位伯爵,直到这位伯爵正式接受其为附庸。这位附庸说,拒绝援助伯爵的原因是,"在法兰克人中,一位附庸只能跟随主人或接受主人命令,才能去作战,其他情况则不行,因为不符合习俗"。这种情怀是高尚的,但实际行为却远非如此。我们从记载中看到,这位附庸向新主人表示效忠后得到了法兰西岛上的一个村庄。① 不过,领主们何以如此乐于接受乃至于乞求附庸的二分之一、三分之一或四分之一的效忠,而附庸们何以能够毫无廉耻地多次做出矛盾性的诺言,则有待于做出解释。也许我们不应从军事佃领地制度本身去寻求解释,而应该从先前的个人授予地转变为世袭遗产和商品的发展过程去寻求答案。一位骑士在宣誓效忠于一个领主以后,发现自己因继承或购买一处采邑而成了另外一位领主的附庸;对于这位骑士,人们自然难以相信他通常会拒绝接受新的附庸关系契约,从而放弃这获得财产的天赐良机。但是我们不要遽下断论。从时间上讲,双重臣服并不是随采邑继承制而来,相反,最早的实例似乎与采邑继承原则差不多完全同时出现,这时的双重臣服仍

---

① *Vita Burchardi*, ed. de la Roncière, p.19;参见 p.xvii。

第十五章 一仆数主

然只是偶然行为。从逻辑上讲,双重臣服也不是采邑继承的必然结果。日本除极特别的情况从未有多重效忠,但却有世袭性的,甚至可以转让的采邑。不过,由于每个附庸所获得的采邑均来自单一的领主,所以这些采邑从一代人转移到另一代人手中所产生的结果是,它使依附者家族永远附属于领主家族。采邑的转让仅限于依附于一个共同领主的附庸群体内部。在中世纪的西欧,上述内容中的第二条简单规则时常施加在下层依附者即乡村庄园的租佃者身上。可以设想,这条规则可以成为捍卫附庸制的原则,但似乎没有人想到它。

事实上,虽然大量一仆数主的臣服行为注定成为瓦解附庸社会的主要因素之一,但这一因素本身最初只是附庸社会天生弱点的一个征兆,这个弱点对那种被认为是极为牢固的关系造成侵害。由于种种原因,我们需要对这个弱点进行探讨。错综复杂的关系每时每刻都在困扰着人们。在一些重要关头,这一弱点所产生的问题是如此迫切,封建主义的理论和实际都需要做出解答。如果附庸的两个领主彼此交战,那么这位忠实的附庸将向哪一位领主进献义务呢?袖手旁观将明白无误地犯下双重"重罪",所以他必然做出选择。但怎样选择?于是,一整套决疑方法便发展起来。这些方法并非限于法学家的著作,而且在书面文件重新使用后以仔细斟酌的协议条款的形式表现在契约中。这些契约通常都伴有效忠誓言。其判断似乎有三个主要标准。第一个是以时间顺序划分臣服行动,最先的臣服行动优先于最后的臣服行动;通常在附庸承认自己是一个领主的依附者的套话中,明确地保留对较早领主效忠的誓言。另一个标准在一些地方采用,它对于许多违背效忠的情况,可以提供有趣的说明。根据这个准则,最值得尊重的是给予封臣最好采邑的领主。早在895年,圣马丁修道院的教士请求勒芒伯爵管好他的一位附庸,伯爵回答说,这位附庸"更大程度上"是修道院长罗伯特伯爵的附庸,"因为他持有罗伯特授予的一块更重要的恩地"。即使在11世纪末加泰罗尼亚伯爵的法庭上处理发生冲突的臣服案件时,仍然遵循这一原则。① 最后一个标准可能注意到了问题的另一方面,并考虑到冲突的起因本身。附庸的义务似乎要求附庸去援助拿起武器进行自卫的领主,而不是去援助只是帮助亲属的领主。

然而,这些办法并没有解决问题。一名附庸竟然要同其领主兵戎相见,这已经是很糟糕的事,更难以容忍的是,附庸可能利用采邑资源去同领主作战,而这些采邑先前授予附庸时则是为了另外的目的。解决这个难题的一个办法是,领主有权暂时性地从附庸手中没收不久前授予他的地产,直到恢复和平局面,因为附庸此时在法律上暂时违背了效忠誓言。另一个更荒谬的局面是,附庸面临两个领主发生战争,自己被迫帮助效忠誓言最有理由要求他帮助的领主时,却不得不从他持有的另一个领主授予的地产上他的附庸中招募队伍,以便将这支附庸队伍交由第二个领主去指挥。所以,这种制度原来所存在的积弊扩展开来以后,拥有两个领主的附庸本身也面临一种危险:他会在战场上与自己的附庸兵戎相见。

虽然附庸制关系是如此微妙,但它在试图与各种制度相适应

---

① F.L.Ganshof,'Depuis quand a-t-on pu en France être vassal de plusieurs seigneurs?', in *Mélanges Paul Fournier*, 1929; *Us.Barc.*, c.25.

时,则会变得更加错综复杂。实际上,附庸们在与领主进行旷日持久的讨价还价后,一般都独立做出决断。1184年埃诺伯爵和佛兰德伯爵间爆发战争,阿韦讷的领主,这两位贵族的附庸,首先从埃诺地方的法庭上获得一份判决,这份判决洋洋洒洒地说明了他应承担的义务。然后他便将自己全部的军队投入到佛兰德伯爵一边。效忠是如此不可靠,它是名副其实的效忠吗?

2 绝对臣服的盛衰

然而,在这个社会中,无论国家还是家族均不能为人们提供一种适当的联合纽带,所以将臣属牢固地束缚于首领的需求是非常强烈的。普通的臣服关系在这方面已无能为力,这是众所周知的,所以人们试图在普通的臣服关系之上建立一种超级臣服关系,这就是"绝对"臣服(*homme liege*)关系。

*lige*一词在语音方面还存在一些难以解释的地方。这种情况是中世纪法律词汇史的一个共同特点,大概是因为这些词语曾一度为知识阶层和民众所共用,不断地从一种语言状态进入另一种语言状态的缘故。尽管如此,这个著名的形容词来自一个法兰克词语,则是毫无疑问的事实;它在现代德语中的对应词是*ledig*,即"自由的"、"纯粹的"。13世纪莱茵河地区的书记员们以*ledichman*来翻译*homme lige*,已经意识到了这种相似性。不管起源问题如何复杂(这毕竟只具有次要意义),这个修饰词在中世纪法语中的实际意义绝非模糊不清。莱茵兰地区的公证员将它译为拉丁语的*absolutus*(绝对的),也是正确的。"Absolute"(绝对的)在今

天也是最贴近的翻译。说到教会附近某些教士需要的"住所",人们说那一定是"个人的绝对的"住所。这个词语更常用来形容一种权利的行使。在欧塞尔市场上,伯爵的垄断权是"伯爵的绝对的权利"。一位寡妇由于丈夫的死亡而摆脱了丈夫的合法控制,因而将"绝对的寡妇地位"扩展到其地产上。在埃诺地方,直接归领主使用的领地构成他的"绝对的地产",与佃领地形成对照。譬如说,法兰西岛上的两座修道院瓜分了一处迄至当时仍完整无损的庄园,那么,每一份地产就成为每一个修道院的"绝对的地产"(ligesse),此后这座修道院就是土地的惟一拥有者。这种排他性权力是对人而不是对物时,也使用类似的短语。莫里格尼修道院院长的上级除了大主教外并无其他更高的教职,所以声称自己是"桑斯地方我的领主的绝对臣民"。在许多地区,被领主以最严厉的关系所束缚的农奴被称作领主的"绝对之人"(liegeman,德国人在同样的场合有时使用 ledig 一词)。[1] 很自然,人们希望从同一位附庸向数位领主履行的臣服行为中,指出一种高于其他誓约的臣服时,习惯上就会提到"绝对臣服"、"绝对领主"以及"绝对之人",并不在意我们已经提到的该词的模糊性。此处的"绝对之人"指的是附庸而不是农奴。

这一发展过程是从一些仍然没有具体名称的誓约开始的。接受附庸臣服的领主只是让附庸宣誓,在其他所有义务之前优先履

---

[1] 关于参考资料,见书目中引述的著作。需要补充的是:关于这两个修道院的情况,见 Arch.Nat.LL 1450 A, fol.68, ro and vo (1200–1290);关于莫里格尼修道院,见 Bibl. Nat. lat. 5648, fol. 110 ro (1224, Dec.);关于农奴,见 Marc Bloch, *Rois et serfs*, 1920, p.23, n.2。

行效忠誓言。但是,除了少数只是后来才渗入与"绝对关系"(liegeance)相关词汇的地区,在那个即使是最神圣的事业也没有见诸文字的时代,这个无名词汇的发展情况是湮没不彰的。在广大地区,"liege"一词就像它所表达的关系一样,是紧随着多重效忠关系的普遍发展而出现的。按照流传下来的记载,"绝对"臣服行为在数量上的增多,在安茹地区可追溯到1046年前后,在那慕尔则可追溯到稍后一些时候,在诺曼底、皮卡第以及勃艮第伯爵领可追溯到11世纪下半叶。1095年"绝对关系"已相当广泛,足以引起了克莱蒙市议会的注意。大约在同一时期,它已经以另一名称出现在巴塞罗那伯爵领;加泰罗尼亚人(Catalans)不用liegeman(绝对之人),而用纯粹的罗马词语 *soliu*("可靠之人")。12世纪末,绝对臣服行为的发展几乎达到了扩展的极限,至少就"liege"一词与生活实际的符合程度而言是这样。我们将看到,后来它原有的意义已大为减弱,而逐渐在各衙门被当作惯常词汇使用。如果以1250年以前的文献为限,那么我们看到的地图虽因系统资料的缺乏而轮廓模糊,但它仍能提供相当清楚的迹象。位于默兹和卢瓦尔中间的高卢地区、勃艮第和加泰罗尼亚在某种程度上是高度封建化的殖民边境,这些地区一起构成这种新型封建关系的真正发源地。从这里,这种新型封建关系移向英国、诺曼人统治下的意大利和叙利亚等从外部输入封建制度的国家。在它的发源地周围,绝对臣服习惯向南传播到朗格多克地区,虽然传播过程似乎相当零散;向东北则远播至莱茵河谷。无论是横跨莱茵河的德国,还是意大利北部——在这里,伦巴第人的《采邑书》(*Book of Fiefs*)坚持依时间顺序划分臣服关系的制度——都对绝对臣服关系一无所知。附庸制发展的第二个高潮可以说是一个受到强化的高潮，它如同第一个高潮一样，是从同一些国家掀起的，但影响不及第一次深远。

"不管一个人有多少领主，"1115年前后的一份盎格鲁-诺曼风俗志写道，"绝对附庸的主要义务要归于绝对领主"；又说，"一个附庸除了对较早的领主永远效忠外，必须对所有领主效忠，但最牢固的效忠要归于他的绝对领主"。同样，在加泰罗尼亚，伯爵法庭的"习惯法"(Usages)规定：一位绝对附庸(*home soliu*)的领主有权得到他的帮助去反对所有人，但任何人不能以绝对附庸的援助反对领主。[①] 所以，绝对臣服优先于所有其他臣服行为，而不管它们的时间顺序如何。绝对臣服关系确实是独异特出。这种"纯粹"关系在各个方面都完全恢复了最初的人类关系。譬如，一位附庸被杀，如果有人需要赔偿，那么在所有的领主中，"绝对领主"要筹集赔偿金。也许问题涉及征收十字军所需要的什一税，腓力·奥古斯都统治时期就有此问题。此时每位领主都要负担从附庸佃领地上获得的那一份的税收，但是绝对领主要负担动产的税收。在中世纪动产始终被认为是个人的特有财产。在圣路易死后不久，宗教法学家威廉·杜兰对各种附庸关系进行了睿智的分析，他以充分的理由强调了绝对臣服所具有的"主要的个人化的"特点。没有什么比回到法兰克委身制的活生生的源头，更能说明问题了。

但是，正因为绝对臣服只是原始臣服形式的复兴，所以它又必定受到同样的衰落原因的影响。绝对臣服更容易受到这些原因的影响，因为绝对臣服区别于普通臣服之处，只是区区一款脆弱的口

---

① *Leges Henrici*, 43, 6, and 82, 5; 55, 2 and 3; *Us.Barc.*, c.36.

第十五章 一仆数主

头或书面的协定,它重复了普通臣服仪式,并没有进行任何改变;9世纪以后,创造一种新的象征仪式的能力仿佛已经突然间消失了。[217]许多绝对附庸早期曾接受过地产、职位和城堡的封授仪式。对于一位领主而言,他不可能不授予其依附者这种报酬或者说这些公认的权力工具,领主主要依靠他们的臣服效忠。所以,在这种情况下,作为正常的结果,采邑被引入进来。附庸和领主分离开来,义务和人身脱离而落在地产上,这种情况发展程度如此之甚,以致人们开始使用"绝对采邑"(liege fief)一词。最后,绝对关系成为世袭事物,甚至更糟,变成了商品。一仆而向数主臣服是附庸制的真正灾难,这种习惯产生了破坏性影响。不过正是在同这种破坏性影响的斗争中,绝对关系已经产生出来。但是早在11世纪的最后几年,巴塞罗那的"习惯法"就对这一例外的干扰因素做出规定,宣称:"除非征得其首次宣誓绝对臣服的领主的同意,任何人不得成为一个以上领主的'可靠之人'。"一个世纪以后,拥有一个以上的领主的情况差不多已经到处都有发生。此后,一个附庸承认两个或更多的绝对领主已是寻常之事。这些绝对誓约继续优先于其他所有关系,但也需要区分不同的绝对誓约并将其义务划为等级,其方法同样是过去用来决定普通臣服誓约的极不准确的检验法。至少理论上是这样。在实践中这意味着再次为"重罪"(违反封建义务)打开了大门;在有些情况下"重罪"也许几乎成为必然。总之,其结果只是创造了两个级别的附庸制。

此外,这种等级布局本身不久就呈现出毫无实际内容的复古倾向。绝对臣服很快就倾向于演变成为各种臣服的一般名称。领主和附庸间的两个级别的从属关系已经产生,其中一种较为强大,另一种则较为弱小。什么样的领主会谦虚地满足于较为弱小的附庸关系呢？1260年前后，福雷伯爵的48名附庸中，至多有4人在罗昂内(Roannais)举行了普通臣服礼。① 作为一种例外的办法，这种誓约可能会有一些作用；一旦它变成一种平常事务，其意义就微乎其微了。卡佩王朝的情况最能说明问题。卡佩王朝劝说国内势力最大的贵族们承认自己为绝对附庸，但除了从这些独霸一方的首领那里得到一种以虚幻的套话表达的廉价默许以外，还能有何作为呢？这些首领所具有的地位和武装侍从应有的全心全意的忠诚是不相称的。卡佩王朝的行动是加洛林王朝的梦幻在更高的"绝对关系"水平上的复活。加洛林王朝相信，他们仅仅依靠臣服关系就可以保证其官员的忠诚。

但是，在输入封建主义的两个国家，即诺曼征服后的盎格鲁-诺曼王国和耶路撒冷王国，由于受到更完善的君主体制的影响，其发展道路改变了。由于两国的国王认为只有他们才有资格享受"绝对"效忠，即优先于其他所有一切效忠的效忠，所以他们首先为自己获得这种臣服的垄断权而努力，并取得了成功。但是他们不打算将权力限于自己的附庸。他们的任何臣民，即使没有直接从国王那里获得土地，也要服从于国王。所以在这些国家，"绝对关系"一词专用于对国王的效忠，逐渐成为习惯；并且通常要通过宣誓加以肯定；整个自由民群体不管其在封建等级体系中的地位如何，都要向国王宣誓效忠。所以这种"绝对"关系的概念，只有在它与附庸仪式体系脱离、成为臣民对君主的特殊臣服行为时，才保留

---

① *Chartes du Forez*，no.467.

它的一些原始价值,由此而有助于巩固国家组织结构中的权力。但是用它来复兴已无可救药地衰落下去的旧的人身关系时,则显然没有效用。

第十六章　附庸和领主

1　援助和保护

"效劳"或(有时又称作)"援助"、"保护",这都是一些非常简单的词语,最古老的文献正是用这些词语来概括武装扈从和领主之间的相互义务的。在这种关系的作用以这样一种极含糊因而也极广泛的方式加以描述的时代,人们感觉到,这种关系的强大是从未有过的。当我们对某件事物加以界定时,不是总要附加一些限定性吗?然而,不可避免的是,人们日益迫切地感觉到,需要对臣服契约的法律后果做出界定,特别是就这些后果影响到了从属者的义务而言。附庸关系一旦从家内效忠的低微地位上出现,如果像早期一样将它坦率地表述为,附庸被迫为"领主效劳,从事领主要求他完成的各种任务"①,那么此后什么样的附庸还会认为这种关系与他的尊严相容呢?领主还能指望那些由于大部分时间在采邑上度过因而远离领主居住的附庸们永远俯首听命吗?

在逐渐展开的对附庸关系的界定工作中,职业法学家所发挥的作用是迟滞的,在整体上是微不足道的。诚然,沙特尔的富尔伯

---

① *M.G.H.*, *EE.*, V., p.127, no.34.

第十六章 附庸和领主

特主教由于研究教会法而学会了对法律的省思,早在1020年前后,他就试图对臣服式及其作用进行分析。这种努力象征着法学体系渗透到了一个此前一直与自己不相容的领域,这是很有趣的,但它并没有成功地超越内容相当贫瘠的经院哲学演练的水准。在这里,也如同其他地方一样,发挥决定性影响的是习惯法。习惯法由判例构成,由许多附庸出席的法庭的法律程序逐渐加以具体化。法律程序越来越频繁地采纳已有的这些规定。这些规定不久前还完全是包括在协议中的传统性条款。由于效忠誓言可以随意扩展,所以它比伴随臣服式所说的几句话,更能传达这些条件的详细内容。于是,一份仔细斟酌的内容详细的契约取代了无条件的服从。作为一种进一步的预防性条款,附庸通常不再只是承诺向领主提供援助,而且还需要另外保证不伤害主人。它清楚地说明附庸关系的衰弱。在佛兰德,从12世纪初,这些否定性的条款已具有相当的重要性,促进了单独的"保证"誓言的产生,这种"保证"誓言在宣誓效忠后做出,它显然赋予领主一种权力,一旦附庸不遵守"保证"誓言,那么领主可扣押某些特定的抵押品。不过,毋庸赘言,在相当长时期内占据主导地位的仍然是各种肯定性的义务。

根据规定,附庸的首要义务是军役。"爪牙之徒"首先必须亲自跨上战马,披坚执锐为领主效忠。但是附庸很少单独行动。如果这位附庸也有附庸,那么他的附庸们自然会聚集于他的麾下共同分享他的特权和威望。除此之外,风俗习惯有时也要求至少有一二位侍从追随在身边。另一方面,在他的小队伍中照例是没有步兵的。步兵在战斗中的作用被认为是无足轻重的,而且为相当规模的队伍供应给养也是个难题,所以这位封建军队首领便满足于自己的地产或形式上处于他保护下的教会地产所豢养的农民步兵。附庸还经常需要与他的附庸同伙轮流守卫领主的城堡,这种情况有时只发生在敌对行为期间,有时则是始终如一,因为一个要塞不能无人防守。如果附庸本人拥有设防家院,则必须向领主开放。

逐渐产生的等级和权力的差别,不可避免的歧异传统的发展,特别的协定乃至演变为权利的各种恶习,这一切都使这些义务出现无数的变化。这种情况最终差不多总是趋向于减轻这些义务。

附庸制的等级组织产生了一个严重问题。附庸即是封臣又是领主,他经常有自己的附庸。附庸义务要求他倾其全力援助领主,人们可能会认为这种义务会使他与他的全部依附者一起参加领主的军队。但是早期的习惯赋予他的权力使其只能携带一定数量的侍从,这个数量一经固定,便一劳永逸地固定下来,它可能远远少于他在自己的战争中投入的侍从人数。以11世纪末的巴约主教为例,他手下有百余名骑士为其效命,但按规定他向直接的领主诺曼底公爵只提供二十名骑士。而且,如果公爵以法国国王(公爵从他手中取得诺曼底作采邑)的名义要求巴约主教的援助,那么骑士数量就要减少到十人。军事义务在达至最高等级时渐次缩减,无疑是附庸制作为政府手中掌握的防卫工具或征服工具最终宣告失败的主要原因之一。[①] 英国金雀花王朝诸王在12世纪曾力图阻止这种

---

① C.H.Haskins, *Norman Institutions*, 1918, p.15; Round, *Family Origins*, 1930, p.208; H.M.Chew, *The English Ecclesiastical Tenants-in-Chief and Knight-Service*, Oxford, 1932; Gleason, *An Ecclesiastical Barony of the Middle Ages*, 1936; H.Navel, *L'Enquête de 1133*, 1935, p.71.

第十六章　附庸和领主

趋势,但没有获成功。

大小附庸的主要愿望,是不要被迫从事无限期的军役,但无论是加洛林王朝的传统,还是最早期的附庸制的习惯,都没有为期限的限定提供直接的先例。只要国王或领主认为附庸和私家武士必须在身边,那么他们就要武装起来。另一方面,古日耳曼习惯法却广泛使用一种标准服役期,它规定为四十天,早些时候他们称之为四十夜。这个固定时限成为许多办事程序的规定时限。法兰克人的军事立法本身也采用四十天,作为两次动员之间被征兵员享有的休息期。这种让人们很自然记忆起来的传统时限,从11世纪末起成为强迫附庸履行义务的正常标准;四十天服役期结束,附庸便可获得自由,返回家中,在家中度过一年中的其他时光。诚然,附庸们仍然经常留在军中服役,并且某些"习惯法"还力图使延长的服役期变成强制性义务,但这要有一个条件,即领主负担费用并向附庸支付工资才行。曾是武装"侍从"薪俸的采邑,至此已经远远达不到原来的目的,所以需要其他酬劳加以补充了。

领主召集附庸并非仅仅为了战争。在和平时期,附庸构成领主"御前会议"的成员。领主通常按照重大的宗教节日,或多或少地定期在庄严气氛中召集群臣开会。这种会议本身是法庭,也是领主按照当时的政治概念咨议所有重大问题的议会,还是地位和权力的公开展示。一个首领由众多依附者(其中不乏势位显赫者)簇拥着出现在大庭广众之中,并让他们充当侍从、侍酒者或招待员,公开表示敬服,在一个敏感于有形事物、重视象征性行为的时代,还有什么比这一切更醒人耳目地显示出领主的威望,或使他欣欣然意识到这种威望呢?

附庸聚会时"济济一堂、气派非凡、规模宏大"的豪华场景,一直受到史诗天真地夸大。在这些史诗中,这种场景经常是故事情节的背景。这种讲究排场的聚会由于头戴冠冕的国王们的光临而荣耀倍增,与此同时,对于中低级贵族召集的一般规模的聚会,史诗作者也添加了一些毫无道理的渲染。但是,我们从最可靠的资料中知道,这种聚会处理过很多法律事务;最盛大聚会的特点是对仪式的大肆张扬,除了正常的出席者之外,它还吸引了一群乱七八糟的冒险家、江湖郎中甚至扒手;在这些场合,领主根据其人所共知的利益,也依照惯例,要向附庸分赠礼物如马匹、武器和礼服等,这些东西是附庸效忠的保证物,也是附庸从属的象征。此外,我们还知道,领主始终明确地要求附庸出席集会;依圣里奎尔修道院院长的说法,每个附庸"依其身份地位被仔细地安排就座"。按照《巴塞罗那习惯法》(*Usages of Barcelona*)的记载,巴塞罗那伯爵举行集会时,一定"进行审判……帮助受压迫者,……吹喇叭宣布开饭时间,使地位稍低的贵族和其他人能够前来共同进餐;伯爵一定向他主要的附庸们分赠斗篷;对袭击西班牙各地的远征做出安排,并封立新骑士"。在这个社会等级的较低层,皮卡第的一位小骑士于1210年向亚眠的主教代理官宣誓作他的绝对附庸,同时承诺给予为期六个月的军事援助,"如果需要我这样做,我即前来,参加上述主教代理官举行的宴会,与妻子一道住在这里,八日花费自行负担"。①

---

① Hariulf, *Chronique*, III, 3, ed. Lot, p.97.; *Us. Barc.*, c. CXXIV.; Du Cange, *Dissertations sur l'hist. de Saint Louis*, V, ed, Henschel, VII, p.23.

第十六章 附庸和领主

上面提到的最后一个例证(还有其他许多事例)说明,参觐集会的役务像军役一样逐渐受到管理和限制,尽管附庸对这两种义务的态度确实并不完全相同。军役是一种义务,没有其他内容,但是参觐集会却带来许多好处:可以接受领主的赏赐,享受到丰盛的宴席,参与行使权力。所以附庸不太愿意免除参觐聚会的役务,但愿意免除军役。封建时代末叶以前,这种聚会在一定程度上消除了授予采邑带来的领主与附庸间的分离状态;有助于维持人际交往,没有这种人际交往,人际纽带就难以存在。

附庸的效忠誓言要求附庸必须在所有事务上为领主"提供援助",这理所当然地意味着附庸要听命于领主,既为他冲锋陷阵,又为他出谋划策。但领主希望附庸的钱袋也能为他所用的时期已经到来。这种财政义务比任何一种制度更清楚地显示出,封建社会所赖以建立的依附制度具有根深蒂固的结合力。农奴、庄园的所谓"自由"租佃者、国王的臣民,以及附庸,任何臣附于他人者,都必须在其首领或领主需要时提供财政援助。所以,领主有权从依附者那里索取贡献。不管贡献者的身份如何,用来称呼这种贡献的词语,都是相同的,至少在法国封建法中是这样。人们简捷地称之为"援助",又称之为 *taille*(人头税)。这是一个生动的词语,它来自动词 *tailler*(切削),字面的意思是取得一个人的一部分财物,所以也就是向他征税的意思。① 当然,虽有这种原则上的相似性,但在不同的社会群体中,这种义务的历史却循着大相径庭的路线发

---

① 但是,在英国,这些词语最终被赋予不同的社会阶层。"援助"专用于附庸,而"人头税"则专用于更低阶层的依附者。

展。现在我们所需要研究的只是附庸支付的"援助费"即人头税。

在原始形态上,这种税款只是一种多少有些自愿的偶然性礼赠。在德国和伦巴第,它似乎从未超越这个阶段;《萨克森法鉴》中的一段重要文字说明,附庸仍然"带礼物给领主"。在这些国家中,附庸关系纽带不够强大,不能使领主在附庸履行了主要役务以后,要求额外帮助,理直气壮地要求征收人头税。在法国情况则不然。11世纪末或12世纪初,法国的条件有利于人头税演变成为一种封建税款。这个时期这种税款形式越来越广泛地应用于穷人,而且日益增加的货币流通正在使封建首领的需求日益迫切,纳税人的交纳方式受到的限制越来越少。习惯法正在使各税款的交纳成为强制性的,但作为补偿方式,它也具体规定了什么场合可以征税。例如,1111年安茹家族的一处采邑已经负担"四种标准税":领主被俘时交纳的赎金;领主的长子成为骑士时交纳的费用;领主的长女出嫁时交纳的费用;以及领主本人购买一块土地时交纳的费用。① 最后一种税款的征收过于武断,很快从大多数习惯法中消失了,而前三种税款则差不多到处受到承认。有时还要附加另外的费用,特别是对十字军的援助费,或者领主的领主要求领主援助时领主征收的"援助费"。所以,我们已经提到的作为慰问礼品的货币因素,逐渐渗透到以效忠和役务为基础的古老关系中。

这种税款的征收还有另一种渠道。有时不可避免发生附庸不

---

① 圣塞尔吉(Saint-Serge)的第一本契据集〔马切盖(Marchegay)修补本〕。Arch. Maine-et-Loire, H., fol.293.自然,教会采邑的情况有所不同,例如,在巴约主教持有的采邑上,这些税款是主教去罗马所需的旅费、修缮教堂的费用,以及主教邸宅遭火灾的损失费(Gleason, *An Ecclesiasticcal Barony*, p.50)。

第十六章　附庸和领主

能履行军役义务的情况,所以领主索求罚款或补偿金;有时附庸主动预交这笔补偿金。这笔税款被称作"役务金"。按照语言习惯,支付的补偿金通常以它所偿清的义务的名称来命名,在法国它有时被称作 *taille de l'ost*（军役税）。事实上,货币支付制度并没有广泛盛行开来,只有两类采邑行之有效:一是那些不能服军役的宗教群体持有的采邑;一是从重要的君主政权那里直接得到的采邑,这些君主政权都善于利用附庸募兵体系的不健全谋取财政利益。对于大多数封建佃领地,13世纪以后军役义务变得越来越不严格,也没有任何税款取而代之。甚至金钱援助最终也常常被废止。采邑已不能产生好的附庸,而且也不是长期的丰饶收入之源。

习惯法在大多数情况下都不要求领主做出与附庸效忠誓言相对应的口头或文字承诺。领主一方的此类承诺只是在晚些时候才出现,而且始终属于例外现象,所以不可能像规定附庸义务一样详细规定领主的义务。领主的保护职责也没有像附庸役务一样得到准确的界定。领主保护附庸免于"所有人"的侵害,首先是保护附庸的人身安全,也要保护他的财产,特别是他的采邑的安全。此外,附庸还希望从保护人——我们将看到,他的保护人已经变成了一位法官——那里得到公正而迅速的裁判。还有,在一个高度无政府状态的社会,得到一位强权人物的保护,会通过正当或不正当的方式获得不可估量的弥足珍贵的好处。所有这些有利条件都受到人们的重视,但从长远看,附庸承担义务所失多于所得。采邑作为役务的报酬最初曾使之保持平衡,但是,由于采邑变成了世袭财产,它原来的功能已经看不到了,附庸义务的不平等看起来更加昭彰,承受役务之苦的人更渴望对他们的负担加以限制。

2　作为家族纽带替代品的附庸关系

但是,如果只关注于这种收支平衡关系,那么我们对于附庸关系的本质就只能获得肤浅的认识。人身依附关系是作为已经不再充分发挥作用的家族连带关系的替代物或补充物而载入史册的。以 10 世纪的盎格鲁-撒克逊法看来,无领主之人即是一个逃犯,除非他的亲属愿意为他承担责任。[1] 就附庸与领主的关系而言,附庸长期处于一种补充亲属的地位,他的权利及义务与血缘亲属相同。红胡子腓特烈在一份和平法令中宣布,倘若一个纵火犯在一个城堡中寻求避难,城堡的主人如果不希望自己被认为是同案犯,那么就必须交出逃犯,"不过,前提是逃犯不是他的领主、附庸或亲属"。最古老的诺曼习惯法在处理领主杀死附庸或附庸杀死领主的案件时,将这些犯罪事件与家族群体内发生的凶暴残杀归于同一部分,这种情形并非偶然。附庸关系的这种准家族特性,是封建社会的习惯和法律规则中几个永久性特点形成的原因。

亲属所担负的首要义务是复仇。这也同样适于向他人臣服的人或接受他人臣服的人。在一本古德文辞书中,拉丁语 *ultor*(复仇者)不是直接被译为一个古高地德语词汇 *mundporo*(庇护者)吗?[2] 始于血族仇杀的亲属群体和附庸关系纽带之间在功能上的等同关系,在法庭上仍继续表现出来。12 世纪英国的一部风俗志

---

[1]　见前文,边码第 182 页。
[2]　Steinmeyer and Sievers, *Althochdeutsche Glossen*, I, p.268, 23.

第十六章　附庸和领主

称,任何人如果他本人不在案发现场,那么除非他是死者的亲属、领主或附庸,否则他便不能在一个杀人案中提请诉讼。就领主对于附庸的关系和附庸对于领主的关系而言,这种义务具有相等的约束力。但程度不同是显而易见的,这与从属关系的精神是很符合的。如果我们相信《贝奥武夫》诗中的记载,在古日耳曼尼亚,被杀首领的亲兵们有权分享赎杀金。在诺曼人统治的英国,情况已不复如此。领主分享附庸被杀后对死者的补偿金,但附庸不能分享领主被杀带来的补偿金。损失一位奴仆,主人可以得赔偿;损失一位主人,奴仆则得不到赔偿。

骑士的儿子很少在父亲家中长大成人。习惯法规定,在儿子仍是孩童时,其父就要将他托付给领主或领主之一来抚养。只要封建习俗(mores)尚存某些活力,这种习惯法就要遵守。在领主的家中,骑士的儿子一边充当侍童,一边学习狩猎和战争技艺,稍晚些时候则学习优雅的礼仪。吉讷的青年阿努尔夫,住在佛兰德地方腓力伯爵家中,就是这种传统的一个历史见证。在传说中,有一位楠特伊尔的小加尼尔,他服侍查理曼是如此的周到:

> 国王去林中狩猎时,这孩子随行;
> 有时为国王持弓,有时为国王坠镫。
> 如果野禽吸引了国王,加尼尔追随在身边。
> 他的臂腕上时常擎着目光犀利的猎鹰。
> 国王归来休息,加尼尔守在身边,
> 为国王献上优美的歌声和古老的英雄诗篇。

在中世纪欧洲的其他社会中,也盛行类似的习俗,通过青年人的媒介作用,这些习俗有助于加强领主和附庸间由于居处分离而不断出现断裂危险的关系纽带。但是在爱尔兰实行的这种"寄养"制度似乎首先是用于加强儿童和母系亲族之间的联系,有时是为了树立博学的教士群体在教育上的威望。在斯堪的纳维亚人中,抚养主人的孩子是依附者的义务。这里有一个很好的例证。挪威的哈罗德声称对英格兰国王埃塞尔斯坦享有领主权,他希望充分地向世界显示这一点;叙事诗告诉我们,为达此目的,他发现最好不过的方法,莫过于出其不意地将自己的儿子放到这位不情愿的养父的膝盖上。封建世界颠倒了这种义务,附庸的儿子由领主抚养成人。由此而产生的敬重和感激的纽带关系被认为是坚实有力的。早年的小男孩一生都会记得他曾是领主的 nourri(养子)。"养子"这个词及其所代表的意义,始于法兰克时期的高卢,在科明尼斯的著作中仍在使用。[①] 毫无疑问,这种情况也与其他事例一样,通常是名不副实的,但是这种习惯肯定服务于一个目的;将一个重要的人质放在领主手中,会使每一代附庸重新享受到参与领主亲密家庭生活的乐趣。早期附庸关系的最深刻的人性价值正源于此。

在一个个人十分渺小、难以主宰自己命运的社会里,婚姻(我们知道,婚姻与众多形形色色的利益联系在一起)远远不被视为个人选择的行为。是否缔结婚姻首先是由父亲决定的事。"他希望

---

① Flodoard, *Hist. Remensis eccl.*, III, 26, in *M.G.H.*, SS., XIII, p.540;参见 *Actus pontificum Cenomannensium*, pp.134 and 135 (616: 'nutritura'); Commynes, VI, 6 (ed., Mandrot, II, p.50)。

第十六章 附庸和领主

在他有生之年看到儿子娶到一位妻子,所以他为儿子花钱娶到一位贵族的女儿。"这就是古老的《圣亚历克西斯之歌》(*Poem of St. Alexis*)直截了当地加以记载的故事。亲属们可以干预这类事情,有时是与父亲联合加以干预,尤其是在他父亲已不在世时,就更是如此。丧父者是附庸之子时,领主也干预其婚姻;领主的婚姻出现争议时,附庸们偶尔也发表意见。当然,后一种情况下,这种惯例充其量不过是形式而已;因为在所有重大问题上,男爵一定要征询附庸们的意见,所以在这方面也征求附庸的意见。另一方面,领主对于其附庸个人事务的权利却有更清楚的规定。这个传统可追溯到附庸制的最遥远的源头上。5世纪的一部西哥特法宣称,"如果一位家兵只留下一个女儿,那么她将归主人管理,主人将为她找一位门户相当的丈夫。但是,如果她违背主人的意志而自选夫君,那么她就必须将其父从主人那里得到的所有礼物归还主人"。① 在这份文献中已初具形态的采邑继承性,为领主密切关注附庸的婚姻提供了又一理由,一个很令人信服的理由:当地产已经转向女系一边,这种婚姻将使领主获得一个不属于原来族系的附庸。但是,领主对婚姻的绝对控制只发生在法国和洛塔林吉亚这些附庸制度的真正发源地,以及从外部输入封建主义的国家。诚然,并非只有骑士等级的家族在个人事务上才必须接受这种干预,由于各种关系纽带,其他许多家族也要接受具有领主性质的机关的干预,而国王作为君主,有时也认为他们有权处理女性臣民的婚姻。虽然这

---

① *Codex Euricianus*, c.310.公元757年贡比涅宗教会议提到的附庸,其诸次婚姻先是由相互承继的两个主人安排的。以附庸一词的原始意义,这位附庸只是一位奴隶,对这些婚姻我们这里不做讨论。

种风习应用于附庸,有时应用于同为人身依附者的农奴时,它几乎普遍地被认为是合法的,但应用于其他下属身上,则被认为是滥用权力。"我们将不会违背寡妇和女儿们的意愿让她们嫁人",腓力·奥古斯都向法莱和卡昂人民承诺说,"除非她们整个地或部分地持有我们的 *fief de haubert*(铠甲采邑)"。铠甲采邑是一种军事采邑,其特点是持有者身着铠甲服军役。①

理想的办法是领主与附庸亲属达成协议。例如,13世纪奥尔良的"习惯法"中就有这种合作,在英国亨利一世颁布的一份奇怪的特许状中,这种办法受到极大重视。② 然而,领主势力十分强大时,他可以否决一切反对意见。在金雀花王朝统治时期的英国,这种源自监护制原则的制度最终堕落为露骨的商业习气。国王和贵族们,特别是国王们,都竞相买卖已故附庸子女的婚姻。有时寡妇害怕被嫁给不喜欢的男人,便支付一笔现金从领主那里获准不嫁给这个男人。虽然这种关系在逐渐松弛,但附庸制显然没能始终避开差不多威胁着每一种人身保护制度的另一种危险,即蜕化为一种强者欺凌弱者手段的危险。

3 契约的相互依存和毁弃

附庸关系契约将界定在不同社会等级上的两个人联系在一起。一部古老的诺曼法中的一个条款,再鲜明不过地说明了这一

---

① *Ordonnances*, XII, p.275.

② *Ét. de Saint Louis*, I., c.67; F.M.Stenton, *The First Century of English Feudalism (1066–1166)*, 1932, pp.33–34.

点。杀死附庸的领主和杀死领主的附庸,就要受罚处死,但是只有以下犯上的罪行,才被处以可耻的绞刑。[①] 不管两方存在的义务是怎样的不平等,这些义务却是相互依存的:附庸服从的条件是,领主认真履行契约规定的义务。这种不平等义务的相互依存关系,确实是欧洲附庸制的显著特征。早在11世纪,沙特尔的富尔伯特就强调了这种相互关系,并且人们最终非常强烈地感觉到它的存在。这个特点不仅使它区别于古代的奴隶制,而且也深刻地区别于其他文明,如日本,甚至也区别于毗邻这一封建地带本身的其他社会所熟悉的自由依附形式。臣服仪式完全能反映出这种差别。俄国"服役者"的"伏拜礼"(prostration)和卡斯蒂尔武士的吻手礼,与法国的臣服式形成对照。法国臣服式的姿势是附庸双手相合置于领主手中并行亲吻礼,臣服式不仅仅使领主成为只有接受应得之物这个惟一职能的主子,而且也是一份真正的契约的一方。博马努瓦尔写道:"由于臣服礼,附庸对领主负有多少效忠和忠诚,领主对附庸就承担多少义务。"

缔结契约的庄重行为看起来很具有约束力,所以在面临最严重的毁弃契约行为时,最后的决裂似乎也需要一种取消契约的仪式。至少古代法兰克地区的习惯是如此。在洛塔林吉亚和法国北部,一种臣服毁弃仪式已经成形,在这种仪式中人们大概重新记起了萨利安法兰克人过去断绝亲属关系时所使用的姿势。领主有时会采用这种做法,但更常使用这种做法的是附庸。他宣布打算抛弃(rejeter)"凶残的"一方的意图时,以剧烈的姿势将一细枝(有时

[①] *Très ancien Coutumier*, XXXV, 5.

事先将其折断)或将其斗篷上的一根线猛掷于地上。但是,为了使仪式看上去具有决定意义,就像它将要毁灭其作用的仪式一样,它需要遵照臣服礼的样子,使两个人面面相对。这种做法不无危险性,所以人们宁愿采用掷"稻草"的姿势(这种姿势还没有达到由习惯变成规矩的阶段,就被弃置不用了),一种以书信或传令官简单表达"违抗"(défi)行动的习惯发展起来。在语源学意义上,"违抗"一词指的是毁约。那些不太谨慎的人自然是不做预先声明即采取敌对行动的,这种人不在少数。

但在绝大多数情况下,人身关系纽带与不动产关系纽带是对应的。一旦附庸关系破裂,那么采邑将做何处理呢?如果错误出在附庸一边,问题不难处理:采邑归还给蒙屈的领主。这就是所谓的"没收"(commise)采邑。红胡子腓特烈剥夺狮子亨利公爵的采邑继承权,腓力·奥古斯都"剥夺"无领地王约翰的采邑继承权,都是这一做法最著名的例证。如果毁约责任看起来是在领主一方时,则问题较为复杂。采邑是役务的报酬,附庸不再履行役务则采邑就失去了存在的理由,但一个无辜的附庸如此被剥夺财产,是不公平的。效忠制的等级结构可以使人摆脱这一窘境。这个卑劣的领主的权利转归到他的领主手中,这就像一条链条上的一个损坏的环节被去掉后又重新联结起来一样。诚然,如果采邑直接得自国王这个最高环节,这种办法是行不通的。但是人们似乎一直都承认,拒绝对国王的臣服是不可能持久的。只有意大利特立独行。在意大利,蒙受领主重罪之苦的附庸可以将其采邑变为自主地,这是阿尔卑斯山以南较严格的封建概念薄弱化的许多表征之一。

加洛林王朝的法规曾经规定领主犯下何种重罪,附庸可以正当地离弃领主,这些原则从未被全部忘记。在《康布雷的拉乌尔》诗中,"养子"伯尼尔虽因很多事情怀恨,但是只有在拉乌尔痛打他后,才摒弃了拉乌尔。加洛林法规称:"任何人在接受了领主一先令的东西后就不应离开其领主……除非领主一直用棍子打他。"稍晚一些时候,一本宫廷传奇故事在对封建伦理是非的奇妙讨论中,援引了毁弃附庸契约的这一动因;13世纪法国各种风俗志以及瓦罗亚王朝第一位国王的最高法院(*Parlement*)中,都仍然明确保留这一条。[①] 但是,即使早些时候最健全的法律规则,在封建时代也只是保留了一种不确定的传统的某些部分。一部法典在转化为一部模糊的道德法规汇编的过程中出现的随心所欲的处理,可能已受到法庭影响的扼制,法庭能够确定审判活动准则并赋予准则以权威。从理论上讲,一些法庭的确可以用来审判此类案件。首先是领主法庭。领主法庭实际上是由附庸自身组成的。附庸被认为是他们的领主和他们的同伙之间诉讼案件的天然法官。其次,在更高的层次上,还有更高等级领主的法庭。对更高等级的领主,领主也曾行过臣服礼。早期形诸文字的某些"习惯法",如比戈尔习惯法,力图勾画出一个附庸合法"离开"之前必须遵守的程序。[②] 但是封建主义的主要弱点,恰恰是它不能建立一个真正的前后连贯、行之有效的司法制度。实际上,一个人在遭受了他自认为或佯

[①] *Le Roman de Thèbes*, ed. L. Constans, I, v. 8041 *et. seq.*—Arch. Nat. X I$_A$, 6, fol. 185;参见 Olivier-Martin, *Histoire de la coutume de la prévôté et vicomté de Paris*, 1922–1930, I, p. 257, n. 7.

[②] J. Fourgous and G. de Bezin, *Les Fors de Bigorre*, Bagnères, 1901 (*Travaux sur l'histoire du droit méridional*, fasc. 1), c. 6.

称的权利侵害后,会决定解除契约,斗争的结局取决于双方的相对力量。这就像一桩婚姻将以离婚告终时,它既无须原告的诉讼得到证实,也无需法官宣布判决。

第十七章　附庸制的悖论

1　证据的矛盾

在欧洲附庸制度史提出的众多特殊问题之外,还有一个统御所有这些问题的重要的人性问题。在人们的行动和内心中,附庸制作为一种社会黏合剂所具有的真正力量是什么？文献资料给予我们的初步印象表现出奇异的矛盾,对此我们必须加以正视。

要从文献中拈出歌颂附庸制的具有说服力的内容,无须对文献进行旷日持久的钻研。首先它被誉为人类最可珍视的关系纽带。"附庸"一词通用的同义词是"朋友"(*ami*),而古老的词语 *dru*(大概源于凯尔特语)则更为通用,其意与附庸庶几相近,但表示更明确的选择;如果说这个词语有时用来指情感关系,但它似乎从未扩展到家族情感关系(不像 *ami* 那样)。此外,这个词语通用于高卢-罗马语和日耳曼语。845 年高卢的主教们对日耳曼路易说:"在最后时刻,你的妻子和儿子都不会向你伸出援手,与你为伴的 *dru* 和附庸也不会给以支援。"无须说,由于附庸爱戴领主,所以领主也会钟爱附庸。法国史诗中的一位人物说:"吉拉特成了查理曼的绝对附庸,于是他从查理曼那里得到友情和保护。"那些只接受不带偏见的文献资料所提供的证据的史学家大概会抗议说:"那不过是虚构而已!"但这并非最终结论。据圣塞尔吉修道院的修士们记载,安茹地方的一位土地所有者说:"我是这块地产上的领主,杰弗里(他曾拥有这份地产)过去由于与我关系友好,从我这里得到它作为采邑。"《美因茨的杜恩》(*Doon de Mayence*)中的下列文字简洁明快地表达了人们情感的真正交融,在这种交融中,一方没有另一方的生活是难以想象的。我们怎能忽视这样的证据呢?

> *Se me sire est ochis, je voeil estre tués,*
> *Et se il est pendu, avec li me pendés;*
> *Se il est ars en feu, je voeil estre bruslés,*
> *Et se il est noié, avec li me getés.*

> 如果我亲爱的领主遭杀害,他的命运我将分当。
> 如果他被处绞刑,把我也绞死在他身旁;
> 如果他走上火刑架,让烈焰把我也烧光。
> 如果他因溺水死,让我随他共赴死亡。①

这种关系要求一种坚定不移的献身精神,这种精神要求附庸,用《罗兰之歌》的话说,忍受"赴汤蹈火"之苦。盎格鲁-撒克逊人的一份委身誓言说:"我将爱您所爱,恨您所恨。"至于欧洲大陆的委身誓言,我们还读到其他的文字:"您的朋友即仆之朋友,您的敌人

---

① *Girart de Roussillon*, trans. P. Meyer, p.100 (ed., Foerster, *Romanische Studien*, V, v.3054);圣塞尔吉契据第一集, Marchegay's restoration, Arch. Maine-et-Loire, H., fol. 88; *Doon de Mayence*, ed, Guessard, p.276。

第十七章 附庸制的悖论

即仆之敌人。"忠实的附庸首要的显见的义务,就是知道怎样仗剑为主子去效死命。这种命运尤其受到人们的羡慕,因为这是殉道者的命运,并引导死者升入天堂。这是诗人们的赞美之辞吗?答案无疑是如此,但它同时也是教会所宣扬的。一位骑士受到威胁,怒气之下杀死了他的领主。一位主教于1031年以利摩日宗教会议的名义宣布说:"你应该为他而死,你的忠诚会使你成为上帝的殉道者。"①

最后,蔑视这样的关系具有这样一种性质是极可怕的罪愆。阿尔弗烈德国王写到了英国各族接受基督教信仰之后他们的基督徒的慈善行为,他们对大多数犯罪行为规定了赔偿金数额,"背叛领主罪除外,他们不敢对这样的罪行也施行慈悲……上帝判处死刑的人,他们不敢给予怜悯"。两个多世纪后,在已经仿效欧洲大陆榜样封建化了的英国,这个原则在称作《亨利一世法典》(Laws of Henry I)的法律书中再次得到肯定:"弑其领主者罪不容恕,要施以酷刑令其毙命。"在埃诺地方传诵着一个故事,一位骑士在一场战斗中杀死了他的绝对领主——年轻的佛兰德伯爵,跑到教皇处请求赦免。这一情形就如同传奇中汤豪泽*的所作所为。教皇命令砍掉他的双手,但他的双手并没有因惧怕而颤抖,于是教皇免施惩罚,但条件是他的余生要在修道院中忏悔其罪过。13世纪有些人建议德伊伯林的先祖暗杀已成为其死敌的皇

---

① 例如,*Girart de Roussillon*, trans, P.Meyer, p.83; *Garin la Lorrain*, ed. P. Paris, II, p.88。关于利摩日宗教会议,见 Migne, *P.L*; CXLII, col.1400。

* 汤豪泽(Tannhaüser),13世纪的德国武士和抒情诗人,传说他曾在一山洞中与维纳斯纵情淫乐,后忏悔。——译者

帝,他回答说:"皇帝是我的领主,无论他如何行事,我都将忠诚于他。"①

附庸关系纽带在人们的感觉中是如此牢固,以致附庸观念支配了所有其他人际关系,甚至包括那些更为古老并且似乎更值得尊敬的关系。所以,附庸关系也渗透到家族关系中。"在父亲对儿子或儿子对父亲的诉讼案中,为了做出判决,父亲应被视作由效忠礼所决定的领主,而儿子则被视为附庸。"这就是巴塞罗那伯爵法庭所做出的决定。普罗旺斯的诗人们创作出优雅的爱情故事时,完美情人的效忠观念即是以附庸对领主的忠诚为其样板。这也符合爱慕者的社会等级通常低于他梦想中的淑女这一事实。这种同化作用如此发达,以致通过语言上奇异的变化,被骑士所爱慕的女人的名或姓往往被定为阳性,就像一位首领的名字一样。*Bel Senhor*,"我美丽的主人",是伯特兰·德·博恩以轻浮之心许以效忠诺言的女人之一,我们只是以 *Bel Senhor* 这个假名才知道她。一位骑士偶尔也在他的盾牌上镌刻他与他的杜尔西妮娅*握手的形象。此外,这种象征性在表达缠绵悱恻的感情方面是典型的封建方式,它的复兴无疑得因于早些时候浪漫传奇重新复兴时对古代事物的兴趣,对这种象征性的记忆不是仍然存留于我们今天的礼仪规则中吗?在法国,这些礼仪规则实际上禁止片面使用这个

---

① 关于阿尔弗烈德,见 F. Liebermann, *Die Gesetze der Angelsachsen*, I, p. 47 (49,7); *Leges Henrici*, 75,1.; Gislebert de Mons, ed. Pertz, p. 30; Philip of Novara, ed. Kohler, p. 20。

* 杜尔西妮娅(Dulcinea),小说《堂吉诃德》中男主人公所爱慕的情人的名字。——译者

第十七章 附庸制的悖论

黯然消退的 hommages(臣服)一词。甚至宗教象征主义也带有其借用的痕迹。迷恋魔鬼就是魔鬼的附庸；人们向魔鬼之属投降的景象，以及情人间的行为标志，是我们看到的臣服行为的最好表现。① 对于盎格鲁-撒克逊人西奈伍尔夫而言，天使即是上帝的"亲兵"；对班贝格的主教埃伯哈德来说，基督是上帝的附庸。但是附庸制精神普遍盛行的最雄辩的例证，无疑见诸宗教仪式的转变中。古代以伸展双手表示祈求的姿态被代之以借自"委身式"的双手交合的姿势，而这种姿势在整个天主教世界成为特有的祈祷姿势。② 在上帝面前，虔诚的基督徒在灵魂深处都自视为跪倒在领主面前的附庸。

然而，附庸义务有时不可避免地与其他义务——如臣民义务或亲属义务——发生冲突。这种情况一旦发生，附庸义务几乎总是战胜其他义务，不仅在实际活动中是如此，而且在法律中也是这样规定。991年休·加佩重新夺取默伦，据城抗击休·加佩的子爵及其夫人被处绞刑。这当然是因为他反叛国王，但更大程度上是因为他同时犯下了背叛他的直接领主默伦伯爵、违背其效忠誓言的弥天大罪，因为伯爵当时在国王的阵营中。另一方面，休·加佩的扈从们则要求宽恕保卫城堡的骑士们。这些骑士作为子爵的附庸，除了参加子爵的叛乱外，还有什么可以说明他们的"美德"呢？以记载此事的编年史家的话说，这种"美德"意味着他们要忠实履行其封建义务，这些义务要比其对国家的忠诚更为重

---

① 见图 III, IV。

② *The Christ of Gynewulf*, ed. A. S. Cook, v. 457; Migne, *P. L.* CXCIII, cols. 523 and 524; L. Gougaud, *Dévotions et pratiques du moyen âge*, 1925, p. 20 et seq.

要。① 亲属关系当然被视作较公共法更神圣的关系纽带,但它也让位于个人依附义务。英国的阿尔弗烈德法宣称,"拿起武器保护一位受到非法攻击的亲属是允许的;但不能反对自己的领主,我们不允许这样的事件发生。"盎格鲁-撒克逊编年史中的一段著名的文字记载使我们看到,一个家族的成员们由于他们所效忠的两位领主的族间仇杀而陷于纷争。他们接受了自己所处的不幸局势,宣称:"亲属不如领主亲近。"这是很严肃的言辞;在12世纪时,在重视公共法的意大利各地,这种言词在《采邑书》中的响亮反映是:"附庸必须帮助其领主反对任何人,包括其兄弟、儿子、父辈们。"②

不过,在这一点上,一份盎格鲁-诺曼法律书也发出了尖锐的信号:"违背上帝的命令和天主教信仰的任何命令都是无效的。"这是教士阶层的意见。骑士阶层的意见则要求更绝对的服从。"我的领主拉乌尔,也许是一个比犹大更恶劣的罪犯,但是,他是我的领主"——关于这个主题,史诗传奇创作了无数不同的故事,有时在法律协定中也有所反映。英国的一份采邑契约中说:"如果修道院院长有诉讼案件诉诸王室法庭,那么附庸应支持他,除非案件反对国王本人。"最后的这个限定条件说明,一个由征服活动产生的君主政权能够要求特殊的尊重,对此我们可以不加考虑。只有条款的第一部分以其具有讥讽意味的坦率展示出一种普遍意义;效

---

① Richer, IV, 78.关于(13 世纪以前)其他例证,见 Jolliffe, *The Constitutional History of Medieval England*, p.164。

② *Alfred*, XLII, 6; *Two of the Saxon Chronicles*, ed.Plummer, vol.I, 48-49 (755); Karl Lehmann, *Das Langobardische Lehnrecht (Handschriften, Textentwicklung, ältester Text und Vulgattext nebst den capitula extraordinaria)*, Vulgata, II, 28, 4, Göttingen, 1896。

第十七章 附庸制的悖论

忠义务显然居于高于一切的地位,它不允许附庸反躬自问诉讼中的哪一方处于更有理的位置。而且,附庸为什么要对义务谨小慎微呢?"不管我的领主是否理屈,都没关系,他会承担责任的。"这是蒙托邦的雷诺的想法。听命于他人的附庸完全可以根据这种事实解除个人责任。[①]

这一段概述文字不可避免地要引用不同种类和不同时期的证据,有些读者可能会怀疑,取自古文本、法律文献和诗歌的证据是否能反映出事情的真相。如果说有一个人在美男子腓力统治时期写下著作,那么只要最后求助于冷峻的观察者儒安维尔,就足以消除这些疑惑了。我已经引述他的一段记载,说一支军队在战斗中异常骁勇善战。这支军队的武士几乎完全来自这位首领的亲属和绝对附庸,岂能不勇猛异常?

现在,让我们看一看事情的另一面。如此重视附庸"美德"的史诗,只不过是详尽地吟诵了附庸对其领主发动的战争。有时诗人采取谴责的态度,但更多的是沉湎于相当迷人的曲解。毫无疑问,诗人知道正是这些反叛活动,才使日常生活具有悲剧色彩。但是,在这一方面,史诗只不过是现实生活的苍白反映。大封建主对国王的斗争,大封建主手下附庸的反叛,对封建义务的漠视,从很早的时候起就无力抵御侵略者的附庸军队的软弱无能,所有这些特点在封建主义的历史上俯拾即是,随处可见。11世纪末的一份契约书证明,田园堡圣马丁修道院的修士们所关心的是,一旦两个

[①] *Leges Henrici*, 55, 3.; *Raoul de Cambrai*, V.1381.; *Chron.mon.de Abingdon* (R.S.), II, p.133 (1100-1135); *Renaus de Montauban*, ed. Michelant, p.373, v.16.

小封建主发生战争,一处磨坊遭到洗劫,从磨坊征收的支付这两个封建主的租税怎么办。"一旦他们对其领主或其他人发动战争",这样的文字表现出了这种形势。[①] 所以,对于所有可能发生的战争,人们首先想到的情况就是附庸拿起武器反对自己的领主。对于这些所谓的犯罪,生活实际比故事传说要宽容得多。史诗传说提到赫伯特·德·韦芒杜瓦卑鄙无耻地背叛了他的领主和国王傻瓜查理,被处以绞刑,落得犹大一样的下场,但是我们从历史中知道,赫伯特享年高龄,属于寿终正寝。

当然,不可避免的是,附庸中既有忠贞不渝者,也有背信弃义者,也有许多人根据当时的利益或情绪动摇于忠诚和不义之间。面对表面上如此矛盾的证据,重述一下史诗《路易的加冕礼》(*Couronnement de Louis*)作者的诗句还不够吗?

là tous jurèrent le serment.

Tel le jura, qui le tint bravement;

Tel aussi, qui ne le tint point du tout.

在这里,所有人都庄严宣誓。

一些人持之不渝,

一些人弃之如敝屣。

[①] J. Depoin, *Recueil de Chartes et documents de Saint-Martin-des-Champs*, I, no.47, and *Liber Testamentorum S. Martini*, no. XVIII.

这话肯定道出了许多真相。尽管中世纪的人们深深地迷恋于传统,但举止粗暴、性情变化无常,他们在各个方面都显示出对规矩的形式上的尊敬,但在实际生活中并不言行一致地遵守。我们已经提到,这类矛盾在亲属关系纽带中也存在。不过,相当清楚的是,这种情况下出现的这种自相矛盾,其根源应存在于别的地方,即在附庸制本身,在它的变化和多样性中。

2 合法关系纽带和人际接触

早期附庸制是以聚集在首领周围的武装扈从群体为基础的,它具有一种温情脉脉的家庭氛围。这表现在它特有的词汇中,首领是"老人"(*senior*,*herr*),或给面包的人(*lord*);附庸是主人的亲兵(*gasindi*)、侍从(*vassi*,*thegns*,*knights*)、吃面包的人(*buccellarii*,*hlafoetan*)。简言之,当时的效忠关系是以个人接触和伙伴关系背景下的从属关系为基础的。

但随着时间的推移,这种原以家院为限的关系纽带的范围大大扩展了。部分原因是,附庸在领主家中生活一段时间后离开领主自谋生计,通常是在领主给予的土地上谋生,但领主仍然希望他们对自己继续效忠。但主要的原因是,面临着日甚一日的混乱局面,强权人物们,特别是国王们,都希望从这种极为牢固的关系纽带或仿效这种关系形成的关系中,找到一种医治忠诚衰微的办法,而在另一方面,许多生存受到威胁的人,则视此为获得一位保护人的途径。在一定社会等级上,希望或有义务为他人效劳的任何人都被视为武装扈从。

但是,试图将一种准家庭式的忠诚以这种方式强加在这样的人身上,则是徒劳无效的:他们不再与首领同饮共食,荣华共享,有的人在利益上经常与首领背道而驰,有时非但不能因首领的赠礼而致富,而且还要被迫交出世袭财产,然后才能以负担新的义务为条件将它收回。人们如此渴求的效忠最终变得完全没有意义,一个人对另一个人的依附关系,不久就成为一块地产依附于另一块地产的随从物。

继承权本身并没有加强两个家族的团结,而只是使这种关系纽带变得松弛,因为继承权最关注的是领地利益:土地继承人宣誓臣服只是为了持有采邑。荣誉地和骑士采邑存在这一问题,工匠们的小采邑也存在这一问题。在这两种情况下,这一问题似乎以大致相同的方法获得解决。油漆匠或木匠的儿子只要继承其父的技艺,就能继承其父遗产。① 同样,骑士的儿子只要担保继续承担其父役务,就能接受封地仪式。但是,一个合格工匠的技术较之一个武士的忠诚是一个可靠得多的因素;武士对忠诚易于承诺,难于履行。根据一项非常重要的判决,1291 年的一项法令列举可以对法国王室法庭法官们持异议的理由时,坚持认为,只要一方诉讼当事人的附庸持有终生采邑,那么这位附庸就可能有偏袒之嫌。当时的世袭关系看起来是如此脆弱!②

自由选择意识至此早已丧失,附庸将附庸义务和采邑一并转让,而领主将附庸的忠诚连同土地、森林和城堡一并转让或出卖,

---

① 例如,B.de Broussillon, *Cartulaire de l'abbaye de Saint Aubin d'Angers*, II, no.CCCCVIII 提到的油漆匠采邑。

② C.V.Langlois, *Textes relatifs à l'histoire du Parlement*, no.CXI, c.5 bis.

第十七章 附庸制的悖论

已属司空见惯。的确，采邑在理论上未经领主同意不可转让；而附庸方面也可能声称，没有自己的同意，他们不能被转让给别人。事实上，1037年康拉德皇帝授予意大利小诸侯的特权之一，就是正式承认这项权利。但是实践很快就抛弃了这些脆弱的羁绊。我们将看到，在德国，特别强大的等级和身份意识，实际上将这些羁绊物从皇帝滥授的这一特权中保存下来。除德国外，封建关系的商品化还产生了一个荒谬的结果：一个强权人物经常受到诱惑，成为比自己势力弱小得多的人的"爪牙"之徒。在这种领地从属关系中，一位著名的伯爵从一位小领主手里获得一份采邑后，我们能相信伯爵会对一种徒有形式的风俗仍要求他履行的从属仪式郑重其事吗？最后，虽然人们试图以绝对附庸的方式挽救这种制度，但是附庸契约的多重性——其本身就是附庸关系衰弱的结果——最终使之不可能有效地发挥作用。武装扈从的忠诚是以领主不断赠送礼物和个人接触来维持的，附庸从武装扈从的身份堕落到了有点类似租佃人的地位，对支付劳役租和服从义务均不甚热心。只有一种约束力，即对附庸誓言的尊重仍然存在，还发挥着作用。但在自我利益和激情的驱使下，这种抽象的羁绊物很快就消除了。

附庸制已经失去原来的性质，情况大致如此。这一过程经历了许多阶段。如果认为大中贵族与他们的领主即国王或独霸一方的贵族们经常发生的麻烦关系是特有的附庸情绪，那将是错误的。当然，编年史和史诗似乎使我们倾向于作如是观，因为大领主们的背信弃义所引起的巨大反响，既引起了史诗作者的注意，也引起了历史学家的注意；它们是政治舞台最前沿演练的戏剧。这些背信弃义的行为证明，加洛林王朝及其仿效者们想用一种来自不同领域的纽带关系使自己的主要官员归附于自己,已经犯下了一个严重的错误,但除此之外,还能证明什么呢?

文献使我们瞥见,在更低的社会等级上,一些更密切地集聚在首领周围的群体中,附庸对这些首领更为熟悉,服侍更为尽心尽力。这些群体中占首位的是无地的骑士,那些私家(*mesnie*,或*maisonnée*)的"青年骑士"。在整个西欧漫长的几个世纪中,他们的情态仍然逼真地表现着早期附庸生活的特点。① 法国的史诗并没有歪曲这种情况。史诗中著名的叛乱分子如奥吉尔、吉拉特、雷诺等都是雄霸一方的领主。但是史诗涉及一位忠心耿耿的附庸时,又是怎样刻画的呢?《康布雷的拉乌尔》中的伯尼尔,虽然他的领主对他的家族发动了不义的战争,甚至目睹其母丧生于他那邪恶的主人燃起的战火,但他仍然对其领主忠贞不渝,并且即使在蒙受奇耻大辱、最终决心离开那极为可恶的领主时,他似乎从不知道——史诗的作者也同样不知道——他背离效忠誓言是对还是错;伯尼尔是个头脑简单的侍从,他对领主的忠诚得到强化,并不是因为他记得所接受的地产,而是因为记得领主慷慨赠予的一匹马和衣裳。这些忠实的仆从也从人数众多的陪臣群体中招募,他们的小采邑通常就聚集在城堡周围,他们则轮流巡防城堡,履行其义务。这个群体中的人太过贫穷,一般不能以一次以上的臣服行

---

① 除了法国的事例外,其他例证见于 F. Chalandon, *Histoire de la domination normande en Italie*, II, p.565; C.G. Homeyer, *System des Lehnrechts der sächsischen Rechtsbücher* in *Sachsenspiegel*, ed. Homeyer, II, 2, p.273; W. Kienast, *Die deutschen Fürsten im Dienste der Westmächte bis zum Tode Philipps des Schönen von Frankreich*, II, p.44。

第十七章 附庸制的悖论

为,至少无法以一次以上的绝对臣服行为,去持有其土地;[1]他们力量太弱,不得不高度重视领主的保护,只有这种保护可以使其履行义务。由于他们很少参与当时的大事,所以他们随时关注自己的利益,将情感集中到领主身上,而领主则定期将他们招来,赠以喜欢的礼物以添补他们的地产或佃领地上的微薄收入,收养他们的儿子作"养子",并领导他们进行令人兴奋又颇有收获的战争。

各社会群体的情况就是这样,在这些群体中怨愤情绪虽不可避免地迸发出来,但附庸效忠却以其勃勃生机长期流传下来;正如我们将看到的情况,在这些群体中,当旧的仪式最终成为过时之物时,附庸效忠被其他形式的个人依附所取代。欧洲的附庸制原来以家中和战场上感情笃厚的伙伴关系为基础,在退出家庭范围之后,其人性价值的某些成分只保留在人际交往最密切的地方。这就是欧洲附庸制的最终归宿,而其显而易见的矛盾性亦可由此得到解释。

---

[1] 这一点大概至今尚未得到充分注意:1188年法国颁布的关于十字军"什一税"的法令,使人们想到这些小附庸;这个法令认为这些小附庸理所当然地只有一个绝对领主。

第五编

下层社会的依附关系

第十八章 庄园

1 领主的地产

依附于他人的"人"并非仅见于以军事效忠制为典型特征的上层社会。但在社会下层,依附关系的自然背景见于一种比附庸制古老得多、而且在附庸制消亡后还存在了很长时间的构造物。这个构造物就是庄园(seigneurie)。庄园制度的起源及其在经济中的作用,不在本书研究范围之内。我们这里所关注的只是它在封建社会中的地位。

由附庸臣服而来的权力只是后来才变成获利的源泉,而且无疑是因为偏离了最初的形式才成了获利之源;而在庄园中,经济因素具有头等重要性,从一开始,首领享有权力的目的——如果不是惟一目的,至少也是主要目的——就是通过获得土地上产出的一部分物产而为他提供收入。所以庄园首先是一种地产(terre,法语口语中几乎没有其他词与之对应),不过是由领主的属臣所居住的地产。这种土地通常划分为密切地相互依存的两部分,一是"领主自领地",史学家称之为"保留地",出产的产品全部直接归领主所有;一是佃领地(tenures)即中小规模的农民佃领地,这种土地数量不等,分布于领主的"庭院"周围。领主声称对农奴的房舍、可耕地和草地拥有绝对的不动产权,这表现在这些财产每次转手时,领主都要求举行新的封地仪式,封地仪式很少是免费授予;财产继承人空缺时领主享有占有权;享有合法没收权;最后也是最重要的是,领主有权征税和征索役务。役务主要是在领主自领地上从事农业劳作。所以,至少在强制劳役特别沉重的封建时代初期,这些佃领地不仅在物产和金钱上增补了领主直接开垦的土地的收入,而且也是劳动力的来源,没有这些劳动力,这些土地一定早已实行休耕。

毋庸说,所有的庄园并非大小一致。处于居落区最大的庄园囊括整个村落地区。但从9世纪以后,这大概已不是最常见的情形;虽然各地有一些成功的集中化的例证,但随着时间的推移,这种情况在整个欧洲已愈见稀少。这种变化无疑是因为继承人分割地产的结果,但也是因为采邑产生的缘故。为了支付附庸的役务报酬,不少领主不得不分配地产。此外,事情常常是,由于土地的赠予或出售,或者由于一种土地从属行为(对于这一机制下文将做讨论),一位强权人物便声称,他对许多相当分散的农民耕地拥有统治权,所以许多庄园同时将触角伸展到几个村庄的土地,而同时又不与任何庄园重叠。12世纪,除了那些庄园和村落一起建于处女地上的新近拓殖的地带,庄园和村落已很少有共同的边界。所以大多数农民同时属于两个步调经常互不协调的群体:一个群体是同一领主的臣民,而另一个群体则是同一村落集体的人。由于这些耕种者的房舍比邻而立,耕地散布于其间,他们必然被各种共同的利益关系纽带,特别是共同的耕作习惯联合起来,虽然它们可能隶属于不同的领主。

这种两重性最终导致了领主权力的严重衰落。在一些地区，家长式的家族独立存在，或者两三个家族共居于一个小村庄；在那里，庄园通常是由数量不等的这样的小村庄组成，这种分散性意味着庄园是一个相当松散的结构。

2 庄园制度的扩展

庄园体制的范围有多大呢？如果说的确始终有一些独立的小岛屿存在，那么在不同时期和地点上它们与庄园的比例又是怎样呢？这些都是极难解答的问题。因为只有庄园保存档案（至少教会庄园存有档案），而无领主之地则是无历史的土地。如果说一块独立的土地偶然见诸文献，那么只是在它消亡的阶段，可以说书面文献记录的是它最后被并入庄园权利系统的阶段。所以，这类土地的独立性保持得越持久，那么我们在这方面的知识贫乏状态就可能愈加难以补救。要对这种晦暗不明的状态稍加廓清，我们至少需仔细区分两种隶属形式：对一个人的人身有影响的隶属形式，以及只对其作为一块土地的持有者有影响的隶属形式。毫无疑问，这两种形式的关系是密切关联的，其中一种关系往往涉及另一种关系。但与附庸制和采邑盛行的社会形成对照的是，在下层社会，这两种关系远不是一致的。让我们先从土地依附即通过土地形成的依附关系开始，对人身状态的讨论留待下一章进行。

罗马的制度是强加在古代意大利和凯尔特传统之上的，它们在一些国家的乡村社会留有深刻的烙印，在这些国家，早在加洛林王朝早期庄园即已成型。虽然如此，在法兰克高卢和意大利存在的"农庄"(villae)中,不难找到从前组成农庄的各种因素的证据。各种佃领地或者——用其中最重要的佃领地的名称——"份地"(mansi)的特点是不可分割;在这些佃领地或"份地"中,有一些被称作"奴隶持有地"。这一称号就像它们所负担的更为沉重而蛮横的义务一样,使人回忆起这个时代:当时奴隶主将从前的大片的"大农庄"(latifundia)分配给奴隶而形成"隶农地",奴隶变成耕种者。从前的"大农庄"在接受直接剥削的情况下,已不再有利可图。这一地产分配过程也吸引了自由耕种者,所以同时促进了注定要被列入"自由"佃领地总范畴的其他类型转让地的产生。"自由"佃领地这一名称使人想到这种土地的原来租佃者所享有的人身自由状况。但是在数量众多的所谓自由佃领地中,大多数起源迥然殊异。它们绝不是源自大地产分割中的转让地,而是与农业本身一样悠久的农民耕种地。土地所承载的地租和强制役务,原来只表示土地持有者对村长、部落或氏族首领及庇护人的服从;这些人已经逐渐变成了真正意义上的领主。最后,相当数量不受领主统治的真正的乡村自主地仍然存在,其情形正如近时的墨西哥,农民土地所有者群体与大种植园(haciendas)比邻共存。

在真正的日耳曼地区(其中最纯粹的地区,无疑是莱茵河和易北河之间的萨克森平原),许多奴隶、获释奴以及自由农民定居在豪强的地产上,向土地所有者缴纳地租和服役务。但在农民群体中,庄园依附者和自主地持有者之间的区别很不容易划清,因为庄园制度本身最初的征象还只是刚刚出现。领有一个村庄或一个村庄一部分的首领正在变为领主的这个变化阶段可以说尚未过去;首领依传统习惯收取的礼物(塔西佗曾记载日耳曼首领接受礼物的情形)只是刚开始悄然无迹地演变为地租。

在封建社会第一阶段,法兰克帝国两部分的变化过程都遵循同样的路线,都有愈益庄园化的相同趋势。不同类型的土地佃领制或多或少完全融合;庄园获得新生力量;尤其是许多自主地归于豪强控制:这种变化到处或差不多到处都发生了。此外,在起初仅存的土地依附关系仍然有些松散而不牢固的地方,这些关系逐渐得到合法化,导致了名副其实的庄园的产生。我们不要设想这些发展变化均出于天然,它们都受到一些特定影响的作用,受到移民或征服活动的推动。这种情形在德国可以见到。在加洛林时代之前和加洛林时代的德国南部,在萨克森本地,来自法兰克王国的主教、修道院长及其他重要人物,都曾在乐于仿效他们的当地贵族中协助传播法兰克人的社会习惯。这种情况在英国则更为清晰可见。只要盎格鲁-撒克逊传统即斯堪的纳维亚传统在那里居于主导地位,土地依附关系组织就会仍然处于极端紊乱和不稳定状态;领主自领地和各种佃领地只是松散地联系在一起。只有到1066年以后,由于外来统治者的粗蛮的强制,异常严格的庄园体制才显现出来。

在庄园的胜利发展过程中,滥用暴力到处都是举足轻重的因素。加洛林时期的官方文献已对"豪强"欺凌"穷人"发出慨叹,这完全合乎情理。"豪强"通常并不想剥夺穷人的土地,因为没有劳动力耕耘的土地是没有价值的。他们所需要的是获得对小生产者及其土地的权力。

在实现这一目标的过程中,许多豪强在法兰克国家的行政结构中找到了有力武器。在理论上,仍然完全享有自由、不受领主权力管辖的任何人，都直接依附于国王；这在实际上意味着依附于国王的官吏。伯爵或其代表引导这些人加入国王的军队，主持法庭对他们进行的审判，向他们征收诸如继承税之类的公共税，所有这一切自然都以国王的名义进行。但是，负担这些义务的人是否清楚地意识到这种区别呢？无论如何可以肯定，王室官吏为了自己的利益，不会怠慢于向自己辖下的自由民征索租税和劳役。这一切显然是在自愿献礼或自愿服役的堂皇名义下进行的。但是，正如一个法规所说，这种恶习很快就变成了"习俗"。[①] 在德国，加洛林王朝旧体系的瓦解，经历了相当长的时期，至少从这种权利僭用中出现的新权利，在相当多的情况下仍然与官职相连；伯爵对那些土地还没有兼并于其庄园地产中的人行使这些权利。在其他地方，由于伯爵权力在最初的爵位持有者的继承人、抑或伯爵的下属或附庸中进行分配，从前的自由地持有者从此要交纳地租、从事劳役，所以最终完全溶化于庄园臣属群体中，他们的土地则成为佃领地。

其次，要合法地行使一部分公共权力，并不一定要把持一个职位。由于法兰克"豁免权"的实施（这一问题后面将做研究），大多数教会领主和大量世俗豪强，由于他们的代理人身份，至少已经获得了属于国家的一些司法权，以及为了他们本身的利益征收某些国家收入的权利。当然，这种权利只适用于已经依附于他们或将来依附于他们的地产。这种豁免权强化了领主的权力，但并没有创造出这种权利，至少在理论上没有。但这些庄园很少连在一起，

[①] *Cap*., I, no.132, c.5.

第十八章 庄园

小规模的自主地经常分布于其间,对于王室官员而言,与这些小自主地保持联系殊为不便。有时情况似乎是,国王颁布明文规定,将自主地的司法权和财务权交给享有豁免权者。更常见且更快发生的情况是,自主地抵御不了这一过程必然产生的吸引力而自动屈服了。

最后且经常发生的情况是赤裸裸地使用暴力。大约在 11 世纪初叶,洛林地方有一位以自主地为生的寡妇,由于她丈夫死后没有保护人,附近一位领主的代理人试图迫使她支付象征土地依附性质的代役租。这一企图未获成功,因为这位妇女已自行置于教士们的保护之下。① 但是多少类似的没有法律依据的强取豪夺已然得逞!《末日审判书》为我们提供的英国农耕史上两个成功的例证——一个在诺曼征服之前不久,另一个则在八至十年之后——表明在诺曼征服期间许多独立的小地产没有举行仪式就已"归附"于邻近的庄园。如果 10 世纪德国或法国有一本《末日审判书》的话,那么也一定会明白无误地记录许多此类"归附"事件。

然而,扩展庄园还有另一种方法,即采用契约方式。这一方法至少在表面上较少招致批评,大概也是最普通的方法。小自由地所有者献出土地——我们将看到,有时与其人身一并献出——然后以佃领地的形式收回,其情形正如骑士将其自主地变为采邑,其目的显然是相同的,即获得一位保护人。这些协议一律被说成是完全自愿的,各时各地的事实难道真是如此吗?"自愿的"这个形容词必须大有保留方可使用。毫无疑问,一个人将保护权强加于

---

① A.Lesort, *Chroniques et chartes ... de Saint-Mihiel*, no.33.

一个弱于自己的人身上,有很多途径,开始时只需纠缠不休即可。此外,初次的协议事实上并非总受到尊重。阿勒曼尼亚的沃伦地方的居民接受当地一位土地所有者为其保护人时,约定只付给他一种代役租,但不久他们就同化于这位豪强的其他租佃人,被迫履行劳役义务,且除非支付地租就不能使用附近的森林。① 一旦一根手指陷于机关,你的整个身体也可能就会被牵扯进去。但是我们不能设想,无领主之人的情势都值得羡慕。福雷地方的一位农民,直到1280年才将其自主地变成农奴佃领地,其条件是此后像家族中的其他依附者一样,得到新主人蒙布里松教士医救团的"保护、辩护和保证"(gardé, défendu et guranti),他无疑认为自己的所作所为于己有利。② 较之封建社会的第一阶段,这是一个麻烦较少的时期。有时整个村庄以这种方式全部归附于一位豪强。这种情形在德国尤为常见。在这个发展过程开始之初,德国仍有大量乡村共同体享有完全自由权,不受领主统辖。在法国和意大利,9世纪以后领主权力大为增长,土地转让行为通常具有个人行为特点,因此为数不少。900年前后,已有14位自由民以自己的土地为布雷西亚的一个修道院履行劳役。③

实际上,最地道的自发产生的契约和最为昭彰的野蛮行为,都显示出同一个根本原因,即独立的农民力量的软弱所造成的影响。我们不要以经济上的艰难困厄解释此种情势,那样做意味着忘记了,庄园体制的扩展并不限于乡村地区,甚至好多几乎不知罗马时

---

① *Acta Murensia*, in *Quellen zur Schweizer Geschichte*, III, 2, p.68, c.22.

② *Chartes du Forez antérieures au XIVe siècle*, no.500 (t.IV).

③ *Monumenta Historiae Patriae*, XIII, col.711.

第十八章 庄园

代存在这类事物的城市,也如古代乡村"农庄"一样,以同样的方式引进了这种佃领地制度及其一般义务。而且,这样的解释还需要设想大小佃领地的耕作方式之间存在差异;这种差异在其他社会也许是有的,但在这个社会则肯定没有,因为庄园首先是小规模依附田的聚集,自主地耕作者变成租佃者后,虽然承担了新义务,但其耕作方法并未改变。他寻求或归附于一位主人,只是因为其他社会组织即亲属群体或国家机关不能发挥正常作用。沃伦地方的居民的遭际颇能说明问题。他们遭受了明目张胆的暴政虐待之后,试图向国王申诉,但是当他们站在开庭审理案件的大法庭中时候,他们的乡土语言甚至无法让人听懂。诚然,缺乏有效的政府,部分地是因为贸易和货币流通的迟滞;同样千真万确的是,由于这同一些因素,耕种者失去任何现金储备,削弱了他们的抵抗能力。但是经济状况只是通过这样一些间接方式加剧了农民阶级的社会危机。在乡村生活的淳朴戏剧中,我们可以识辨出在上层社会迫使许多人从属于附庸关系纽带的同样发展进程。

此外,在这一点上,提一下欧洲向我们展现的事例的多样性就足够了,中世纪存在着一个广泛庄园化但并非封建化的社会,这就是撒丁岛这块长期隔绝于横扫欧洲大陆的重大潮流的地方。在这里,罗马时代一种已经合法化的古老的乡村首领制,在没有采取法兰克委身制特定形式的地方贵族政权的情况下保存下来,是不足为奇的。另一方面,无庄园同时不是无附庸制的国家是没有的,不列颠诸岛大多数凯尔特人群体、斯堪的纳维亚半岛,最后还有日耳曼尼亚本身、北海沿岸地势低下的各地区,即易北河港湾地区以远的迪特马申、从易北河到须得海的弗里西亚地区,都可以为证。直到14或15世纪弗里西亚地区仍是如此，当时"首领们"（"首领"一词乃是弗里西亚语 hoveling 的直译）建立的一些王朝，使首领们居于自由农民群体之上。由于这些小的乡村霸主们牢牢地掌握了数代人积累的土地财富，拥有了武装队伍并攫取了某些司法权力，所以他们后来成功地创造出真正处于萌芽状态的庄园制度。事实上，当时本质上以亲属关系纽带为基础的古老的弗里西亚社会结构已经开始崩溃。在封建习俗制度达于全盛的时期，西欧边缘上的这些非封建社会群体，对于小耕种者（无论是奴隶还是获释农或自由人）对那些比自己更富有之人的依附，或亲兵对贵族或战争领袖的忠诚，断非毫不知晓。但是他们并没有什么东西使人想到我们称之为封建主义的庞大的、按等级组织起来的农民从属体系和军事附庸制。

加洛林王朝在弗里西亚强行一时的行政组织很早即已瓦解，我们是否可以因此将这种局面独独归因于缺乏持久的法兰克影响呢？这一因素无疑是很重要的，但它主要说明亲兵制何以不能演化为附庸制。主导因素则超出了影响问题。如果每一位自由人仍然是武士，且经常受到召唤从事役务，与精选的战斗人员的区别在于没有基本装备，在这样的地方农民不难避免从属于庄园体制，而武装扈从也不能发展成为有着自身法律结构的极为专业化的骑士等级。如果所有阶层的人能够依靠其他形式的力量和连带关系而非人身保护而得到援助，那么，无论土地统治权所特有的依附关系，还是附庸制以及采邑，都不会侵入整个社会生活。弗里西亚人、迪特马申人和凯尔特人中所依靠的是亲属群体，斯堪的纳维亚人所依靠的也是亲属群体，但也依靠日耳曼人中共有的公共法律制度。

另外,正如严格意义上的封建制度一样,庄园体制只有在完整引入这种体制的国家中,才必定达到完善之境。在诺曼诸王统治下的英国,只有骑士自主地而无农民自主地。在欧洲大陆农民自主地的消失要困难得多。的确,法国默兹河和卢瓦尔河之间的地区和勃艮第境内,12—13世纪农民自主地已极为稀少;在一些广袤的地区,农民自主地似乎已全然消失。但在法国西南部、中部的一些省份如福雷、托斯坎尼,尤其是德国(德国的萨克森是最有利于农民自主地存在的地区),农民自主地虽然数量不等,但总有相当数量。惊人相似的是,在这些地区,贵族们的自主地产业存在下来,它们是不向任何人臣服的农民佃领地、领主自领地和政治权力的集合体。庄园是比封建社会第一阶段真正特有的一些制度更为古老的事物。但在这一阶段上,它的发展也与它的局部退步一样,可以由促使或阻碍附庸制及采邑获得成功的同样的原因加以解释。各种事实导向这样的结论。

3 领主和租佃人

个人从属契约的条款一般都模糊不清,所以很快就被忘记了。除这些契约之外,领主和租佃者的关系只是以"庄园习俗"加以规定。情况确实如此,在法国,地租通常简单地被称作"习俗",付地租的人被称为"服从习俗的人"。从庄园制度的基本形式出现伊始,譬如,远在罗马帝国时期或盎格鲁-撒克逊英国时期,就是这种独特的传统使一个庄园与和它相毗邻的庄园区分开来,真正规定了每一个作为人群集体的庄园的界限。所以,支配着庄园集体生活的惯例,本身必定是集体性惯例。圣路易统治时期的巴黎最高法院的一个判决说,一块特定的佃领地自古就停止付税,这无关紧要;如果其他佃领地一直在定期付税,那么一块长期逃避税款的佃领地也必须付税。[①] 这至少是法官们的意见。具体实践通常必定更具灵活性。理论上,每个人都要遵守祖先制定的规则,依附者和领主都要遵守;但是这种对先前规则的所谓尊重,是特别不可靠的,因为虽然他们长期由一种被认为是恒定不变的风俗联系在一起,但是所有这一切都类似9世纪的庄园,而不像13世纪的庄园。

造成此种形势的责任,不能归于口头传播的弊端。加洛林时代,许多领主在进行调查之后,将其地产上的风俗形诸文字记载下来,这些详细记录后来被称作"调查簿"(censiers)或作"地产册"。但是当地社会状况所形成的压力,比人们对往昔传统的尊重更为强大。

通过日常生活中的无数冲突,法律记载不断获得新的判例。首先,一种风俗只有在一个公正并且有效力的司法机关加以推行的情况下,才真正具有约束力。在9世纪的法兰克国家中,王室法庭终于发挥了这种作用;如果说流传下来的王室法庭判决总是对租佃者不利的话,那么可能只是因为教会档案对保留其他判决漠不关心的缘故。其次,领主擅用司法权排除了人们求助于王室法庭的可能性。当传统妨害自己的利益或由他代管的事务时,即使是极为审慎的领主,也会毫不迟疑地违抗传统。所以我们看到,修

[①] *Olim.*, I, p.661, no.III.

第十八章 庄园

道院院长休格在回忆录中,对自己过去能够迫使他的一块地产上的农民以货币支付代役租而庆幸不已。在世人的记忆中,从前一直要按收获量的比例交纳代役租,从这种地租中可望得到较多的好处。[1] 当时可以(通常确是非常有效地)抗衡领主滥用权力的力量,几乎只有农民所具有的非凡的消极抵抗能力,反过来讲,则只有庄园的管理不善。

在封建社会第一阶段,不同地区的庄园间差异之大、花样之多,莫过于租佃负担。有时候,佃农送给领主管家的可能是几个小银币,更常见的是田地上收获的几捆谷物、庭院中饲养的几只母鸡、从自己蜂箱中或附近森林的蜂窝中得来的几块蜂蜡;有时候佃农到领主自领地的耕地或草地上劳动;或者替领主用马车将几桶酒或几袋谷物送往远处的住地。他要参加修筑城堡的卫墙或修挖护城河的劳动;如果领主接待客人,那么农民要卷掉自己的床铺为客人提供床铺盖。狩猎季节来临,佃户要饲养一群猎犬。如果爆发战争,他要在村长的指挥下履行步兵义务或充当传令兵。对这些义务的详细研究应该是将庄园作为经济"企业"和收入来源来进行。在这里,我们只是强调这个变化过程中的几个事实,这几个事实对于人际关系本身产生了极为深刻的影响。

农民耕地对一个共同领主的依附性,表现在农民支付的一种地租上。在这方面,封建社会第一阶段所做的工作首先是对地租的简化。法兰克时期分别缴纳的相当多的地租税,最终合并为一种单一的代役租。在法国,这种代役租以货币形式支付时一般称

---

[1] Suger, *De Rebus*, ed. Lecoy de la Marche, c.X., p.167.

作 cens（年贡）。当时，在最早征收的税款中，有些在理论上原来只是庄园管理机关代替国家征收的，例如，从前为王室军队征收的食物税或代替食物税的钱款。这些税款归并为一种只对领主有利的义务，而且被认为体现了领主对土地的优越权利。这种合并特别清楚地证明，小群体首领的地方权力，以牺牲任何更高级的社会关系为代价获得了优势地位。

继承权问题是军事采邑制已经提出的最敏感问题之一，但乡村佃领地历史上几乎并不存在这一问题，至少在封建时代是如此。农民们几乎普遍地在同样的土地上世代相衍生息。正如我们将在下面谈到的，租佃人是农奴身份时，其旁系亲属有时也被排斥在继承范围之外；但租佃人后代的继承权总是受到尊重，其前提是他们没有脱离其家族圈。继承规则是由古老的地方习俗所固定的，领主不会干预，只是在某些时期和某些地区，领主会尽其努力，以保证土地不被分割，这样做被认为是准确地征税所需要的。此外，租佃者的世袭继承顺序似乎在很大程度上也是一件自然之事，文献记载通常视之为既定原则，除偶然提及外并不多费笔墨。这种做法的一个原因无疑是，在村落首领的统治权演变为领主统治权之前，对大多数农民耕地而言，世袭继承顺序是由来已久的风俗；这种风俗已经逐渐扩展到了最近由领主自领地开辟出来的农民佃领地。而且，打破这种习惯并不符合领主的利益。这一时期地多人少，经济条件不允许以雇佣劳动力或领主家中豢养的劳力开发极为庞大的领主自领地，所以，对领主而言，与其将所有的地块控制在自己手中，不如永远支配那些自食其力的依附者的劳动和资源为好。

第十八章 庄园

在所有强加在租佃人身上的新的"勒索权"中,最典型的是领主以牺牲租佃人利益而霸占的许多不同种类的垄断权。有时领主将一年中有些时候出售葡萄酒或啤酒的权利归为己有;有时则声称只有他有权提供收取费用的公牛或公猪用作育种服务,或者——如在法国南部的某些地区——提供马匹用于脱粒场上的谷物脱粒。更常见的是,领主强迫农民在他的磨坊里碾磨谷物,在他的烤炉里烤面包,用他的葡萄榨汁机造酒。这些勒索权的名称颇有意味,通常称作 *banalités*。在法兰克时代,这些勒索权是闻所未闻的,其惟一的基础是领主所拥有的为人承认的发号施令权力,它由古代日耳曼词 *ban*(征召令)表达出来。这种权力显然与首领所行使的任何权力都不可分离,所以它本身就是领主所掌握的很古老权力的一部分,但是在地方小豪强的手中,由于他们扮演法官角色,这种权力被大大地加强了。这些勒索权在地域的分配上也同样具有启发意义。在法国,政府权力最为衰弱,对司法权的僭越程度最深,因而法国是领主勒索权最肥沃的土壤。但即使在法国,这些权力也主要由掌握最高司法权〔称作高级裁决权(*haute justice*)〕的领主行使。在德国,这些权力并没有扩展到如此众多的活动中,似乎常常为伯爵们的直接继承人、即法兰克帝国的那些杰出的法官们所掌握。在英国,这些权力只是由于诺曼征服才被引导进来,而且即使在那时也并不是完全引进。显然,从另一种征召令——国王或其代表的征召令——中遇到的竞争力越弱,领主的权力则更具渗透性且获利更多。

差不多各个地方的教区教堂都依附于地方领主,如果在同一教区有几位领主,那么就依附于其中的一位。这个教堂通常是不久前由领主的前辈之一在领主自领地上建立的,但是,不需要这样的条件来证明这样的独擅权的正当性,因为当时流行的观念是,公共礼拜场所属于礼拜人。在庄园不存在的地方,如弗里西亚,教堂属于村落共同体本身;在欧洲的其他地区,由于农民群体没有合法权利,所以只能由其首领或首领之一代表。在格利高里改革以前,这种权利被称作所有权,后来稍为谦恭些,称为"庇护"权,主要是提名或"举荐"主事的教士。但领主也要求从这种权利中获得一种权利,至少可以从教区收入中获得一部分收入为己所有。在教区收入中,各种费用虽不是微不足道,但几乎不是大笔钱款。什一税带来的好处则多得多。这种税款长期被视为一种纯粹的道义义务,在早期加洛林王朝统治下的法兰克国家,以及同时期的它们的仿效者益格鲁-撒克逊诸王统治下的不列颠,什一税义务都被苛刻地强加在所有信众头上。在理论上,十分之一的税款毫无例外地以实物征收,且加诸各种形式的收入。实际上,它很快就单独地施之于农产品。领主绝非完全占有什一税。由于庄园制度发展的迟缓,英国在很大程度上没有此种弊端。甚至在欧洲大陆,教区教士通常保有一定比例的什一税,主教偶尔也保有一定比例。此外,格利高里改革所造成的宗教复兴,很快就使从前落入世俗阶层之手的许多什一税以及大量的教堂"归还"教士(实际上在大多数情况下意味着归还了各修道院)。然而,在封建社会第一阶段,由著名的世俗封建主擅有这种源于精神因素的收入,曾经是一个政权获利最为丰厚、最为突出的成就之一。这个政权似乎拒绝承认其他任何人有权从它的臣民索取任何东西。

要求乡村租佃人提供的金钱援助即贡税(*taille*),像附庸贡税一样,大约同时脱源于每一个臣民所承担的援助主人的普遍义务。正如附庸的贡税一样,租佃人的贡税最初也假托为一种赠礼,这种虚假情形最终见于它所保留的某些名称:在法国称作 demande 或 queste,在德国称作 Bede,意为祈求;但它也被更坦直地称作 toulte,该词来自动词 tolir,意为"取得"。贡税的历史虽开始较晚,但无不类似庄园垄断权的历史。在法国,贡税制的流行极为广泛,并由诺曼征服者输入英国;但在德国它却仍然是少数领主的特权,这些领主可以行使较高的司法权。在德国,司法权不像法国那样分散。(在封建时代最有势力的个人永远是法官。)农民贡税和附庸贡税一样,均难以避免正在合法化的风俗的影响,虽然结果明显不同。因为纳税农民的力量一般不够强大,难以使其义务得到严格的限定,所以随着货币流通程度的提高,起初例外征收的税款变得愈加频繁。另外,这一过程在不同庄园间也大不相同。在 1200 年前后的法兰西岛,一年甚或二年征收一次贡税的地产,和其他只是不定期征收贡税的地产毗邻而立。各地法律几乎都变化无常。庄园中最新的赋税负担的出现为时甚近,不能很容易地融入"健全的风俗"组织;赋税征收是不固定的,即使在征收次数业已固定的地方,每次征收的数量也不固定,这一切使得贡税仍然具有随心所欲的性质。正如巴黎的一份文件所说,教会圈内"德高望重的人"对贡税的合法性表示质疑,而农民对它尤为痛恨,因为它常常迫使农民铤而走险,发动起义。在货币匮乏的时代,这个半成型的庄园传统没有灵活地使自己适应新经济的需求。

所以,12 世纪末租佃人要付什一税、贡税和形形色色的义务税。租佃人所付的所有苛捐杂税,即使是在庄园历史最长的国家中,也是他们的8世纪的先辈们闻所未闻的。毫无疑问,强迫性的苛捐杂税已经变得日益沉重,虽然(至少在一些地区)强制性劳役被进行了一些缩减以作为补偿。

欧洲大部分地区的领主开始分配他们的大片自领地——这有点像是罗马大农庄从前所经历的解体过程的延伸。有时他们将自领地分成小块分给旧的租佃人,有时则将自领地分割成新的佃领地,甚至偶尔将自领地变成小附庸采邑,这些小采邑很快又分割成农民的佃领地。主要由经济因素引起的这一运动(这里我们不可能加以探究),似乎早在10世纪和11世纪就已从法国、洛塔林吉亚以及意大利开始;稍后波及德国的莱茵河流域,然后又缓慢地、一波三折地抵达庄园制度本身也是刚刚诞生的英国。当时自领地规模的衰减不可避免地意味着强制劳役的废除或减少。查理曼统治时期,租佃人一星期中必须服劳役几天,而在法国腓力·奥古斯都或圣路易时期,租佃人在领主自领地的耕地或草地上,每年劳动不过几天。新的"勒索权"不仅因命令发布权被接管的程度在各国间有所不同,而且它的运行还与领主放弃对自领地上的人身剥削的程度成正比。农民既有时间又有土地,所以有更多的支付能力。领主自然寻求办法以求得补偿。在法国,如果磨坊不曾为领主垄断,那么一旦自领地中的谷物停止供应,它怎能继续运作呢?然而,由于领主全年不向属臣征收劳役,属臣成为赋税负担更重但经济上自主的生产者,而领主本身则变成了纯粹的土地所有者。这种变化充分实现的地方,领主不可避免地在一定程度上放松人身支配权的纽带。如同采邑的历史一样,农民佃领地的历史,最终就是以劳役为基础的社会结构向地租制过渡的历史。

第十九章　奴役和自由

1　起点：法兰克时期的个人地位

设想9世纪早期的一个人面临的问题是,譬如,他要判定法兰克国家中一群形形色色的人的不同法律地位。这个人可能是衔命出巡各省的法兰克宫廷的高官,或是计点信徒人数的主教,也可能是统计臣民人口的领主。这种情势并非是异想天开的想象。我们知道实际生活中不止一次有过这样的计划,我们得到的印象是,人们有着颇多的踌躇和分歧。在大致同时的同一地区,我们几乎从未发现有两份庄园调查报告(censiers)使用相同的标准。很显然,对当时的人而言,他们生活于其中的这个社会的结构,并不具有截然分明的轮廓。事实上,各种迥然殊异的等级划分体系彼此交织在一起。有些体系毫无区别地从罗马或日耳曼传统——这些传统本身是互相冲突的——借用自己的术语,被极不适宜地运用到当时的社会;另一些体系则试图尽量表达现实,但却笨拙不灵。

当时盛行的是一种基本而又非常简单的对比,一方面是自由人,另一方面是奴隶(拉丁文作 servi)。罗马各位皇帝颁布的仁慈立法中仍然存留的内容,以及基督教精神和日常生活的不可避免的调和作用,会使这种生硬的说法有所缓和。即使我们考虑到这一点，奴隶在法律上仍然是主人的有生命的财产，主人对奴隶的人身、劳动及其财产拥有不受限制的处理权。由于奴隶没有法律人格，所以他似乎是外于社会各阶层的异类。奴隶不能参加王室军队，不能出席司法会议，也无权向司法会议提出诉讼，诉讼也不会被司法会议受理，除非犯下侵害第三方的重罪、被主人送交国家法庭。"法兰克人"（*populus Francorum*）只由自由人组成，而与民族特性无关，这一点可由这个事实证明，这个民族性质的名称，最终和这种法律地位变成了同义词。*libre*（自由）和 *franc*（法兰克）这两个词，可以互相替用。

不过，细加考虑，这种明显的尖锐对立，对五花八门的实际情况的反映，是非常不准确的。在数量较少的奴隶中，生活方式的不同已经导致深刻的差别。一些奴隶部分地从事较低级形式的家内役务，部分地从事农业劳动，他们生活在主人家中或农场上。他们仍然被视作人畜，被正式列入动产之列。另一方面，租佃奴隶有自己的住处，靠自己的劳动产品维生，如果收获物碰巧有剩余，他可以卖掉这些剩余产品，不会受到阻拦；他已不再直接依附于主人生活，而其主人也很少干预他的生活。毫无疑问，他仍然要承受领地"法庭"（domanial 'court'）的所有者强加于他的极为沉重的负担，但是这些负担至少是有限度的；有时在法律上确实一律受到限定。诚然，一些调查报告告诉我们，一个佃户"如果其主人发出命令，则必须永远为主人效劳"；但是，众所共知的利益促使主人为每一位小农留出必要的劳动日去耕种自己的佃领地，否则他收入中的主要部分就会化为乌有。这些"定居"奴隶的生活很类似于"自由"租佃人，并且经常与"自由"租佃人家庭通婚，通过他们法律地位的一

第十九章 奴役和自由

个极为重要的特征,他们逐渐接近于"自由"租佃人。王室法庭承认,即使是农奴的义务也要由庄园习惯法加以规定。这种义务固定化的思想是与奴隶制特有的概念绝对抵牾的;在奴隶制概念中,主人权力专断是一个本质要素。最后,我们知道,一些奴隶出现在大人物的武装扈从队伍中且赫赫有名。武装所带来的威望,武装所激发的信心,简言之,"附庸地位的荣耀"(借用一个法规中的话来说)保证了他们在社会中的地位及可能产生的影响,这种地位和影响已经胜过加在他们身份上的任何社会污点,所以国王们认为,作为一种特别措施,应该让他们履行理论上只有真正的"法兰克人"才享有的宣誓效忠。

对于自由人的认识则更为混乱。巨大的财富差别不能不在法律上有所区别。一个人可能出身高贵,但他不能应征入伍,因为他太穷困,无钱自备装备,或者只是因为连到这里的路费都没有,这个人还能被视为真正的法兰克成员吗? 正如一个法规所说,他充其量只是一个"二等自由人";另一个法规则更直率地将"穷人"和"自由人"对立起来。[①] 首先,大多数理论上的自由人,除了是国王的属臣外,也是这个或那个特定首领的依附者,正是这种无穷尽的臣属等级,在主要方面决定了每个人的身份地位。

庄园中的租佃人,在他不是奴隶身份时,官方的拉丁语文件中一般称之为隶农(coloni)。在从前曾是罗马领土的法兰克国家的一些地区,他们中的许多人,事实上无疑是那些接受隶农法治辖的先辈们的后代。这种身份地位从前的根本特点是被束缚于土地,

---

① *Cap*., I, no.162, c.3, no.50, c.2.

但这种束缚几乎早已废除。数世纪之前晚期罗马帝国统治之下，曾有一个观念实际上将每个人束缚于其世袭职业，承担相应的赋税：兵士从役，工匠从艺，十人长参与市议院，农夫耕种土地；农夫不能离弃土地，而土地所有者也不能将农夫从土地上赶走。统治广大地区的政府的权力，在当时差不多使这一梦想得以实现。相反，蛮族各国就像继之而来的中世纪政权一样，均无力追捕逃亡农民，或阻止新主人接纳他们。此外，土地税在无能政府手中的衰落，已使政府失去这样做的所有动力。具有重要意义的是，我们发现，9世纪时奴隶佃领地（这里指从前分配给奴隶的土地）上已有许多隶农定居，许多奴隶定居在原来分配给隶农的"自由"佃领地上。这种人身地位和土地地位的不一致——人身和土地特定义务仍使人忆及往昔——不仅增加了等级的混乱，而且也说明，在同一块土地上永远世代相承的惯例，在多大程度上已经不再遵守了。

此外，罗马法规定，隶农（其个人身份为自由人）是"出生地所在地产上的奴隶"，简言之，他不是依附于一个人，而是依附于一件物；在一个极为讲求实际、必定将所有社会关系简化为在人身和血缘的服从-保护关系间进行变换的时代，罗马法的这种抽象概念变得毫无意义。一份帝国敕令宣称，"隶农必须送回到他原来的土地"，但6世纪初为适应西哥特政权的需要而编纂的罗马法手册却规定"隶农应返回到主人那里"。[1] 毫无疑问，9世纪的隶农像其远祖一样，在法律上仍然是自由人。他向领主宣誓效忠，偶尔也出席

---

[1] *Lex Romana Visigothorum*, ed. Haenel, *Cod. Theod.*, V, 10, 1, and *Interpretatio*.

第十九章 奴役和自由

审判大会,但他与政府权力机关只有极为稀少且极为间接的联系。他如果参加王室军队,那么也是在授予他土地的首领麾下听命。如果他需要出席法庭,各种豁免权,尤其是那些特权通常加以肯定的习惯所产生的作用,将把他的领主作为正规的法官再次强加给他。简言之,他在社会中的地位越来越多地由他对另一个人的从属关系来规定。这种从属关系确实十分严格,以致禁止他与庄园以外的人通婚,这自然也限定了其家族的地位。他与一位享有完全自由权的妇女结婚被视为"门不当户不对";教会法拒绝他担任圣职,而世俗法则施以从前用于奴隶的体罚;最后,领主免除其负担时,这种行动经常被称为"释放奴隶"。与来自拉丁语法律词汇中的许多词语形成对照的是,colonus(隶农)这个词在高卢-拉丁系各语言中最终没有遗下任何派生词,这是不无缘故的。流传下来的描述身份的其他词语,自然经历了意义上的许多曲变,但它们既然能流传下来,这一事实就证明一种连续性的情感或幻觉。另一方面,从加洛林时代起,隶农就开始融入千篇一律的庄园依附者群体中,而庄园特许契约把这些依附者群体统统列入 mancipia 名称之下(古典拉丁语中,mancipia 从前是"奴隶"的同义词),方言中则更模糊地称之为领主的"人"。一方面虽他与"定居"奴隶非常接近,但在另一方面,实际上等同于严格意义上非战斗人员的依附者。二者相同程度很高,有时使用的名称毫无二致。

我们知道,委身习惯并不限于上层各等级。许多等级不高的自由民寻求保护人,并不是打算变成保护人的奴隶。当他们将土地献给保护者,然后将土地作为佃领地收回时,两个人之间所形成的是一种更具个人特点的关系,这种关系长期没有得到很好的表述。由于它从另一种依附形式借用了一些特点,所以其性质逐渐明确。这种依附形式非常盛行,因此注定将充当所有较低级从属关系纽带的样板。此即"负有服从义务"(*cum obsequio*)的获释奴身份。

在法兰克国家各地区,罗马帝国晚期的数世纪中已发生过无数次释放奴隶的行动。加洛林时期,每年又有很多奴隶获得释放。从领主的观点看,实行这种政策有充足的理由。经济的变化促进了奴隶大群体的瓦解,这个大群体不久前还在从事劳役,耕种现在已分配了的大农庄。人们认识到,未来财富的基础是征收地租和各种义务,而不是对大地产的直接剥削,所以渴望获得权力的人发现,更有效的手段是扩大对自由人即人民成员的保护,而不是拥有自身没有法定权利的奴隶。最后,人们对自身灵魂得救的关心,在死亡临近时尤为强烈,这使得人们注意倾听教会的声音,如果说教会不反对奴隶制,但也把解放信仰基督教的奴隶视为特别虔诚的行为。而且,不论在罗马,还是在日耳曼尼亚,获得自由从来都是许多奴隶生命中通常的顶点;在蛮族各王国这个过程大概是逐渐加速发展的。

但情形似乎只是主人们在显示自己的慷慨,因为他们远不是被迫拱手交出一切。在最初的研究中,最错综复杂的是9世纪法兰克国家释放奴隶的法律制度。对于释放奴隶行动的贯彻执行,并以令人眼花缭乱的条款对由此获益的获释奴的地位加以固定,罗马世界的传统和各种各样的日耳曼法律,提供了众多不同方法。不过,仅以实际结果而论,它们的一致性在于,都提供了两种主要步骤之一供获释者选择。有时获释奴不再隶属于任何个人权力,除非此后他自愿寻求这些人的援助;与此相反,有时获释奴仍然以

第十九章 奴役和自由

新的身份对从前的主人或从前的主人同意移交的新主人——如教会——承担某些服从义务。由于这些义务通常被认为可以代代相传,其结果是创造出一种名副其实的继承性保护关系。第一种类型的"释放"(以当时的语言讲,叫 manumission)是很少的;第二种类型(负有服从义务)则是很常见的,因为只有这一类释放才适合大势的需要。"释放者"(manumitter)可能同意放弃一位奴隶,但他会下决心拥有一位依附者。"被释放者"(manumitted)本身由于害怕没有保护人的生活,于是就在当时当地找到所需要的保护。这种服从关系契约被认为具有强大的约束力,教会更喜欢它的教士享有完全独立权,所以不愿意向刚获得自由的人授以圣职。这些人虽享有自由人之名,但仍从属于一种被认为是极严格的役属关系。通常说来,获释奴同时也是其庇护人的佃户,这或者是因为,在他除掉奴隶身份印记以前,曾由庇护人"安置"(chasé),或者在授予自由身份的同时被赠送一块土地。此外,这种服从关系常常由更加个人化的义务加以强调。有的情况下主人在每位自由人死亡时要获得一部分遗产,但更常见的情况是征收人头税。人头税每年都向获释奴征收,而且要向他的每位子孙征收。这种"人头税"为主人提供了一种固定收入,其总量并非微不足道,同时,由于人头税经常征收,所以排除了一种危险,即由于属臣的恶意或上司的疏忽,契约关系陷于湮没不彰。这种取自日耳曼释放奴隶方法的契约关系模式,很快为所有附有"服从"条件的奴隶解放行动所仿效。

继承税和人头税是表示服从关系的两个标志,在中世纪各社会中,这两个标志注定要长期存在。至少在早期人头税已不限于从奴隶身份获得自由的小群体。正如某些奴隶解放契约中使用的一些特殊词语所显示,属臣每年贡献的一小笔钱或几块蜂蜡,都被认为代表了当时成为庇护人的主人给予从前的奴隶以保护的代价。获释奴并不是无可奈何地置身于强权人物保护之下的惟一自由人。早在9世纪,人头税就到处盛行开来,似乎成了整个人身依附关系群体的特殊"标记";这种人身依附关系,尽管所用词语有过各种变化,但其共同特点是,属臣保持严格的服从,保护者享有实际上不受羁束、可以获得丰厚收入的权力。所以,在人际关系持久的混乱状态中,开始出现几个固定特点,围绕这几个特点,下一个阶段的各项制度逐渐形成。

2 法国的农奴制

在法国本土和勃艮第,封建时代的一系列力量集中在一起,实际上扫除了旧的社会名称术语。成文法被忘却了。法兰克时代的调查簿相当一些已经消失,另外一些由于词汇的变化以及许多地产分类的混乱不堪,当时已经难以查阅。还有,领主和法官一般都极为愚昧,对法律已没有记忆。然而,在当时形成的新的社会等级划分中,自古以来人们熟悉的一种概念,即自由和奴役的对比,又再次被赋予了重要意义。但这种对比在意义上已有了深刻的变化。

这种对比的旧意义将失去合理性,这令人惊讶吗?严格意义上的奴隶在法国几乎没有残留,不久便完全绝迹。租佃奴隶的生活与奴隶制生活毫无相同之处。至于从前生活在奴隶主家中由奴隶主豢养的奴隶小群体,奴隶死亡和奴隶解放运动在其等级内部

第十九章 奴役和自由

不断造成的空白是不可弥补的。基督教的思想情感反对将战争中的基督教战俘变为奴隶。当然,随着对异教国家的侵袭,奴隶贸易仍然存在,但主流并没有到达欧洲西北部或其他地区,只是途经这一地区而指向了穆斯林统治下的西班牙或东方,其原因无疑是在欧洲西北部没有找到足够富裕的买主。另外,政府的衰弱不堪使享有充分权利的属臣即自由人,与公共制度以外的人即奴隶之间的区别,失去了任何具体意义。但是人们并没有失掉这样的习惯,即认为社会是由一部分自由人和另一部分非自由人组成,他们对非自由人仍保留旧的拉丁文名称 *servi*(奴隶),这个名称在法语中变成 *serfs*。这就是两个悄然变化的群体之间的分界线。

拥有一位领主似乎与自由并不矛盾。谁没有领主呢?但人们已形成这种观念,即一个人一生中连一次自由选择权都不能行使,自由就没有了。换言之,每一种世袭关系纽带都被认为具有奴役性。孩子还在"娘肚子里"时就决定了其身份的这种必然关系,是传统奴隶制最大的麻烦之一。这种天然的压迫感由 *homme de corps* 这个短语极妥帖地表达出来,它在俗语中是农奴的同义词。我们已说过,不继承臣服关系的附庸在本质上是"自由的";另一方面,一种共同的奴役标签几乎不可避免地逐渐贴到了少数租佃奴隶的后代身上,也贴到了人数众多的依附者即获释奴或身份低微的委身者后代的群体上。他们的先辈不仅决定了其自身的地位,而且也预先决定了其后代的身份。由于重要的同化作用,私生子、外来人或"外国人"、犹太人也有此种情况。这些人失去家族或民族的所有天然的援助,依照旧的惯例自动地被付托于定居地区的诸侯或首领,接受他们的保护;封建时代使他们成为农奴,隶属于赖以维生的土地上的领主或当地拥有最高审判权的人。加洛林时代越来越多的依附者支付人头税,尽管其条件是保持或接受自由人身份。奴隶头上的奴隶主是享有生杀予夺大权的主人,不是收取保护费的保护人。然而,曾被认为十分荣耀的人头税义务逐渐和卑贱地位联系起来,并最终被法庭认为是农奴制的典型特征。人头税一如既往地以同样的理由从同样的家族中继续征收;以流行的分类方法,所改变的是分配给这种关系的场所,而人头税似乎是这种关系的象征。

正如所有词义的自然变化都几乎难为时人觉察一样,这场以社会价值为标志的大变革,是以松散地使用有关奴役状态的词汇为前导的,从法兰克时代晚期开始,对这种词汇的使用就动摇于旧义和新义之间。这种笨拙的探索经历了很长时期,所使用的词语因地而异,随负责起草契约文件的书记员的不同而不同。在几个行省中,早些时候以"服从"为条件的获释奴隶的后代群体,直到12世纪初叶仍保留着作为其出身标记的特殊名称 *culverts*,该词源自拉丁语 *collibertus*,意为"获释奴"。虽然他们早已获得释放,但此后在该词的新义中他们仍被视为非自由人。不过他们所形成的等级被认为高于普通的"农奴"。各地的一些家族,虽然在事实上已接受奴隶地位所特有的所有义务,但长期仍被称作"委身者"或 *gens d'avouerie*(该词语可以宽泛地译作"受保护者")。当一个人自身及其后代依附于领主,向领主承诺人头税和其他义务时,其程序如何呢?有时这种契约要由文字清楚地记载下来,说明其为自愿接受奴役;有时则相反,其中要插入保护其自由的条款,就如同古法兰克人的委身套语。否则,就起草一份公文,避免使用任何妥协性措辞。然而,如

第十九章 奴役和自由

同根特地方的圣皮埃尔修道院中的那些档案一样，当这些档案记录了几个世纪的情况后，人们很容易发现，随着时间的流逝，其演化过程中纯粹关于奴役状态的用语已越来越多了。

然而，尽管这种自愿从属的契约如此众多，但这种契约毫无疑问并非是促进农奴制发展的惟一因素。如果考虑到流传到我们手中的文件普遍为数甚少的状况，这么多契约文件流传下来，是颇令人吃惊的。大多数庄园臣民，不管是近来产生的，还是长期持有此种身份的，虽然没有任何特殊协议，但是由于习惯规则、暴力行为或法律观念上已产生的变化，逐渐陷入了农奴状态，这种状态的名称是旧的，但标准则或多或少是新生的。9世纪初叶，帕里西斯（Parisis）的蒂艾斯村中各家族的146人中，只有11人为奴隶，130人为隶农，此外有19名缴纳人头税的"被保护"人。在圣路易统治时期，几乎全部人口的身份均被称为受奴役者（servile）。

最后，有些个人乃至整个共同体不能进行任何确切的等级划分。罗尼苏瓦布的农民是不是圣日乃韦的农奴呢？拉尼地方的居民是他们的修道院的农奴吗？从路易七世时代到腓力三世时代，这些问题受到历任教皇和国王极大关注。13世纪法国北部几个市镇共同体的成员，虽在数代人中均缴纳一般被认为与自由身份不相容的人头税和其他几种"赋役"，但却拒绝被当作农奴对待。但是，不确定性和异常事例并不能改变基本事实。12世纪上半叶，获释奴作为一个等级已不存在，其名称已完全成为农奴的同义词，至迟从此时开始，一个单独的卑微的人身依附者等级形成了，他们因出身而附着于一位领主，所以被打上受奴役者的"印记"。

但悬而未决的问题远不只是一个词语问题：传统上认为与奴役

状态不可分割的某些资格的丧失,几乎不可避免地强加在这些非自由人身上。这些非自由人所受到的奴役从根本上讲是新型的,虽然其新特点没有被非常清楚地认识到。丧失资格即不能担任圣职,无权出庭作证控告自由人(虽然王室农奴和少数教堂的农奴被赋予这种特权),并且一般说来,要承受折磨人的矮人一等、遭人轻蔑的痛苦。此外,一种真正的身份地位由一整套特殊义务引申出来,加以限定。虽然这些义务的细节依群体风俗不同而有极大的变化,但大体轮廓是一致的;这种轮廓到处都很相似,这就是这个既分裂但在根本上又是一个整体的封建社会中不断重复出现的差别。首先是人头税,其次是禁止与非同等身份的人通婚,也不能与非同一领主的依附者结婚,除非得到领主的特别许可,而获得许可的代价是很昂贵的。最后是遗产税。在皮卡第和佛兰德,这种永久管理费通常采取征收定期继承税的形式,租佃者死后领主或者征取一小笔钱款,或者更常见的是,收取最好的一件家具或最值钱的家畜。在其他地区,永久管理费则取决于家族群体的认可:如果死者身后有几个儿子(有时也许是几位兄弟)共有此家产,那么领主任何东西都不能得到;相反,如果死者无嗣,领主则可取得全部财产。

这些义务也许看起来很沉重,但有一点是与奴隶制截然相反的,因为它们的前提是,承担这些义务的人拥有名副其实的世袭遗产。农奴作为租佃人,恰像其他任何人一样,承担同样的义务,拥有同样的权利,他对财产的拥有不再是朝不保夕,而且一旦交付地租、履行了各种役务,他的劳动成果就属于自己。我们不应再将他视为"固附于土地上的"隶农。当然,领主试图留住自己的农民,没有人耕作,地产又有何用?但是防止农民逃离是很困难的,一方面,权力

第十九章　奴役和自由

的分割比以往更不利于进行有效的监控,另一方面,非常充足的处女地使针对逃亡者发出的没收土地的威胁归于无用,逃亡者总能在其他地方为自己找到土地。此外,领主们试图以有效的办法加以阻止的是佃领地的抛荒,耕种者的特殊身份并不重要。有时候两个人达成协议,任何一方都不能接受另一方的依附者,但在双方同意应禁止其迁徙的人中,通常无法划出一条受奴役者和自由人的界限。

此外,土地没有必要像人一样沿同样的道路向从属关系发展。从理论上讲,农奴甚至可以拥有自主地,不接受任何区域最高权力管辖,这是任何事物都不能阻止的;事实上,众所周知,在这种情况下,土地虽仍然免除农奴持有地特有的义务,但如果没有得到对农奴人身拥有处理权的领主的授权,它是不能转让的,这种状况实际上在一定程度上损害了自主地自身的特性。我们甚至在13世纪就找到这种例证。更为常见的是,只拥有佃领地的农奴,并没有从领主(农奴身份地位特有的关系纽带使农奴附属于他)那里取得佃领地,或者只是取得其中的一些佃领地;可能发生的情况也许是,他虽是这一位领主的农奴,但却依靠另一位领主的地产生活。封建时代的人们也嫌恶这种错综复杂的权力网吗?大约在11世纪末,勃艮第的一份契约这样写道:"我将这块农场及其附属物"——意思是"我将这块土地上的主要权利"——"献给克吕尼地方的圣彼得教堂","除了耕种农场的农奴和他的妻子儿女,因为他们并不属于我"。[①] 从一开始一些依附者身上就有这种二重性,而且由于人口的流动逐渐演变得更加普遍。这种情况自然一定会使权力分

---

① A.Bernard and A.Bruel, *Rec.des chartes de ... Cluny*, IV.no.3024.

割问题变得更复杂,不止一位领主以失去对一块佃领地或一个农奴的权利而告终。不过,有一点,非常重要的一点是,人与人之间的关系纽带几乎都被置于头等重要位置。人们认为,农奴犯罪,至少涉及"死刑判决"的罪行,应由农奴的领主而非其他人做法官,不管领主是否有正常的审判权,也不管被告农奴的居住地何在。简言之,固附于土地并非农奴的特点,相反,其突出特征是他对另一个人的严格依附,以致无论他走到哪里,这种依附关系都与之相随并固着于他的后代身上。

所以,正如农奴多半并非古代奴隶的后代一样,农奴身份并不仅仅代表境况或多或少得到改善的古代罗马奴隶制或隶农制形式。在旧名称下,农奴制以其借自不同时期的特点,反映了见证其形成过程的这个社会的需要及其集体观念。毫无疑问,农奴的命运是苦难深重的。透过这些赤裸裸的文献记载,我们必定想象到一个粗俗野蛮的世界及其时代悲剧。在11世纪的安茹,为一场审判准备的一份农奴家谱,末尾一条写道:"尼韦(Nive),被其主子维亚尔(Vial)割断喉咙。"领主甚至蔑视习俗,声称有权独断专行,维泽雷的修道院院长这样说他的一位农奴:"他从头到脚都归我所有。"不止一位农奴试图以欺骗手段或逃跑来摆脱厄运。阿拉斯教士的话无疑道出了几分真相,他说阿拉斯修道院的农奴,在面临迫在眉睫的危险而寻求保护者的时候,他们便迫不及待地张扬其与修道院的契约关系;一旦生活转危为安,他们便同样迫切地拒绝这种关系。[1] 每一种

---

[1] Bibl. de Tours, MS. 2041, fly-leaf; *Historiens de France*, XII, p. 340; *Cartulaire de Saint-Vaast*, p.177.

第十九章 奴役和自由

保护制度几乎不可避免地摇摆于保护和压迫这两极之间;农奴制最初就是作为这样一种制度的一种主要因素而形成的。

但并不是所有农民都已陷于奴役之中,纵使他们的土地已经陷于隶属关系或过去一直处在隶属关系中。在庄园租佃者中,被明确地称作"自由人"的各群体与农奴并存而立,这种情况可由整个封建时代不间断的文献资料加以证实。

首先,我们不要认为自由民是与土地最高领主保持冷冰冰的借债人和债权人关系的单纯的农耕者。这些人浸透在每一种高低上下关系都具有直接的人性特色的一种社会环境中,不仅被迫向领主承担房屋和土地所负担的形形色色的地租或役务,而且还要向领主履行援助和服从的义务;他们也指望得到领主的保护。所以他们之间形成牢固的连带关系,领主的"自由"依附者如果受到伤害,则领主有权向肇事者索取赔偿;相应的,一旦发生族间仇杀,即使报复行动只是针对领主,那么对领主的整个臣属群体,不分身份区别采取的报复措施被认为合法。此外,这种关系看来十分值得尊重,可以置于人们认为是更高级的义务之上。路易六世和蒙福尔老爷共同拥有的一座新城的市民不是农奴,根据他们获得的特许契约,他们在两位领主发生战争的情况下有权保持中立,虽然领主之一同时还是他们的国王。[①] 不过,这一关系虽坚韧牢固,但严格地讲仍是偶然性的。让我们再研究一下所使用的词语吧!*Vilain*(*villein*)即庄园居民,在拉丁语中作 *villa*,*hôte*,*manant*,

---

① 'Coutumes de Montchauvet'(大约 1101—1137 年授予),in *Mém. Soc. archéolog. Rambouillet*,XXI,1910,p.301;参见 *Ordonn.*,XI,p.286(Saint-Germain-des-Bois)。

couchant et levant,这些词语所表达的只是居住地之义,所以可用于所有租佃者,纵使这些租佃者是农奴。但"自由"租佃者并没有另外的名称,因为他是纯粹的"居民",如果他卖掉、赠送或放弃他的土地而到他处生活,那么就不再有任何东西将他与给予他这片土地的领主相联系了。这就是为什么 *vilain*、*manant* 被认为拥有自由权以及(如果排除各地在一个时期内的发展和不稳定性)由此而免受婚姻和继承权限制的原因。婚姻和继承权的限制在人身束缚上则标志着个人和家庭的严格从属。

从一幅关于农民自由和受奴役的图画上,我们可以知道多少东西啊!遗憾的是,我们只能获得大略的认识。我们已经知道诺曼底何以在这幅想象的略图上显示为一大块空白;同样,没有农奴制的其他地区也显现在各处,虽然这些地区规模较小且难以解释,譬如,福雷就是例证。在法国的其他地区,我们会看到绝大多数的农奴,但与之并立的是稠密稀疏悬殊的自由维兰群体。我们看到,这些群体有时与农奴人群紧密地混杂在一起,有时则相反,一些村落似乎完全摆脱了奴役地位。纵使我们更清楚地了解到是什么原因在一个地方使一个家庭陷于世代隶属关系,而在其他地方使另一家族避免了同样的命运,那么对于一些情形我们也将始终不得其解。力量冲突是极难估量的,有时纯粹的偶然性,或许在经过一系列的波折后发挥决定性作用,这些混沌状态的持续存在可能是最有启发性的现象。在一个完备的封建体制中,正如所有土地都会以采邑制或维兰制形式为人所持有一样,每个人都会成为附庸或农奴。但是也正是这些事实提醒我们,一个社会并不是几何学上的一个图形。

3 德国的农奴制

如果我们要对封建时代的欧洲庄园进行全面的研究,那么我们现在必须转向法国南部。我们需要指出,那里有一种土地农奴制(与人身农奴制同时)存在,这种土地农奴制从土地转向人身,将人固附于土地。这是一种更具神秘性的制度,因为它何时出现极难确定。所以有必要描述一下一种奴役概念在意大利的发展情况,这种概念很近似于法国法律创造的那种奴役概念;但显然不太普及且轮廓更为模糊。最后,西班牙将提供我们所期待的那种对比:一方面,加泰罗尼亚具有法国式的农奴制;另一方面,被收复的地区、阿斯图里亚斯、莱昂、卡斯蒂尔,就像整个伊比利亚半岛一样,由于圣战中战俘的流入,奴隶制仍继续存在,但在土著居民中,人身依附关系在这一社会层面上(在上层社会中也一样)不是特别强大,几乎不具有奴役特征。但是,这类观察会变得过分冗长,且充满太多的不确定因素,因此我们最好不做这样的尝试,而是将注意力集中于特别富有启发意义的德国和英国的例证上。

只有在一种非常人为的意义上,德国的乡村地区才能被当作一个整体。对于易北河以东的殖民地区的研究,不在我们所研究的这个阶段之内。但在旧德国的中心地带士瓦本、巴伐利亚、弗兰科尼亚以及莱茵河左岸,庄园制度相对古老且根深蒂固,与萨克森地区形成巨大反差。萨克森地区由于拥有众多的土地和人身均保持自由的自由民,似乎代表了从弗里西亚自由民以来的一个过渡阶段。在弗里西亚没有庄园制度,所以没有农奴。但是,如果我们

正如法国所经历的类似过程一样,德国也经历了一个世袭从属关系广泛传播的过程。德国契据簿记载的自愿献身契约,与法国契据簿记载的契约一样数目众多。如同法国一样,新近产生的依附者有同化于旧的庄园属臣的倾向,由此而形成的身份模式,也从"负有服从条件"的释奴运动所代表的从属类型中借用了许多特点,这种源流关系在语言上得到特别清晰的显示。Laten 一名的词源使人想到解放的观念,但后来在德国法律中却代表一个法律地位十分清楚的等级,这个等级与一些外国居民以及被征服的居民成员一起,组成了仍因某种保护关系纽带而附着于旧主人的获释奴群体。在 12 世纪的德国北部,Laten 一名包括了一些庞大的依附者群体,其中新近变为依附者的奴隶后代当然只是少数。人头税、继承税已经变成了人身从属关系特有的负担。继承税的最常见形式是向每代人征收一件动产。此外还要禁止与庄园外部通婚(formariage)。最后,如同法国的情形一样,由于对获释奴和非获释奴概念原义的歪曲,此后的倾向是将奴役标志加在每一种继承关系上。在马尔穆迭地方的阿尔萨蒂(Alsatian)修道院的地产上,9 世纪的自由佃领地和受奴役者的佃领地在 12 世纪时演化为一个单独范畴,均被称作受奴役者的佃领地。封建时代的 Laten 虽保有其名,但正如国境线那边法国的获释奴兄弟一样,通常不再被视为自由人。情况就是如此奇怪,以致领主如果放弃他对这些人的权利,人们就说他释放了以前的获释奴。另一方面,"自由人"被普遍地划归为 Landsassen(土地上定居的人),同样也被

第十九章 奴役和自由

称作"客人"(Gäste)——这是与法国情况的另一个相似之处。这些人是真正的农民,除了负担住所义务外不受任何关系约束。

然而,德国的各种独特条件妨碍了这一发展进程。在法国,只有在国家政权衰退,特别是司法领域出现衰退的情况下,原始的自由概念才有可能发生如此深刻的变化。但在德国,特别是德国北部,在整个封建时代,早期类型的公共法庭(placita)仍然正常地存在,与庄园法庭并驾竞胜。这些出席公共法庭并接受其裁判的人(且只有他们)才是自由人的观念,或多或少朦朦胧胧地流传下来,这有什么奇怪呢?在农民自主地如同萨克森一样数目众多的地方,还有另一个复杂原因。在自由地持有者和租佃者之间——即使两者都同样地不受人身和继承关系约束——人们不可能感觉不到社会阶层的不同。由于自由地持有者的自由同样扩展到土地,所以看起来是更完全的自由。只有他有权出席法庭,至少当其自主地形成一定规模时有权出席法庭,充任法官,或者,以法兰克旧称来说,充任 échevin(scabinus)*;他是"有资格充任陪审员的自由人"(Schöffenbarfrei)。

最后还有经济因素。在封建时代的德国,严格意义上的奴隶制并不像在法国那样无足轻重,与斯拉夫人的邻近总是刺激德国人的入侵,有助于维持奴隶贸易,但奴隶制并没有发挥非常重要的作用。另一方面,领主自领地上的居民,从前的 servi(奴隶)并没有像在法国那样普遍地变成租佃人,因为领主自领地本身在很多情况下仍然广泛存在。大多数奴隶确实按一种方式"安置"(casa-

---

* échevin(scabinus),拉丁语,即陪审员之意。——译者

ti)下来，但只是在一定程度上接受了小片的土地。这些 Tageschalken（日工）每天从事劳动役务，实际上是受强制的零工劳动者，这类劳动者在法国是闻所未闻的。他们生活在一种深深的隶属状态中，这种隶属状态不能不被称为最严厉的受奴役状态。

一种社会划分之所以存在，归根到底是由于人们形成了社会划分的种种观念，而这些观念必然免不了矛盾之处。某些历史学家忘记了这一点，所以，当人身法在封建时代的德国发挥作用时，他们就极力赋予人身法以其完全不具有的明确性和一致性。中世纪的法学家们曾这样做过，未取得好的效果。我们必须认识到这个事实，即那些著名的风俗志的作者，如《萨克森法鉴》的作者艾克·冯·里佩高，向我们展示的体系，不仅本身有点支离破碎，而且也不太符合特许契约所使用的语言。德国社会中没有可以与法国农奴制的相对简单性相比拟的事物。实际上每个庄园中的世袭依附者，几乎从来没有形成一个负担统一义务的单独等级。此外，庄园间每个群体的界线划分及其名称迥然殊异。人头税提供了最常见的一种标准，它仍然具有从前的一种并非不光彩的保护关系的一点象征意义。那些承担强制性零散劳动的人十分贫穷，甚至连继承税也时常需要赦免，他们自然不付人头税。但人头税也没有列入传统上压在整个农奴租佃人身上的仍然非常沉重的大量义务中。负担人头税意味着曾经自愿表示服从，所以因负担人头税而与众不同的家庭，虽其本身常因这种世袭的契约关系被认为是"非自由人"，但普遍地被认为是属于高于上述其他人的等级的。在其他地方，从前的被保护者的后代仍以旧名 Muntmen（委身者）见称。该名称来自日耳曼名称 Munt，最初表示保护人所行使的权

第十九章 奴役和自由

力。在讲罗曼语的国家,他们被称作委身之人。12世纪,法国乡村的委身农民(为数极少)只是保留着一个使人想到他们出身的空名,实际上已经融入农奴等级中,而此时他们的德国同伴中,许多人已经成功地维持了其存在,有时甚至维持了他们作为一个特别等级成员的根本自由。禁止内部通婚,至少是法律上禁止与较低等级之人通婚造成降低身份的行为,有助于维持不同阶层的属民间的牢固分界线。

从长远看,德国庄园发展的最独特的特征,也许是它没有与其他地方庄园的发展同时进行。德国的庄园佃领地不可分割,但它时常分为几个法律范畴及众多的层次,企图以这些范畴和层次划分人的地位。就此而言,1200年前后,德国庄园在整体上仍近似于加洛林时期的庄园,当然比同时期法国的庄园更近似于加洛林时期的庄园,虽然在此后两个世纪中它注定要日益脱离这种近似状态。特别是,世袭依附者在13世纪末开始在一个共同的法律名称下融合起来,这比法国的情况迟到了二三百年。在德国,通过借用带有奴隶制痕迹的词汇,新的词汇开始出现。*homo proprius* (*homme propre*)或如德国人所称的 *eigen*,最初主要用来描述领主自领地上充当劳工的非自由人,但逐渐扩展到许多租佃人身上,不管他们与主人的世袭关系如何微弱。其次,增加另一个强调这种关系个人性质的词汇组成短语,已成为习惯。与传播最广的法国农奴名称之一极为相似的是,德国人此后日益频繁地称 *homme proper de son corps*,*eigen von dem lipe*,*leibeigen*。当然德国晚期农奴制和12世纪法国农奴制之间,由于时代和环境的不同,存在许多差别。对德国后期农奴制(*Leibeigenschaft*)的研究不属于封建时代范围。然而,在这里,我们似乎真的再一次遇到了那种独特的拟古特性,这种拟古特性在整个封建时代似乎是德国社会特有的标志。

4 英国农奴制的变迁

虽然间隔两个世纪的光景,但 11 世纪中叶前后的英国农民状况,仍不由得使人想到从前加洛林时期土地调查簿描述的情形。地方庄园组织确实并不牢固,但人身依附体系却相当复杂。欧洲大陆的许多书记员受征服者威廉之托,对新征服的英国进行土地课税调查,对于他们来说,这种紊乱状态是他们所不习惯的,因而是非常棘手的。他们使用的通常是从法国西部学来的词语,确实不适于表达各种现实。不过,有几个总体特点是很突出的。英国有真正的奴隶(*theow*),其中一些是"定居者"(*casati*);有租佃人,他们虽承担地租和劳役,但被视为自由人。有从属于保护人的"委身"之人,如果他们拥有佃领地,其保护人和出租土地的领主并不一定是同一个人。有时这种人对人的从属关系仍然相当松弛,可以根据委身者的意愿随意解除,但有时正相反,从属关系是固定不变的、世袭性的。最后还有真正的农民自主地所有者,虽然并不以这种名称来称呼。此外,还有其他两个标准与这些外来标准同时并存,不相交涉。其一是来自佃领地的不同规模,其二是来自对于正在产生的庄园法庭的从属关系。

诺曼征服引起了庄园所有权的完全改变,打乱并简化了庄园的布局。从前的状况确实留下了许多痕迹,特别是在英国北部,我

第十九章 奴役和自由

们看到,那里的农民武士怎样向法官提出问题,而这些法官所熟悉的则是截然不同的社会划分方法。但在整体上,黑斯廷斯战役一个世纪左右的时间之后,英国的形势已颇似法国。租佃农之所以依附于领主只是因为他们从领主手中领有房屋和土地。与此不同的是,一个契约奴(bondmen)即"受约束的人"、"受出身限定的人"(nativi, niefs)的等级形成了,这些人是人身关系上世袭的臣属,被认为不能获得"自由权"。他们承担各种义务但却被剥夺各种资格,这种资格的剥夺形式甚少变化,我们对它已经很熟悉:禁止担任任何圣职,不能违反规定结婚;每逢有人死亡便被领主勒索最好的一件动产;缴纳人头税(这种人头税来自一种习惯,但通常只有在个人居住在领主地产之外的情况下才征收。德国也有相似的习惯)。除了这些苛求之外,还有一项勒索:农奴的女儿犯下不贞罪,要向领主交纳罚金。这一勒索虽然奇怪,但却有利于维持风化。这种情况也见于遥远的加泰罗尼亚。封建社会从根本上就是如此一致。这些非自由人较之从前的奴隶在数量上要多得多,无论他们的生活方式,还是他们接受的法律,均不同于奴隶。一个重要的特点是,一旦他们中的一人被杀,其家族有权与领主一道分享赎杀金,这一点不同于盎格鲁-撒克逊时期的奴隶。对奴隶而言,家族的连带关系是不存在的;但对后来的农奴而言,情况却从来不是这样。

但有一点英国与法国确有极大差异。英国的领主成功地将农奴乃至普通的租佃人留在自己的地产上,在这方面它比欧洲大陆上的邻国法国取得了更大的成功。之所以如此,一个原因是,在这个中央集权程度极高的国家中,国王的权力十分强大,可以追回逃跑的契约奴,并惩罚那些窝藏逃亡契约奴的人;另一个原因是,在庄园内部领主为保持对臣属的控制,可以随意实施一种制度:这种制度的前身无疑来自盎格鲁-撒克逊人,但早期到达英国的诺曼人,为了有充分的安全保证,将它合法化并加以发展,这就是"十户联保制",即自由人之间的互相担保。其目的是建立起巨大的社会关系网,以防止犯罪。依靠这种办法,几乎所有英国人都被分成了十户一组,每个"十户体"作为一个群体负责其成员出庭作证。"十户体"的首领要定期向国王的代表介绍犯罪情况和嫌疑犯,而国王代表同时查明"十户体"的每位成员。最初人们认为这一制度囊括了所有的自由人,只有上层各等级、领主家中豢养的仆人或武装人员(对于这些人而言,领主就是自然的担保人)以及教士是例外。于是发生了急剧的重大变化,从属于"十户联保制"的只有庄园依附者,而不管其身份如何。此后,"十户联保制"的名称逐渐遭人误解,因为许多依附者已不再被视为自由人。这种荒谬但又十分典型的字义转化的例子,我们早已多次提及。此外,对"十户联保制"的司法监督权(称为"十户联保检阅权"),因官员人数少不能行使而越来越多地委托给领主本人,至少是委托给他们中的许多人。这种权利在领主手中将注定成为一种高压统治的有力工具。

诺曼征服大大地加强了庄园组织,也有助于建立一个异常强大的君主政体。两个势力之间缔结的边界协定可以说明社会群体等级划分,乃至自由观念在英国中世纪所经历的最终变化。12世纪中叶以后,在诺曼人和安茹王朝的影响下,国王的司法权力已发展到异乎寻常的高度,但这种特别迅速的增长一定要付出代价。由于不得不接受一些局限——后来一些国家政权如法国虽然发展

第十九章 奴役和自由

速度较缓慢,但发现这些局限不难超越——金雀花王朝的法官们几经踌躇之后,终于放弃了干预庄园主和臣属间事务的企图。臣属并没有被剥夺出席王室法庭的所有权利,因为只有涉及他们与领主关系的案件,才只允许领主及其法官听取审判。不过,这样规定的案件却影响到下层民众的最根本利益,如他们负担的债务,佃领地的所有权和转让权等。此外,它所涉及的人数是相当大的;契约奴以外,还包括大多数通常被称作——借用法语名称——维兰(vilains)的普通租佃农。所以,在英国社会中划出了一条对所有人都显然具有现实重要性的新的分界线。一方面是国王的属臣,国王法庭的保护无时不泽被其身;另一方面则是广大农民群众,他们大部分被抛在庄园主管辖权之下。

有权在公共法庭接受审判是自由身份的首要因素,奴隶只接受奴隶主的惩罚,这种思想大概在过去从未完全消歇,所以法学家们做出了巧妙的划分:维兰对于领主,且只是对于领主(因为针对第三方时并不禁止向普通法庭求助)是非自由人。公众舆论乃至法庭本身的理解则更粗放、简单。从13世纪起,如同在法国一样,"维兰"和"农奴"这两个从前意义几乎相反的词汇,通常被视为同义语。这一同化蕴含着重大意义,因为它并不限于语言,语言实际上只是反映当时的社会概念。维兰身份本身从此被认为是世袭性的;虽然维兰身上某种卑下的地位特征,一般仍然使之有别于旧契约奴的后代(他们在数量上显然总是少于法国农奴),但是日益增强的趋势是,在庄园法庭无所不包的权力的推动下,这个新形成的奴役等级中的所有成员,都要承受从前只有"契约奴"才负担的义务及其屈辱的社会标志。

然而，将维兰定义为一个在与领主的关系中只接受该领主审判的人，(由于地产的不固定，人身地位和土地经常不相符合)将维兰制下的土地持有界定为不受王室法庭保护的持有，无疑是对一个等级及一种地产的特点所做的界定，但它没有回答这些范畴包括或不包括什么，因为仍需要找到一种办法来决定哪种人或哪种地没有这种资格，这是其余一切的起点。不会有人设想，可以将所有拥有领主的人或所有依附于领主的地产，都归于蔑视性的维兰和维兰佃领制名称之下。但也不能将骑士采邑及其持有者排除在这个范围之外。一个庄园中所包含的维兰佃领地所有者中，许多人的地位是很高的，甚至许多农民的自由身份也是由来已久且证据确凿的，因为可以将他们所有人随心所欲地一并归入一个受奴役者的群体。所以，在这种情况下，法院的裁定也已经依赖于这个共同体中根深蒂固的思想或偏见的遗产所提供的一种标准了。奴隶的所有劳动都归于奴隶主，所以，一个人大部分时间为其主人服务，其自由似乎就是被严重剥夺了，特别是他被迫从事的劳动属于体力劳动时，这种劳动被认为是卑贱的，在整个欧洲被冠以意味深长的"奴隶"劳动之名号。所以维兰制下的佃领地就是这样的土地：它负担沉重的农业劳役——有时劳役之重如此之甚，实际上是由领主随意决定——还有其他被视为特别不体面的役务；13世纪持有这样土地的人组成为维兰等级的主体。在特定情况下，这种区分是变幻不定的；有些地区几乎不存在维兰制。但是这个原则是普遍一致的。

过早发展起来的王室审判权和强大的土地贵族等级的并存，对金雀花王朝统治者的法官们所提出的实际问题，正如这些事实本身一样,是英国特有的问题;这种等级区分同样也是英国特有的问题。它在我们不能涉及的后来的时期中,注定将产生重要的革命性的后果。另一方面,司法舆论演化出的各概念,产生出了一种属于封建欧洲共同遗产的新奴役观。圣路易法庭的一位法国法学家仍然坚持认为,维兰,乃至自由维兰,都不应有领主以外的其他法官;我们还知道,在德国,自由权,也就是公共审判权的观念,在多大程度上仍然是一个有活力的原则。承担某些不体面或极严厉的劳役义务就是农奴地位标志的观念,在1200年前后的法兰西岛助长了一些村落的仇恨,虽然这种标准有悖于严格的法律且受到法庭的反对。[①] 但是法兰西国家政权的缓慢、隐蔽和稳妥的发展,妨碍了在国王和领主的司法权之间建立起一条截然分明的分界线。至于不体面劳动形式的观念,如果说它在法国贵族等级的划分中起了作用的话,那么它也没有取代旧的关于奴役地位的标准,因为没有出现任何事物要求进行新的地位划分。所以英国的情况异常清晰地表明,在一个多方面同质的文明中,一些富有创造力的思想在一定环境的作用下形成后,又会创造出一种完全新型的法律体系,而在其他地区,周围环境则使这些思想或多或少地长期处于胚胎状态。在这方面,英国封建主义在社会组织方面具有一定的实证价值。

---

① *Le Conseil de Pierre de Fontaines*, ed. A.J. Marnier, 1886, XXI, 8. p. 225; Marc Bloch, 'Les transfomations du servage', in *Mélanges d'histoire du moyen âge offerts à M.F.Lot*, 1925, p.55 *et seq.*

第二十章　向庄园制新形式的发展

1　义务的稳定化

12世纪以后发生的深刻变化开始改变着属臣和领主的关系,这些变化将绵延几个世纪。在这里,指出庄园制度如何从封建主义中生发出来就足够了。

加洛林王朝的土地调查法,由于不复切实可行且越来越难以解释而被废弃,此后就有了一种危险,即各庄园,甚至最大的管理最善的庄园,内部生活也将只能以纯粹的口头规则来加以管理。拟订更合乎时宜的财产和权利声明确实势在必行。实际上,在一些地区,如洛林,这正是一些教堂所做的事情。在洛林,加洛林传统仍保有特殊活力,编订财产清单的习惯从未消失。不过,早期人们的注意力集中在另一类文件上,这类文件所关注的问题是人与人之间的关系问题,而不是对土地的记录,在庄园首先成为从属于领主的共同体的时代,这类文件似乎更合乎时代的需要。这就是说明某某庄园特有风俗的特许契约。在理论上,这种地方性的小章程是由领主授予的,不过通常是领主和属臣事先协商而形成的结果;这种协议之所以看起来特别必要,是因为其内容并不限于记录古代的习惯,而经常对古代习惯的某些内容加以修改。这方面

第二十章 向庄园制新形式的发展

的例证,一是早在967年的一个特许契约,根据这个特许契约,梅斯地方圣阿努尔夫修道院的院长减轻了尼德河上莫维尔地方民众的役务;另一契约则是1100年前后的一份相反的"条约",在这个"条约"中,勃艮第贝兹地方的教士们将有些苛刻的条件加诸一个被烧毁的村庄的居民,此后才同意重建该村落。① 但是直到12世纪初,这种文件仍然为数稀少。

然而,12世纪初叶以后,由于各种原因,这种契约文件增多起来。领主对法律明确性的新追求,促进了书面文件的增多;甚至在穷人中间,由于教育的进步,人们也空前地重视书面文件。这并不是因为他们中的很多人能够阅读。众多文盲集体发现值得要求和保存契约的原因,无疑是在他们的周围有教士、商人、律师,这些人愿意为他们解释这些契约文件。

首先,社会生活的变化促进了各种义务的稳定和逐渐减轻。实际上,在整个欧洲,一场大规模的土地拓荒运动正在进行。谁想将拓荒先驱者们吸引到自己的地产上来,就不得不向他们承诺给予有利条件;这些人最低的要求就是预先得到保证,不受领主专横权力的奴役。周围地区更古老村庄的领主们,如果不想看到自己的属民被吸引到负担较轻的土地上去,那么,他们不久就不得不仿效此种榜样行事。奥尔良森林附近博蒙昂纳尔戈讷的特许契约和洛里斯的特许契约(其一是授予一个新建立的居民点,而另一个则相反,是授予一个非常古老的村落),是两份关于习惯权利和义务

---

① C.E.Perrin, *Recherches sur la seigneurie rurale en Lorraine d'après les plus anciens censiers*, p.225 et seq; *Chronique de l'abbaye de Saint-Bénigne* ... ed.E.Bougaud and J.Garnier, pp.396-397 (1088-1119).

的章程，这两份章程将充当许多类似文件的样板。它们具有共同的特征，当然并非偶然。因为两者都出现在广袤的森林地带的边缘，最初都是在拓荒者砍伐树木的斧头声中颁布的。同样重要的事实是，在洛林地区，"新城"（*villeneuve*）这一称号被应用于所有接受了特许契约的地方，尽管这些地方的历史可能很悠久。城镇共同体的榜样也具有类似的作用。虽然它们也隶属庄园体制，但许多共同体早在11世纪末就已经成功地获得了形诸文字的实质性利益。它们获得胜利的消息使农民群众受到鼓舞，享有特权的村镇可能产生的吸引力引起领主们的关注。最后，经济交换的增长使领主们倾向于对各种义务的分配进行一些修改，由于它使一定的现金流入农民钱柜，因而为农民争取权利开辟了新的可能性。这些村庄不太贫穷，所以就不会无所依靠，轻易就服；它们既可以买到没有得到的东西，也可以以强力获取；因为庄园主的所有让步都绝不会是免费或出于自愿的。于是，这些村落小法规的数量到处增多起来。在法国，人们称之为"风俗"特许契约或者"特许权"契约。有时"风俗"和"特许权"两个词联在一起。"特许权"一词并不一定意味着消除了农奴身份，但却表示某些缓和措施当时被引入到传统习惯中。

在封建时代晚期及其随后的时代，风俗特许契约是欧洲一种非常普遍的制度。在整个法国、洛塔林吉亚、阿尔王国、德国的莱茵河地区、包括诺曼王国在内的整个意大利以及整个伊比利亚半岛，我们都可以看到这种风俗特许契约的众多例证。诚然，西班牙的 *poblaciones* 或 *fueros* 和意大利的 *statuti* 在名称和性质上都不同于法国的特许契约，而法国的特许契约本身也并非形制一致。

各国或各省所授予的特许契约在数量上差别悬殊；另一方面这个运动在时间年限上的差别也同样显著。西班牙最古老的 poblaciones 与基督教向被征服领土的再移民所做的各种努力处于同一时期，可以追溯到 10 世纪。在莱茵河中游地区，最初的乡村契约——显然是效仿西部更远地区的榜样——则出现在 1300 年之前不久。

尽管存在这些歧异，但较之地图上两大空白区——一个是英国，一个是德国的莱茵河两岸地区——乡村"特许权"的出现所引发的问题，这些歧异所引发的问题则显得微不足道。在英国和德国莱茵河两岸地区，相当多的群体从领主手中接受了特许契约，但这些群体几乎是清一色的城镇。毫无疑问，几乎在每一个中世纪城镇，除了重要的商贸中心，都残留着一个乡村因素：城镇群体拥有自己的公共牧场，个体居民拥有自己的耕地，其中最贫穷的居民亲自耕作。在德国和英国，拥有特许契约的地方大多数都是普通的城堡，而不是现代意义上的城镇。当然，在所有情况下，对特许契约的授予起决定作用的是市场、商人阶层以及手工业阶层的存在，而在其他国家这一运动所影响到的则是普通的村庄。

就英国而言，乡村风俗特许契约的缺乏大概由此可以解释，即庄园组织的强大，其发展方向完全有利于领主行使独断权力。就书面记录而言，领主们有自己的土地勘查册和记录法庭判决的卷宗；他们几乎没有感觉到有必要将习惯进一步法律化，习惯的不固定使领主们有可能将佃领地所有权逐渐变得更不稳定。此外，在英国，拓荒运动的规模似乎比较有限，而领主方面掌握着非常有效的办法留住属臣。在欧洲大陆导致领主让步的这个最强大的因素在英国却不起作用。

德国的情势截然不同。风俗特许契约在那里是例外情况,其原因只是那里选择了另一种方法稳定义务,此即 Weistum,佩林教授独具匠心地将它表述为法语的 rapport de droits(权利声明)。在德国庄园中,召集附庸定期聚会的习惯仍相沿承袭,这种习惯是加洛林王朝公共法庭制度的遗风。它为领主提供了一个宣读传统法规的大好机会,附庸以这些法规接受统治,而参加聚会、倾听领主宣读法规似乎表明服从这些法规。这种不断重复进行的习俗裁判,在原则上很类似于从前进行的土地调查。权利声明的内容由此确立,并不时有所增加。德国莱茵河以远地区是权利声明的真正故乡;莱茵河左岸以至法语区是一个过渡地带,在这一地带人们会发现权利声明和风俗特许契约相与并存。权利声明的内容通常较风俗特许契约更为详细,另一方面它也更易于修改。但这两种情况下的根本结果是相同的。虽然各地许多村落没有权利声明或特许契约,虽然这两种稳定义务的方法中,任何一种——在它存在的地方——对保持现状都没有产生非凡的效力,但正是领主和属臣关系日益稳定的趋势,开创了欧洲庄园史上一个新阶段。"代役租不能征收,除非见诸文件",鲁西永地方的一个特许契约的这句话表明了一种态度和一个法律结构,这种态度和法律结构已远离封建社会第一阶段的社会风尚。[1]

---

[1] Charter of Codalet in Conflent, 1142, in B.Alart, *Privilèges et titres relatifs aux franchises ... de Roussillon*, I, p.40.

2 人际关系的变化

伴随着义务的稳定,庄园内部组织结构发生某些急剧改变。强迫劳役普遍减少,有时为货币地租所代替,货币地租偶尔也代替实物地租;最后,义务制度中那些仍不稳定的、偶然性的部分逐渐被淘汰。这些变化从此见于契据登记簿的每一页。特别是不久前还"任意"征收的贡税,在法国已被广泛地加以"规定",也就是说,变成了数量和周期均已固定的税收。同样,领主不定期访问附庸时所享有的食物征收权(fournitures),也经常被换算成为一笔钱款。尽管各地区各地方的情况有诸多不同,但十分清楚的是,属臣越来越多地成为付税人,其税额每年变化不大。

同时,人与人之间的从属关系得以最完全表现的依附形式,或者消失或者改变了其特性。13世纪以后,不断出现的农奴解放运动有时施之于整个村落,这使法国和意大利的农奴数量大大减少。其他许多群体也因农奴制度的废除而获得自由。此外,在法国,农奴制存留下来的地方,它也逐渐脱离旧的人身束缚(hommage de corps)形式。农奴制越来越不被认为是一种人身关系纽带,而越来越多地被视为等级地位的低下,这种低下的等级地位可以由土地染及人身。此后将出现农奴佃领地,拥有它便使一个人成为农奴,而放弃它有时则使之获得自由。在一些省份,一大批重要的特定义务被废除。新的标准产生了。从前无数的租佃人曾被任意征税;当时一些农奴虽然仍为农奴,但所负担的义务却是以契约为基础。此后,领主任意征税至少被认为是农奴制的妄想。这样的变化几乎到处都有。英国的维兰制虽具有非常原始的特点,但不是由一些不确定的义务(这里是以强迫劳役为标准)以及实质上与土地有关的不确定的义务所限定的身份地位吗？以前只有非自由人是契约之人时,"人身契约"曾被认为是奴役状态的标志；后来,这个耻辱性的标志只能贴到农奴(*manant*)身上。农奴实际上就是负担非固定义务、"晚上不知道第二天早上干什么"的人。在德国,农奴等级(*Leibeigene*)直到很晚才具有统一性。在那里这一变化过程更为缓慢,但最终遵循的路线却颇为一致。

庄园本身不应列入我们所说的封建制度。它曾经与更强大的国家政权、数量更少且更不稳固的保护关系以及更自由的货币流通共处并存(如同后来再次出现的情形)。然而,在大约 9 世纪以后出现的新的生活状态中,这种古老的社会组织方法不仅注定要支配更大部分的人口,而且在很大程度上必定使庄园本身的内部结构更加巩固。像家族一样,庄园也深受周围环境的深刻影响。在附庸制发展过程中或它的鼎盛时期,庄园首先是一个依附者群体,依附者们依次接受领主的保护、听从领主的指挥、遭受领主的压迫；其中许多人是由一种世袭的链环而被束缚于领主,而与土地和住地的占有没有关联。当封建主义的真正特有的这些关系衰落时,庄园依然存在,只是其特点有所不同；它变得更具有地域性,更具有纯粹的经济性。

所以,封建主义作为一种以特殊性质的人类关系为标志的社会组织,不仅表现在新制度的生成上,而且如同通过棱镜传播色彩一样,将其自身的色彩分给它从过去所接受的事物,并传播给下一个时代。

下卷
社会等级和政治体制

引　言

封建欧洲文明最典型的特征,是社会等级中从上到下的依附关系网。(在上卷中,我们已阐述了这种独特的社会结构如何兴起和发展,什么事件和精神氛围对它的成长产生了影响,遥远的历史中哪些东西对它产生过促进作用。)但是,在传统上冠以"封建"之名的各社会中,个人的生活从来没有单独地受制于严格的隶属关系或直接的权力关系。按照职业、权力大小或威望高低,人们也被分成高低有别的群体。此外,在每一种庞杂的小首领统治之上,总是存在着影响更为深远并具有不同特点的权威。从封建时代第二阶段开始,不仅社会等级越来越严格地区分开来,而且各种力量围绕着几个强大权威和巨大目标日益集中起来。现在我们应当集中精力研究社会组织的第二方面,然后最终才能回答我们的研究所要阐明的问题,这就是:由于哪些基本特征这几个世纪才被称作封建社会,并与欧洲历史的其他阶段分别开来呢?这些特征是否为西欧历史发展的一个阶段所独有呢?其遗产中的哪些部分传递给了后来的时代呢?

第六编

社会等级

第二十一章　实际存在的贵族等级

1　古代血缘贵族的消失

对于最早为封建主义命名的作者们来说，对于法国大革命时期那些致力于摧毁这一制度的人们来说，贵族观念与封建制度似乎有着密不可分的联系。但是，这种观念联想上的错误是再显见不过了，至少在我们强调确切使用历史词语的情况下是如此。当然，在封建时代各社会中是没有平等可言的，但并不是每一个占支配地位的社会等级都是贵族。配得上贵族这一称号的等级显然必须兼备两个特点：第一，必须拥有自己的法律地位，这一法律地位能够肯定其所要求的优越性，并使这一优越性实际有效。第二，这一地位必须是世袭的——不过，它具有这样一个限制条件：根据正式确立的规则，只有数量有限的新家族才可以加入进去。换言之，拥有实际权力是不够的，甚至拥有这样的继承形式也是不够的（尽管继承形式在实践中是有效的）——这种继承形式在于，子女由于拥有地位高贵的父母而享有诸多有利条件，就像他们享有可以继承的财富一样；除此之外，社会特权和世袭继承权还必须要得到法律承认。在今天的法国，如果我们说各上层中产阶级是资产阶级贵族，这只是一个讽刺而已。即使在贵族的法律特权已经消失的地方,如我们现代的民主社会里,对贵族特权的记忆,仍使等级意识保持活力;任何人除非能够证明其祖先曾行使过贵族特权,否则就不能被认为是真正的贵族。在这一意义——这是惟一正当的意义——上,贵族在西欧的出现为时较晚。直到12世纪这一制度的初步轮廓才开始出现,只是在下个世纪采邑制和附庸制已经衰落时,它才得以成形。在整个封建社会第一阶段以及此前的一个时期,它是不为人所知的。

在这一方面,封建社会第一阶段有别于它曾接受过其遗产的更早期的文明。晚期罗马帝国曾有过元老等级,在墨洛温王朝初期,尽管先前的法律特权已经消失,但在法兰克国王统治下,占据统治地位的罗马臣民仍然自豪地声称自己是元老等级的后代。在日耳曼诸多民族中,曾存在一些被正式称为"贵族"的家族:当地语言称作 *edelinge*,拉丁文译作 *nobiles*,在法兰克-勃艮第语中,*edelinge* 以 *adelenc* 的形式长期保存下来。这些家族的地位允许它们享有特殊的便利条件,特别是较高的"赎杀金";以盎格鲁-撒克逊文献的说法,其成员比其他人"天生尊贵"。就我们所知,他们中大多数传自地方首领——塔西佗称之为"地区首领"——所建立的古王朝,在君主制政府形式盛行的地方,为了王室(其本身源自这些贵族等级)的利益,这些家族的政治权力已经被逐渐剥夺,但它们依然保留有其神圣家族原有的一些威望。

但是,这些区别并没有从蛮族王国时代存留下来。毫无疑问,许多贵族家族在早期便灭绝了。他们的显赫地位使他们容易成为个人复仇、流放和战争攻击的目标。除在萨克森之外,几乎没有贵族家族延存到蛮族入侵过去后的这个时期。例如,7世纪巴伐利

第二十一章 实际存在的贵族等级

亚仅有四家贵族得以延存。在法兰克人中,假若(这是无法证明的事情)先前也有过世袭贵族的话,那么它们在见诸最早的文字记录之前就已消失。同样,元老等级所建立的仅是一种不稳定的和分散的寡头体制。把自豪感建立在对往昔回忆之上的那些家族,在新建立的国家中自然消亡了,在这些新国家中,自由人优势地位的有效基础完全是另外一种类型:财富和与之相伴而来的权力,以及对国王的役务。在实际生活中,这两种资格常常是父子相承,它为突然发迹打开方便之门,也为骤然败落打开方便之门。从非常严格的限定意义上,9世纪或10世纪之后的英国,只有国王的亲属才有权称作 aetheling(贵族)。

在封建社会第一阶段,主要家族历史的最显著特点是其血统门第的短暂性。至少,如果我们认为不仅可以不接受中世纪杜撰的那些神话,而且可以不接受我们时代各方面学者在研究专有名称递传方面以完全假设的原则提出的虽具匠心但不可能存在的推测的话,情况就是如此。韦尔夫家族曾在西法兰西亚发挥过举足轻重的作用,后来(888—1032)成为勃艮第的国王。这个家族为人所知的最早的祖先,是将女儿嫁给虔诚者路易的巴伐利亚伯爵。图卢兹伯爵家族崛起于虔诚者路易统治时期;伊弗雷亚侯爵家族兴起于秃头查理统治时期,该家族诸侯爵后来成为意大利的各位国王;萨克森诸公爵后来成为东法兰西亚的国王和神圣罗马帝国的皇帝,他们所出身的鲁道芬家族崛起于日耳曼人路易统治时期。传自卡佩王朝的波旁家族,可能是今天欧洲历史最悠久的家族。他们的祖先大力士罗伯特于866年被杀时已跻身于高卢的权贵之列,但是我们对于罗伯特的身世知道些什么呢?我们只知道他父亲的名字,以及他身上可能有萨克森血统。[①] 一旦到达公元800年这一关键的转折点,族系就不可避免地普遍模糊起来。而且,这些非常古老的家族或多或少地与一些王朝有着密切联系:这些王朝大部分起源于奥斯特拉西亚或莱茵河以外的地区,如加洛林王朝最初的国王们曾将帝国中的要职交给这些家族。在11世纪的意大利北部,阿托尼家族控制着广大区域内的山区和平原;该家族传自某一位名叫西格弗里德的人,西格弗里德在卢卡伯爵领拥有大片地产,950年前不久去世;这一日期之外的内容我们一无所知。10世纪中叶,士瓦本的策林根家族、巴奔堡家族(奥地利的真正建立者)和昂布瓦斯地方的领主们突然登上了历史舞台……如果我们转而考察较低等级的封建家族世系,那么我们要止步于更晚近得多的时期。

在这种情况下,责备资料的缺乏是不够的。毫无疑问,如果9世纪和10世纪的契约书更多一些,我们会发现族系方面的更多环节,但令人惊奇的是,我们竟全然缺乏这种偶然性记载。鲁道芬家族、阿托尼家族、昂布瓦斯地方的领主以及其他一些家族在其显赫时期都有自己的史官,但这些有学问的人不能或不愿意将其主人的祖先的任何事情告诉给我们,这是怎么回事呢?冰岛农民的族系完全凭借口述传统流传长达数世纪之久,但我们对他们族系的了解,实际上远过于对中世纪贵族们族系的了解。就中世纪贵族们的族系而言,看起来很明显的是,直到其中一人首次获得真正的尊显地位之时——这照例是在晚近时期——人们才对其祖先产生

---

① 见 J. Calmette 在 *Annales du Midi*,1928 中关于这一问题的最新论述。

兴趣。毫无疑问,我们有充分的理由认为,在特定的日期之前,该家族历史中并没有什么事情令人特别地感兴趣,原因或是该家族源于低微的社会阶层,如贝莱姆地方显赫的诺曼家族,似乎就是出身于名叫海外路易的普通石弩手[1];或者,在更常见的情况下,是因为其家族历史过去曾长期半掩蔽在小庄园主群体中,正如我们将在后面看到的情形,这些人作为一个群体在族源上也产生了同样的难题。但是,其之所以鲜为人知的看似奇怪的主要原因,是这些势力强大的个人没有形成完整意义上的贵族等级。提到贵族就要提到其血统:就此而言,血统无关紧要,因为没有贵族等级。

2 "贵族"一词在封建社会第一阶段的不同含义

不过,这并不是说从9到11世纪"贵族"一词(拉丁文为 *nobilis*)不常见于文献。但是这个词没有精确的法定含义,只是按照各种不同标准表示一种现实的或公认的主要含义。这个词差不多总是涉及某种显赫的门第概念;但也表示财富的数量。因此我们发现助祭保罗(8世纪作家,他在这里所做的分析不如通常清晰)为圣本尼狄克教规中的一个段落做评注时,犹豫、困惑于这两种解释之间。[2] 从封建时代初期以后,"贵族"一词的这些用法变动太大,以致难以做出确切的定义,但它至少反映出某些主要倾向,这些倾

---

[1] H. Prentout, 'Les origines de la maison de Bellême', in *Études sur quelques points d'histoire de Normandie*, 1926.

[2] *Bibliotheca Casinensis*, vol. IV, p. 151.

向性的变迁具有启发意义。

在许多人不得不同意从领主那里持有一块土地的时候,单是摆脱这样的从属地位本身就是优越地位的标志。所以,毫不奇怪,拥有一块自主地(即使这不过是一块农民地产)有时就被认为拥有充分权利来使用"贵族"即 *edel* 的称号。同样值得注意的是,在小自主地持有者以贵族称号出现的大多数文件中,这些以此称号相标榜的人,只是在沦为一位势力更强之人的租佃者或农奴时,才立即放弃这一称号。

如果说从11世纪末开始,我们很少见到这种"贵族"——实际上的微贱民众,那么,这并非只是因为当时正以全然不同方式出现的贵族概念变得明朗起来。事实上,在西欧大部分地区,这个社会等级已经全部消失,它已归于灭绝。

在法兰克时期,大批的奴隶已经获得自由。那些从未沾染奴隶污点的家族自然没有轻易地与这些入侵者平等相处。不久前罗马人还将纯粹的自由人(*ingenuus*)与"获自由之人"(*liber*)——可能是先前的获释奴隶或获释奴最近的后代——加以区别;但是在衰落时期的拉丁语中,这两个词差不多变成了同义词。然而,按照人们通常使用的该词的模糊意义,一个毫无瑕疵的门第才是真正的贵族。"一个人要成为贵族,就要数列出其先辈中没有人沦落为奴隶身份。"这就是11世纪初一条意大利语评注所做的定义,它将一种用法系统化了,在其他地方我们不止一次发现这种用法的痕迹。[1] 但该词的这一用法,在社会等级划分的变化中也没有存留

---

[1] M.G.H., LL, vol. IV, p. 557, col. 2, 1.6.

下来；我们已经看到，不久之后，从前的获释奴的后代大部分变成了完全意义上的农奴。

不过，即使在卑微的民众中间，也有一些人就其土地而言是领主的属臣，但却保持着人身"自由"。一种状况如果已经变得非常罕见，那么它很自然就会被赋予一种特别荣耀的性质。这种特别荣耀的性质与称呼"贵族"的这个时代的习惯并不矛盾。甚至各处的少量文件似乎也赞同将二者等量齐观；但是自由与贵族身份从来没有真正地被认为是一回事。所谓的自由人群体中许多人是租佃者，他们负担着被人瞧不起的沉重的劳役役务，将这些人称为贵族，这种观念与普通民众的社会价值观很不协调，难以被普遍地接受。当时将"贵族"和"自由"两个词等量齐观的做法，除了在有关一种特殊隶属形式即军事附庸制的词汇中，注定不会留下持久的痕迹。

与许多乡村或家内依附关系不同，附庸的效忠不是世袭的，在很大程度上附庸的役务与最严格的自由定义是相容的。在领主的全部"人"中间，附庸在特殊意义上是领主的"自由人"（*francs hommes*）；我们知道，与其他采邑不同的是，他们的佃领地被称为"自由采邑"（*francs-fiefs*）。在领主的庞杂依附者中，他们作为武装扈从和顾问的角色赋予他们以贵族气象，堂皇的贵族之名也使之有别于那群人。大约在9世纪中叶，为了维护修道院院长法庭里豢养的附庸们的忠诚，圣里奎尔的修士们保留了小教堂，这座小教堂称作"贵族礼拜堂"，以区别于"普通民众"的礼拜堂。"普通民众"的礼拜堂是修道院的工匠和低级神职人员听弥撒的场所。虔诚者路易赦免肯普滕修士属下各佃户的兵役时，特别指出，此例不适用于由修道院供给"恩地"的"更高贵的人"。① 在贵族一词的所有意义中,将附庸制和贵族身份两个概念混杂起来的这种意义,注定拥有最持久的生命力。

最后,在较高的层次上,在那些既非奴隶出身也没有处于卑微的依附境地的人中间,这个充满魔力的词语可以用来将势力最大、历史最久、威望最隆的家族区分开来。根据编年史家记载,西法兰西亚的权贵们看到傻瓜查理对其宠臣黑格诺言听计从时,便发问道:"难道国内就没有别的贵族了吗?"②这位新权贵在出身上与那些著名的伯爵家族相比虽属卑微,但较之圣里奎尔向其开放"贵族礼拜堂"的那些私家武士,其社会地位当然并不低下。但是,这一称号在当时是否含有相对优势地位之外的其他意义呢?耐人寻味的是,贵族一词经常被使用比较级:*nobilior* 的意思是比其邻人"更高贵的"。

但是,在封建社会第一阶段,这个词语逐渐不再被用来指称比较低微的人,而越来越倾向于专指豪强群体。由于政府的崩溃和保护关系的全面扩展,这些豪强群体已经能够获得日益增长的社会支配力。贵族一词在这一意义上仍然松散地使用着,并没有确切的身份或等级的含义;但并非没有极为强烈的所谓社会至尊级别的含义。1023 年各方签订和平协约,发誓不攻击"贵族妇女"——对其他人则并没有提及——在各方当事人的头脑中,肯定有着强烈的社会等级意识。③ 简言之,如果说作为一个法定等级

---

① Hariulf, *Chronique*, ed. Lot, p. 308;参见 p. 300; *Monumenta boica*, vol. XXVIII, 2, p. 27, no. XVII。

② Richer, *Histoires*, I, c. 15.

③ 博韦和平誓言,见 C. Pfister, *Études sur le règne de Robert le Pieux*, 1885, p. lxi.

的贵族概念仍然不为人所知的话,那么,从这一时期起,以一种稍加简化的词语提及贵族社会等级,特别是一种贵族生活方式,是完全可能的。因为,对于这一群体的界定主要通过其拥有的财富状况、行使的权力以及社会习惯来进行。

3 作为领主等级的贵族等级

这个占统治地位的等级有时被描绘成地主等级,如果它指的是这一等级的成员主要从他们控制的土地上获得收入,那么我们也许可以赞同这种做法。他们还能从其他哪些财源获得收入呢?必须补充说明的是,可以得到通行税、市场税以及从地方贸易中征收的罚金时,这些收入都是令人垂涎的财产。其典型特点是某种形式的剥削。不管贵族拥有何种收入来源——农耕地,极少数情况下是商店和作坊——他总是依靠他人的劳动为生。换言之,他首先是一个庄园主;或者用另一种说法,如果不是每一个在其生活方式上被称为贵族的人都幸运地拥有庄园——他也许是首领家中豢养的附庸,或是过惯了冒险军人游荡生活的领主幼子——那么,至少所有拥有庄园的人事实上都属于社会的上层。

现在这里出现了一个问题。这是我们的文明起源所引起的最棘手的难题之一。一些领主家族无疑传自那些白手起家的冒险家,或者从首领那里取得一份财产后,已经成为领主的授封附庸。另一些领主家族的祖先大概出自富裕的农民,在10世纪的一些文献中,我们看到他们变成了拥有一批佃领地的地主。这种情形肯定并不少见。在西欧大部分地区,庄园虽然最初在形式上多少有些发育不充分,但历史却是非常悠久的,而领主等级不论在多大程度上经历了混杂和交融,其历史之悠久也不会逊色许多。当然,我们永远不会知道,在封建时代的农奴向其缴纳地租和服劳役的人中,多少人有资格——如果他们意识到这一点——在他们的族谱中列入那些朦胧的人物:欧洲许多村庄的名称就取自于这些人物,如贝尔奈地方的布伦诺斯、科尼格利亚诺地方的科尼利乌斯、冈多夫什姆地方的冈多夫、阿尔沃尚地方的埃尔弗烈德等;其他一些村庄则取其名于日耳曼尼亚的一些地方首领的名字,塔西佗提到,这些地方首领由于得到农民的"献礼"而致富。这种联系正在彻底地消失。但是,由庄园领主与为数众多的租佃者之间的基本差别,我们有可能看见西欧社会存在的一条最古老的分界线。

4 战争职业

如果说拥有庄园是贵族地位的真正标志,那么,除了它意味着拥有似乎与高级等级地位相一致的金钱、珠宝这种惟一形式的财富之外,首先是由于它意味着对其他人所具有的权威。(还有什么能够比说"这是我的意愿"更牢靠的权威基础吗?)但另一个原因是,贵族的天职使其不能直接从事任何经济活动,他以全副身心承担其特殊的职责,即武士的事业。这一极为重要的事实可以说明中世纪贵族形成过程中军事附庸的作用。军事附庸并不构成贵族的全部;自主地庄园领主由于社会习惯的作用,迅速同化于授封采邑的附庸,有时势力还超过军事附庸,因此很难将他们排除在贵族等级之外。但各附庸群体构成贵族的基本成分。在这里,盎格鲁-

第二十一章 实际存在的贵族等级

撒克逊词汇的演变再次极好地说明了这一过程:即将贵族当作神圣族类的旧观念,转变为把贵族视为一种生活方式的新观念。鉴于古代法律将 *eorl* 和 *ceorl*——日耳曼词语中的贵族及普通的自由人——区别开来,后来的法律虽保留了这相互区别开来的两个词中的第二个词语,但却以 *thegn*、*thegnborn*、*gesithcund* 等表示扈从或附庸(尤指王室附庸)或附庸后代之意的词语取代了第一个词语。

在封建社会第一阶段,整个社会从上到下都崇尚暴力或惧怕暴力,当然并非只有附庸才有能力和义务去作战,他们也不是惟一喜爱打仗的人。12 世纪下半叶之前,试图限制或禁止较低等级的人携带武器的法律还没有形成,这种法律的出现是与法律上等级划分的进程以及混乱的相对减少相一致的。商人——出现在红胡子腓特烈的敕令中——是"骑马仗剑"的旅行者;一旦回到柜台旁,他们仍然保留着冒险生涯中养成的习惯,这种冒险生活与贸易在那个时代是不可分离的。在纷攘的城市生活复兴的时代,正如蒙斯的吉尔伯特提到圣特朗德的市民时所说,许多市民是"真正拥有强大武装的人"。(这不是纯粹的传奇故事,传统上厌战类型的店主属于定居贸易时代,与旧时代流动的"泥腿子商贩"形成鲜明对照;这种定居商人最早可追溯到 13 世纪。)此外,尽管中世纪军队规模很小,但从来不是只从贵族中征募。领主从他的农奴中招集步兵。虽然从 12 世纪开始,农奴的军事义务逐渐减少,特别是非常普遍地将服役期限定为一天,使乡村小分队仅被用于普通的治安行动,但这些变化恰好与封建役务本身的衰减同时发生。农民长矛手或弓箭手并没有被附庸所取代,但是雇佣兵的引进使之成为多余,同时雇佣兵也有助于弥补授封骑士的不足。不管他是一个附庸还是自主地的领主(在自主地仍然存在的地方),早期封建时代的"贵族"与所有的临时性士兵相比,其不同寻常的特点是,他是一名装备更为精良的武士,一位职业武士。

贵族骑马作战;虽然在战斗中也偶尔下马,但他始终是骑马活动。此外,他作战时全副武装;使用的进攻性武器是长矛和剑,偶尔也用狼牙棒。为了防卫,他穿戴头盔和全部或部分地用金属制作的战袍,手持圆形或三角形的盾牌。严格来说,造就出一名骑士的不只是战马;他的谦卑的同伴即扈从也是骑马行动,但他的职责是照管马匹,在路途上安排更换坐骑。有时,除了骑士组成的重装骑兵之外,军队还包括通常以"管家"闻名的轻装骑兵。地位最高的士兵等级的明显标志,是拥有马匹和全副武装。

法兰克时代以后引入的改进武士装备的行动,已使装备费用更加昂贵(而且更难操用),其结果是,富人或富人的附庸之外的任何人越来越不可能以这种武装参加战争。10世纪前后,由于采用马镫,先前那种以手臂挥舞的类似于标枪的短矛被放弃了,取而代之的是既长且重的长矛;在近战中,武士们用腋窝挟着长矛作战,而在休息时,则把它支在马镫上。[①] 头盔上增加上了护鼻,后来又增加了防护面罩。最后,以皮革或布料缝以铁环或铁片的战袍(*broigne*),被锁子甲所取代,这种锁子甲可能是从阿拉伯人那里模仿而来的;它全部由金属环织成,工艺更加精致,可能需要进口。此外,起初只是由于实际需要而强加实行的等级垄断逐渐开始成

---

① 见图Ⅵ,Ⅶ。

第二十一章　实际存在的贵族等级

为法律。为了使其庄园里的人员处于较低下的地位,博略地方的修士们在970年之后禁止这些人携带盾牌和剑;大约在同一时期,圣加尔的修士们也谴责其地产上的管家们拥有非常精良的武器。①

设想一下这个时期的军队。它展现出两个方面的光景:一方面是一支在进攻和防御上装备低劣的步兵,他们在攻击时行动迟缓,在逃跑时行动也很缓慢,在崎岖不平的道路上或旷野上长途行军极容易精疲力竭。另一方面是强悍的骑兵,他们从马上俯视着这些可怜虫。正如一本宫廷传奇故事所做的描述,这些可怜的家伙"笨拙"地在尘土和泥泞中拖着沉重的脚步跋涉。而骑士们则能够迅速、灵活、有效地出击和调动,他们为此得意洋洋。按照熙德传记作者的看法,在估计一支军队的兵力时,这是惟一确实值得费心加以统计的力量。② 在战争成为日常事务的文明中,没有比这更重要的对比了。曾经差不多变成附庸同义词的"骑士"一词,也成为"贵族"的对等词。相反,不止一处文献在将蔑视性的称号 *pedones*——"步兵"即"徒步击打者"——用于较低等级时,几乎将这个词上升到一种法律词语的地位。阿拉伯埃米尔乌萨玛说:在法兰克人中,"所有的杰出成就都属于骑士。事实上他们才是惟一举足轻重的人。他们有权利提出建议;他们有权进行审判"。③

---

① Deloche, *Cartulaire de l'abbaye de Beaulieu*, no. L; *Casus S. Gauli*, c. 48.
② Fritz Meyer, *Die Stände... dargestellt nach den altfr. Artus-und Abenteurromanen*, 1892, p. 115; *Poema del mio Cid*, ed. Menendez Pidal, v. 918.
③ H. Derenbourg, *Ousâma Ibn Mounkidh*, I (*Publications École Langues Orientales*, 2ᵉ série, T. XII, 1), p. 476.

在有着许多理由赞美原始武力的好几代人眼中,出类拔萃的战士一直是最受人畏惧、最受人羡求、最受人尊敬的,这难道奇怪吗?当时广泛流行的理论将人类社会划分为三个"等级":祈祷者、战斗者和劳作者。人们一致认为,第二等级应该比第三等级更高。但史诗提供的证据则行之更甚,它表明士兵们毫不犹豫地将其使命置于专事祷告者的使命之上。自豪感是全部等级意识中最本质的因素之一。封建时代"贵族"的自豪感首先是其作为武士的自豪感。

此外,对他们而言,作战并不仅仅是为其领主、国王或家族的偶尔为之的义务。它所包含的意义远过于此,可以说,战斗是其生活的全部目的。

第二十二章 贵族的生活

1 战争

"我热爱明媚的复活节之季,它带来绿叶和鲜花;我爱小鸟欢快的歌声,穿过丛林在空中回荡。但我也爱看草地上星罗棋布的大小营帐;原野上整装待发的骑士队伍与战马,使我欣喜若狂;看到先头兵驱散沿路的人群和畜群,我感到心花怒放;我喜欢看先头兵背后跟随着的大部队的武装;望见坚固的城堡被围困,栅栏被摧毁、踏平,武士们立在壕沟边,马肚带散落在城壕旁,还有犬牙交错的大木桩,此时我激情荡漾,……狼牙棒、宝剑、头盔和盾牌,在战斗一开始便被击碎、击穿;许多附庸倒在一起;死者和伤者的战马四处奔窜。一旦投入战斗,所有高胤贵胄便把一切置之度外,一心击碎敌人的头颅,打断敌人的臂膀;因为死去比被人征服苟活更为荣光。我告诉你们吧!听到双方发出'冲啊!冲啊!'的喊声,听到失去骑手的战马的嘶鸣,听着'救命啊!救命啊!'的哀号;看着高贵之人和卑微之人在壕沟外的草地上倒下;最终目睹肋边插着带三角旗长矛杆的死者,此时比品尝什么美味佳酒、做什么美梦都要甜香。"

这就是12世纪下半叶的游吟诗人伯特兰·德·博恩的吟唱。

此人可能是来自佩里戈尔的一名小贵族。① 诗中表现出的准确的观察和优雅的神韵,与传统诗歌的枯燥无味形成对比,表现出非凡的才华。另一方面,这种情感又没有特殊之处,正如同那个社会环境中产生的其他诗篇一样。在这些诗篇中,表现这种情感时虽热情不足,但同样自然流畅。在战争——我们今天某位不能身临其境地观看战争的人称之为"清新而愉悦的战争"——中贵族最热衷的是展示他们的体力,他们从童年时代就开始通过不断的锻炼刻意保持一种卓越的动物所具有的力量。一个德国诗人引述加洛林时代的古谚说:"如果一个人到 12 岁还待在学校里,从没有骑过马,那么他只配做一名教士。"② 史诗中对捉对战斗的冗长叙述比比皆是,是很有说服力的心理学文献。对这些千篇一律的描述感到厌烦的今天的读者,很难相信它们能为昔日的听众带来那么多欢乐——很显然,它们的确曾给听众带来乐趣;听众的态度正是那些不好运动的体育爱好者对体育报道的态度。在富于想象力的作品以及编年史中,对出色的骑士的刻画,首先强调的是他具有的运动员体魄:他"骨骼粗壮","四肢发达",身材"匀称",身上留着光荣的伤痕;肩膀宽大,双腿"强壮"——这样才能成为一名骑士。因为这种力量必须保持下去,勇敢的骑士都以健饭豪饮著称。听一下语调粗犷的古老诗篇《纪尧姆之歌》中,吉布尔夫人在城堡中巨大的餐桌上招待了她丈夫的侄子吉拉特之后对她丈夫所说的话吧:

Par Deu , bel sire , cist est de de vostre lin ,

---

① Ed. Appel, no. 40;例如,可比较 *Girart de Vienne*, ed. Yeandle, v. 2108 *et seq*。
② Hartmann von Aue, *Gregorius*, V, 1547 – 1553.

第二十二章 贵族的生活

Et si mangue un grant braun porcin,
Et a dous traitz beit un cester de vin.
Ben dure guere deit il rendre a sun veisin.

我的上帝！英俊的祖宗！他真是你们祖上的苗裔,
他吞下一条硕大的猪后肘
两口饮下一加仑葡萄酒;
他向谁动武,此人性命堪忧![1]

然而,毋庸说,灵活强健的身体还不足以造就一名理想的骑士。除了这些品质,还需要勇气。正是因为战争给予人展示这种美德的机会,所以战争才在人们心目中激起这样的喜悦之情,对这些人说来,无所畏惧和蔑视死亡,在一定意义上是职业资本。诚然,这种豪气并非总能克服巨大的恐慌(我们已经看到他们在维金人面前惊恐万状的实例),它也并不比应用低级的计谋更强。不过,骑士等级知道如何作战。在这一点上,历史记载与传奇故事是一致的。骑士等级表现出的无可争议的英雄气概是由许多因素培养出来的:它是一个身体健康者的一种率直的自然反应;绝望中的愤怒——"小心翼翼的"奥列弗感到自己"被重伤欲死"时,便发起这种狂暴的攻击,以图"竭力为自己报仇";对首领的忠诚或在圣战中对神圣事业的忠诚;对个人或集体荣誉的极度渴望;面对不可避免的命运的安排表现出的听天由命的默认,对此,任何文学作品都

---

[1] *La Chanson de Guillaume*, ed. D. McMillan (*Soc. des Anc. Textes Français*), V. 1054 *et seq.*

不会比《尼布龙根之歌》最后几章提供的例证更为生动；最后一个因素是希望在另一个世界得到报偿，这种承诺不仅给予为上帝而死的人，而且也给予为主人而死的人。

骑士对于危险已经习以为常，他们在战争中发现了另外的乐趣：战争提供了一种克服无聊生活的方法。对于这些文化生活长期不发达的人（除了几个著名的贵族及其顾问）以及那些负担繁重行政事务的人，日常生活极容易陷入单调乏味之中。于是便产生了对消遣的渴望，当本土不能提供满足这种渴望的方法时，他便到远方去寻求满足。征服者威廉一心想从附庸那里得到应征索的役务，他提到一位未经其许可就擅自去西班牙参加十字军、被他刚刚剥夺采邑以示惩戒的附庸时，说："我相信不可能找到比他更好的武士了；但他性情反复无常，好大喜功，将时间都耗费在四处游荡上了。"①同样的话可以用于其他多少骑士啊！这种爱游荡的性情在法国尤为普遍。事实是，他们自己的国家既不像半穆斯林化的西班牙，也不像与斯拉夫人接壤的德国（在更低程度上）——为他们提供征服和侵袭掠夺的场所；更不像德国一样，为他们提供帝国发动的大远征，为其带来艰辛和乐趣。也有可能，此地骑士等级的人数多于他处，因此人满为患。人们经常看到，在法国本土，在所有行省中诺曼底拥有的大胆冒险者最多。德国弗赖辛的奥托早已提及"非常不安分的诺曼族人"。这是不是维金人的脾性遗产呢？有可能。但是，在这个高度中央集权的公国里，它首先是受到相对和平状态影响的结果，公爵们很早就建立了这种和平秩序。于是，

---

① Ordericus Vitalis, *Histoire ecclésiastique*, ed. Le Prevost, III, p. 248.

第二十二章 贵族的生活

那些渴望打仗的人只能到海外去寻找机会。政治状况没有太大差异的佛兰德,装备了差不多同样大规模的流动武士队伍。

这些游侠骑士——这是现时使用的一个名词[①]——在西班牙帮助当地的基督徒从伊斯兰教徒手里重新夺回伊比利亚半岛北部;在意大利南部建立了诺曼人的国家;在第一次十字军东征之前,他们就已经作为雇佣军在拜占庭服役,与拜占庭东部的敌人作战;最后,他们在征服和捍卫基督墓地的战争中,找到了施展身手的理想战场。不管是在西班牙还是在叙利亚,圣战对于从事冒险和表达虔诚信仰具有双重的吸引力。"现在无须忍受等级制度中极其严厉的修士的艰苦生活……",一个行吟诗人吟唱道,"与光荣的事业相伴,同时将自己从地狱中拯救出来——还有什么更多的期望呢?"[②]这些迁徙活动有助于关山相隔、迥然殊异的社会保持联系,将西欧,特别是法国的文化传播到它的边境之外。有一个事例可以触发人们的想象力:1057年"法国城"的埃尔韦在凡湖岸边指挥作战时被埃米尔俘虏。西欧的这些狂暴群体在海外杀人越货的同时,西欧文明幸免于游击战争。编年史家清楚地认识到,十字军远征初期,这些古老国家的人们总可以享受更多自由的空气了,因为他们如今又可以享受到一点和平了。[③]

打仗有时是一种法定义务,也经常是一种乐趣,它可能也是一

---

① *Guillaume le Maréchal*, ed. P. Meyer, vv. 2777 and 2782(提到经常参加比武的骑士)。

② Pons de Capdeuil, in Raynouard, *Choix*, IV, pp. 89 and 92.

③ C. Erdmann, *Die Entstehung des Kreuzzugsgedankens*, Stuttgart, 1935 (*Forschungen zur Kirchen- und Geistesgeschichte*, VI), pp. 312-313.

名骑士维护荣誉所需要的:12世纪,佩里戈尔怒气冲天,因为一位领主认为他的一个贵族邻居看起来像铁匠,并以粗俗的口气说出了这句话。① 但打仗也许首先是一种利润来源:事实上,它是贵族的主要产业。

前面已经提到伯特兰·德·博恩流露出的奔放的感情。他自己也不隐蔽使他"在和平时期找不到乐趣"的那些不太光彩的理由。"为什么我想让富人们相互憎恨呢?"他问道,"因为富人在战争中比在和平时期会变得高尚、慷慨和亲切。"他更加露骨地说:"我们将从中得到一些乐趣。因为贵族们对我们更加器重……如果他们想让我们留在其身边的话,就要付给我们巴尔巴林(barbarins,即利摩日地方的钱币)。"他又说:"鼓角旌旗、黑白战马:我们很快就要看到这些东西了。这将是令人愉快的日子;因为我们将要夺取高利贷者的货物,任何驮兽白天都不能安全地通过大路;任何市民都不能坦然无忧地旅行,任何商人前往法国都不能免于担惊受怕;但勇敢无畏者将发财致富。"这位诗人本身属于小采邑持有者即"陪臣"等级,他描写的正是他自己,对他而言,祖传庄园房屋里的生活既不愉快又不舒适。战争使大人物行事慷慨,给予应有的奖赏,这一切正好补偿了生活中的这些不足。

出于对其声望和利益的考虑,贵族在礼物上当然不能表现出吝啬,甚至对于以最严格的封建义务习惯招来的附庸也是如此。如果想要他们在规定时间之外继续留用,带他们到更远的地方,或者超过日益严格的习惯的许可,更频繁地征召他们,则必须给予他

---

① Geoffroi de Vigeois, I, 6, in Labbé, *Bibliotheca*, II, 281.

第二十二章　贵族的生活

们更多的馈赠。最后,面对附庸队伍的日渐不足,很快就没有一支军队不需要那个四处游荡的武士团体的帮助,对于这些武士来说,假若冒险中既有激烈的战斗,又有丰厚的收获,那么冒险便产生出强大的吸引力。所以我们的行吟诗人伯特兰在他玩世不恭地主动为普瓦提埃伯爵提供役务时说:"我可以帮助你。我已经胸有铠甲,头有头盔……但是没有金钱我怎能上战场呢?"①

但是,人们无疑认为,首领送给骑士最好的礼物是授予骑士分配战利品的权利。这也是为谋求私利参加小规模地方战争的骑士期望获得的主要收益。而且,这是一种双重奖赏:人和物的奖赏。基督教法规确实不允许将战俘降为奴隶,至多允许将少数农民或工匠从一地强行迁往另一地。但是,向战俘勒索赎身金则是一种普遍的做法。像征服者威廉一样意志坚定而谨慎从事的统治者,也许确实不会活着释放落入其手的敌人;但大多数武士没有这样的远见卓识。较之古代奴役战俘的习惯,勒索战俘赎金偶尔也会产生更可怕的后果。史诗《吉拉特·德·鲁西永》的作者当然是根据自身的观察来写作,他告诉我们,一场战斗之后的夜晚,吉拉特及其侍从们将所有地位卑下的战俘和伤员悉数杀死,仅留下那些"城堡主",只有他们能够以现金赎买自由。② 至于掳获物,由于它在传统上是一种很固定的收入来源,所以在习惯于成文文献的时代,法律条文也视之为理所当然,在这一点上,中世纪初期的蛮族法典和13世纪的募兵契约,最终都是如出一辙。为了收集战利

---

① Bertrand de Born, ed. Appel, 10, 2; 35, 2; 37, 3; 28, 3.

② Guibert de Nogent, *De vita*, ed. Bourgin, I, c. 13, p. 43; *Girart de Roussillon*, translated by P. Meyer, p. 42.

品,沉重的货车紧随军队而来。最严重的是,由于发生了当时那些头脑简单的人几乎不曾注意到的一系列变迁,有时合法化的暴力行为方式——没有军需部门的供应,军队所必需的物资征用,对敌人及其属民报复——堕落成残忍而卑鄙的纯粹抢劫。抢劫行商,偷盗圈中和农场里的鸡、羊和奶酪:这就是13世纪早期加泰罗尼亚地区(Catalan)的一位小地主的具有代表性的做法,此人一心要骚扰其邻居卡尼古修道院。最杰出的人物也沾染上一些奇怪的习惯。威廉·马歇尔无疑是一位雄健的骑士。作为年轻且无地的人,他在法国境内游历,参加一场又一场的比武。在路上他遇到一位修士偕同一位贵族家族出身的女子私奔。这位修士坦率地承认他想用身上所带的钱放高利贷,此时威廉毫不犹豫地抢劫了这个可怜鬼的钱财,理由是对他的恶魔计划实施惩罚。他的一位侍从甚至抱怨他没有将那人的马也一并抢走。[①]

这种习惯显示出对人类生活及人类痛苦的漠视。封建时代的战争绝不是温文尔雅的,对我们今天的人来说,与之相伴的行动,毫无骑士风度可言;例如,一种经常发生的、有时甚至无视庄严誓约的行为:对坚守阵地"时间太久"的军人进行屠杀或毁坏其肢体。与战争自然相伴的是对敌方财产的毁坏。各地的诗人,像《波尔多的休恩》(*Huon of Bordeaux*)的作者,以及后来的虔诚国王圣路易,都对这种给无辜民众带来骇人听闻痛苦的对乡村的"蹂躏"表

[①] 关于战利品,例子可参见 *Codex Euricianus*, c. 323; Marlot, *Histoire de l'église de Reims*, III(文件), no. LXVII (1127);关于收集战利品的马车,见 *Garin le Lorrain*, ed. P. Paris, I, pp. 195 and 197;关于卡尼古修道院教士的抱怨,见 Luchaire, *La société française au temps de Philippe Auguste*, 1909, p. 265。

第二十二章 贵族的生活

示抗议,但都归于徒劳。法国和德国的史诗都忠实地反映了真实生活,这些史诗向我们展示了一整串"浓烟滚滚"的村庄。伯特兰·德·博恩直言不讳地说:"没有一场真正的战争是没有火光和流血的。"①

《吉拉特·德·鲁西永》的作者和皇帝亨利四世传记的匿名作者,在两段惊人相似的文字中,向我们说明恢复和平对"贫穷骑士"意味着什么:不再需要他们的大人物表现出的不屑一顾的冷漠;放款人纠缠不休的催讨;牵引重犁的耕马代替威风凛凛的战马;铁制踢马刺代替金制踢马刺。简言之,意味着威风丧尽,经济困窘。②相反,对商人和农民说来,和平意味着有可能重新工作和获得生计,一言以蔽之,意味着可以生活。让我们再次引用《吉拉特·德·鲁西永》史诗中敏于观察的行吟诗人提供的证据吧。遭流放并有悔改之意的吉拉特与他的妻子漫游于乡间,遇到几位商人,这位公爵夫人认为应小心谨慎,使这些商人们相信,他们认为可识辨出其特征的这位流放者已经不存在了。"吉拉特死了;我看见他被人埋葬了。""感谢上帝,"商人们回答说,"他总是挑起战争,因为他的缘故我们遭受了许多痛苦。"听了这话,吉拉特脸色沉暗;如果他手中有剑,"他会杀死他们中的一个"。这个故事取自真实的经历,说明将不同等级的人们分离开来的主要敌对情绪。它造成两方面

---

① *Huon de Bordeaux*, ed. F. Guessard, p. 41, vv. 1353-1354; Louis IX, *Enseignemens*, c. 23, in C. V. Langlois, *La vie spirituelle*, p. 40; Bertrand de Born, 26, v. 15.

② *Girart de Roussillon*, translated P. Meyer, §§ 633 and 637; *Vita Heinrici*, ed. W. Eberhard, c. 8.

的结果。对于骑士而言,他们以自己的勇敢善战而自豪,蔑视这些不会打仗(*imbellis*)的人,即见到军队就会"像鹿一样"逃之夭夭的农奴;后来又鄙视城镇居民,这些城镇居民的经济力量引起骑士们如此深刻的憎恨,因为他们获取经济实力的方法对骑士来说曾是不可思议且与骑士行为直接相悖的。如果说到处都充斥着对血腥行为的嗜好——作为修道院仇争的牺牲品,确实不止一位修道院院长死于非命——那么,正是认为战争是荣誉之源和谋生手段因而必不可少的观念,使少数"高贵"群体与社会其他成员分隔开来。

2 家内贵族

尽管战争是骑士们最喜欢的娱乐活动,但它总有消停之日;此时骑士等级由一种生活方式与其周围的人区别开来,这种生活方式在本质上是贵族生活方式。

我们不应认为这种生活方式一定有一种乡村背景。意大利、普罗旺斯和朗格多克仍保存着古老的地中海文明的印记,这种文明的结构早已由罗马系统化了。在这些地区,每一个小共同体传统上都围绕着一个城镇或一个大的村落聚居,这个城镇或村落将行政中心、市场和避难所集于一体,因此是权贵们正常情况下的居住地。这些人一如既往地居住在古老的城镇中心,并参与城里的所有活动。13世纪,这种市民特征被认为是南方贵族所具有的显著特点之一。与意大利形成对照的是法国城市。圣方济各会修士帕尔玛人萨林宾,曾访问过圣路易时期的法国。他说,法国的城镇只有市民居住;贵族都居住在他们的地产上。尽管这种对比大致符合这位出色的修士进行写作的那个时期的情况,但它并非同样符合封建社会第一阶段的实际情况。毫无疑问,在纯粹的商业城市,尤其是在低地国家和莱茵河两岸周围的德国,在差不多完全出现于10世纪或11世纪以后的商业城市里,如根特、布鲁日、苏斯特、吕贝克和其他许多城市中,其主要等级几乎总是由经商致富之人构成;虽然在那些有出身高贵的总督存在的城市,有时会保留一个附庸小群体,这个小群体由无封地的骑士或那些定期来城市履行义务的人组成。另一方面,在诸如兰斯或图尔奈这样的古罗马城市中,似乎长期居住着骑士群体,他们中的许多人无疑附属于主教或修道院院长的法庭。只是由于社会等级分化更加明显,意大利和法国南部以外的骑士才逐渐完全地从严格意义上的市民群体中分离出来。虽然贵族肯定不会完全停止造访城镇,但他们此后只是偶尔为之,为的是寻欢作乐或履行其职责。

一切事物都往往促使贵族生活在乡村。首先,以采邑酬劳附庸的习惯日益盛行,而采邑在大多数情况下是由乡村庄园组成;其次,封建义务的弱化有利于已经得到采邑的扈从们在自己的家里生活,远离控制城镇的国王、大贵族和主教;最后,对户外新鲜空气的爱好,喜欢运动的天性,自然也起到一定作用。一个德国修士讲过这样一个动人的故事,一个伯爵的儿子被他的家族送进修道院生活;在初次经历严厉的隐修法规的那一天,他爬上修道院最高的塔楼,以便"饱览一下也许他再也不能漫游的山峦和田野,娱乐一下他那颗惯于游荡的心灵"。① 市民们极不愿意让那些与他们的活动和利益不相关的社会成分加入他们的群体,他们制造的这种压力也加速了贵族的迁移。

所以,对一开始就完全过着乡村生活的贵族形象,不管我们需要做何种修正,真情仍然是,自从骑士出现以来,北欧的大多数骑士,乃至地中海沿岸地区的许多骑士,通常都居住在乡村宅院里。

庄园主的住宅一般矗立在房屋群中间或附近,有时在同一个村落中有几处住宅。庄园主的住宅与周围的茅舍区别鲜明,就如同其在城镇里的住宅与城市贫民的住所迥然殊异一样,这种差别不仅因为它建得更漂亮,而且首先是因为它差不多总是为进行防御而设计。富人保护其住宅免遭攻击的愿望,自然与社会混乱本身一样由来已久;如4世纪出现的那些设防的大农庄,可以证明罗马帝国和平秩序的衰落。法兰克时代的这种传统在各地也许继续存在,但大部分富有的主人居住的"宅第",甚至王宫本身在很长时期内几乎一直没有永久性防御措施。诺曼人或匈牙利人的入侵,不仅使得亚得里亚海到英格兰北部平原的城镇堡垒得到整修或重建,而且也促使各地乡村要塞(*fertés*)建立起来,这些要塞注定要对欧洲的原野产生长期影响。国内战争使要塞数量迅速增加。诸豪强、国王或王公在大兴城堡建筑中的作用,以及他们为控制城堡所做的努力,将在后面涉及,现在不必纠缠。小领主的设防建筑散布于山间、河谷,这些建筑差不多总是在没有得到上级权力机关认可的情况下建立起来的。它们符合自发感觉的基本要求,

---

① *Casus S. Galli*, c. 43.

并使之得到满足。一位圣徒传记作者对这些建筑做过虽态度冷淡、但却非常确切的描述:"它们的作用是使这些不断忙于争吵和屠杀的人保护自身不受敌人伤害,战胜势均力敌者,压迫势力弱小者";①一句话,就是为了保护自己,支配别人。

这些建筑物的样式,一般都非常简单。在很长时期中,其最普通的样式是木制塔楼,至少在地中海区域以外是这样。11 世纪末,《圣本尼狄克的奇迹》(Miracles of St. Benedict)中有一段有趣的文字,描写这样一座城堡的非常原始的布局。第二层有一个大房间,在这里"这位强人……与其家人居住、交谈、进餐、睡觉";底层是一个存放给养的储藏室。② 正常情况下,塔楼脚下挖有沟堑。有时,离塔楼不远处,有一道栅栏或夯土建起的城墙,然后又围以另一道沟堑。这个被圈围起来的地方,便是各式家庭住宅和厨房的安全区,为防止火灾,厨房建在远离塔楼的地方被认为是明智之举;危急时刻它可以充当那些依附者的庇护所;阻止敌人对主要建筑物的直接攻击,阻止敌人使用最有效的进攻手段,即纵火烧楼。③ 塔楼和栅栏常常建在土丘(motte)上,有些土丘是自然形成,有些——至少部分地——是由人工筑起。它有双重作用:一是以斜坡作为障碍阻挡敌人的进攻;一是可以获得一个较好的视角,将周围乡村一览无余。但是,即使防守这样一个古朴的木制塔楼,所需要的武装扈从也非通常数量的骑士所能胜任。大人物们首先利

---

① *Vita Johannis ep. Teruanensis*, c. 12, in M. G. H., *Scriptores*, vol. XIV, 2, p. 1146.

② *Miracula S. Benedicti*, ed. Certain, VII, c. 16.

③ 见图 VIII。

用石头作为建筑材料；伯特兰·德·博恩曾经描述过，那些"用石头建房的富人们"，乐此不疲地"用石灰、沙子和砂岩……建造通道、塔楼、拱顶和盘旋的楼梯"。[①] 12世纪或13世纪，中小骑士阶层也逐渐采用石头作原料建房。在大片的开阔地被开辟出来之前，森林木材似乎一直比石料更容易开采，也更便宜；而且石料建筑需要专业工人，所以，作为永久性义务劳役来源的佃户，在一定程度上都是伐木工和木匠。

毫无疑问，对农民来说，领主的小要塞有时会为他提供防卫和庇护之所。不过，当时的人们有充分的理由首先将要塞视为危险之地。对于那些致力于和平秩序的人，对于那些关心交通自由的市民，对于国王或王公，最为急迫的任务莫过于将无数的城堡夷为平地。就是依靠这些城堡，许多地方的小暴君统治着广阔的原野。不管人们对此有何评说，大小城堡都有地下密牢（oubliette），这种情形不只见于拉德克利夫夫人的小说。阿德尔的兰伯特在描述12世纪图尔内赫姆地方重建的要塞时，没有忘记提到那深深的地牢，"囚徒们在暗无天日、虱虫遍地、污臭熏天的地牢中忍气吞声"。

正如其住处的特点所展现的情况一样，骑士永远生活在一种戒备状态中。放哨人是抒情诗和史诗中人们熟悉的人物，他总是在塔楼高处坚持夜间警戒。稍低处，在要塞拥挤不堪的二三个房间里，一小群长期居住的居民和各种临时过客全部居住在一起，其条件绝不允许有任何隐私。这种情况无疑部分地是由于居住空间的狭小，但也是习惯使然，这些习惯在当时似乎与首领的地位密不

---

① 见图IX。

可分。贵族身边日夜都有扈从护卫,这些武装随从、奴仆、私家附庸以及托付给他照料的年轻贵族,要服侍、守卫着他,与他谈话,就寝时分,这些人仍要忠诚地守卫在侧,甚至在主人与妻子同寝的时候,也要如此。"领主单独进餐是不适宜的",13世纪的英格兰人仍坚持这种观点。① 大厅里餐桌很长,大部分座位是凳子,进餐者并排而坐。穷人住在楼梯下面,有两位杰出的忏悔者就死在楼梯旁:一位是传说中的圣亚历克西斯,另一位是实际存在的西蒙·德·克雷庇伯爵。这种生活方式容不得任何个人沉思冥想,但在当时确是普遍现象;修士们也睡在集体寝舍,而不是单人房间中。这种情况说明,人们为什么宁愿到当时惟一可以享受独处之乐的生活中,即隐士、幽居者和流浪者的生活中寻求逃避。从文化方面看,这意味着,贵族中间知识的传播,与其说是依靠书本和研究,倒不如说是依靠朗读和背诵诗歌以及个人接触。

3 职业和娱乐

贵族通常家居乡村,从这个意义上讲,他是乡下人,但他并非农事行家。他手握锄头或犁劳作之时,便意味着他已经家境败落——这种情况曾发生在一位贫穷骑士身上,我们通过一些轶事可以知晓他的家世。如果贵族有时凝视一会儿原野上耕作的情况或其地产上正在变黄的庄稼,这似乎也不意味着他通常直接参与农田管理。② 地产管理手

---

① Robert Grosseteste's *Rules* in Walter of Henley's *Husbandry*, ed. E. Lamond.
② Marc Bloch, *Les caractères originaux de l'histoire rurale française*, 1931, p.148.

册的写作并不是为了地产的主人,而是为了主人的管家;"乡村绅士"属于另一个完全不同的时代,即16世纪经济革命之后的时代。尽管村落领主对其租佃者拥有的司法审判权构成其权力的基本来源之一,但他通常很少亲自行使这一权力,而是通过管家代为管理,这些管家本身也是农民出身。不过,行使司法职能肯定是骑士拥有的几个和平职业之一。通常他只是关心本等级范围内的司法职责。这意味着,他既要解决他自己手下附庸的诉讼案件,又要受召出席其封建领主的法庭,作为法官解决同级贵族的案件。但在公共司法存续下来的地方,如英格兰和德国,他就在伯爵领法庭或伯爵领分区法庭行事。这种活动足以使法律精神成为最早的文化影响之一在骑士等级中传播开来。

贵族所热衷的娱乐活动都带有好战情绪的烙印。

首先是狩猎。如前所述,狩猎并不仅仅是一种运动。西欧人当时的生活环境还没有最终摆脱野兽的威胁。此外,当时家畜饲料供应不足、品种不良,家畜肉只能提供无足轻重的肉食,人们吃的多为野味,尤其是在富人家中更是如此。因为狩猎差不多仍然是一种必要的活动,所以它不完全是某个等级的垄断行为。比戈尔地区的情况似乎是一种例外。早在12世纪初,那里就禁止农民狩猎。[①] 不过,国王、王公和领主在各自统辖范围内,都想垄断某些特定区域追猎野物的权力:"王室猎场"(forests,这个名词最初用来表示这样划定的所有区域,不管该区域有无森林)里的大动物,以及"小动物狩猎区"(warrens)的各种兔子。这些特权的法律

---

① *Fors de Bigorre*, c. XIII.

第二十二章 贵族的生活

基础无从确知,似乎只有领主的命令,没有法律依据。非常自然的是,在一个被征服的国家即诺曼国王统治下的英格兰,通常从可耕地中开辟出来的"王室猎场"最为广阔,对它们的保护最为严格。这些恶习显示了一种在很大程度上带有等级特征的嗜好所具有的力量;同样,对租佃者的强行征索也显示出它的力量,如在大会猎季节,佃户负担义务为领主的大群猎犬提供食宿,在林中建造猎舍。圣加尔修道院的修士们对其管家怨气冲天的首要原因,是管家豢养猎犬捕猎野兔,更有甚者,还带着狗捕猎狼、熊和野猪,他们谴责这些管家想跻身于贵族等级之列。此外,为了练习这种受人青睐的牵黄擎苍的运动,必须有财富、闲暇和侍从。这项运动由亚洲平原的马上民族传入西欧,是他们的贡献之一。不止一位武士像吉讷伯爵家族的传记作者提到吉讷伯爵时所说的那样,"他重视搏击长空的雄鹰胜过一位宣教的教士";或以一位游吟诗人借诗中一位人物之口说出的天真而迷人的话来形容:诗中的这个人目睹遭杀害的男主人公被一群猎犬簇围着的情景时说:"他是一位贵族,他的猎犬对他情深意笃。"[1]由于狩猎使这些武士更贴近自然,它唤醒了他们心底的某种感情,而这种情感无疑是他们在其他情况下所缺乏的。如果他们不是在骑士等级的传统中成长起来,"了解树木和河岸",那么,对法国抒情诗和德国的爱情诗(*Minnesang*)做出巨大贡献的骑士等级的诗人们,还能找到如此恰如其分的旋律来吟唱五月的黎明和欣欣向荣吗?

---

[1] Lambert of Ardres, *Chronique*, c. LXXXVIII; *Garin le Lorrain*, ed. P. Paris, II, p.244.

此外是马上比武。在中世纪，人们一般认为马上比武起源较晚，甚至提到了可能发明这种比赛之人的名字：一个名叫若弗鲁瓦·德·普罗利的人，据说此人死于1066年。实际上，这种模拟战斗的习惯无疑可追溯到非常遥远的时代，证据是，895年的特里布尔宗教会议，曾提到有时致人死命的"异教徒的赛事"。这种习俗在一些基督教化但非基督教规定的节日上仍在民众中继续存在。例如，1077年进行的其他"异教徒的赛事"（该词再度出现，意味深长）中，旺多姆一位皮匠的儿子与其他一些年轻人参加这种赛事，受伤致命。[①] 年轻人的这些比赛几乎是民间传说中普遍存在的情节。此外，在军队中，模仿战争始终是一种消遣娱乐，也是一种训练活动。在以"斯特拉斯堡誓约"著称的那次著名会谈中，秃头查理和日耳曼人路易都以观看这种比赛为娱乐，并且积极参与，毫无鄙视之意。封建时代的突出贡献，是从这些军事的或大众的比赛中发展出一种模仿竞赛，这种竞赛通常设有奖品，限于装备武装的骑士参加，由此创造出一种独特的等级娱乐活动，贵族等级的人们从这种娱乐活动中寻求到的刺激远远超过其他活动。

由于这种聚会没有巨资便无法组织起来，它们通常是在国王或贵族不时举行的规模宏大的"觐见"仪式时进行，所以，热心的参赛骑士四处周游，参加一场又一场的比赛。这些人中不仅有那些有时"结伙"而行的贫穷骑士，而且还有非常著名的领主，如埃诺伯爵鲍德温四世，又如英国王公中的"年轻国王"亨利，不过，这位国王在竞技场上算不得出众的人物。正如我们今天的体育比赛一

[①] C. Métais, *Cartulaire de l'abbaye... de la Trinité de Vendôme*, I, no. CCLXI.

样,比赛选手通常是按地域来组合的;有一天古尔奈附近进行的比赛暴出一件大丑闻,当时,埃诺人站到了法国本土的参赛者一边,而没有加入到他们通常的参赛盟友佛兰德人和弗蒙多瓦人中。这些比赛活动无疑有助于建立地区连带关系。这种情况是如此之甚,以致比赛并不总是一种模拟性战斗,而远远超乎比赛。马上枪术比赛——借用《康布雷的拉乌尔》作者的话说——"误入歧途"时,受伤之事司空见惯,甚至受伤致命也不鲜见。这可以说明睿智英明的君王何以厌恶这种流尽附庸鲜血的狂欢嬉戏。金雀花王朝的亨利二世明令禁止在英国进行这种比武。由于同样的原因,也由于它与带有"异教"色彩的民间节日的狂欢联系在一起,教会严格禁止这种比赛,终于发展到拒绝将死于比赛的骑士葬于神圣的墓地的地步,即使这位骑士已经表示忏悔。尽管教会和世俗当局都制定了法规,但这种习惯并没有根绝,这一事实说明它在多么深的程度上满足了人们对它的需求。

然而,马上比武如同真正的战争,人们对它的热情并非与利益无关。因为比武的获胜者常常可以得到失败者的装备和马匹,有时甚至可以得到失败者本人,只有在支付赎金后才能将他释放,所以武艺和力量也是可以获利的资本。很多参赛骑士依凭格斗的武艺创造了一种职业,一种大赚其钱的职业。因此,对战斗的迷恋,将"快乐"因素和获利的欲望错综复杂地联系在一起了。[①]

---

① 关于马上比武,除书目中列出的著作外,可参看 Waitz, *Deutsche Verfassungsgeschichte*, V, 2nd ed., p. 456; *Guillaume le Maréchal*, ed. P. Meyer, III, p. xxxvi *et seq*.; Gislebert of Mons, *Chronique*, ed. Pertz, pp. 92 – 93; 96; 102; 109 – 110; 128 – 130; 144; *Raoul de Cambrai*, v. 547。

4　行为规则

一个由生活方式和优越的社会地位来明确界定的等级,最终制定出它独特的行为规则,乃是顺理成章的事。然而,这些规则以一种精确的形式表现出来,并以这种形式获得更优雅的特性,却是在封建社会第二阶段。这个阶段无论在哪个方面都是自我意识觉醒的时代。

大约从 1100 年起,通常用来描绘贵族品行要义的,是一个独特的词汇:"优雅"(courtoisie)。这个词汇源自 cour(当时该词的书写和发音,就像今天英语中的 court,词尾带有 t)。事实上,正是在著名的贵族和国王身边形成的暂时的或长期的集会上,逐渐形成了这些行为规则;骑士独处于"塔楼",与外界不相往来是不会形成这些规则的。效法和社会交往是必需的,这就是道德情感的进步何以与大公国或君主国的巩固以及更广泛交往的恢复联系在一起的原因所在。另一个词是"高洁之人"(prudhomme),如同"优雅"一词逐渐获得一种更平凡的意义一样,这个词越来越频繁地用来指示那些更高尚的事物:圣路易称,这是一个如此伟大和美好、只能对它"赞不绝口"的名称,所以它表示异乎修士美德的世俗美德。这里再次强调,词义的演变是极富启发意义的。事实上,prudhomme 与 preux 为同一个词,preux 一词脱离了其最初所表示的"有益的"、"卓越的"含糊意义,后来主要用来表示尚武之意。当人们开始感觉到力量和勇气不足以造就完美的骑士时,这两个名词便分道扬镳了。preux 一词保持了其原来的意义。据说腓力·奥古斯都某一天说过,"*homme preux* 与 *prudhomme* 意义大不相同";他认为第二个词更为优雅。[①] 这看上去似乎有点吹毛求疵;但是,如果我们对骑士理想的变化追根溯源的话,这是一个珍贵的证据。

不管问题涉及一般的礼仪风俗还是严格意义上的道德戒律,狭义的"优雅"还是"高洁之人",毫无疑问的是,新规则出自法国宫廷和默兹河地区的各个宫廷,其语言和行为习惯完全是法国式的。早在11世纪,意大利人就模仿法国人的行为习惯。[②] 在以后的两个世纪里,这些影响变得更加明显,其证据是,德国骑士等级的词汇中充满"外来"词汇,这些外来词汇一般是通过埃诺、不拉奔(Brabant)或佛兰德传入的。*Höflich* 一词本身只是"优雅行为"一词的翻版。许多操德语的年轻贵族前来法国王公的宫廷学习法语以及优雅情趣的行为规则。诗人沃尔夫拉姆·冯·埃申巴赫不是称法国为"行为优雅的骑士之邦"吗?这种贵族文化形式的传播,仅仅是法国文化整体对整个欧洲(不用说,主要是指对社会上层)产生的部分影响;其他部分影响有:艺术观念和文学观念的传播,沙特尔学校和后来的巴黎学校的影响,以及法语作为实际的国际语言的使用。造成这种情形的原因无疑是可以找到的,这就是:欧洲热衷于冒险的骑士在西欧进行的长途远征;由于受到贸易发展的影响较德国早得多(但确实不早于意大利),国家比较繁荣;很早时期就突出表现出来的骑士等级与不尚武的下层民众之间的差

[①] Joinville, c. CIX.

[②] Rangerius, *Vita Anselmi* in *M. G. H.*, *Scriptores*, XXX, 2, p. 1252, v. 1451.

别；尽管局部战争很多，却没有堪与神圣罗马帝国内部冲突相比拟的内部冲突——这些冲突是由皇帝与教皇之间的巨大争执产生的。但是，讲完这些原因之后，我们也许应该反躬自问，对某种事物，即一种文明的精神风尚及其所具有的吸引力——以我们目前的知识状况，这似乎是我们的识辨力所不能企及的——试图做出解释，是否是徒费心力。

"我们还将在夫人们的卧室里谈论这一天"，曼苏拉战役中苏瓦松伯爵这样说。[①] 这句话是一个社会独有的特征，这个社会已经呈现出复杂的世态以及与之相随的妇女的影响力。类似的话在歌颂武功的史诗（*chansons de geste*）中是不可能看到的，但早在12世纪，从优雅的浪漫传奇中的许多主人公的口中可以听到。贵族妇女从来不曾把自己幽闭于闺房中。她调遣着身边的仆从，对家人指手画脚，而且她还可能管理着采邑——可能还是以高压政策进行统治。但是，举办沙龙的风度优雅的杰出女性出现，则是在12世纪。这标志着一个深刻的变化。我们可以考虑一下旧的史诗作者笔下的男主人公的情形，他们在与妇女甚至女王的交往中通常表现出异常粗暴的态度——不惜做出最粗鄙的侮辱行为，妇女则予以还击。人们可以听到听众的哄笑，优雅的听众对这种粗俗的幽默还没有失去兴趣，但就如同韵文故事（*fabliaux*）一样，只是以农民或商人为对象。优雅行为从本质上是一种等级性的事情。名媛贵妇的闺房，特别是宫廷成为骑士寻强竞胜的场所，在这里他不仅以闻名遐迩的赫赫武功使对手相形见绌，而且以优雅举

---

① Joinville, c. XLIX.

第二十二章 贵族的生活

止和文学才赋使对手黯然失色。

我们已经看到,贵族并非完全目不识丁,更不是不接受文学的影响,尽管这种影响来自听取别人说唱,而非来自阅读。不过,当骑士本身成为文人时,他们便向前迈出了重大的一步。有意义的是,迄至13世纪,他们所钟情的文学体裁几乎毫无例外的都是抒情诗。我们所知道的最早的抒情诗人——需加说明的是,他肯定不是第一个——是法国境内最强大的一位王公,此人即阿基坦的威廉九世(卒于1127年)。在随后的普罗旺斯诗人及稍后可与之匹敌的北方抒情诗人名单中,各等级的骑士都有充分展现——那些由大人物豢养的职业游吟诗人当然不记在内。这些短诗的一般特点是手法精巧——有时成为处心积虑的隐逸派,即著名的"谨严"文体(*trobar clus*)——极适合于在贵族聚会的场合加以吟诵。所以贵族能欣赏这些短诗并从中找到真正的乐趣,但这些诗过于精奥,难以为农奴所欣赏,这一事实自然加强了贵族们的优越感。因为这些诗是演唱出来并有乐器伴奏的,优美的音乐合着动人的诗句,会产生同样强大的影响力。威廉·马歇尔一向是一位坚强不屈的战士,在临终前他渴望吟唱,但不敢自己吟唱,直到女儿们允许他最后一次聆听一些"音律甜美"的歌谣(*rotrouenges*)[①]后,他才与女儿们诀别。在那宁静的夜晚,《尼布龙根之歌》中的勃艮第勇士们也是倾听着悠扬的提琴声溘然长眠的。

对于肉欲之乐,骑士等级的态度似乎很坦率、现实,这也是整个时代的态度。教会将禁欲主义的标准强加于它的成员,要求世

---

① [*rotrouenge* 是一种由游吟诗人创作的带有叠句的歌曲。]

俗之人将性交限制于婚姻关系内,以生育为目的。但教会并未有效地实践其自身的戒律,世俗教士尤其如此,甚至格利高里的改革也没有净化他们(除了主教)的生活。值得注意的是,我们经常听到虔诚的人们满怀敬意说,教区教士,甚至修道院院长,"据说"至死都保持着童贞。教士的事例说明,对大多数男人来说,禁欲的要求是何等令人厌恶:在信徒中宣扬禁欲肯定是不适宜的。如果我们排除那些有意安排的滑稽情节,如《查理曼的朝圣之旅》(*Pèlerinage de Charlemagne*)中的奥列弗对其生殖能力的夸耀,事实上史诗的格调是相当高洁的。这是因为史诗的作者们并没有对实际上与史诗特质无关的不良行为加以着力描述。即使在"优雅"时代的不太含蓄的叙事作品中,放荡行为一般被描绘成女人的过错,而不是男主人公的过错。然而,在各个地方都有一种笔触暗示出事实真相,例如,在古老的诗篇《吉拉特·德·鲁西永》中,我们发现一个附庸奉命款待一位使者,为他安排一位漂亮女子陪他过夜。毫无疑问,这种"艳"遇并非完全是向壁虚构的,根据浪漫传奇中的描述,那些城堡乐于提供这种艳事。[①]

历史提供的证据更加明晰无误。我们知道,贵族的婚姻常常是一宗平凡交易,贵族家族中私生子成群结队。乍看起来,"优雅行为"的出现似乎没有对这些品行产生很大影响。阿基坦地方的威廉在某些诗歌中,以军营风格对性乐趣大唱赞歌,在追随他的那些仿效者中也可以找到这种态度。威廉显然继承了某种传统,我

---

① *Girart de Roussillon*, translated P. Meyer, S. 257 and 299. 参见 *La Mort de Garin*, ed. E. du Méril, p.xl. 又见 *The Vulgate Version of the Arthurian Romances*, ed. Sommer, III, p. 383 中 *Lancelot* 里细致的色情描写。

第二十二章 贵族的生活

们对它的起源不知其详。不过在他身上另一种爱情观已经显现,此即"优雅"之爱,这种爱情自然是骑士制度道德规范最为奇特的成果之一。我们能想象出没有杜尔西妮娅的堂吉诃德吗?

可以将优雅爱情的典型特征加以简单概括。它与婚姻无关,更确切地说,它与合法婚姻状态是直接对立的,因为被爱的人通常是已婚女子,爱她的人永远不会成为她的丈夫。这种爱情常常给予社会等级较高的一位夫人,但在任何情况下,它总是强调男人对女人的崇拜之情。这种爱情表明它是一种不顾一切的激情,常遭挫折,易生妒火,历经磨难而弥坚;但它演化中的陈规旧套很早就具有某种仪式上的特征。它并非不喜欢是非判断。最后,正如游吟诗人杰弗里·鲁德尔在一首诗中所说,优雅爱情在理念上是一种"遥远的"爱情;这首诗被错误地加以解释,产生了著名的"远方公主"的传奇故事。这种爱情在原则上的确并不拒绝肉体交流,按照对此问题做过讨论的安德鲁教士的意见,如果必须放弃"最后的慰藉",它也不蔑视无伤大雅的肉体满足。爱情的缺乏或爱情上遇到的障碍,不但没有毁灭爱情,而是丰富了它的诗意的忧思。拥有这种爱情是永远的渴望,如果说这是极不可能的事,那么这种情感仍然是一种令人激动的情绪、令人心酸的欢乐。

这就是诗人为我们描绘的图画。由于我们只是通过文学才知道优雅爱情,所以,很难确定它在多大程度上是合乎上流社会口味的虚构。可以肯定的是,尽管在一定程度上倾向于将感情与肉欲分开,但它绝不会阻止肉体以更直接的方式寻求满足;因为我们知道,就大多数男人而言,情感的忠诚是多层面的。无论如何,我们可以确定,对恋爱关系的这种意识——今天我们能从中识辨出许多我们已经颇为熟悉的内容——最初是一个标新立异的观念。这种新观念不是借自古代的爱情艺术,甚至也不是借自希腊罗马文明探析男性友谊的总是相当晦涩的论著。情人的谦卑姿态尤为前所未有。我们已经看到,情人表达这种谦卑姿态往往借用附庸臣服礼中使用的词汇,而且这不仅仅是一个用词问题。将被爱的人视为领主,这一点符合完全为封建社会特有的一个方面的社会道德。

不管人们有时表达怎样的看法,这一习俗并非取决于宗教观念。[①] 如果我们撇开少数表面上的相似性——这种相似性充其量只是环境影响产生的结果——那么,事实上我们必须承认,这种习俗是与宗教观念直接对立的,尽管优雅爱情的追随者们没有清楚地意识到这种对立性。优雅爱情使男女之间的情爱成为主要的美德之一,并且理所当然是最高形式的欢娱。首先,即使在它放弃肉体欢娱时,它也使一种本质上源于性欲的感情冲动得到升华,以致将它变成生活的全部内容和最高目标。基督教承认性欲的合法性只是为了以婚姻来羁绊它(优雅爱情则极为鄙视婚姻),以人类的繁衍证明性欲的合理性(优雅爱情很少思考这一方面),最后,为的是将性欲限定在道德经验的次要层面上。我们不要指望从骑士抒情诗中找到当时基督教对性交行为所持态度的真实内容。这在虔诚的教会作品《圣格拉尔的质询》(*Quste du Saint-Graal*)的那段

---

① 关于优雅爱情以及表现这种爱情的抒情诗,有些学者还提出了阿拉伯影响问题。但迄今为止似乎未举出决定性的例证。参见 A. Jeanroy, *La poésie lyrique des troubadours*, 1934, II, p. 366;另外还有 G. Appel 在 *Zeitschrift für romanische Philologie*, LII, 1932, p. 770(关于 A. R. Nykl)的评论。

第二十二章 贵族的生活

文字中毫不妥协地表达出来。这段文字称,亚当和夏娃一起躺在树下生出"公正的亚伯"之前,要求上帝为他们降下沉沉的夜幕,以"方便"他们的丑行。

两种道德观念在处理这个问题上的差异,也许能给我们提供线索,去解决那些有关浪漫爱情的新创作所提出的社会地理学问题。如同抒情诗为我们保存了抒情诗的创作行为一样,浪漫爱情故事的创作早在11世纪末就在法国南部的宫廷圈内出现了。稍后在法国北部出现的只是这些创作活动的回应——仍以抒情诗的形式或通过传奇故事的媒介——随后变化为德国的爱情诗。

认为朗格多克地区的文明具有某种难以确定的优越性,试图以此来解释这个事实将是荒谬的。无论在艺术、思想,还是经济领域,这种说法都同样难以成立。提出这样的见解,意味着没有注意到法国的史诗、哥特艺术、卢瓦尔河和默兹河之间的各学派在哲学上所做的最初努力,以及香槟集市和佛兰德众多城市所起的作用。另一方面,教会在法国南部毫无疑问不如在北方诸省富庶、开化和活跃,尤其在封建社会第一阶段更是如此。这一地区既没有产生任何伟大的教会作品,也没有出现伟大的教会改革运动。只有这些宗教中心的这种相对弱势,可以说明本质上是国际性的各种异教,何以从普罗旺斯到图卢兹地区取得异乎寻常的成功;毫无疑问,这也是较高等级的世俗人士较少受到教士影响、相对自由地发展其世俗道德规范的原因。此外,优雅爱情的这些规则随后得到极其顺利传播这一事实表明,它们是多么好地适应了一个社会等级的新需求。它们有助于这个等级意识自身的存在。以与众不同的方式去恋爱,必然使人产生与众不同的感受。

一个骑士应该仔细预算他获得的战利品或赎金，并估算出回家后向农民征收的重"税"，这样做才能较少或不招惹指责。获利是正当的，但有一个条件，即应迅速而慷慨地把它花掉。"我可以向你们保证，"一个游吟诗人因抢劫受到人们谴责时说，"如果说我抢人财物，那也是为了给予别人，而不是为了囤积。"[1] 毫无疑问，这些游吟诗人是职业献媚者，他们会坚持赞美慷慨施赠（largesse）的美德，将其置于其他义务之上，赞颂"贵夫人、女王的光辉使所有美德熠熠生辉"。对此我们可以不用怀疑。同样毫无疑问的是，中小贵族甚或大贵族中，总有一些吝啬鬼或节俭之人，他们喜欢将稀有钱币或珠宝装入宝箱，而不愿将它们散施掉。诚然，贵族在挥霍得之容易、失之亦易的财富时，所想到的是证明自己比其他等级的人更优越，而对未来要么无太大信心，要么未雨绸缪。这种值得称颂的挥霍并非总是止于慷慨大方乃至奢华。一位编年史作家为我们记载了某一天利穆赞地方的一个"宫廷"发生的斗富竞赛。一位骑士在一块土地上耕种小银块；另一位骑士则以蜡烛代薪烧火做饭；第三位贵族"因夸下海口"，令人将其三十匹马活活烧死。[2] 这种以奢侈追逐荣耀的做法使我们想到某些原始习俗，对于这种做法商人作何感想？在这里，不同的荣耀观再次划出了社会群体之间的分界线。

这样，贵族这个社会等级以其拥有的权力、财富的性质和生活方式及其独特的道德伦理而被分离出来，12世纪中叶，它业已凝

---

[1] Albert de Malaspina, in C. Appel, *Provenzalische Chrestomathie*, 3rd ed., no. 90, v. 19 *et seq*.

[2] Geoffroi de Vigeois, I, 69 in Labbe, *Bibliotheca*, II, p. 322.

固成一个法定的世袭等级。从那时起,贵族(*gentilhomme*)——门第或血统高贵之人——一词似乎已经用来称述这个等级的成员,这个词的频繁使用表明人们越来越注重门第出身。随着"骑士授予礼"即骑士正式佩带武器仪式的广泛采用,贵族这个法定等级便明确地形成了。

第二十三章　骑士制度

1　骑士授封式

从 11 世纪下半叶,不久即大量出现的各种文献开始提到各地以"造就一名骑士"为目的而举行的一种仪式。仪式由几个行动组成:骑士候选人通常是一位小伙子,一名年纪稍长的骑士首先交给他象征未来身份的武器;他特别地佩带上佩剑。① 然后,几乎一成不变的是,主持人在年轻人的颈上或面颊上重击一掌——法语文献称之为掌击(*paumée*)或颈击(*colée*)。这是一种力量的考验呢?还是像中世纪稍晚时期的某些解释者所主张的那样,用这种办法加深记忆,以便——用拉蒙·鲁尔的话来说——这位年轻人在他此后的生活中铭记自己许下的"诺言"呢? 诗歌中的确常常显示,它所描写的主人公在这种粗暴的击打下坚强不屈,正如一位编年史家所说,只有对这一击打,一名骑士才必须接受而不是回击;②

---

① 见图 X。
② Raimon Lull, *Libro de la orden de Caballeria*, ed. J. R. de Luanco, Barcelona, R. Academia de Buenos Letras, 1901, IV, 11. 英译: *The Book of the Ordre of Chivalry trans. and printed by W. Caxton*, ed. Byles, 1926 (Early English Text Society).

第二十三章 骑士制度

另一方面,我们看到,打一记耳光也是当时法定习惯所许可的最司空见惯的方法之一,是确保回忆起一些法律行动的方法之一,尽管真正记住这一切的是见证人,而非当事者本人。但是,这个"击打"("dubbing",这个词来自古日耳曼语动词,意为"击打")姿势似乎从一开始就被赋予了一种非常不同而又极少纯理性性质的意义,这种姿势原来被认为是造就一位骑士所必需的,所以这个名词逐渐被习惯性地用来描述整个授封式。发出击打动作的手与接受击打的身体之间由此建立的接触行为,传达了一种动力,其情形完全类同于被委任为祭司的教士由主教施与的击打一样。授封式常常以一场体育演练宣告结束。新授封的骑士飞身上马,冲向标杆上擎着的一副盔甲,以长枪将它刺穿或击倒,这就是人像靶刺练(*quintaine*)。

就起源和性质而言,骑士授封式显然与那些入会式有关,对于这些仪式,古代世界各社会以及原始社会各自提供了很多例证:这些习惯虽形式不同,但都有一个共同的目标,即接纳这个年轻人为这个群体的正式成员,而此前这位年轻人由于他的青春年少一直被拒之于这个群体之外。在日耳曼人中,这种习惯反映出来的是一个好战的社会。这些习惯虽对其他一些特点——例如,人们后来有时发现,断发行为在英国与授封式联系起来了——没有偏见,但其本质要素却是武器授受式。塔西佗对这种仪式做过记载,许多文献证明这种仪式在日耳曼人入侵时期仍然存在。毫无疑问,日耳曼人的武器授受式与骑士的武器授受式之间存在着连续性。但随着环境的变迁,这种行为的社会意义也发生了变化。

在日耳曼人中,所有自由人都是战士。所以,在这种习惯仍是民众传统的一个重要部分的任何地方(我们不知道是否普遍存在),所有人都有权凭武器加入战士行列。另一方面,我们知道,封建社会的特点之一就是形成了主要由军事附庸及其首领组成的职业作战人员群体。古代的这种仪式自然限于这个军事等级举行,结果是这种仪式几乎丧失了任何固定的社会基础。它曾是接纳一个人为公民成员的仪式。但古代意义上的公民,即自由人小团体(civitas)已不复存在,于是这种仪式开始用作接纳一个人为一个社会等级成员的仪式,尽管这一等级尚没有清晰的轮廓。在某些地区这一习惯完全消失了,如盎格鲁-撒克逊人的情形似乎就是这样。但在法兰克人习俗盛行的国家,这种习惯仍然存续下来,尽管它在很长时期内没有普遍使用,或者说不是必须举行的仪式。

后来,由于骑士团体越来越清楚地意识到是什么东西使它与那些不好战的民众分离开来,并使之高居于他们之上,他们便产生了一种更迫切的意识,要以正式行为标明一个人已加入这个特定的团体,不管这个新成员是正在被成人社会接纳的"贵族"出身的年轻人,还是一些幸运的暴发户(这种情况较少)。这些暴发户通过新近获得的权力,或只是靠自身的力量或武艺,取得与古老门第出身的人们平起平坐的地位。在诺曼底,早在 11 世纪末,假若人们提到一个著名附庸的儿子时说"他不是一个骑士",就意味着他仍然是一个孩子或一个少年。[①]

毫无疑问,人们如此热衷于以有形的姿势赋予每种契约和法律地位的变化以象征意义,是符合中世纪社会特有的发展趋势

---

① Haskins, *Norman Institutions*, 1918, p. 282, c. 5.

的——常见的多姿多彩的手工业行会入会式可以为证。不过,这样象征化出来的地位的变化必需名副其实地清晰加以承认,所以,授封式的普遍采用真正反映了骑士观念的深刻变化,原因就在这里。

在封建社会第一阶段,骑士(chevalier)一词的含义主要是指一种既由实际情况又由法定关系所决定的身份,其标准纯粹是个人性质的。一个人被称作骑士,是因为他全副武装地骑马(à cheval)作战。当他以全副武装的方式为某人效劳,以此为条件持有这个人的采邑时,他被称为这个人的骑士。不过,这样一个时候已经到来:无论是采邑占有还是一定的生活方式标准——必然是一种有些模糊的标准——都不足以赢得骑士称号,这时就需要一种授封式了。这一转变在12世纪中叶完成。1100年以前的习惯用语的转变也有助于我们领会这一转变的意义。一个骑士不仅仅是"造就出来的",而且还是"任命的"。例如,1098年蓬蒂欧伯爵准备向未来的路易六世授武器时就是这样说的。① 全体受封骑士组成一个"等级"(ordo)。这是些学术词语、教会用语,但我们发现它们最初出自俗人之口。人们绝没有以这些词语——至少在最初使用这些词语时——表示同化于神圣等级的意义。在基督教作家从古罗马语言中借用的词汇中,ordo 是社会的一个部分,既是教会的也是世俗的。但是,它是一个正规的、界定明确的、符合神意的部分,是一种真实的制度,而不仅仅是一个简单的事实。

然而,在一个习惯于生活在超自然征象下的社会中,这种起初

---

① *Rec. des Histor. de France*, XV, p. 187.

完全世俗性质的武器授受式,必定会获得一种神圣性,两种非常古老的习惯为教会的干预打开了方便之门。

首先是对佩剑的祈福式。这种习惯原来与授封式并没有特殊联系。在那个时代,人们所使用的一切事物都需要保护,以防坠入魔鬼所设的陷阱。农民为五谷丰登、六畜兴旺和井泉而祈福;新郎为婚床而祈祷;朝圣者为手杖而祈求;战士自然为他的职业性工具而祈福。"以神圣的武器担保"所立的誓言已见于古老的伦巴第法。[①] 但是,年轻武士们初次佩带的武器大部分似乎需要这种神圣化过程。这个过程的本质部分是接触式。未来的骑士将剑暂时放在祭坛上,与这一举止相伴或紧随其后的是祈祷,尽管这些都是由祈福式的一般形式引发出来,但它们早已具有一种特别适合于授封式的形式。950年之后不久,这种形式的祈祷词便见于美因兹的圣阿尔班修道院编纂的一本主教仪典书中。这部仪典书的主体部分无疑是以借用的更古老的材料为基础。它很快就应用于法国北部、英国以及整个德国,甚至罗马本身。在罗马它受到奥托式宫廷的影响,被强力推行。它将"新授"佩剑的祈福式广泛传播开来。然而,应该明白,这种神圣化的仪式最初只是授封礼的序曲。随后授封式以其特有的形式继续进行。

不过,教会在这里又能够发挥作用了。本来为青年人授予武器的任务通常只是由已经具备骑士身份的人——如他的父亲或他的领主——来执行就可以了;但也可以委托给一名高级教士来完

[①] *Ed. Rothari*, c. 359. 迄今为止,对于骑士授封式的研究尚不充分。在书目中可以见到关于我所参考的著作和文集的说明,这种初步的分类尝试虽然是基本的,但只有在我的斯特拉斯堡的同事 Abbé Michel Andrieu 的热心帮助下才得以进行。

第二十三章 骑士制度

成。早在846年,教皇塞尔吉乌斯就曾为加洛林王朝的路易二世佩带剑饰带。后来征服者威廉同样曾让坎特伯雷大主教授封他的一个儿子为骑士。毫无疑问,教士本身受到的礼敬不如大主教——拥有众多附庸的首领。然而,宗教仪式没有教皇或主教是不行的。这样,宗教仪式才得以渗透到整个骑士授封礼之中。

这一过程完成于11世纪。诚然,这一时期编成的贝桑松地方的主教仪典书中只有两种佩剑祈福式,而且都很简单。但从第二种形式中非常清楚地显现出来的情况是,主持仪式的主教被认为可以自己完成授予武器的仪式。但是,要找到一种真正宗教性质的骑士授封式,我们必须把目光投向更北方,投向塞纳河与默兹河之间的地区,那里是地道的封建制度的真正发源地。我们在这里找到的最早证据,是兰斯省的一本主教仪典书,该仪典书于11世纪初由一名教士编成,这位教士虽以美因兹的仪典汇编为蓝本,但大量吸收了地方习惯。佩剑祈福式重复了莱茵河地区的原始形式,此外仪式还包括对其他武器或徽章即标帜、长枪、盾牌的类似祈祷,惟一的例外是踢马刺,踢马刺的授予一直都是留由俗人完成的。这一仪式之后接下来的是对未来骑士本人的祝福,仪典书最后明确提到将由主教为之佩剑。时隔近两个世纪之后,这种仪式以其完全成熟的形式再次出现在法国,出现在芒德主教威廉·迪朗于1295年前后编成的仪典书中,尽管它的主要内容显然可以追溯到圣路易统治时期。在这里,高级教士的神圣作用被提到无以复加的程度。他此时不仅授予骑士佩剑,而且还要行掌击礼,用文献中的话来说,他给未来的骑士"打上""骑士品性"的"印记"。14世纪,由于这一仪式为罗马仪典书采用,因此它注定将成为基督教世界的正式仪式。至于附属性的习惯，如仿照新入教的基督徒进行涤罪沐浴以及为武器守夜，这些礼仪在12世纪以前似乎还没见引入，或者只是一些例外情况。而且守夜并不始终都是虔诚的沉思。如果我们相信博马努瓦尔的一首诗，那么人们知道守夜是伴随着提琴的乐声度过的。[①]

然而，只要境况常常会使这种宗教象征性不能实现，设想它的任何部分永远为骑士的造就过程所必不可少，就将是错误的。骑士的授封一直可以在战前或战后的战场上进行；例如，在马里纳诺战役之后，按照中世纪晚期的做法，贝亚德以剑向国王授予骑士称号(colée)。1213年，西门·德·蒙福尔为他的儿子安排了一场骑士授封式，其宏大的宗教场面，犹如授给一位十字军英雄，其中两名主教在《造物主的光临》(Veni Creator)的旋律中，授予其子武器，使之成为献身于基督的骑士。参加仪式的修士沃克斯·德·塞尔奈的皮埃尔对这一仪式发出一句独特的慨叹："噢，新型的骑士！前所未有的新型骑士！"据索尔兹伯里的约翰证实，[②]不太浮华的佩剑祈福式在12世纪中叶以前尚不普遍。但在他那个时代，这种仪式似乎已被广泛采纳。简言之，教会已经试图将这一古老的武器交接仪式转变为一项"圣礼"。在神学尚未具有经院哲学的僵固性、人们仍可以随心所欲地将每一种献祭仪式称为"圣礼"时，教士著作中的这个词并不触犯他人。在这方面，教会的作为并没有完全取得成功，但为教会自身赢得了一席之地，在有的地方争得

---

① *Jehan et Blonde*, ed. H. Suchier (*Oeuvres poétiques de Ph. de Rémi*, II, v. 5916 *et seq.*).

② *Polycraticus*, VI, 10(ed. Webb, II, p.25).

的地盘大一点，有的地方则比较有限。由于教会强调授职仪式的重要性，它的这种努力激发了一种情感，即认为骑士等级是一个新入教的社会群体。因为每个基督教机构都需要传奇性历法的承认，所以，圣徒传记便出来帮忙了。一位礼拜仪式研究者说："做弥撒宣读圣保罗的书信时，骑士都站着，向他表示敬意，因为他是一名骑士。"①

2 骑士法规

宗教因素一旦引入，其作用就不仅限于加强骑士社会的团体精神（esprit de corps），它还对这一群体的道德法规产生有力的影响。未来的骑士从祭坛上取回佩剑之前，通常得按要求在誓言中明确说明其承担的义务。② 不是所有的授封骑士都要宣誓，因为并非所有人都为武器举行过祈福礼。但是，许多教会作家和索尔兹伯里的约翰一样，都认为通过一种准契约，即使那些没有亲自宣誓的骑士，由于接受骑士身份这一事实而"默然"接受誓言的约束。由此形成的规则逐渐写进其他文献：首先是进入不时插入仪式过程的通常辞藻华美的祈祷词；后来，以不可避免的变化形式进入以通俗语言写成的各种作品。其中之一是 1180 年之后不久克雷蒂安·德·特鲁瓦创作的《帕尔齐法尔》（Perceval）*中的一个著名

---

① Guillaume Durand, *Rationale*, IV, 16.
② Peter of Blois, ep. XCIV.
* 帕尔齐法尔（Perceval）是英国亚瑟王传奇中亚瑟王的一名骑士，最后找到"圣杯"。——译者

片段。在接下来的一个世纪里,这些规则在许多作品中都得到表述,如浪漫散文《朗斯洛》(Lancelot)片段、德国的爱情诗和"迈斯纳"(Meissner)的一个残篇,最后也最重要的是题为《骑士的勋位》(L'Ordene de Chevalerie)的法国说教性质的短诗。《骑士的勋位》这部小作品获得巨大的成功。不久,一组意大利十四行诗对它进行释译,在加泰罗尼亚则为拉蒙·鲁尔所仿效,它打开了通向大量文学作品的道路,这些作品在中世纪最后的数世纪中将骑士授封式的象征意义榨光,以其最后的奢华宣告了这种礼仪性质多于法律性质的制度的衰落,宣告了人们给予高度评价的这种理想走上了穷途末路。

起初,这种理想并不缺乏真正的活力。它附加在一些行为规则上,这些行为规则在较早的时期发展起来,体现了一种自发的等级意识;这是与附庸效忠关系有关的规则〔这种演变清楚地出现在11世纪末苏特里主教博尼佐的《基督徒生活手册》(Book of the Christian Life)中,对博尼佐来说,骑士首先是一个被授予了采邑的附庸〕,尤其是高贵且"优雅"之人的等级规则。从这些世俗的道德训诫中,这种新戒律借用了宗教思想最能接受的各原则:慷慨,重荣誉或"荣耀"(los),不怕疲劳、痛苦和死亡。德国诗人托马辛说,"他无意从事骑士这一职业,惟一的愿望是无忧无虑地生活"。[1] 但这一更张过程是通过为这些规则涂上基督教色彩,特别是清除骑士传统中的世俗因素而实现的,这些世俗因素在骑士传统中曾经占据并且在实际上将继续占据如此大的位置,以至于使

---

[1] *Der Wälsche Gast*, ed. Rückert, vv. 7791-7792.

第二十三章 骑士制度

许多德律严谨之人——从圣安塞尔姆到圣伯纳德之间的德律严谨之人——学会说的毫无价值的东西,就是充满着教士对俗世轻蔑态度的旧式文字游戏:"骑士就是邪恶"(*non militia, sed malitia*)①。但是,教会最终据有了这些封建品德之后,哪个作家还敢重复这一等式呢? 旧的训诫经历了这一精炼过程之后,其他一些独具精神特点的训诫最终加入进去。

因此,教士和世俗人士联合起来,要求骑士虔诚,腓力·奥古斯都认为,如果没有虔诚他就不是一个高洁之人。他必须"每天"、至少"经常"去做弥撒,星期五必须要斋戒。不过,这位基督教英雄本质上仍是一名武士。他最渴望从武器祈福式中得到的,是祈福式能使这些武器更具战斗力,这一点由祈祷词中的话语清楚地表达出来。但是,神圣化了的佩剑虽在实际上仍可在紧急时刻用来对付私敌或领主的敌人,但授剑给骑士,首先是由于骑士可以用它从事正义事业。10世纪末,古老的祈福式已经在强调这一主题,在后来的仪式中这一主题得到详细的发挥。这样,为了战争而战争或为了获得财富而进行战争的旧战争观,得到一次至关重要的修正。授封骑士应该仗剑捍卫神圣的教会,特别是反对异教徒。他应该保护寡妇、孤儿和穷人,追击恶徒。除了这些一般性的训诫,世俗文献经常加上一些有关战时行为的更特殊的建议(不屠杀战败者和毫无抵抗能力的敌手),以及有关法庭和公共生活的习惯(不参与错误的审判或叛逆行动——《骑士的勋位》谨慎地加上了

---

① Anselm, *Ep.*, I (*P. L.*, CLVIII, col. 1147); St. Bernard, *De' laude novae militiae*, 77, c. 2.

一句:如果不能阻止这些活动,骑士必须撤出),最后是有关日常事件的建议(不向女士谋划不良之策;在同伴陷入危难之时,给予"力所能及"的帮助)。

毫不奇怪,骑士生活中经常出现欺骗和暴力行为,其现实状况总是与这些愿望相去甚远。人们也许注意到,无论从"社会"赋予的道德规范出发,还是从较纯粹的基督教法规来看,这样的一些道德训诫似乎稍显不足。但是,这样做是在进行评判,而历史学家的惟一任务是理解。注意到这一点是非常重要的,即:这些骑士行为品德从教会理论家或仪式家传到世俗的大众推广者手中时,似乎常常表现出一种相当令人不安的衰减。克雷蒂安·德·特鲁瓦以其特有的总括一切的方式说,"上帝制造并决意制造的最高等级是骑士等级"。但是必须承认,在这一夸张性的开场白之后,他所记载的这位高洁之人给那位正在接受骑士称号的年轻人的教导,却显得内容贫乏,令人无所适从。很有可能,克雷蒂安所描述的是12世纪几个伟大君主宫廷中的"优雅"之风,而不是这位受宗教情感激发的高洁之人,这种宗教情感在下一个世纪路易九世的交际圈中颇为风行。毫无疑问,这位骑士般的圣徒所生活的那个时代和那个环境,促生了这种高贵的祈祷文〔收录在威廉·迪朗的《主教仪典书》(*Pontifical*)中〕,这并非偶然之事。这种祈祷文可以视为沙特尔门廊的石头上和兰斯门面的内墙上所镌刻的有关骑士的某种仪式的注释辞:"至圣的主,万能的父啊……你允许人世间用剑镇压邪恶者的罪恶,维护正义;为了保护你的子民,你认为应该建立骑士等级……召唤你的仆人到你的面前,使其心向善,永不以剑或他物行不义之事,伤及任何人,而让他永远用剑捍卫公平和

第二十三章 骑士制度

正义。"

于是,教会赋予这个等级以理想的使命,最终正式承认了武士这一"等级"的存在,这个等级被认为是一个井然有序的社会的必要部分,日渐等同于全体授封骑士。"噢,上帝啊,自人类堕落以后,你在世界万物中创造了人类的三个等级",这是我们在贝桑松地方的礼拜式的一段祈祷文中读到的词句。同时教会为骑士等级的社会优越性提供了宗教上的合理证据,这种社会优越性在很长时期内已是公认的事实。极为正统的《骑士的勋位》说,除了教士之外,骑士应该荣居于其他所有人之上。《朗斯洛》传奇故事在说明了骑士如何受命"保护弱者与和平之人"后,按照所有此类文学作品所常见的对于象征物的强调手法,更加露骨地说,在骑士所骑的马匹中会发现他们"合法统治下的"一种"人"的奇特象征物。"因为高居这些人之上的一定是骑士。正像一个人控制一匹马,将马驱向他要去的地方一样,骑士一定是随意驱使民众。"后来,拉蒙·鲁尔说,骑士理应"坐享其成",从他的仆从那里取得他们"千辛万苦"得来的财富,这合乎人间正道,他认为这样说并没有冒犯基督徒的感情。[①] 这种说法集中体现了一个统治等级的态度:这一态度非常有利于严格意义上的贵族等级的发展。

---

① *Libro de la orden de Caballeria*,I,9. 整段文字殊有情趣。

第二十四章
贵族向合法等级的转变

1 骑士身份和贵族地位的继承性

1119年前后,为保护圣地的居民团体,圣殿骑士团成立。它由两类战斗人员组成,彼此以服饰、武装和等级加以区分。地位较高的一类是"骑士",较低的一类是普通的"军士":白色斗篷和褐色斗篷形成对照。毫无疑问,这种差别从起初就反映着应募者的不同社会来源。但是,1130年起草的最早的《骑士团规则》(*Rule*)中,对这个问题没有明确的规定。所谓的一致意见显然决定着一个人应归属于两个级别中的哪一个。相形之下,一个多世纪后(约1250年)的第二个《骑士团规则》却显示出条文毫不妥协的严格性。首先,候选人要获得穿戴白色斗篷的资格,必须在加入骑士团之前就已受封为骑士。但是,即使做到这一点也还不够。他还必须是"一个骑士的儿子,或从其父系来说是骑士的后代";换句话说,正如另一段文字所述,他必须是一个"贵族"(*gentilhomme*)。正如这个《骑士团规则》所规定的那样,只有在这个条件上,一个人才"必须而且能够"接受骑士称号。这并不是骑士规则的全部内容。如果一个新来者宁愿隐瞒他的骑士等级身份,溜到军士中,情

第二十四章 贵族向合法等级的转变

形又当如何？一旦真相大白,他将身罹桎梏。[1] 即使在13世纪中叶从军的修士看来,等级自豪感也比基督徒的谦卑更为重要,任何自动放弃等级地位的行为都被这种等级自豪感视为犯罪。因此,从1130到1250年前后出现了一个重大变化：成为一个骑士的权利已经转变成为一种世袭特权。

在立法传统从未消失或一度中辍但又得以复兴的国家,这一新法律是由各种敕令加以规定的。1152年,红胡子腓特烈颁布一道和平法令,一方面严禁"农民"携带长矛和佩剑——骑士的武器,另一方面承认只有那些祖先为骑士的人才是"合法骑士"。1187年颁布的另一法令明确禁止农民的儿子获得骑士称号。早在1140年,西西里的罗杰二世颁布法令规定,只有骑士的后代才可以成为骑士；1234年,他的这一做法被阿拉贡国王詹姆斯一世所仿效；1294年,普罗旺斯伯爵查理二世又步其后尘。此时的法国几乎还没有成文法。但是,圣路易统治时期王室法庭的判决在这一方面是相当清楚的,风俗志也是如此。除了得到国王的特许,父亲或祖父不是骑士的人便不能合法地得到骑士称号(也许在这一时期,但无论如何也不会太晚于这一时期,至少香槟的一个地区的地方习惯法同意,可以通过母系传递这种"贵族身份")。在一篇论卡斯蒂尔法的重要论著《七部律》(*Siete Partidas*)中,有一段文字

---

[1] 关于这一古老的法规,见 G. Schnürer, *Die ursprüngliche Templerregel*, 1903。关于这一法规的法文文本,见 H. de Curzon, *La règle du Temple* (Soc. de l'hist. de France), c. 431; 445; 446; 448。有关圣医院骑士团(Hospitallers)中相似的法规条款,见关于1262年9月19日的概述性的一章：Delaville Le Roulx, *Cartulaire général*, III, p. 47, c.19。

似乎也基于同样的概念,尽管这一点显然不太清晰。《七部律》是根据国王智者阿方索的命令于 1260 年前后编成的。一个显著的事实是,这些形形色色的文献几乎出于同一时代,不仅它们相互间完全一致,而且与圣殿骑士团这一国际组织的规则也完全一致。至少在欧洲大陆——如我们所见,英国的情形有所不同——各上层等级的演变基本上遵循着统一模式。①

的确,国王和法庭明确实施世袭规则时,他们都没有意识到他们正在做某件新的事情,因为,任何时候绝大多数获得骑士称号的人都是骑士的后裔。由这个日益排外的组织看来,惟有高贵的出身——拉蒙·鲁尔称之为"古老荣誉得以延续的保证"——才能使一个人遵守这种行为准则,这种行为准则是他在武器授受式上承诺的。"噢,上帝!这位杰出武士遭到的报应是多么糟糕!他将一个农奴的儿子封为骑士!"这就是 1160 年前后创作的《吉拉特·德·鲁西永》的作者的惊叹;②但这说明了一个事实,这些闯入骑士阶层的人绝不是少数。没有任何法律和习惯能够完全排除他们。而且,他们的不时出现差不多也是招募军队的需要;因为同样的等级偏见产生了一种强烈的信念,认为只有骑士才有权全副武

---

① *M.G.H.*, *Constitutiones*, I, p. 197, c. 10; p. 451, c. 20; H. Niese, *Die Gesetzgebung der norm. Dynastie*, p. 67; P. de Marca, *Marca Hisp.*, col. 1430, c. 12; Papon, *Histoire Genérale de Provence*, III, p. 423; *Siete Partidas*, Part II., XXI, I, 2. 关于葡萄牙的情况,参见 E. Prestage, *Chivalry*, p. 143。关于法国,参考书很多,此处难以罗列;参见 Petit-Dutaillis, *L'Essor des États d'Occident*, p. 22 et seq.

② Raimon Lull, *Libro de la orden de Caballeria*, ed. I, R. de Luanco, III, 8; *Girart de Roussillon*, trans. P. Meyer, p. 28(cf. ed. Foerster, *Roman. Studien*, vol. V, v. 940 *et seq.*).

装地骑马作战。1302年,在库特赖战役前夕,佛来芒的王公们因急需骑兵,将一批富裕的城市市民封为骑士,因为这些市民富有,能够提供他们必备的马匹和武器。① 因此,很长时期中习惯上的一种世袭性职业,转变为一种小心翼翼提防他人涉足的法定的特权,这一过程虽历经挫折,却具有极其重要的意义,尽管当时人们并没有清楚地意识到这一变化。当时骑士等级范围以外正在发生的深刻社会变化,自然对这些严厉措施的形成起到极大的推动作用。

12世纪产生了一股新的社会力量——城市贵族等级(urban patriciate)。这些富有商人经常获得庄园,他们中的许多人渴望为自己或他们的儿子取得"骑士饰带"。迄至当时富裕的士兵和庄园官员已成为非贵族骑士候选人的大多数。世袭武士在这些富有的商人身上不能不认识到与他们自己的心态和生活方式更为隔膜的因素,这种隔膜感远甚于对富裕士兵和庄园官员的隔膜感,而城市贵族的人数也是令人不安的因素。通过弗赖辛的奥托主教,我们得知德国贵族对骑士资格的看法,他们认为,在意大利北部骑士称号过于随便地授给了"从事商业和手工业的人"。法国的博马努瓦尔也清楚地说明,新的社会等级渴望将资本投入到土地上,其造成的压力迫使各位国王采取必要的防范措施,阻止采邑买卖造就出与骑士的后代平起平坐的暴发户(nonveau riche)。当一个等级感到自身受到威胁时往往就会关闭其等级的大门。

但是,如果设想理论上存在难以逾越的障碍,那也是错误的。

---

① P. Thomas, *Textes historiques sur Lille*, II, 1936, p. 237.

由强大的个人组成的一个等级如果不是被迫将新生力量——这种新生力量的出现是不可避免的,是生活的法则——排斥于自己的等级之外,由此宣告自己的这个社会团体走向永久的衰弱,它自己便不可能完全转变成一个世袭的等级。所以,封建时期法律观念演进的倾向不是对接纳新成员加以严厉的禁止,而是将新成员置于严格控制之下。从前,每一个骑士都可以授予他人以骑士称号。13世纪末,博马努瓦尔描述的三个足智多谋之人仍持有这样的观点。这三个人本身都是骑士,他们需要一个傀儡人物,属于同一等级的第四个人。根据风俗,要达成一份特殊的合法交易,需要这个人物在场。于是,他们在路上拉住一个农民,授予他骑士称号,说:"你就做一名骑士吧!"但是当时这种行为已属违法,对于这种不合时宜的行为要处以沉重的罚款以示正义的惩罚。因为,除非想成为骑士的人已是骑士门第出身,一个骑士等级的成员已无权将骑士称号授予其他人。如果他确实不是出身骑士门第,他也可以被授予骑士称号,但这只有获得独一无二的权威的特许才行,这惟一的权威有权行使异常权力:这就是国王。正像博马努瓦尔所说,国王才是"新生事物"的惟一授予者。

我们已经看到,这就是早在圣路易统治时期法国王室法官们的判决。不久,在卡佩王朝的宫廷中兴起一种做法,即以"大法官证书"的形式承认这些权力,这些大法官证书从一开始就被称为"贵族证书"——因为有资格接受骑士称号就可以成功地被吸收到世袭"贵族"行列。我们掌握的这类文献的首批事例可以追溯到腓力三世或腓力四世统治时期,这种证书前景广阔。按照古老的传统,国王偶尔也运用特权授予骑士称号,对战场上的英勇行为表示嘉奖,如美男子腓力就是在蒙斯-恩佩文利(Mons-en-Pevèle)战役后,向一名屠夫授予了骑士称号。[1] 不过,最常见的情况是,授予骑士称号是酬报一个人长期的效劳或在一个社会位置上的杰出表现。"贵族证书"不仅仅意味着造就了一个新骑士:因为所接受的骑士称号可以代代相传,它实际上每次还都造就一个全新的骑士家族。

西西里的立法和实践正是建立在上述同样原则之上;西班牙也是如此。在神圣罗马帝国,尽管红胡子的法令实际上并没有在这方面提供原则基础,但我们知道,这位皇帝认为他有权授予普通士兵骑士称号;[2]由此表明,他并不认为他自己要遵守他个人制定的表面上的绝对禁令。另外,在接下来长达半个多世纪的德国和西西里共受一王统治的年代中,西西里的榜样对诸君主产生了影响。我们发现,从康拉德四世开始(他从 1250 年开始其独立统治),德国君主通过颁发证书,允许那些依其出身门第无权接受骑士称号的人接受"骑士饰带"。

当然,这些君主并非是在毫无困难的情况下成功地建立起这种垄断权的。西西里的罗杰二世赞同为拉·卡瓦修道院院长授予骑士称号时,就曾遭遇异议。在法国,博凯尔司法总管辖区(sénéchaussée)的贵族和高级教士们在 1298 年仍然声称有权不受限制地在市民中间授封骑士——取得多少成功,我们不得而知。[3] 它所遇到的抗拒力,尤其是来自大封建领主方面的抗拒力

---

[1] *Rec. des Hist. de France*, XXII, p. 18.

[2] Otto of Freising, *Gesta*, II, 23.

[3] *Hist. de Languedoc*, 2nd cd., VIII, col. 1747.

是很大的。腓力三世统治时期，国王法庭不得不控告佛兰德伯爵和讷韦尔公爵，因为他们非法授予"农奴"骑士称号（"农奴"实际上是富有之人）。后来，在瓦洛亚王朝的混乱时期，王室的强大王公轻易地霸占了这种特权。在神圣罗马帝国，以这种方式授封新人物以骑士身份的权利自然是极为广泛地行使：斯特拉斯堡主教这样的地方诸侯从1281年就行使这种权利。① 在意大利，像佛罗伦萨这样的城市公社也偶尔行使这种权利，佛罗伦萨早在1260年就已拥有这种权利。但这只意味着对王权的瓜分：只有国王有权清除障碍的原则保留下来。更严重的是那些违法营私者，这些人利用现实状况非法挤入骑士等级。因为贵族在很大程度上仍是一个以其拥有的权力和生活方式而与众不同的社会等级，所以，虽有法律上的规定，但公众舆论不会拒绝给予军事采邑拥有者、庄园主和老资格的武士以贵族称号以及接受骑士称号的权利，而不管其出身如何。因为，在大多数情况下，这种资格是经过几代人的长期使用后得来的，没有人想到对这种家族权利提出质疑；在这种情况下，政府通常的做法仅仅是对当事人征收一点金钱，承认这种权利的滥用行为。然而，真实情况是，在长期的、自发的发展过程中，从事实继承权向合法继承权的转变，只有通过王室或王公的权威的加强才有可能实现，只有王室或王公的权威才能对社会实行更严格的控制，才能使各等级间的过渡合法化，对不可避免的有益转变加以管理。如果说巴黎最高法院不存在或缺乏执行审判权的力量，那么法兰西

---

① *Annal. Colmar. in M.G.H. SS*, XVII, p. 208, I. 15；参见 p. 244, I. 31。

第二十四章 贵族向合法等级的转变

王国境内的任何小领主都会随心所欲地册封骑士。

在始终处于贫穷状态的政府手中,当时几乎没有一个机关不或多或少地变成一部赚钱机器。册封骑士的授权机构也不例外。就像大法官法庭发布的其他文件一样,王室特许状毫无例外也不是免费授予的。也有这样的情况,即人们付费以求获免提供出身证明。[①] 但美男子腓力似乎是第一位公开将骑士称号当作一种可以出售的商品的国王。1302 年库特赖战役失败后,特派员们穿梭于全国各省游说人们出钱购买贵族封号,同时向国王控制下的农奴出售自由权。不过,无论在欧洲还是在法国本土,这种做法似乎并非很普遍,获利也不大。后来国王们学会了一种办法,使 *savonette à vilains*——即"农民香皂"[*]——成为国王固定的收入来源之一,对于那些富有的纳税人,"农民香皂"提供了一种手段,通过一次付费,可以获免支付给贵族的税收。但是,直到 14 世纪中叶前后,贵族拥有的财政特权仍然像国家税收一样含糊不清;骑士社会中团体精神非常强大——王公们本身意识到自己属于骑士等级——它毫无疑问不允许各种特许权剧增,特许权的剧增被认为是对贵族门第的侮辱。

如果说通向门阀骑士圈的道路不是绝对关闭,那么其大门也只是稍微开启了一道缝隙。要进入这个圈子无疑比从前或后来变得更加困难。因此在 14 世纪,至少在法国,便爆发了反对贵族的

[①] A. de Barthélemy, 'De la qualification de chevalier', in *Revue nobiliaire*, 1868, p. 123, and 'Études sur les lettres d'anoblissement', in *Revue nobiliaire*, 1869, p. 205.

[*] 意即农民出钱买爵。——译者

暴力行动。对于一个等级的一致性和排外性，还有什么比它所遭受的猛烈攻击更明显的证据吗？"非贵族起来反抗贵族"——实际上是扎克起义(Jacquerie)时官方的说法，这种说法非常具有启发意义；同样具有启发意义的是战斗人员的名单。艾蒂安·马塞尔是一位富裕市民和巴黎城的头号地方官，他处心积虑地站在了贵族的对立面上。而在路易十一和路易十四统治时期，他本人会是贵族中的一员。确实，从1250年前后到1400年前后的这一时期，是欧洲大陆社会等级层次最僵固的时期。

2 骑士后代成为特权等级

然而，如果将骑士身份仅仅限于骑士地位已经获得承认的家族成员，或仅仅限于破格提拔的被接受者，那么，骑士就不足以组成一个真正的贵族等级。因为，这将意味着这些特权取决于一个可举行也可不举行的仪式，而按照贵族的概念，这些特权是与高贵的出身密不可分的。这绝不仅仅是一个声誉问题。骑士作为"任命的"武士以及在战争和议事方面承担最高责任的附庸，人们同意给予他们以显赫的地位，这种显赫的地位逐渐地体现在明确的法典中。从11世纪末到13世纪最初数年间，这同一些法律规则出现在整个封建欧洲。为享有这些好处，一个人首先必须能够充分履行其作为附庸的义务，《加泰罗尼亚习惯法》规定："他应该有武器和马匹，除非年老体衰不能行动，他应该参加军队活动和远征，出席集会和法庭。"同样他还必须获得授封，成为骑士。附庸役务普遍削弱的结果是，第一项义务逐渐地不再被坚持，以后的文献对

第二十四章 贵族向合法等级的转变

此不再提及。另一方面,第二项义务在很长时期内仍保持有效。迟至1238年,一个家族私法,即热沃当(Gévaudan)的拉加尔德-盖兰(La Garde-Guérin)城堡的共同继承人制定的规章规定,如果幼子获得骑士称号而长子没有获得的话,幼子将拥有优先继承权。假如——无论在何地——发生这种情况,即一个骑士的儿子在他接班时,没有获得骑士称号,仍然只是个"侍从"(贵族青年服侍其长辈时的传统称号),那么,一旦他错过注定不允许错过的年龄,此后他便会被人称作"乡下佬"。这个年龄在佛兰德为25岁,在加泰罗尼亚为30岁。①

但是,门第自豪感已变得过于强大,以致这些条件不可能永远保持下来。它们的消失是逐渐的。在1235年的普罗旺斯和大约同一时间的诺曼底,人们承认只有儿子有权享受其父所在等级的权益,而儿子本人则不必成为骑士;如果儿子又有儿子时,根据普罗旺斯文献记载的条件,其子要分享这些特权,则必须接受骑士封号。更有意义的是,德国国王授予奥彭海姆地方的男人们一系列特许状:这同样的一些权利于1226年授予骑士们,从1269年开始则授予"骑士和骑士之子",1275年则授予"骑士及其儿子和孙子"。② 人们有时肯定已厌倦计点辈分。无

---

① *Usatici Barcin.*, c. 9 and 8; C. Porrée, *Études historiques sur le Gévaudan*, 1919 (and *Bibl. Éc. Chartes*, 1907), p. 62, c. 1; Peace Charter of Hainault (1200), in *M. G. H.*, SS. XXI, p. 619.

② *Summa de legibus*, in Tardif, vol. II, XIV, 2; F. Benoit, *Recueil des actes des comtes de Provence*, II, no. 246, c; IX a, 275, c; va, 277; 278 (1235 – 1238). P. Guilhiermoz, *Essai sur les origines de la noblesse en France au moyen - âge*, 1902, p. 481.

论如何，正式接受武器仍被视为一种义务，贵族青年在一定程度上不想失去其社会地位，就不能逃避这一义务。但是，在巴塞罗那王室、普罗旺斯诸伯爵的家族中，由于崇信一种异乎寻常的迷信，认为传递武器便意味着走向死亡，因此，这一仪式被尽可能长时间地推迟。① 根据习俗，受封成为骑士涉及装备有效履行战场义务所必需的全副武装，所以法国的国王们，从腓力·奥古斯都到美男子腓力，都试图将这一仪式变成他们的骑士家族出身的臣民的义务。但是，在这一方面他们的努力收效甚微，以致王室政府无力从收取罚金或出售豁免权中获得丰厚的财政收益，最终只好命令这个等级在受到战争威胁时拿起武器，以此聊以自慰。

在13世纪最后的年岁里，这一变化过程在各地差不多都告完成。从此，造就贵族的不再是旧的仪式，它已变为一种外表文雅的礼节，因为仪式花费太大，所以已为大多数人所不理睬。获得骑士称号成为一种世袭的权利，不管这种权利是否得到真正的行使。博马努瓦尔写道，"骑士门第出身"的任何人，都被称为贵族。1284年之后不久，由法国诸王的大法官法庭最早授予非贵族出身者以骑士称号的这一特权，在完全不附加任何条件的情况下，使接受骑士称号者的全部后代的地位陡升，可以享受"贵族习惯于凭借其父母双方的血缘关系可以享受的各种特权、权利和豁免权"。②

---

① 'Annales Colonienses max.', in *M.G.H.*, SS. XVII, p. 845.
② A. de Barthélemy, 'De la qualification de chevalier', in *Revue nobiliaire*, 1869, p.198.

3 贵族的法律

这种私法体系(经过必要的修订,不仅适用于男子,而且适用于贵族出身的妇女)的内容在各地大不相同。此外,它只是缓慢发展,经过一段时间之后才出现重大变化。在这里我们只说明13世纪这些变化发生时其最普遍的特点。

从传统上看,附庸关系纽带是一种上层社会等级特有的依附形式。在这里,像在别处一样,一种既定事实被法定的垄断权所取代。从前,一个人被视为贵族是因为他是一个附庸。此后,由于条件顺序出现真正的倒置,从理论上讲,如果一个人不是因出身而跻身于贵族行列,他便不可能成为附庸,换言之,他便不可能持有一块军事采邑即"自由"采邑。13世纪中叶,这种情况几乎在各地普遍得到承认。然而,市民财富的增加,和经常为金钱困扰的旧家族对金钱需求的增加,不允许这一规则得到严格执行。实际上,这一规则不仅远没有得到忠实的遵守——这为许多对贵族地位的僭取行为开辟了道路——而且,即使在法律上也必须为豁免权制定条款。这些豁免权有时是普遍存在的,例如,母亲一方为贵族而父亲一方为非贵族的人可以享有豁免权;[①]更常见的情况是个别人享有豁免权。这后一种情况再一次增加了君主的收益,只有君主才能使社会秩序中这样的异例合法化,而且不会有免费施恩的习惯。因为在绝大多

[①] Beaumanoir, II, § 1434.

数情况下，采邑是一座庄园，所以管理普通人的政治权力由于这些习惯而倾向于与贵族等级相脱离。但是，如果采邑涉及次附庸（sub-vassal）的臣属关系怎么办呢？如果次附庸是贵族的话，那么非贵族的采邑购买者要求得到他们臣服的权利一般得不到承认；他不得不满足于在没有举行效忠仪式的情况下得到税收和劳役。人们甚至不愿意承认他本人作为附庸可以向自己的上级领主举行臣服礼。仪式减少到只进行效忠宣誓，无论如何，接吻礼是被省略的，因为接吻礼是过于平等的礼节。甚至在恳请服从或签订服从契约的方式上，有些形式也是禁止出身低微的人采用的。

军事附庸曾长期受到不同于一般规则的法律的制约。他们不与其他依附者在同一个法庭受审，他们的采邑也不能像其他财产那样继承。他们的家族地位本身带有其等级的烙印。贵族阶层从军事采邑的持有者中产生时，与从前行使某一功能有关的习惯法往往转变成为家族团体的习惯法。在这一点上，词语的变化是有启发意义的：从前人们曾说"封建监护权"（*bail féodal*，这一制度在前面章节中已做过界定），[1] 此后在法国人们开始说"贵族监护权"（*garde noble*）。对于一个从非常古老的惯例中衍化出其独特性的等级而言，贵族私法在许多方面仍保留着古代特征是非常自然的。

其他许多特点更为鲜明地显示出这一等级作为一个武装等级所具有的特征以及它的社会优越性。如果为了保持血统的纯

---

[1] 见前文，边码第 201—203 页。

第二十四章 贵族向合法等级的转变

正,显然任何手段都不如完全禁止与低等级的人通婚更有效。然而,只有在引进封建制度的塞浦路斯和德国的等级社会,才确实做到这一步。我们将看到,德国的特点是贵族等级内部存在高度发展的梯阶制度,在这个国家,只有较高级的贵族才受到这样的限制,出自从前庄园官吏的小骑士不受此限制。在其他地方,就婚姻而言,对古代自由人平等观念的记忆,如果说没有继续反映在实践中的话,那么也表现在法律中。在各个地方,某些大宗教团体过去一直拒斥奴隶出身的圣职申请者,它们也只是在这方面表现出贵族精神,然而,现在它们决定接纳他们,条件为他们是贵族等级的后代。[①] 同样,在各地——时间有早有晚——我们可以找到证据,贵族的人身安全受到特别保护,不受非贵族的侵害。贵族从属于特殊的刑法,罚金通常比一般人所受罚金更重;私人报复被认为与武器佩带密不可分,使用个人复仇权成为贵族的特权;禁止挥霍的法律使他们处于一个与众不同的地位。作为特权本源,对血统的重视表现在,印在骑士盾牌或镌刻在印玺上的古老的个人"识别"徽章变为纹章图案,这些纹章图案有时随采邑一起传下来,但更常见的是,在没有财产的情况下世代继承。对这些表示连续性的象征物的使用,最早见

---

① A. Schulte 的著作, *Der Adel und die deutsche Kirche im Mittelalter*, 2nd ed., Stuttgart, 和 Dom Ursmér Berlière 的著作, *Le recrutement dans les monastères bénédictins aux XIIIe et XIVe siècles* (*Mém. Acad. royale Belgique* in-8, 2e série, XVI-II), 提供了有关这一问题的大量资料,尽管缺乏确切的年代方面的和批判性的资料。不管 Schulte 怎样认为,引用的这些文献说明——考虑到 *nobiles*(贵族)和 *ignobiles*(贫贱者)在早期使用上的松散意义——严格意义上的贵族垄断权,在各地都是比较晚出的现象。对非自由人的接纳则是另一个问题。

于门第自豪感特别强烈的王室和王公家族,不久便被地位稍低的家族所采用,此后被视为贵族家族的独有之物。最后,尽管税收豁免权仍没有严格的规定,但军事义务——从前是附庸的特有义务,现在成了典型的贵族义务——此后发挥作用,将贵族从金钱负担中解脱出来,这些负担为兵役所取代。

不管由门第获得的这些权利如何强大,它们并没有强大到这种程度:从事某些注定与高等级身份不相符的职业也不会丧失。诚然,资格丧失(dérogeance)的概念远没有充分发展起来。[①]禁止贵族从事商业的规定在当时似乎首先是由一些城市的法令实施的,目的是保护商业团体的实际垄断权,而不是为了显示一个对立等级的自豪感。但是,人们普遍认为,农业劳动是与军事等级的荣誉感相对立的。即使他本人同意——巴黎最高法院的判决说——一个已经取得农奴佃领地的骑士也不能从事农业劳动。"犁地、挖土、担柴、运肥"——根据普罗旺斯的法令,从事这些活动便自动丧失骑士特权。也是在普罗旺斯,人们认为,一个贵族妇女的特点便是"既不近炉灶,也不去洗衣房,更不去磨房"。[②]贵族不再以某一职能——武装扈从的职能来定义。贵族不再是一个新成员组成的等级。但它仍是一个生活方式与众不同的等级。

---

① [Dérogeance 是贵族方面的行为,这种行为削弱了贵族的地位并导致这种地位的丧失。]

② *Olim*, I, p.427, no.XVII (Chandeleur, 1255); F. Benoit, *Recueil des actes*, 上引段落, p. 326, n.1; M. Z. Isnard, *Livre des privilèges de Manosque*, 1894, no. XLVII, p. 154。

4 英国的特例

英国的附庸制和骑士制度是从外国引进的。在那里,贵族的实际发展过程最初差不多循着与欧洲大陆同样的道路,只是在13世纪才走向大不相同的方向。

作为海岛国家的强大统治者,诺曼王朝诸王以及后来的安茹王朝诸王认为,这个国家的首要目标将为他们提供实现真正的帝国雄心的手段,所以他们将军事义务的范围扩展到极点。为达到这一目的,他们利用了属于不同时代的两个原则:向所有自由人普遍征税;要求附庸从事特殊役务。我们发现,早在1180和1181年,亨利二世首先在欧洲大陆他的领地上,然后又在英国,强迫他的臣民依所属社会等级配备武装。其中,英国的"条例"特别规定了骑士采邑持有者要装备的武装。条例没有提及骑士的授封式,然而,我们知道,这种授封式被视为是得到适当装备的一种保证。因此,1224和1234年亨利三世断定,明智的做法是迫使每一位骑士采邑持有者及时履行骑士授封式,至少——第二部条例将这种条件引入进来——骑士直接向国王行臣服礼时是如此。

至此,英国的这些措施与同时期法国卡佩王朝的立法相比,并没有什么大的不同。但是,英国政府有着强大的管理传统,不可能不意识到旧封建役务体制日益严重的低效率。许多采邑已被分配出去,其他的一些经历了持续不断且始终不完善的再估算过程。最后,采邑的数量最终受到了必要的限制。将附庸役务以及随之而来的装备自己的义务牢固地建立在看得见的现实基础——土地财产——之上，而不管其性质如何，岂不是更合理吗？此外，这是亨利二世于1180年在他的欧洲大陆领地内已经努力推行的一条原则，那里的封建组织并不像英国和诺曼底公爵领地那么规则。从1254年开始，同样的事情在使用不同经济标准的情况下在英国完成了，其中的详情这里不必叙述。亨利二世的努力限于装备问题。但此后遵照已经根深蒂固的习惯，所有的一定数量自由土地的持有者都要取得正式骑士称号。毫无疑问，这一规则很容易被付诸实施，因为王室财政部门渴望从预期的违规行为中获取大笔罚金。

然而，即使在英国，当时的政府机器也并非井然有序，足以保证这些措施得到严格实行。显然，早在该世纪末和随后的这个世纪，这些措施实际上已归于无效，不得不被放弃，骑士的授封式越来越难以正常举行，所以，最后也像在大陆一样被贬抑到社会准则附属品之一的位置上，逐渐变得过时了。但是王室的这一政策以及它所产生的必然结果，即从不采取措施去制止采邑买卖，产生了非常严重的后果。在英国，由于骑士制度变成了财政制度，所以不可能成为以世袭原则为基础的一个等级形成过程中的焦点。

实际上，这样一个等级在英吉利海峡对岸从未形成。按照这个词在法语和德语中的意义，中世纪的英国没有贵族；也就是说，自由人中不存在任何真正处于优越地位、享有自己特有的法律特权地位、世代相传的等级。从表面上看，英国社会有着惊人的平等的社会机构，但实质上它建立在极其严格的等级划分的基础之上，尽管其界线划得比其他地方要低。事实上，在一段时间内，其他所有地方贵族等级在日益增多的所谓"自由"人之上建立起来的时候,英国农奴概念却大为扩展,以致大多数农民都沾上了农奴的污名。在英国国土上,一般自由人在法律地位上很难与贵族区分开来。但自由人本身则是一个寡头组织。

不过,英国有一个和欧洲任何地方同样强大的贵族阶层——或许更为强大,因为农民的土地大多在他们的控制之下。这是一个庄园领主、武士或武士首领、王室官员和"郡选骑士"组成的等级——所有这些人的生活方式大大不同于、而且自觉地区别于普通自由人的生活方式。在这一社会等级的最上层是狭小的伯爵和"男爵"群体。13世纪期间,这个地位最高的社会群体开始被赋予非常有限的特权,但这些特权几乎全部是政治性和荣誉性的;最重要的是,这些特权由于附着于职位采邑,所以只能传给长子。简言之,英国的贵族等级总体上与其说是一个"法定的"等级,不如说是一个"社会的"等级。很自然,尽管权力和收入按常规继承下来,尽管像欧洲大陆一样,家族的威望很受重视,但这一群体极难界定,以致不得不大开门户。13世纪,拥有土地财产便可以合法地得到骑士称号,事实上是必须取得骑士称号。大约一个半世纪后,英国正式授权(总是有一条独特的法规限定自由任期)在各郡选举"地方众议院"的代表。这些代表是通过"郡选骑士"这一富有意义的名称而闻名的,事实上最初是从受封骑士中选出的——虽然从理论上说,他们需要提供世袭徽章作为证据,而在实际上任何财产殷实、地位显赫的家族,似乎都不难获准使用这样的标志。[1] 这一时

---

[1] 参见 E. and A. G. Porritt, *The Unreformed House of Commons*, 2nd ed., 1909, I, p. 122。

期的英国没有"贵族证书"(贫穷的斯图亚特王朝发明的准男爵勋位,只是后起的对法国习惯的模仿)。贵族不需要这种证书,实际状况足以说明一切。

　　密切关注造成真正统治权的实际事物,避免界定过于分明、过分依赖出身的各等级陷入瘫痪:正是通过这些措施,英国的贵族取得了维护达数世纪之久的统治地位。

第二十五章　贵族内部的等级区别

1　权力和地位的等级

虽然贵族群体在军事职业和生活方式上具有共同特点，但这个事实上的、后来又在法律上加以规定的群体，在任何意义上都不是一个平等的群体。他们中间存在着财富、权力以及由此产生的声望上的巨大差异，因此形成一个等级体系，这种等级体系起初为人们默认，后来通过习俗或法规得到肯定。

附庸义务仍大行其道之时，人们喜欢从臣服行动的等级本身寻找这种等级划分原则。在较低的等级层次上，首先是陪臣，即附庸之附庸(*vassus vassorum*)，他们本身不是任何其他武士的领主，至少在严格的含义上来理解陪臣一词时，这个在所有罗曼语言中都相同的词汇，指的都不是任何其他武士的领主。不行使权力，或者只是对庄稼汉行使权力，是无足轻重的。在现实生活中，处于这一地位的人通常只有极少的财产，过着乡村小贵族的贫穷生活，乐于冒险。想一想克雷蒂安·德·特鲁瓦的《埃里克》(*Erec*)对女主人公的父亲所做的刻画吧："他的房子非常破旧"；或者想一想《盖登》(*Gaydon*)诗篇中对那位身着粗糙盔甲、心胸豁达的陪臣的描述吧！在虚构的作品之外，我们知道，罗伯特·吉斯卡尔(Robert

Guiscard)家境贫困,他从这样的家庭逃出去,寻求战争和掠夺;伯特兰·德·博恩有乞讨的习惯;普罗旺斯的契据簿的各种契约记录记载的那些骑士,仅有的采邑就是一份份地,即相当于一个农民佃领地的土地。"低级骑士"(bachelor)一词的字面意思为"年轻人",有时这个词就以字面意义使用,因为这许多还没有被授予采邑或仍没有得到足够礼赠物的年轻人的自然境况就是这样,尽管这种情况可能会延迟①到很晚的年龄。

一个贵族一旦成为其他贵族的首领,其尊严也随之隆升。《巴塞罗那习惯法》列举了骑士遭侵袭、监禁或其他不公正待遇的各种赔偿之后,接着说:"如果在他的采邑内安置了另外两个骑士,还在家中豢养着另一位骑士,那么,他将得到双倍的赔偿"。② 这样的一个人可以在他的旗帜下纠集一支拥有相当数量武装扈从的队伍,在这种情况下,他便被称作方旗骑士。如果他直接臣服于国王或地方王公,中间没有其他等级,那么,他也可称为总佃客、统领(capital)或男爵。

"男爵"(baron)一词借自日耳曼语,它首先从其本意"人"转为"附庸":他向领主宣誓效忠时,承认自己是领主的"人"。随后产生了一种习惯,用这个词来特指大首领属下的主要附庸。在这一意义上,它所表达的只是在同一群体中较之其他宣誓效忠的扈从所

---

① 关于普罗旺斯, F. Kiener, *Verfassungsgeschichte der Provence seit der Ostgothenherrschaft bis zur Errichtung der Konsulate* (510 – 1200), Leipzig, 1900, p. 107. 关于"低级骑士",参见 E. F. Jacob, *Studies in the Period of Baronial Reform*, 1925 (*Oxford Studies in Social and Legal History*, VIII), p. 127 et seq。

② *Us. Barc.*, c. 6.

第二十五章 贵族内部的等级区别

具有的相对优越的地位而已。切斯特的主教即贝莱姆的领主,像国王一样,拥有自己的男爵。但是,即使国王属下最重要的领主们——强大领主中最强大的领主——照一般的说法,也只是"男爵"而已。

"贵族"(peer)一词与"男爵"差不多是同义词——事实上,一些文献把"贵族"一词作为"男爵"的对等词使用,尽管从一开始贵族一词就有较确切的法律含义,严格说来属于司法制度方面的词汇。附庸最珍视的特权之一,是在领主法庭上接受领主的其他附庸审判的权利。附庸制下的共同纽带关系有利于平等关系的发展,因此,"贵族"决定"贵族"的命运。但是,从同一领主那里领有采邑的人之间在权力和声望上却有着很大差别。一个富有的方旗骑士必须接受最低的贵族的审判,只是由于他们与领主有着所谓相同的关系吗?法律结论与更具体的现实观念之间再一次发生冲突。因此,许多地方很早就习惯于为主要的附庸保留审理那些确实与其地位相等之人案件的权利,以及在重大问题上提供建议的权利。所以杰出"贵族"的范围常常借助于传统上的或神秘的数字,正如加洛林时代公共法庭的陪审员(scabini)的人数为 7,使徒的人数为 12 一样。这样的群体见于圣米歇尔山修士团那样中等规模的领主团体,也见于佛兰德这样著名的大公国。史诗所描述的簇拥在查理曼周围的法国贵族的人数同使徒人数相同。

还有其他的名称,只是用来表达权力和财富,编年史作家和诗人回忆那些赫赫有名的贵族人物时,很容易想到这些名称。对他们来说,"权贵"(poestatz、demeines)似乎就是居高临下地统治一群骑士的人。贵族等级内部地位的差别确实极其显著。《加泰罗尼亚习惯法》解释说,一个骑士冒犯了另一个骑士时,如果加害者一方的地位"高于"受害者一方,受害一方便不可能得到加害者本人的赔罪性臣服礼。[①]在《熙德之歌》中,主人公的诸位女婿出身于伯爵家族,他们认为自己与一位普通附庸的女儿们的婚姻是不般配的婚姻(mésalliance)。"如果不是她们乞求缔结姻缘的话,我们甚至不会娶她们做妾。她们与我们不般配——不应睡在我们的怀抱里。"另一方面,来自皮卡第的"穷骑士"罗伯特·德·克拉里在叙述对第四次十字军东征的回忆中,为我们保留了普通士兵(commun de l'ost)对"大人物们"、"富人们"和"男爵们"长期怀有的极其强烈的抱怨之词。

从这些社会区别中创造出一种组织严格的制度,这一尝试留归13世纪这个界限分明、等级分野清晰的时代。此前人们对这些社会区别虽有深刻的感受,但对它们的界定并不那么深刻。在完成这项任务时,法学家表现出追求数字精确性的热情,但这种精确性并不适应变得更加难以捉摸的现实。而且,这一演变过程在各国表现出很大的差异。在这里,我们的讨论一如既往,限于最典型的例子。

在英国,贵族等级已经能够将提供给宫廷的旧的封建义务改造成一种政府工具;"男爵"一词仍在继续使用,用来指国王的主要附庸,他们凭借事实上的垄断权应召出席国王的"大会议"(Great Council)。这种事实上的垄断权逐渐转变为一种严格的世袭权

---

① *Us. Barc.*, c. 6.

第二十五章　贵族内部的等级区别

利。这些人也同样以"国家贵族"(peers of the realm)的名义自诩,并最终使这种自我恭维的名称得到正式承认。①

相形之下,这两个词在法国有着较大的分歧。人们仍然提到"陪臣"和"男爵",但这种区别通常只表示财富和威望的不同:附庸关系的衰微使得由臣服行为的等级而来的标准变得毫无意义。但是,为了在两个社会阶层之间划出一条更为清晰的界限,封建法学家们创造出一种以司法权力等级为基础的标准:男爵的突出特征是行使"高级司法审判"权,与此同时,陪臣的采邑只拥有"低级的"或"中等的"司法审判权。从这一意义上讲——日常语言从未完全接受这一点——法国的男爵为数众多。另一方面,法国的贵族人数微乎其微。因为,史诗传说偏爱 12 这一数字,卡佩王朝君主的 6 名最重要的附庸,连同其教堂直接依附于王权的 6 名最强大的主教或大主教,成功地获得了贵族称号的独享权。然而,他们想从这种垄断权中获得实际特权的努力却不太成功;由于接受王室官员莅临法庭实行审判,他们甚至被剥夺了由自己的成员进行审判的权利。他们人数太少,作为地区大诸侯,他们的利益与大贵族整体中的大部分人的利益相去甚远,而且距离王国的本土又太远,这使他们不能在现实政治领域内维持其优越地位,所享有的注定只能是纯粹荣誉性的显赫地位。此外,原来六位世俗贵族中有三位在这个世纪中归于灭绝,原因是他们赖以存在的采邑被收还国王,从 1297 年始国王们为了自身的利益又封立新贵族。② 贵族等级

---

① Cf. T. F. Tout, *Chapters in Administrative History*, III, p. 136 et seq.
② 封立不列塔尼公爵:Dom Morice, *Histoire de Bretagne*, I, col. 1122. 有关贵族的要求,参见 Petit-Dutaillis, *L'Essor des États d'Occident*, pp. 266 – 267。

自发形成的时代之后，接下来是这样一个时代：在这个时代，国王此后在整个社会从上到下的等级范围内拥有决定和改变其臣民地位的权力。

就法国而言，从旧官衔（*titres de dignités*）的历史中可以观察到类似的发展趋势。伯爵，还有公爵和侯爵，他们每人都有几个伯爵领，总是位列大权贵中的第一等级，他们的后代也是如此，在南部法国他们以 *comtors*（伯爵）著称。但是，这些来自法兰克名称的词语，原初所表达的是一种意义清晰的权力，专门用来称呼加洛林时代重要的"荣誉职位"官员的后代，这些荣誉职位从前是公共性的职务，如今是采邑。如果说早期发生过篡权事件，那么，它们所影响的首先是权力的性质本身：名号随权力而去。不过，我们将看到，依附于伯爵的权利主体逐渐瓦解，不再有任何特殊意义。不同伯爵领的持有者可能继续保有很多权利，这些权利是他们从当过官员的祖先那里继承下来的，但由于这些权利在各伯爵领大不相同，伯爵对这些权利也极少有绝对的控制权，所以这些权利的行使与具有普遍性特点的伯爵权力观念不再有联系。简言之，在所有情况下，伯爵的称号仅仅意味着很大的权力和声望。因此，现在没有正当理由限制它用于指示很久以前的行省长官的继承人了。最迟从1338年开始，国王开始封立伯爵。[①] 于是便出现了正式的贵族等级分类，用的是古代的名词，但精神则是新的，随着时间的推移，其意义越来越趋于复杂。

然而，在法国贵族中，这种荣誉等差，有时是特权等差，并没有

---

① Borrelli de Serres, *Recherches sur divers services publics*, III, 1909, p. 276.

第二十五章　贵族内部的等级区别

在统一的等级意识中造成深刻的裂痕。如果说英国不存在区别于涉及所有自由人的普通法的贵族法,13世纪的法国相形之下给人的印象是一个等级社会,那么至少在这个国家,这些特权在本质上是有资格称作骑士的所有人所共有的。而德国的发展方向则迥然殊异。

我们从一开始便遇到德国封建主义特有的一个规则。在较早时期,似乎流行一种观点,认为一个具有一定社会地位的人不得持有地位低于他的人的采邑,否则就要剥夺其地位。换言之,在其他国家,臣服行为的等级决定着一个人的地位,而在这里,社会地位必须仿效已经存在的等级差异。尽管实际生活中人们并非总是严格遵守这个规则,但"骑士盾牌"(Heerschilde)的严格次序非常强烈地表达了一种社会精神,即虽然勉强接受了附庸关系纽带,但不允许这些关系纽带干涉根深蒂固的等级观念。贵族等级的层次尚未建立起来。在世俗贵族等级的最高层次上,毫无疑问是以"诸侯"(Fürsten)著称的那些人。拉丁文将该词译作 principes,法语中该词在习惯上称为 princes。这里再次显示出的特点是,判断标准原来并非决定于严格意义的所谓封建关系。因为,根据最早的用法,这个名称包括所有拥有伯爵职位的人,这些人即使从一个公爵或一个主教那里接受授封式,也没有跻身于国王的直接附庸之列。在神圣罗马帝国,加洛林王朝留下的烙印十分深刻。在那里,人们始终认为伯爵们是在以国王的名义行使职权,而不管是哪位领主将采邑与这职位一并授予他。所有这样的诸侯都出席重要的宫廷会议选举国王。

但是,12世纪中叶,地方大领主势力的日益增强,以及真正具有封建精神的德国制度日益明显的渗透,导致社会各等级界线十分明显地发生改变。通过一项具有双重意义的限定措施,从此形成一种习惯,诸侯的称号留给直属国王的封建领主;在这个群体中,这个称号又留给那些权力扩展到几个伯爵领的封建领主。而且,这些权贵连同他们的教会同僚们是仅有的一些有权选举君王的人。至少,直到不久后又发生第二次分离,在他们之上又形成一个更有限的世袭选侯群体之前,情况是这样。最后,这个包括选侯在内的新世俗诸侯等级构成第三个"盾牌"等级,位列国王和教会诸侯(即直接依附于王权的主教和大修道院院长)之后。但是,即使在德国,不平等性也没有获得足够的发展,从而长期阻碍贵族等级内部继续存在的统一性,这种统一性特别是通过贵族内部联姻的自由得到加强。最低等级的骑士是一个例外,这些骑士作为一个合法的群体(如果不是作为一个社会等级),是当时德国社会独特的高度层次化制度所特有的。这是一个侍臣(Ministeriales)等级即农奴出身的骑士等级。

2 管家和农奴骑士

一个豪强的生活离不开仆从,他行使权力也离不开人手。甚至在最小的庄园,也需要有人代表主人指导土地的耕作、征用劳力并监视劳役的正常进行、征收租税并使佃农们和睦相处。这个"管家(在不同国家分别被称为 maire, bayle, Bauermeister)也常常有助手相助。人们也许会认为,这些基本职责可直接由佃户轮流行使,甚至要求佃户们从他们同等级的人当中任命临时管事人员。

第二十五章 贵族内部的等级区别

事实上,这种习惯在英国非常普遍,但在欧洲大陆,这些职能——尽管自然也是由农民行使——通常却是名副其实的职位,这些职位有固定的报酬,由领主单独任命的人充任。在家中,这位小贵族像男爵一样,由一群侍从簇拥着——侍从的数量依他的财富和地位存在极大的差异。这些侍从中有家仆、"宫廷"作坊中的工匠,以及协助管理人事或家务的官员。只要这些役务形式不被纳入体面的骑士义务的范畴之中,语言上便难以对它们做出明确的区别。领主身边的工匠、家仆、信使、地产管理者、管家,所有这些人都归属于一个单独的名项之下。契约中使用的拉丁语(一种国际性语言)通常称这些人为 ministeriales(侍臣);法语称之为 sergents(执达吏);德语称之为 Dienstmänner(侍臣)。①

这形形色色的役务,通常有两种酬劳方法可供选择:居住在主人家中由主人豢养(食俸),或被授予一块承担专职义务、被称作采邑的佃领地。乡村管家即农民,由于其特殊的职能与经常处于流动状态的领主分离开来,因此他们在规定上仍是佃户;他们的"采邑"至少在最初的时候很难与周围的农奴佃领地区分开来,只是免除某种租税和劳役而已,这些租税和劳役自然就是这个人本身须履行的特殊义务的对应物。从他们负责征收的租税中扣除一定的百分比就凑足他们的报酬。"薪俸"制无疑非常适合家内工匠和

---

① 由于有关此段内容的参考书在书目第 X 节第 8 项中很容易找到,所以我只做少量注释。不过,除这些著作外,还应补充 K. H. Roth von Schreckenstein, *Die Ritterwürde und der Ritterstand. Historisch-politische Studien über deutsch-mittel-alterliche Standesverhältnisse auf dem Lande und in der Stadt*, Freiburg im Breisgau, 1886。

家务管理人员的生活状况。然而,许多附庸获得采邑的过程,也同时发生在较低的役务等级上。在早期,很多这种类型的侍臣也被授予采邑,但是他们仍然指望得到习惯上的食物和衣物分赠,作为他们所获报酬的大部分。

各个等级的管家中,许多人都是奴隶性的身份。这一传统可以追溯到很久以前,每一时期都有一些奴隶在家务活动中被其主人委以重任,我们知道,在法兰克时代,这样的一些人曾跻身于早期的附庸之列。随着此后被称为农奴制的人身和世袭隶属关系的发展,领主自然喜欢把这些职务委派给这种侍从,而不只是留给他的附庸。由于他们地位卑下和无法逃脱的严格的世袭关系,他们似乎比自由人更可靠,更能保证迅速地严格服从主人。虽然奴隶性的侍臣从来没有构成管理等级的全部——要记住,对于这个社会绝对没有数学上的精确性——但是,在封建社会第一阶段,他们的重要性日益增长,这是毋庸怀疑的。

有一个人起初受雇于沙特尔的圣佩雷(Saint-Pére)修道院的修士们,从事毛皮加工,后来获准掌管他们的库房,当时的记载说,他希望"进一步高升"。这话说得质朴,但意味极其深远。尽管他们由从事共同役务的观念联合在一起,以共同的名称见称,大部分人都打上相同的奴役性"印记",但这些管家组成了一个斑驳陆离的群体,一个在结构上越来越等级化的群体。其职责多种多样,不能不造成生活方式和声望上的不平等。诚然,一个人可能高升的高度,在很大程度上取决于他所在群体的特殊习惯、他所得到的机遇或他所具有的技巧。然而,总的来说,三个特点——拥有财富、掌握一部分权力以及可以携带武器——使大部分庄园管家以及主

第二十五章　贵族内部的等级区别

要宫廷官员的地位，远远高于小乡村管家、严格意义上的仆人以及家内工匠这个小群体。

是否可以将领主的管家(maire)称作农民呢？毫无疑问，至少在开始时可以，有时直到最后也可以；但是，他从一开始就是富裕农民，通过职务之便变得越来越富有。因为合法收益相当可观，而非法收入无疑更为丰赡。在这一时期，当惟一有效的权力就是眼前的权力时，惟一可以预料的是，现实生活中使许多王室大官僚为自身利益而当上君王的那些篡权行为，会重现在简朴的乡村背景下等级社会的较低层中。查理曼本人就曾对他的农庄管家们表现出实实在在的不信任，并建议不要从权力太大的人物中选择管家。虽然少数肆无忌惮之徒在一些地方成功地夺取领主的全部权力，但这种恶名昭著的自我扩张行为始终都属例外。另一方面，有多少产品被无端地扣留，给领主的仓库或口袋造成损失呢？"一块地产放手交给管家们，它就是一块丢失的地产"，这是聪明的休格的一句名言。这个乡村小暴君私自从农奴那里勒索了多少租税和劳役，从农奴的圈栏里拿走多少只鸡，从农奴地窖中取走多少桶葡萄酒，或从农奴的储藏室里拿走多少腊肉，向农奴的妻子强收多少纺织物啊！所有这些东西最初只是礼物，不过是一些不会被拒收的礼物，但风俗通常很快就使之变成了种种义务。而且这位农民出身的管家在他的势力范围内便是领主。从理论上讲，他的命令无疑是以比他更有权力的人的名义发出的，但它们依然是命令。另外他还是法官。他单独主持农民法庭；偶尔也出席修道院院长或男爵对重大案件的审理。他的其他职业之一是在地界纠纷案中负责划定边界。还有什么职责更能在农民的心目中引起敬意呢？最后,在危险时刻,往往是管家第一个纵马冲在农奴队伍的前头。加林公爵遭击打昏死过去,在他身边,诗人安排了一位忠诚的管家,他找不到比他更好的仆人。

当然,标志这个管事人员社会地位升迁的梯级有着巨大的差别。然而,我们不能怀疑许多契约书和修道院编年史提供的证据,从士瓦本到利穆赞它们以完全一致的语气展现出怨愤之情,更不用说法国中世纪韵文故事(*fabliaux*)本身提到的证据了。从这些原始资料中,一个形象跃然而出,其鲜活的色彩虽不是每一处都符合实际,但在大多数情况下是如此。只要你愿意看的话,可以看到这是一副功成名就的管家的形象。他不仅生活优裕,而且他拥有的财富也不是一个农民可比拟的。他占有什一税和磨房。他在自己的土地上安置佃户,有时甚至拥有自己的附庸。他居住着设防的住宅,穿戴得"像个贵族"。马厩里养着战马,养狗场里圈养着猎犬。他装备着佩剑、盾牌和长枪。

管家头领们坐在伯爵法庭上,仿佛组成内阁的参谋本部,他们也是依靠其领地和不断接受的礼物而富裕起来;由于他们与主人交往密切,必然被主人委以重任,由于主人需要他们充当骑兵护卫,甚至小部队的指挥官而发挥军事方面的作用,因而获得更高的声望。例如,塔尔蒙领主法庭上,被称为"非贵族骑士"的那些人就属于这一等级,11世纪的契约书中除了提到"贵族骑士"外,也提到他们。他们出席法庭和议事会,为最严肃的法律案件充当证人。一些人卑微的职责也许使人们认为他们属于卑下的仆从,但即使是这些人偶尔也参加这些活动。例如,我们看到,阿拉斯修道院修士们的"厨房管家"参加审判活动,而圣特朗德修道院修士们的锁

第二十五章 贵族内部的等级区别

匠（他同时还是他们的釉工和外科医生）想把他的佃领地变成"自由军事采邑"。但在更常见的情况下，这种情形更适用于我们称之为仆役头领的人，如原则上负责筹办酒宴的管家（seneschal）、负责照看马厩的典礼官（marshal）以及仆役长（butler）和财务管理员（chamberlain）。

起初，这些家内职务大部分一直由那些通常授封采邑的附庸充任。一直到最终，为附庸保留的职位和不是为附庸保留的职位之间的界线仍然非常模糊。但是，随着附庸制的荣誉日益增长，并越来越失去其原有的特性，采邑制变得更加普遍，以及由此而来的旧的私家骑士群体的扩散，每一阶层的领主都习惯于将其家族事务委派给那些出身卑微的侍从——这些人与领主关系较为密切，领主认为他们易于控制。1135年，罗退尔皇帝颁发给吕讷堡的圣米歇尔修道院的特许状中规定，修道院院长停止向自由人分赠"恩地"，也不再将这些地授予任何人，除非是教堂的侍臣。这个社会最初对附庸效忠关系寄予很大希望，在这个社会里，宫廷管家制度的发展是这种幻想破灭的征兆。在这两种役务类型之间和两个仆从等级之间由此展开了一种真正的竞争，史诗和宫廷文学对这种竞争的反映一直保留下来。例如，我们看到，诗人瓦斯为他的一个主人公感到庆幸，因为他从来没有将"家庭的职位"委托给"贵族"以外的任何其他人。但在另一首诗里，我们看到下面这个人物，这也是为城堡的观众的一场娱乐活动所设计的（因为这个人物的属臣最终被揭露出来是一个叛徒），但它一定是基于人们熟悉的现实生活："人们看到那里有一位男爵，而吉拉特认为他是侍从中最值得信赖的人。此人是他的农奴和许多个城堡的管家。"①

所有因素都有助于将最高级的管家等级变成一个界限分明的社会群体,至少就其底线而言是这样。首先是继承因素。尽管有人反对,特别是在教会方面,但是,大多数管家的采邑都已迅速变成世代相传的地产——在法律上已很频繁,在实际生活中也已很普遍。管家的儿子可以同时继承管家的地产和职位。第二是通婚习惯的存在。12世纪以后领主间为交换农奴而签订的协议中可以找到这种证据。一个管家的儿子或女儿不能在本村找到与其地位相当的伴侣,才不得不被允许到邻近的庄园去寻找一位。这种拒绝等级外婚姻的习惯,最有力地表现了等级意识。

这一群体虽表面上结构坚固,但却为奇怪的内部矛盾所困扰。它在许多方面,如权力、社会习惯、财富类型、军事职责等方面都与附庸"贵族等级"很相似。作为士兵,这个群体的成员自然要经历一定的合法程序。所有的管家采邑都不需要举行"口和手的"臣服礼,但对于那些最重要的采邑,这种军事附庸特有的仪式是不可缺少的。然后是加入骑士的仪式:在管家和宫廷官员中可以发现不少人被授予骑士称号。但是这些骑士,这些有势力的人,虽然其生活方式上是贵族的,但在大多数情况下他们同时也是农奴,如要服从永久管理法,不得违反规定与庄园外部的人结婚(除非赎买到代价总是相当昂贵的豁免权);除非他们得到授权,否则不能担任圣职;他们无权出席法庭为自由人作证;最重要的是,他们得忍受非其所愿的屈辱的从属印记。总之,他们在法律上的地位与其实际

---

① *Girart de Roussillon*, trans. P. Meyer, § 620 (ed. Foerster, v. 9139).

地位形成鲜明的对比。最终发展起来的对这些矛盾的补救措施,在各国间大不相同。

在英国,管家团体哪怕只是作为一个社会组成部分也是微不足道的。我们已经看到,乡村管家通常不是专职人员。法庭官员一般不从那些原来非常贫穷、人数也很少的农奴中招募;后来,由于管家获得特别豁免权,不必从事乡间劳役,他们才不被列入农奴之列。于是,大部分人逃脱旧的和新的奴役形式。作为自由人,他们只遵从自由人的普通法;作为骑士——如果他们被接纳为骑士的话——他们享有骑士特有的威望。法律原则只满足于阐述适合于管家采邑的规则,以区别于专门的军事采邑,尤其是,力求在管家这一群体中确立一条更清晰的分界线,以便区分事实上需要行臣服礼的"大的"最荣耀的管家领地,与实际上同化于"自由"农民佃领地的"小"管家领地。

在法国,管家群体发生了分裂。势力较小或不很走运的管家仍然只是富裕农民,有时他们成为享有领主自领地和领主权的农场主,有时他们逐渐从管理者的职位上分离出去。因为经济状况使货币工资的支付再次成为可能时,许多领主便将这些职位从持有者手中买回来,以便将他们的地产的管理权委托给名副其实的领取薪俸的管理者。在男爵法庭官员中,一部分人曾长期参与城市领主权管理,这些人最后跻身于城市贵族之列。不过,其他许多人连同乡村管家中最得宠的管家,在贵族成为合法等级时也晋身为贵族等级行列。这一融合似在很早的时候便已见端倪,尤其见于侍臣家族与骑士附庸家族之间的频繁联姻这种形式中。13世纪的逸事作家和编年史家从出身微贱的骑士的不幸遭遇中找到了津津乐道的主题，这些骑士试图洗掉这一污点，但最终只是落入其领主的牢固控制中。

许多共同特点有利于贵族的同化，实际上对这种同化惟一起作用的障碍是农奴制。在某种意义上，从13世纪开始，这种障碍似乎已变得更加难以逾越。由于从这一时期开始出现的意义重大的与古老习惯法的决裂，法律上断定骑士制度与农奴制度是不相容的——等级观念现在已变得非常强烈。但是，这个时期同样是重要的释放农奴运动时期。由于管家们比普通农奴拥有更多金钱，各地管家成为第一批购买自由的人。所以，现在一切都无法——因为法律被证明是具有适应性的——阻止那些非常接近贵族生活方式并将骑士视为其祖先的人，加入到出身使之有权获得骑士地位的那些人的等级。由于他们可以自由加入这一等级，不受任何污点的限制，所以再也没有什么东西可以将他们与其他贵族区分开来。他们注定成为相当一部分乡村小贵族的先驱，而且他们并非始终受此限制。索尔克斯-塔瓦讷诸公爵，在旧制度结束时位列最大的军事贵族成员，他们是索尔克斯领主的一个理政官（prévôt）的后代，这位理政官于1284年由索尔克斯领主从农奴身份上释放。[①]

在德国，宫廷侍臣与一些乡村管家早就具有异乎寻常的重要性。在德国社会，附庸制从来没有像在法国北部和洛林扮演那样重要的角色。附庸关系迅速衰亡，无人费神寻求补救之策，明确的

---

① *Sur les routes de l'émigration. Mémoires de la duchesse de Saulx-Tavannes*, ed. de Valous, 1934, Introduction, p. 10.

第二十五章 贵族内部的等级区别

证据是,德国缺乏其他地方的绝对臣服礼习惯所代表的补救努力。因此,与任何其他国家相比,德国似乎更愿意将管理领主家务的职责委托给非自由的侍从。早在11世纪初,这些"生活得像骑士一样的农奴"(士瓦本的一部文献这样称呼他们)在大权贵的宫廷中大量出现,赋予这些骚动的小团体活力的团结精神是如此生气勃勃,以致导致一整套的群体"习惯法"的创立,在这些法律中他们的特权被规定下来。这些习惯法很快形诸文字,融进了一个等级的普通法。这些侍臣的命运令人羡慕,以致在下一世纪很多有着体面身份的自由人自愿为奴,以便成为这一等级的成员。他们在军事远征中发挥最重要作用。他们在审判席中占据了大部分席位,因为按照帝国议会的决定,只要有两名以上"贵族"成员出席,他们就可获准组建诸侯法庭。他们在大人物的议事会中占据很高的地位,所以1216年皇帝所做出的帝国决议决定,一个大公国臣服关系的转移,惟一的条件是,除了诸侯本人同意,还需要侍臣们赞成。在教会领主权上,侍臣偶尔也参与主教和修道院院长的选举,在修道院院长不在时,他们便对修士们任意地发号施令。

君主的侍臣位列第一等级;宫廷中的高级官职,卡佩王朝将它们委托给附庸家族的成员,邻近的德国则是交给出身农奴身份的卑微的管家。法国的腓力一世确实曾任命一个农奴为宫廷总管。[①] 但这一职位相对来说并不重要,而且这种情况似乎属于例外。法国国王偶尔雇佣显赫的贵族做宫廷总管;而典礼官通常雇

---

① 此人的农奴身份,正如 W. M. Newman 所做的正确理解(*Le Domaine royal sous les premiers Capétiens*, 1937, p. 24, n.7),也可以从这一事实中推断出来,即:他死后,国王接受了他的永久管理权。

佣来自卢瓦尔河和索姆河之间地区的小贵族来充任。在德国,我们看到,王朝的更替和国家结构的某些特殊性,使国王不能建立一个法兰西岛,一个忠实稳定的贵族基地。在德国,不论是帝国的宫廷总管还是典礼官,通常都从奴役性身份的侍从中选出。毫无疑问,贵族对这种政策持反对意见;这种反对意见(经常反映在宫廷文学中)似乎是某些叛乱行为的根源。尽管如此,通常侍臣仍构成了萨利安王朝诸君王和霍亨斯陶芬王朝诸君王的近臣(entourage)。君王委托他们教育年轻的王子们,管理最重要的城堡,有时担当意大利重要的行政职务;最纯粹的帝国政策传统也出自他们之手。在红胡子和他最初的继承人统治时期,极少有人能像粗鲁的宫廷总管安未勒的马克沃德那样引人注目,马克沃德死时是西西里的摄政王;而他只是在1197年才从农奴身份上获释,他获释时被授予拉文纳公爵领和安科纳侯爵领。

无须说,这些新贵(parvenus)凭借他们的权力和生活方式更接近附庸世界,在这方面,任何地方都不及德国;但他们却不同于法国的情况,而是几乎不知不觉地融入附庸世界。太多人追求这一目标;他们所特有的习惯使他们长期与别的等级相分离;在德国,人们过于重视公法中的古老自由观;最后,德国人的法律观念过分热衷于进行等级区分。德国并不禁止授予农奴以骑士称号,但是农奴骑士(有时他们自己更为细致地分为高低群体)在总的贵族等级中组成一个单独的阶层,即最低贵族阶层。对法律理论家或法庭来说,最麻烦的问题莫过于确定一般自由人的确切身份了,这种身份将给予这样一些人:他们势力强大、但又烙有农奴地位的印记。因为,即使是城市居民和低微的农民,虽然缺少使侍臣声望显赫的许多东西,但他们毕竟以其出身的纯洁高于这些人。这是一个严肃的难题,当它涉及法庭人员的组成时,尤其如此。"任何奴役性身份的人今后都不能审判你们",在哈布斯堡王朝的鲁道夫颁给瑞士原来各州农民的特许状中,仍然可以读到这一诺言。[①]

然而,如同在法国一样,这个不可避免的变化最终产生了,但两者的演进并不是同步进行,这个变化发生在一个或一个半世纪后,侍臣家族中那些不走运的家族仍属于富裕农民之列,或混入城市市民之中。那些已经获准成为骑士的人,虽然可能仍被排斥在最高级贵族之外(因为德国的贵族法始终充满等级精神),但此后至少不再以任何特殊的显著标记隔离于自由人出身的骑士了。这里再次出现的情况是,法律传统最终向现实做出让步——这无疑是管家的历史所提供的最重要的教训。

[①] *Quellenwerk zur Entstehung der schweizerischen Eidgenossenschaft*, no. 1650.

第二十六章 教士与市民

1 封建社会中的教会团体

封建时代教士与俗人之间的界线，并不像特兰托宗教会议时期天主教改革运动所试图划定得那样清楚和固定。整个"剃度出家之人"群体的地位一直模糊不清，成为两大群体边缘的未定区域。但是，教士在很大程度上构成了一个合法等级，因为作为一个团体，它的特点是拥有特殊法律和小心翼翼防护着的司法权力。另一方面，教士在任何意义上都不是一个社会等级，在它的各阶层内部同时存在着生活方式、权力和声望迥然殊异的各类人员。

首先是大批的修士。事实上只服从于版本日渐斑杂的本尼狄克原始教规的所有"圣本尼狄克之子"，是一个分裂且运动着的社会，这个社会不停地摇摆于纯粹的禁欲主义和更世俗的利益之间。这种世俗利益是与大量财富的管理，甚至琐屑的谋生动机密不可分的。此外，我们不要认为这一群体与世俗群体之间存在不可逾越的障碍。即使那些体现着最严格的隐修原则的教规，到头来也不得不向实际需要让步。修士拯救教区大众的灵魂。修道院开办学校，教化那些将永远不会穿上修士服装的学生，尤其是在格利高里改革之后，这些修道院成了培养主教和教皇的摇篮。

第二十六章 教士与市民

从社会地位上讲,乡村郊区的祭司居于世俗教士的最低层,他们所受教育极差,收入微薄,其生活与信众几乎没有区别。在格利高里七世之前,他们几乎都是结婚的。这场伟大的禁欲主义运动,用一份修道院文献中的话说,是由"教导人们做难为之事的那个人"煽动起来的。① 即使在这一伟大的禁欲主义运动之后,"女祭司",即事实上、有时也是法律上祭司的妻子,在很长时期内仍然是乡村传说中人们所熟悉的人物。这种情况是如此之多,以致这里的"等级"一词可以在其最严格的意义上使用:在托马斯·贝克特*时代的英国,祭司家族似乎像今天东正教国家的"神甫"(popes)后代一样司空见惯,一般来说,他们同样受人尊敬。② 然后,比这个等级地位更高的是那些更富裕、更有教养的城镇祭司,附属于大教堂的教士团成员、主教法庭的文书或显要人物。

最后,居于教阶顶端、在某种程度上居于教俗两大组织之间的是高级教士:修道院院长、主教和大主教。在财富、权力和指挥能力上,这些教会大领主相当于最大的军事贵族。

这里我们需要关心的惟一问题是一个社会问题。这个侍奉上帝的仆人团体,继承了已经成为旧传统的使命,在理论上仍是超凡脱俗的,但又不得不在封建社会特有的结构中为自己寻找一个位置。它在多大程度上受到周围制度的影响,又反过来对周围的制

---

① K. Rost, *Die Historia pontificum Romanorum aus Zwettl*, Greifswald, 1932, p. 177, n. 4.

* 托马斯·贝克特(Thomas Becket,约1118—1170),坎特伯雷大主教。——译者

② 特别参见 Z. N. Brooke in *Cambridge Historical Journal*, II, p. 222。

度产生影响呢？换句话说，既然历史学家们习惯于提到教会的"封建化"，那么，我们将赋予"封建化"这个用语什么具体含义呢？

对于恪尽宗教仪式职责或全神贯注于禁欲生活的教士来说，由于关注灵魂的拯救和研究，他们不可能通过直接的劳动生产方式来谋取生计。修道院的改革者们多次引导修士们自己动手耕作，生产自救。但他们总是遇到同样的基本难题：从事物质劳动就会占用沉思或礼拜的时间。至于雇佣劳动力，我们很清楚地知道，这是不可能的。因此，修士们和祭司们必须——用拉蒙·鲁尔描述骑士的话来说[①]——靠别人的"辛苦劳作"过活。乡村的教区祭司本人无疑并不鄙视偶尔的扶犁操锹的劳动，但他的微薄收入中绝大部分来自乡村领主同意分给他的费用或什一税。

大教堂的教产，更确切地说，圣徒的遗产（这种说法连一个合法的虚构都算不上，而当时则是普遍流行的观念），本质上具有领主财产性质，它由信徒的施舍积累而成，通过购买得以进一步扩大，其卖价通常考虑许诺拯救出卖者灵魂的祈祷者的利益。修道院团体或高级教士积聚大量财富，有时几乎相当于诸侯财产和各种利益的总和，它在地方领主权建立过程中所起的作用，我将在后面讨论。这里，领主权不仅意味着租税权，而且也意味着权力，因此，教士团体首领们已经支配了各阶层的大批世俗依附者：从保护大宗财产所不可缺少的军事附庸到更低等级的农奴和"委身者"。

农奴和低等级的委身者大量涌到教会地产上。那么，是否真的是因为"十字架下"的生活比刀剑下的生活看起来更让人羡慕

---

① Z.N.Brooke in *Cambridge Historical Journal*, II, p. 319。

呢？这场争论可以追溯到很久以前：我们发现，早在12世纪，具有批判精神的阿伯拉尔就反对克吕尼修道院院长的观点，而热心赞美修士淡泊的修身方式。① 如果抛弃个人因素不计的话，最终的问题是，一个严厉的主人（教士通常是这种人）是否比一位不可靠的主人好些？这确实是一个无法解决的问题，但有两点是可以确定的。教会机构的永久性以及对教士的崇敬，使教士成为贫穷者所追寻的保护者。此外，献身于一位圣徒既可以获得保护，免受世俗危险，也可以由一种虔诚行为获得同样珍贵的利益。这种一举两得的好处经常由修道院起草的契约书表达出来，契约书宣称，一个人一旦变成某教会的农奴，实际上就获得了真正的自由。这便意味着——尽管两种思想间的界线并不始终都是明确的——在这个世界上，他可以分享一个特权团体的各种豁免权，在来世得到"基督所赋予的永恒自由"的保证。② 历史记载说明，满怀感激的朝拜者热切地请求原来的领主，允许他们及其后代臣服于治愈他们创伤的强大的上帝代理人。③ 于是，在这一时代特有的个人依附关系网的形成过程中，教堂成为最具吸引力的强大中心之一。

封建时代的教会由此变成一支强大的世俗力量，然而，它自身面临两大危险，当时的人们已经意识到这一点。首先，教会太容易

---

① Migne, *P. L.*, CLXXXIX, col. 146; P. Abaelardi, *Opera*, ed. V. Cousin, I, p. 572.

② A. Wauters, *Les Libertés communales. Preuves*, Brussels, 1869, p. 83 (1221, April). 参见 Marc Bloch, in *Anuario de historia del derecho español*, 1933, p. 79 *et seq*。

③ L. Raynal, *Histoire du Berry*, I, 1845, p. 477, no. XI (23rd April 1071 – 22nd April 1093. Saint-Silvain de Levroux).

忘记自己的正当职能。"只要不用做弥撒，做兰斯大主教是一件多么美妙的事啊！"人们传说，这句话出自 1080 年被教皇特使罢黜的玛那西斯大主教之口。无论是事实还是诽谤，这段轶闻是这一时代的标志，这个时代法国主教团在招募教职人员上所存在的丑闻，多于历史上任何一个时期。格利高里改革之后，这种嘲讽已使这个故事难以置信。但是，每个时代都有武士类型的高级教士，即"教士中的优秀骑士"——这是一个德国主教对他们的称呼。而且，那些"穷困潦倒的"继承人们目睹大量财富集中于教会之手，想到许多好端端的地产不久前被他们的先辈们拱手让给精谙于以地狱的恐惧来大发横财的修士，心中的怨愤之情便被唤醒；加上武士们对这种被保护的生活方式的蔑视，这些都打上反教权思想的印记。这种反教权思想在史诗的许多篇章中得到直率淋漓的表达。[①] 虽然这些情绪与怜悯时刻或死亡痛苦中的慷慨施舍行为的复兴非常协调，但这些感情奠定了某些政治态度以及一些真诚的宗教运动的基础。

在人们倾向于以一种最具约束力的关系设想人与人之间所有关系的社会中，几乎必然发生的是，在宗教社会的核心部分，附庸制的各种习惯会孕育一种更为古老而本质又非常不同的主从关系。主教要求他的教士团中的高级教士或其教区内的修道院长臣服于他；持有圣俸最多的大教堂教士要求持有圣俸较少的同事臣

---

① Guibert de Nogent, *Histoire de sa vie*, I, 11 (ed. Bourgin, p. 31); Thietmar of Merseburg, *Chronicon*, II, 27 (ed. Holtzmann, pp. 72 – 73). 史诗中有一处特别提到这一点，见 *Garin le Lorrain*, ed. P. Paris, I, p. 2。

第二十六章 教士与市民

服于他；教区祭司则必须向教区所依附的教会团体首领表示臣服。① 将如此明显地借自世俗世界的习俗引进到精神城堡中，不能不引起恪守教规者的抗议。教士双手浸过圣职授任礼的圣油并触摸圣体而净化后，为了臣服礼将它们放到一个俗人手中时，罪恶就更加深重了。此处的这个问题与另一个更大的问题联系在一起：这自然是教会始终面临的一个更令人担忧的问题，这就是教会教阶体系中不同职位的任命问题。

将选择灵魂指导者的职责交给世俗势力的做法，并非源于封建时代。对于乡村教士职位，或多或少可以自由安排，这种做法可以追溯到教区制的源头。那么，主教或修道院院长的职位怎样安排呢？按照教规，惟一的程序就是选举：主教由教士和城市居民选举产生；修道院院长则由修士选举产生。但是，远在罗马帝国末期，皇帝们已经毫不迟疑地将自己的意志强加于城市的选民头上，有时甚至直接任命主教。蛮族王国的统治者们步其后尘，统治者任命主教的情况普遍存在，比以往有过之而无不及。不直接依附于国王的修道院院长常常由修道院的建立者或继承人任命。事实上，没有一个严肃的政府能对官职的安排置之不理而能担当其造成的后果，这些职位涉及一种沉重的宗教责任，任何一个关心人民福祉的统治者都无权放弃这一责任；此外，它们还涉及大部分纯世

---

① 人们有时认为，伟大的格利高里时代的教皇们企图成为一些国王的封建领主，事实上，他们似乎只是要求一种效忠誓言和一种贡献义务，即隶属形式，有时他们获得了这些东西，但毫无疑问并无特别的采邑。当时只要求地方诸侯举行臣服礼（如意大利南部的诺曼领袖和朗格多克的萨布斯坦翁伯爵）。无地王约翰确实曾行过臣服礼，但这是很晚以后的事了（1213 年）。

俗权力。为了国王而"指定"主教的思想受到加洛林王朝惯例的肯定,最终成为一项公认的原则。10世纪和11世纪初,教皇和高级教士对此都一致表示同意。[1]

然而,这一领域与其他领域一样,从过去继承的制度和习惯要受到新的社会环境的影响。

在封建时代,每一种所有权——一块地产、一种权利或一个官职——的转移,都是由交接代表转让主体的有形物来实现。所以,由世俗人士任命教士管理一个教区、一个主教区或一座修道院,需按照通常的形式从授职者那里接受"授封仪式"。对主教来说,从加洛林王朝初期开始,最受欢迎的象征物自然是牧杖,[2]后来又加上主教指环。无需说,由世俗首领授予的标帜绝对没有免除圣职就任仪式;在这个意义上,标帜的交接并不能造就一个主教。但是,如果我们认为其作用仅限于标志着附着于新职位的所有权移交给高级教士的话,那就大错特错了。职位权和与之相随的薪俸领取权通过标帜交接同时转移。——尽管没有人感到有必要对职位权和薪俸领取权这两种不可分解的因素进行区分。如果说这一仪式有些赤裸裸地强调世俗当局在任命教职时的主导作用的话,那么,其本身对已长期确认的事态并没有添加任何内容。不然的话,这一仪式就是另一种具有更深刻人性意义的姿态。

地方当权者或君主希望从被他委以教职的教士那里得到坚定

---

[1] Jaffé-Wattenbach, *Regesta pontificum*, I, no. 3564; Rathier of Verona, in Migne' *P.L.*, CXXXVI, col. 249; Thietmar, *Chronicon*, I, 26 (pp. 34-35).

[2] 最早的一个例证通常被忽略了,见 G. Busson and Ledru, *Actus pontificum Cenomannensium*, p. 299 (832)。

第二十六章 教士与市民

不移的忠诚作为回报。自加洛林王朝的附庸制形成以来,任何此类性质的契约——至少在社会的上层——除非是按照由法兰克委身制习惯发展起来的形式缔结契约,便不会被认为具有真正的约束力。因此,国王和诸侯习惯于要求他们提名的主教或修道院长向自己行臣服礼;乡村领主有时也要求教区祭司行臣服礼。但是,从严格意义上,臣服礼是一种服从仪式,而且是很受人尊重的仪式。通过臣服礼,精神权威的代表对世俗权威的从属关系不仅被赫然展现出来,而且还得到强化,因为两种正式仪式——臣服礼和授职礼——的结合,造成高级教士职位同化于附庸采邑的危险性。

任命主教和较大的修道院院长的权利,实质上是王权的象征,它必然涉及封建社会所特有的对最高主权的普遍再分割。但是,这种分割并不是在同等程度上到处发生,所以,对招纳宗教官员的影响大不相同。在一些地区,如法国,尤其是法国的南部和中部,许多主教职位由显赫的贵族,甚至中等贵族所控制,极为昭彰的舞弊行为大行其道:从子承父位到公开出售主教职位,无所不有。相形之下,德国国王几乎保持对所有教会职位的控制权。当然,他们选任主教并非完全出于宗教的动机。首先,他们需要具备管理能力、甚或战斗能力的高级教士。图勒主教布鲁诺后来以教皇利奥九世之名成为一名非常圣洁的教皇,他得到主教职位主要是因为他表现出一名军事指挥官的能力。对于贫穷教区,君主们喜欢任命富有的主教去那里,不管这种授职礼所授客体是军事采邑还是宗教职务,他都不会耻于接受新任主教送上的礼物,风俗已使送礼成为义务。不过,从整体上看,萨克森王朝和萨利安王朝初期的帝国主教团,在教育水准和道德状况上毫无疑问要远远高于邻国的主教团。对教会来说,一旦必须服从于世俗统治者,显然较好的做法是依附于一个较高等级的世俗统治者,这样便会有一个较为广阔的前景。

当时人们开始感觉到格利高里造成的冲击了。格利高里激情澎湃的改革企图将教会力量从世俗控制中解脱出来,并且将世俗权力在灵魂拯救的伟大事业中变成辅助力量,使之小心翼翼地发挥次要的作用。对于这次改革努力的变迁过程,这里无需赘述。如果我们不考虑不同国家之间的细微差异,它最后的成败得失可以用几句话来概括。

改革者所做的努力主要不是针对教区制度。事实上,教区的法定控制权变化极少。一个更体面的名称"委任权"最终取代了粗俗的词语"所有权",教会当局对教士的选任控制得更为严格;但是,这些温和的改革措施并没有太大的作用,提名权实际上仍由领主保留。惟一具有意义的新特征表现在事实方面,而不是表现在法律方面:大量的乡村教堂作为礼物或出售品已由俗人手中转移到教会机构,尤其是修道院的手里。领主的至上权威仍然存在,尽管现在它是由位列教会士兵的主人来行使。它再次证明,虽然庄园在根本上比封建主义社会组织的其他方面更为古老,但它仍是封建社会制度中最不易摧毁的部分之一。

就教会的重要职位而言,向世俗权力表示臣服的最令人感到可耻的形式已被消除。再没有修道院被地方统治者公开"占用";再没有军事贵族自命为修道院院长或是修道院的"总院长";授职礼也不再以宗教权力特有的标志来进行。权杖代替了教皇的牧杖和指环,而且,宗教法规家原则上规定,仪式的惟一目的是授予应

第二十六章 教士与市民

享有的物质权利,这些权利附属于独立授予的宗教职能的行使权。选举是普遍承认的教规,世俗人员即使具有简单的选民身份,最终还是不能参加所有正常的主教选举活动。由于受到整个12世纪一直进行的一场革命的影响,此后主教由一个红衣主教团任命,这个红衣主教团仅限于大教堂的成员——这是一个绝对相悖于最初法律的新特点,这个特点比其他任何特点更显示出教士与世俗大众之间日益扩大的裂痕。

然而,只是由于人们不愿意计点选票,选举原则实行起来便困难重重。人们认为,选举结果并不是由单纯的多数来决定,而是依照传统的程式,由既是"最大多数又是最合理"的一方决定。少数派是否会接受数量原则,抵制诱惑,不对它的对手——两类人中取得胜利但身份较低的一方——行使否决权,是令人怀疑的。因此,有争议的选举频繁发生,这样的选举有利于较高等级——教皇们和国王们——的干预。除此之外,没有人对人数很有限的享有选举权的红衣主教团的偏见抱有幻想,这些红衣主教团常常受到声名狼藉的地方利益的严重影响。聪明睿智的宗教法规家们也不否认,对较大领域行使控制权在他们看来是有利的;在这里,教会的最高首脑和国家首脑们是一致的。在全面重组政治力量的幌子下,西欧大部分地区的贵族中的小人物实际上被逐渐清除,形势有利于国王或少数特别强大的诸侯;但仍然是土地的惟一主人的国王们,尤其能操纵他们手中的各种手段向教会团体施加压力。作为一种威吓手段,君王可以莅临选举现场,这已被1122年教皇与皇帝订立的《协议》认定为合法。对自己的力量非常自信的君主,偶尔会果断地直接任命主教。封建社会第二阶段的历史,正如它前面几个世纪的历史一样,任命主教或修道院长而引起的不可胜数的争吵声,回荡在整个天主教世界。格利高里的改革证明自己完全无力从强大的世俗权力中争得这种控制手段——实际上这种控制手段对大世俗政权的存在是不可缺少的——它表现为有权选择教会的高级教士,至少是监督选举。

这个新阶段的主教或修道院院长被赠予大量的庄园地产,这些地产使他承担每一个大贵族对国王或诸侯应尽的义务,甚至还包括非同一般的役务。我们将看到,教会的财产被认为以特别密切的关系附属于王室辖区。所以,教会高级教士仍然因忠诚义务而受制于国王,这种忠诚义务的合法效力是不能否认的,改革者们只是规定,这些义务要以符合教会高级职位的方法表达出来。既然高级教士应该宣誓效忠,那就宣誓效忠,但对他来说,一定不能有臣服礼。11世纪末以后宗教会议、教皇和神学家们竞相加以阐释的这种理论就是这样,它逻辑清楚,观点鲜明。这一观点在很长一段时间内实际上被人们忽视了,但是它逐渐获得进展,到13世纪中叶,几乎在各地都大获全胜——只有一个重要的例外。法国是人们公认的附庸制的发源地,在这一点上它仍然固守这些传统习惯,除了几种特权以外,直到16世纪它一直坚持这些传统习惯。圣路易要求他的一位主教遵守规则时,竟毫不犹豫地对他说"你是我的仆人",这强有力地证明,封建主义的最典型的概念,甚至在它扩展到精神世界时也存留着。[①]

---

① Joinville, c. CXXXVI.

2 市民

受骑士灵感影响而创作的文学作品,往往在贵族和教士之下只看到清一色的"乡下佬"或"农奴"。但这一广大群体实际上也存在各种各样深刻的社会差别。即便在确切而严格意义上的"乡下佬"中,这样的差别也很普遍。不同程度的隶属关系不仅在他们阶层内产生变动不定的区别,逐渐简化成"奴役"与"自由"的对立,而且与这些地位上的差别并存而又与之没有关系的、实际存在的经济不平等也将这些小的农村共同体分裂开来。只提一下最简单且最现成的对比吧。那些拥有耕犁、洋洋得意于自己拥有的耕畜的农民中,谁会将本村那些依靠体力开垦贫瘠土地的贫穷耕作者视为平等之人呢?

最重要的是,除了农民人口以及那些从事与权力有关的体面工作的群体之外,始终存在着以独立的商人和手工业者为核心的群体。由于受到封建第二阶段经济革命的培育,从最初的这些组织中兴起了一个由城市诸等级组成的强大而又充分分化了的社会群体,这个社会群体由于无数另外的因素而壮大起来。要对这样一个具有职业特点的等级展开研究,不对它的经济状况进行彻底的考察是不行的。这里略作考察就足以说明它在封建制度背景中的地位。

在封建欧洲,任何一种语言都没有词语可以将城市与乡村清楚地区别开来。*Ville*、town 和 *Stadt** 可以毫无差别地用于两种

---

* *Ville*,town 和 *Stadt* 分别为法语、英语和德语的"城镇"之意。——译者

类型的聚落体。*Burg*（堡）用来指任何一个设防区域。*Cité*（城市）则专指主教统治的中心，或广义地指一些格外重要的中心。另一方面，早在 11 世纪，源于法文的名词 *bourgeois*（市民），很快作为惯用语被各国所采用，用作骑士、教士和农奴等词的明确的反义词。如果说这样一个聚合体仍是籍籍无名的话，那么，其中最活跃的居民——商人和工匠的职业是最典型的城市职业——则被公认为独特的社会群体，有着独特的名称。人们认识到，城镇的主要特点是居住着一群特殊类型的人。

当然，人们很容易夸大这种对比。早期阶段城市生活中的市民同骑士一样具有尚武精神，也有佩带武器的习惯。在很长一段时间中，人们可以看到他们像农民一样从事田中耕作，这些农田沟垄甚或扩展到设防地带以内；也许人们会发现，他们在城墙以外驱赶着他们的牧群在细心防护着的公共牧场上吃草。如果他们致富发达了，他们便会获得一块乡间庄园。但是，对市民来说，这些使他们与其他社会等级近似的活动事实上只具有次要性质，而且在最常见的情况下仿佛是他们已经逐渐抛弃的从前生存方式的一种残留。

从本质上看，市民是以经营商业为生。他们从买卖差价或借出与还回的资金差额中获取生计费。由于这种居间牟利的合法性——除非只涉及工人或运输工的工资——遭到神学家的否认，其性质为骑士社会所误解，所以他们的行为规则与盛行的道德准则发生明显的冲突。就市民而言，作为不动产的投机者，他们发现对其地产的封建限制是难以容忍的，因为他们的生意需要得到迅速处理，随着生意的发展，它继续产生新的问题，所以传统司法程序的迟滞、复杂和拟古风气,使市民感到恼怒。城镇管理机构的叠床架屋,妨碍了商业交易的正常管理,损害了市民等级的团结,因而伤害了他们的感情。他们附近的教会或骑士等级享受的各种各样的豁免权,在他们看来是自由追求利润的许多障碍。在他们穿梭不息的路途上,他们也同样怒视着贪得无厌的通行税征收人,以及常常从城堡里冲出来对商队发动突然袭击的掠夺成性的贵族。简言之,这个社会所创立的各种制度中几乎每件事情都使他们焦恼不安、烦躁不已,他们在这一社会中仍然还处于非常微末的地位。虽然他们以暴力手段赢得或以金钱购买到特许权,并且为了实施必要的报复和经济扩张而组织和武装起来,但他们渴望建立的城镇却仿佛是封建社会的异物。

许多共同体热切地盼望实现集体独立的理想目标,但这种集体独立最终并未超出各种程度的有限的行政自治。但为了摆脱地方暴政的无理束缚,市民还有另一种方法可资利用,尽管这一方法似乎是铤而走险的手段,但经验常常证明它是最有效的。这就是自投于强大王室政府或诸侯政府的保护之下,这些政府是广袤领土上法律和秩序的保护者。它们对财政收入的关心,使这些政府有兴趣维护富裕纳税人的兴旺发达。它们逐渐地越来越多地认识到这一点。用这种方式,不断增长的市民力量往往更加决定性地瓦解封建制度的最突出特征之一——权力的分割。

具有突出意义的一个行动,从整体上标志着新的城市共同体的出现——不管它是为了进行反抗,还是为了建立一个和平组织——这就是市民的共同誓约。此前他们一直是作为孤立的个体而存在,此后拥有一个集体了。就是这样创建起来的盟誓社团,在法国有了"公社"(commune)这个朴实的名称。从来没有一个词像公社一样引起如此激昂的情感。起义时它是中产阶级发出的呐喊,危难之时它是市民发出的呼救,它在从前的各统治阶级中唤起了持久的仇恨声。这个被吉贝尔·德·诺让称作"新鲜而又可憎的名称",为什么会招致如此多的敌意呢?毫无疑问,许多情感促成了这种敌意:强权者们认为他们的权威、收入和声望受到直接的威胁;市民团体由于教会的"特权"妨碍他们的行动而不尊重这些"特权",他们的雄心大志激起教会首脑不无根据的恐惧;骑士对商人表示轻蔑或敌意,那些"高利贷者"及"囤积居奇者"的厚颜无耻在教士心中激起义愤,因为他们的收入来源是不洁净的。[①] 不过,还有另外一个更深层的原因。

在封建社会,援助和"友谊"誓约从一开始就是这一制度的主要因素之一。但它是高低等级的人们之间的契约,它使一个人服从于另一个人。相反,公社誓约的显著特点是,它将平等之人联合起来。确实,这种类型的契约并非绝对地不为人知。我们将看到,在查理曼所禁止的流行的"行会"同业成员中,相互间做出的誓约就是这种性质的誓约。还有后来和平团体的成员间所做的誓约也是这种誓约,不止在一方面上,城市公社是他们的继承者。城镇最初争取自治之前,将商人组织起来,成为小社团,这些小社团有时也称为"互助会",它们的誓约,也是这样的誓约。这些誓约虽然只是服务于商业活动的需要,但它们是市民联合体形成的最早明证

---

① 参见 the synod of Paris, 1212; Mansi, *Concilia*, XXII, col. 851, c. 8 (*feneratoribus et exactoribus*)。

第二十六章 教士与市民

之一。然而,在公社运动之前,这种相互间的忠诚从来没有如此广泛,从未展现出如此巨大的力量。一个布道作家说,在各方面兴起的"阴谋活动"的确像是"盘根错节的荆棘丛"。① 正是在城市公社中,从它对等级社会的强烈的敌对情绪中,人们看到了真正的革命因素。当然,这些早期的城市团体绝不是民主的。"大市民"是这些团体的真正建立者,而小市民并非总是热心追随他们,大市民在对待穷人方面通常是严厉的主人和凶狠的债权人。但是,他们为欧洲的社会生活贡献了一种新的因素,相互援助誓约取代了以保护换取的服从誓约。这种相互援助誓约是与严格意义上的封建精神格格不入的。

---

① A. Giry, *Documents sur les relations de la royauté avec les villes*, 1885, no. XX, p.58.

第七编

政治体制

第二十七章 司法制度

1 司法制度的一般特点

如何对人进行审判？对于一种社会制度而言没有比这个问题更好的试金石了。所以就让我们看一看1000年左右欧洲在这方面的状况吧。初审之下，几个主要特点就从浩繁的法律细节中清晰地凸现出来。首先，我们会注意到，司法权呈现出极大的分割状态；其次，各种司法权错综交织；最后是这些司法权的功能低下。最严重的案例可以由行使平行审判权的许多不同法庭审理。毫无疑问，一些条令在理论上限定了各种法庭的权限；尽管如此，权限不清的情况依然存在。在涉及对等审判权之间争端的契约书中，流传至今的封建时代的记录比比皆是。诉讼当事人由于不知道应向哪家法庭提起诉讼，经常同意设立他们自己的（或其他人的）仲裁人来解决争讼，而不是寻求法庭的裁决，他们宁可达成私人协议——甚至冒着日后这种协议可能不被履行的风险——去这样做。由于对其司法权限的不明确和对自身力量的怀疑，法庭有时在判决宣布之前或之后郑重地请求诉讼双方接受法庭判决。一方即使获得于己有利的判决，除非与不服从判决的对方达成协议，常常没有其他办法使判决得以执行。这些冲突比其他事物更有力地提醒我们：混乱状态可能是一个最重要的历史事实，然而又是一个有待解释的事实。在前述情况下，混乱状态显然在很大程度上是由于一些互相矛盾的原则共存的缘故，这些原则来自不同传统，并且不得不有些因陋就简地适应一个很不稳定的社会的各种需要，因而总是互相冲突。但行使审判权时，人文环境造成的客观条件，也是其原因。

在这个保护关系已叠床架屋的社会里，每个首领——当然有许多这样的首领——都渴望做一名法官。一个原因是，只有排除其他法庭而拥有对自己的依附者的审判权，才能使领主既可保护他的依附者，又能有效地控制他们。另一个原因是，这种审判权在本质上也是有利可图的。审判权不仅带来司法罚金和诉讼费的收入，而且比任何其他权利更有利于把各种习惯转变成法律义务，领主发觉这些法律义务十分有利可图。*justitia*（司法）一词的含义有时被加以扩大，用以描述领主的所有权力，这绝非偶然。诚然，这不过是承认了一种几乎为一切群体活动所共有的必要性：即使在我们这个时代，每个企业的雇主，每个军事指挥官不都是按自己的方式充当法官吗？但在这种身份中，他的权力限于明确规定的活动范围，他只能按规定裁决他的工人或士兵。封建时代的领主拥有的权力更大，因为那时的隶属关系趋于束缚整个人身。

此外，在封建时代，行使审判权并不是一件非常复杂的事情，虽然这自然要求有点法律知识。在成文法存在的地方，这就等于多少知道这些法规，或者让别人将这些法规读给一个人听；虽然这些法规通常繁多而琐碎，但它们十分固定，在大多数情况下无需劳心费神。另一方面，如果成文法已为口头习俗所取代，那么人们对这种普遍的传统有所了解也就够了。最后，重要的是了解一些规定的手势和必要的用语，它们使审判程序具有固定的形式。简言之，行使审判权整个来说就是一件依靠记忆和习惯完成的事。举证手段原始而易于运用。法庭很少听取证据，即使这样做，也只是记录证人的陈述，并不进行审查。审理一份法律文件的内容（这种法律文件在长时间内几乎是不需要的），接受诉讼一方的誓言或宣誓证人的誓言，宣布神命裁判或决斗裁判的结果（决斗裁判法日益流行，代替了各种形式的"神命裁判"）——行使这类职责不需要专门训练。涉及诉讼行为本身的各种因素很少且很简单。商业的落后使契约案件锐减。某些地区再度发展起较为活跃的交换经济时，普通法和一般的法庭处理商业纠纷的效能低下，在早些时候促使商业团体自行解决这些争端，起初是私下裁决，后来则通过商人自己的法庭仲裁。占有权（即长期为习惯所承认的拥有权），即对物和人的各种权力——这些内容差不多是所有诉讼的永恒主题。另外，法庭当然要审理刑事案件和民事案件；但在这方面，法庭的诉讼实际上由于私人复仇而大受限制。总之，没有任何思想障碍阻挡任何拥有足够权力之人自立为法官或确立其代理人为法官。

然而，与普通法庭并立的还有一种特殊的法庭制度——教会法庭。（我们所指的是行使专门职能的教会法庭；因为各主教和修道院对其依附者行使的司法权——像许多世俗领主一样在同样的基础上行使司法权——自然不能归于真正意义上的教会司法权名目下。）教会法庭有双重的活动范围。它们力求将教士和修士等所有出家人都纳入其审判权内。另外，它们或多或少地完全把持了一些即使只涉及俗人也被认为具有宗教性质的案件：从异端到立誓和婚姻案件。封建时代教会法庭司法权的发展，不仅说明世俗权力的衰微（加洛林王朝曾更多地限制教士的独立性），也证明了一种趋势，即教会世界日益拓宽横亘在上帝的仆人这个小团体和世俗众生之间的鸿沟。这里，权能问题再次引起了关于审判权限的激烈争吵，当真正的国家政府再次开始抵抗宗教权的侵蚀时，这种争吵变得尤为剧烈。

这样，教会司法制度和教会法在封建主义特有的各种制度中可谓是国中之国。因此，在简要地追溯了其作用和重要性之后，我们应摒除对它们的检评，这是合乎逻辑的。

2 司法权的分裂

正如人身法一样，蛮族时代欧洲的司法制度也是以自由人与奴隶之间的传统对立为主的。理论上自由人接受由其他自由人组成的法庭的审判，由国王的代表主持审判。主人对奴隶有裁决权（裁决奴隶间的纠纷）和惩治权，这些权力完全取决于主人的决定，不能确切地称之为司法权。诚然，在特殊案件中有奴隶在公共法庭接受审判，这或许是因为奴隶的主人自愿选择了这种方式推卸责任，甚或在有些案件中，法律为维护良好的秩序而迫使奴隶主这样做。但即使如此，决定奴隶命运的仍是奴隶主，而不是与奴隶处于同一地位的人。这是最鲜明的对比。可是在早些时候，这种情况也不得不屈从于不可抗拒的各种环境的压力。

我们知道，这两个法律范畴之间的鸿沟实际上日趋缩小。许多奴隶业已成为佃农，正如许多自由人已经变成佃农。很多自由人生活在某个领主的权力之下,并从他手里获得土地;因此,领主常常将其惩治权一律扩大到这个地位卑微的混杂群体,还亲自担任法官审理他们之间的诉讼案件,这并不令人吃惊。早在罗马时代结束之际,通常设有自己监狱的"豪强"的私人审判权,就开始出现在法律的边缘。阿尔地方的恺撒里乌斯死于542年,他的传记作者称赞其主人公棒打他的任何依附者从不超过29下(至少不在一次)时,清楚地说明,这位圣徒不仅温和地对待奴隶,而且也温和地对待"依附于他的自由人"。蛮族国王们要做的是在法律上承认这种实际情况。

从一开始,这就是法兰克人实行的"豁免权"的主要目标之一,而且不久就成为豁免权存在的真正理由。在高卢,这一历史悠久的制度由于加洛林王朝的推广而传布于广袤的帝国之境。豁免权一词意味着两种特权的结合:免除某些财政负担;不管何种理由,领地均不受王室官员的巡查。这样,豁免权几乎必然地委以领主某些司法权以统治其百姓。

诚然,通过特许契约而授予的豁免权似乎严格限于教会机关,人们可以引证的少数相反例证不仅晚出,而且显然可以用完全特殊的情况来加以说明。此外,即使特许契据集不提及豁免权总是令人生疑,难以使人信服,那么法兰克宫相使用的仪文汇编没有提到豁免权,却具有说服力;我们在这里寻找说明俗人豁免权的这种类型的文献,将是徒劳的。然而,很多俗人在事实上通过其他途径已获得同样的利益。传统上,王室领地也在享有"豁免权"之列;换言之,由于王室领地的经营直接服务于国王的利益,并由特殊的代理人团体管理,因而不受一般王国官员的控制。伯爵及其下属不得对王室领地征税,甚至不得进入王室领地。国王为酬报下属提供的或将要提供的役务而封授一块王领时,他通常都允许保留先前享有的豁免特权。在理论上,这种作为暂时赐赠之物的"恩地",仍然构成王室领地的一部分,所以那些豪强们——其大量财富来自王室的慷慨馈赠——在他们的很多庄园上完全像拥有豁免权的教会人士一样享有同样的法律特权。此外,他们无疑能够经常不甚合法地将这些法律特权扩大到他们的世袭地产上。他们久已习惯于作为主人统治这些世袭地产。

在封建社会第一阶段,这些土地赐赠一直在进行,直至到很晚时期宫相们仍将其套语传下来,当时这些套语已没有什么意义了。由于各种同样切实的原因,君主们不得不依赖这些赐赠。就教会来说,向它们大量赐赠是君主的一种敬神职责,这种职责逐渐被认为与好政府的职责是统一的,因为王侯以此乞求天国降福于他的人民。至于权贵和附庸,这些赐赠被认为是他们反复无常的效忠行为的交换物。此外,这里还要谈及对王室官员权限的限制。由于他们对待国王的臣民严厉无情,而且常常对国王本人也并非特别恭顺,他们的行为只能招致极大的不信任。国王此后便把维护秩序和保障服从的责任,就像委与王室官员一样,委与国王的臣民大众所隶属的各个小集团的首领们;王权希望通过加强这些首领们的权威以巩固其警察制度。最后,私人司法权的侵蚀作用在很长时期内不断增长,私人司法权源于势力的行使,所以只有势力决定私人司法权的限度。通过私人司法权的合法化,私人司法权就可被纳入适当的范围之内。这种企图在加洛林王朝实施的豁免权中表现得非常明显,它与查理曼进行的普遍的司法制度改革密切

第二十七章 司法制度

相关,这一改革注定对以后的一切发展产生强有力影响。

在墨洛温王朝国家中,基本的司法单位地域较小;不言而喻,由于存在着数不胜数的地方差异,这种司法单位的规模大致相当于拿破仑划定的法国最小的行政区(*arrondissements*)。这种司法单位一般以罗曼语或日耳曼语中表示"一百"的名称见称——这种称谓的来源相当玄妙,可以追溯到日耳曼民族的古老制度,也许还可以追溯到与我们的方法不同的一种计数制(现代德语中写作*hundert*,最初的含义似乎是"一百二十")。在罗曼语地区,也使用*voirie* 或 *viguerie*(管区,拉丁语作 *vicaria*)诸词。伯爵在巡视其管辖下的各百户区期间,召集所有自由人到伯爵法庭。伯爵法庭的审判由自由人大会产生的一小批"陪审员"做出;王室官员的作用限于主持审判程序并使判决得到执行。

然而,这种制度实际上似乎受到双重困扰:对当地居民来说,这种制度意味着过于频繁的传唤;对伯爵来说,它强加了一种对他而言过于沉重而难以圆满履行的责任。因此查理曼代之以这样一种制度:设立层次不同的两个法庭,每一个法庭都在其权限内享有充分的权力。伯爵继续定期巡访百户区以主持伯爵法庭,并且像以前一样,全体居民都有义务到庭。但全体居民出席伯爵法庭的情况一年仅有三次——对法庭权能的限制因这一措施成为可能。因为此后提交给这种全体居民大会审理的,只是涉及最重要事件的那些案件即"大案"。"小案"则留给经常举行且权力更为有限的庭次去审理,对于这样的审判庭次,只有陪审员才有义务到庭,由伯爵的一个普通下属即伯爵在该行政区的代理人"百户长"主持。在法国"百户长"称为 *centenier* 或 *voyer*。

因此，尽管我们掌握的文献资料十分模糊，但毫无疑问的是，在查理曼及其直接继承者统治时期，豁免权享有者获得的对其领内自由民的司法权限，大致限于审理"小案"。换言之，享有这种司法特权的领主在其领内充当百户长的角色。如果发生"大"案怎么办呢？豁免权妨碍伯爵本人在享有豁免权的领地上抓捕被控告的一方即被告人，或被告的宣誓证人。但领主有责任将这些被传告者送交伯爵法庭。这样，国王以退为进，希望至少为公共法庭保留最关键的裁决权。

大案和小案之间的区分将具有长期的影响。事实上，我们发现这种区分存在于整个封建时代，并以"高级"审判和"低级"审判的新名称一直存在于很久以后。这种基本的对立性通常见于曾臣服于加洛林王朝统治的所有国家，也仅见于这些国家，它继续区分着两级司法权限，这两级权限在同一领地之内不一定统一于一人之手。但无论是对各司法权如此强作的限制，还是这些司法权的分布，都完全不再是它们最初出现时的那种样子了。

在刑事审判方面，在经过一段不确定性之后，加洛林王朝已经以刑罚性质为基础建立了一种审判"要案"的标准：只有伯爵法庭才能宣布判处死刑或罚没为奴。这一非常明确的原则贯穿于整个封建时代。由于自由概念发生变化，严格意义上的罚没为奴的刑罚迅速消失（我们看到，杀死农奴的凶手被罚为遇害农奴的主人的奴隶，在这样的地方，案件被归于迥然不同的目标下，即划入补偿之列）。然而，"杀人"罪即可判处死刑的罪，总是属于行使"高级司法权"者的权限。但对于诺曼法中所称的那些"刀剑诉讼"的审理，却不再是几个大伯爵的特权。封建社会第一阶段各地都有，特别

第二十七章 司法制度

是法国境内拥有的最突出的特点之一,而且是对未来最具决定性的特点之一,是众多小首领由此被赋予了生杀予夺之权。那么情况发生了什么变化呢?显然,继承或赐赠所导致的伯爵某些权力的分割,或者纯粹的对伯爵权力的僭夺,都不足以解释这种现象。而且,各种迹象清楚地表明,司法价值观方面发生了实际变化。所有重要的教会权力机关都行使凶杀审判权,亲自审理或通过代理人审理杀人案件;这种权利实际上已成为无视古代法则的豁免权的天然结果。它有时被称作 centaine 或 voirie;这在一定程度上正式承认这种权利此后属于低级法庭的权限。换言之,加洛林王朝前不久在高低司法权之间建立的屏障,在这一点上已经消失了。这种发展过程无疑可以得到解释。

如果设想从前专属于伯爵法庭权限,或者在更高层次上,专属于国王法庭即钦差主持的巡回法庭的死刑宣判案件,在法兰克时期曾为数众多,那肯定是一个错误。当时,只有从维护公共和平的角度被认为是特别严重的罪行才被处以这样的刑罚。更常见的情况是,法官的作用限于提出或强行做出某种裁决,然后按照法定价目责令支付赔偿金,司法当局从赔偿金中取走一定份额。但在政府机构最为软弱的时期,仇杀和暴力行为接连不断,不久就出现了对旧刑事审判制度的反应,旧的刑事审判制度的无能,似乎已为法律诉讼所证明。这种反应与促成和平联盟兴起的社会倾向密切相关。它最典型地表现在最有影响的教会团体所采取的全新态度上。不久以前,这些教会团体出于对流血和仇杀的恐惧,赞成实行罚款和解法。但现在他们开始认为,这些过于宽大的措施应被代之以严厉的惩罚,在他们看来,只有这些严厉的惩罚才能震慑作恶者。正是在这个时期,即 10 世纪前后,欧洲的刑法典开始呈现极其严酷的那一面,这种严酷性注定延续下来,延续到较晚近时期的人道主义运动。这种冷酷的发展过程将导致对人类痛苦越来越多的漠视,但它最初却是由减轻人的痛苦的愿望所激发出来的。

在所有那些无论多么严重都无需死刑执行人的刑事案件中,低级法庭即百户区或豁免地的法庭曾经始终享有审理权。当金钱赔偿逐渐被刑罚取代时,法官的角色依旧未变;惟一的变化在于所宣布的判决的性质,死刑判决权不再为伯爵们所垄断。而且以前制度中所具有的两个特点也促进了这种变化。百户区法庭曾一直有权对作案现场上抓获的罪犯判处死刑。那时似乎需要高度重视公共秩序。对公共秩序的同样重视,现在又使这些法庭超越了以前规定的界限。至于豁免权享有者,他们对自己的奴隶历来操有生杀予夺大权。那么,此后依附者中间的自由人与奴隶的界限在哪里呢?

除犯罪案件外,伯爵法庭还曾对两类案件拥有专审权:一类是那些涉及诉讼双方中一方身份的案件,即涉及身份是自由的还是不自由的案件,或涉及奴隶占有权的案件;另一类是有关自主地占有权的案件。在随后的时代里,这一双重遗产并没有完整无损地传给很多行使高级司法权的法庭。与自主地有关的诉讼——这类土地正在日趋减少——常常仍为伯爵权利的真正继承人所垄断;在拉昂,这种情况存在到 12 世纪,这里的伯爵是主教。[①] 至于有

---

① 关于拉昂的和平制度(1128 年 8 月 26 日),见 Warnkoenig and Stein, *Französische Staats-und Rechtsgeschichte*, I, Urkundenbuch, p. 31, c. 2.

第二十七章　司法制度

关奴役性身份或奴隶一类问题，新的自由观的形成以及家内奴隶制事实上的消失，使这类问题消融在关于普通财产和人身依附的大量纠纷中——这类纠纷过去从未归入"大案"之中。"高级司法权"仿佛被掐头去尾，人们可能认为，现在它的角色限于纯粹的刑事审判；但"民事"方面的审判——就民事一词的现代意义来说——经由司法程序又回归于高级司法权。在封建时代，各类问题上的大量纠纷都通过一对一的决斗来解决。现在人们通过自然联想而承认——这种看法虽非恒定不变但极为常见——在处理死刑案件时，这种血腥的解决办法只能在拥有司法权的法庭面前方可实行。

在封建时代，行使"高级司法"权的任何人，都可在其直接控制的领地上行使"低级司法"权。反之则不然，除了在某些地区，而且在这些地区也只是在晚期阶段上：如果博马努瓦尔的说法可信的话，13世纪博韦发生的情况就是如此。因此，这种现象在很长时期内并非罕见：在次要案件中隶属于当地领主司法权的人，把较重大的诉讼案件提交到邻近的法庭上去审理。司法权的再分割是普遍存在的现象，但这并没有废除这种把高低两级司法权置于不同人手中的制度，虽然它把这种制度向此方向推进了一步。正像百户长和豁免权享有者的继承人（更不用说很多无官职的豪强）已经从伯爵手中取得——除与自主地有关的案件——对重大案件的垄断权而逐渐行使"高级司法权"一样，现在轮到他们失去次要案件的垄断权，让给大批庄园主以使他们获利了。任何人如果成了一小群卑微依附者的主人，从少数几处乡村佃领地上收取地租、征发劳役，那么，他至少就掌握了"低级司法"权。在这种权利中混合了不同时代和不同种类的很多因素。

这种司法权,首先包括对领主本人与其佃农之间所有纠纷的审理,特别是对涉及佃农义务的纠纷的审理。试图将这种司法权力说成是官方司法制度的一种遗产,是没有用处的。它的真正来源,在于一种古老而又日益盛行的权力观念,这些权力是给予首领的,或毋宁说是给予可以强制他人贡献某种卑贱义务的所有人的。在12世纪的法国,我们发现维兰制下一块中等规模佃领地的持有者,将土地转租给某个耕作者时,请求自己的领主准许他在耕作者不交付地租的情况下,"仅仅在这一件事情上而绝非其他事情上行使审判权"。[①] 从严格意义上的所谓审判权到债权人亲自执行的财产扣押——这种事情在当时频繁发生并时常得到法律的认可——其变化并非总是清晰可辨,大部分人无疑没有清楚地区分这两种概念。然而,对佃农义务的审判权——后来的法国法学家称之为领地司法权(justice foncière)——并不构成"低级司法权"的全部。行使低级司法权的人,对生活在他的领地上的居民来说,实际上是他们在自己人中间提起的所有民事诉讼案件的天然法官(除非诉诸决斗裁判),通常也是审理他们所有刑事诉讼的法官,除最严重的刑事犯罪之外。所以他的职权是"小案"审理权这种遗产与长期以来实际上由领主行使的裁决权和惩治权的结合物。

高级司法权和低级司法权实质上都是领地上的权力,居住在领地边界之内的任何人都得服从这些权力;住在领地之外的人则不服从之。但是,在人与人之间的依附关系如此牢固的社会里,这

---

① *Cartulaire du prieuré de Notre-Dame de Longpont*, ed. Marion, no. 25.

第二十七章　司法制度

种领地原则曾不断地与一种人身原则相对抗。在法兰克时代,将自己的保护权扩展到更弱者身上的任何人,都有权利与义务随同被保护人出庭,为他辩护并为他做担保。从这一点出发到要求对被保护人拥有宣判权,其间只有简单的一步;事实上,所有社会等级都迈出了这一步。

在人身依附者中,最卑贱最低下者是那些由于其依附关系的世袭性而已习惯性地被称为非自由人的人。一般认为,无论如何,对于那些可判死刑的罪行,只能由他们在人身上依附着的领主来审判,即使他们没有生活在领主的土地上,或者领主对他的其他佃农不拥有高级司法权,情况也是这样。领主常常试图把同样的原则用于其他类型的卑贱依附者身上,这些依附者虽然与主人之间不存在世袭依附关系,但他们被认为是非常接近于主人的依附者,如男女仆人,还有在城中为教会领主充当买卖代理人的商人。领主的这些要求很难得到实际上的承认,总是成为动荡和冲突的根源。

新的奴役形式曾留有旧的奴役形式的印记,就此而言,领主对其农奴独擅审判权,可以被视为旧的惩治权的自然结果——而且,12世纪德国的一份文献似乎仍然表达出这种观念。① 另一方面,军事附庸是自由人,他们在加洛林时代只服从公共法庭的审判。至少他们的法律地位是如此。实际上领主本人试图亲自去解决可能导致其附庸之间不和谐的那些差异,遭到某个豪强的心腹之人伤害的人,通常会认为向领主求助更有把握得到

---

① Ortlieb of Zwiefalten, *Chronicon*, I, c. 9, in *M.G.H.*, SS. X, p. 78.

补偿，能怀疑此种情况的存在吗？10世纪以后，这些习惯导致了名副其实的审判权的出现。另外，各种权力的普遍演化已经影响了公共法庭，其演化方式有助于、有时几乎是毫无察觉地促成了这种变化。这些法庭大部分以"荣誉地"形式、后来又以世袭采邑的形式落入权贵之手，这些人让自己的随从充斥于这些法庭；在某些领地大公国中，我们可以清楚地看到这样组成的伯爵法庭逐渐变成真正的封建法庭的过程，在这种法庭上，正是附庸们自己来裁决其他附庸的案件。

3 由同等地位者进行的审判或由领主进行的审判

自由人由自由人大会审判，奴隶则只能由他的主人惩罚——这种区分在社会阶级分化的剧烈变化中很难延续下来；尤其是，原本自由的人在新的依附关系中仍保留其原初身份的很多特点，在他们这么多人都接受奴役的情况下，这种区分也不易继续存在。接受"同等地位者"审判的权利，甚至在最一般阶层的人员的案件中也从未有争议，尽管等级差别制的引进严重损害了产生于普遍自由观的司法平等这一古老原则。另外，在很多地方，习惯法将这种审判权扩展到依附者甚至农奴身上，如果说并非总是由完全同等地位者进行审判，那么至少也是由同一领主属下的臣民团体进行审判。从塞纳河到卢瓦尔河各地，高级司法权通常继续由领地上所有居民都要参加的民众大会（*plaids généraux*）行使。至于陪审员，遵照纯粹的加洛林传统，

第二十七章 司法制度

通常仍旧由司法权的持有者指定并终身任职,这些陪审员仍被称为 *échevins*(*scabini*);在其他情况下,由于职位的封建化,出席法庭的世袭义务最终附着于一些佃领地之上。在其他地方,领主或其代理人似乎满足于以多少有些随意的方式,将当地的主要人物即"良善、忠信之人"聚拢在自己周围。在这些歧异之上,一个关键因素仍然存在。国王、贵族或领主的司法权的说法,用起来也许是方便的,但这种说法只有在这一条件下才是合理的,即:我们不会忘记国王或大贵族几乎从不亲自断案,甚至许多庄园主或管家也几乎从不亲自审案。法庭通常由主持法庭的领主召集,"公布"或"发现"法律的正是他的法庭;就是说,追忆各种法规并将它们体现在审判中的是法庭。一份英国文献用这样几个字宣布:"法庭做出判决,而不是领主做出判决。"[1]毫无疑问,夸大或完全否认领主给予诉讼当事人以保护,将是不合适的。"快、快,你们赶快给我一个判决",安茹王朝急躁的亨利国王就是这样说话,要求他的附庸们给托马斯·贝克特定罪。[2] 这种命令清楚地反映出领主的权力对于法官的公正性造成的种种制约,这些制约因素因案件不同而大有不同;同时也说明,即使最专横的暴君也不可能废除集体审判。

但是,非自由人以及受到自然同化的最卑微的依附者不应有主人外的任何其他法官的观念,在人们的思想里根深蒂固,很难轻易被抹去。此外,在以前罗马化的国家里,罗马体制的印记

---

[1] *Monumenta Gildhallae Londoniensis* (Rolls Series), 1, p. 66.
[2] Roger of Hoveden, *Chronica* (Rolls Series), vol.I, p. 228.

或对它的记忆仍支撑着这种观念；在这些国家里，司法长官过去是其司法权辖下臣民的上级，而不是其平等的成员。对各种矛盾原则必须做出选择，这些原则的存在也造成了各种各样的习惯。按地区甚或村庄，农民有时接受整个法庭团体的审判，有时只接受领主或领主管家的审判。领主或领主管家审判制度起初似乎并非常见，但在封建社会第二阶段，社会发展进程显然向着有利于它的方向发展。决定其他自由佃农命运的是自由佃农组成的"法庭贵族"；"习惯法法庭"——农妇在习惯法法庭上从此被视为非自由人——则接受领主管家的判决：区别就是如此，它孕育着各种结果，13世纪的英国法学家试图把这一区别引入此前简单得多的英国庄园的司法结构中。同样，在法国，博马努瓦尔诠释的法律条文不顾仍然盛行的习惯，想把同等地位者审判权作为贵族的专利。等级化是这个时期的特征之一，它甚至迫使司法制度服务于它的目的。

4 濒临解体：遗存与新因素

虽然司法权力被一再分割并呈庄园化，但若设想按民众法即公法行事的旧法庭因素在封建世界没有流传下来，那将是严重的错误。虽然它们对变化的抗拒力无处不显，但在国与国之间却迥然不同。因此，现在应该是更明确地突出一下国家间差异的时候了。

英国的发展进程尽管有其突出的特点，但它也表现出与法兰克国家发展进程的明显相似性。在英国，我们再次发现，基层

第二十七章　司法制度

组织是拥有自由人法庭的百户区。百户区之上是包括为数不等的百户区的郡（英语称之为"shires"）。在英国南部，郡相当于实际的族群区划，即诸如肯特或苏塞克斯这样的古王国，这些古王国已经逐渐合并于较大的王国之中，要不然就相合于定居过程中一个族群内部自发形成的群体，如表示原初东盎格利亚两个分支的萨福克和诺福克（"南方人"和"北方人"）。另一方面，在英国的中部和北部，郡起初只是行政和军事区划，形成于与丹麦人斗争时期，比较晚出且更具随意性，每个郡都有城堡作为它的中心，这就是为什么在英国中部和北部，郡的名称大多都来自郡内城镇的原因。此后，郡也有了自由人法庭；但在英国，郡法庭和百户区法庭的权限划分远不及加洛林帝国那样清楚。为了保留郡法庭对一些犯罪活动，特别是对危害公共和平的犯罪活动的审判权，人们做了努力，但郡法庭似乎主要是介入低级法庭原本无力审理的案件。这就是为什么英国司法制度中一直不区分高低两级司法权的原因。

与欧洲大陆的情况一样，这些公共法庭必须与领主法庭竞争。我们注意到，在早期，领主在其府第内即"厅"内进行审判。后来国王将这种实际存在的情况合法化，我们发现，10 世纪以来国王颁授了名为"诉讼与判决"（"sake and soke"）的司法权（sake 一词相当于德语名词 Sache，意为"案件"或"诉讼"；soke 一词近似于德语动词 suchen，意为求助于法官，也就是诉诸法官的判决）。国王授予的这些权力有时用于某一特定的领地，有时用于某一人群，它们多少相当于我们所知道的盎格鲁-撒克逊的百户区所享有的那种非常广泛的司法权限。这就使得这些权力的适用范围从一开始就大于加洛林王朝的豁免权在理论上的适用范围,尽管加洛林王朝的豁免权近似于10世纪豁免权占有者竭力攫取的权利。这些权利对社会关系纽带的影响是如此之大,以致自由佃农因其臣服于领主法庭而得到常见的"司法人员"(sokeman)称号,其字面意义为"诉讼人"。有时,一些教堂或一些权贵接受掌管百户区法庭的权利,作为一种永久性的礼赠;一些修道院——虽然为数很少——甚至被授权审理所有犯罪,包括通常留归国王审理的那些犯罪。

不过,这些授权虽然重要,但从未完全取代实行公法的旧公共法庭。甚至在贵族掌管百户区法庭的地方,公共法庭就像昔日在国王代表主持法庭时一样照旧开庭。至于郡法庭,则继续按古代的形式发挥职能,并无中断。诚然,大人物因地位尊隆而不屈从于这些公共法庭的审判,农民——甚至自由农民——已经为庄园法庭控制,他们一般都不再出现在这些审判大会上(虽然对于村庄里的穷苦百姓而言,理论上他们仍必须由祭司、村长和"四人团"代表)。但是,在权力和自由方面居于中介地位的所有人仍需出席审判大会。旧日的法庭受领主法庭的压制,在诺曼征服以后受到王室司法权的侵蚀,日渐降到相对微末的地位。然而,正是在旧日的法庭里——主要是在郡的框架内,但也是百户区更有限的范围内——英国的一些最重要的人群保存了开会决定地域群体习惯法的习惯,保存了以群体名义答复所有质询,甚至情况需要时为集体性犯罪承担责任的习惯。所以公共法庭的存在一直持续到这个时候:当作为一个团体受召集合时,郡法庭的代表构成了后来所谓下院的最初核心。可以肯定,英国的议会制并非发轫于"日耳曼尼亚

第二十七章 司法制度

的森林"，它烙有所由产生的封建环境的深深印记。但是，使英国议会与欧洲大陆"等级代表"制迥然不同的特性，更概括地说，早在中世纪就是英国政治结构突出特征的当权贵族阶级的那种联合性——这一切肯定可以从牢固地扎根于英国土壤上的审判大会制度中找到，这种审判大会按照蛮族时期的古老习惯，由领地中的自由人组成。

除了数不胜数的地方习俗或地区习俗外，德国司法制度的发展进程有两个重要事实。首先，由于"采邑法"一直不同于"土地法"，因而封建法庭与古代法庭并肩发展，而没有将后者吞并。其次，层次较多的社会等级的存在，尤其是，认为享有自由就是直接服从国家权威这种观念的长期存在，为古老的伯爵法庭和百户区法庭（它们各自司法权限的划定并不太明晰）保留了非常广泛的诉讼范围。这种情况特别见于阿尔卑斯山的士瓦本地区和萨克森地区，这些地区有很多自主地，而且封建化没有完成。然而，一种普遍的规则是，习惯上要求陪审员（scabini，德语为 Schöffen）拥有相当的土地财富。有时，与那时的一种普遍趋势相一致，陪审员的职位甚至被认为可以世袭；所以，对自由人应由自由人法庭审判这种古老原则的高度尊重，经常最终使德国法庭的组成比其他国家更具寡头性。

法国（当然还有意大利北部）是司法以最纯粹的形式封建化的国家。的确，加洛林王朝的制度留下了深刻而持久的痕迹，特别是在法国北部各地，但这些痕迹的影响主要表现在领主法庭的等级化——就高低两级司法权而言——和领主法庭的内部组织上。百户区法庭即基层区法庭消失得非常迅速而彻底。值得注意的特点是，行使高级司法权的领主的司法辖区通常有"城堡领地"之称——仿佛舆论现在承认的司法权的惟一来源，实际权力的来源和标志，是拥有一座设防居所。然而，这并不是说，古老的伯爵司法权没有任何东西留存下来。在主要的领地大公国，如佛兰德、诺曼底、贝阿恩，诸侯有时能够独擅审判死刑案件的权利。正如我们已经看到，伯爵通常对自主地产拥有司法权；他裁决涉及没有完全融入封建等级制的教会作为当事人的诉讼；而且在理论上伯爵拥有对市场和公路的司法权，除非这些权利已授予他人或被僭取。至少在萌芽状态上这已经是对司法权力分散局面的强有力的矫正。

另外，在整个欧洲，有两股重要力量正在发挥作用，限制或削弱司法权的分裂；虽然这两股力量在很长时期内只是取得有限的成功，但其前景远大。

首先是诸王权的存在。国王天生是其臣民的最高法官——这一点得到普遍承认。所需要的是，从这种原则中推论出的实际结果；在这里它变成了实践和有效权力的问题。11世纪，卡佩王朝的王室法庭的作用，大致限于审理涉及国王的直接依附者及其教会的案件，或者（只是偶尔地收效甚微地）充当拥有司法权的封建法庭，在理论上对国王属下的重要附庸行使权力。另一方面，按加洛林王朝的模式设计的德国国王的法庭仍然吸引了大量重大案件。但是，即使在国王亲自掌控的这些法庭比较活跃时期，它们显然也不能为国王的大批臣民所接近。正如在德国一样，国王例行出巡所到之处，国王的审判权将取代所有其他法庭的审判权，做到这一点是不够的。君主的权力只有通过巡回法庭或固定代表组织

第二十七章 司法制度

的完善的组织系统,把自己的控制力扩展到整个国家,才能成为司法制度中的决定性因素。这一成就是在封建社会第二阶段国家权威普遍重建时期,首先由英国的诺曼王朝和安茹王朝诸王取得的,后来卡佩王朝诸王以更加缓慢的速度完成了这一过程。在英法两国,特别是法国,王权将从附庸制本身找到重要的支柱。因为,封建主义曾使司法权分散到众多人手中,但在司法上诉实践中矫正了这一过程。

在这个时期,任何诉讼一旦做出裁决,同一诉案的双方便不能再到不同的法庭起诉,因为人们认为,对于一个真正的错误,即使由良好的意愿所致,也没有任何补救措施。然而,设若诉讼双方中的一方认为法庭故意做出错误判决,或者诉讼中的这一方指责法庭直截了当地完全拒绝审理案件,任何事物都不会阻止他在某个更高级的法庭上起诉这个法庭的成员。如果他在这一完全不同于以前的诉讼中获胜,那些糟糕的法官一般要受到惩罚,他们做出的判决无论如何都要被废止。这种上诉形式——今天我们应称其为"控告法官"——早在蛮族王国时代就存在,但那时上诉只能提交到位于自由人审判大会之上的惟一法庭,即王室法庭。因此上诉程序是异乎寻常的,而且是困难的。附庸制带来各种新的可能性;此后每位附庸的封主当然就是附庸的法官;拒绝受审是一种犯罪,就像其他犯罪一样。这个普通的法规很自然地应用于附庸制,上诉行为通过臣服的等级一步步上行。这个程序一直需要谨慎掌握;首先它具有危险性,因为惯常的取证方式是决斗裁判。但此后人们必需求助的封建法庭,证明它远比国王法庭更易接近,国王法庭距离其臣民过于遥远了;如果一个案件最终提交到国王法庭,它也是通过一系列步骤才能达到。在上层各等级的法律事务中,上诉事件日益普遍。因为它涉及依附关系的等级体系,并在地位上一个高于一个的领主之间建立起一系列直接联系,所以附庸制和采邑再次把一种统一的因素导入司法组织中。早期类型的王权由于缺乏与其名义上的臣民的联系,已证明自身无力捍卫这种统一因素。

第二十八章 传统权力：王国和帝国

1 诸君主国的地理分布

在封建时代的欧洲，众多庄园、家族或村社聚落和附庸集体之上，存在着各种各样的政权，在很长时期内，这些政权统治的范围越广，则行动效力越差，前者为后者所抵消；然而，在这种四分五裂的社会里，这些政权注定要维持秩序和统一之类的一些原则。最高层是王国和帝国，它们从悠久的历史传统中获得力量和雄心。在王国和帝国之下，较晚发展起来的政权，从领地大公国到普通贵族领地或城堡领地，按一种几乎察觉不到的等差上下排列。我们必须首先考察那些具有悠久历史的政权的状况。

罗马帝国覆亡后，西欧分裂成由日耳曼各政权统治的诸王国。封建欧洲所有的君主国都或多或少直接地从这些"蛮族的"君主国发展而来。在盎格鲁-撒克逊人统治的英国，这种谱系尤为清晰，迄至9世纪前半叶，英国仍分裂成五六个王国；这些王国是入侵者不久前所建立的国家的真正继承者，虽然它们的数量比以前少得多。我们已经知道，斯堪的纳维亚人的入侵是如何最终只留下以牺牲邻居为代价而壮大起来的威塞克斯。10世纪，威塞克斯国王开始自称为全不列颠之王,或称盎格鲁人即英国人之王,后一称号更常用,其影响更持久。然而,诺曼征服时,在这个盎格鲁王国（regnum Anglorum）的边界上仍然是凯尔特人居住的边境带。威尔士的布列吞人（Britons）分布在几个小公国中。在北部,一个苏格兰人——即爱尔兰人——首领的家族,先后征服了苏格兰高地的其他凯尔特人部落和洛锡安的日耳曼或日耳曼化的居民,逐渐建立了一个大王国,这个国家从征服者那里得名叫苏格兰。

在伊比利亚半岛,穆斯林入侵以后曾避居在阿斯图里亚斯的一批哥特贵族推出一位国王。这个国家在开朝国王的几个继承人手中被几度瓜分,但因"再征服运动"而有了相当大的扩展,大约在10世纪初,这个国家把首都迁至位于比利牛斯山脉南部高原之上的莱昂。10世纪期间,在东部的卡斯蒂尔形成并且最初依附于阿斯图里亚斯和莱昂诸王国的一个军事据点逐渐独立,其首脑于1035年称王。一个世纪左右以后,从半岛西部经历的类似的分离过程中诞生了葡萄牙。与此同时,比利牛斯山脉中部以纳瓦拉人见称的巴斯克人一直独自生活在他们活动的峡谷内。他们最终形成一个王国,这个王国显然出现在900年前后;1037年从这个王国又分离出一个小王国,因湍流浸灌其领土而得名"阿拉贡"。最后,埃布罗河下游的北部是法兰克人建立的"边区",这个"边区"在巴塞罗那伯爵领的名称下,直到圣路易时代在法律上一直被视为法兰西国王的采邑。这些国家就是"西班牙"各国产生于其中的政治构造体,这些构造体的边界变动不居,并经受着分割、征服和政治联姻造成的所有变迁所带来的影响。

位于比利牛斯山脉以北的法兰克人的蛮族国家,曾被加洛林

第二十八章 传统权力：王国和帝国

王朝大为扩展。887年9月胖子查理被废黜，随后不久他于888年1月13日死亡，这标志着恢复统一帝国的最后努力以失败告终。东法兰克人的新国王阿努尔夫婉拒兰斯大主教向他提出的接管西法兰克王国统治的提议，并非只是出于一时的奇想。很显然，查理曼的遗产看起来是一种过于沉重的负担。大体说来，帝国的分割遵循着843年《凡尔登条约》首次分割所确定的路线。当时，日耳曼人路易的王国由莱茵河左岸的三个主教区，即美因茨、沃姆斯和施派尔，以及莱茵河东岸不久前被法兰克两个王朝征服的日耳曼人的广大领土联合而成，这个国家为了路易惟一尚存的后人、卡林西亚的阿努尔夫的利益而重新于888年确立起来。它形成为"东法兰西亚"。根据一种时代错乱的做法，此时此地我们可以称这个国家为德意志（德国），如果我们意识到这种时代错乱的做法，那么它就不会造成妨害。

在从前的秃头查理的王国即"西法兰西亚"，也就是我们今天所称的法兰西（法国），有两个大领主几乎同时宣称自己为国王，这就是出自法兰克血统的一位意大利公爵斯波莱托的盖伊，和可能出自萨克森血统的纽斯特里亚伯爵奥多。后者人多势众并在抵抗北欧人的战争中声名显赫，因而成功地获得承认。这时法国的边界大体仍接近《凡尔登条约》的规定。法国的边界以并列的伯爵领的界限为基础，几次反复越过些耳德河，并到达与瑟穆瓦河交汇后的默兹河的下游一段；此后边界几乎与默兹河平行并进，距离河左岸几英里。然后在索恩河渡口下方到达索恩河，并沿河道顺延了相当长一段距离，除在沙隆对面朝东的一处急转弯外，几乎没有离开河道。最后，在马康奈（Mâconnais）以南，法国的边界离开了索恩河-

罗讷河一线，这样就将西岸河边所有的伯爵领留给了邻国，只是在三角洲处与河流重新汇合，绕着小罗讷河远伸至大海。在阿尔卑斯山脉以北，还有一个条形的中间地带楔入日耳曼人路易的国家和秃头查理的国家中间，伸展到意大利半岛直至罗马。843年，这处领地形成很不稳定的罗退尔王国；但这个国家国王的男性后裔没有任何人存活下来，国王的全部遗产最终被并入东法兰西亚，然而吞并是逐步进行的。

意大利王国是前伦巴第国家的继承者，除隶属拜占庭的威尼斯外，它囊括了意大利半岛的北部和中部。在近一个世纪中，意大利王国有着一段非常动荡的历史。几个统治集团争夺意大利的王位：南部有斯波莱托诸公爵，特别是控制着通往北方阿尔卑斯山关隘的那些主人们，从这些关隘涌向意大利平原既轻而易举又兼具诱惑力。这些人是：弗留利即伊弗雷亚的侯爵们、勃艮第诸王（他们控制着阿尔卑斯山奔宁区诸关隘）、普罗旺斯诸王或伯爵们，以及巴伐利亚诸公爵。另外，这些王位竞争者中有几位由教皇加冕成为皇帝；因为虔诚者路易时期帝国被首次分割后，占有意大利——根据这次瓜分行动转让给罗马和罗马教会的保护权和统治权——似乎同时就具备了取得这一至高职位的必要条件和最佳资格。西法兰西亚诸王因相距遥远而难以产生谋取意大利或建立帝国的野心，然而，与他们不同的东法兰西亚诸君主则是这个美丽的、被忽略的意大利王国的近邻之一。894和896年，出自加洛林血统的强大人物阿努尔夫已经南下意大利，取得国王头衔并接受了帝国皇位。951年，他的继承人之一萨克森人奥托一世，再次越过阿尔卑斯山。奥托一世的祖父可能曾随同阿努尔夫越过阿尔卑

第二十八章 传统权力:王国和帝国

斯山。在旧都帕维亚,奥托被宣布为伦巴第人的国王;与此同时奥托不得不将注意力转向其他方面,10年后他又返回意大利,更彻底地征服了意大利并最终挺进罗马,在罗马,教皇为他加冕,称之为"皇帝奥古斯都"(962年2月2日)。这样一来,除了短暂的危机时期,意大利此后再没有德意志国王之外的任何其他合法君主,这种情况一直延续到近代。

888年,一个非常强大的巴伐利亚人、韦尔夫家族的鲁道夫,坐镇加洛林王朝从前在汝拉山和阿尔卑斯山之间建立的一个重要的军事辖区,此辖区通常被称为特兰西汝拉尼亚公国,这里地势重要,因为它控制着帝国内部一些关键的道路。鲁道夫也想通过浑水摸鱼谋取王位,为此他选择了位于东西法兰西亚之间的一些地区,它们是"无人之地",以后这些地区被恰当地称作"两国之间"(Entre Deux)。他在图勒称王,此事足以显示出他的各种期待。然而,这里远离他自己的公国,所以他缺少追随者。鲁道夫被阿努尔夫击败后,虽然还保留着国王的头衔,却不得不满足于将教会的贝桑松省的大部分并入特兰西汝拉尼亚。

这片领地的北部是罗退尔的全部遗产,因而仍然是无主之地。由于这个地区没有恰当的地理名称,所以人们通常称之为"洛塔林吉亚",这一名称来自罗退尔一世之子罗退尔二世,他曾一度统治这一地区。这是一处广袤的领地,其西边以已经划定的西法兰西亚的边界为界,东迄莱茵河河道,只有约125英里左右的边界离开河道,使东法兰西亚拥有位于莱茵河左岸的三个主教区;这个地区拥有著名的修道院和富有的主教区,河流密布、商业兴旺;而且它还是一个历史悠久的地区,因为它曾是加洛林王朝的发源地和加洛林帝国的中心。对正统王统的清楚记忆阻止了当地任何领主在这个地区自立为王。然而,这里与其他地区一样,也有雄心勃勃之人,他们的手段是挑拨附近地区的政权相互争斗。洛塔林吉亚最初在名义上隶属于888年加冕的查理曼惟一的后裔阿努尔夫,阿努尔夫不久就将自己的一个私生子立为洛塔林吉亚国王,洛塔林吉亚对这个国王很不驯服,911年德意志的加洛林支系灭亡后,洛塔林吉亚长时期成为附近诸侯争夺的对象。东法兰西亚诸王的血管里流淌着不同的血液,但他们都将自己视为阿努尔夫的继承人。至于西法兰西亚的君主——只要他们属于加洛林王统,至少在898—923年和936—987年期间他们是属于加洛林王统——他们就要求继承其祖先在默兹河和莱茵河的遗产,这并不令人惊奇。然而,东法兰西亚显然更强大;因此,987年卡佩王朝在这个对立国中取代古老的加洛林家族统治时,卡佩王朝诸王很自然地不再执行某种不符合自己家族传统的方案,而且对这种方案他们不能在这块领地内得到现成的支持。在漫长的几个世纪里,洛塔林吉亚被并入德意志的政治版图,就东北部的亚琛和科隆、特里尔和科布伦茨来说,确实永久如此了。①

特兰西汝拉尼亚边界一带的广大地区——里昂人和维也纳人居住的地区以及普罗旺斯和阿尔卑斯山区的主教区——在近两年时间内不承认任何国王。然而,这些地区的人们还记得曾有一位名叫博骚的雄心勃勃的人(这些地区仍有他的随从),还在887年以前,就不顾加洛林王室的正统权利,成功地为自己分割出一个王

---

① 见图 XII。

第二十八章 传统权力：王国和帝国

国——普罗旺斯王国。890年年末，他的儿子路易（路易因其母而传承了皇帝罗退尔的血统）最终在瓦朗斯加冕称王。但这一王权运祚短暂。905年，路易在维罗纳被弗留利的贝伦加尔弄瞎双眼，他的族人阿尔的休在这一悲剧之后以这个不幸的受难者的名义统治了很长时间。无论路易还是休，似乎都不曾认识到他们掌握的罗讷河和阿尔卑斯群山之间土地的重要性，只是认识到这里是征服意大利这一诱人计划的合适的出发点。928年路易死后，在伦巴第称王的休实际上放任韦尔夫家族向海边扩张势力。所以大约从10世纪中叶左右开始，勃艮第王国——人们一般这样来命名鲁道夫建立的这个国家——从巴塞尔伸展到地中海。不过，从这时开始，这个国家软弱的国王差不多就是德意志国王或皇帝的附庸。最后，死于1032年的勃艮第末代国王不无勉强、不无犹豫地承认德国君主为自己的继承人。另外，"勃艮第"——13世纪以后通常被称为阿尔王国——不同于洛塔林吉亚，却像意大利，它并未完全并入从前的东法兰西亚。人们宁可认为这种联合是三个独特王国不可分割地统一于一人之手的联合。

因此，在封建时代，出现了欧洲政治版图的最初轮廓，其中的一些特点至今清晰可见；封建时代也见证了关于边境区的争端，这些争端注定持续到今天，引起文争武夺。但总体来看，各王国地理上最突出的特点也许是，虽然它们的领土界限变化不定，但国家的数量变动很小。虽然在前加洛林帝国的版图内兴起一批实为独立的国家，只是一个接一个地衰落掉，但即使那些最强大的地方僭主——在鲁道夫和瞎子路易之后——也不敢僭称皇帝，或否认他在法律上臣属于某个国王或是某个国王的附庸。最有说服力的证据是君主传统力量的持续不断,这一传统比封建主义古老得多,而且注定在封建主义之后存在很长时间。

2 王权的传统和性质

古代日耳曼尼亚的国王们喜欢自称为诸神的后裔。用约尔丹内斯的话说,这些国王本身都像"埃西尔或半神"(Aesir or demi-gods),他们的人民正是从充斥着国王人格的这种神奇力量里,期待着战争时的胜利与和平时的丰收。罗马皇帝也笼罩着神圣的光环,封建时代王权的神圣性就来自这双重遗产,特别是日耳曼的遗产。基督教确认了王权的神圣性,同时从圣经中引入一种古希伯来或古叙利亚的就职礼。在加洛林帝国之后形成的国家中,在英国和阿斯图里亚斯,国王在就职仪式上从教士手中接受象征国王职位的传统标志物,包括此后国王在重大节日临朝时才正式佩戴的王冠——"佩带王冠上朝",法王路易六世的一道章程使这一景象浮现于我们的脑海。① 此外,给这些新大卫的身体各部分涂圣油的是一位主教,一位新撒母耳——在天主教的仪式中,这种涂油礼的普遍意义在于,它赋予被涂圣油的人或物以神圣性质。② 这种涂油礼将被证明是一把双刃剑。圣保罗曾言道:"赐福者高于受福者",因此人们可以认为,教士对国王的祝圣显然标志着教权至上。至少某些教会作家几乎从一

---

① Warnkoenig and Stein, *Französische Staats- und Rechtsgeschichte*, vol. I, *Urkundenbuch*, p. 34, c. 22.

② 见图 XI。

开始就持这样的观点。认识到这种见解固有的各种危险，无疑可以说明东法兰西亚最初的几位君主忽略或拒绝接受涂油礼这个事实。然而，他们的继承者们很快就做出了纠正，因为他们当然不愿意让他们的西法兰西亚对手们独享这种奇异的涂油礼特权。移交王权象征物，如指环、剑、旗标以及王冠本身的宗教仪式，稍后被一些大公国——如阿基坦、诺曼底以及勃艮第公国和布列塔尼公国——所仿效。另一方面，值得注意的是，任何大封建领主，无论其势力多么强大，都从不敢要求举行涂油礼这一就职仪式中最神圣的部分。除教士外，只有国王才能接受"主的涂油"。

这种超自然的性质——涂油礼是对这种性质的确认而非它的源头——在一个习惯于把来世的影响与日常生活联系起来的时代，是人们深切感受到的；然而，一种名副其实的具有祭司性质的王权，将与盛行于整个西欧的宗教发生矛盾。天主教教士的各种权力是被严格界定的；教士且只有教士才能将面包和葡萄酒转变成基督的身体和血。未被授予圣职的国王不能举行圣餐礼，所以国王不是严格意义上的教士。但是国王更不是纯粹的俗人。国王的性质不合逻辑，很难清楚地表达出一些概念。不过，人们可以说，虽然国王未被授予教士身份，但是，以11世纪一位作家的话来说，他"分享"了教士的性质。这也大致表达了有关国王的见解。这种看法带来的后果，而且是非常严重的后果是，在国王努力控制教会的过程中，国王和其他人都认为，国王是作为教会的成员行事的，虽然这一观点从未在教会团体内部得到普遍承认。11世纪时，格利高里派改革者们对这种观点进行了有力而富有智慧的攻击。他们强调教权与俗权之间的区别,卢梭和勒南已告诉我们,应该视这种区别为基督教最伟大的创造之一。此外,格利高里派的改革者提出完全区分两种权力的目的,在于使人的肉体的统治者服从于人的灵魂的统治者——在万光之源的"太阳"面前,"月亮"只能通过反射发光。但在这一点上,改革者并未取得成功。很多世纪之后,王权在人们的眼中才被降至一种一般的俗人权力的地位。

在民众心目中,王权的神圣性质不仅表现在拥有控制教会权的抽象观念上,而且还表现在有关一般意义上的王权和各种个别君主政权的整套传说和迷信上。的确,只是在大部分王权实际上越来越强大的时候,即大约在12和13世纪,王权才得到充分发展,但王权的起源则要追溯到封建社会第一阶段。从9世纪末起,兰斯的大主教们就声称有权保管古时从天穹飞来的一只鸽子带给克洛维的一种神奇的圣油:这是一种神奇的特权,这种特权立即使这些教士获得对加冕礼的垄断权,还使国王宣布并相信他们是由上帝亲自授职的。人们相信,法国诸王——当然是腓力一世、也许是虔诚者罗伯特以来的法国诸王——和英国诸王(亨利一世以后的英国诸王),都拥有用手触摸即可治愈某些疾病的能力。1081年被革除教门的神圣罗马帝国皇帝亨利四世经过托斯坎尼时,农民们拥向街道并竞相触摸他的衣服,相信这样就肯定会获得好的收成。①

---

① Rangerius, *Vita Anselmi*, in M.G.H., SS. XXX, 2, p. 1256, v. 4777 *et seq.*

第二十八章 传统权力:王国和帝国

对比笼罩在国王人身上的神秘光环与人们经常对国王权威所持的不甚尊重的态度,人们很容易对于这种流行的王权观念的有效性表示怀疑。但这种怀疑会曲解证据。国王遭到附庸违抗、开战或侮慢甚至被他们拘役的事例,确实不胜枚举。但是,以我所见,在我们所研究的这个历史时期,国王在自己的臣子手中死于非命的情况只有三例:英国的殉道者爱德华,他死于一次拥立其兄弟的宫廷政变;法国的罗伯特一世,这是一个篡位者,在一次格斗中被一个忠于合法国王者杀死;在众多王朝争斗的舞台意大利,其例是贝伦加尔一世。如果与伊斯兰教的历史相比,或与西欧本身存在的被谋杀的著名附庸的数目相比,并考虑到这个暴力充斥的时代的普遍道德状况,死于附庸之手的西欧国王看来确实为数很少。

关于王权的这些宗教的或巫术的观念,在超自然现象的层面上,只是表达了人们认为国王们所特有的政治使命:国王是"民众首脑",古日耳曼语称作 thiudans。在封建世界特有的领主权的扩张过程中,正如基佐所正确指出的那样,诸王国构成一种独一无二的权威类型——不仅理论上高于其他所有权威,而且也是一种真正不同的制度类型。一个重要特点是:其他权力在很大程度上只是各种权利的积聚,这些权利错综交织,在地图上勾画这些或大或小的"采邑"轮廓的任何努力,必然是不准确的,与此相反,各王国却被法律上所谓边疆分开。当然不是说这些边界线能够或需要十分精确地描绘出来,因为对土地的占领一直是很不严格的。在默兹河的边境地带要把法国与神圣罗马帝国分开,还需要阿戈讷地方无人居住的丛林之外的什么东西吗？任何城镇或村庄，不管它的所有权偶尔可能存在多大纠纷，但至少在法律上似乎都不会隶属于一个以上的毗邻国家，然而人们也许清楚地看到，在同一地方，某位领主掌有高级司法权，另一位占有农奴，第三位享有免役租及与之相应的司法权，第四位则有权征收什一税。换言之，一块地就像一个人一样，归属几个领主几乎是常见现象；一块地归属几个国王则是不可能的。

在欧洲以外遥远的日本，恰巧也存在着一套非常类似于西欧封建主义的人身和领地依附制度，这套制度是在损害君权的过程中逐渐形成的，日本的君权就像西欧的王权一样，比封建主义古老得多。但在日本，封建主义与王权这两种制度并存却没有相互渗透。在这个"太阳升起"的国家里，天皇——像欧洲的国王一样是个被神圣化的人物，但更接近于神——在法律上仍是全体人民的君主。天皇之下是各级附庸，附庸的最高首领则是幕府将军。其结果是，在漫长的数世纪中，将军垄断了所有的实权。与此相反，欧洲各国的君权虽然比附庸制更古老，并且按其性质来说与附庸制不相关，但君权几乎没有不位居附庸制之首的。欧洲的君权还能够避免把自己纳入依附关系的系统中。从前得自一位私人领主或一处教会的地产，由于继承关系而成为王领的一部分时，情况又如何呢？常例是，虽然国王有可能继承了某些义务，却不行臣服礼；因为国王不可能承认自己是其臣属的附庸。另一方面，任何事物都没有阻止国王从他的臣民〔这些人都是受国王保护的人（protégés）〕中挑选出某些特权人物，国王依臣服礼的仪式对这些人实行特殊保护。

VI. 以长矛作战的新旧方式

黑斯廷斯之战。诺曼骑士发起进攻。一些骑士将长矛做标枪，另一些骑士则以新方式使用长矛。11世纪末巴约壁毯。

VII. 以新方式使用长子作战
昂古莱姆大教堂西面的中楣装饰。12 世纪前三十年。

VIII. 火攻木城堡

攻占迪南。11世纪末巴约壁毯。

IX. 石造贵族建筑

安茹伯爵富尔克·奈拉即于 994—995 年在郎热地方建造的城堡要塞。

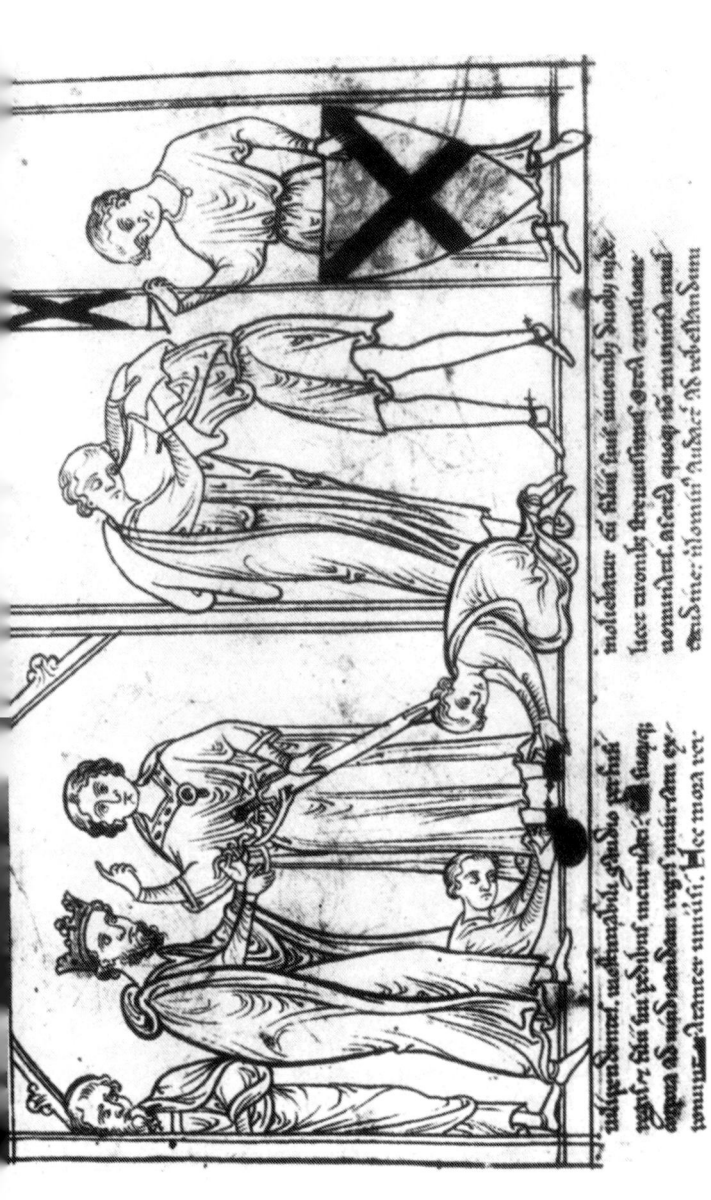

X. 向新骑士授武器

年轻的奥法从沃曼手中接受武器。Matthew Paris, *Historia de Offarege* 中的素描, 可能是作者本人所作(1250年前后)。British Museum, Cotton, MS., Nero D1.f.3.

XI. 国王的涂油礼

法国诸王加冕礼的《教会历书》。14 世纪初的手稿。这种彩饰图可能从稍早些的样板复制。Bibl. Nat., MS.Lat.1246, f.17.

XII. 斯拉夫地区、日耳曼尼亚、高卢（即莱茵河左岸的帝国领土）和罗马向奥托三世皇帝致敬。取自10世纪赖歇瑙修道学院的奥托三世的福音书。Munich, Staatsbibliothek, Latin 4453.

XIII. 山上的领主变为平原上的领主
艾米利地区亚平宁山上的卡诺莎城堡。

第二十八章　传统权力：王国和帝国

我们已经看到,9世纪以后,这些王室的委身者和一帮小"扈从"之中,出现了这个国家中的所有重要人物,他们很快变成地方诸侯;这样一来,君主不仅仅是全体人民的统治者,而且通过一系列上行的梯级成为众多附庸的最高领主,通过这些附庸又成为数量更多的卑微依附者的最高领主。在异常严密的封建结构排除了自主地产的各国,如在诺曼征服以后的英国,迄今处在这种依附关系阶梯之下的穷苦人中,没有人向上看时不想到最高梯级的国王。在其他国家,在达到国王所在的最高梯级之前,阶梯的连续性有时中断。但即使如此,王权的封建化到处都有助于维护阶梯的连续性。在国王不能行使其作为国家首脑的权威的地方,他至少能够利用由那个时代所知道的最强大人际关系的情感所维系的附庸制的法律武器来为自己服务。在《罗兰之歌》中,罗兰是为他的国君还是为他所效忠的领主而战斗呢?无疑罗兰本人并不知道;但他以无私的忠诚之心为国君而战,只是因为国君同时就是他的领主。后来,当腓力·奥古斯都反对教皇有权处置一个异端伯爵的财产时,他仍然可以很自然地说,"这个伯爵领是我的一处采邑",而不是说,"它是我的国家的一部分"。在这个意义上说,曾梦想把自己的政府建立在附庸制基础之上的加洛林王朝的政策,从长期来看,也许并非像这一政策最初的失败使人认为的那样徒劳无功。我们已经注意到(后面我们将再次提到这一点),在封建社会第一阶段,很多因素共同发挥作用,使王权的实际有效行动变得无足轻重。但是,王权至少掌握两种重要的潜在力量,在更加有利的条件下这些力量都会扩展,这就是王权享有的古老威望这一神圣不可侵犯的遗产,以及它所拥有的通过适应新的社会制度而获得的新生力量。

3　王权的传承:王朝问题

自身负荷着各种传统的王位是怎样传承的呢？是通过世袭还是通过选举呢？今天我们往往将这两种方式视作绝对不相容；但我们有无数文献证明，这两种方式在中世纪似乎并非如此水火不容。德意志的亨利二世在1003年宣布："我们获得了人民和诸侯的一致选举，以及对整个国家的世代继承权。"在法国，按杰出的教会法学家沙特尔的伊沃的说法："通过继承权而得到王位并获得主教和显要人物一致同意而被选出的人，理应加冕为王。"[1]事实上，世袭和选举都没有从绝对意义去解释。的确，纯粹的选举得到教士的拥护，这种选举与其被视作是行使自由选择权，不如被看作是服从某种导致发现真正首领的秘而不宣的启示。教士不仅敌视那种认为神性驻于一个特殊家族的准异教观念；他们也倾向于认为一切权力的合法来源在于某种委派方法，教会从自身的角度强调，这是与教会法律相一致的惟一方法：修道院长不该由他的修士们选择吗？主教不该由教会所在城市的教士和民众选择吗？在这一点上，这些神学家的思想与大封建贵族是一样的，他们还不愿意看到君权受制于贵族。但是由整个思想界所主导的舆论则全然不同，这些思想主要是日耳曼尼亚提供给中世纪的。人们相信的不是一个个人的世袭天职，而是一个统治家族的世袭使命；他们认为

---

[1] M.G.H., *Diplom. regum et imp.*, III, no. 34; *Histor. de France*, XV, p. 144, no. CXIV.

第二十八章 传统权力:王国和帝国

只有这个统治家族才能产生能干的领导者。

由已故国王的所有儿子共同执掌权力或由他们瓜分国土,无疑应是合乎逻辑的结论。我们已经看到,这些习惯曾是蛮族世界的常见现象,它们有时被非常错误地理解为王权世袭性的证据,实际上它们只是体现了所有后代分享同一王朝统治特权的原则。封建时期的盎格鲁-撒克逊国家和西班牙国家长期延续这些做法。然而,这些做法对于公共福祉似乎是有害的。它们与王权不可分割的观念相对立,亨利二世非常有意识地强调这种观念,在一片混乱中这种观念是与残存的仍然生气勃勃的国家感情相一致的。所以另一种办法被人们普遍接受,而且这种办法总是或多或少与第一种办法并行发挥作用。国家的主要贤达即全体臣民的天然代表在预定的家族内——如果男系偶尔断绝,就在与之联姻的家族内——指定新国王。兰斯大主教富尔克在893年(这一年他为法王傻瓜查理加冕)非常贴切地写道:"法兰克人的习惯总是在他们的国王死时在王室内选举另一国王。"①

此外,这种集体继承制几乎不可避免地倾向于导致直系个人继承制。已故国王的儿子们难道不是在很大程度上都有他的血统吗? 然而在这里发挥关键作用的是另一种办法,在自身的事务中教会把这种办法作为对选举所造成的危险的有效补救措施。修道院长会在他有生之年引导他辖下的修士们承认他指定的接班人:这是著名的克吕尼修道院第一代院长们采用的办法。同样,国王

---

① Flodoard, *Historia Remensis ecclesiae*, IV, 5, in *M. G. H.*, SS. XIII, p. 563.

或诸侯会使他的附庸同意他的一个儿子在他活着时就参与政务,甚至——如果涉及王位问题——随时为他的儿子加冕。这种做法在封建时代非常普遍,威尼斯的总督和加埃塔的"执事"以及西欧所有君主一样,都采用这种办法。老国王可能有几个儿子,人们怎样从中选择这个预先选举的幸运的受益者呢?有关王权的法律起初和封建法律一样,不承认长子继承制。这常常损害了"生于帝王之家"的孩子——就是说,他出生时他的父亲已经是国王——的权利;更多人为因素也可能改变局面。然而,长子继承权是一种适宜的拟制;而且采邑制的榜样本身逐渐影响长子继承制,在法国,尽管存在一定程度的抵制,但长子继承制差不多从一开始就是通例。德国更忠实于古老的日耳曼习俗的精神,所以从未无保留地承认长子继承原则。甚至在12世纪中叶,红胡子腓特烈仍指定其次子为继承人。

此外,这只是更深层差异的征兆。因为,从相似的概念出发并都与选举和王朝权利这两个原则相关,但不同国家的君主政体却沿着迥然不同的方向发展。这里回顾两个典型事例就足够了:一个是法国的情况,另一个是德国的情况。

888年发生的一次令人吃惊的王统中断,开启了西法兰西亚的历史。权贵们选择了一个最完整意义上的新人奥多为国王;因为那时秃头查理惟一尚在的后裔是个8岁的孩子,他由于年幼曾两度失去王位。然而,这位少年——他也被称为查理,尖刻的史学家予其绰号"傻瓜"——刚到12岁(萨利克法兰克人规定的成年年龄)就于893年1月28日在兰斯接受加冕。两个国王之间的战争持续了很长时期。奥多死于898年1月1日,情况似乎是,他死前不久,按照几个月前达成的协议要求他的支持者在他死后支持加洛林王朝。查理再次遇到对手是24年后的事了;但在当时,被查理对一个小骑士的宠幸所激怒并且天生趋于反叛的一批最有势力的法国豪强,已经开始在寻求另一个国王。奥多无子,因而他的兄弟罗伯特承继了奥多家族的荣誉,并掌握了这个家族的随从,922年6月29日罗伯特被反叛的大贵族拥举为王。这个家族已经取得王位,遂被认为是半神圣的家族。次年罗伯特在战场上被杀,他的女婿、勃艮第公爵拉乌尔继承王位;稍后查理遭到一个大反叛者的伏击,在囚禁中度过余生,而这位僭位者的胜利得以巩固。然而拉乌尔死后没有留下男性后裔,这成为加洛林王朝恢复统治的信号。在英国避难的傻瓜查理之子路易四世(936年6月)被召回国即位,路易的儿子,再后是他的孙子,都继承了路易的王位,而且都没有遇到激烈反对;这样,到10世纪末,似乎一切都表明,王朝正统最终重新确立。

年轻的国王路易五世死于猎场,这一偶然因素再次引发了王位继承问题。987年6月1日,国王罗伯特的孙子休·卡佩在努瓦永举行的会议上被宣布为国王。然而,路易四世的一个儿子还活着,名叫查理,神圣罗马帝国的皇帝曾任命他为下洛塔林吉亚的公爵,他毫不犹豫地以武力来争取王位。正如格伯特所言,很多人无疑只是将休视为临时国王。一次成功的突然袭击带来了不同的结局,由于拉昂主教的背叛,991年复活节前的星期日,查理在拉昂被俘,最后像他的祖父一样在囚禁中死去。此后法国所有国王都出自卡佩家族,直至这个家族不再被承认。

从这种由于偶然事件而结束的漫长悲剧中,似乎可以清楚地看到,拥护王朝正统的感情在相当长的时间中仍然是相当强大的。拉乌尔和休·卡佩统治时期的阿基坦的章程,在签署日期的方式上显示出不愿承认篡位者;但在当时,卢瓦尔河以南各地区总是过着一种分离的生活,那里的贵族阶级对出自勃艮第或严格意义上的法兰西本土的首领抱有天然的敌意。比这种情绪即某些编年史作家传统的或党派式的义愤更重要的,是事实本身对这一点的证明。奥多、罗伯特和拉乌尔的经历很可能阻止了他人冒险模仿他们。虽然罗伯特之子大王休毫无顾忌地将路易四世关押了一年多,但意味深长的是,他并不敢为自己戴上王冠。

休·卡佩在987年的登基是由一次完全不测的死亡造成的,无论人们对此怎么看,它都不是"教会的大功"。虽然兰斯大主教阿德尔伯罗无疑是休·卡佩上台的主要策划者,但他并未取得整个教会的支持。密谋的线索显然来自德意志的帝国宫廷,在个人利益和政治信念上,大主教和他的顾问格伯特都与帝国宫廷连在一起。因为在那些有学识的教士看来,帝国是基督教统一体的象征。当时统治德国和意大利的萨克森王朝的君主们,对代表着查理曼王朝的法国加洛林王朝感到畏惧,虽然法国的加洛林王族成员并非查理曼的后裔,但他们已获得久已受人崇敬的查理曼的遗产。尤其是,萨克森王朝诸君主有充足的理由期望法国的王朝更替会使他们和平地占有洛林,加洛林王族成员视洛林为自己的故乡,从不曾停止与他们争夺洛林。法国国内的权力平衡帮助德王获得成功。洛林的查理不得不到异国他乡寻求出路,在那里他几乎没有任何追随者;不仅如此,更普遍的情况是,加洛林王族的事业受到损害:末代几任国王不能直接控制足够的土地和教会,使自

第二十八章 传统权力：王国和帝国

已得到大量附庸——这些附庸由于希望得到新的酬劳而始终保持对国王的忠诚——的世代支持。在这个意义上，卡佩家族的胜利体现了新生权力——领地诸侯、领主和很多采邑的分配者的权力——对纯粹王权的传统权威的胜利。

此外，使人惊奇的与其说是卡佩王朝在初期的成功，不如说是早自991年以后所有王朝争斗的停止。加洛林家族没有伴随洛林的查理而消亡。查理有数子，他们先后从囚禁中挣脱出来。但他们似乎从未再试图进行任何反对卡佩家族的活动；弗蒙多瓦的伯爵们也未这样做，尽管他们有所骚动，这个家族来自查理曼的一个儿子，只是在11世纪后半叶才告消亡。也许由于对王权的忠诚在减弱，人们不愿意把继承权利扩大到这些旁系亲属，如果涉及采邑继承权，当时普遍认为应排除这些旁系亲属的继承权。这种看法在987年似乎是针对查理而得以采取的，虽然这一情况是否发生在那一年，是否出自对手之口，是大可置疑的。不过，这种看法在一定程度上可以解释早在888年弗蒙多瓦分支对继承权的放弃行为。如果卡佩家族在987—1316年间没有上佳的运气，即在此期间每个国王都有儿子继承王位，谁知道这个家族的命运会怎样呢？最重要的是，大贵族的政治野心遮蔽了加洛林王朝的正统性，而且加洛林家族的大批随从本来能够提供的支持被剥夺，所以，除了在那些教士集团中，对正统性的尊重几乎不能维持下来，当时只有或几乎只有教士具有足够开阔的思想视野看透日常生活中的小计谋。教会中最具活力和见识的领导人阿德尔伯罗和格伯特，由于他们对帝国理念的忠诚，认为必须支持帝国理念的当前代表取代查理曼王朝：在一种不再是物质的而是道德力量的平衡中，这无疑是决定性的因素。

然而，除了加洛林王朝末代的几位代表之外，不曾有任何竞争对手跳出来反对卡佩家族，对此我们怎样解释呢？选举制原则在很长时期内并没有消失。让我们考虑一下前面提到的沙特尔的伊沃的证言，它涉及1108年加冕的路易六世。当时举行了一次重大的宫廷会议并宣布选出了一位国王；然后在加冕之日，教士在举行涂油礼之前再次询问在场者是否确认。但这种表面上的自由选择，一般说来，在先王在世时，由于联合执政的习惯，毫无例外地落到先王的儿子身上。有时发生的情况是，这个或那个大领主根本不想向国王表示效忠，且时常作乱，但他们并没有扶立过任何对立的国王。

重要的是，新王朝很快就表现出——就像丕平及其后继者对墨洛温王朝所做的那样——把自己与它所取代的王朝传统联系起来的愿望。卡佩王朝诸王将加洛林家族说成是自己的前辈，在早时他们就似乎颇洋洋得意于通过女系而成为加洛林诸王的后裔——这种说法毫无疑问是有根据的，因为休·卡佩妻子的血管里可能多少流淌着查理曼的血液。最晚从路易六世时代以后，我们看到王族的侍从为王族利益而极力利用当时因史诗而盛行于法国的有关这位大帝的传说；他们可能促进了查理曼故事的传播。卡佩家族首先从这一遗产中获得了神圣王权的崇高声望。不久他们又为这一神圣威望添加了他们自己发明的一种特别令人惊奇的奇迹——治病能力。对一位被涂圣油的国王的尊敬没有阻止暴动，却阻止了篡位。认为命定的王族具有神秘性的意识，几乎不为罗马世界所知，这种意识从遥远的原始年代通过日耳曼尼亚传到西欧。它一直发挥着如此大的影响，卡佩家族秉政以后，男性子嗣

第二十八章 传统权力:王国和帝国

不中断地继承王位强化了这种意识,王族周围簇拥的众多附庸助长了这种意识,这时它将一种全新的正统仪式建立在旧王朝的废墟之上。

在德国,王位继承的历史从一开始就简单得多。911年加洛林王朝的德意志分支终结,大贵族选择了与已消亡的加洛林家族存在联姻关系的法兰克大领主康拉德一世。康拉德虽然从不曾有任何挑战者,但也未能服众,因此这位诸侯亲自指定萨克森公爵亨利在他死后继承王位。尽管有巴伐利亚公爵的挑战,亨利仍较顺利地当选并获得承认,在西法兰克王国陷入长期的王位之争时,萨克森王朝的君主们父死子继,甚至有一次是表兄弟相传,相继统治一个多世纪(919—1024年)。一直按适当的形式发挥作用的选举制,似乎只是在确认世袭继承制。如果我们现在向前跳跃一个半世纪左右,就会发现德法之间存在的差异,但这种差异是在相反意义上存在的。在欧洲,把法德进行比较是政治讨论中的常见题目之一。在这时的法国,王权是完全世袭制的,而在德国,至少在原则上,王权是选举制的。

导致德国王位发生变化的主要原因有三个。对卡佩家族如此有利的生育方面的偶然因素,却有害于德意志王统的连续性。萨克森王朝第五任国王死后,没有留下男性继承人或男系后裔,然后继承萨克森王朝的"萨利安"(法兰克尼亚)王朝第四任国王死后,又出现了同样的问题。另外,奥托一世以来的德国王权似乎就与帝位联系起来;德国王权的主要基础是日耳曼的世袭继承传统——如果不是通过个人,至少是通过家族——而帝国的基础却是罗马传统,这一传统从未完全确认特殊家族的世袭权利。而且,这一传统得到了一批历史文献或伪历史文献的支持,这些文献从11世纪末以后影响日渐增加。"军队出皇帝",是人们常说的俗话;大贵族自然非常愿意扮演罗马军团的角色,甚或像他们喜欢讲的那样,扮演"元老院"的角色。最后,在格利高里运动时代,德王与罗马教廷——不久前德王致力于对罗马教廷的改革——之间爆发的激烈斗争,致使教皇利用十分符合教会情感的选举制原则为武器,反对教皇想废黜的敌对国王。888年以后德国出现的第一个对立国王,于1077年3月15日在教皇使节面前被推选出来,以反对萨利安王朝的亨利四世。他绝非最后一个对立国王;据说这次会议明确宣布支持长期实行选举制,虽然这一点无疑是不真实的,但立即传遍修道院的关于这一结果的传言,至少可以被称为是预言性的。但是后来导致德王和罗马教廷发生分裂的激烈冲突,只能由这一事实来解释:德国诸王也是皇帝。虽然教皇可以谴责其他国家的君主,但他们发现,为控制罗马、罗马教廷和基督教世界,在奥古斯都和查理曼的继承人当中出现了竞争对手。

4 帝国

加洛林国家的解体产生的结果是,把西部基督教世界的两个普世性的职位交给了地方集团:把教廷给了罗马贵族集团;把帝国给了意大利贵族内部不断形成又不断瓦解的各个集团。我们已经看到,帝国的头衔看来与对意大利王国的占有连在一起。只有在德国君主以当时的强大实力为后盾擅用帝号以后(962年以后),帝号才再次获得某些意义。

第二十八章　传统权力：王国和帝国

国王与皇帝这两种头衔并不曾被混淆。从虔诚者路易到奥托一世这一时期,西部帝国的两重性——既是罗马的又是教廷的——得到明确肯定。因此,要自称皇帝,只在德国得到承认并接受加冕是不够的。在罗马接受教皇亲手所为的第二次涂油这一特殊圣礼,以及授予帝国象征物的授职礼,是绝对必需的。新的发展事态是,此后德国大贵族的选择被视为接受这一崇高仪式的惟一合法条件。用阿尔萨斯一位修士写于 12 世纪末的话说,"无论德国选择哪一位诸侯为德国国王,光彩夺目的罗马都向他低头并视他为自己的主人"。不久人们甚至认为,从德国国王登基的那一刻起,他事实上不仅直接继承了对东法兰西亚和洛塔林吉亚的统治,而且也继承了对帝国所有领土即意大利及以后的勃艮第王国的统治。换句话说,正如格利高里所言,由于他是"未来的皇帝",所以他已在帝国范围内部行使权力:这一临时性的地位在 11 世纪末以后由"罗马人的国王"这一称号表达出来。德王从其在莱茵河畔当选之日起就创造出这一头衔,但只有当他最终进行了有名的"罗马远征",即传统所说的"罗马之旅"(Römerzug),能在台伯河畔戴上恺撒们的皇冠时,才将它换成了一个更加辉煌的头衔;如果条件不允许他踏上这一漫长而又艰难的旅途,他的余生就不得不满足于只做一个帝国的国王。然而,在康拉德三世以前(1138—1152 年)统治德意志的所有德王都做了皇帝。

这一令人垂涎的帝号有何意义呢?毫无疑问,人们认为帝号体现了对普通国王,即 12 世纪他们在帝国宫廷里喜欢讲的"小国王"(reguli)的优越感。因此,旧的加洛林帝国范围以外的一些君主偶尔也僭称皇帝,希望借此表明他们既独立于任何所谓普世王权，也表现他们对相邻的或从前的王国拥有的霸权。在英国，麦西亚或威塞克斯的一些国王就曾这样做，西班牙莱昂地区的国王们更是经常这样做。但是在西欧，除了"罗马人的"——这是982年以来奥托的中书省为了对抗拜占庭而恢复使用的提法——皇帝之外，根本就没有真正的皇帝。对恺撒们的记忆，特别是对信奉基督教的恺撒们的记忆，滋育了有关帝国的神话。罗马不仅是"世界之首"，也是殉教者们宝贵鲜血使之"复活"的使徒之城。与罗马普世主义的回声相混合并以对近世历史的回忆加强着这些回声的，是"世界征服者"①——以一个信奉帝制的主教的话来说——查理曼的形象。奥托三世在他的玉玺上镌刻着查理曼曾经用过的"复兴罗马帝国"的训言；而且，奥托三世命人在亚琛寻找这位伟大的加洛林皇帝的陵墓——它已被漠视历史的几代人所忽略——为这些不朽的尸骨建造与其声望相配的圣墓，同时从尸首上取下一枚宝石和几片碎衣作为圣物为己所用。这些举动表明奥托三世忠诚于一种双重的、不可分离的历史传统。

当然，奥托三世的这些举动所表现的，首先是教士的观念——至少就其起源来说是如此，不能完全肯定的是，像奥托一世或康拉德二世这样粗莽的武士是否完全接受这些观念。但是簇拥在国王周围并为国王出谋划策、有时曾是国王教师的那些教士，对国王的行为不能不产生影响。奥托三世年轻，有教养，性好玄想，又因为他生于帝王之家，由他的贵为拜占庭公主的母亲抚养成人，所以他完全沉浸于帝国梦想中。"罗马、萨克森和意大利的统帅（trium-

---

① Liutprand, *Antapodosis*, II, c. 26.

phator)、使徒的奴隶、承蒙上帝之恩的尘世的奥古斯都皇帝"——奥托三世的秘书在一份公文的开头罗列了这一串头衔,他事先一定得到了其主人的赞成。"世界的统治者"、"世界各领主的领主",一个多世纪之后萨利安王朝的第一位官方编年史作家像重复叠句一样重复了这些语句。①

然而,这种帝国意识形态实际上充满了矛盾。初看起来,让人把自己(如奥托一世)描绘为君士坦丁大帝的继承人是最诱人不过了。罗马教廷将伪造的《君士坦丁的赠礼》归于君士坦丁大帝这位"教会和平"的缔造者名下,据这份文件的说法,君士坦丁把意大利甚至整个西部帝国都献给了教皇。对于帝国权力,这份文件证明是一个障碍,所以它的真实性在奥托三世的宫廷里开始受到怀疑;党派倾向唤起了批判意识。奥托一世以来的德国诸王选择在亚琛加冕,表明他们自视为查理曼的合法继承人;不过,我们从编年史作家那里知道,在萨克森王朝据以崛起的萨克森,对查理曼这位征服者在那里进行的可怕战争的记忆,曾留下挥之不去的痛楚。那种认为罗马帝国仍然存在的观点,在教士中获得了很大支持,特别是因为启示录中通常的解释要求他们把罗马帝国看作"世界末日"之前四大帝国中的最后一个。不过,其他作家却对罗马帝国的存续表示怀疑;在他们看来,在凡尔登对帝国进行的瓜分,标志着一个全新时代的开始。最后,那些希望踏着过去罗马人的足迹前进的萨克森人、法兰克人、巴伐利亚人或士瓦本人——帝国诸帝或大领主们——发觉,自己在当时的罗马人面前实际上是陌生人和征

---

① Wipo Opera, ed. Bresslau, pp. 3 (5) and 106 (11).

服者。罗马人对他们既不喜欢也不尊重,他们得到的是罗马人的憎恨。从内心深处,奥托三世是一个真正的罗马人,他的情况是个例外,并且他的统治以一场破碎之梦的悲剧告终。他没有死在罗马,因为他被起义的市民从罗马驱赶出来;德国人则指责他为了意大利而忽视了"他的生身之地,令人愉悦的日耳曼尼亚"。

至于对普世王权提出各种权利的要求,君主们显然完全缺乏物质支持,这些君主对自己领土的有效控制经常受到——且不提更严重的困难——罗马人或蒂沃利人民起义的威胁,受到位于交通要道上的城堡被反叛的领主所控制这个事实的威胁,甚至受到自己的不听摆布的军队的威胁。事实上,直至红胡子腓特烈时代(他于1152年登基),这些权利要求似乎还没有超出中书省公文的范围。在西法兰克王国,在最初萨克森王朝诸帝多次干预期间,这些要求似乎还不曾被提出来。如果说这些巨大的政治雄心那时已完全表现出来,也是通过间接方式表现的。这位萨克森王朝或萨利安王朝的皇帝是罗马的最高主人,因而也是圣彼得的代理人(*advocatus*),尤其是罗马诸帝和加洛林王朝初期对罗马教廷行使的所有传统权利的继承人,最后是他所统治(或他声称有权统治)的所有地区基督教信仰的捍卫者,在他看来,再没有比保护、改革和指导罗马教会更高的使命,也没有任何使命与自己的职位联系更为密切。正如韦尔切利的一个主教说的那样,"正是在恺撒权力的庇护下","教皇洗刷了时代的罪恶"。[①] 更确切地讲,这个"恺撒"认为自己有权指定教皇,至少要求取得他的同意教皇才能获得

---

① Hermann Bloch, in *Neues Archiv*, 1897, p. 115.

任命。"出于对圣彼得的爱,我们选择我们的导师西尔维斯特陛下为教皇,并且得到上帝的批准,我们已任命并承认他为教皇"——奥托三世在他的一份公文中如是说。这样一来,由于教皇不仅是罗马的主教,而且首先是基督教世界的首脑——在奥托大帝给予罗马教廷的特权书中两处使用了普世教皇(Universalis papa)的措辞——罗马皇帝为自己保留了对整个基督教世界的一种控制权,如果这一权利可以有效行使,就会使皇帝的权威远远超出国王。因此,教俗之间不和谐的种子也被导入帝国——历史证明,这是一颗致命的种子。

第二十九章 从领地大公国到城堡领地

1 领地大公国

西欧长期存在的趋势是,较大的国家政权分裂成较小的政治体。城市贵族有时组织成地方同盟进行反抗,在罗马帝国晚期这种反抗对帝国统一构成的威胁,与野心勃勃的军事统帅对帝国的威胁一样严重。在封建欧洲的一些地区,这样的一些寡头式的罗马人小团体仍然存在,它们是其他地方已告结束的一个时代的见证。"威尼斯人公社"便是其中之一,这是来自大陆的逃难者在环礁湖岛上建立的市民联合体。他们从其来源地借用了这一集体名称,只是渐渐地才归附于里亚尔托岛,即我们现在所说的威尼斯。威尼斯逐渐跻身于都市行列。在意大利南部,那不勒斯和加埃塔也是这样的历史遗存。在撒丁岛,当地首领们辖下的统治集团已将这个岛屿分成为"司法辖区"。在其他地方,蛮族国家的建立阻止了这种分割状态,虽然它们向难以抗拒的地方势力的压力做出了一些让步。墨洛温王朝诸王在不同时期曾被迫向某个特殊伯爵领的贵族授予选举伯爵的权利,并授予勃艮第的大人物们任命宫相的特权。因此,加洛林帝国解体时期欧洲大陆各地建立的省区

第二十九章 从领地大公国到城堡领地

政府,盎格鲁-撒克逊人稍后建立的类似政府,在某种意义上似乎只是回归到较早时期的做法。但是在这个时代,前一时期建立的非常强大的公共制度所产生的影响,赋予了这种现象以独特性。

在整个法兰克帝国,我们经常看到在若干伯爵领积聚的基础上建立的领地大公国。既然加洛林王朝的伯爵是名副其实的官职,因此把手中已掌握各项新权力的人描绘成超级行政长官,其中每个人(假定现代法国仍存在这样的官员)除了行使军事指挥权外,还履行几个行政部门(départements)的职责,这将不是搞错了时代。据说查理曼制定了一条原则:从不把几个辖区同时委与同一个伯爵管理;但我们不能肯定,即使在查理曼生前,这种明智的预防措施是否总能得到遵守。可以肯定的是,在查理曼的后继者统治时期,特别是在虔诚者路易死后,这一原则已完全不再遵循。不仅贪婪的大贵族反对它,而且环境也使之难以推行。蛮族入侵及互相敌对的国王之间的争斗,把战争带进了法兰克世界的心脏地区,因此,几乎各地都需要建立强大的军事辖区,这些军事辖区类似于边境上总是存在的那些辖区。它们有时创建于查理曼始创的那些巡视活动中的某一次;临时性的巡察员即钦差会将自己变成固定的长官,例如,大力士罗伯特就成为塞纳河和卢瓦尔河之间或者更南部地区的固定长官,罗伯特是图卢兹诸伯爵的祖先。

通常说来,授予一块伯爵领之后,也附带授予这个地区主要的王室修道院。伯爵既已成为这些修道院的保护人甚或"俗人院长",他便从修道院获得了大量的财力和人力资源。在当地,伯爵通常已有自己的财产,此外他又得到新的采邑或自主地,特别是通过僭取王室附庸的臣服礼,他在当地为自己聚合起大批扈从。由于伯爵不能直接控制法律上归于其权力之下的各处领地，因而不得不在一些领地上安排或至少接受他们中的一些人做副伯爵，简单说即子爵（子爵的字面意义即伯爵的代理人），无论如何他依臣服关系把这些附庸与自己联系起来了。古代词语中没有确切的名称来指称那些掌控着若干伯爵领的人。人们对他们的称呼和他们的自称都有些笼统，称为"大伯爵"、"主伯爵"、"边侯"（即边区指挥官，边区类似于边境地区的政府，这些政府为内地的政府树立了榜样），最后是"公爵"，公爵这一名称是从墨洛温王朝和罗马时期的词语中借来的。但是，除了在那些充当新政权基础的旧省区或部族联合体中，"公爵"一词很少使用。习惯的力量渐渐使得这个或那个地区采用这些头衔中的一个头衔，或者像在图卢兹和佛兰德那样，只保留伯爵这一称号。

无须说，只有在"荣誉地"的世袭化大致已开始时——如我们所知，这一过程在西法兰西亚开始得很早，在神圣罗马帝国则稍晚——这一连串的政权才获得真正的稳定性。迄至当时为止，某人的突然死亡，一位能够有效行使权力的国王对政策的改变，强大的或狡猾的邻居的敌意，随时都可能摧毁这种权力结构。在法国北部，在"佛兰德诸边侯"从其要塞布鲁日成功地实现他们的企图以前，两个不同的统治集团至少曾两度试图去合并几个伯爵领。总之，这类企图的成功或失败，偶然性肯定起着重要作用。然而偶然性不能说明一切。

大公国的创建者无疑并非十分敏锐的地理家。但是只有在地理条件与他们的政治抱负不相悖的地方他们的工作才有成效。在这些地方，他们能够把相互间交流既非常便利又已经相当频繁的

第二十九章　从领地大公国到城堡领地

那些领地联为一体；最重要的是，在这些地方他们能使自己成为那些交通要道上的主人，关于王权的研究已向我们表明，这些交通要道作为军事要塞和可观的通行税来源所具有的重要性。勃艮第公国受到诸多不利条件的困扰，如果诸公爵没有控制穿越科多尔省荒凉不毛的高地——从欧坦到乌什河谷——的通道（它恰好将法国本土与罗讷河盆地联结起来），那么勃艮第公国几乎就不能存在和发展。公国的一个觊觎者里歇尔修士说："他渴望占领要塞第戎，他认为一经占有此处，就能统治勃艮第大部分地区。"位于亚平宁山上卡诺莎的领主们毫不迟疑地把他们的权力从山顶扩张到附近的低地，逼近阿尔诺河（Arno）和波河。[①]

在很多情况下，民众之间共同生活方式的古老传统，也为大公国的形成铺平了道路。这一点可以说明古老的民族名称何以重现于许多新首领的头衔上，虽然在如此划定的族群过于分散的地方，除了将一种标签多少有些武断地用在整个族群的一部分上，实际上并没有更多的内容存留下来。

法兰克国家传统上进行过多次重大分割，这些分割体不只一次地形成单独的王国，其中的奥斯特拉西亚几乎全部被洛林吞并。但在公元 900 年左右，对于其他三部分，即阿基坦、勃艮第、纽斯特里亚——其中纽斯特里亚逐渐被人们习惯性地简称为"法兰西"——人们还没有失去记忆。所以，掌握着广大地区最高权力的各色人物，自命为阿基坦人的公爵、勃艮第人的公爵或法兰克人的公爵。因为这三个大公国合起来似乎囊括了整个国家，所以国王

---

① 见图 XIII。

本人有时被称为"法兰克人、阿基坦人和勃艮第人的国王",有志于统治整个国家的罗伯特一世之子大王休认为,实现这一目标的最好办法,就是将勃艮第和阿基坦公国统一于法兰西公国,在这一点上他继承了他的父亲的遗志。但这种集权太过庞大,以致不能持久。①

实际上,法兰西诸公爵后来成为卡佩王朝的国王时,除了在他们掌握的伯爵领内,从未行使过真正的权力,并且这些伯爵领的数目在987年左右已经减少,只有巴黎和奥尔良附近的六个或八个左右的行政区——卢瓦尔河下游的伯爵领已经被他们的子爵僭取。至于勃艮第人的故土,它的名称在封建时期最终被鲁道夫的继承者们所统治的王国和法兰西公国所瓜分。鲁道夫的继承者们所统治的国家是这些国王所持有的一处大采邑(即勃艮第"伯爵领",后来以弗朗什孔泰之名见称)。此外,从索恩河伸展到欧坦和阿瓦隆地区的法兰西公国,远没有包括西法兰西亚仍称之为"勃艮第境内"的所有地区,如桑斯和特鲁瓦各地。阿基坦王国向北伸

---

① 人们有时认为,从罗伯特一世起罗伯特家族拥有的法兰西公爵的头衔,表达的意思是整个王国的副王。当时一些人可能持有这种看法,但在文献中我没有找到任何明确表达这种观点的资料〔Richer, II, 2, 使用的 *dux Galliarum* 这个词语只是 *dux Franciae*(法兰西公爵)一词的学究式的翻译;11,39, *omnium Galliarum ducem constituti* 除了指法兰西公国外,还指拥有勃艮第公爵衔的大王休的封地仪式〕。但原义无疑是领地意义上的。若按相反的假设,肯定无法理解大王休统一三个公国的努力。宫廷(即王宫)伯爵职位可能像在德国一样,按同样的行列划分,每个公国都有其宫廷伯爵;这就可以对宫廷伯爵一衔做出说明了,在"法兰西"佛兰德伯爵要求享有此衔,在勃艮第特鲁瓦伯爵(以后被称为"香槟伯爵")要求享有此衔,在阿基坦图卢兹伯爵要求享有此衔。关于这种三合一式的王室头衔,参见 *Rec. des Hist. de France*, IX, pp. 578 and 580 (933 and 935)。

展,远至卢瓦尔河,而且承继这个王国的阿基坦公国的中心长期居于卢瓦尔河附近。910年,正是在布尔日,虔诚者威廉公爵签署了克吕尼修道院创会特许状的日期。然而,在几个家族展开对公爵职位的争夺以后,保有公爵头衔的家族发现,其有效权力起初限于普瓦图平原和中央高地的西部。1060年左右,一次幸运的继承使公爵家族能够将波尔多和比利牛斯山脉之间的大公国并入其原有的遗产。这个大公国由当地的统治家族所建,自从这个地区不久前被操用埃斯库兰语(Eskuaran)的入侵者部分占领以来,当地的这些统治者被称作巴斯克人即加斯科涅人的公爵。由这次合并而形成的这个封建国家当然庞大,但最初的阿基坦大部分地区仍处这个国家的边界之外。

在其他地方,部族基础是比较明确的。这一点意味着——撇开一切所谓种族因素不谈——存在着一个作为社会基础的具有某种传统文明统一性的群体。布列塔尼公国在经历重重挫折后继承了这样一个"王国":这个王国是阿莫利卡的凯尔特人首领们趁加洛林帝国遇到各种麻烦之机,就像远在北方的苏格兰人的国王们所做的那样,合并了凯尔特人的居住区及操用另一种语言的边境地区而创立的,这些边境地区即讲古老的罗曼语的雷恩和南特边区。诺曼底始自斯堪的纳维亚的"海盗"。在英国,由日耳曼各分支的定居区而来的这个海岛的旧时区划,大致上充当了大行政区的边界线,这些大行政区是10世纪以后英国国王为了一些大人物的利益而习惯性地建立起来的。但是这种特点在德意志各公国比在其他任何地方表现得更加明显。

我们发现,德意志各公国的起源在方式上与西法兰西亚或意大利的大公国相同：就是将几个伯爵领归并于军事辖区而形成公国；在德国，这些公国的名称起初也是不确定的，不过在这种情形下命名原则的确定更迅速得多，其统一性大得多。在相当短的时间里，即大约在905至915年之间，德意志兴起阿勒曼尼亚（即士瓦本）、巴伐利亚、萨克森和法兰克尼亚（位于莱茵河左岸靠近河边的几个主教辖区和法兰克人在美因河下游的殖民区）诸公国，这里没有把洛林公国列入其中，它的公爵相当于某个国王的遭贬抑的继承人。这些公国的名称值得注意。就像古代的罗马辖区一样，东法兰西亚没有经历外族入侵带来的民族融合过程，日耳曼各族旧时的区划，在新建立国家理论上的统一体的掩盖下延续下来。参与选举国王或不参与选举国王的那些大贵族，按照这些部族亲缘关系结成群体。由于使用每个族群特有的、实际上是每个族群领地特有的习惯法而维护的独特情绪，因对晚近历史的种种记忆而得到滋育。8世纪后半叶，阿勒曼尼亚、巴伐利亚和萨克森相继并入加洛林国家，封建诸侯重新采用的公爵头衔本身，重复的是阿勒曼尼亚和巴伐利亚的世袭君主在断断续续的法兰克霸权之下在很长时期内一直拥有的这个称号。相形之下，图林根则提供了完全相反的例证：由于当地的王权早在534年已经崩溃，图林根已经不是独立的民族国家，那里没有成功地建立起稳定的公国。

公爵被视为一个部族的首领而不只是某个省区的行政长官，以致公国的贵族经常要求拥有选举公爵的权利，在巴伐利亚，贵族有时迫使国王承认他们拥有参与任命公爵、至少是同意公爵任命的权利。然而，加洛林国家传统在德国仍具有非常强大的活力，以致国王仍要将握有这些政府大权的那些人首先作为国王自己的代

第二十九章　从领地大公国到城堡领地

表,我们已经看到,在很长时期内国王拒绝承认公爵拥有世袭继承权。

公爵权力由此保存的一种公共职位的性质与牢固的部族地方性结合起来,使得 10 世纪的德意志公国与法国的大公国迥然不同。比如说,德意志公国的封建性少得多,所以完全象征着这样一种国家,这个国家没有像法国一样在同等程度上达到这种阶段:在这个阶段上附庸关系在贵族之间差不多构成惟一有效的命令与服从关系。在法国(尽管法兰克人、阿基坦人和勃艮第人的第一代公爵做过努力),公爵、侯爵和大伯爵(arch-counts)不久就只能对属于他们个人的或作为采邑给予他们的伯爵领真正行使权力。另一方面,虽然德国的公爵显然也从自己的"荣誉地"获得很大一部分权力,但他仍然是更大一处领地上的最高首脑。这种情况是很有可能的,即:伯爵们的辖区位于公爵领边界之中,但他们中的一些人直接臣服于国王。不过他们在某种程度上仍从属于公爵,如果我可以斗胆做一比较的话,就像今天法国的副省长,尽管这一职位由中央政府任命,但仍从属于省长。公爵召集公国内所有要人到官府议事,指挥公国的军队。由于负责维护公国内的和平,他将司法权扩展到公国各地。公爵的司法权限多少有些模糊不清,但并非不能贯彻执行。

然而,这些庞大的"部族"公国——德国史学家称之为 *Stammesherrzogtümer*——其上有来自国王的威胁(国王的权力已受到这些公国的很大限制),其下有来自各种分裂力量的威胁,在一种正在摆脱原始民族记忆及其起源、正在封建化方向上不断发展的社会里,这些分裂力量日益活跃。这些公国有时直接受到国王的镇压,939年法兰克尼亚公国就是如此;更常见的情况是,这些公国分崩离析,对归属于它们的大教堂和伯爵领的一切统治权被剥夺,所以逐渐失去了原初的特征。1106年,下洛林即"洛锡尔"公爵一衔落入卢韦恩家族手中之后,这一尊号的享有者在45年后试图在这个公国从前的范围内建立他的各种权利。帝国宫廷的回答是:根据已经确定的习惯,"他只能在他自己占有的或授予他的各伯爵领内拥有公爵权力"。当时的一位编年史家解释说:那个家族的各公爵"从未在自己的领地之外行使司法权"。① 对于新的发展方向,这已经解释得很清楚了。在较早类型的公国里,存在着若干爵衔,有时在一个以上。但这为数极少的所谓大公国此时与大量的"领地"政权已无甚区别,在12世纪末的德国,这些领地政权利用王权不断衰弱之机,已经牢固地确立起来,最重要的是,它们在13世纪最终形成了一直持续到本世纪的联邦国家。作为政治组织,这些领地政权与法国的类型非常相似,因为它们也只是伯爵和其他各种政权的权利混合体。历史演化中存在着我们已熟知的种种时间差,由于这样的一种时间差,德国在大约两个世纪的间隔后,走上了它的西部邻国似乎已走出来的同样历程。

2　伯爵领与城堡领

由加洛林帝国发展而来的诸国中,先后变为世袭地产的伯爵领,并未全被大公国吞并。一些伯爵领长期保持独立地位,例如

---

① Gislebert of Mons, ed. Pertz, pp. 223 – 234 and 258.

第二十九章 从领地大公国到城堡领地

1110年以前的曼恩就是如此,尽管它不断受到邻近的安茹公国和诺曼公国的威胁。但是,由于权利的瓜分和许多豁免权的建立——不用说直截了当的篡夺——伯爵的权利解体了;因此法兰克官员的合法继承人与普通"豪强"之间的不同,渐渐地变成这样一个问题,即他们是否使用伯爵头衔。这些"豪强"因运气颇佳或十分精明已把大量的领主权和司法权聚于自己手中。伯爵头衔本身有时则被教会的一些世俗代理人僭取(例如,像圣里奎尔的各代理人就是如此,他们成了蓬蒂欧的伯爵),在德国,甚至一些富裕的自主地持有者也僭称伯爵。这样,公职的观念让位于赤裸裸的现实政权。

在形形色色的头衔和权限不同的领主权的建立和巩固过程中,人们可以发现一个共同特点,即城堡发挥了关键作用。奥德里库斯·维塔利斯提到蒙福尔老爷时说:"他势力强大,就像一个拥有坚固要塞所捍卫的强大城堡的人一样强大。"这些城堡并不像我们已经看到的普通骑士的设防居所那样,只是一些用来居住的建有防御工事的房屋。权贵们的各处要塞实际上是围以壕沟的小军营。里面确有一座塔楼,它既是领主的居所也是防御者最后的防守阵地;但塔楼周围还有一道或几道围墙(enceintes),圈起相当大的一片地域,这块地面上矗立的建筑物用作士兵、仆人和手艺人的居所,或用来贮藏各种物资和农民提供的产品。在默兹河上的瓦尔克,伯爵城堡(castrum)早在10世纪似乎已经建成这种类型的要塞,两个世纪后布鲁日和阿德尔的要塞也属于这种类型,虽然这些后来建的要塞比以前的要塞建得好得多。

第一批城堡是在诺曼人和匈牙利人入侵时期由国王或重要的

军事辖区的首领建造的,认为建造防御工事的权利在根本上属于国家的观念从未完全消失。在几代人的时间里,未经国王或诸侯允许建造城堡被视作非法,按盎格鲁-诺曼人的说法,是"非法的"。但是这种禁令没有任何约束力,除非相关当局有实力监督遵守禁令,在大多数国家,由于12世纪以后王权和领地政权的加强,这种禁令才得到有效执行。而更严重的是,无力阻止建造新要塞的国王和诸侯,同样难以成功地控制他们自己建造、然后作为采邑授给附庸管辖的那些要塞;公爵和较大的伯爵甚至发现自己委派的城堡主抗命不遵。这些城堡主也是官员或附庸,他们野心勃勃,想成为世袭的统治者。

这些城堡不仅是城堡主的安全庇护所,有时也是其臣民的安全庇护所;而且还是附近整个地区的行政首府和附属地组织的中心。农民在这里从事修筑要塞的强制劳动并储存各种实物贡品;附近的附庸在这里履行防御义务,通常人们认为他们持有要塞本身的采邑,例如,在贝里,采邑来自伊苏丹的"高大塔楼"。城堡是司法中心,是所有有形权力的源泉。情况就是如此,在德国,11世纪末以后,很多伯爵已经不能控制全部无可挽回地被再分割的领地,因此他们已习惯于在其头衔上使用他们主要的世袭要塞的名称,代替其辖区即"部"(*Gau*)的名称。这种做法有时扩大到地位更高的贵族身上,例如,士瓦本公爵腓特烈一世自称斯陶芬公爵。[①] 在大致同一时期的法国,那些拥有高级司法权的领地被称

---

① *Monumenta Boica*, XXIX, 1, No. CCCCXCI: *Württemberger Urkundenbuch*, II, No. CCCLXXXIII.

作堡领（châtellenie）已逐渐成为惯例。一个突出的例子是阿基坦地方阿香博的波旁城堡。虽然城堡主不属伯爵等级，但它最终促成了一个实际的领地大公国，这个大公国的名称在法国的一个省即波旁省以及一个著名家族的姓氏中延续下来。作为有形权力之源的塔楼和围墙也留下了它的名称。

3 教会领主权

加洛林王朝按照墨洛温王朝和罗马的传统，总是把主教参与其主教区的世俗事务管理视为正常的、值得赞许的事情，但只是将主教作为国王的代理人即伯爵的同僚，或者偶尔作为伯爵的监督者。封建社会第一阶段的王权行之更甚，他们有时让主教充当伯爵。

这一发展过程表现在两方面。较之主教区内的其他部分，大教堂所在的城市被认为处于主教的特殊保护和权威之下。伯爵要时时刻刻巡游乡村，而主教则宁愿驻足他的教城（cité）里。在危急时刻，主教的扈从防守堡垒——这些城堡常常由主教本人出资修建——主教开仓放粮以赈济被围困的人们，同时，主教本人常常担任指挥官。由于国王承认主教有权对城市要塞及邻近要道行使伯爵权（连带其他权利，如铸币权，甚或对设防的圈用地的占有权），因而也就承认了这种被认为是有利于防御的实际状况。在朗格勒，早在887年就出现这种情况；在贝加莫，这种情况在904年肯定已经出现；在图勒是927年；在施派尔是946年——这里提到的只是人所共知的各国最早的例证。对于周围领地的管理则留归伯爵。这种区别有时是恒定的。但是，图尔奈城的主教或主教座堂的教士团在若干世纪中一直担任该城的伯爵，而佛兰德的伯爵也是该城周围领地的伯爵。在其他地方，整个领地最终都授予了主教。所以，在朗格勒的伯爵权被授予主教之后60年，朗格勒伯爵领也授予了主教。把整个伯爵领授予主教的这种做法一经开始，这一进程就习惯性地加速起来：兰斯城诸大主教以前显然从未担任过兰斯城伯爵，但在940年都变成了兰斯城及其周围领地的伯爵。

促使国王们授予各主教这些权利的动机是明显的。他们总是希望在天国与尘世这两个世界里获取最佳结果。在天国，圣徒们一定会高兴地看到其仆人们不仅拥有丰厚的收入，而且还从麻烦的世俗当中挣脱出来。在尘世，把伯爵领授予主教，就是把权力置于最可靠之人的手中。教士不可能将其职位变成世袭的遗产；教士的任命需要得到国王的批准（诚然，当时国王并不直接任命教士）；教士的文化背景和利益驱使他倾向于站在王党一边。总而言之，在封建国家的混乱状态中，教士确实是最驯服的官员。意味深长的是，德国国王授予主教区的第一批伯爵领，竟是阿尔卑斯山的一些行政区：这些行政区远离主教驻足的城市，如果因关闭山道而失去这些地区，就会严重危及帝国政策。然而，源自各地共同需要的这种制度，在不同国家沿着截然不同的方向发展。

在法兰西王国，早在10世纪，很多主教区已经落入领地诸侯甚至普通伯爵控制之下。结果是，获得伯爵权力的主教为数很少；他们主要集中在法兰西岛和勃艮第。其中至少有两位，即兰斯城和朗格勒城的主教，把周围一系列附属伯爵领聚集到他们自己统治的中心区,似乎一度近乎建成名副其实的领地大公国。10世纪的战争记录最频繁、最敬重地提到的军事力量,是"兰斯教会的骑士"。但是,由于受到周围世俗诸侯的压力,受到他们辖下的诸侯不忠信行为的侵害,这些庞大的教会领主权似乎很快就衰败了。从11世纪起,没有一个主教-伯爵具有抗敌之力,他们只能越来越紧密地依附于王权。

德国的君主们忠实于法兰克传统,长期以来他们似乎犹豫不决,未能触及伯爵领组织结构。然而,我们发现,到10世纪末,国王为扶持主教而常常将整个伯爵领,甚至一批伯爵领赠予主教;由于这些土地赠与附带着豁免权和一整套特权,德国在几年内便建立了属于教会的相当大的领地领主权。很显然,国王们虽然不情愿但仍接受了这种观念:在国王反对那些桀骜不驯的大贵族,特别是公爵对地方权力的垄断的斗争中,最好的武器莫过于教士手中的世俗权力。值得注意的是,在那些公爵领从地图上被抹掉的地方(如法兰克尼亚),或公国对一部分原有领地失去全部有效控制的地方——像在从前的莱茵河畔的洛林或东萨克森——这些教会领地的数量便特别众多,且十分强大。但事实证明,国王的政策最终被证明是不明智的。教皇与德皇的长期争执,以及教会改革中所取得的至少是部分的胜利,使德意志的主教们自12世纪以来越来越不把自己视为王权之下的官员,充其量只视为国王的附庸。在德国,教会的诸侯国最终只是民族国家中的分裂因素之一。

在意大利的伦巴底以及(虽在较小程度上)托斯坎尼,帝国推行的政策最初与在德国同出一辙。然而,在这些地区,把几个伯爵领集中在同一教会手中的现象十分少见,历史演化进程产生了完全不同的结果。在主教-伯爵的背后,一种新兴力量非常迅速地成长起来,此即城市公社的力量。在很多方面,城市公社是与教会相竞争的力量,但又是这样一种力量:它为实现自己的政治抱负而最终能够使用以前的城市领主提供的武器。12世纪以后,伦巴底诸城的著名寡头共和国正是经常以主教继承人或主教的名义维护其独立地位,并将其领主权扩展到平原地带。

有的教会占有伯爵领,有的教会虽没有获得伯爵领的馈赠,但仍享有充分的豁免权并拥有大量的附庸和农奴——这些人服从于教会司法权,这种权力象征着真正的领地权力;在这两类教会之间,任何国家都没有严格划定的法律界限。这些庞大的教会"辖区"的边界,纵横交错地交织在西欧各地。各条交叉线,就像休格所描绘的那样,如同许多"海克利斯之柱"一般,标志着俗界不能逾越的界限。[①] 无论如何,这种界限在理论上是不可逾越的。然而实际情况则有些不同。圣者与卑微者的财产,为世俗贵族提供了一种满足他们维持其财富欲和权力欲的最佳方式,即通过威胁而强取豪夺,或由于殷勤的亲朋好友的顺从而获得采邑;有时通过最直截了当的掠夺取得土地;最后——至少在从前加洛林国家的范围内——利用世俗"代理人"制(avouerie)取得土地。[②]

当豁免权的功效首先由加洛林王朝的立法加以规定时,人们便认为必须为每个享有豁免权的教会提供一个世俗代表,这个世

---

① Suger, *Vie de Louis VI*, ed. Waquet, p. 228.
② 对于法国后加洛林时代的代理人制度,还没有详细的研究。这是中世纪研究中最严重的空白之一,也是最易填补的空白之一。在德国,已经有人考察代理人制度,特别是它与司法制度的关系,尽管研究可能是从过于理论性的观点进行的。

俗代表既负责维护领主权本身许可的申诉,又有责任将这样一些人送交伯爵法庭;这些人需要出席伯爵法庭,但国王自己的官员再也不能在他们自己此后已不能进入的庄园里直接追寻这些人。这种职位的设立具有双重目的,它以这种职位的双重性适应了一种政策的基本趋势,这种政策对其目标认识非常明确。一方面,它旨在防止教士特别是修士因世俗义务而放弃自己的天职,另一方面,它通过正式承认领地司法权而把这些权利并入一种体系规范、管理得当而且权限明晰的司法制度中。因此,每个享有豁免权的教会不仅一定有它的"一位代理人"(avoué)或"几位代理人",而且对这些官员的选择也受到政府的严密监督。简言之,加洛林国家的代理人虽然服务于主教或修道院,但仍在有关事务中扮演着某种国王代表的角色。

查理曼所建立的行政机构的崩溃,并没有导致这种行政制度的消失,但其内部却发生了深刻的变化。毫无疑问,从一开始,代理人被授予教会财产中切割出的一种"恩地"作为酬劳。当公职的观念被个人依附关系遮蔽时,代理人通常就不再被视为国王的属下——他并没有向国王行臣服礼,而只是被视为主教或修士们的附庸。对代理人的任命权从此完全落入主教或修士之手,直至他的采邑像其他人的采邑一样,与其职位一起变成世袭财产。这一点发展得非常迅速,尽管法律上有所保留。

与此同时,代理人的作用发展到相当重要的程度。首先,代理人的司法职能已得到扩展。由于豁免权垄断了对关系到死刑的案例的审理,所以代理人此后不是把罪犯送交伯爵法庭,而是亲自行使这种重要的高级审判权。最重要的是,代理人不再只是一名法官。在封建时代的混乱状态中，各教会需要军事指挥官率领教会人马在圣徒的旗帜下战斗。由于国家不再能提供有效的保护，教会需要便于调动的保卫者来保护总是处于危险之中的教会财产。教会认为在通过查理大帝的法令委派给教会的世俗代理人那里，他们已经找到了这两类人；显然，这些职业武士本身会毫不迟疑地主动执行，甚至强行承担那些在名誉和利益方面有着广阔前景的任务。其结果是，这种职位的权力重心发生转移。历史文献试图界定代理人一职的性质或为代理人所要求的酬劳辩护时，越来越强调保护作用这个因素。这些官员的征募也发生了相应的变化。加洛林时期的代理人是中等地位的官员；但在 11 世纪，最显赫之人甚至伯爵家族的成员，也并非不屑于寻求一个代理人的头衔，此前不久，他们会认为这一头衔远比他们的地位低下。

然而，对多种权利产生影响的分割状态，在当时不能不影响到代理人制度。加洛林时期各机构的地产分布于广大地区，在这种情况下，加洛林王朝的法令似乎规定为每个伯爵领提供一名代理人。但代理人的数目很快成倍增长。在代理人制最具其原始特点的德意志和洛塔林吉亚，那些通常被称为"次代理人"（sous-avoués）的地方代理人，在理论上仍然是教会总代理人的代表，并且通常是他们的附庸，或是分割了教会财产的两三个总代理人之一的代表和附庸。在法国，也许人们会料到，这种分割状态行之更甚，这种情况是如此严重，以致最后任何规模的一处或一组地产之上几乎都有特殊的"保卫者"，这些"保卫者"是从附近中等贵族中招募而来的。然而，法国也有人在收入和权力上远大于众多地方小保护者，这些人通常属于较高阶层，被指派来保护主教区或修道

第二十九章 从领地大公国到城堡领地

院。此外,这种显贵或许不仅是宗教机构的代理人,而且也是它的"所有者"(主要是指由他任命修道院长),虽然他是俗人,但他偶尔也可能亲任修道院长——各种观念的混乱正是这一个时期的特点,与其说它反映了法律上的细微差别,不如说反映了实实在在的历史实际。

代理人不仅拥有附属于其职位的采邑——通常是非常广大的采邑,而且这一职位本身甚至还允许他把权力扩展到教会的各处地产,并从中征收可观的地租。特别在德国,代理人虽是保护者,但仍然是法官。德国的很多代理人(Vogt)以禁止教士处人死刑的旧原则为证据,成功地垄断了差不多所有修道院领主权范围内的高级司法行使权;较强大的王权及对加洛林传统的忠诚,也有助于代理人对司法权的垄断。因为,德王虽也不得不放弃了对代理人的任命权,但至少在理论上国王继续为代理人举行公职权授权仪式,即强制权的授权式。如果国王不直接向其附庸委托权力,修士们将难以行使高级司法权。实际上,他们很难成功地保有惩罚最紧密地依附于他们的依附者即他们的仆人或农奴的权利。在法国,王权与代理人之间的所有联系已被切断,司法权的再分割沿着更多样化的路线进行;法国的这种无序状态无疑比德国的有条不紊更有利于教会的利益。

另一方面,教会的那些真假"保护人",从各地教会的农奴身上收取了多少"苛捐杂税"(这是特许状中使用的词语)啊!诚然,即使在代理人一职落入无数贪利的乡村僭主手中的法国,这种保护大概也并非像教会史作家们使我们相信的那样总是无效。路易六世颁布的一份特许状,尽管明显是在一所修道院里起草的,但仍承认"保护是极其必要的,其用处也最大"。① 这无疑是用高价买来的保护。各种形式的义务,从田间劳役到提供食物,从军役到修筑城堡,对土地、更常见的是对农舍(因为被保护的首先是村庄)征收的燕麦、葡萄酒、鸡、货币——代理人通过巧立名目从农民(代理人并非农民的直接领主)身上收取的这一系列捐税,几乎是无止境的。正如休格所说,他们整个地把农民吞噬了。②

在欧洲大陆,10世纪和11世纪前半叶是代理人制度的黄金时代,英国不曾遵循加洛林传统,所以从未有这种制度。此后,受格利高里改革影响而振作起来的教会转入攻势。通过协议、司法裁定、赎买的办法,也由于忏悔者和虔敬者的自由捐献,教会成功地逐渐限制了代理人权利的行使,这些权利受到严格的限定并日趋减少。教会确实不得不把古已有之的大片遗产让给代理人。代理人确实继续对大量教会地产行使司法权,并征收一些人们越来越不知晓其来源的赋税。农民并非总能从其教会主人的温和统治中得到很多好处,因为教会赎回的地租并不因此停止征收;情况只不过是,此后地租交给作为领主的主教或修道院,而不再为周围的世俗地主增添财富。但是这些不可避免的奉献一旦被接受,教会的领主权也就摆脱了它曾面临的一种最阴险的威胁。

受格里高利教会改革打击最大的是那些小贵族和中等贵族,因为他们被迫放弃对有些资源的利用,这些资源从前对他们而言几乎是取之不尽的,没有这些财源,历史上不止一个骑士家族将永

---

① *Mém. Soc. archéol. Eure-et-Loir*, X, p. 36. and *Gallia christ.*, VIII, *instr.*, col. 323.

② *De rebus*, ed. Lecoy de la Marche, p. 168.

第二十九章 从领地大公国到城堡领地

远不可能摆脱其最初的卑微地位。到封建社会第二阶段结束之际,地方代理人事实上已经不能兴风作浪,但总代理权仍然存在。它们基本上总是被国王和较大的贵族所掌控;国王已开始要求对本国范围内的教会机构拥有普遍的"保护权"。此外,主教、大教堂的教士团和修道院已经敢于拒绝所有那些小保护人要求的繁重役务,因为他们自身的安全此后可以依靠强大王权或诸侯政府的支持(这种支持已经再次变得行之有效)。现在,这种保护无论以何种名义进行,也总是以非常繁重的役务和日益沉重的货币贡献为代价来换取。"教会理应富有",是一份伪造的文件中保存的被认为是德王亨利二世所说的一句率真之言,"因为托付给一个人的越多,向他索取的也就越多"。① 由于教会的领主权在理论上是不可分割的,它们的独特性使教会的领主权保留下来,免遭分割继承这一永恒的危险,所以教会的领主权从一开始就是一个不稳定的世界中重要的稳定因素。由此来看,在普遍的权力重建时期,教会领主权甚至将会表明,它们在重要的政权手中将是更有价值的工具。

---

① M.G.H., *Diplom. regum et imperatorum*, III, no. 509.

第三十章 混乱与克服混乱的努力

1 国家行动的范围

我们已经习惯于提到封建国家,对于中世纪的博学之士来说,国家这一观念肯定并不陌生;历史文献有时使用旧词 *respublica* 表示国家。政治道德除了承认对直接的主人所负有的种种义务之外,也承认对国家这种更高的权威所负有的义务。苏特里的博尼佐说,一名骑士必须"准备为保卫他的领主而死,为国家战斗至死"。[1] 但是,这里所唤起的观念与今天的观念大相径庭,特别是它的内涵要狭隘得多。

我们认为与国家观念不可分离的那些活动,可以列出一长串,但封建国家对它们却全然无知。教育属于教会,被认为是慈善事业的济贫工作,也属于教会。公共工程留给主动提出建议的使用者或小地方当局——这是与罗马传统甚或查理曼传统的一次断然决裂。只是到 12 世纪时,统治者才再次对公共事务产生兴趣,当时国家对这些事务的兴趣不及一些早熟的大公国,例如在亨利·

---

[1] Bonizo, *Liber de vita christiana*, ed. Perels, 1930 (*Texte zur Geschichte des römischen und kanonischen Rechts*, I), VII, 28, p. 248.

第三十章 混乱与克服混乱的努力

普兰塔日奈(Henry Plantagenet)统治下的安茹,他建造了卢瓦尔河大堤;又如在佛兰德,阿尔萨斯的腓力伯爵建造了几条运河。直至 13 世纪,国王和诸侯才像加洛林统治者们那样介入稳定物价的事务,并优柔寡断地规划经济政策。实际上,从封建社会第二阶段起,公共事业活动立法的真正倡导者,几乎毫无例外地都是管辖范围小得多、其性质与严格意义上的所谓封建主义格格不入的权力机关,即城市。城市从成为自治性共同体之时起,就关注着学校、医院和经济法规这类事务。

国王或大贵族实际上只有三项基本职责:他必须通过宗教机构和对虔诚信仰的保护来保证他的臣民获得灵魂拯救;保护他们免遭外敌侵犯(在可能的时候,这种保护性职责之外,又有征服活动,对荣誉的追求和对权力的渴望,在同样的程度上促成了这种活动);最后是维护公正和内部和平。由于其使命要求他首先击败入侵者或惩处作恶者,因此它忙于作战、惩处犯人和镇压骚乱,而不是管理国家。这是一项非常繁重的任务。

所有政府的共同特点之一——确切说不是它们的弱点——就是,它们在事实上总是断断续续地发挥作用;在政府的雄心最大、标明的活动范围最广的地方,这种缺陷表现得最为显著。1127 年布列塔尼的一个公爵承认他无力保护他的一所修道院对抗他自己的骑士的侵犯时,他只是在宣布一个二等大公国所具有的缺陷。即使那些权力备受编年史作家们赞扬的君主中,也找不到一个不需花费成年累月的大量时间镇压叛乱的统治者。最细微的沙粒也足以卡住机器。一名进行反叛活动的小伯爵龟缩在自己的据点里,结果竟使德皇亨利二世受阻三个月!①我们已经提到君主乏力的主要原因:交通缓慢等普遍性的困难;金钱储备的缺乏;对直接与人进行联络的需要,这是行使真正的权威所不可或缺的。1157年,弗赖辛的奥托天真地认为他在颂扬他的主人公,他说,红胡子腓特烈"回到了阿尔卑斯山以北;他一来,法兰克人(即德意志人)就恢复了和平;他一走,意大利人就失去了和平"。当然,除了这些原因外,我们必须补充一点,即具有更广泛义务的人身关系纽带的顽强竞争。13世纪中叶,法国的习惯法仍承认这种现象,即一个贵族的绝对附庸为了他的领主的事业可以合法地向国王开战。②

头脑最清醒的人显然意识到国家存在的长期性。德国康拉德二世的宫廷教长说,德皇曾说过:"国王死后,国家仍然存在,就像一条失去了船长的船一样。"这条忠告是说给帕维亚人民听的,但帕维亚人声称毁坏皇宫不能算作他们的一条罪状,因为它发生在大空位时期。这时,他们的看法更接近普通人。"皇帝在世时我们为他服务,他死后我们不再有君主。"慎重稳健的人总是劝告新君要肯定他的前任皇帝赠与他们的各种特权,12世纪中叶,英国宫廷中豢养的一些教士认为,一项不符合原有习惯的敕令,只有在这项敕令的制定者在世时才有效。③ 换句话说,在具体的首脑形象与抽象的权力观念之间不存在明确的界限。国

---

① *Cartulaire de Redon*, ed. de Courson, p. 298, no. CCCXLVII;参见 p. 449; S. Hirsch, *Jahrbücher des d. Reiches unter Heinrich II*, III, p. 174。

② *Ét. de Saint-Louis*, I, 53.

③ Bigelow, *Placita Anglo-Normannica*, p. 145.

第三十章　混乱与克服混乱的努力

王本人很难使自己超乎严格限制的家族情绪之上。我们可以思考一下腓力·奥古斯都在踏上十字军征程之时，为防备万一死于去圣地的途中，对其财产——全部王权必不可少的基础——所做的安排。如果他死后他的儿子还在，就只将府第的一半散为施舍之物；如果儿子死在父亲之前，就散尽全部财产以作施舍。

但是，我们不要把封建政府描绘成一种法律上或实际上的个人绝对专制体制。按照当时人们普遍接受的好政府的准则，无论哪个等级的首领，没有事先的协商，都不能做出任何重大决定。当然，这并不意味着与人民协商，没有人认为必需直接与人民或与人民选出的代表进行协商：按照神意，富人和掌权者不就是人民的天然代表吗？因此国王或诸侯只向他的主要臣属和自己的附庸征求意见——简言之，征求意见的范围限于封建意义上的宫廷。最骄横的君主也必定要在其特许状中追溯这种必要的政治协商。奥托一世皇帝认为，原本针对某一特定会议而要发布的一项法律，"由于一些大人物的缺席"而不可在会议上发布。[①] 这种规则如何严格地实施，取决于力量的平衡。但公然违反这种规则从来都是不明智的；因为某一社会等级的成员认为自己必须真正遵循的惟一法令，就是那些即使未经他们的同意但至少也是他们在场时发布的法令。除了从个人联系方面着眼，政治关系就无从设想，在这里我们再次看到了导致封建分裂状态的一个根深蒂固的原因。

---

① *M. G. H.*, *Constitutiones regum et imp.*, I, no. XIII, pp. 28-29.

2 暴力与对和平的渴望

对封建社会,特别是对封建社会第一阶段的描述,如果只专注于法律制度并且使人忘记那些年代的人们生活在经常性的痛苦不安状态中,那就会不可避免地对实际情况得出某种错误认识。那种不安全并非像今天这样,是由几个武装起来的国家组成的世界中固有的那种可怕的、然而又是间歇性的和集体性的危险所造成的痛苦。那种不安全也不是——至少主要不是——压垮穷苦者或不幸者的各种经济力量造成的恐惧。无时不在的威胁是一种使每个人不胜负担的威胁。它影响到每个人的财产,也的确危及每个人的生命。战争、谋杀、权力的滥用——这一切在我们所做的研究的每一页上几乎都投下了阴影。暴力何以成为一个时代和一种社会制度的突出标记,现在可以用几句话来加以概括。

"在法兰克人的罗马帝国崩溃以后,不少国王都想坐上威严的王座,这时他们都将希望寄托在刀剑之上。"大约在9世纪中叶,拉文纳的一个教士假托预言讲了这番话,这位教士已经看到伟大的加洛林帝国梦想的破灭,并对此感到悲哀。[①] 因此当时的人们清楚地意识到这个祸患;而政府的软弱无力——其本身在很大程度上是不可抑制的混乱习惯造成的结果——又助长了这种祸患的蔓延。外族入侵同样也促使祸患蔓延,这些入侵给西欧各地带来的是屠杀和劫掠,也摧毁了原有的政府机构。但是暴力也深深植根

---

① *M. G. H., SS. rer. Langob. Saec. VI–IX*, p. 385, c.166.

第三十章 混乱与克服混乱的努力

于社会结构和当时的心态之中。

暴力在经济中占有了一席之地:在一个贸易活动稀少且艰难的时代,还有比掠夺和压迫更保险的致富途径吗?整个领主和骑士阶级都主要是靠这种方式生活的,一个修士就可以轻易地让一个小领主在一份契约书中这样写道:我让出这块土地,"免除一切赋税、一切索求或贡税、一切强制性的劳役……以及骑士往往以暴力从穷人身上强取豪夺的所有东西"。①

暴力也进入了法律领域,部分原因是习惯法的原则,这种原则最终几乎把一切篡夺行为合法化;也由于一种根深蒂固的传统,这种传统承认个人或小集团自行行使司法的权利,甚至使行使这种权利成为义务。家族仇争导致数不尽的流血悲剧;但由于人们把法律握于己手,因而公共秩序也面临其他威胁。当和平协商会议禁止受到肉体侵害的受害者自行夺取侵害者的某项财产来补偿时,他们知道,他们正在设法消除最易成为麻烦之源的一个因素。

最后,暴力还是一种习惯因素。中世纪的人们几乎不能控制自己勃然而发的冲动;他们在情感上对苦痛无动于衷,很少关注人的生命,只将人的生命视为达到永生之前的过渡状态;而且,他们总是以几近动物的方式展示体力,视之为荣耀。1024 年左右,沃姆斯主教伯查德写道:"在圣彼德教堂的依附者中间,每天都有人像野兽那样杀人。他们因酗酒、狂妄或者毫无缘由地彼此攻击。一年当中,圣彼德教堂 35 个完全无辜的农奴被教堂的其他农奴杀

---

① *Cartulaire de Saint-Aubin d'Angers*, ed. B. de Broussillon, II, no. DCCX (17th September 1138).

害；杀人者不仅毫无悔意，而且以此为荣。"近一个世纪后，英国的一部编年史在称赞征服者威廉在英国建立的伟大和平时，除了列举以下两个特点之外竟想不出更好的方式来表达它的完善：此后任何人不得因他人对他的伤害——无论这种伤害的性质如何——而杀死他人；人人可以腰缠万贯而毫无危险地穿行于英国各地。[①]这里说明了最常见的那些罪行赖以存在的双重根源：按当时的观念可诉诸道德正当性的私人复仇的习俗；赤裸裸的抢掠。

然而，人人最终都受到这些暴行的伤害，首领们比任何人都更清楚地认识到这些暴行随后带来的灾难。所以，由于人们对那最珍贵的、最不易得到的"上帝的赠礼"的真诚渴望，从这个多灾多难时代的深处升起了长期的对和平的呼唤——首先是对内部和平的呼唤。对一个国王或诸侯来说，最高的称赞莫过于"和平缔造者"这一称号。这个词必须按其最积极的意义来理解，它指的不是接受和平的人，而是指带来和平的人。"愿国家和平"——这是国王加冕时的祷词。圣路易诵道："愿上帝赐福于和平的缔造者。"所有统治者所共有的这种急切之情，有时表达得直截了当，令人感动。听一听一位宫廷诗人对克纽特国王的聪明才智的赞美吧："当人们那充满光明的住所照耀着您前进的道路时，啊，陛下，您依然非常年轻。"克纽特在他的法律中说道："我们要求所有 12 岁以上的人

[①] M.G.H., *Constitutiones*, I, p. 643, c. 30; *Two of the Saxon Chronicles*, ed. C. Plummer, I, p. 220；继续转述奇闻逸事是不可能的，但为了真实传达这个时期的色彩，又必须这样做。例如，通常我们不习惯于将英王亨利一世视为野兽。但我们在奥德里克·维塔利(Orderic Vitalis)的记载中读到，当亨利一世的一个私生女的丈夫让人挖去一个王室城堡主的幼子的双眼时，亨利让人把自己的几个外孙女弄瞎并断肢。

宣誓，永不抢掠他人或作强盗的帮凶。"①但正是由于这些世俗政权的软弱无能，人们才在常规权力机构之外，在教会的提倡之下，自发行动起来，致力于迫切希望的和平与秩序的组织。

3　上帝的和平与休战②

和平联盟源自主教会议。在教士中间，人类的团结意识从基督徒为救世主的神秘躯体这种观念中获得营养。纳博讷省的主教们在1054年宣布："不允许基督徒相互残杀，因为人人相信杀死一名基督徒就是让基督流血。"事实上，教会知道它自己特别容易遭受侵害。教会认为，它不仅负有要保护它自己成员的特殊责任，而且还要保护所有弱者，即保护那些按教会法已将监护权托付给教会的可怜之人（miserabiles personae）。

虽然这种制度的母体具有普世性——且撇开改革后的罗马教廷后来所给予的支持不谈，但和平运动在起源上特别具有法国特性，尤其是具有阿基坦特性。989年左右，和平运动在普瓦提埃附近的沙鲁举行的宗教会议上似乎就已经开始，不久继之而起的有

---

① M. Ashdown, *English and Norse Documents relating to the Reign of Ethelred the Unready*, 1930, p. 137; Cnut, *Laws*, II, 21.

② 由于有关"上帝的和平"的著述——尤其是 L. Huberti, *Studien zur Rechtsgeschichte der Gottesfrieden und Landesfrieden*, I, Ansbach, 1892, and G. C. W. Görris, *De denkbeelden over oorlog en de bemoeeiingen voor vrede in de elfde eeuw* (Ideas on War and Efforts for Peace in the Eleventh Century), Nijmegen, 1912 (Diss. Leyden)——包含大量便于检索的资料注释，希望读者明白下文中的大量引文何以不注明出处。

从西班牙边区至贝里和罗讷河流域举行的多次宗教会议；只是在11世纪20年代，和平运动才扩展到勃艮第和法国北部各地。1040和1041年，来自阿尔王国和克吕尼修道院的一些教士试图争取意大利主教的支持，但没有取得显著成功。① 直至11世纪结束以前，洛林和德国并未受和平运动的强烈影响，而英国则根本未受影响。和平运动发展过程的独特性，很容易从政治结构的差异中得到解释。1023年，苏瓦松和博韦的主教们建立了和平联盟并邀请他们的同僚康布雷主教入盟。但是，和他们一样同为兰斯大主教区副主教的康布雷主教本人又是神圣罗马帝国的臣民，因此他拒绝加盟：他说，主教插手属于国王的事务"是不适宜的"。在神圣罗马帝国，尤其是在帝国主教中间，国家观念仍然是非常活跃的，而且国家本身似乎并没有完全失去履行职责的能力。与此相似，在卡斯蒂尔和莱昂，只是在1124年一次有争执的王位更替已经严重削弱王权之后，孔波斯特拉的著名大主教迭戈·格尔米赖兹才能按"罗马人和法兰克人的"模式引入宗教会议的决议。相反，在法国，王权的软弱到处都是显而易见的；但最混乱的地区莫过于法国的南部和中部，这些地方长期以来几乎处于独立状态。这里没有一个巩固的大公国像佛兰德或诺曼底那样成功地自立起来，因此，人们若不想在混乱中灭亡，就必须自救。

要完全消除暴力是一种徒劳的梦想，但人们至少可以希望把它控制在一定范围内。最初，控制暴力的这些努力——以所谓"上

---

① 在半岛南部，上帝的休战是由一位法国籍的教皇（乌尔班二世）和诺曼贵族们引入的（见 Jamison 在 *Papers of the British School at Rome*, 1913, p. 240 的论述）。

帝的和平"的名义为人所知——采取的形式是对某些阶层的人或物实行特殊保护。沙鲁宗教会议拟定的禁止事项的清单还是非常初步的：禁止以武力进入教堂或抢劫教堂；禁止抢夺农民的家畜；禁止袭击非武装的教士。以后禁止事项增加，而且规定得更加清楚。商人被列入受保护的对象——首次提到保护商人似乎是990年在勒皮举行的宗教会议上。受禁行为清单变得越来越详细——不得破坏磨坊，不得破坏葡萄树，不得袭击往来于教堂的人。但清单还是列出了一些例外情况，其中有一些是因战争需要而不得不如此：1023年博韦誓约承认，某人或其随从因吃饭需要，可宰杀农民家畜。当强制甚或暴力在法律上被认为与行使权威不可分割时，其他的例外情况可由这种对强制和暴力的尊重态度得到解释；1025年在索恩河流域的昂斯举行会议的领主们承诺："我将不劫掠农奴，不掠杀他们的牲畜，除非那些牲畜侵入我的土地。"还有些例外情况是因对法律或道德传统的普遍尊重而必然存在的。对凶杀行为进行血族复仇的权利，几乎总是被明确地或含而不露地给予保留。实际上，防止普通百姓卷入豪强之间的纠纷；避免——以纳博讷宗教会议的话说——仅仅因一块土地或一项债务争执而引发械斗；更重要的是，遏止抢劫行为——这些目标似乎已经是够宏大了。

但正像一些人与物处于特殊保护之下一样，也有一些日期禁止暴力行为发生。加洛林王朝的法规已经禁止在星期日进行血族复仇。1027年在鲁西永的"土伦草地"举行的一次小型主教会议上，这一规定显然首次得到恢复（这倒未必说明人们对一项不甚明了的法规有了直接认识，但至少这种观念延续下来）。这项规定通常与其他各种禁令结合起来,迅速扩展开来。此外,人们很快就开始不满足于某一天的休战;在法国北部(在博韦是 1023 年),复活节期间禁止战争的禁令已经出现。"上帝的休战"——周期性的休战以此名见称——逐渐扩展开来,不仅扩展到重大节日,也扩展到每星期中的三天(从星期三晚上开始),人们认为这三天是为星期日做准备。这样,和平的时间最终超过了战争的时间。实际上,原则不允许存在任何例外。如果它不再因其要求过高而基本上成为一纸空文的话,那么,它比其他任何法律都更为有益。

初期的诸次会议,像沙鲁宗教会议一样,还是限于由宗教强制来执行的最普通的立法形式。但在 990 年,勒皮的主教盖伊在一块草地上召集其教区内的骑士和农奴开会,"请求他们立誓维护和平,勿强取教堂或穷人的财物,将已取走的财物归还原主……他们拒绝了这些要求"。于是,这位主教召集起他趁夜幕悄悄集中起来的军队。"清晨,他开始迫使那些不服从者宣立和平誓约并以人质作抵押:由于上帝的帮助,这些都做到了。"[①]按当地传说,这是第一个"和平协约"的起源——这个协约不能说是完全自愿的协约。其他协约继之而来,不久,旨在限制暴力的集会几乎无不依此方式进行,以和解和良善行为的大集体誓约而告终。与此同时,由宗教会议的决议促成的誓约在条款上也越来越精确。有时,和平誓约的缔结还伴随着人质的移交。正是这些致力于把所有人(这些人自然首先是由他们的大小首领所代表)都联合到和平工作中的誓约联盟,展现了和平运动真正的创造性。

---

① De Vic and Vaissète, *Histoire du Languedoc*, V, col. 15.

对于那些没有立誓或虽已立誓但又破坏誓约的人,则需给予强制或惩罚。因为,显而易见的是,精神惩罚只具有间歇性效果。至于联盟也力图采用的世俗性惩处(特别是对受害者的赔偿和罚款这类惩处),只是在那些存在有能力强制执行这些惩罚措施的权威的地方,才能产生一些作用。

惩罚行动最初似乎是依靠现有的权力来进行的。破坏和平的行为仍由当地领主的司法权加以惩处,这些领主对自己的誓言负有责任,并因手中有人质而有能力履行责任,1000年普瓦提埃宗教会议可以为证。但这意味着又回到了已经表明其无效性的那种制度上去了。誓约联盟的惟一目标最初只是通过广泛的良善行为誓约把人们结合起来,经过一个必然的发展过程,这些誓约联盟演变成执行机关。它们有时——至少在朗格多克——任命权限超过普通法庭的专门法官,负责惩罚破坏良好秩序的犯罪。无论如何,可以肯定的是,很多联盟建立了一种名副其实的民兵组织,这样就简单明了地将这条古老原则制度化了,即遭受威胁的共同体有权追捕匪徒。最初这一点在执行中显然注意尊重现有的权力机构:普瓦提埃宗教会议规定,如果罪犯本人的领主不能将罪犯缉拿归案,则将缉拿罪犯归案的任务交给那些一同参加宣誓的其他领主手下的人。但不久一种新联盟又建立起来,这种联盟的行为超出了传统限制。我们碰巧有一份文献,记载布尔日大主教艾蒙在1038年建立的联盟。主教区内所有15岁以上的人都必须在其教区教士的引导下宣誓。这些教士举着各自教堂的旗帜走在教区民兵的前列。不止一座城堡被这支人民武装所焚毁。这支武装装备差,据说他们把驴子用作骑兵的坐骑,最后在谢尔河(Cher)岸边遭到代奥勒领主的屠杀。

这类联盟必然招致强烈的敌意,这种敌意不只是来自其利益与长期混乱有着最直接关系的圈子。因为这些联盟无疑包含着与社会等级制度相冲突的因素,这不仅由于这些联盟组织农奴反抗掠夺成性的领主,而且或许最重要的是由于它们促使人们实行自卫,而不是向通常的强势者寻求保护。此前不久,在加洛林王朝的全盛时期,查理曼曾禁止"互助会"或"兄弟会"的存在,即使这些组织的目的是镇压强盗行径。这些行动无疑具有承自日耳曼异教习俗的残余,但这并非是它们在当时遭禁的惟一原因。一个国家政权既想把自身建立在公职观念基础之上,又想建立在服务于王权的人身从属关系基础之上,它就不会允许擅自建立的团体接管治安职能,而根据法规,这些团体在当时甚至主要是由农民组成。封建时代的贵族和领主决非不妒忌这些团体的权利。这些人的态度淋漓尽致地表现在阿基坦地方发生的一个插曲中;这是历时已近两百年的一场运动的最后一次自发性努力。

1182年,勒皮的一个木匠依据自己的梦想创建了一个和平兄弟会,这个组织在朗格多克所有地区,在贝里,甚至在欧塞尔地区迅速扩展开来。它的标志是一件带着围巾的白色风帽,胸前佩挂条带,上有圣母玛丽亚的肖像,肖像周围写着:"耶稣基督,洗刷尘世的罪恶,赐予我们和平。"据称,圣母曾向他显灵并给予他这种标志物。这个组织明确禁止一切血族仇杀。如果它的某个成员杀了人,死者的兄弟——如果他是一个带风帽者(*Capuchonnés*)——则会给杀人者一个和平之吻,将他带往自己家中,款待他,以示宽恕。这些和平的缔造者——他们喜欢人们这样称呼自己——绝非托尔斯泰主义

第三十章 混乱与克服混乱的努力

者,他们与强盗-贵族进行着殊死战争并取得胜利。但他们自发地贯彻法律的行动,不久开始使得领主团体焦虑不安。我们看到,1183年曾对这些维护秩序的良善仆人赞赏有加的欧塞尔的一个修士,由于态度发生根本变化,翌年即指责他们是不守本分的团体。[417]用另一位编年史家的话说,他们受到谴责,被认为是欲"破坏按上帝的意志管理我们的制度,和这个世界上的强势者的管理"。此外,一个俗人大概也是一个愚蠢的幻想家——无论是木匠迪朗还是贞德式的人物——所声称的不能证实的神启,对于信仰的卫士们来说,总是(并非没有根据)充满着对正统信仰的威胁。在领主、主教和强盗-贵族联合力量的镇压下,勒皮的和平兄弟会成员(Jurés)及其同盟,遭遇了与前一世纪贝里的民兵组织一样悲惨的结局。

这些灾难只不过是民间和平运动遭遇普遍挫折的征兆(虽然这些征兆足以说明问题)。由于宗教会议与和平联盟不能凭空建立和平秩序所不可缺少的有效的治安制度和有力的司法制度,因而无法长期地制止混乱。拉尔夫·格拉伯尔写道:"人类就像一条狗一样回到自己的呕吐物跟前。诺言已出,却没有实现。"然而,业已破灭的伟大梦想在其他环境中却以不同的形式留下了深刻痕迹。

高举教堂的旗帜并直捣强盗-领主城堡的各次征伐,预告着1070年勒芒地方法国公社运动的到来。研究和平运动的史学家对这场运动——甚至年轻的勒芒公社以之称呼其法令的"神圣机关"这个名称——十分熟悉。当然,促使市民联合起来的原因多种多样,各不相同;但我们不应忘记,推动城市"友谊会"——这里用的是一些团体喜欢用以命名的优雅名称——的主要动机之一,是制止或调解团体内部的族间仇杀,反抗外来的匪盗。最重要的是,我们不能不想到和平协约和公社协约之间存在的联系,表现为两者共有的特点——联盟成员以平等身份宣誓——我们已经注意到这一特点的革命性。但城市公社不同于在宗教会议和教士们的支持下成立的大联盟,它只是把强大的等级团结力所维系且已经习惯于共同生活的人们在一个城市中聚集起来。集中性是公社获取力量的主要原因之一。

然而,国王和诸侯出于对责任或自我利益的意识,也力图建立国内和平,而且,虽然和平运动的兴起没有国王和诸侯的参与,但不可避免的是,不久他们就在各自管辖范围内自立为"伟大的和平缔造者"——普罗旺斯的一个伯爵在 1226 年明确采用了这个称号[①]——设法利用和平运动。艾蒙大主教似乎已经筹划利用著名的贝里民兵,建立真正的省区主权。在加泰罗尼亚,起初仅限于出席宗教会议的伯爵们,不久就开始把宗教会议的决定写入自己的法令,同时加以曲解,使教会和平逐步地变成诸侯和平。在朗格多克,尤其是在中央高地的诸主教区,12 世纪货币交换的发展使得和平联盟能够把自己的财政置于稳定的基础上:征收名为"和平公共基金"(pezade)的税金,这种税金具有双重目标,既为混乱中的受害者提供补偿,又为征伐活动提供资金。税金由正规的教区机构征收,主教负责管理。但这种税金很快就失去其最初的性质。权贵们——特别是图卢兹的伯爵们和很多伯爵领的统治者及封建领主——强迫主教把税金的一部分分给他们;甚至主教也逐渐忘记

---

① R. Busquet 的论述,见 *Les Bouches du Rhône*, *Encyclopédie départementale*. *Première partie*, II, *Antiquité et moyen âge*, 1924, p. 563。

了征收这种税金的初衷。因此,从长期的过程看——"和平公基金"存在的时间和"旧制度"*一样长久——在法国进行的这种伟大的自我防卫努力所造成的最持久结果是,它在相当早的时期推动了领地税的建立。

除了虔诚者罗伯特为了举行和平宣誓而召集重大集会之外,卡佩王朝似乎对他们可能认为是对自己司法职责的一种挑战的和平运动没有给予很多关注。路易六世时期向领主堡垒发动猛烈进攻的教区民兵为国王个人所利用。至于路易六世的继承者所宣布的庄严的"十年和平",虽然显示出通常的宗教会议的决定带来的影响,但本身却是十足的王权法令。另一方面,在法国北部最强大的大公国内——诺曼底和佛兰德——诸侯们最初认为可以在和平联盟的工作中给予合作。1030年,佛兰德的鲍德温四世与努瓦永-图尔奈的主教合作,促成了一次重大的集体性和平宣誓;1047年,在卡昂举行的宗教会议或许受佛兰德范例的影响,宣布实行"上帝的休战"。但是没有任何武装同盟;武装同盟不会被接受,而且似乎没有必要。伯爵和公爵——诺曼底的公爵借助于斯堪的纳维亚法律特有的某些传统——很快就取代教会而成为立法者、法官和良好秩序的维护者。

在神圣罗马帝国,和平运动取得了最具深远影响的结果,同时也最奇特地偏离了和平运动的初衷。我们已经看到和平运动最初在德国遭遇到的抵制。的确,从11世纪初起,德意志也出现了大型的和平集会,大会请求各种各样的人实现普遍和解并杜绝一切

---

* 旧制度(Ancien Régime),指1789年革命以前的封建王朝。——译者

暴力行为；但这些措施是由帝国议会并通过帝国法令实现的，这种状况一直持续到亨利四世与格利高里七世爆发激烈冲突之时。然后，列日的主教在教区贵族的合作下，首次于1082年在列日宣布实行"上帝的休战"。宣布和平的地点和时间都值得注意：洛塔林吉亚比德意志本土更容易受到西部的影响；反对亨利四世的第一个对立国王被确立不过五年的时间。由于和平是由一个信奉帝制的主教首倡，因此"休战"决非与皇权作对；亨利的确也批准了它，虽然他当时远在意大利南部。但大约与此同时，在不再承认帝国权威的德意志各地，贵族感到有必要联合起来制止混乱。教会和地方势力显然倾向于取代国王的作用。

然而，皇权仍然十分强大，还不致被迫放弃这件武器。亨利四世从意大利返回后，随即开始立法以反对暴力，并且在后来的若干世纪中，诸皇帝或国王经常发布重大和平法令，其中一些法令适用于一个特殊省区，其他法令——这是最常见的情况——则适用于整个帝国。这并非只是简单地回复到较早以前的做法。经由洛林传入德国的法国和平运动的影响，已经促使大量的越来越详细的法规取代原来的非常笼统的和平法令；在这些法规中嵌入各种与其初衷几不相干的法令的做法日趋普遍。11世纪初士瓦本的一部编年史正确地写道："和平法令（*Friedensbriefe*）是德意志人使用的惟一法律。"[①]在宗教会议和誓约联盟的伟大工作所造成的种种结果中，最具矛盾性的是这一事实：虽然这一工作在朗格多克促

---

① *M.G.H.*, *SS.*, XXIII, p. 361. 参见 Frensdorff in *Nachr. von der Kgl. Gesellsch. zu Göttingen*, *Phil.-hist. Kl.*, 1894. 同样的变化出现在加泰罗尼亚和阿拉贡。

第三十章 混乱与克服混乱的努力

成了一项有利于诸侯利益的税收的出现,但在德国它却有助于王室立法的复兴。

10和11世纪的英国也有其特殊类型的和平联盟,即和平"互助会"(gilds)。930—940年形诸文字的伦敦互助会法规,相当明确地证明了当时普遍存在的混乱和暴力状态:粗陋的司法制度,紧追偷牛贼的原告——我们很容易认为我们置身于大"拓疆"时代的西部拓荒者之中。但我们在英国看到的是一种原始共同体的完全世俗的治安制度和一种民间的刑罚制度,它的血腥性(如文本的附录所证明的那样)让国王和主教吃惊。在日耳曼法律中,互助会这种名称应用于血缘关系以外形成的并在一定程度上试图取代血缘关系的自由人联盟。它们的共同特点是举行宣誓,定期聚会饮宴,在异教时代伴有宗教性的奠酒仪式,偶尔也拥有共同的资金,最重要的是互助义务:"为复仇,也为友谊,我们永远团结一致,坚定不移",这是伦敦的法规的说法。英国的人身依附关系渗入整个社会生活要比欧洲大陆缓慢得多,所以这些组织得到国王的慷慨承认,国王希望依靠它们维护社会秩序——而远不像在加洛林国家那样遭到禁止。凡是家族或领主的责任得不到履行的地方,它就为互助会对其成员的责任所取代。诺曼征服后英国建立起非常强大的王权时,它从盎格鲁-撒克逊传统中借鉴了这些连保制的做法。但这最终将使这些做法——以"十家连保制"的名义,我们已经约略谈过这种制度的历史①——成为新的领主制度上的钝齿轮之一。英国社会发展的独特性是,从一种体制——这种体制下,自由人的

---

① 见前文,边码第271页。

集体行动从未被领主的权力抹杀掉——直接发展到强大的王权,这种独特性排除了法国型的和平制度。

在欧洲大陆,对和平的强烈而热情的渴望,表现在宗教会议与和平协约上,但正是王国和领地大公国促成必要的权力再集中,最终使之得以实现。

第三十一章　走向国家重建：民族性的发展

1　权力再集中的原因

在封建社会第二阶段，此前四分五裂的政治权力在各个地方都开始聚合成较大的组织。（这些组织当然不是新生的，但它们的实际权力真正恢复起来了。）一旦人们不再只是从王权的角度拟想国家，像德意志这类明显的例外情况就会随之消失。一种如此普遍的现象只能是整个西欧所共有的一些原因造成的结果；找到先前曾导致国家分裂的那些原因的对立面，差不多就可以将这些原因列数出来。

入侵活动的终止已经使国王和诸侯政权从一个耗尽力量的任务中摆脱出来。同时，入侵活动的终止使人口有了迅猛增长的可能，11世纪以后的垦荒进程证实了这一点。人口密度的增加不仅有助于维护秩序，而且促进了城镇、手工业者阶层和贸易的复兴。由于货币流通日趋活跃，规模不断扩大，税收和领取薪俸的官员再次出现，军队付酬制开始代替世袭契约役务这种效能低下的制度。诚然，中小领主也从这些经济变化中获益；我们知道，他们收取"贡税"。不过，国王或诸侯拥有的土地和附庸总是多于其他人。另外，国王或诸侯权力的性质又给他提供了很多征税机会，特别是向教会和城市征税的机会。腓力·奥古斯都去世时，他每天的收入大致相当于稍后时的一个教会领主年收入的一半，而这个教会领主虽不属最富有者之列，却在一个极其富庶的省份拥有非常广袤的财产。① 所以，国家从这个时期开始获得其至尊权威的根本因素——任何个人或团体不能比拟的巨大财源。

人们的心态也相应地发生变化。11世纪末以来的文化"复兴"，已使人们更容易理解个人对政府的服从所蕴含的这种社会关系纽带——一个总是有些抽象的概念——的意义。它也唤醒了人们的记忆，使人们想起历史上那些秩序井然的伟大君主国——罗马帝国和加洛林帝国：罗马帝国的赫赫伟功和煌煌威势由它的法典和史书展现出来，加洛林帝国则由传说装饰起来。诚然，接受这些往事影响的人中间，受教育者仍然较少；但在绝对意义上，这些社会精英已比过去多得多。尤其是，教育已经进入世俗社会——不只是较大的贵族，还有骑士阶层。在每个管理者必须同时也是军事首领的时代，这些运气平平的贵族比教士有用；他们也不太容易为现世权威的利益所左右，而且他们长期置身于法律实践中。因此，正是这个等级远在资产阶级之前就已逐渐构成了已然振兴

---

① 根据洛桑的科农（Conon of Lausanne）提供的证明，腓力·奥古斯都死时法国王室每天的收入是1200巴黎古斤（*livres parisis*，每巴黎古斤约490克。——译者）(*M.G.H.*, *SS.*, XXIV, p.782)。根据1246年"什一税"的税额，巴黎圣日乃韦（Sainte-Geneviève）修道院的年收入是1810巴黎古斤（Bibliothèque Sainte-Geneviève, MS.356, p.271）。前一数字或许过高，后一数字或许过低。要恢复这两个数字之间的正确比率，还应考虑这两个时期物价的明显上涨。无论如何，它们之间的反差是显著的。

起来的君主国——亨利·普兰塔日奈统治下的英国、腓力·奥古斯都和圣路易统治下的法国——的主要官员。形诸文字的习惯及对这种习惯潜在意义的不断重视,使国家可以建立档案,如果没有档案,政府工作的真正连续性就不会存在。来自采邑的封建赋税簿、定期账目、文件收发册——数不胜数的各类文字记录,12世纪中叶以后出现在盎格鲁-诺曼国家和西西里的诺曼王国,12世纪末或13世纪期间出现在法兰西王国和它的大多数重要的大公国。这些文字记录的出现预示着,一种新的权力,至少是一种此前限于大教会和罗马教廷才有的权力,即官僚体制,正在崛起。

虽然这种权力的基本特点实际上是共同的,但其总的发展过程在不同国家却遵循着极不相同的路线。在这里我们只是以近乎举例的方式简要考察三种类型的国家。

2 新型王权:卡佩王朝

全盛时期的加洛林王朝所具有的相对强大的力量基于几个普遍原则:全体臣民必须承担军役;王朝享有至尊地位;当时伯爵作为名副其实的官员从属于王朝;王室附庸组织遍布各地;最后是王室支配教会。10世纪末,所有这些原则中的任何一条都没有留存给法国王权。诚然相当大的一批中小骑士仍然直接臣服于国王,这种情况尤其出现在罗伯特家族诸公爵登基之后,这些公爵是将其扈从带在身边的。但此后这些人几乎只是存在于法国北部这一相当狭小的地区,在那里王权本身行使着伯爵的权利。在其他地区,且不提大贵族,国王只有一些间接附庸——在人们认为道义上只能服从当地领主的时代,这是一个严重障碍。掌握着若干伯爵领并由此成为很多附庸链条中间环节的伯爵或官员,并不否认他们的高级职位来自国王。但是这种职位已经变成了负有新型义务的世袭遗产。布卢瓦的奥多曾试图从休·卡佩的另一个附庸手中夺取在默伦的伯爵城堡,据他的同代人说,奥多曾说道:"我没有反对国王;对国王来说,由哪些附庸占有这个采邑无关紧要"①——这意味着,这种关系是一种领主与附庸的关系时,由谁占有这个采邑无关紧要。同样,一个佃户也可以说:"我是谁无关紧要,只需缴纳地租就行。"然而在这种情况下,效忠和劳役地租通常是在人们很不满意的情形下免除掉的。

在军队方面国王通常不得不依靠他的小附庸,依靠他还保有一定控制力的教会"骑士",依靠从教会地产上和自己的庄园上征募的乡团。偶尔一两个公爵或权势较大的伯爵会向国王提供一部分军队,尽管他们是作为国王的同盟者而不是臣民。在仍将诉讼案件提交国王法庭的人中,我们发现,他们所代表的几乎完全是同一些团体,即直接臣服于国王的小领主和王室教堂。1023年,布卢瓦伯爵作为权贵之一佯称服从国王法庭的审判时,提出的条件是:讼案涉及的采邑应先交给他。三分之二以上的主教区——以及四个完整的教区省份(鲁昂、多尔、波尔多和纳博讷)——已归于地方王朝统治之下,完全不为国王所控制。当然,归国王直接控制的主教区仍然很多;由于其中一两个教区的作用,甚至在阿基坦的中心(经由勒皮)和佛兰德控制地区的中间地带(经由努瓦永-图尔

---

① Richer, IV, 80.

奈），仍可感受到王权的影响。但国王控制的大多数主教区也集中在卢瓦尔河和神圣罗马帝国的边界之间；"王室"修道院的情况也是如此，这些修道院中很多曾经是罗伯特家族遗产的一部分，这个家族的成员在任公爵时期就玩世不恭地吞占修道院。这些教堂将成为国王最重要的力量源泉之一，但卡佩王朝最初似乎过于软弱，以致王室自己的教士也不看重王室能够给予他们的特权。休·卡佩在位10年，他颁发的特权证只有12份流传下来；而我们知道，他的同代人、德意志的奥托三世，在执政不到20年间——在位早期他还尚未成年——就颁发了400多份特权证。

西法兰克王国王权的软弱与它的这个邻国王权的相对强大之间形成的反差，必然给当时的人们留下深刻的印象。在洛塔林吉亚，人们经常提到 Kerlinger（查理的臣民），即从前秃头查理统治下的王国居民们的"散漫习惯"。① 指出这种反差容易，而解释它则很困难。加洛林王朝的制度在这两个国家原来曾同样强大。答案必须到基本的社会结构中去寻求。导致封建割据的关键因素总是地方的或民间的首领对小群体行使的权力，这些小群体由此不受任何更广泛的权力机构的管辖。暂且不谈具有反抗传统的阿基坦，真正构成法兰西王国中心的地区恰恰是那些位于卢瓦尔河和默兹河之间的那些地区，在这里，庄园制自古有之，"委身制"找到了适宜的土壤。在一个国家中，绝大多数地

---

① *Gesta ep. Cameracensium*, III, 2, in M.G.H., SS., XVII, p.466；参见III, 40, p.481。

产或是佃领地或是采邑,"自由的"一词在较早时期不是指无领主之人,而是逐渐用于这样的人:他们的惟一特权就是有权选择自己的主人——在这样的国家中,名副其实的政府是没有地位的。

然而,旧公法的衰败最终表明是有利于卡佩王朝的。并不是因为这个新王朝打算与加洛林传统决裂,它从这种传统中获得了这个王朝的最精粹的道义力量。但这个王朝不得不用其他权力工具取代了旧日的、衰落了的法兰克国家机器。加洛林王朝诸王过去把各位伯爵视为他们的代表,认为除非通过这些人的力量,否则就不可能统治任何一片大领地。任何一处伯爵领都不受王权直接控制,这似乎是休·卡佩接受的加洛林王朝末期的遗产。相反,卡佩王朝源自这样一个家族:它的显赫势力是建立在积聚了伯爵领"荣誉地"的基础上,因此其家族成员登基后很自然继续推行同一政策。

诚然,这种政策没有始终如一得到切实的贯彻执行。人们有时把早期的卡佩王朝比作耐心的、一点点扩充土地的农民。这种描绘在两方面造成误解。它没有很充分地表现出这些经受涂圣油礼的国王的心态,这些国王也是剽悍的武士,同时又总是像骑士等级一样,具有骑士等级的气质——热衷于冒险,具有危险性。这种描绘又设想国王的计划具有连续性,而史学家——如果他对这些计划进行仔细考察——则找不到这种连续性。如果被休·卡佩任命为巴黎、科尔贝和默伦的伯爵的旺多姆地方的布沙尔,除了早已进入修道院的一个儿子之外还有直系继承人,那么就会在法兰西岛的中心地带出现一个最强大的领地大公国。亨利一世的一份特许状甚至设想把巴黎作为采邑来分封,[①]这并非偶然。与加洛林传统决裂显然并非易事。

然而,11世纪初以后,国王们相继获得了一系列伯爵领,同时却未任命任何新的伯爵去管理它们。也就是说,这些君主已有充分理由不再把那些权贵视为国家官员,他们越来越倾向于由自己担当伯爵;这样,在那些祖传的或后来兼并的、现在不存在任何中介力量的地产上,惟一的王权代表是那些地位不高的人,这些人每人都成为一个相当狭小的管区的首领。这些"代理人"(prévosts)的地位微不足道,因而不会构成真正的威胁,虽然最初一些代理人似乎成功地将他们的职位世袭化了,但12世纪时他们的主人没费大周折就限定了多数代理人的权力,使他们只能在一定期限内出租他们的职位。从腓力·奥古斯都时代起,在较高的管理等级层次上出现了真正的薪俸官员——镇守(baillis)即管家。由于法国王权适应了新的社会条件,并且将其权力基础适度地建立在对相当有限的人群的直接控制上,因此它从最终的权力再集中之中获益甚多,并能使之有利于它仍包含的非常古老的观念和感情。

但是,以这种方式获益的并非只有法国的王权,因为同样的现象发生在仍然存在的重要的领地大公国中。1022年左右布卢瓦地方的奥多精明地利用家族关系成功占有了从特鲁瓦到莫城和普罗万的一系列伯爵领。正像虔诚者罗伯特的王国不同于路易八世的王国一样,这些伯爵领的构成图案也不同于13世纪初的香槟伯爵领,香槟伯爵领的继承法以长子继承制为基础,排除了土地瓜

---

① Tardif, *Cartons des rois*, no. 264.

分，而且它拥有规则完善的行政区、官员和档案。由此形成的各机构十分牢固，甚至在它们被王权最终合并时也未受破坏。因此也许可以说，与其说法国诸王统一了法兰西，不如说他们将法兰西重新聚集在一起。我们可以将法国和英国做一对比。英国有大宪章；法国在1314—1315年向诺曼人、朗格多克人、布列塔尼人、勃艮第人、皮卡第人、香槟人、奥弗涅人、下边区（Basses Marches）的居民、贝里人和讷韦尔人颁发特许状。英国有议会；法国则有省区代表会议，这些省区代表会议总是比国家三级会议召开得更频繁，总体而论也更加活跃。英国有几乎不受地方特殊情况影响的普通法；法国则有地方"习惯法"组成的大杂烩。所有这些差别都妨碍法兰西民族的发展。的确，法兰西王权即使在国家已经复兴以后，似乎还永久地带有那种聚合体——伯爵领、堡领和对教会的权利的聚合体——的痕迹，法国王权以非常"封建的"方式使这种聚合体成为其权力的基础。

3 拟古王权：德意志

孟德斯鸠注意到，"采邑的永久所有权在法国的确立比在德国更早"，他认为这是因为"德意志民族具有稳重的气质，并且——假如我可以妄言的话——具有恒定的心态"。[①] 作为心理分析，即使孟德斯鸠使用"或许"一词来缓和语气，这种说法也实在是过于宽泛。但它是相当深刻的直观，如果我们不用"稳重的气质"，而直接

---

① *Esprit des Lois*, XXXI, 30.

第三十一章 走向国家重建:民族性的发展

称为"拟古倾向"时则尤其如此;因为任何对中世纪德意志社会与法国社会进行逐段比较的学者,都一定会想到这个词汇。我们已看到,这个说法当然适用于分析附庸制和采邑,适用于庄园制,适用于史诗(德意志史诗的传奇式主题和重大事件的异教氛围,确实充满拟古色彩);也同样适用于经济领域(德国的"城市复兴"比意大利、法国和佛兰德晚一两个世纪);我们考察国家的演进时,这个说法也同样有效。最有力的例证莫过于社会结构和政治结构的协调性。在德国,王权的"封建化"远不及法国深入和整齐一致,因此王权在更长得多的时间内仍然恪守加洛林模式。

德意志国王在伯爵的帮助下行使统治,伯爵世袭职位只是渐渐才得到承认,但即使世袭的职位确立以后,伯爵仍然被视为职位的持有者而非采邑的持有者。甚至在伯爵并不是国王的直接附庸时,伯爵在理论上也像享有豁免权的教会代理人一样,是由于特别授权才从国王那里获得发号施令、实施惩罚的权力——当时称之为"公职权"。诚然,在这里,德意志王权也遇到领地大公国的对抗——特别是那些公国的挑战,对那些公国的初始结构我们已做过考察。尽管萨克森王朝给予镇压和分割,但公爵仍很强大且不驯服,具有危险性。然而,国王能够利用教会反对公爵。因为,查理曼的德意志继承者们跟卡佩王朝不同,他们在事实上成功地掌控着王国内的所有主教区。亨利一世把巴伐利亚主教区交与巴伐利亚公爵不过是权宜之计,不久这个决定就被撤销了;红胡子腓特烈将易北河以远的主教区授予萨克森公爵,这种过时之举只涉及传教地域,而且此举持续时间不长,将阿尔卑斯山地带的小主教区的任命权交给萨尔茨堡大主教,则是一个无关宏旨的例外。宫廷教堂是培育帝国教士的温床,正是这班有文化、有政治抱负和治国经验的神职人员,无比坚定地维护着王权观念的连续性。从易北河到默兹河、从阿尔卑斯山脉到北海的主教区和王室修道院,都在君主麾下"效命":提供金钱和财物;为国王及其随从提供下榻之处;最重要的是提供军队。教会的军队成为国王军队中最强大、最稳定的部分,但并非构成国王军队的全部。由于德王仍然向全体臣民求援,所以,虽然所谓的普征制——国家的召唤(clamor patriae)——实际上只是在蛮族入侵时才用于边疆地区,但整个王国的公爵和伯爵有义务率领他们的骑士为国王服役,事实上这种义务在相当令人满意的程度上得到履行。

然而,这种传统制度的运作从来不是完美无缺的。它的确使"诸次罗马远征"伟大事业成为可能,但在这样做的时候,即推动野心过大且已不合时宜的计划的时候,这种传统制度已经面临危险。这个国家的内部结构并非真的非常强大,足以承受这样的负担。这个政府除了教会提供的少数财政"役务"之外没有税收、没有薪俸官员、没有常备军——这是一个游动的政府,没有便利的交通工具,人们在生活上和道义上都对它感到陌生,它不会始终得到臣民的服从,这一点实不足奇。事实上,任何一位统治者的统治都遇到反叛。

国家政权分割成小的私人权力中心的过程,在德国也像在法国一样变成现实,尽管这一过程在德国来得较迟,而且与法国有很多不同之处。举例来说,伯爵领的逐渐解体使国家政权渐渐失去了必要的基础。由于德意志的国王们比领地诸侯强大得多,因而不像已经登上法国王位的罗伯特家族诸公爵一样,为自己准备好规模有限但位居要冲的领地。甚至亨利一世在登基以前掌控的萨克森公国,最终——尽管规模已经缩小——也摆脱了国王的控制。这个例子表明一种惯例已逐渐获得法律效力。由于没收或属权未定而暂时归属王权的所有职位采邑,都必须毫不迟延地作为采邑重新分封,德意志帝国的这一独特原则对其发展是特别有害的。假如这一原则在法国盛行,它就会阻碍腓力·奥古斯都保有诺曼底,正像大约30年以前的德意志一样,它实际上使红胡子腓特烈不能吞并从狮子亨利手中取得的诸公国。当然,这种原则在12世纪才由于贵族的压力十分严格地表述出来。但是,它的根源毫无疑问来自德意志的伯爵和公爵的"荣誉地"所固附着的一种公职特性。君主如何为自己任命自己的代理人呢?德王当然是许多村庄的直接领主;他拥有自己的附庸、侍臣和城堡。但所有这一切都极其分散。亨利四世意识到这种危险为时已晚,1070年以后他试图在萨克森建立一座布满要塞的、名副其实的法兰西岛。这项计划没有成功;因为与教皇们斗争的大危机即将爆发,它暴露出导致王权衰弱的许多根源。

这里我们再次面对着一种时代错乱症。亨利四世与格利高里七世之间貌似平凡的冲突已有数年,这种冲突在1076年突然演变为一场残酷战争。战争的起因是发生在沃姆斯的戏剧性事件——当时还未被开除教籍的德王亨利四世在与德国主教会议协商后,宣布废黜教皇。其实这一举动只是先前事件的回声。奥托一世曾废黜一位教皇;亨利四世之父即他的前任国王曾一口气罢黜三位教皇。然而,从那以后世界发生了变化。经过神圣罗马帝国皇帝亲自进行的改革,罗马教廷已经重新树立起自己的道德威信,一场伟大的宗教觉醒运动正使教廷成为精神价值的最高象征。

我们已经看到教俗之间的这场旷日持久的争执最终是如何摧毁德意志王位的世袭继承原则的。其结局是,它将德王抛进意大利这个永久的马蜂窝;它成为反叛的焦点,它导致的结果深刻地改变了王权对教会的权力。当然,即使在13世纪,也不是国王不再对主教和修道院长的任命发挥影响力——从整体上说,这种影响仍然广泛存在,虽然随着统治者或时代的不同而发生重大变化。但是,此后轻触一下国王的权标(象征采邑授封)就可就职的教士,不再被看作是公职的持有者,从这时起他们就以一般封建领主的面貌出现。另外,宗教意识的发展削弱了过去赋予王权的神圣性,使教士不愿意屈从于统治企图,这种企图是与他们已经提高了的精神力量的优越感相抵触的。与此同时,社会逐渐变化,这些变化最终把以前国王在各省区的代理人变成再次分割的领地的世袭领主,使自由人(就这个词的本来意义来说)数目减少,并且使法庭在很大程度上失去公共性,日益从属于地方领主。12世纪的红胡子腓特烈仍然给人以十分强大的君主的印象。一种更丰富、更自觉的文化所滋养的帝国观念,在他统治期间,在他的宫廷中再雄壮不过地表现出来。但是,由于王权的结构缺乏支持力量,而且不适应当时的各种力量,所以,即使在当时也经不起最轻微的一击。

与此同时,其他势力却正在积蓄力量,从王权与旧部族公国的废墟上崛起。从12世纪末开始,以往多少有些松散地拼凑起来的领地大公国,逐渐发展为官僚制国家,它们有相对良好的社会秩序,接受国家征税,拥有代表大会。在这些国家里,附庸制的残留因素变得有利于国家的统治者,甚至教会也服从他们。从政治上说,德意志不复存在;但又像法国人所说的那样,存在着"若干个德意志"。一方面,德意志的社会发展迟缓,这是德国的独特性;另一方面,德国也出现了差不多整个欧洲普遍存在的有利于公共权威集中化的条件。这两个因果关系链条的结合意味着,在德意志,实现社会力量的再集中,只能以这个旧式国家的长期分裂为代价。

4 盎格鲁-诺曼王权:征服与日耳曼残余

盎格鲁-诺曼国家是双重征服的产物,即罗洛征服西纽斯特里亚和私生子威廉征服英国的产物。这样的起源产生了一种结构,这种结构远比逐步建立起来的诸大公国的结构要规律,也比其他那些负载着悠久且有时又是混乱的传统王权的结构更规则得多。此外,第二次征服即威廉对英国的征服,发生在这样一个时期:当时整个西欧的经济和文化条件开始变化,有利于反对国家分裂的斗争。重要的是,从一次成功的战争中诞生的英国王权,似乎从很早的时候,一开始就拥有一个由受过教育的职员构成的官僚机器。

英国在盎格鲁-撒克逊时期的最后阶段,已经建立了伯爵统治下的名副其实的领地大公国,这些大公国由若干郡的联合体按古典模式组成。征服战争及对随后反叛活动的无情镇压,使英国本土的这些主要首领从人们视线中消失;他们对国家统一的所有威胁看来已不复存在。然而,国王能够直接统治整个国家的观念,在当时人们的思想中还是很隔膜的,以致威廉认为必须建立一种相同类型的地方性管区。对王权来说,幸运的是,正是这些被委以管理边区重任的大贵族的背信弃义——仅有两个例外,即位于威尔士边境地带的切斯特伯爵领和位于苏格兰边境的达勒姆教会领地——很快导致这些可怕的政治单位遭到镇压。国王仍然不时地任命伯爵;但在伯爵以郡名为其名称的那些郡,伯爵从此以后仅限于审理部分司法诉讼。实际上司法权力的行使、部队的征集权和财税的征收权,都属于称作郡守的国王直接任命的代表。这些人并非完全是通常意义上的官员。他们向王室财库支付一笔固定的钱,将职位承包下来(在一个经济条件还不允许实行薪俸官员制的时代,这种制度是代替采邑制的惟一选择),相当一批人成功地使自己的职位世袭化。但是,这一危险的发展过程被安茹王朝以强硬的手段猛然制止了。亨利二世在1170年一举罢免王国的所有郡守,并对他们的施政行为进行调查,仅让其中的几个人官复原职,此时,人人都明白,国王是整个英国境内那些以国王名义进行统治的人的主人。因为英国的公职并不完全等同于采邑,所以它成为一个真正统一的国家,比欧洲大陆任何王国都早得多。

虽然英国在某些方面的封建化是最彻底的,但英国的封建主义却最终提高了王权的威望。在这个国家,每一块土地都是佃领地,国王实为所有领主的领主。英国比其他任何国家都更加有条不紊地推行军事采邑制。我们知道,以这种方式征募军队,根本问题是使国王或诸侯的直接附庸带领足够数量的下级附庸加入军队,军队的主体必然是由这些下级附庸组成。在诺曼公国,随后在英国更广泛的地区,附庸提供的军队数目——至少提供所需的最低数——由中央政权为每个男爵领一劳永逸地固定下来,而不是由各地的习惯决定(这种情况常见于其他国家),或由无人遵守的私人协议决定。由于所有义务差不多都可以折合为相等的现金已

第三十一章 走向国家重建:民族性的发展

成为一条公认的原则,所以从12世纪初英王采用这种办法:有时要求国王的总佃户依据他们必须提供的骑士或(以当时的说法)"盾牌"数缴纳税款,而不是提供战士。

但是,英国这种井然有序的封建组织体系是与更古老的传统连在一起的。"诸位海盗公爵"占领纽斯特里亚各郡后建立了牢固的和平,从这种和平秩序中,我们确实可以看到有关军队宿营地的法典,如丹麦史学家萨克索·格拉玛提库认为是由传说中的征服者弗罗德国王制定的那些法律。最重要的是,我们切不可低估盎格鲁-撒克逊传统的作用。1086年征服者威廉要求英国所有当权者"不管他们是谁的人"都要宣誓效忠,他的头两位继承人又命令重新进行效忠宣誓——这是一种超越并高于一切附庸纽带关系的誓约,这种誓约难道不正是所有蛮族王权所熟知并为加洛林王朝以及威塞克斯王朝所推行的古老的臣民誓约吗?虽然盎格鲁-撒克逊王权在其最后阶段似乎走向衰弱,但它依然能够——这在当时的国家中是绝无仅有的——征收普通税,这种税最初是用来向丹麦入侵者缴纳的赎金,随后成为抗击丹麦人的工具,因此称之为"丹麦金"。这种非同一般的历史遗产,似乎成了英国的货币流通优于他国的前提条件,从这种遗产中诺曼诸王找到了一件相当有力的工具。最后,在很多方面与维持公共秩序相联系的古代自由人法庭——即使有也是一种日耳曼制度——在英国的长期存在,大大有利于王室司法和行政权力的维护和扩展。

然而,英国的这种复合型王权的力量完全是相对的,这里同样存在着离心因素。王室政府越来越难获得来自采邑的役务,因为,虽然国王政府对其总佃户能够采取某种强制措施,但这种强制措施并不能轻易地通过总佃户施之于通常桀骜不驯的小领主群体。贵族等级几乎一直是难以驯服的,在1135—1154年斯蒂芬统治时期的长期"乱政"中,无数"非法"城堡修建起来,郡守有时把若干个郡并入自己的权力之下,自己则取得伯爵称号,他们的世袭职位得到承认,这一切似乎宣告了不可抗拒的国家分裂进程的到来。但是,以亨利二世执政为标志的王朝中兴以后,大贵族反叛活动的目的,与其说是要分裂国家,倒不如说是要控制国家。至于骑士阶层,则在郡法庭中找到了机会,巩固了其团体地位,并且任命了自己的代表。征服者的强大王权并没有消灭其他所有权力,但却迫使这些权力——即使在与王权相对立之时——只能在国家框架内行动。

5 民族性

在何种程度上,这些国家也就是民族或注定会成为民族?像群体心理学中的每个问题一样,回答这个问题不仅需要详细区分历史阶段,也需要区分环境。

在受教育程度最高的人当中,民族情感的成长几乎是不可能的。直至12世纪,所有名副其实的文化遗产都隐藏在一部分教士中。在这份遗产中很多内容使这些知识分子疏远了他们也许作为陈旧观念来对待的那些东西:例如,为思想交流创造了各种方便条件的国际性语言拉丁语的使用;尤其是对和平、虔敬和统一这些伟大理想的崇拜,这些理想在现实世界中似乎体现在基督教世界和

第三十一章 走向国家重建：民族性的发展

罗马帝国这两个偶像上。格伯特虽是阿基坦人，并曾在兰斯教堂担任要职（因此他在这两重身份上都是法国国王的臣民），但他肯定不认为，萨克森人成为查理曼的继承人之时，他由于成为"恺撒阵营中一名战士"而背离了他的基本职责。① 为了揭示民族主义的那些幽晦不明的预兆，我们必须转向思想比较纯朴、比较贴近现世生活的那些人群；我们当然不是去考察平民大众，这些人的国家观念没为我们留下任何文献证据，而是去考察骑士阶层以及那些在自己的著述中只是更尖锐地反映了当时舆论的受教育程度不高的那部分教士。

作为对浪漫主义史学的一种反动，近来一些史学家有种倾向，否认中世纪初期的几个世纪中存在任何群体意识——无论是民族意识还是种族意识。这意味着忘记了，在对陌生人即"外人"(hor-sin)的天然的、朴素形式的敌意中，这类情绪并不需要十分精细的思想。我们现在知道，在日耳曼入侵时期，这类情绪的表现要比菲斯泰尔·德·古朗治*等人所想象得要强烈得多。在封建时代发生的最重要的征服事件——诺曼对英国的征服中，我们明显看到这类情绪发挥的作用。当威廉的幼子亨利一世以一种独特姿态认定迎娶古老的威塞克斯王朝——坎特伯雷的一名修士称之为英国的"直系"——的一位公主是明智之举时，诺曼骑士们则以撒克逊绰号相赠，对这对宫廷伉俪加以嘲笑。大约半个世纪以后，即在亨利和伊迪丝的孙子统治时期，一位圣徒传记作者却为这段婚姻唱

---

① *Lettres*, ed. Havet, nos. 12 and 13.

* 古朗治(Fustel de Coulanges, 1830—1899)，法国历史学家，代表作为《古代城市》、《法国古代政治制度史》。——译者

起赞歌,他写道:"现在英国有了具有英吉利血统的国王;英国在英吉利种族中找到了这两种血统产生的主教、修道院长、男爵和勇敢的骑士。"①这种民族融合史就是英吉利民族的发展史,对此,限于篇幅,这里无法描述——即使简要的描述也做不到。撇开征服活动,在阿尔卑斯山脉以北的前法兰克帝国的疆域内,我们只能考察诸民族共同体的形成,也就是法兰西和德意志的诞生。②

当然,统一性是法兰西和德意志的传统——一种相对晚出的传统,就加洛林帝国整体来看,这种传统在某种程度上的确是人为的;但在古老的法兰克王国(regnum Francorum)这一较小范围内,这种传统已有许多世纪之久,并且建立在一个真正的文明共同体基础之上。不管底层人民的风俗和语言差异多么鲜明,但正是同一些贵族和教士帮助加洛林王朝统治着这个从易北河至大西洋的庞大国家。而且,888年以后,正是这些由血缘关系联系起来的大家族,为帝国解体后出现的诸王国和大公国提供了统治者,这些统治者的民族性只是表面上的。法兰克人夺取过意大利的王位;一个巴伐利亚人曾僭取勃艮第的王柄;西法兰克王位的继承人(奥多)大概具有萨克森人的血统。权贵们按国王的政策(他们指望从国王那里得到酬报)或受自己政治野心的驱使而奔走四方,在此过程中他们将整批随从带在身边;结果是,附庸阶层的身份也具有这

---

① Marc Bloch, *La vie de S. Edouard le Confesseur par Osbert* in *Analecta Bollandiana*, XLI, 1923, pp.22 and 38.

② 除文献目录的第XII部分外,参见 F. Lot, *Les derniers carolingiens*, p.308 *et seq.*; Lapôtre, *L'Europe et le Saint-Siège*, 1895, p.330 *et seq.*; F. Kern, *Die Anfänge der französischen Ausdehnungspolitik*, 1910, p.124 *et seq.*; M. L. Bulst-Thiele, *Kaiserin Agnes*, 1933, p.3, n.3.

种可谓跨地区的特性。在同时代人的眼中,帝国在840—843年间的分裂自然具有内战的表象。

然而,在这种统一性下面,仍存在着对更古老族群的记忆;在一个四分五裂的欧洲,正是这些古老的族群最初在相互表示蔑视或仇恨时,显示出他们自身的存在。纽斯特里亚人因来自"世界上最高贵的地区"而得意洋洋,他们动辄称阿基坦人为"背信弃义者",称勃艮第人为"胆小鬼";而阿基坦人又指责法兰克人"邪恶",默兹河流域的居民斥责士瓦本人"奸诈";在萨克森人的笔下,图林根人怯懦,阿勒曼尼亚人掠夺成性,巴伐利亚人贪婪,萨克森人自然是永不逃跑的好家伙。人们不难从9世纪末至11世纪初的作家的作品中选取一些实例来扩充这种相互攻击的言论集。① 由于我们已知的原因,这类对立情绪在德意志尤为根深蒂固。它们对君主政权不仅无利,而且是对国家统一的一种威胁。奥托一世统治时期的编年史作家和修士维杜金德的爱国主义当然不乏激情或坚定性;但这是一种萨克森的而非德意志的爱国主义。那么,是什么原因促使这种态度转变成为与新的政治结构相适应的民族意识呢?

对一个没有名称的祖国要做出清晰的刻画并非易事。最有说服力的事实莫过于,人们在给法兰克王国分离出的两个主要国家命名时长期遇到的困难。两者都叫"法兰西",长期用以识别这两

---

① Abbo, *De bello Parisiaco*, ed. Pertz, I, v. 618;II,vv.344 and 452;Adhemar of Chabannes, *Chronique*, ed. Chabanon, p.151; *Gesta ep. Leodensium*, II, 26, in *M.G.H.*, *SS.*, VII, p.204; Widukind, ed. P. Hirsch, I,9 and 11;II,3;Thietmar of Merseburg, ed. R. Holtzmannn,V,12 and 19.

个国家的形容词"东"和"西",并不完全适于唤起民族意识。至于早先一些作者力图重新使用的两个名词"高卢"和"日耳曼尼亚",也仅对学者有意义。而且,这两个术语并不符合新的边界。鉴于恺撒曾经把莱茵河作为高卢的边界,德国的编年史作家也常常将这个名称用于莱茵河左岸德国的几个省区。① 有时,人们不自觉地强调最初的边界划分的人为性质,因而牢牢记住了为其利益国家被分立出来的第一位君主:西法兰克人在他们的邻居洛林人及其附近领地的居民眼中一直是秃头查理的属民(Kerlinger, Carlenses),正像洛林人是声名不振的罗退尔二世的属民一样。德意志文献长期以来一直采用这种说法,大概是因为德国人不愿承认西法兰克人独享"法兰克人"或"法兰西人"名称——《罗兰之歌》仍然不加区别地采用这两个名称——这个事实,而是认为所有后继国家似乎都拥有使用这两个名称的合法权利。

然而,众所周知,对名称内涵的限制确实出现了;即使在《罗兰之歌》时代,洛林的一位编年史作家、让布卢的西格伯尔认为这种名称内涵的限制已为人们普遍接受。② 那么,这种限制是如何形成的呢?对于这个重要的法兰西族名之谜,迄今还没有进行充分研究。这种用法似乎是在——面对萨克森人统治的东法兰克王国——西法兰克王国重归正统的法兰克王朝即加洛林家族的统治时期就已经采用了。国王的头衔本身也支持这种用法。傻瓜查理的对手们在文件中只是自称国王,与此不同的是,傻瓜查理在征服

---

① 见图 XII。
② *M.G.H.*, SS, VI, p.339,1,41-42.

洛林之后已经重新采用法兰克国王（*rex Francorum*）这一旧称，以展现他作为查理曼继承人的尊贵。他的后继者们虽然只是统治了我们现在所说的法兰西，却越来越普遍地以这个名称相炫耀，哪怕他们已不是出自古老的加洛林王族。另外，在德意志，不同于其他部族群体的"法兰克人"这一名称几乎不可避免地保留着一种地方性；以当时的用法，它指的是美因河河岸的主教区和河谷——今天我们所称的法兰克尼亚地区——的居民，举例来说，一个萨克森人就不会被人称作法兰克人。但在边界的另一边，人们即便不将这个名称用于王国的全部居民，至少也可以用于卢瓦尔河和默兹河之间的居民——这里的风俗和制度仍然带有法兰克人的深刻印记，这样做不会有任何阻力。最后，这个名称更易于专指西部的法兰西了，因为另一个法兰西在自然发展过程中逐渐有了完全不同的名称。

"查理的民众"和东法兰克王国人民之间存在着一种显著的差别：一种语言上的差别，这种差别远远大于每个群体内部方言的差异，前者讲罗曼语，后者的语言是古德语（*diutisc*）。现代德语中的 *deutsch*（"德国的"）一词就是来自这个词，但在充满古典往事的教士使用的拉丁语中，它常常被译作 Teutonic（"条顿语"），而不顾及它的词源。这个词的起源没有任何疑问。加洛林时代的传教士们提到的 *theotisca lingua*，在字面意义上，正是指这个民族（*thiuda*，条顿人）所讲的不同于教会拉丁语的语言；它也许是一种异教徒的语言。由于学者而非民众使用的"德国的"（German）一词从未在总体意识中扎下深根，因而人们设计出来用以描述一种语言模式的这个标签，很快就上升到一种族名的尊位上——"讲古德语的人"这种说法,在虔诚者路易统治时期已经出现在用古德语创作的最古老的一首诗的序文中。从这一步到把它作为一种政治实体的名称使用,其间只有很容易跨越的一步。早在作者们按照传统史学承认这个小的发展过程以前,大概习惯用法早已解决了这个问题。无论如何,早在 920 年,萨尔茨堡编年史提到了条顿人(Theotisci or Teutons)的王国。①

对于那些总是喜欢将语言因素作为民族意识的新近征兆而加以强调的学者来说,这些事实大概会令他们感到吃惊。但在政治家手中,语言上的论据并不限于今天。10 世纪时,伦巴第的一个主教对拜占庭人向阿普利亚提出的所有权要求——这一要求有充分的历史根据——感到愤慨,因而写道:"这个地区属于意大利王国,此点可由当地居民的语言为证。"②

共同语言的使用把人们更紧密地聚集在一起;它使人们的思想传统显露出共同因素,并创造出新的共同因素。但是语言上的差别对于未受教育者的影响甚至更大;它带来了一种分离意识,这种意识本身就是产生对抗的根源。9 世纪士瓦本的一位修士记载了"拉丁人"对日耳曼词语的嘲讽,920 年,正是由于双方对彼此语言的嘲讽,在傻瓜查理的卫队和亨利一世的卫队之间引发了一场血腥纷争,以致两国君主的会谈因此而中断。③ 另外,在西法兰克

---

① Prologue of the *Heliand*, ed. Sievers, p.3. 公元 845 年的一份意大利语契约中写明了王室附庸中条顿人与伦巴第人之间的区别(Muratori, *Ann.*, II, col.971); *Annales Juvavenses maximi*, in *M.G.H.*, *SS.*, XXX, 2, p. 738.

② Liutprand, *Legatio*, c.7.

③ Walafrid Strabo, *De exordiis*, c. 7, in *Capitularia reg. Francorum*, II, p. 481; Richer, I, 20.

王国内部,一种奇妙的发展过程(这个过程尚未得到充分说明)导致在高卢-罗曼语内部形成两个不同语言集团,这一过程意味着在漫长的世纪里,"普罗旺斯人"或朗格多克人虽然没有建立任何政治统一体,却清楚地意识到他们属于一个特殊的共同体。同样,在第二次十字军东征时期,属于神圣罗马帝国的洛林骑士却接近法国军队,他们能听懂并操用法国军队的语言。[1] 将语言与民族混为一谈是荒唐至极的事情,但否认语言在民族意识形成过程中的作用则同样是愚蠢至极。

文献表明,就法兰西和德意志而言,1100 年左右民族意识已经高度发展。在第一次十字军东征期间,洛塔林吉亚大贵族布永的戈弗雷,虽有幸能讲法德两种语言,却难以控制法、德骑士之间的敌对情绪,据说这种敌对情绪已经成为法德骑士之间的一种传统。[2]《罗兰之歌》念念不忘的是"可爱的法兰西"——这是一个界定尚有些不明确的法兰西,因而它很容易与传说中查理曼的庞大帝国混淆起来,但它的中心肯定是在卡佩王国。此外,在那些动辄因征战获胜而洋洋自得的人们当中,民族自豪感越发强烈,仿佛对加洛林王朝的追念为自己增添了光彩;"法兰西"这个名称的使用促进了这个同化过程,传说又有助于将这个名称固定下来。(德意志人则以他们仍为帝国之民这个事实感到十分自豪。)对王权的忠诚有益于保持这些情感的活力;饶有意味的是,这些情感几乎全然不见于诸如洛林贵族圈之类纯粹贵族题材的史诗。不过,我们绝

---

[1] Odo of Deuil, in *M.G.H.*, *SS.*, XXVI, p.65.
[2] Ekkehard of Aura, in *M.G.H.*, *SS.*, VI, p.218.

对不能认为对王权的忠诚与民族意识完全是一回事。路易六世统治时期一个名叫吉贝尔·德·诺让的修士,写了一部关于十字军东征的史书,取了一个著名的标题,叫《法兰西神歌》(Gesta Dei per Francos),作者是个坚定的爱国者,但对卡佩王朝来说只是一个不热心的赞美者。民族性是由更为复杂的因素孕育而成的,这些因素就是多少可为人们理解的语言的、传统的和历史记忆的共同性;形成这种民族性的还有一种由政治边界造成的共同命运意识,虽说每条边界大致上都是偶然固定下来的,但它们整体上对应于久已建立、影响广泛的亲缘性。

所有这一切并非由爱国主义创造出来;封建社会第二阶段的特点是,人们需要把自己置于更大的共同体内,社会对自己已经获得了更明确的总体意识,在这个阶段上,爱国主义仿佛变成了这些潜在事实的外在表现物,因而又变成了新的社会现实的创造者。在稍后于《罗兰之歌》的一首诗中,已经用这样的诗句称赞一位特别值得尊敬的骑士:"没有一个法国人比他更值得尊重。"[1]我们正在努力探索其深层历史的封建社会第二阶段,不仅见证了国家的形成过程,而且也经历了真正的民族国家得到承认或确立的过程——虽然这些国家必定还要经受诸多变迁。

---

[1] *Girart de Roussillon*, trans. P. Meyer, §631; ed. Foerster (*Romanische Studien*, V), v. 9324.

第八编

作为一种社会类型的封建主义及其影响

第三十二章　作为一种社会类型的封建主义

1　封建主义不止一种吗？

在孟德斯鸠看来,"封建法律"的确立是一种独特现象,是"世界上曾经发生过一次,大概永远不会再发生的事件"。伏尔泰在精确表述法律定义方面经验较少,但他有着更宽广的视野,他心存疑虑地表示了异议。他写道:"封建主义不是一个事件;它是一种有着不同运动形式的古老的社会形态,存在于我们所在半球的四分之三的地区。"[①]现代学术界总体上接受伏尔泰的观点。埃及封建主义、希腊封建主义、中国封建主义、日本封建主义——所有这些形态和更多的形态如今已是人们熟知的概念。西欧的史学家有时必定抱着一定的疑虑来看待这些概念,因为他们肯定认识到,人们给予这一著名术语的不同定义,即使在它的故乡也是不同的。本杰明·盖拉尔认为封建社会的基础是土地。雅克·弗拉克反驳说,不对,应是人的群体。今天,有关封建主义的各种各样充满异

[①] *Esprit des Lois*, XXX, 1; Voltaire, *Fragments sur quelques révolutions dans l'Inde*, II (ed. Garnier, XXIX, p.91).

国色彩的说法,似乎充斥着世界历史。它们是符合于盖拉尔的定义呢,还是符合于弗拉克的定义呢?对这些莫衷一是的说法,惟一的补救办法是回到该问题的起源上来。很显然,不同时代和不同地区的所有这些被赋予"封建"之名的社会,仅仅是因为它们具有与西欧封建主义——真正的或假设的——相似性,这个基本社会类型所具有的特点,是所有其他社会必须加以参照的,因此,明确这些特点具有头等重要性。但是,必需首先处理一下误用一个词语的一些明显实例,这个词语在世界上一直歧义纷呈,经历了许多曲解。

我们知道,最初的命名者们在他们称作"封建主义"的社会制度中,所意识到的主要是这种制度中与中央集权国家观念相冲突的那些方面。从这里它迈出了将每个政治权力的分割行为称为封建行为的一小步,以致一种价值判断通常与简单的事实陈述结合起来。因为在这些作家的思想中,主权一般是与一些相当大的政权相联系的,与此原则不符的情况似乎都应归于非正常国家之列。仅此一点就足以谴责一种必将导致不可容忍的混乱的习惯。有时候,确实有一些情况表示出一种更精确的观念。1783年,作为市政小官员,瓦朗谢讷的市场巡视员公开指责"乡村大地主的封建行为"造成食物价格的上涨。[①] 此后,有多少辩论家公开斥责银行家或工厂主的"封建习气"啊!封建主义一词或多或少都带有某种模糊的历史关联性,对一些作家来说,它只不过意味着权力的野蛮实施,虽然它也常常表示一种经济权力对公共生活的侵蚀这种次要

---

① G.Lefebvre, *Les paysans du Nord*, 1924, p.309.

的基本概念。事实上,财富——当时主要由土地构成——与权力的一致性确实是中世纪封建主义的突出特征之一。但是,这与其说是因为这个社会具有严格的封建特征,倒不如说是因为它同时以庄园为基础。

封建主义即庄园制度,这种认识可追溯到很久以前。它首先是在使用"附庸"一词时产生的。附庸一词最终从封建主义的第二个发展阶段获得了贵族的标记,但即使在中世纪,这个标记也并没有变得十分强大,以致它不能间或应用于农奴(起初农奴因其个人人身依附性质非常近似于确切意义上的所谓附庸),甚至普通的佃户身上。所以,当人们对真正的附庸制越来越不熟悉时,一种语言上的误用——在非完全封建化的地区,如加斯科尼或莱昂,特别常见——却变成了越来越广泛的习惯用法。1786年佩雷西奥写道:"每个人都知道,在法国,领主的臣属通常称为附庸。"[①]同样,不管词源学上的解释如何,将农民持有地所承受的负担称为"封建权利"已成为习惯。因此,当法国大革命时期的人们宣布他们的目的是消灭封建主义时,他们首先想要攻击的便是庄园制度。但是,在这里,历史学家必须再次介入。庄园虽然是封建社会的基本因素,但它本身却是更古老的制度,并且注定要持续更长时期。为了名词术语的准确,将两个概念清楚地区分开来,是很重要的。

所以,让我们从封建主义一词的严格意义上,将我们从欧洲封

---

① 例如,E. Lodge, 'Serfdom in the Pyrenees', in *Vierteljahrschr. für Soz. und W.G.*, 1905, p.31; Sanchez-Albornoz, *Estampas de la vida en Leon*, 2nd ed., p.86, n.37; Perreciot, *De l'état-civil des personnes*, II,1786,p.193.n.9。

建主义的历史中对它获得的了解做一概括性的叙述吧。

2 欧洲封建主义的基本特征

最简易的方法是从什么不是封建社会说起。虽然从血缘关系产生出来的各种义务在封建社会具有非常重要的作用,但封建社会并不只依赖血缘关系。更确切地说,严格意义上的封建关系纽带正是在血族关系不能发挥有效作用的时候才发展起来的。此外,尽管凌驾于众多小权力之上的公共权力的观念仍持续存在,但封建主义是与国家的极度衰弱,特别是与国家保护能力的衰弱同时发生的。封建社会既不同于建立在血族关系基础之上的社会,也不同于受国家权力支配的社会,但它是这些社会的继承者,并留有它们的印记。虽然它特有的个人从属关系仍保留着原始亲兵制中准家族性成分,但无数小首领所行使的政治权力表面上大部分是对"国王"权利的僭取。

所以,欧洲封建主义应被视为旧社会剧烈解体的结果。事实上,如果没有日耳曼入侵的大变动,欧洲的封建主义将是不可思议的。日耳曼人的入侵将两个处于不同发展阶段的社会强行结合在一起,打断了它们原有的进程,使许多极为原始的思想模式和社会习惯显现出来。封建主义在最后的蛮族入侵的氛围中最终发展起来。它对社会交流的限制影响极其深远,它使货币流通过于迟滞,不可能采取薪俸官僚制度,使人们的心态胶着于有形的局部事物。当这些条件开始改变时,封建主义便开始衰落。

这与其说是一个等级社会,倒不如说是一个不平等的社会:一个有首领而没有贵族、有农奴而没有奴隶的社会。如果奴隶制所起的作用不是如此微小,那么就没有必要将封建社会特有的那些依附形式应用于下层社会各阶层了。在一个动荡不安的时代,冒险家的地位十分重要,人们的记忆非常短暂,社会划分太不稳定,这一切都不容许形成一个严格正常的等级组织。

但是,封建制度意味着一群卑微的人对少数豪强严格的经济从属。它在前一时期已经接受了罗马的农庄(*villa*)(在某些方面农庄预示了庄园的存在)和日耳曼的农村首领制之后,扩大并巩固了这些人剥削人的方法,并且将获得土地收入的权利和行使权力的权利错综复杂地联系起来,从这一切中造就了中世纪的真正庄园。封建制度所做的这一切,部分地是为了服务于上帝的教士寡头集团的利益,但主要的是为了服务于武士寡头集团的利益。

即使极为粗略的比较研究也将表明,封建社会最显著的特点之一,是首领等级与职业武士等级事实上的一致性,武士等级以当时看起来惟一有效的方式为业,即充当重装骑兵。我们已经看到,在武装农民存留的各个社会中,有一些社会既没有附庸制也没有庄园,而其他的社会,如在斯堪的纳维亚或在西班牙西北部诸王国,则只有形式极不完善的附庸制和庄园。拜占庭帝国的情形或许更具有意义,因为它的各项制度带有自觉得多的管理思想的印记。在拜占庭帝国,8世纪的反贵族运动之后,过去一直保留着罗马时期重要行政管理传统、又想获得一支强大军队的政府,创造出了为国家提供军事义务的佃领地。这些佃领地在某种意义上是真正的采邑,但与西欧采邑不同的是,它们只是农民采邑,每一处采邑都由一小块农田构成。此后,帝国政府最关注的事情是保护这些"士兵的财产"及一般的小持有地不受富人和豪强的侵蚀。然而,11世纪末出现的情况是,经济状况使经常陷于债务的农民难以保持其独立性,帝国为这种经济状况所困扰,且进一步受到内部纷争的削弱,不再能够对自由农民提供有效的保护。这样,帝国不仅丧失了宝贵的财政资源,而且发现自己陷于大贵族的控制之下,此后只有这些大贵族才能从他们的依附者中征募必要的军队。

在封建社会,独特的人际关系纽带是从属者与附近首领的联系。这样形成的关系纽带从一个阶层到另一个阶层,像许多无限扩展开来的链条,将势力最小者与势力最大者联系起来。土地本身之所以受到重视,主要是因为它能够使领主通过提供报酬的方式而得到"人"。实际上,诺曼领主们在拒绝诺曼公爵提供的珠宝、武器和马匹等礼物时说过:我们需要土地。他们自己之间还进一步说道:"有了土地我们才可能豢养许多骑士,而公爵却再也不能这样做了。"①

封建社会还需要设计出一种不动产权形式,这种形式既适于酬劳役务,又与人身关系纽带本身的时限相一致。从它找到的解决这一问题的方法中,西欧封建主义获得了它最原始的特征之一。当簇拥在斯拉夫王公身边的"服役者"仍然将地产作为十足的赠礼加以接受时,法兰克王国附庸的采邑在经过了一番政策波动之后,理论上只是让与附庸终身享用。在以体面风光的武装职业而与众不同的最高等级中,依附关系最初曾经表现为一种契约形式,这种

---

① Dudo of Saint-Quentin, ed. Lair (*Mém. Soc. Antiquaires Normandie*, XXIII), III 43-44 (933).

契约是两个面对面的活生生的人之间自由签订的。从这种必要的个人接触中,这种关系获得了道德价值最精粹的部分。然而,在早期,各种因素使得这一义务的纯洁性减退了。这些因素是:在家族仍有强大力量的社会中自然存在的世袭继承;经济条件决定的采邑授予习惯,这种习惯的最终的结局是,土地负载有役务而不是效忠之人;最后且最重要的是附庸契约的多重性。在许多情况下,委身者的效忠是个强有力的因素。但是,作为用来联合各阶层不同群体、防止社会分裂、遏止社会混乱的一种主要社会纽带,这种效忠本身却显得全然无效。

在这众多的关系中,最初确实曾存在一些人为因素。在封建时代,这些关系的广泛传播,是一个垂死的国家即加洛林王朝的遗产。加洛林王朝曾想利用当时条件下产生的各种制度中的一种制度来阻止社会的分崩离析。这种强加的保护关系体系当然无助于增加国家的凝聚力。盎格鲁-诺曼人的君主制可以为证。但是,为此必须有中央权力机关,这种权力机关——如同在英国一样——不仅仅是由征服这一事实本身所促成,更是由与之同时产生的新的物质和道德环境所促成。9世纪,导致社会分裂的力量非常强大。

在西欧文明区域内,封建主义的版图上显示出一些大的空白处,此即斯堪的纳维亚半岛、弗里西亚和爱尔兰。指出这一点也许更为重要:欧洲封建化的程度并非全部一致,节奏也不完全相同。而且,最重要的是,任何地方都不是完全封建化了。没有一个国家的全部农村人口都陷于人身和世袭的依附关系中。几乎到处都存留着或大或小的自主地,尽管各地数量大不相同。国家观念从来没有绝对地消失,在国家观念仍富有活力的地区,人们仍然在古老意义上自称为"自由人",因为他们只是依附于民众首脑或他的代表。在诺曼底、丹麦法区和西班牙仍存在着农民武士群体。与从属誓言形成鲜明对比的双向誓言,存留于和平群落中并在城镇自治体中取得了胜利。毫无疑问,每一种人类制度体系至多不过是不充分地得以实现。20世纪初,资本主义无疑是欧洲经济中居于支配地位的力量,但在资本主义之外,不止一种力量继续存在。

重新回到我们讨论的封建区域图,我们会发现,在卢瓦尔河和莱茵河之间、索恩河两岸的勃艮第,由于诺曼人对英国和意大利南部的征服,深影区在11世纪突然扩大了。围绕着这一核心地区有一个差不多固定的影色淡化区,在萨克森地区,特别是在莱昂和卡斯蒂尔,影点变得非常稀疏。最后,全部影区被空白区包围。在大部分影色最深的部分,我们不难辨认出这些地区:在那里加洛林王朝合法化的影响曾是至为深远;在这些地区罗马化诸因素与日耳曼诸因素——在这里日耳曼诸因素比别的地方更突出一些——的融合曾极为彻底地瓦解了两种社会结构,使非常古老的地方领主权和个人依附关系的萌芽有可能成长起来。

3 比较史学的一个典例

依附农民;附有役务的佃领地(即采邑)而不是薪俸的广泛使用——薪俸是不可能实行的;专职武士等级的优越地位;将人与人联系起来的服从-保护关系(这种关系在武士等级内部采用被称作附庸关系的特定形式);必然导致混乱状态的权力分割;在所有这

些关系中其他组织形式即家族和国家的存留(在封建社会第二阶段,国家将获得复兴的力量)——这些似乎就是欧洲封建主义的基本特征。像历史学这个永远变化着的科学所揭示的所有现象一样,具有这些特点的社会结构,必定带有一个时代和一种环境的印记。不过,就像母系氏族或父系氏族甚或某些类型的经济体,以十分相同的形式出现于非常不同的社会中一样,与我们的社会不同的一些社会,会经历很相似于我们所描述的这个时期的一个阶段,这绝非不可能。果真如此,我们就有理由将处于这一阶段的这些社会称为封建社会。但是,这里所涉及的比较研究工作显然超出了一个人所具有的能力范围,所以我只限于分析一个实例,这一实例至少能使我们知道,以较为可靠的手段为指导所进行的这种研究会取得什么结果。已经存在的以极完善的比较方法而著称的出色研究成果,便利了这一工作的进行。

我们隐约地觉察到,在日本历史的黑暗时代,有一个建立在血族关系基础上的或实或虚的社会。公元 7 世纪末,在中国的影响下,日本建立了政府体系,这种政府体系像加洛林王朝所做的一样,极力维持对其国民的一种道德控制。最后,大约到 11 世纪,习惯上称之为封建社会的时期开始了,这一时期的到来似乎(按照我们现在所熟悉的一种模式)是与商业活动的减弱同时发生的。因此,像在欧洲一样,在日本"封建主义"之前存在过两种形式不同的社会组织;而且就像我们的情况一样,日本封建主义也深受前两种社会的影响。与欧洲相比,虽然日本的君主政体与严格意义上的封建结构联系较少(因为附庸制链条在到达天皇之前就终止了),但它作为所有权力的理论来源而存在;在日本,非常古老的习惯促成的政治权力的分割,被认为是国家政权遭受侵蚀的结果。

在农民等级之上兴起的是职业武士等级。在武士等级内部,按照武装扈从与首领的关系所提供的模式,形成个人依附关系;所以,它们似乎比欧洲的"委身制"有着更显著的等级特点。就像在欧洲一样,武士们按等级组织起来,但日本的附庸制是比欧洲附庸制程度高得多的从属行为,其契约性质则少得多。日本的附庸制更为严格,因为它不允许效忠多个领主。当这些武士必须由主人豢养时,他们被授予非常类似于西欧采邑的佃领地。有时土地的授予甚至按照我们的回收采邑方式进行,是纯粹虚构性的,因为土地实际上原属于所谓接受者的祖传地。这些武士很自然地越来越不愿意耕种这块土地,虽然像在欧洲一样,直到最终都有一些特别的农民"陪臣"。所以附庸主要依靠从其佃户那里征收的地租过活。但是,他们人数众多(显然多于欧洲),不容许他们建立符合自己利益的、对庄园上的人有着广泛权力的真正的庄园。除了贵族和寺院之外,建立起来的庄园极少且极其分散,也没有自主地。这些庄园使人想到盎格鲁-撒克逊时期英国萌芽状态的庄园,而不是西欧真正庄园化地区的庄园。此外,在日本,灌溉稻田是主导农业形式,技术条件大大不同于欧洲,所以农民的隶属形式自然也有所不同。

当然,对这两种社会的对比的评定非常简略,也太绝对,但在我看来,这一概述能使我们得出一个相当可靠的结论。封建主义并不是"在世界上只发生一次的事件"。像欧洲一样,日本也经历了这一阶段,尽管带有一些必然的、根深蒂固的差别。其他社会也同样经历过这一阶段吗?果真如此,原因何在?这些原因对所有这类社会可能是相同的吗？对这些问题的回答，须俟之未来的研究。如果本书由于向学者们提出了问题，为进一步的研究开辟了道路，那么我将感到欣慰。

第三十三章 欧洲封建主义的延存

1 残存与复活

13世纪中叶以后,欧洲各社会决定性地脱离了封建方式。但是,一种社会制度只是拥有记忆的人类群体持续发展的一个阶段,它不会彻底地、一劳永逸地消亡。封建主义也有其延续阶段。

打上封建主义印记的庄园制度在封建主义灭亡后存在了很长时间,经历了许多变迁。此处我们不做讨论。但十分明显的是,庄园制度不再是一种密切关联的政治礼俗构成的制度的成分时,它在从属民众的眼中必定变得越来越没有意义,因而更加面目可憎。在庄园内部的所有依附形式中,最地道的封建依附形式是农奴制,尽管它经历了深刻的变化,已经变成土地依附关系而非人身依附关系,但它在法国一直延存到大革命前夕。当时谁还记得,在那些从属永久管理权的人们中,有些人的祖先确曾自愿地"委身"于一个保护者呢?即使假定人们知道往昔的这一情况,那么,这种知识就会使人们更容易忍受一种不合时宜的形势吗?

在英国,17世纪的第一次革命废除了骑士役务占有制与其他形式占有制之间的差别。除英国外,源于附庸制和采邑的义务是根植于土地的,这些义务在法国延存的时间同庄园制度一样长久,在普鲁士(18世纪时才开始向全面的采邑"自主地化"发展)几乎持续了同样长的时间。此后,惟一能利用依附等级制的国家政权,只是非常缓慢地不再依赖它来获得兵源。路易十四曾不止一次地召集全体附庸。但这种手段只是政府需要军队时采用的一种特别措施,甚至只是以罚金和豁免权征敛资金的财政上的权宜之计。中世纪结束以后,仍然具有实际意义的采邑仅有的一些特点是,它承受各种金钱负担、服从有关继承权的特殊规则。因为不再有私家武士,所以此后臣服关系一律固附于对地产的占有。在新时代理性主义培养出来的法官眼中,臣服式可能是"空洞"的,①但对于很自然地关注于礼仪的贵族等级看来,则不是一件无关紧要的事情。臣服式本身从前负载有非常深刻的人情意义,此时只是按照"习惯"用来(除了用于征敛钱财外)确立财产所有权,这种所有权是或多或少可以带来利润的各项权利的源头。"采邑诸问题"在本质上是易于引起争议的引人密切关注的法律问题,这些问题提供了法律理论家的大量文献,也为法律实践者提供了完成出色论文的论题。但在法国,这座大厦已经非常陈腐,其受益者期望从中获得的利益大多已相当微薄,它被轻易地推翻即为明证。庄园制度的消失只有在克服许多阻力且严重地打乱财富分配状况后才得以实现;采邑和附庸制的消失似乎是一个长期垂死挣扎过程的不可避免而又无甚意义的终结。

然而,在一个仍被许多骚乱所困扰的社会中,曾经促使古代亲兵制以及后来的附庸制产生的各种需求,并非不复存在。14和15世纪骑士团大量建立,在促使骑士团大量出现的各种原因中,一个

---

① P.Hévin, *Consultations et observations sur la coutume de Bretagne*, 1724, p.343.

最具决定性的原因无疑是,王公们渴望通过一种特别具有强制性的关系纽带使一群处于显赫位置的扈从附属于自己。根据路易十一起草的法规,圣米歇尔的骑士们向国王允诺,奉献出美好而真诚的情感(bonne et vraye amour),并发誓在国王进行的正义战争中忠实地为国王效力。这种企图将像加洛林王朝早期所做的努力一样被证明是徒劳无效的:在最早授以高勋的人物的名单中,位居第三的是圣波尔的城堡镇守官,但他后来却卑鄙地背叛了他的主人。

在中世纪末的混乱年代中,更有效——也更危险——的办法是重建私家武士队伍,这些私家武士非常类似于墨洛温时代的作家谴责过其盗匪行为的那些"侍从"附庸,他们穿戴的服装展现着其首领的徽记,或饰有其首领的盾牌纹章,他们对于首领的依附关系通常以穿戴这种服装表现出来。这一习惯在佛兰德受到大胆腓力的指责,①但在金雀花王朝晚期、兰开斯特王朝和约克王朝时期的英国,这一习惯似乎尤为盛行——其盛行程度是如此之高,以致大贵族身边形成的这些群体获得了"服装队"的称号。就像从前的私家附庸一样,他们并不只是由出身卑微的冒险家组成,他们实际上大多数是从"乡绅"中招募而来。如果他们中的一人卷入诉讼案件,其领主便在法庭上对他施加保护。这种"诉讼案中的非法援助"习惯虽属非法,但它异乎寻常地顽固存在:议会屡次颁布的禁令可为证明;这种习惯实际上在特征上重现了法兰克时期高卢地区豪强对扈从的古代保护制(mithium)。由于利用这种新的人身

---

① P. Thomas, *Textes historiques sur Lille et le Nord*, II, 1936, p.285 (1385 and 1397);参见 p.218(no.68)。

关系形式对君主也很有利,所以我们看到,理查二世试图将他的个人侍从——他们的服装饰以"白雄鹿"徽记以示区别——像众多的钦命附庸(vassi dominici)一样派往全国各地。[①]

甚至在波旁王朝早期的法国,为了其前途而变成一个大人物仆从的贵族,也获得了一种很类似于原始附庸地位的身份。人们用一种令人想起旧的封建语气的措辞提到某人,说他"属于"亲王先生或红衣大主教。臣服礼确实不再实行,但它却常常被代以书面协议。因为从中世纪末期,"友情诺言"代替了行将就木的臣服礼习惯。例如,1658年6月2日,一位名叫德兰德的上尉写给富凯的信中说:"我保证效忠于我的主人总检察官……除他之外绝不从属于任何人,我将献身于他,尽我全力追随他;我保证全面地为他效劳,毫无例外地反对所有人,除他之外不服从于任何人,甚至不与他所禁止我交往的人有所交往……我向他承诺不惜生命去反对他所反对的所有人……无论何种情况,绝无例外。"我们好像穿越时空听到了委身仪式上使用的最绝对的套语:"您之朋友即仆之朋友,您之敌人即仆之敌人"[②]——甚至对国王也没有网开一面!

2 武士观念与契约观念

封建时代已经将凝固为贵族地位的骑士身份遗留给了继起的

---

① T.F. Tout, *Chapters in the Administrative History of Mediaeval England*, IV, 1928, p.62.

② Colbert, *Lettres*, ed. P. Clément, II, p.xxx. 关于友情诺言的旧例证,见 J. Quicherat, *Rodrigue de Villandrando*, 1879, Documents, no. XIX。

社会。由于这种渊源关系,贵族等级仍以其从事的军事职业而感到自豪,这种军事职业是以享有佩剑权为象征的;在他们从这种职业中堂而皇之地获得宝贵的财政特权的地方,如法国,贵族等级特别顽固地坚持这一职业。1380年前后,瓦雷讷-昂纳戈讷地方的两个侍从解释说,贵族无须缴纳人头税,因为"贵族由于其身份,在战争中必须奋不顾身,不惜财产"。① 在大革命前的政治制度中,有着古老血统的贵族为了与公职贵族相区别,仍称自己为"佩剑"贵族。即使在为国捐躯已完全不再是某个等级或一种职业的垄断行为的今天,这种感情仍然存在,它对于职业武士的作用是一种精神上的优越性——这种态度对其他的社会如中国社会,是非常陌生的——这种情感的存在,仍然会使人们想起封建时代初期农民与骑士之间产生的这种分离过程。

附庸的臣服是一种名副其实的契约,而且是双向契约。如果领主不履行诺言,他便丧失其享有的权利。因为国王的主要臣民同时也是他的附庸,这种观念不可避免地移植到政治领域时,它将产生深远的影响。在此基础上这一观念因得到一些非常古老的观念的强化,影响更为深远,这些古老的观念认为,国王以一种神秘的方式对臣民的福祉负责,一旦发生公共灾难,应接受惩罚。在这一点上,这些古老的思想潮流恰好与另一种思潮结合起来了,这种思潮源自教会中格利高里发起的对王权神圣化、超自然化神话的抗议运动。正是这个教士群体的作家们,以一种长期无与伦比的力量首次表达了这种将君主与其人民联系起来的契约观念,1080

---

① C. Aimond, *Histoire de la ville de Varennes*, 1925, p.50.

第三十三章 欧洲封建主义的延存

年左右阿尔萨斯的一个修士写道,这种关系"就像猪倌对于雇用他的主人一样"。将这样的话置于一个温和的保皇派人士发出愤怒抗议的场合中,其意义则更加丰富:"由上帝施行涂油礼的人不能像村夫长一样被罢黜!"但这些教士理论家本身在列举罢黜他们所谴责的恶劣君主的正当理由时,肯定引用人们普遍承认的附庸拥有离弃恶劣领主的权利作为依据。①

各附庸群体在塑造其心态的礼俗的影响下,首先将这些观念付诸实践。在这种意义上,许多表面看来似乎只是偶然性反叛的暴动,都是基于一条富有成果的原则:"一个人在他的国王逆法律而行时,可以抗拒国王和法官,甚至可以参与发动对他的战争……他并不由此而违背其效忠义务。"这就是《萨克森法鉴》中的话。②这一著名的"抵抗权"的萌芽,在斯特拉斯堡誓言(843年)及秃头查理与其附庸签订的协定中已经出现,13和14世纪又重现于整个西欧世界的大量文件中。尽管其中的大部分文件受到贵族保守倾向或市民阶级利己主义的启发,但它们对未来具有重大意义。这些文件包括:1215年的英国大宪章;1222年匈牙利的"黄金诏书";耶路撒冷王国条令;勃兰登堡贵族特权法;1287年的阿拉贡统一法案;布拉邦特的科登堡宪章;1341年的多菲内法规;1356年的朗格多克公社宣言。以英国议会、法国"三级会议"、德国等级议

---

① Manegold of Lautenbach, in *Libelli de lite* (*M.G.H.*), I, p.365; Wenrich, ibid., p.289; Paul of Bernried, *Vita Gregorii*, c. 97 in Watterich, *Pontificum Romanorum vitae*, I, p. 532.

② *Landr.*, III, 78, 2. Zeumer 在 *Zeitschrift der Savigny-Stiftung*, G.A., 1914, pp.68–75中对这段文字的意思有所辩驳,但 F. Kern, *Gottesgnadentum und Widerstandsrecht im früheren Mittelalter*, Leipzig, 1914 对此则完全加以肯定。

会和西班牙代表会议（Cortés）的形式表现出来的非常贵族化的代表制度，起源于刚刚从封建阶段中崭露头角的国家政权，且仍带有这个阶段的印记，这种情况断非偶然。日本的附庸从属关系在更大程度上是单方面的，且天皇的神圣权力处于各附庸誓约体系之外；就这方面来说，从一个在许多方面都颇类似于西欧封建主义的体制中，并没有出现类似情况，这也绝非偶然。西欧封建主义的独创性在于，它强调一种可以约束统治者的契约观念，因此，欧洲封建主义虽然压迫穷人，但它确实给我们的西欧文明留下了我们现在依然渴望拥有的某种东西。

参考书目

在英文版《封建社会》的准备过程中,我们不得不考虑如何处理1938—1939年编纂的参考书目。

似乎有两种办法可供我们选择:一是尽量将迄至今日的较近期的材料纳入其中,一是原样付印,再增补一份书目。人们对第一种办法持强烈的反对意见。布洛赫提供的参考书目是他亲自选定和分类的作品,它的目的不仅是为研究者充当向导,而且也是表达对其他学者的谢意。如果在这个结构中增补书目,在我们看来,将是对布洛赫作品的擅自改动,特别是他早已树立了一条规则,即不在书目中列入他本人不了解的著作。所以我们采用了第二种办法,原貌印出他留下的参考书目,只是删略了通史书目一节,我们认为,这一节中的大部书目已为中世纪史的研究者所熟悉。我们增补了较近期出版的著作的目录。

虽然本书以对原始资料的精深研究为基础,其中许多原始资料在脚注中已经提到,但作者在参考书目中,除了他单独列出法律资料外,只是提及可以找到上述资料的权威作品。此外,对于第二编中他从一个独到的视角加以讨论的思想和社会"氛围",他列举的第二手著作限于几个特殊问题。不过,对于最后的入侵问题,以及如同人们可以预料到的,对于构成本书中心论题的社会、政治发展过程的特殊问题,本书列出的参考书目则详备得多。

除了特别标出的地方,法文书的出版地点为巴黎,英文著作的出版地点为伦敦。

L. A. 马尼翁

参考书目概要

I. 史料

(1)史料的权威指南。(2)语言学上的史料。(3)历史编纂学。(4)文献史料。

II. 心态

(1)情感和思想方式。(2)1000年的"恐慌"。

III. 最后的入侵

(1)总论。(2)阿尔卑斯山和意大利半岛的萨拉逊人。(3)匈牙利人。(4)斯堪的纳维亚人。(5)北欧归皈基督教。(6)斯堪的纳维亚人入侵的影响。

IV. 法律和政治结构

(1)原始史料。(2)关于法律和制度史的近代著作。(3)法律思想和法律教育。(4)政治观念。

V. 家族纽带

(1)家族和族间复仇。(2)经济上的连带关系。

VI. 确切意义上的诸封建制度

(1)一般意义上的封建主义:法兰克起源。(2)国家和地区间的封建主义。(3)"亲兵制"、附庸制和臣服礼。(4)"恳请地"、"恩地"、采邑和自主地。(5)采邑法。(6)多重领主和绝对臣服。

VII. 封建战争

(1)战争艺术。(2)骑兵战术和装备。(3)军事义务。(4)城堡。

VIII. 下层社会的依附关系

IX. 没有封建主义的国家

(1)撒丁岛。(2)弗里西亚和迪特马申。

X. 社会等级总体与贵族

(1)起源和历史。(2)骑士爵位的授予:仪式。(3)中世纪论述骑士制度的论文。(4)近代论述骑士制度和骑士精神的著作。(5)贵族爵位的授予。(6)贵族的生活。(7)纹章。(8)管家与管家等级。

XI. 封建社会中的教会:"代理人制度"

XII. 司法制度

XIII. 和平运动

XIV. 君主制度

XV. 领地政权

XVI. 民族主义
XVII. 比较史学中的封建主义

I. 史料

(1) 史料的权威指南

BALLESTER (Rafael), *Fuentes narrativas de la historia de España durante la edad media*, Palma, 1912.

——*Bibliografia de la historia de España*, Gerona, 1921.

Bibliotheca hagiographica latina antiquae et mediae aetatis, 2 vols. and supplementary vol., Brussels, 1898 - 1911.

DAHLMANN-WAITZ, *Quellenkunde der deutschen Geschichte*, 9th edn., Leipzig. 2 vols., 1931 - 1932.

EGIDI (Pietro), *La storia medievale*, Rome, 1922.

GROSS (Charles), *The Sources and Literature of English History from the Earliest Times to about 1485*, 2nd edn., London, 1915.

JACOB (Karl), *Quellenkunde der deutschen Geschichte im Mittelalter*, Berlin, 1917(*Sammlung Göschen*).

JANSEN(M.) and SCHMITZ-KALLENBERG (L.), *Historiographie und Quellen der deutschen Geschichte bis 1500*, 2nd edn., Leipzig, 1914(A.MEISTER, *Grundriss*, I,7).

MANITIUS (M.), *Geschichte der lateinischen Literatur des Mittelalters*, 3 vols., Munich, 1911 - 1931(*Handbuch der klassischen Altertumswissenschaft*, ed. I. MÜLLER).

MOLINIER (Auguste), *Les Sources de l'histoire de France des origines oux guerres d'Italie*, 6 vols., 1901 - 1906.

OESTERLEY(H.), *Wegweiser durch die Literatur der Urkunden-Sammlung*, 2 vols., Berlin, 1886.

PIRENNE (Henri), *Bibliographie de l'histoire de Belgique*, 3rd edn., Brussels, 1931.

POTTHAST (August), *Bibliotheca historica medii aevi*, 2 vols., Berlin, 1875 – 1896.

STEIN (Henri), *Bibliographie générale des cartulaires français ou relatifs à l'histoire de France*, 1907.

UEBERWEG (Friedrich), *Grundriss der Geschichte der Philosophie*, II, 11th edn., Berlin, 1928.

VILDHAUT (H.), *Handbuch der Quellenkunde zur deutschen Geschichte bis zum Ausgange der Staufer*, 2nd edn., 2 vols., Werl, 1906 – 1909.

WATTENBACH (W.), *Deutschlands Geschichtsquellen im Mittelalter bis zur Mitte des dreizehnten Jahrhunderts*, I, 7th edn., Berlin, 1904; II, 6th edn., Berlin, 1894.

WATTENBACH (W.) and HOLTZMANN (R.), *Deutschlands Geschichtsquellen im Mittelalter. Deutsche Kaiserzeit*, I, Part 1, Berlin, 1938.

(2) 语言学上的史料

ARNALDI (F.), 'Latinitatis italicae medii aevi inde ab anno CDLXXVI usque ad annum MDXXII lexicon imperfectum', in *Archivum latinitatis medii aevi*, X, 1936.

BAXTER (J. H.) et al., *Medieval Latin Word-List from British and Irish Sources*, Oxford, 1934.

BLOCH (Oscar), with the collaboration of W. VON WARTBURG, *Dictionnaire étymologique de la langue française*, 1932.

BRUNEL (C.), 'Le Latin des chartes', *Revue des études latines*, 1925.

——'Les Premiers Exemples de l'emploi du provençal', *Romania*, 1922.

DIEFENBACH (L.), *Glossarium latino-germanicum mediae et infimae latinitatis*, Frankfurt, 1857. *Novum glossarium*, Frankfurt, 1867.

DU CANGE, *Glossarium mediae et infimae latinitatis*, ed. HENSCHEL, 7 vols., 1830 – 1850. New impression, Niort, 1883 – 1887. Further impression, 10 vols. in 5, Graz, 1954.

GAMILLSCHEG (E.), *Etymologisches Wörterbuch der französischen Sprache*, Heidelberg, 1928.

HABEL (E.), *Mittellateinisches Glossar*, Paderborn, 1931.

HECK(Philippe), *Übersetzungsprobleme im früheren Mittelalter*, Tübingen, 1931.

HEGEL (Karl), 'Lateinische Wörter und deutsche Begriffe', in *Neues Archiv der Gesellschaft für ältere deutsche Geschichtskunde*, 1893.

KLUGE (Friedrich), *Etymologisches Wörterbuch der deutschen Sprache*, 11th edn., Berlin, 1934.

MERKEL (Felix), *Das Aufkommen der deutschen Sprache in den städtischen Kanzleien des ausgehenden Mittelalters*, Leipzig, 1930 (*Beiträge zur Kulturgeschichte des Mittelalters*, 45).

MEYER-LÜBKE (W.), *Romanisches Etymologisches Wörterbuch*, 3rd edn., Heidelberg, 1935.

MURRAY (J.A.H.)(ed.), *The Oxford English Dictionary*, 12 vols. and supplement, Oxford, 1888 – 1928.

NÉLIS (H.), 'Les Plus Anciennes Chartes en flamand', *Mélanges d'histoire offerts à H. Pirenne*, Brussels, 1926, I.

OBREEN(H), 'Introduction de la langue vulgaire dans les documents diplomatiques en Belgique et dans les Pays-Bas', *Revue belge de philologie*, 1935.

OGLE (M.B.), 'Some Aspects of Mediaeval Latin Style', *Speculum*, 1926.

STRECKER (Karl), *Introduction à l'étude du latin médiéval*, translated (into French) by P. VAN DE WOESTIJNE, Ghent, 1933.

TRAUBE (L.), 'Die lateinische Sprache des Mittelalters', in TRAUBE, *Vorlesungen und Abhandlungen*, II, Munich, 1911.

VANCSA(Max), *Das erste Auftreten der deutschen Sprache in den Urkunden*, Leipzig, 1895 (*Preisschriften gekrönt ... von der fürstlich Jablonowskischen Gesellschaft, histor.-nationalökonom. Section*, XXX).

WARTBURG (W.von), *Französisches etymologisches Wörterbuch*, 1928 ff.(in course of publication).

(3) 历史编纂学

BALZANI (Ugo), *Le cronache italiane nel medio evo*, 2nd edn., Milan, 1900.

GILSON (E.), 'Le Moyen-âge et l'histoire', in GILSON, *L'Esprit de la philosophie médiévale*, II, 1932.

HEISIG (Karl), 'Die Geschichtsmetaphysik des Rolandliedes und ihre Vorgeschichte', *Zeitschrift für romanische Philologie*, LV, 1935.

LHEMANN (Paul), 'Das literarische Bild Karls des Grossen, vornehmlich im lateinischen Schrifttum des Mittelalters', *Sitzungsberichte der bayerischen Akademie*, *Phil.-hist. Kl.*, 1934.

POOLE (R.L.), *Chronicles and Annals: a Brief Outline of their Origin and Growth*, Oxford, 1926.

SCHMIDLIN (Joseph), *Die geschichtsphilosophische und kirchenpolitische Weltanschauung Ottos von Freising. Ein Beitrag zur mittelalterlichen Geistesgeschichte*. Freiburg im Breisgau, 1906 (*Studien und Darstellungen aus dem Gebiete der Geschichte*, ed. H. GRAUERT, IV, 2-3).

SPÖRL (Johannes), *Grundformen hochmittelalterlicher Geschichtsanschauung*, Munich, 1935.

(4) 文献史料

ACHER(Jean), 'Les Archaïsmes apparents dans la chanson de "Raoul de Cambrai"', *Revue des langues romanes*, 1907.

FALK (J.), *Étude sociale sur les chansons de geste*, Nyköping, 1879.

KALBFLEISCH, Die Realien im altfranzösischen Epos "Raoul de Cambrai", Giessen, 1897 (*Wissenschaftliche Beilage zum Jahresbericht des Grh. Realgymnasiums*).

MEYER(Fritz), *Die Stände, ihr Leben und Treiben dargestellt nach den altfranzösischen Artus- und Abenteuerromanen*, Marburg, 1892 (*Aus-*

gabe und Abhandlungen aus dem Gebiete der roman. Philologie, 89).

TAMASSIA (G.), 'Il diritto nell' epica francese dei secoli XII e XIII', *Rivista italiana per le scienze giuridiche*, I,1886.

II. 心态

(1) 情感和思想方式

BESZARD (L.), *Les Larmes dans l'épopée*, Halle, 1903.

BILFINGER, *Die mittelalterlichen Horen und die modernen Stunden*, Stuttgart, 1892.

DORIACHE - RODJESVENSKY, *Les Poésies des Goliards*, 1931.

DRESDNER (Albert), *Kultur-und Sittengeschichte der italienischen Geistlichkeit im 10. und 11. Jahrhundert*, Breslau, 1910.

EICKEN (Heinrich von), *Geschichte und System der mittelalterlichen Weltanschauung*, Stuttgart, 1887.

GALBRAITH (V. H.), 'The Literacy of the Medieval English Kings', *Proceedings of the British Academy*, 1935.

GHELLINCK (J. de), *Le Mouvement théologique du XIIe siècle*, 1914.

GLORY (A.) and UNGERER (T.), 'L'Adolescent au cadran solaire de la cathédrale de Strasbourg', *Archives alsaciennes d'histoire de l'art*, 1932.

HASKINS (Charles H.), *The Renaissance of the Twelfth Century*, Cambbridge (Mass.), 1927.

HOFMEISTER (A.), 'Puer, juvenis, senex: zum Verständnis der mittelalterlichen Altersbezeichnungen', *Papsttum und Kaisertum: Forschungen P. Kehr dargebracht*, 1926.

IRSAY (S.d'), *Histoire des universités françaises et étrangères*, I, 1933.

JACOBIUS (Helene), *Die Erziehung des Edelfräuleins im alten Frankreich* nach Dichtungen des XII., XIII. und XIV. Jahrhunderts, Halle, 1908 (Beihefte zur Zeitschrift für romanische Philologie, XVI).

LIMMER (R.), Bildungszustände und Bildungsideen des 13. Jahrhunderts, Munich, 1928.

PARÉ (G.), BRUNET (A.), TREMBLAY (P.), La Renaissance du XIIe siècle: les Écoles et l'enseignement, 1938 (Publications de l'Institut d'études médiévales d'Ottawa, 3).

RASHDALL (H.), The Universities of Europe in the Middle Ages, 2nd edn. by F.M. POWICKE and A.B. EMDEN, 3 vols., Oxford, 1936.

SASS (Johann), Zur Kultur- und Sittengeschichte der sächsischen Kaiserzeit, Berlin, 1892.

SÜSSMILCH (Hans), Die lateinische Vagantenpoesie des 12. und 13. Jahrhunderts als Kulturerscheinung, Leipzig, 1917 (Beiträge zur Kultur geschichte des Mittelalters und der Renaissance, 25).

(2) 1000 年的"恐慌"

BURR (G.L.), 'The Year 1000', American Historical Review, 1900 – 1901.

EICKEN (H. von), 'Die Legende von der Erwartung des Weltuntergangs und der Wiederkehr Christi im Jahre 1000', Forschungen zur deutschen Geschichte, XXIII, 1883.

ERMINI (Filippo), 'La fine del mondo nell' anno mille e il pensiero di Odone di Cluny', Studien zur lateinischen Dichtung des Mittelalters, Ehrengabe für K. Strecker, Dresden, 1931 (Schriftenreihe der Historischen Vierteljahrschrift, 1).

GRUND (Karl), Die Anschauungen des Radulfus Glaber in seinen Historien, Greifswald, 1910.

ORSI (P.), 'L'anno mille', Rivista storica italiana, IV, 1887.

PLAINE (Dom François), 'Les Prétendues Terreurs de l'an mille', Revue des questions historiques, XIII, 1873.

WADSTEIN (Ernst), Die eschatologische Ideengruppe: Antichrist-Weltsabbat-

Weltende und Weltgericht, Leipzig, 1896.

III. 最后的入侵

(1) 总论

LOT (Ferdinand), *Les Invasions barbares et le peuplement de l'Europe; introduction à l'intelligence des derniers traités de paix*, 2 vols., 1937.

(2) 阿尔卑斯山和意大利半岛的萨拉逊人

DUPRAT (E.), 'Les Sarrasins en Provence', *Les Bouches-du-Rhône, Encyclopédie départementale*, 1924.
LATOUCHE (R.), 'Les Idées actuelles sur les Sarrasins dans les Alpes', *Revue de géographie alpine*, 1931.
PATRUCCO (Carlo E.), 'I Saraceni nelle Alpi Occidentali', *Biblioteca della Società storica subalpina*, XXXII, 1908.
POUPARDIN (René), *Le Royaume de Bourgogne (888 - 1038)*, 1907 (*Bibliothèque de l'École des Hautes Études*, Sc. histor., 163).
—— *Le Royaume de Provence sous les Carolingiens*, 1901 (*ibid.*, 131).
VEHSE (O.), 'Das Bündnis gegen die Sarazenen vom Jahre 915', *Quellen und Forschungen aus italienischen Archiven*, XIX, 1927.

(3) 匈牙利人

BÜDINGER (Max), *Österreichische Geschichte bis zum Ausgange des dreizehnten Jahrhunderts*, I, Leipzig, 1858.
CARO (G.), 'Der Ungarntribut unter Heinrich I.', *Mitteilungen des Instituts für österreichische Geschichtsforschung*, XX, 1899.
DARKO (E.), 'Influences touraniennes sur l'évolution de l'art militaire des Grecs, des Romains et des Byzantins', *Byzantion*, 1935 and 1937.

JOKAY (Z.), 'Die ungarische Ortsnamenforschung', *Zeitschrift für Ortsnamenforschung*, 1935.

KAINDL (R. F.), *Beiträge zur älteren ungarischen Geschichte*, Vienna, 1893.

LÜTTICH (Rudolf), *Ungarnzüge in Europa im 10. Jahrhundert*, Berlin, 1910 (*Ebering's Histor. Studien*, 74).

MACARTNEY (C.A.), *The Magyars in the Ninth Century*, Cambridge, 1930 (reviewed by G.MORAVSIK, *Byzantinische Zeitschrift*, 1933).

MARCZALI (Heinrich), *Ungarns Geschichtsquellen im Zeitalter der Arpaden*, Berlin, 1882.

MARQUART (J.), *Osteuropäische und ostasiatische Streifzüge*, Leipzig, 1903.

SAUVAGEOT (A.), 'L'Origine du peuple hongrois', *Revue des études hongroises*, II, 1924.

SCHÖNEBAUM (Herbert), *Die Kenntnis der byzantinischen Geschichtsschreiber von der ältesten Geschichte der Ungarn vor der Landnahme*, Berlin, 1922.

SEBESTYEN (Charles C.S.), 'L'Arc et la flèche des Hongrois', *Nouvelle Revue de Hongrie*, LI, 1934.

STEINACKER (Harold), 'Über Stand und Aufgabe der ungarischen Verfassungsgeschichte', *Mitteilungen des Instituts für Oesterreichische Geschichtsforschung*, XVIII, 1907.

SZINNYEI, *Die Herkunft der Ungarn, ihre Sprache und Urkultur*, 2nd edn., Berlin, 1923.

ZICHY (Étienne), 'L'Origine du peuple hongrois', *Revue des études hongroises*, I, 1923.

(4) 斯堪的纳维亚人

ARBMAN (Holger) and STENBERGER (Mårten), *Vikingar i Västerled* (The Vikings on the Western routes), Stockholm, 1935.

BUGGE (Alexander), *Die Wikinger: Bilder aus der nordischen Vergangenheit*, Halle, 1906.

――'The Norse Settlements in the British Islands', *Transactions of the Royal Historical Society*, 1921.

CLAPHAM (J.H.), 'The Horsing of the Danes', *English Historical Review*, 1910.

COLLINGWOOD (W.G.), *Scandinavian Britain*, 1908.

CURTIS (E.), 'The English and Ostmen in Ireland', *English Historical Review*, 1908.

DARLINGTON (R.R.), 'The Last Phase of Anglo-Saxon History', *History*, 1937.

FALK (H.), 'Altnordisches Seewesen', *Wörter und Sachen*, IV, 1912.

GARAUD (Marcel), 'Les Invasions des Normands en Poitou et leurs conséquences', *Revue historique*, CLXXX, 1937.

GOSSES (I.H.), 'Deensche Heerschappijen in Friesland gedurende den Noormannentijd', *Mededeelingen der koninklijke Akademie van Wetenschappen*, *Afd. Letterkunde*, 56, Series B, 1923.

HOFMEISTER (A.), 'Ein angeblicher Normannenzug ins Mittelmeer um 825', *Historische Aufsätze K. Zeumer dargebracht*, Weimar, 1909.

JACOBSEN (Lis), 'Les Vikings suivant les inscriptions runniques du Danemark', *Revue Historique*, CLVIII, 1938.

JORANSON (Einar), *The Danegeld in France*, Rock Island, 1923 (*Augustana Library Publ.*, 10).

KENDRICK (T.D.), *A History of the Vikings*, 1930.

LOT (F.), 'La Grande Invasion normande de 856 - 862', *Bibliothèque de l'École des Chartes*, 1908.

――'La Loire, l'Aquitaine et la Seine de 862 à 866', *ibid.*, 1908.

――'Le Monastère inconnu pillé par les Normands en 845', *ibid.*, 1909.

MONTELIUS (Oskar), *Kulturgeschichte Schwedens von der ältesten Zeiten bis zum elften Jahrhundert*, Leipzig, 1906.

—— 'Sverige och Vikingafäderna västernt' (Sweden and the Viking Expeditions to the West), *Antikvarisk Tidskrift*, XXI, 2.

NORDENSTRENG (Rolf), *Die Züge der Wikinger*, trans. L. MEYN, Leipzig, 1925.

OLRIK (Axel), *Viking Civilization*, 1930.

OMAN (Charles W. C), 'The Danish Kingdom of York', *Archaeological Journal*, XCI, 1934.

PAULSEN (P.), *Studien zur Wikingerkultur*, Neumünster, 1933.

PRENTOUT (Henri), *Étude critique sur Dudon de Saint-Quentin*, 1916.

——*Essai sur les origines et la formation du duché de Normandie*, Caen, 1911.

SHETELIG (Haakon), *Les Origines des invasions des Normands* (*Bergens Museums Årbog.Historisk -antikvarisk rekke*, no.1).

——*Préhistoire de la Norvège*, Oslo, 1926. (*Instituttet for sammenlignende Kulturforskning*, Series A,V.)

STEENSTRUP (J.), 'Normandiets Historie under de syo fürste Hertuger 911 - 1066'(with a summary in French), *Mémoires de l'Académie royale des sciences et des lettres de Danemark*, 7th Series, Section des Lettres, V, 1,1925.

——*Normannerne*, 4 vols., Copenhagen, 1876 - 1882. (Part of vol. I has been translated into French as *Études préliminaires pour servir à l'histoire des Normands*, *Bulletin Soc. Antiquaires Normandie*, vol. V, and separately, 1881.)

VAN DER LINDEN, 'Les Normands à Louvain', *Revue historique*, CXXIV, 1917.

VOGEL (W.), *Die Normannen und das fränkische Reich bis zur Gründung der Normandie (799 -911)*, Heidelberg, 1906.

——'Handelsverkehr, Städtewesen und Staatenbildung in Nordeuropa im früheren Mittelalter', *Zeitschrift der Gesellschaft für Erdkunde zu Berlin*, 1931.

——'Wik-Orte und Wikinger: eine Studie zu den Anfängen des germanischen Städtewesens', *Hansische Geschichtsblätter*, 1935.

WADSTEIN, 'Le Mot viking', *Mélanges de philologie offerts à M.Johan Vising*, 1925.

(5) 北欧皈依基督教

JOHNSON (E.N.), 'Adalbert of Hamburg-Bremen', *Speculum*, 1934.

MAURER (Konrad), *Die Bekehrung des norwegischen Stammes zum Christentume*, 2 vols., Munich, 1855-1856.

MOREAU (E.de), *Saint Anschaire*, Louvain, 1930.

SCHMEIDLER (B.), *Hamburg -Bremen und Nordost-Europa vom 9. bis zum 11. Jahrhundert*, Leipzig, 1918.

(6) 斯堪的纳维亚人入侵的影响

ANDERSON (Olaf S.), *The English Hundred-Names*, Lund, 1934.

BRÖNDAL (Viggo), 'Le Normand et la langue des Vikings', *Normannia*, 1930.

EKWALL (E.), 'How Long did the Scandinavian Language Survive in England?', *A Grammatical Miscellany Offered to O.Jespersen*, Copenhagen, 1930.

——*Scandinavians and Celts in the North-West of England*, Lund, 1918 (Lunds Universitets Årsskrift, New Series, Afd. I, vol. 14).

——'The Scandinavian Element', in A.MAWER and F.W. STENTON, *Introduction to the Survey of English Place-Names*, I, Cambridge, 1929.

——'The Scandinavian Element', in H.C.DARBY, *An Historical Geography of England*, Cambridge, 1936.

EMANUELLI, 'La Colonisation normande dans le département de la Manche', *Revue de Cherbourg*, 1907 ff.

JESPERSEN (O.), *Growth and Structure of the English Language*, 7th edn., Leipzig, 1913.

JORET (C.), 'Les Noms de lieu d'origine non-romane et la colonisation germanique et scandinave en Normandie', *Congrès du millénaire de la Normandie*, Rouen, 1912, II (enlarged edn., separately published, 1913).

LINDKVIST, *Middle-English Place Names of Scandinavian Origin*, Upsala, 1912.

LOT (Ferdinand), 'De l'origine et de la signification historique des noms de lieux en-ville et en-court', *Romania*, 1933(cf. Marc BLOCH, 'Réflexions d'un historien sur quelques travaux de toponymie', *Annales d'histoire économique*, VI, 1934).

MAWER (A.), *Problems of Place-Name Study*, Cambridge, 1929.

——'The Scandinavian Settlements in England as Reflected in English Place-Names', *Acta Philologica*, VII, 1932 – 1933.

PRENTOUT (H.), 'Le Rôle de Normandie dans l'histoire', *Revue historique*, CLX, 1929.

SHETELIG (H.), *Vikingeminner i Vest Europa* (Archaeological Remains of the Vikings in Western Europe), Oslo, 1933 (*Instituttet for sammenlignende kulturforskning*, A, XVI).

SION (Jules), *Les Paysans de la Normandie orientale*, 1908.

SJÖGREN (A.), 'Le Genre des mots d'emprunt norrois en normand', *Romania*, 1928.

STENTON (F.M.), 'The Danes in England', *History*, 1920 – 1921.

——'The Danes in England', *Proceedings of the British Academy*, XIII, 1927.

IV. 法律和政治结构

(1) 原始史料

ACHER (Jean), 'Notes sur le droit savant au moyen âge', *Nouvelle revue historique de droit*, 1906 (Treatise on homage by J.DE BLANOT).

ATTENBOROUGH (F. L.), *The Laws of the Earliest English Kings*, Cambridge, 1922.

BRACTON, *De legibus et consuetudinibus Angliae*. Edited by G. E. WOODBINE, 2 vols., New Haven, 1932 (*Yale Historical Publications*, MS. III); edited by TWISS, 6 vols., London, 1878-1883(*Rolls Series*).

Capitularia Regum Francorum. Edited by A. BORETIUS and V. KRAUSE, Hanover, 1883 - 97(*MGH*, quarto).

Formulae Merovingici et Karolini Aevi. Edited by K. ZEUMER, Hanover, 1886 (*MGH*, quarto).

FOURGOUS (J.) and BEZIN (G. de), *Les Fors de Bigorre*, Bagnères-de-Bigorre, 1901.(*Travaux sur l'histoire du droit méridional*, fasc.1)

GLANVILL, *De legibus et consuetudinibus regni Angliae*. Edited by G. E. WOODBINE, New Haven, 1932 (*Yale Historical Publications*, MS. XIII).

GULIELMUS DURANDUS, *Speculum judiciale* (written between 1271 and 1276; several times printed).

Le Conseil de Pierre de Fontaines. Edited by A.J. MARNIER, 1886.

LEHMANN (Karl), *Das Langobardische Lehnrecht (Handschriften, Textentwicklung, ältester Text und Vulgattext nebst den capitula extraordinaria)*, Göttingen, 1896.

Les Établissements de Saint-Louis. Edited by P. VIOLLET, 4 vols., 1881 - 1886(*Soc. de l'Histoire de France*).

LIEBERMANN (F.), *Die Gesetze der Angelsachsen*, 3 vols., Halle, 1903 - 1916 (includes both the Customaries of the Norman period and a valuable historical index).

MUÑOZ ROMERO (T.), *Colección de fueros municipales y cartas pueblas de los reinos de Castilla, León, Corona de Aragón y Navarra*, I, Madrid, 1847.

PHILIPPE DE BEAUMANOIR, *Coutumes de Beauvaisis*. Edited by A. SALMON, 2 vols., 1899 - 1900 (*Collection des textes pour servir à l'étude ... de l'histoire*).

ROBERTSON (A.J.), *The Laws of the Kings of England from Edmund to Henry I*, Cambridge, 1925.

Sachsenspiegel. Edited by K.A.ECKHARDT, Hanover, 1933 (*MGH*, *Fontes juris germanici*, New Series).

SECKEL (E.), 'Über neuere Editionen juristischer Schriften des Mittelalters', *Zeitschrift der Savigny Stiftung*, G.A., 1909 (on the *Summae feudorum* of the thirteenth century).

TARDIF (Joseph), *Coutumiers de Normandie*, 2 vols., Rouen, 1881 – 1903.

Usatges de Barcelona, editats amb una introduccio per R.D'ABADAL I VINYALS and F.VALLS TABERNER, Barcelona, 1913 (*Textes de dret catala*, I).

(2) 关于法律和制度史的近代著作

BELOW (Georg von), *Der deutsche Staat des Mittelalters*, I, Leipzig, 1914.

—— *Vom Mittelalter zur Neuzeit*, Leipzig, 1924 (*Wissenschaft und Bildung*, 198).

BESNIER (Robert), *La Coutume de Normandie: Histoire externe*, 1935.

BESTA (E.), *Fonti, legislazione e scienza giuridica della caduta dell' impero romano al, secolo XV°*, Milan, 1923 (*Storia del diritto italiano ... di* P.GIUDICE).

BRUNNER (Heinrich), *Deutsche Rechtsgeschichte*, 2nd edn., 2 vols., Leipzig, 1926 – 1928.

CHADWICK (H.M.), *The Origin of the English Nation*, Cambridge, 1924.

—— *Studies in Anglo-Saxon Institutions*, Cambridge, 1905.

CHÉNON (Émile), *Histoire générale du droit français public et privé*, 2 vols., 1926 – 1929.

ESMEIN (A.), *Cours élémentaire d'histoire du droit français*, 14th edn., 1921.

FICKER (J.), *Forschungen zur Reichs- und Rechtsgeschichte Italiens*, 4 vols., Innsbruck, 1868 - 1874.

FLACH (J.), *Les Origines de l'ancienne France*, 4 vols., 1886 - 1917.

FUSTEL DE COULANGES, *Histoire des institutions politiques de l'ancienne France*, 6 vols. 1888 - 1892.

GAMA-BARROS (H.da), *Historia de la administraçao publica em Portugal nos seculos XII a XV*, 2 vols., Lisbon, 1885-1896 (also contains much information on Leon and Castile).

HASKINS (C. H.), *Norman Institutions*, Cambridge (Mass.), 1918 (*Harvard Historical Studies*, XXIV).

HOLDSWORTH (W.S.), *A History of English Law*, vols. I - III, 3rd edn., London, 1923.

JAMISON (E.), 'The Norman Administration of Apulia and Capua', *Papers of the British School at Rome*, VI, 1913.

JOLLIFFE (J. E. A.), *The Constitutional History of Medieval England*, 1937.

KEUTGEN (F.), *Der deutsche Staat des Mittelalters*, Jena, 1918.

KIENER (Fritz), *Verfassungsgeschichte der Provence seit der Ostgothenherrschaft bis zur Errichtung der Konsulate (510 - 1200)*, Leipzig, 1900.

LEICHT (P.S.), *Ricerche sul diritto privato nei documenti preirneriani*, 2 vols., Rome, 1914 - 1922.

LUCHAIRE (Achille), *Manuel des institutions françaises. Période des Capétiens directs*, 1892.

MAITLAND (F.W.), *Domesday Book and Beyond*, Cambridge, 1921.

MAYER (Ernst), *Mittelalterliche Verfassungsgeschichte: deutsche und französische Geschichte vom 9. bis zum 14. Jahrhundert*, 2 vols., Leipzig, 1899.

—— *Historia de las instituciones sociales y politicas de España y Portugal durante los siglos V a XIV*, 2 vols., Madrid, 1925 - 1926.

—— *Italienische Verfassungsgeschichte von der Gothenzeit zur Zunftherrschaft*,

2 vols., Leipzig, 1900.

MEYER (Walter), *Das Werk des Kanzlers Gislebert von Mons besonders als verfassungsgeschichtliche Quelle betrachtet*, Königsberg, 1888.

NIESE (Hans), *Die Gesetzgebung der normannischen Dynastie in regnum Siciliae*, Halle, 1910.

OLIVIER-MARTIN, *Histoire de la coutume de la prévôté et vicomté de Paris*, 3 vols., 1922 – 1930.

POLLOCK (F.), *The Land Laws*, 3rd edn., 1896.

POLLOCK (F.) and MAITLAND (F.W.), *The History of English Law before the Time of Edward I*, 2 vols., Cambridge, 1898.

RIAZA (Román) and GALLO (Alfonso García), *Manual de historia del derecho español*, Madrid, 1935.

ROGÉ (Pierre), *Les Anciens Fors de Béarn*, Toulouse, 1907.

SALVIOLI (G.), *Storia del diritto italiano*, 8th edn., Turin, 1921.

SANCHEZ-ALBORNOZ (C.), 'Conferencias en la Argentina', *Anuario de historia del derecho español*, 1933.

—— 'La potestad real y los señorios en Asturias, León y Castilla', *Revista de Archivos*, 3rd series, XXXI, 1914.

SCHRÖDER (R.), *Lehrbuch der deutschen Rechtsgeschichte*, 6th edn., Leipzig, 1919 – 1922.

SOLMI (A.), *Storia del diritto italiano*, 3rd edn., Milan, 1930.

STUBBS (William), *Constitutional History of England*, 3 vols., Oxford, 1895 – 1897 (French translation, with additional notes, by C. PETIT-DUTAILLIS and G.LEFEBVRE, 3 vols., 1907 – 1927).

VIOLLET (Paul), *Histoire des institutions politiques et administratives de la France*, 3 vols., 1890 – 1903.

VINOGRADOFF (P.), *English Society in the Eleventh Century*, Oxford, 1908.

WAITZ (G.), *Deutsche Verfassungsgeschichte*, vols. I to VI, 2nd edn., Berlin, 1880-1896; vols. 7 and 8, Kiel, 1876 – 1878.

(3) 法律思想和法律教育

BESTA (E.), *L'opera d'Irnerio*, Turin, 1910.

BRIE (S.), *Die Lehre vom Gewohnheitsrecht*, I : *Geschichtliche Grundlegung*, Breslau, 1899.

CHÉNON (E.), 'Le Droit romain à la Curia Regis', *Mélanges Fitting*, vol. I, Montpellier, 1907 (reviewed by J. ACHER, *Revue générale de droit*, XXXII, 1908).

CHIAPPELLI (L.), 'Recherches sur l'état des études de droit romain en Toscane au XIe siècle', in *Nouvelle revue historique de droit*, 1896.

CONRAT (Max), *Die Quellen und Literatur des Römischen Rechts im früheren Mittelalter*, Leipzig, 1891.

FLACH (J.), *Études critiques sur l'histoire du droit romain au moyen âge*, 1890.

FOURNIER (P.), 'L'Église et le droit romain au XIIIe siècle', *Nouvelle revue historique de droit*, 1890.

GARAUD (Marcel), 'Le Droit romain dans les chartes poitevines du IXe au XIe siècle', *Bull. de la Société des Antiquaires de l'Ouest*, 1925.

GOETZ (W.), 'Das Wiederaufleben des römischen Rechts im 12. Jahrhundert', *Archiv für Kulturgeschichte*, 1912.

MEYNIAL (E.), 'Note sur la formation de la théorie du domaine divisé … du XIIe au XIVe siècle', *Mélanges Fitting*, vol. II, Montpellier, 1908.

—— 'Remarques sur la réaction populaire contre l'invasion du droit romain en France au XIIe et XIIIe siècles', *Mélanges Chabaneau*, Erlangen, 1907.

OLIVIER-MARTIN (F.), 'Le Roi de France et les mauvaises coutumes', *Zeitschrift der Savigny Stiftung*, G.A., 1938.

VINOGRADOFF (P.), *Roman Law in Medieval Europe*, 2nd edn., Oxford, 1929.

WEHRLÉ (R.), *De la coutume dans le droit canonique*, 1928.

(4) 政治观念

CARLYLE (R.W.and A.J.), *A History of Medieval Political Theory in the West*, vols. I to III, 1903 – 1915.

DEMPF (Alois), *Sacrum imperium: Geschichts- und Staatsphilosophie des Mittelalters und der politischen Renaissance*, Munich, 1929.

KERN (Fritz), 'Recht und Verfassung im Mittelalter', *Historische Zeitschrift*, 1919.

V. 家族纽带

(1) 家族和族间复仇

BRUNNER (Heinrich), 'Sippe und Wergeld in den niederdeutschen Rechten', in BRUNNER, *Abhandlungen der Rechtsgeschichte*, vol.I, Weimar, 1931 (previously *Zeitschrift der Savigny Stiftung*, G.A., III).

CATTIER (F.), 'La Guerre privée dans le comté de Hainaut', *Annales de la Faculté de philosophie de Bruxelles*, I, 1889 – 1890.

DUBOIS (Pierre), *Les asseurements au XIIIe siècle dans nos villes de Nord*, 1900.

ESPINAS (G.), 'Les Guerres familiales dans la commune de Douai aux XIIe et XIIIe siècles', *Nouvelle revue historique de droit*, 1900.

FRAUENSTÄDT (Paul), *Blutrache und Todtschlagsühne im deutschen Mittelalter*, Leipzig, 1881.

HINOJOSA (Eduardo de), 'Das germanische Element im spanischen Rechte', *Zeitschrift der Savigny Stiftung*, G.A., 1910.

HIS (R.), 'Gelobter und gebotener Friede im deutschen Mittelalter', *Zeitschrift der Savigny-Stiftuny*, G.A., 1912.

PETIT-DUTAILLIS (C.), *Documents nouveaux sur les mœurs populaires et le droit de vengeance dans les Pays-Bas au XVe siècle*, 1908 (with bibliography).

PHILLPOTTS (Bertha Surtees), *Kindred and Clan in the Middle Ages and After: A Study in the Sociology of the Teutonic Races*, Cambridge, 1913 (*Cambridge Archaeological and Ethnological Series*).

ROEDER (Fritz), *Die Familie bei den Angelsachsen*, Part I, Halle, 1899 (*Studien zur englischen Philologie*, IV).

VALAT (G.), *Poursuite privée et composition pécuniaire dans l'ancienne Bourgogne*, Dijon, 1907.

VAN KEMPEN (Georges), *De la composition pour homicide d'après la Loi Salique. Son maintien dans les Coutumes de Saint-Omer jusqu'à la fin du XVIe siècle*, Saint-Omer, 1902.

WILKE (Carl), *Das Friedegebot: ein Beitrag zur Geschichte des deutschen Strafrechts*, Heidelberg, 1911 (*Deutschrechtliche Beiträge*, VI, 4).

YVER (J.), *L'Interdiction de la guerre privée dans le très ancien droit normand* (*Extrait des travaux de la semaine d'histoire du droit normand*), Caen, 1928.

(2) 经济上的连带关系

BRUNNER (H.), 'Der Totenteil in germanischen Rechten', in BRUNNER, *Abhandlungen zur Rechtsgeschichte*, II, Weimar, 1937 (previously *Zeitschrift der Savigny Stiftung*, G.A., XIX).

CAILLEMER (Robert), 'Les Idées coutumières et la renaissance du droit romain dans le Sud-Est de la France: I, "Laudatio" des héritiers', in *Essays in Legal History*, edited by P. VINOGRADOFF, Oxford, 1913.

—— 'Le Retrait lignager dans le droit provençal', in *Studi giuridici in onore di Carlo Fadda*, IV, Naples, 1906.

FALLETTI (Louis), *Le Retrait lignager en droit coutumier français*, 1923.

FORMENTINI (Ubaldo), 'Sulle origini e sulla costituzione d'un grande gentilizio feodale', *Atti della Società ligure di storia patria*, LIII, 1926.

GÉNESTAL (Robert), 'Le Retrait lignager en droit normand', *Travaux de la semaine d'histoire du droit normand* ... 1923, Caen, 1925.

LAPLANCHE (Jean de), *La Réserve coutumière dans l'ancien droit français*, 1925.

PLUCKNETT (Theodore F.T.), 'Bookland and Folkland', *Economic History Review*, VI, 1935 – 1936 (with bibliography).

PORÉE (Charles), 'Les Statuts de la communauté des seigneurs pariers de La Garde-Guérin (1238 – 1313)', in *Bibliothèque de l'École des Chartes*, 1907, and *Études historiques sur le Gévaudan*, 1919.

SCHULTZE (A.), 'Augustin und der Seelteil des germanischen Erbrechts', *Abhandlungen der sächsischen Akademie der Wissenschaften*, Phil.-hist. Kl., 28.

TAMASSIO (G.), 'Il diritto di prelazione e l'espropriazione forzata negli statuti dei comuni italiani', *Archivio giuridico*, 1885.

VI. 确切意义上的诸封建制度

(1) 一般意义上的封建主义：法兰克起源

BLOCH (Marc), 'Feudalism (European)', in *Encyclopaedia of the Social Sciences*, VI, 1931.

BOURGEOIS (Emile), *Le Capitulaire de Kiersy-sur-Oise : étude sur l'état et le régime politique de la société carolingienne à la fin du IXe siècle d'après la législation de Charles le Chauve*, 1885.

CALMETTE (J.), *La Société féodale*, 1923 (*Collection A. Colin*).

DOPSCH (A.), 'Benefizialwesen und Feudalität', *Mitteilungen des österreichischen Instituts für Geschichtsforschung*, 1932.

—— 'Die Leudes und das Lehnwesen', *ibid.*, 1926.

—— *Die Wirtschaftsentwicklung der Karolingerzeit*, 2nd edn., Vienna, 1921 – 1922.

DUMAS (Auguste), 'Le Serment de fidélité et la conception du pouvoir du Ier

au IXe siècle', *Revue historique de droit*, 1931; cf.LOT (F.), 'Le Serment de fidélité à l'époque franque', *Revue belge de philologie*, 1933; DUMAS (A.), 'Le Serment de fidélité à l'époque franque', *ibid.*, 1935.

GANSHOF (F. L.), 'Note sur les origines de l'union du bénéfice avec la vassalité', *Études d'histoire dédiées à la mémoire de Henri Pirenne*, Brussels, 1937.

GUILHIERMOZ (A.), *Essai sur les origines de la noblesse en France au moyen âge*, 1902.

HALPHEN (L.), 'À propos du capitulaire de Quierzy', *Revue historique*, CVI, 1911.

KIENAST (W.), *Die deutschen Fürsten im Dienste der Westmächte bis zum Tode Philipps des Schönen von Frankreich*, 2 vols., Utrecht, 1924 – 1931.

KRAWINKEL (H.), *Zur Entstehung des Lehnwesens*, Weimar, 1936.

LESNE (E.), *Histoire de la propriété ecclésiastique en France*, 4 vols., Lille, 1910 – 1936.

MAYER (Ernst), 'Die Entstehung der Vasallität und des Lehnwesens', *Festgabe für R. Sohm*, Munich, 1914.

MENZEL (Viktor), *Die Entstehung des Lehnwesens*, Berlin, 1890.

MITTEIS (H.), *Lehnrecht und Staatsgewalt*, Weimar, 1933.

—— 'Politische Prozesse des früheren Mittelalters in Deutschland und Frankreich', *Sitzungsberichte der Heidelberger Akademie der Wissenschaften*, 1926.

ROTH (P.), *Feudalität und Unterthanenverband*, Weimar, 1863.

SOCIÉTÉ JEAN BODIN, *Les Liens de vassalité et les immunités*, Brussels, 1936 (and *Revue de l'Institut de Sociologie*, 1936).

VINOGRADOFF (P.), 'Foundations of Society' and 'Feudalism', in *Cambridge Medieval History*, 1911 – 1936, vols. II and III.

WAITZ (G.), 'Die Anfänge des Lehnwesens', in WAITZ, *Gesammelte Ab-*

handlungen, I, Göttingen, 1896.

(2) 国家和地区间的封建主义

ADAMS (G. B.), 'Anglo-Saxon Feudalism', *American Historical Review*, VII, 1901-1902.

BESELER (Georg), *System des gemeinen deutschen Privatrechts*, vol. II, Berlin, 1885.

BROOKE (Z.N.), 'Pope Gregory VII's Demand of Fealty from William the Conqueror', *English Historical Review*, XXVI, 1911.

BRUTAILS (J.-A.), 'Les Fiefs du roi et les alleux en Guienne', *Annales du Midi*, 1917.

CAPASSO (B.), 'Sul catalogo dei feudi e dei feudatari delle provincie napoletane sotto la dominazione normanna', *Atti della reale Accademia di archeologia*, IV, 1868-1869.

CECI (C.), 'Normanni di Inghilterra e Normanni d'Italia', *Archivio scientifico del Reale Istituto superiore di Scienze Economiche … di Bari*, VII, 1932-1933.

CHEW (H. M.), *The English Ecclesiastical Tenants-in-Chief and Knight Service, especially in the Thirteenth and Fourteenth Century*, Oxford, 1932.

DEL GIUDICE (P.) and CALISSE (C.), 'Feudo' in *Il digesto italiano*, XI, 2, 1892-1898.

DILLAY (Madeleine), 'Le "Service" annuel en deniers des fiefs de la région angevine', *Mélanges Paul Fournier*, 1929.

DOUGLAS (D.C.), *Feudal Documents from the Abbey of Bury St Edmunds*, London, 1932 (*Records of the Social and Economic History of England*, VIII); important introduction.

ERDMANN (Karl), 'Das Papsttum und Portugal im ersten Jahrhunderte der portugiesischen Geschichte', *Abhandlungen der Preussischen Akademie*, Phil.-hist.Kl., 1938.

ESPINAY (G.d'), 'La Féodalité et le droit civil français', Saumur, 1862 (*Rec. de l'Académie de Législation de Toulouse*, Livraison supplémentaire).

HOMEYER (C.G.), 'System des Lehnrechts der sächsischen Rechtsbücher', in *Sachsenspiegel*, ed. HOMEYER, vol. II, 2, Berlin, 1844.

JOLLIFFE (J. E. A.), 'Northumbrian Institutions', *English Historical Review*, XLI, 1926.

JORDAN (Karl), 'Das Eindringen des Lehnwesens in das Rechtsleben der römischen Kurie', *Archiv für Urkundenforschung*, 1931.

KEHR (P.), 'Die Belehnungen der süditalienishcen Normannenfürsten durch die Päpste', *Abhandlungen der preussischen Akademie, Phil.-hist. Kl.*, 1934.

—— 'Das Papsttum und der katalanische Prinzipat bis zur Vereinigung mit Aragon', *ibid.*, 1926.

—— 'Das Papsttum und die Königreiche Navarra und Aragon bis zur Mitte des XII. Jahrhunderts', *ibid.*, 1928.

—— 'Wie und wann wurde das Reich Aragon ein Lehen der römischen Kirche', *Sitzungsberichte der preussischen Akademie, Phil.-hist. Kl.*, 1928.

KÖLMEL (W.), *Rom und der Kirchenstaat im 10. und 11. Jahrhundert bis in die Anfänge der Re orm*, Berlin, 1935 (*Abhandlungen zur mittleren und neueren Geschichte*, 78).

LAGOUELLE (Henri), *Essai sur la conception féodale de la propriété foncière dans le très ancien droit normand*, 1902.

LA MONTE (J.L.), *Feudal Monarchy in the Latin Kingdom of Jerusalem*, Cambridge (Mass.), 1932 (*Monographs of the Medieval Academy*, 4).

LIPPERT (Waldemar), *Die deutschen Lehnsbücher*, Leipzig, 1903.

MACKECHNIE (W.S.), *Magna Carta : A Commentary*, 2nd edn., Glasgow, 1914.

MENENDEZ PIDAL, *La España del Cid*, 2 vols., Madrid, 1929; English trans. (abridged), *The Cid and His Spain*, 1934.

MONTI (G.M.), 'Ancora sulla feudalità e i grandi domani feudali del regno di Sicilia', *Rivista di storia del diritto italiano*, IV, 1921.

MUNOZ-ROMERO (T.), 'Del estado de las personas en los reinos de Asturias y León', *Revista de Archivos*, 1883.

PAZ (Ramon), 'Un nuevo feudo castellano', *Anuario de historia de derecho español*, 1928.

RABASSE (Maurice), *Du régime des fiefs en Normandie au moyen âge*, 1905.

RICHARDOT (Hubert), 'Le Fief roturier à Toulouse aux XIIe et XIIIe siècles', *Revue historique de droit français*, 1935.

ROUND (J.H.), *Feudal England*, London, 1907.

—— 'Military Tenure before the Conquest', *English Historical Review*, XII, 1897.

SANCHEZ-ALBORNOZ (C.), 'Las behetrias' and 'Muchas páginas más sobre las behetrias', *ibid.*, 1924 and 1927.

—— 'Un feudo castellano del XIII', *ibid.*, 1926.

SECRÉTAN (E.), 'De la féodalité en Espagne', *Revue historique de droit*, 1863.

SCHNEIDER (F.), *Die Entstehung von Burg und Landgemeinde in Italien*, Berlin, 1924 (*Abhandlungen zur mittleren und neueren Geschichte*, 68).

STENTON (F.M.), 'The Changing Feudalism of the Middle Ages', *History*, XIX, 1934–1935.

—— *The First Century of English Feudalism (1066–1166)*, Oxford, 1932.

STRAYER (J.R.), 'Knight-Service in Normandy', in *Anniversary Essays by Students of Charles H. Haskins*, 1929.

TOMASSETTI (G.), 'Feudalismo romano', *Rivista internazionale di scienze sociale*, V, 1894.

WUNDERLICH (Erich), *Aribert von Antemiano, Erzbischof von Mailand*,

Halle, 1914.

YVER (Jean), *Les Contrats dans le très ancien droit normand*, 1926.

(3) "亲兵制"、附庸制和臣服礼

BLOCH (Marc), 'Les Formes de la rupture de l'hommage dans l'ancien droit féodal', *Nouvelle revue historique de droit*, 1912.

BRUNNER (H.), 'Zur Geschichte des fränkischen Gefolgswesens', in *Forschungen zur Geschichte des d. und fr. Rechtes*, Stuttgart, 1894 (previously *Zeitschrift der Savigny Stiftung*, G.A., IX).

CALMETTE (Joseph), 'Le "Comitatus" germanique et la vassalité', *Nouvelle revue historique de droit*, 1904.

CHÉNON (E.), 'Le Rôle juridique de l'osculum dans l'ancien droit français', *Mémoires de la Société nationale des Antiquaires*, 8th series, VI, 1919 – 1923.

DOUBLIER (Othmar), 'Formalakte beim Eintritt in die altnorwegische Gefolgschaft', in *Mitteilungen des Instituts für österreichische Geschichtsforschung*, Ergänzungsband VI, 1901.

EHRENBERG (V.), *Commendation und Huldigung nach fränkischem Recht*, 1877.

EHRISMANN (G.), 'Die Wörter für "Herr" im Althochdeutschen', *Zeitschrift für deutsche Wortforschung*, VII, 1905 – 1906.

GROSSE (Robert), *Römische Militärgeschichte von Gallienus bis zum Beginn der byzantinischen Themenverfassung*, Berlin, 1920.

HIS (Rudolf), 'Todschlagsühne und Mannschaft', in *Festgabe für K. Güterbock*, Berlin, 1910.

JUD (J.), 'Zur Geschichte und Herkunft von frz. "dru"', *Archivum romanicum*, 1926.

LARSON (L.M.), *The King's Household in England before the Conquest*, Madison, 1904.

LÉCRIVAIN (C.), 'Les Soldats privés au Bas-Empire', *Mélanges d'archéologie et d'histoire*, 1890.

LEICHT (P.S.), 'Gasindi e vassalli', *Rendiconti della reale Accademia nazionale dei Lincei, Scienze morali*, 6th series, III, 1927.

LITTLE (A. G.), 'Gesiths and thegns', *English Historical Review*, IV, 1887.

MEYER-LÜBKE (W.), 'Senyor, "Herr"', *Wörter und Sachen*, VIII, 1923.

MIROT (Léon), 'Les Ordonnances de Charles VII relatives à la prestation des hommages', *Mémoires de la Société pour l'Histoire du droit et des institutions des anciens pays bourguignons*, fasc. 2, 1935.

MÜLLER (Martin), *Minne und Dienst in der altfranzösischen Lyrik*, Marburg, 1907.

MYRICK (Arthur B.), 'Feudal Terminology in Medieval Religious Poetry', *Romanic Review*, XI, 1920.

PETOT (Pierre), 'La Capacité testimonial du vassal', *Revue historique de droit*, 1931.

PLATON (G.), 'L'Hommage féodal comme moyen de contracter des obligations privées', *Revue générale de droit*, XXVI, 1902.

RAMOS Y LOSCERTALES, 'La "devotio iberica"', *Anuario de Historia del derecho español*, 1924.

RICHTER (Elise), 'Senior, Sire', *Wörter und Sachen*, XII, 1929.

SCHUBERT (Carl), *Der Pflegesohn im französischen Heldenepos*, Marburg, 1906.

SEECK (Otto), 'Buccellarii', in PAULY-WISSOWA, *Realencyclopädie der klassischen Altertumswissenschaft*, III, 1899.

—— 'Das deutsche Gefolgswesen auf römischem Boden', *Zeitschrift der Savigny Stiftung*, G.A., 1896.

WAITZ (G.), 'Über die Anfänge der Vasallität', in WAITZ, *Gesammelte Abhandlungen*, I, Göttingen, 1896.

WECHSSLER (Eduard), 'Frauendienst und Vasallität', *Zeitschrift für französische Sprache*, XXIV, 1902.

—— *Das Kulturproblem des Minnesangs*, I, Halle, 1907.

WINDISCH, 'Vassus und vassallus', *Berichte über die Verhandlungen der königlichen sächsischen Gesellschaft der Wissenschaften*, 1892.

(4) "恳请地"、"恩地"、采邑和自主地

BLOCH (Marc), 'Un Problème d'histoire comparée: la ministérialité en France et en Allemagne', *Revue historique de droit*, 1928.

BONDROIT, 'Les "Precariae verbo regis" devant le concile de Leptinnes', *Revue d'histoire ecclésiastique*, 1900.

BRUNNER (H.), 'Die Landschenkungen der Merowinger und Agilolfinger', *Forschungen zur Geschichte des d. und fr. Rechtes*, Stuttgart, 1877 (previously *Sitzungsberichte der preussischen Akademie*, *Phil.-hist. Kl.*, 1885).

CHÉNON (E.), *Étude sur l'histoire des alleux*, 1888.

CLOTET (L.), 'Le Bénéfice sous les deux premières races', *Comptes rendus du Congrès scientifique international des catholiques*, 1891.

GIERKE (O.), 'Allod', in *Beiträge zum Wörterbuch der deutschen Rechtssprache*, Weimar, 1908.

GLADISS (D. von), 'Die Schenkungen der deutschen Könige zu privatem Eigen', *Archiv für Geschichte des Mittelalters*, 1937.

JOLLIFFE (J.E.A.), 'Alod and fee', *Cambridge Historical Journal*, 1937.

KERN (H.), 'Feodum, fief', *Mémoires de la Société Linguistique de Paris*, II, 1872.

KRAWINKEL (H.), *Feudum*, Weimar, 1938 (*Forschungen zum deutschen Recht*, III, 2).

—— *Untersuchungen zum fränkischen Benefizialrecht*, Weimar, 1936 (*Forschungen zum deutschen Recht*, II, 2).

LESNE (E.), 'Les Bénéficiers de Saint-Germain des Près au temps de l'abbé Irminon', *Revue Mabillon*, 1922.

—— 'Les Diverses Acceptions du mot "beneficium" du VIIIe au IXe siècle',

Revue historique de droit, 1921.

LOT (Ferdinand), 'Origine et nature du bénéfice', *Anuario de historia del derecho español*, 1933.

PÖSCHL (A.), 'Die Entstehung des geistlichen Beneficiums', *Archiv für katholisches Kirchenrecht*, 1926.

ROTH (P.), *Geschichte des Benefizialwesens von den ältesten Zeiten bis ins zehnte Jahrhundert*, Erlangen, 1850.

SCHÄFER (D.), 'Honor ... im mittelalterlichen Latein', *Sitzungsberichte der preussischen Akademie*, *Phil.-hist. Kl.*, 1921.

STUTZ (U.), 'Lehen und Pfründe', *Zeitschrift der Savigny Stiftung*, G. A., 1899.

WIART (René), *Le Régime des terres du fisc sous le Bas-Empire*, *Essai sur la precaria*, 1894.

(5) 采邑法

ACHER (Jean), 'Les Archaïsmes apparents dans la Chanson de "Raoul de Cambrai"', *Revue des langues romanes*, 1907.

ARBOIS DE JUBAINVILLE, D', 'Recherches sur la minorité et ses effets dans le droit féodal français', *Bibliothèque de l'École des Chartes*, 1851 and 1852.

BELLETTE (E.), *La Succession aux fiefs dans les coutumes flamandes*, 1927.

BLUM (Edgar), 'La Commise féodale', *Tijdschrift voor Rechtsgeschiedenis*, IV, 1922-1923.

ERMOLAEF, *Die Sonderstellung der Frau im französischen Lehnrecht*, Ostermundingen, 1930.

GÉNESTAL (R.), 'La Formation du droit d'aînesse dans la coutume de Normandie', *Normannia*, 1928.

—— *Le Parage normand*, Caen, 1911 (*Bibliothèque d'histoire du droit normand*, 2nd series, I, 2).

—— *Études de droit privé normand. I. La tutelle*, 1930 (*Bibliothèque d'histoire du droit normand*, 2nd series, III).

KLATT (Kurt), *Das Heergewäte*, Heidelberg, 1908 (*Deutschrechtliche Beiträge*, II, fasc.2).

MEYNIAL (E.), 'Les Particularités des successions féodales dans les Assises de Jérusalem', *Nouvelle Revue historique de droit*, 1892.

MITTEIS (Heinrich), 'Zur Geschichte der Lehnsvormundschaft', *Alfred Schulze Festschrift*, Weimar, 1934.

SCHULZE (H. J. F.), *Das Recht der Erstgeburt in den deutschen Fürstenhäusern und seine Bedeutung für die deutsche Staatsentwicklung*, Leipzig, 1851.

STUTZ (U.), '"Römerwergeld" und "Herrenfall"', *Abhandlungen der preussischen Akademie*, *Phil.-hist. Kl.*, 1934.

(6) 多重领主和绝对臣服

BAIST (G.), 'Lige, liege', *Zeitschrift für romanische Philologie*, XXVIII, 1904, p.112.

BEAUDOIN (A.) 'Homme lige', *Nouvelle Revue historique de droit*, VII, 1883.

BLOOMFIELD, 'Salic "Litus"', *Studies in Honor of H. Collitz*, Baltimore, 1930.

BRÜCH (Joseph), 'Zu Meyer-Lübke's Etymologischem Wörterbuch', *Zeitschrift für romanische Philologie*, XXXVIII, 1917, pp.701-702.

GANSHOF (F.L.), 'Depuis quand a-t-on pu en France être vassal de plusieurs seigneurs?', *Mélanges Paul Fournier*, 1929 (review by W. KIENAST, *Historische Zeitschrift*, CXLI, 1929-1930).

PIRENNE (Henri), 'Qu-est-ce qu'un homme lige?', *Académie royale de Belgique*, *Bulletin de la classe des lettres*, 1909.

PÖHLMANN (Carl), *Das ligische Lehensverhältnis*, Heidelberg, 1931.

ZEGLIN (Dorothea), *Der 'homo ligius' und die französische Ministerialität*,

Leipzig, 1917 (Leipziger Historische Abhandlungen, XXXIX).

VII. 封建战争

(1) 战争艺术

BALTZER (Martin), *Zur Geschichte des deutschen Kriegswesens in der Zeit von den letzten Karolingern bis auf Kaiser Friedrich II*, Leipzig, 1877.

BOUTARIC (Edgar), *Institutions militaires de la France*, 1863.

DELBRÜCK (Hans), *Geschichte der Kriegskunst im Rahmen der politischen Geschichte*, III, Berlin, 1907.

DELPECH (H.), *La Tactique au XIIIe siècle*, 2 vols., 1886.

FRAUENHOLZ (Eugen von), *Entwicklungsgeschichte des deutschen Heerwesens*, I, *Das Heerwesen der germanischen Frühzeit, des Frankenreiches und des ritterlichen Zeitalters*, Munich, 1935.

KÖHLER (G.), *Entwicklung des Kriegswesens und der Kriegsführung in der Ritterzeit*, 3 vols., Breslau, 1886-1893.

OMAN (Charles), *A History of the Art of War: The Middle Ages from the Fourth to the Fourteenth Century*, 2nd edn., 1924.

(2) 骑兵战术和装备

BACH (Volkmar), *Die Verteidigungswaffen in den altfranzösischen Artus- und Abenteuerroman*, Marburg, 1887 (*Ausgabe und Abhandlungen aus dem Gebiete der roman. Philologie*, 70).

BRUNNER (Heinrich), 'Der Reiterdienst und die Anfänge des Lehnwesens', *Forschungen zum d. und fr. Recht*, Stuttgart, 1874 (previously *Zeitschrift der Savigny Stiftung*, G.A., VIII).

DEMAY (G.), *Le Costume au moyen âge d'après les sceaux*, 1880.

GESSLER (E.A.), *Die Trutzwaffen der Karolingerzeit vom VIII. bis zum XI. Jahrhundert*, Basel, 1908.

GIESSE (W.), 'Waffen nach den provenzialischen Epen und Chroniken des XII. und XIII. Jahrhunderts', *Zeitschrift für romanische Philologie*, LII, 1932.

LEFEBVRE DES NOËTTES, *L'Attelage et le cheval de selle à travers les âges*, 2 vols., 1931 (cf. Marc Bloch, 'Les Inventions médiévales', *Annales d'histoire économique*, 1935).

MANGOLDT-GAUDLITZ (Hans von), *Die Reiterei in den germanischen und fränkischen Heeren bis zum Ausgang der deutschen Karolinger*, Berlin, 1922 (*Arbeiten zur deutschen Rechts-und Verfassungsgeschichte*, IV).

ROLOFF (Gustav), 'Die Umwandlung des fränkischen Heeres von Chlodwig bis Karl den Grossen', *Neue Jahrbücher für das klassische Altertum*, IX, 1902.

SANCHEZ-ALBORNOZ (C.), 'Los Arabes y los origines del feudalismo', *Anuario de historia del derecho español*, 1929; 'Les Arabes et les origines de la féodalité', *Revue historique de droit*, 1933. 468

——'La caballeria visigoda' in *Wirtschaft und Kultur: Festschrift zum 70. Geburtstag von A. Dopsch*, Vienna, 1938.

SCHIRLING (V.), *Die Verteidigungswaffen im altfranzösischen Epos*, Marburg, 1887 (*Ausgabe und Abhandlungen aus dem Gebiete der roman. Philologie*, 69).

SCHWIETERING (Julius), 'Zur Geschichte vom Speer und Schwert im 12. Jahrhundert', *Mitteilungen aus dem Museum für Hamburgische Geschichte*, 3 (Suppl. 8, Part 2, of *Jahrbuch der Hamburgischen wissenschaftlichen Anstalten*, XXIX, 1911).

STERNBERG (A.), *Die Angriffswaffen im altfranzösischen Epos*, Marburg, 1886 (*Ausgabe und Abhandlungen aus dem Gebiete der roman. Philologie*, 48).

(3) 军事义务

FEHR (Hans), 'Landfolge und Gerichtsfolge im fränkischen Recht', *Festgabe für R. Sohm*, Munich, 1914.

NOYES (A. G.), *The Military Obligation in Mediaeval England*, Columbus (Ohio), 1931.

ROSENHAGEN (Gustav), *Zur Geschichte der Reichsheerfahrt von Heinrich VI. bis Rudolf von Habsburg*, Meissen, 1885.

SCHMITTHENNER (Paul), 'Lehnkriegswesen und Söldnertum im abendländischen Imperium des Mittelalters', *Historische Zeitschrift*, 1934.

WEILAND (L.), 'Die Reichsheerfahrt von Heinrich V. bis Heinrich VI., nach ihrer staatsrechtlichen Seite', *Forschungen zur deutschen Geschichte*, VII, 1867.

(4) 城堡

ARMITAGE (E. S.), *Early Norman Castles of the British Isles*, 1913 (cf. Round, *English Historical Review*, 1912, p. 544).

COULIN (Alexander), *Befestigungshoheit und Befestigungsrecht*, Leipzig, 1911.

DESMAREZ (G.), 'Fortifications de la frontière du Hainaut et du Brabant au XIIe siècle', *Annales de la Société royale d'archéologie de Bruxelles*, 1914.

ENLART (C.), *Manuel d'archéologie française*, Deuxième partie. II. *Architecture militaire et navale*, 1932.

PAINTER (Sidney), 'English Castles in the Middle Ages', *Speculum*, 1935.

ROUND (J. H.), 'Castle-guard', *Archaeological Journal*, LIX, 1902.

SCHRADER (Erich), *Das Befestigungsrecht in Deutschland*, Göttingen, 1909.

SCHUCHARDT (C.), *Die Burg im Wandel der Geschichte*, Potsdam, 1931.

THOMPSON (A. Hamilton), *Military Architecture in England During the*

Middle Ages, Oxford, 1912.

VIII. 下层社会的依附关系

〔参见本书目 VI, (2), 第 464 页: Sanchez-Albornoz, 'Las behetrias...'〕

BELOW (G. von), *Geschichte der deutschen Landwirtschaft des Mittelalters*, Jena, 1937.

BLOCH (Marc), *Les Caractères originaux de l'histoire rurale française*, 1931.

——'Les "Colliberti", étude sur la formation de la classe servile', *Revue historique*, CLVII, 1928.

——'De la cour royale à la cour de Rome: le procès des serfs de Rosny-sous-Bois', *Studi di storia e diritto in onore di E. Besta*, Milan, 1938.

——'Liberté et servitude personnelles au moyen âge', *Anuario de historia del derecho español*, 1933.

——'Les Transformations du servage', *Mélanges d'histoire du moyen âge offerts à M. F. Lot*, 1925.

BOEREN (P.-C.), *Étude sur lestributaires d'église dans le comté de Flandre du IXe au XIVe siècle*, Amsterdam, 1936 (*Uitgaven van het Instituut voor middeleuwsche Geschiedenis der ... Universitet te Nijmegen*, 3).

CATO (G.), *Beiträge zur älteren deutschen Wirtschafts- und Verfassungsgeschichte*, Leipzig, 1905.

——*Neue Beiträge zur deutschen Wirtschafts- und Verfassungsgeschichte*, Leipzig, 1911.

COULTON (G. G.), *The Medieval Village*, Cambridge, 1925.

HINOJOSA (E. de), *El regimen señorial y la cuestion agraria en Cataluña*, Madrid, 1905.

KELLER (Robert von), *Freiheitsgarantien für Person und Eigentum im Mit-*

telalter, Heidelberg, 1933 (*Deutschrechtliche Beiträge*, XIV, 1).

KIELMEYER (O. A.), *Die Dorfbefreiung auf deutschem Sprachgebiet*, Bonn, 1931.

LUZZATO (G.), *I servi nelle grande proprietà ecclesiastiche italiane nei secoli IX e X*, Pisa, 1910.

MINNIGERODE (H. von), 'Wachzinsrecht', *Vierteljahrschrift für Sozial- und Wirtschaftsgeschichte*, 1916.

PERRIN (C. -Edmond), *Essa sur la fortune immobilière de l'abbaye alsacienne de Marmoutier*, Strasbourg, 1935.

—— *Recherches sur la seigineurie rurale en Lorraine d'après les plus anciens censiers*, Strasbourg, 1935.

PETIT (A.), *Coliberti ou culverts: essai d'interprétation des textes qui les concernent, IXe-XIIe siècles*), Limoges, 1926.

—— *Coliberti ou culverts: réponse à diverses objections*, Limoges, 1930.

PETOT (P.), 'L'Hommage servile', *Revue historique de droit*, 1927 (cf. the same writer's contribution to Société Jean Bodin, *Le Servage*, see below).

—— 'La Commendise personnelle', *Mélanges Paul Fournier*, 1929 (cf. Marc Bloch, *Annales d'histoire économique*, 1931, pp. 234 ff.).

PIRENNE (Henri), 'Liberté et propriété en Flandre du VIIe au IXe siècle', *Bulletin Académie royale de Belgique*, Cl. Lettres, 1911.

PUIGARNAU (Jaime M. Mans), *Las clases serviles bajo la monarquia visigoda y en los estados cristianos de la reconquista española*, Barcelona, 1928.

SÉE (Henri), *Les Classes rurales et le régime domanial en France au moyen-âge*, 1901.

SEELIGER (G.), 'Die soziale und politische Bedeutung der Grundherrschaft im früheren Mittelalter', *Abhandlungen der sächsischen Gesellschaft der Wissenschaften*, XX, 1903.

SOCIÉTÉ JEAN BODIN, *Le Servage*, Brussels, 1937 (and *Revue de l'Institut de Sociologie*, 1937).

—— *La Tenure*, Brussels, 1938.

THIBAULT (Fabien), 'La Condition des personnes en France du IXe siècle au mouvement communal',*Revue historique de droit*, 1933.

VACCARI (P.), 'L'affrancazione dei servi della gleba nell'Emilia e nella Toscana', Bologna, 1925 (*Reale Accademia dei Lincei. Commissione per gli atti delle assemblee costituzionali*).

VANDERKINDERE, 'Liberté et propriété en Flandre du IXe au XIIe siècle', *Bulletin Académie royale de Belgique*, Cl. Lettres, 1906.

VERRIEST (L.), 'Le Servage dans le comté de Hainaut', *Académie royale de Belgique*, Cl. Lettres, Mémoires in-8°, 2nd series, VI, 1910.

VINOGRADOFF (P.), *Villeinage in England*, Oxford, 1892.

WELLER (K.), 'Die freien Bauern in Schwaben', *Zeitschrift der Savigny Stiftung*, G.A., 1934.

—— 'Die Frage der Freibauern', *ibid*.

IX. 没有封建主义的国家

(1) 撒丁岛

BESTA (E.), *La Sardegna medioevale*, 2 vols., Palermo, 1909.

RASPI (R. C.), *Le classi sociali nella Sardegna medioevale*, Cagliari, 1938.

SOLMI (A.), *Studi storici sulle istituzione della Sardegna nel medio evo*, Cagliari, 1917.

(2) 弗里西亚和迪特马申

GOSSE (J. H.), 'De Friesche Hoofdeling', *Mededeelingen der Kl. Akademie van Wetenschappen*, Afd. Letterk., 1933.

KÖHLER (Johannes), *Die Struktur der Dithmarscher Geschlechter*, Heide,

1915.

MARTEN (G.) and MÄCKELMANN (K.), *Dithmarschen*, Heide, 1927.

SIEBS (B. E.), *Grundlagen und Aufbau der altfriesischen Verfassung*, Breslau, 1933(*Untersuchungen zur deutschen Staats- und Rechtsgeschichte*, 144).

X. 社会等级总体与贵族

(1) 起源和历史

BLOCH (Marc), 'Sur le passé de la noblesse française: quelques jalons de recherche', *Annales d'histoire économique et sociale*, 1936.

DENHOLM-YOUNG (N.), 'En remontant le passé de l'aristocratie anglaise: le moyen-âge', *ibid.*, 1937.

DESBROUSSES (X.), *Condition personnelle de la noblesse au moyen-âge*, Bordeaux, 1901.

DU CANGE, 'Des chevaliers bannerets. Des gentilshommes de nom et d'armes' (*Dissertations sur l'histoire de saint Louis*, IX and X), in *Glossarium*, ed. Henschel, vol. VII.

DUNGERN (O. VON), 'Comes, liber, nobilis in Urkunden des 11. bis 13. Jahrhundert' *Archiv für Urkundenforschung*, 1932.

—— *Der Herrenstand im Mittelalter*, I. Papiermühle, 1908.

—— *Die Entstehung der Landeshoheit in Österreich*, Vienna, 1930.

ERNST (Viktor), *Die Entstehung des niederen Adels*, Stuttgart, 1916.

—— *Mittelfreie, ein Beitrag zur schwäbischen Standesgeschichte*, 1920.

FEHR (Hans), 'Das Waffenrecht der Bauern im Mittelalter', *Zeitschrift der Savigny Stiftung*, *G.A.*, 1914 and 1917.

FICKER (Julius), *Vom Heerschilde*, Innsbruck, 1862.

FORST-BATTAGLIA (O.), *Vom Herrenstande*, Leipzig, 1916.

FRENSDORFF (F.), 'Die Lehnsfähigkeit der Bürger', *Nachrichten der königlichen Gesellschaft der Wissenschaften zu Göttingen*, Phil.-hist. K., 1894.

GARCÍA RIVES (A.), 'Clases sociales en León y Castilla (Siglos X – XIII)', *Revista de Archivos*, XLI and XLII, 1921 and 1922.

GUILHIERMOZ (P.), *Essai sur les origines de la noblesse en France au moyen-âge*, 1902.

HECK (Philipp), *Beiträge zur Geschichte der Stände im Mittelalter*, 2 vols., Halle, 1900 – 1905.

—— *Die Standesgliederung der Sachsen im frühen Mittelalter*, Tubingen, 1927.

—— *Übersetzungsprobleme im früheren Mittelalter*, Tübingen, 1931.

LANGLOIS (Charles V.), 'Les Origines de la noblesse en France', *Revue de Paris*, 1904, V. (in relation to GUILHIERMOZ, *Essai...*, q.v. supra).

LA ROQUE (DE), *Traité de la noblesse*, 1761.

LINTZEL (M.), 'Die ständischen Ehehindernisse in Sachsen', *Zeitschrift der Savigny-Stiftung*, G.A., 1932.

MARSAY (DE), *De l'âge des privilèges au temps des vanités*, 1934, and *Supplement*, 1933.

MINNIGERODE (H. VON), *Ebenburt und Echtheit. Untersuchungen zur Lehre von der adeligne Heiratsebenburt vor dem 13. Jahrhundert*, Heidelberg, 1932 (*Deutschrechtliche Beiträge*, VIII, 1).

NECKEL (Gustav), 'Adel und Gefolgschaft', *Beiträge zur Geschichte der deutschen Sprache*, XLVI, 1916.

NEUFBOURG (DE), 'Les Origines de la noblesse', in DE MARSAY, *Supplement* (q.v. supra).

OTTO (Eberhard F.), *Adel und Freiheit im deutschen Staat des frühen Mittelalters*, Berlin, 1937.

PLOTHO (V.), 'Die Stände des deutschen Reiches im 12. Jahrhundert und ihre Fortentwicklung', *Vierteljahrschrift für Wappen- Siegel- und Familien-*

kunde, XLV, 1917.

REID (R. R.), 'Barony and Thanage', *English Historical Review*, XXXV, 1920.

ROUND (J. H.), '"Barons" and "Knights" in the Great Charter', in *Magna Carta: Commemoration Essays*, 1917.

—— 'Barons and Peers', *English Historical Review*, 1918.

SANTIFALLER (Leo), 'Über die Nobiles', in SANTIFALLER, *Das Brixner Domkapitel in seiner persönlichen Zusammensetzung*, I, pp. 59 – 64, Innsbruck, 1924 (*Schleiern-Schriften*, 7).

SCHNETTLER (Otto), *Westfalens Adel und seine Führerrolle in der Geschichte*, Dortmund, 1926.

SCHNETTLER (Otto), *Westfalens alter Adel*, Dortmund, 1928.

SCHULTE (Aloys), *Der Adel und die deutsche Kirche im Mittelalter*, 2nd edn., Stuttgart.

VOGT (Friedrich), *Der Bedeutungswandel des Wortes edel*, Marburg, 1909 (*Marburger Akademische Reden*, 20).

WERMINGHOFF (Albert), 'Ständische Probleme in der Geschichte der deutschen Kirche des Mittelalters', *Zeitschrift der Savigny Stiftung*, K. A., 1911.

WESTERBLAD (C. A.), *Baro et ses dérivés dans les langues romanes*, Upsala, 1910.

(2) 骑士爵位的授予:仪式

ANDRIEU (Michel), *Les Ordines Romani du haut moyen âge : I. Les manuscrits*, Louvain, 1931 (*Spicilegium sacrum lovaniense*, 11).

Benedictio ensis noviter succincti. Pontifical of Mainz: Ms. and ed. cf. ANDRIEU (*Les Ordines...*, *supra*), p. 178, and index, *s.v.* 'ensis'; facsimile, MONACI, *Archivio paleografico*, II, n. 73.

Blessing of the sword: Besançon Pontifical, cf. ANDRIEU p.445. Ed. MARTÈNE, *De antiquis ecclesiae ritibus*, II, 1788, p.239; FRANZ, II, p.294.

FRANZ (A.), *Die kirchlichen Benediktionen des Mittelalters*, 2 vols. Freiburg im Breisgau, 1909.

Liturgy for the dubbing: Reims Pontifical, cf. ANDRIEU, p.112. Ed. HITTORP,*De divinis catholicae ecclesiae officiis*, 1719, col. 178; FRANZ, II, p.295.

Liturgy for the dubbing: Pontifical of Gulielmus Durandus, ed. J. CATALANI, *Pontificale romanum*, I,1738,p.424.

Liturgy for the dubbing: *Pontificale romanum*, ed. by (among others) CATALANI,I,p.419.

(3) 中世纪论述骑士制度的论文

BONIZO, *Liber de vita christiana*, ed. PERELS, 1930 (*Texte zur Geschichte des römischen und kanonischen Rechts*, I), VII, 28.

CHRÉTIEN DE TROYES ,*Perceval le Gallois*, ed. POTVIN, vol. II, vv. 2831 ff.

DER MEISSNER, 'Swer ritters name wil empfan...', in F. H. VON DER HAGEN, *Minnesinger*, III, p. 107, no. 10.

Lancelot, in H. O. SOMMER, *The Vulgate Version of the Arthurian Romances*, III, 1, pp.113 - 115.

L'Ordene de Chevalerie in BARBAZAN, *Fabliaux*, 2nd edn. by MÉON, I, 1808, pp. 59 - 79.

NAVONE (G.), *Le rime di Folgore da San Gemignano*, Bologna, 1880, pp.45 - 49 (*Scelta di curiosità letterarie*, CLXXII).

RAIMON LULL, *Libro de la orden de Caballería*, ed. by J. R. DE LUANCO, Barcelona, R. Academia de Buenos Letras, 1901. English trans., *The Book of the Ordre of Chivalry*, translated and printed by W. Caxton, ed. BYLE, 1926 (*Early English Text Society*, CLXVIII).

(4) 近代论述骑士制度和骑士精神的著作

BARTHÉLEMY (Anatole de), 'De la qualification de chevalier', *Revue nobiliaire*, 1868.

ERBEN (Wilhelm),'Schwertleite und Ritterschlag: Beiträge zu einer Rechtsgeschichte der Waffen', *Zeitschrift für historische Waffenkunde*, VIII, 1918-1920.

GAUTIER (Léon), *La Chevalerie*, 3rd edn., s.d.

MASSMANN (Ernst Heinrich), *Schwertleite und Ritterschlag, dargestellt auf Grund der mittelhochdeutschen literarischen Quellen*, Hamburg, 1932.

PIVANO (Silvio), 'Lineamenti storici e giuridici della cavalleria medioevale', *Memorie della reale Accademia delle scienze di Torino*, Series II, LV, 1905, *Scienze Morali*.

PRESTAGE (Edgar) (ed.), *Chivalry: A Series of Studies to Illustrate its Historical Significance and Civilizing Influence*, London, 1928.

ROTH VON SCHRECKENSTEIN (K. H.), *Die Ritterwürde und der Ritterstand. Historischpolitische Studien über deutsch-mittelalterliche Standesverhältnisse auf dem Lande und in der Stadt*, Freiburg im Breisgau, 1886.

SALVEMINI (Gaetano), *La dignità cavalleresca nel Comune di Firenze*, Florence, 1896.

TREIS (K.), *Die Formalitäten des Ritterschlags in der altfranzösischen Epik*, Berlin, 1887.

(5) 贵族爵位的授予

ARBAUMONT (J.), 'Des anoblissements en Bourgogne', *Revue nobiliaire*, 1866.

BARTHÉLEMY (Anatole de) 'Étude sur les lettres d'anoblissement', *Revue nobiliaire*, 1869.

KLÜBER (J. L.), 'De nobilitate codicillari', in KLUBER, *Kleine juristische Bibliothek*, VII, Erlangen, 1793.

THOMAS (Paul), 'Comment Guy de Dampierre, comte de Flandre, anoblissait les roturiers', *Commission historique du Nord*. 1933; cf. P. THOMAS, *Textes historiques sur Lille et le Nord*, II, 1936, p. 229.

(6) 贵族的生活

APPEL (Carl), *Bertran von Born*, Halle, 1931.

BORMANN (Ernst), *Die Jagd in den altfranzösischen Artus-und Abenteuerroman*, Marburg, 1887 (*Ausgabe und Abhandlungen aus dem Gebiete der roman. Philologie*, 68).

DU CANGE, 'De l'origine et de l'usage des tournois. Des armes à outrance, des joustes, de la Table Ronde, des behourds et de la quintaine' (*Dissertations sur l'histoire de Saint Louis*, VI and VII), in *Glossarium*, ed. HENSCHEL, VII.

DUPIN (Henri), *La Courtoisie au moyen âge (d'après les textes du XIIe et XIIIe siècle)*, [1931].

EHRISMANN (G.), 'Die Grundlagen des ritterlichen Tugendsystems', *Zeitschrift für deutsches Altertum*, LVI, 1919.

ERDMANN (Carl), *Die Entstehung des Kreuzzugsgedankens*, Stuttgart, 1935 (*Forschungen zur Kirchen- und Geistesgeschichte*, VI).

GEORGE (Robert H.), 'The Contribution of Flanders to the Conquest of England', *Revue belge de philologie*, 1926.

GILSON (Étienne), 'L'Amour courtois', in GILSON, *La Théologie mystique de saint Bernard*, 1934, pp. 192-215.

JANIN (R.), 'Les "Francs" au service des Byzantins', *Échos d'Orient*, XXXIX, 1930.

JEANROY (Alfred), *La Poésie lyrique des troubadours*, 2 vols., 1934.

LANGLOIS (Charles-V.), 'Un Mémoire inédit de Pierre du Bois, 1313; De torneamentis et justis', *Revue historique*, XLI, 1889.

NAUMANN (Hans), 'Ritterliche Standeskultur um 1200', in NAUMANN (H.) and MÜLLER (Gunther), *Höfische Kultur*, Halle, 1929 (*Deutsche Vierteljahrschrift für Literaturwissenschaft und Geistesgeschichte*, Buchreihe, XVII).

—— *Der staufische Ritter*, Leipzig, 1936.

NIEDNER (Felix), *Das deutsche Turnier im XII. und XIII. Jahrhundert*, Berlin, 1881.

PAINTER (Sidney), *William Marshal, Knight-Errant, Baron and Regent of*

England, Baltimore, 1933 (*Johns Hopkins Historical Publications*).

RUST (Ernst), *Die Erziehung des Ritters in der altfranzösischen Epik*, Berlin, 1888.

SCHRADER (Werner), *Studien über das Wort "höfisch" in der mittelhochdeutschen Dichtung*, Bonn, 1935.

SCHULTE (Aloys), 'Die Standesverhältnisse der Minnesänger', *Zeitschrift für deutsches Altertum*, XXXIX, 1895.

SCHULTZ (Alwin), *Das höfische Leben zur Zeit der Minnesinger*, 2nd edn., 2 vols., 1889.

SEILER (Friedrich), *Die Entwicklung der deutschen Kultur im Spiegel des deutschen Lehnworts*, II. *Von der Einführung des Christentums bis zum Beginn der neueren Zeit*, 2nd edn., Halle, 1907.

WHITNEY (Maria P.), 'Queen of Mediaeval Virtues: Largesse', in FISKE, C. F. (ed.), *Vassar Mediaeval Studies*, New Haven, 1923.

(7) 纹章

BARTHÉLEMY (A. de), 'Essai sur l'origine des armoiries féodales', *Mémoires de la Société des antiquaires de l'Ouest*, XXXV, 1870–1871.

ILGEN (T.), 'Zur Entstehung und Entwicklungsgeschichte der Wappen', *Korrespondenzblatt des Gesamtvereins der deutschen Geschichts- und Altertumsvereine*, LXIX, 1921.

ULMENSTEIN (C. U. VON) *Über Ursprung und Entstehung des Wappenwesens*, Weimar, 1935 (*Forschungen zum deutschen Recht*, I, 2).

(8) 管家与管家等级

〔1925 年前有关这一主题的德文和法文文献,参见下列 Ganshof 的著作〕

BLOCH (Marc), 'Un Problème d'histoire comparée: la ministérialité en France et en Allemagne', *Revue historique de droit*, 1928.

BLUM (E.), 'De la patrimonialité des sergenteries fieffées dans l'ancienne

Normandie', *Revue générale de droit*, 1926.

GANSHOF (F. L.), 'Étude sur les ministeriales en Flandre et en Lotharingie', *Mémoires Acad. royale Belgique*, *Cl. Lettres*, in-8°, 2nd series, XX, 1926.

GLADISS (D. VON), *Beiträge zur Geschichte der staufischen Ministerialität*, Berlin, 1934 (*Ebering's Histor. Studien*, 249).

HAENDLE (Otto), *Die Dienstmannen Heinrichs des Löwen*, Stuttgart, 1930 (*Arbeiten zur deutschen Rechts- und Verfassungsgeschichte*, 8).

KIMBALL (E. G.), *Serjeanty Tenure in Mediaeval England*, New York, 1936 (*Yale Historical Publications*, *Miscellany*, XXX).

LE FOYER (Jean), *L'Office héréditaire de Focarius regis Angliae*, 1931 (*Bibliothèque d'histoire du droit normand*, 2nd series, 4).

STENGEL (Edmund E.), 'Über den Ursprung der Ministerialität', in *Papsttum und Kaisertum: Forschungen P. Kehr dargebracht*, Munich, 1925.

XI. 封建社会中的教会:"代理人制度"

人们一直认为没有必要在下列书目中列入有关教会的通史著作或相关的教会史各问题的研究著作。但是,应该提醒读者注意,A. Hauck 的重要著作(*Kirchengeschichte Deutschland*, 5 vols., Leipzig, 1914 – 1920)及 P. Fourner 和 G. Le Bras 的优秀著作(*Histoire des collections canoniques en Occident depuis les Fausses Decrétales jusqu'au Décret de Gratien*, 2 vols., 1931-1932)对封建社会的研究者具有参考价值。

由于许多著作,特别是德文著作,并不清楚地区分"代理人制度"和一般司法制度之间密切相关的问题,下文 XII 中所列书目也应加以参考。

GÉNESTAL (R.), 'La Patrimonialité de l'archidiaconat dans la province ecclésiastique de Rouen', *Mélanges Paul Fournier*, 1929.

LAPRAT (R.), 'Avoué', in *Dictionnaire d'histoire et de géographie ecclésiastique*, V, 1931.

LESNE (E.), *Histoire de la propriété ecclésiastique en France*, 4 vols., Lille, 1910-1938.

MERK (C.J.), *Anschauungen über die Lehre und das Leben der Kirche im altfranzösischen Heldenepos*, Halle, 1914 (*Zeitschrift für romanische Philologie*, Beiheft 41).

OTTO (Eberhard F.), *Die Entwicklung der deutschen Kirchenvogtei im 10. Jahrhundert*, Berlin, 1933 (*Abhandlungen zur mittleren und neueren Geschichte*, 72).

PERGAMENI (C.), *L'Avouerie ecclésiastique belge*, Gand, 1907. Cf. BONENFANT (P.), 'Notice sur le faux diplome d'Otton Ier' in *Bulletin — Commission royale histoire*, 1936.

SENN (Félix), *L'Institution des avoueries ecclésiastiques en France*, 1903. Cf. review by W. SICKEL, *Göttingsche Gelehrte Anzeigen*, CLVI, 1904.

—— *L'Institution des vidamies en France*, 1907.

WAAS (A.), *Vogtei und Bede in der deutschen Kaiserzeit*, 2 vols., Berlin, 1919-1923.

XII. 司法制度

AULT (W.O.), *Private Jurisdiction in England*, New Haven, 1923 (*Yale Historical Publications*, Miscellany, X).

BEAUDOIN (A.), 'Étude sur les origines du régime féodal: la recommandation et la justice seigneuriale', *Annales de l'enseignement supérieur de Grenoble*, I, 1889.

BEAUTEMPS-BEAUPRÉ, *Recherches sur les juridictions de l'Anjou et du Maine*, 1890.

CAM (Helen M.), 'Suitors and Scabini', *Speculum*, 1935.

CHAMPEAUX (Ernest), 'Nouvelles théories sur les justices du moyen âge', *Revue historique de droit*, 1935, pp.101-111.

ESMEIN (A.), 'Quelques renseignements sur l'origine des juridictions privées', *Mélanges d'archéologie et d'histoire*, 1886.

FERRAND (N.), 'Origines des justices féodales', *Le Moyen Âge*, 1921.

FRÉVILLE (R DE), 'L'Organisation judiciaire en Normandie aux XIIe et XIIIe siècles', *Nouvelle revue historique de droit*, 1912.

GANSHOF (François L.), 'Notes sur la compétence des cours féodales en France', *Mélanges d'histoire offerts à Henri Pirenne*, 1926.

——'Contribution à l'étude des origines des cours féodales en France', *Revue historique de droit*, 1928.

——'La Juridiction du seigneur sur son vassal à l'époque carolingienne', *Revue de l'Université de Bruxelles*, XXVIII, 1921 - 1922.

——'Recherches sur les tribunaux de châtellenie en Flandre, avant le milieu du XIIIe siècle', 1932 (*Universiteit de Gent*, *Werken uitgg*, door de Faculteit der Wijsbegeerte en Letteren, 68).

——'Die Rechtssprechung des gräflichen Hofgerichtes in Flandern', *Zeitschrift der Savigny Stiftung*, G. A., 1938.

GARAUD (Marcel), *Essai sur les institutions judiciaires du Poitou sous le gouvernement des cómtes indépendants: 902 -1137*, Poitiers, 1910.

GARCIA DE DIEGO (Vicenze), 'Historia judicial de Aragon en los siglos VIII al XII', *Anuario de historia del derecho español*, XI, 1934.

GLITSCH (Heinrich), 'Der alemannische Zentenar und sein Gericht', *Berichte über die Verhandlungen der k. sächsischen Gesellschaft der Wissenschaften*, Phil.-histor. Kl., LXIX, 1917.

—— *Untersuchungen zur Mittelalterlichen Vogtgerichtsbarkeit*, Bonn, 1912.

HALPHEN (L.), 'Les Institutions judiciaires en France au XIe siècle: région angevine', *Revue historique*, LXXVII, 1901.

——'Prévots et voyers au XIe siècle: région angevine', *Le Moyen Âge*, 1902.

HIRSCH (Hans), *Die hohe Gerichtsbarkeit im deutschen Mittelalter*, Prag, 1922.

—— *Die Klosterimmunität seit dem Investiturstreit*, Weimar, 1913.

KROELL (Maurice), *L'Immunité franque*, 1910.

LOT (Ferdinand), 'La "Vicaria" et le "vicarius"', *Nouvelle revue historique de droit*, 1893.

MASSIET DU BIEST (J.), 'A propos des plaids généraux', *Revue du Nord*, 1923.

MORRIS (W. A.), *The Frankpledge System*, New Haven, 1910 (*Harvard Historical Studies*, XIV).

PERRIN (Charles-Edmond), 'Sur le sens du mot "centena" dans les chartes lorraines du moyen âge', *Bulletin du Cange*, V, 1929 – 1930.

SALVIOLI (Giuseppe), 'L'immunità e le giustizie delle chiese in Italia', *Atti e memorie delle R. R. Deputazioni di Storia Patria per le provincie Modenesi e Parmensi*, Series III, V and VI, 1888 – 1890.

—— *Storia della procedura civile e criminale*, Milan, 1925 (*Storia del diritto italiano pubblicata sotto la direzione di Pasquale del Giudice*, III, Part I).

STENGEL (Edmund E.), *Die Immunität in Deutschland bis zum Ende des 11. Jahrhunderts*, I, *Diplomatik der deutschen Immunitäts-Privilegien*, Innsbruck, 1910.

THIRION (Paul), 'Les Échevinages ruraux aux XIIe et XIIIe siècles dans les possessions des églises de Reims', *Études d'histoire du moyen âge dédiées à G. Monod*, 1896.

XIII. 和平运动

ERDMANN (C.), *Zur Überlieferung der Gottesfrieden-Konzilien*, in ERDMANN, *Die Entstehung* ... (see part VIII, sect. 6 above).

GÖRRIS (G. C. W.), *De denkbeelden over oorlog en de bemoeeiingen voor vrede in de elfde eeuw* (Ideas on War and Efforts for Peace in the Eleventh Century), Nijmegen, 1912 (Leiden dissertation).

HERTZBERG-FRANKEL (S.), 'Die ältesten Land- und Gottesfrieden in Deutschland', *Forschungen zur deutschen Geschichte*, XXIII, 1883.

HUBERTI (Ludwig), *Studien zur Rechtsgeschichte der Gottesfrieden und Landesfrieden*: I, *Die Friedensordnungen in Frankreich*, Ansbach, 1892.

KLUCKHOHN (A.), *Geschichte des Gottesfriedens*, Leipzig, 1857.

MANTEYER (G. DE), 'Les Origines de la maison de Savoie... La paix en Viennois (Anse, 17? juin 1025)', *Bulletin de la Société de statistique de l'Isère*, 4th series, VII, 1904.

MOLINIÉ (Georges), *L'Organisation judiciaire, militaire et financière des associations de la paix: étude sur la Paix et la Trêve de Dieu dans le Midi et le Centre de la France*, Toulouse, 1912.

PRENTOUT (H.), 'La Trêve de Dieu en Normandie', *Mémoires de l'Académie de Caen*, New series, VI, 1931.

QUIDDE (L.), *Histoire de la paix publique en Allemagne au moyen âge*, 1929.

SCHNELBÖGL (Wolfgang), *Die innere Entwicklung des bayerischen Landfriedens des 13. Jahrhunderts*, Heidelberg, 1932 (*Deutschrechtliche Beiträge*, XIII, 2).

SÉMICHON (E.), *La Paix et la Trêve de Dieu*, 2nd edn., 2 vols., 1869.

WOHLHAUPTER (Eugen), *Studien zur Rechtsgeschichte der Gottes- und Landfrieden in Spanien*, Heidelberg, 1933 (*Deutschrechtliche Beiträge*, XIV, 2).

YVER (J.), *L'Interdiction de la guerre privée dans le très ancien droit normand* (*Extrait des travaux de la semaine d'histoire du droit normand...* May, 1927), 1928.

XIV. 君主制度

BECKER (Franz), *Das Königtum des Nachfolgers im deutschen Reich des*

Mittelalters, 1913 (*Quellen und Studien zur Verfassung des deutschen Reiches*, V, 3).

BLOCH (Marc), 'L'Empire et l'idée de l'Empire sous les Hohenstaufen', *Revue des Cours et Conférences*, XXX, 2, 1928 – 1929.

—— *Les Rois thaumaturges : étude sur le caractère surnaturel attribué à la puissance royale, particulièrement en France et en Angleterre*, Strasbourg, 1924 (*Bibliothèque de la Faculté des Lettres de l'Université de Strasbourg*, XIX).

EULER (A.), *Das Königtum im altfranzösischen Karls-Epos*, Marburg, 1886 (*Ausgaben und Abhandlungen aus dem Gebiete der roman. Philologie*, 65).

KAMPERS (F.), 'Rex und sacerdos', *Historisches Jahrbuch*, 1925.

—— *Vom Werdegang der abendländischen Kaisermystik*, Leipzig, 1924.

HALPHEN (Louis), 'La Place de la royauté dans le système féodal', *Revue historique*, CLXXII, 1933.

KERN (Fritz), *Gottesgnadentum und Widerstandsrecht im früheren Mittelalter*, Leipzig, 1914.

MITTEIS (Heinrich), *Die deutsche Königswahl : ihre Rechtsgrundlagen bis zur Goldenen Bulle*, Baden bei Wien, [1938].

NAUMANN (Hans), 'Die magische Seite des altgermanischen Königtums und ihr Fortwirken', *Wirtschaft und Kultur. Festschrift zum 70. Geburtstag von A. Dopsch*, Vienna, 1938.

PERELS (Ernst), *Der Erbreichsplan Heinrichs VI.*, Berlin, 1927.

ROSENSTOCK (Eugen), *Königshaus und Stämme in Deutschland zwischen 911 und 950*, Leipzig, 1914.

SCHRAMM (Percy E.), *Die deutschen Kaiser und Könige in Bildern ihrer Zeit*, I, 751 –1152, 2 vols., Leipzig, 1928 (*Veröffentlichungen der Forschungsinstitute an der Universität Leipzig*, Institut für Kulturund Universalgeschichte, I).

—— *Geschichte des englischen Königtums im Lichte der Krönung*, Weimar,

1937 (English trans.: *A History of the English Coronation* (with general bibliography relating to the royal consecration, in Europe).

—— *Kaiser, Rom, und Renovatio*, 2 vols., Leipzig, 1929 (*Studien der Bibliothek Warburg*, XVII).

SCHULTE (Aloys), 'Anläufe zu einer festen Residenz der deutschen Könige im Mittelalter', *Historisches Jahrbuch*, 1935.

SCHULTZE (Albert), *Kaiserpolitik und Einheitsgedanken in den Karolingischen Nachfolgestaaten (876 -962)*, Berlin, 1926.

VIOLLET (Paul), 'La Question de la legitimité à l'avènement de Hugues Capet', *Mémoires de l'Académie des Inscriptions*, XXXIV, 1, 1892.

XV. 领地政权

ARBOIS DE JUBAINVILIE (D'), *Histoire des ducs et comtes de Champagne*, 7 vols., 1859 - 1866.

AUZIAS (Léonce), *L'Aquitaine carolingienne (778-897)*, 1937.

BARTHÉLEMY (Anatole de), 'Les Origines de la maison de France', *Revue des questions historiques*, XIII, 1873.

BOUSSARD (J.), *Le Comté d'Anjou sous Henri Plantagenet et ses fils (1151-1204)*, 1938 (*Bibliothèque de l'École des Hautes Études, Sc. Histor.*, 271).

CHARTROU (Josèphe), *L'Anjou de 1109 à 1151*, 1928.

CHAUME (M.), *Les Origines du duché de Bourgogne*, 2 vols., Dijon, 1925 - 1931.

FAZY (M.), *Les Origines du Bourbonnais*, 2 vols., Moulins, 1924.

FICKER (J.) and PUNTSCHART (P.), *Vom Reichsfürstenstande*, 4 vols., Innsbruck, Graz and Leipzig, 1861 - 1923.

GRIMALDI (Natale), *La contessa Matilde e la sua stirpe feudale*, Florence, [1928].

GROSDIDIER DE MATONS (M.), *Le Comté de Bar des origines au traité de*

Bruges (vers 750 -1031), Bar-le-Duc, 1922.

HALBEDEL (A.), *Die Pfalzgrafen und ihr Amt: ein Überblick.* in HALBEDEL, *Fränkische Studien*, Berlin, 1915 (*Ebering's Historische Studien*, 132).

HALPHEN (Louis), *Le Comté d'Anjou au XIe siècle*, 1906.

HOFMEISTER (Adolf), 'Markgrafen und Markgrafschaften im italienischen Königreich in der Zeit von Karl dem Grossen bis auf Otto den Grossen (774 - 962) ', *Mitteilungen des Instituts für österreichische Geschichtsforschung*, VII. Ergänzungsband, 1906.

JAURGAIN (J. de), *La Vasconie*, 2 vols., Pau, 1898.

JEULIN (Paul), 'L'Hommage de la Bretagne en droit et dans les faits', *Annales de Bretagne*, 1934.

KIENER (Fritz), *Verfassungsgeschichte der Provence seit der Ostgothenherrschaft bis zur Errichtung der Konsulate (510 -1200)*, Leipzig, 1900.

LA BORDERIE (A. le Moyne de), *Histoire de Bretagne*, vols. II and III, 1898-1899.

LAPSLEY (G. T.), *The County Palatine of Durham*, Cambridge (Mass.), 1924 (*Harvard Historical Studies*, VIII).

LATOUCHE (Robert), *Histoire du comté de Maine*, 1910 (*Bibliothèque de l'École des Hautes Études, Sc. histor.*, 183).

LÄWEN (Gerhard), *Stammesherzog und Stammesherzogtum*, Berlin, 1935.

Les Bouches du Rhône, Encyclopédie départementale, part I, vol. II. *Antiquité et moyen âge*, 1924.

LEX (Léonce), *Eudes, comte de Blois...(995 -1007) et Thibaud, son frère (995-1004)*, Troyes, 1892.

LINTZEL (Martin), 'Der Ursprung der deutschen Pfalzgrafschaften', *Zeitschrift der Savigny Stiftung*, G.A., 1929.

LOT (Ferdinand), *Fidèles ou vassaux?*, 1904.

MANTEYER (G.), *La Provence du Ier au XIIe siècle*, 1908.

PARISOT (Robert), *Les Origines de la Haute-Lorraine et sa première maison ducale*, 1908.

POWICKE (F.M.), *The Loss of Normandy (1189 -1204)*, 1913 (*Publications of the University of Manchester, Historical Series*, XVI).

PREVITÉ-ORTON (C.W.), *The Early History of the House of Savoy (1000 - 1223)*, Cambridge, 1912.

ROSENSTOCK (Eugen), *Herzogsgewalt und Friedenschutz: deutsche Provinzialversammlungen des 9-12. Jahrhunderts*, Breslau, 1910 (*Untersuchungen zur deutschen Staats-und Rechtsgeschichte*, H. 104).

SCHMIDT (Günther), *Das würzburgische Herzogtum und die Grafen und Herren von Ostfranken vom 11. bis zum 17. Jahrhundert*, Weimar, 1913 (*Quellen und Studien zur Verfassungsgeschichte des deutschen Reiches*, V, 2).

SPROEMBERG (Heinrich), *Die Entstehung der Grafschaft Flandern*. Part I: *Die ursprüngliche Grafschaft Flandern (864 -892)*, Berlin, 1935. Cf. F. L. GANSHOF, 'Les Origines du comté de Flandre', *Revue belge de philologie*, 1937.

TOURNADRE (Guy de), *Histoire du comté de Forcalquier (12th century)*, [1930].

VACCARI (Pietro), *Dall' unità romana al particolarismo giuridico del medio evo*, Pavia, 1936.

VALIN (L.), *Le Duc de Normandie et sa cour*, 1909.

VALLS-TABERNER (F.), 'La Cour comtale barcelonaise', *Revue historique de droit*, 1935.

WERNEBURG (Rudolf), *Gau, Grafschaft und Herrschaft im Sachsen bis zum Übergang in das Landesfürstentum Hannover*, 1910 (*Forschungen zur Geschichte Niedersachsens*, III,1).

XVI. 民族主义

CHAUME (M.), 'Le Sentiment national bourguignon de Gondebaud à Charles le Téméraire', *Mémoires de l'Académie des Sciences de Dijon*, 1922.

COULTON (G. G.), 'Nationalism in the Middle Ages', *Cambridge Historical Journal*, 1935.

HUGELMANN (K. G.), 'Die deutsche Nation und der deutsche Nationalstaat im Mittelalter', *Historisches Jahrbuch*, 1931.

KURTH (G.), 'Francia et Francus', *Études franques*, 1919, vol. I.

MONOD (G.), 'Du rôle de l'opposition des races et des nationalités dans la dissolution de l'Empire carolingien', *Annuaire de l'École des Hautes-Études*, 1896.

REMPPIS (Max), *Die Vorstellungen von Deutschland im altfranzösischen Heldenepos und Roman und ihre Quellen*, Halle, 1911 (*Beihefte zur Zeitschrift für roman. Philologie*, 234).

SCHULTHEISS (Franz Guntram), *Geschichte des deutschen Nationalgefühls*, I, Munich, 1893.

VIGENER (Fritz), *Bezeichnungen für Volk und Land der Deutschen vom 10. bis zum 13. Jahrhundert*, Heidelberg, 1901.

ZIMMERMAN (K. L.), 'Die Beurteilung der Deutschen in der französischen Literatur des Mittelalters mit besonderer Berücksichtigung der Chansons de geste', *Romanische Forschungen*, XIX, 1911.

XVII. 比较史学中的封建主义

ASAKAWA (K.), 'The Origin of Feudal Land Tenure in Japan', *American Historical Review*, XXX, 1915.

—— *The Documents of Iriki Illustrative of the Development of the Feudal Institutions of Japan*, New Haven, 1929 (*Yale Historical Publications, Manuscripts and edited texts*, X). With an important introduction.

——'The Early Sho and the Early Manor: a Comparative Study', *Journal of Economic and Business History*, I, 1929.

BECKER (C. H.), 'Steuerpacht und Lehnwesen: eine historische Studie über die Entstehung des islamischen Lehnwesens', *Islam*, V, 1914.

BELIN, 'Du régime des fiefs militaires dans l'Islamisme et principalement en Turquie', *Journal Asiatique*, 6th series, XV, 1870.

DÖLGER (F.), 'Die Frage des Grundeigentums in Byzanz', *Bulletin of the International Commission of Historical Sciences*, V, 1933.

ECK (A.), *Le Moyen Âge russe*, 1933.

ERSLEV (K.), 'Europäisk Feudalisme og dansk Lensvaesen', *Historisk Tidsskrift*, Copenhagen, 7th series, II, 1899.

FRANKE (O.), 'Feudalism: Chinese', *Encyclopaedia of the Social Sciences*, VI, 1931.

——'Zur Beurteilung des chinesischen Lehnwesens', *Sitzungsberichte der preussischen Akademie*, *Phil.-hist. Kl.*, 1927.

FUKUDA (Tokusa), 'Die gesellschaftliche und wirtschaftliche Entwickelung in Japan', Stuttgart, 1900 (*Münchner volkswirtschaftliche Studien*, 42).

HINTZE (O.), 'Wesen und Verbreitung des Feudalismus', *Sitzungsberichte der preussischen Akademie*, *Phil.-Hist. Kl.*, 1929.

HÖTZCH (C. V.), 'Adel und Lehnwesen in Russland und Polen', *Historische Zeitschrift*, 1912.

LÉVI (Sylvain), *Le Nepal*, 2 vols., 1905 (*Annales du Musée Guimet*, *Bibliotnèque*, XVII, XVIII).

LYBYER (A. H.), 'Feudalism: Saracen and Ottoman', *Encyclopaedia of the Social Sciences*, VI, 1931.

OSTROGORSKY (Georg), 'Die wirtschaftlichen und sozialen Entwicklungsgrundlagen des byzantinischen Reiches', *Vierteljahrschrift für Sozial- und Wirtschaftsgeschichte*, 1929.

RUFFINI AVONDO (E.), 'Il feudalismo giapponese visto da un giurista europeo', *Rivista di storia del diritto italiano*, III, 1939.

SANSOM (J. B.), *Japan: A Short Cultural History*, 1938.

STEIN (Ernst), 'Untersuchungen zur spätbyzantinischen Verfassungs- und Wirtschaftsgeschichte', *Mitteilungen zur osmanischen Geschichte*, II, 1923 - 1925.

THURNEYSSEN (R.), 'Das unfreie Lehen', *Zeitschrift für keltische Philologie*, 1923; 'Das freie Leben', *ibid.*, 1924.

UYEHARA (Senroku), 'Gefolgschaft und Vasallität im frankischen Reiche und in Japan', *Wirtschaft und Kultur*: *Festschrift zum 70. Geburtstag von A. Dopsch*, Vienna, 1938.

WOJCIECHOWSKI (Z.), 'La Condition des nobles et le problème de la féodalité en Pologne au moyen âge', *Revue historique de droit*, 1936 and 1937 (with bibliography).

补 充 书 目

下列书目是1939年以来发表的关于封建主义问题的论著和文章。大部分论著讨论严格意义上的封建主义和封建制度,因此这个补充书目的范围比原初书目要狭窄一些。但是,即使在这样的限度内,这个书目也不敢说是详尽的,遗漏一部作品并不意味着这部作品没有价值。

L.A. 马尼翁

BALON (J.), *L'Organisation judiciaire des marches féodales*, 1951.

BARROW (G. W. S.), 'The Beginnings of Feudalism in Scotland' in *Bulletin of The Institute of Historical Research*, XXIX, 1956.

BERGENGRUEN (A.), *Adel und Grundherrschaft im Merowingerreich*, Wiesbaden, 1958.

BLOCH (Marc), *Les Caractères originaux de l'histoire rurale française*, 2nd edn., 2 vols., Paris, 1952 and 1956. (Vol. I is a reprint of the original edition of this fundamental work; Vol. II, *Supplément établi par Robert Dauvergne d'après les travaux de l'auteur*, is based on Bloch's later writings and the notes he had made in preparation for a new edition.)

BONENFANT (P.) and DESPY (G.), 'La noblesse en Brabant aux XIIe et XIIIe siècles. Quelques sondages', in *Le Moyen Âge*, 1958.

BONGERT (Y.), *Recherches sur les cours laïques du Xe au XIIIe siècle*, Paris,

1949.

BORST (A.), 'Das Rittertum im Hochmittelalter. Idee und Wirklichkeit', in *Saeculum*, X, 1959.

BOSL (K.), *Die Reichsministerialität der Salier und Staufer*, 2 vols., Stuttgart, 1950 – 1951. (Vol. X of *Schriften der Monumenta Germaniae Historica*.)

——'Vorstufen der deutschen Königsdienstmannschaft', *Vierteljahrschrift für Sozial-und Wirtschaftsgeschichte*, XXXIX, 1952, pp. 193 – 214; 289 – 315.

——'Der Wettinische Ständestaat im Rahmen der mittelalterlichen Verfassungsgeschichte' in *Historische Zeitschrift*, Vol. 191 (1960).

BOUSSARD (J.), 'L'Enquête de 1172 sur les fiefs de chevalier en Normandie', *Mélanges Brunel*, Paris, 1955, I, pp. 193 – 208.

—— *Le Gouvernement d'Henri Plantagenet*, 1956.

——'Les mercenaires au XIIe siècle. Henri II Plantagenet et les origines de l'armée de métier' in *Bibliothèque de l'École des Chartes*, 1945-1946, pp. 189 – 224.

BOUTROUCHE (R.), *Seigneurie et féodalité*, I: *Le premier âge des liens d'homme à homme*, Paris, 1959.

BRUNEL (C.), 'Les Juges de la paix en Gévaudan au milieu du XIe siècle' in *Bibl. de l'École des Chartes*, CIX, 1951, pp.3 – 12.

CAHEN (C.), *Le Régime féodal de l'Italie normande*, Paris, 1940.

CAM (H. M.), 'The Evolution of the Mediaeval English Franchise' in *Speculum*, XXXIII, no. 3, July, 1957.

Cambridge Economic History of Europe (ed. J. H. Clapham and Eileen Power), I, *The Agrarian Life of the Middle Ages*, 2nd edn., 1942. (Ch. VI, 'The Rise of Dependent Cultivation', is by Marc Bloch.)

CARABIE (R.), *La Propriété foncière dans le très ancien droit normand*, I, *La propriété domaniale*, Caen, 1943.

COHEN (G.), *Histoire de la chevalerie en France au moyen âge*, Paris,

1949.

COULBORN (R.), (ed.), *Feudalism in History* (studies in the comparative history of feudalism by various authors), Princeton, N.J., 1956.

CRONNE (H. A.), 'Historical Revisions, XCI. The Origins of Feudalism', in *History*, XXIV (1939 – 1940), pp. 251 – 259.

DANNENBAUER (H.), 'Königsfreie und Ministerialen', in *Grundlagen der mittelalterlichen Welt*, Stuttgart, 1958.

DAVID (M.), *Le Serment du sacre de IXe au XVe siècle*, Strasbourg, 1951.

DHONDT (J.), *Études sur la naissance des Principautés territoriales en France*, Bruges, 1948.

——'Les "solidarités" médiévales. Une société en transition: La Flandre en 1127-1128, (*Annales*, E. S. C., 1957, pp.529 – 560).

DIDIER (N.), *Le Droit des fiefs dans la coutume de Hainaut au moyen âge*, Lille-Paris, 1945.

DILLAY (M.), 'Le "Service" annuel en deniers des fiefs de la région angevine' in *Mélanges Paul Fournier*, Paris, 1949.

DOUGLAS (D. C.), 'The Norman Conquest and English Feudalism', in *Economic History Review*, IX, 1939, pp. 128 – 143.

DUBY (G.), *La Société aux XIe et XIIe siècles dans la région mâconnaise*, Paris, 1953.

——'La noblesse dans la France médiévale' in *Revue historique*, CCXXVI (1961), pp. 1 – 22.

ESLEY (F. N.), 'The *Fideles* in the County of Mâcon' in *Speculum*, XXX, no.1, 1955, pp. 82 – 89.

FEUCHÈRE (P.), 'Essai sur l'évolution territoriale des principautés françaises (Xe-XIIIe siècles)' in *Le Moyen Âge*, IV, 7 (1952), pp. 85 – 117.

GANSHOF (F. L.), *Qu'est-ce que la féodalité* (3rd edn. revised and enlarged), Brussels, 1957.

—— *Feudalism* (translation of second edition of above by Philip Grierson, with foreword by F. M. Stenton), London, 1952.

——'Benefice and Vassalage in the Age of Charlemagne', in *Cambridge Historical Journal*, VI, 1939, pp. 149 – 175.

——'Le Roi de France en Flandre en 1127 et 1128', in *Revue historique de droit français et étranger*, 4th series, XXVII, 1949, pp. 204 – 228.

——'Note sur le rattachement féodal du comté de Hainaut à l'église de Liége' in *Miscellanea Gessleriana*, Antwerp, 1948, pp. 508 – 521.

——'Manorial Organization in the Low Countries in the Seventh, Eighth and Ninth Centuries', in *Transactions of the Royal Historical Society*, 4th series, XXXI, 1949, pp. 29 – 59.

——'A propos de la cavalerie dans les armées de Charlemagne', in *C.R. Acad. Inscript.*, 1952-1953, pp. 531 – 537.

——'L'Origine des rapports féodo-vassaliques. Les rapports féodo-vassa-liques dans la monarchie franque au nord des Alpes à l'époque caro-lingienne', in *I Problemi della Civiltà Carolingia*, Spoleto, 1954. (Settimane di Studi del Centro Italiano di Studi sull'Alto Medioevo, I, 1953.)

——'Les Relations féodo-vassaliques aux temps post-carolingiens', in *I Problemi communi dell'Europa post-Carolingia*, Spoleto, 1955. (Settimane di Studi del Centro Italiano di Studi sull'Alto Medioevo, II, 1954).

——'Note sur l'apparition du nom de "hommage", particulièrement en France', *Aus Mittelalter und Neuzeit. Festschrift für Gerhard Kallen*, Boon, 1957.

——'Charlemagne et le serment', in *Mélanges Louis Halphen*, Paris, 1951.

GAUSEIN (Roger), 'De la seigneurie rurale à la baronnie: l'abbaye de Savigny en Lyonnais', *Le Moyen Âge*, vol. LXI, 1955, nos. 1 – 2, pp. 139 – 176.

GENICOT (L.), 'Le Destin d'une famille noble du Namurois. Les Noville aux XIIe et XIIIe siècles', in *Annales de la Société Archéologique de Namur*, XLVI (1953), pp. 157 – 232.

——'De la noblesse au lignage. Le cas des Boneffe', in *Revue belge de philologie et d'histoire*, XXXI (1953), pp. 39 - 53.

—— *Les Lignes de faîte du moyen âge*, Tournai and Paris, 2nd edn., 1952.

—— *L'Economie rurale namuroise au bas moyen âge. I. La seigneurie foncière*, Namur, 1943; *Les hommes, la noblesse*, Louvain, 1960.

HAGEMANN (A.), 'Die Stände der Sachsen', in *Zeitschrift der Savigny-Stiftung*, Germ. Abt., 1959.

HIGOUNET (C.), 'Les Alaman, seigneurs bastidors et péagers du XIIIe siècle', in *Annales du Midi*, 1956, pp. 227 - 253.

—— *Le Comté de Comminges de ses origines à son annexion à la couronne*, 2 vols., Toulouse and Paris, 1949.

——'Observations sur la seigneurie rurale et l'habitat en Rouergue du IXe au XIVe siecle', in *Annales du Midi*, 1950, pp. 121 - 134.

HOLLINGS (M.), 'The Survival of the Five Hide Unit in the Western Midlands', in *English Historical Review*, LXIII (1948), pp. 453 - 487.

HOLLISTER (W.), ' The Significance of Scutage Rates in Eleventh and Twelfth Century England', in *English Historical Review*, LXXV (1960), pp. 577 - 588.

——'The Annual Term of Military Service in Medieval England', in *Medievalia et Humanistica*, XIII (1960), pp. 40 - 47.

——'The Five Hide Unit and Military Obligation', in *Speculum*, XXXVI (1961), pp. 61 - 74.

——'The Norman Conquest and the Genesis of English Feudalism', in *American Historical Review*, LXVI (1961), pp. 641 - 663.

HOLLYMAN (M. K. J.), *Le Développement du vocabulaire féodal en France pendant le haut moyen âge, Étude sémantique*, Geneva and Paris, 1957.

JOHN (E.), *Land Tenure in Early England*, Leicester, 1960.

KEENEY (B. C.), 'Military Service and the Development of Nationalism in England', in *Speculum*, XXII, 1947, pp. 534 - 549.

—— *Judgement by Pleers*, Cambridge, Mass., 1949.

KIENAST (W.), ' Untertaneneid und Treuvorbehalt', *Zeitschrift der*

Savigny-Stiftung für Rechtsgeschichte, Germ. Abt., LXVI, 1948, pp.111-147.

—— *Untertaneneid und Treuvorbehalt in Frankreich und England*, Weimar, 1952.

KOCH (A. C. F.), 'L'Origine de la haute et de la moyenne justices dans l'ouest et le nord de la France', in *Revue d'histoire du droit*, 1953, pp. 420-458.

KOSMINSKY (E. A.), *Studies in the Agrarian History of England in the Thirteenth Century*, Oxford, 1956.

LEICHT (P. S.), 'L'introduzione del feudo nell'Italia franca e normanna', in *Rivista di storia del diritto italiano*, XII, 1939.

——'Il fe udo in Italia nell' età Carolingia', in *I Problemi della civiltà Caro- lingia*, Spoleto, 1954. (Settimane di Studi del Centro Italiano di Studi sull'Alto Medioevo, I, 1953).

——'L'Organisation des grands domains dans l'Italie du Nord pendant les Xe-XIIe siècles', *Société Jean Bodin*, Recueil IV: *Le Domaine*, 1949, pp. 165-176.

LEMARIGNIER (J. F.), *Recherches sur l'hommage en marche et les frontières féodales*, Lille, 1945.

——'Les Fidèles du roi de France (936-987)', in *Mélanges Brunel*, Paris, 1955, II, pp. 138-192.

LENNARD (R.), *Rural England, 1086-1135*, Oxford, 1959.

LLOYD (L. C.), *The Origins of Some Anglo-Norman Families* (Harleian Society, vol. CIII), London, 1951.

LOT (F.), *L'Art militaire et les armées au moyen âge en Europe et dans le Proche Orient*, 2 vols., Paris, 1946.

LOT (F.) and FAWTIER (R.) (ed.), *Histoire des institutions françaises au moyen âge*, I : *Institutions seigneuriales*, Paris, 1957.

LOUSSE (E.), *La Société d'Ancien Régime*, I, Louvain, 1943.

LYON (B. D.), 'The Money Fief under the English Kings, 1066-1485', in

English Historical Review, LXVI, 1951, pp. 161-193.

—— 'Le Fief-rente aux Pays-Bas: sa terminologie et son aspect financier', in *Revue du Nord*, XXXV, 1953.

—— 'The fief-rente in the Low Countries. An Evaluation', in *Revue belge de Philologie et d'Histoire*, XXXII, 1954.

—— *From Fief to Indenture*, Cambridge, Mass., 1957.

MAYER (T.), *Fürsten und Staat*, Weimar, 1950.

MEYER (B.), 'Das Lehen in Recht und Staat des Mittelalters', in *Zeitschrift für Schweizerische Geschichte*, XXVI, 1946, pp. 161-178.

MITTEIS (H.), *Die Rechtsidee in der Geschichte, gesammelte Abhandlungen und Vorträge*, Weimar, 1957.

MOR (C. G.), *L'età feudale*, 2 vols., Milan, 1952.

NAVEL (H.), *Recherches sur les institutions féodales en Normandie, région de Caen*. (Bull. de la Société des Antiquaires de Normandie, Vol. LI; also published separately Caen, 1951.)

ODEGAARD (C. E.), 'Carolingian Oaths of Fidelity', in *Speculum*, XVI, 1941, pp. 284-296.

—— *Vassi and Fideles in the Carolingian Empire*, Cambridge, Mass., 1945.

OLIVIER-MARTIN (F.), *Histoire du droit français des origines à la Révolution*, Paris, 1948.

PAINTER (S.), *Studies in the History of the English Feudal Barony* (Johns Hopkins University Studies in Historical and Political Science, series LXI, no. 3), Baltimore, 1943.

—— 'Castellans of the Plain of Poitou in the Eleventh and Twelfth Centuries', in *Speculum*, XXXI, no. 2, 1956, pp. 243-257.

—— *French Chivalry: Chivalric Ideas and Practices in Mediaeval France*, Baltimore, 1940.

—— 'The Lords of Lusignan in the Eleventh and Twelfth Centuries', in *Speculum*, XXXVII, no. 1, 1957, pp. 27-47.

——'The Houses of Lusignan and Châterrault, 1150-1250', in *Speculum*, XXX, no. 3, 1955, pp. 374 – 384.

PERRIN (C. E.), 'Chartes de franchise et rapports de droit in Lorraine', in *Le Moyen Âge*, 1946, pp. 11 – 42.

——'Le Servage en France et en Allemagne', in *X Congr. Internaz. di Scienze Stor. Relazioni*, III, Florence, 1955, pp. 213 – 245.

PERROY (E.), 'La noblesse forégienne et les ligues nobiliaires de 1314 – 1315', in *Bulletin de la Diana*, XXXVI (1959).

PLUCKNETT (T.F.T.), *A Concise History of the Common Law*, 4th edn., London, 1948.

—— *The Mediaeval Bailiff*, London, 1954.

—— *The Legislation of Edward I*, Oxford, 1949.

POOLE (A.L.), *Obligations of Society in the Twelfth and Thirteenth Centuries*, Oxford, 1946.

—— *From Domesday Book to Magna Carta* (The Oxford History of England), Oxford, 1950.

POWICKE (M.R.), 'The General Obligation to Cavalry Service under Edward I', in *Speculum*, XXVIII, no.4, 1953, pp.814 – 833.

PRESTWICH (J. O.), 'War and Finance in the Anglo-Norman State', in *Trans. Royal Hist. Soc.*, 5th series, vol. 4, 1954, pp.19 – 43.

RICHARD (J.), 'Châteaux, châtelains et vassaux en Bourgogne aux XIe et XIIe siècles', in *Cahiers de civilisation médiévale*, 1960.

RICHARDOT (H.), 'Francs-fiefs: essai sur l'exemption totale ou partielle des services de fief', in *Revue historique de droit français et étranger*, 4th series, XXVII, 1949, pp.28 – 63, 229 – 273.

—— 'Quelques textes sur la reprise de censive en fief', in *Revue historique de droit français et étranger*, 4th series, XXVIII, 1950.

SÁNCHEZ-ALBORNOZ (C.), *En torno a los orígenes del feudalismo*, 3 vols., Mendoza (Argentina), 1942.

—— *El 'stipendium' hispano-godo y los orígenes del beneficio prefeudal*,

Buenos Aires, 1947.

—— 'España y el feudalismo Carolingio', in *I Problemi della civiltà Carolingia*, Spoleto, 1954. (Settimane di Studi del Centro Italiano di Studi sull'Alto Medievo, I, 1953).

482 SANDERS (I.J.), *Feudal Military Service in England*, 1956.

SCHEIDUNG-WULKOPF (I.), *Lehnsherrliche Beziehungen der fränkisch-deutschen Könige zu anderen Staaten vom 9. bis zum Ende 12. Jahrhunderts*, Marburg, 1948 (*Marburger Studien zur älteren deutschen Geschichte*, Reihe 2, 9).

SCZANIECKI (M.), *Essai sur les fiefs-rentes*, Paris, 1946.

SESTAN (E.), 'L'Italia nell'età feudale', in E.Rota, ed., *Questioni di storia medioevale*, Como-Milan, 1946, pp.77 - 127.

STENGEL (E. E.), ' Land- und Lehnrechtliche Grundlagen des Reichsfürstenstandes', in *Zeitschrift der Savigny-Stiftung für Rechtsgeschichte*, Germ. Abt., 1948, pp.294 - 342.

STENTON (F. M.), *Anglo-Saxon England* (The Oxford History of England), 2nd edn., Oxford, 1947.

—— 'The Scandinavian Colonies in England and Normandy', in *Transactions of the Royal Historical Society*, 4th series, XXVII, 1945.

—— *The First Century of English Feudalism, 1066 - 1166*, 2nd edn., revised, Oxford, 1961.

STEPHENSON (C.), 'The Origin and Significance of Feudalism', in *American Historical Review*, XLVI, 1941, pp.788 - 812.

—— 'Feudalism and Its Antecedents in England', in *American Historical Review*, XLVIII, 1943, pp.245 - 265.

Studien und Vorarbeiten zur Geschichte des grossfränkischen und frühdeutschen Adels (published under the direction of G. Tellenbach), Freiburg-im-Breisgau, 1957.

TELLENBACH (G.), *Königtum und Stämme in der Werdezeit des Deutschen Reiches*, Weimar, 1939.

VALDEAVELLANO (L.G.de),'El prestimonio, contribución al estudio de las manifestaciones de feudalismo en los reinos de León y Castilla durante la Edad Media', *Ann. Hist. Derecho espān.*, XXV, 1955, pp.5 - 122.

VERRIEST (L.), 'Le Servage en Flandre, particulièrement au pays d'Alost', *Revue historique de droit français et étranger*, 1950, pp.35 - 66.

—— *Questions d'histoire des institutions médiévales.Noblesse, chevalerie, lignage.Condition des gens et des personnes.Seigneurie, ministérialité, bourgeoisie, échevinage.* Brussels, 1959.

WERNER (K. F.), 'Untersuchungen zur Frühzeit des französischen Fürstentums (9 - 10 Jahrhundert)', in *Die Welt als Geschichte*, 1958-1960.

YVER (J.), 'Les Caractères originaux du groupe de coutumes de l'ouest de la France', *Revue historique de droit français et étranger*, 1952, pp.18 - 79.

补充书目(1962年至1989年)

下列书目是 L.A.马尼翁补充了布洛赫原书目以后发表的关于封建社会的主要著作和研究成果。正如马尼翁的书目一样,它并非详尽书目,它反映的是比布洛赫的定义更狭隘的封建主义和封建制度概念,主要是因为涵盖《封建社会》一书全貌的参考书目非常庞大。关于封建主义的理论研究大致从略,论述13世纪以后及西欧以外"封建社会"的著作已略去。(值得注意的是,现在有一本杂志更集中讨论封建主义的理论问题,特别是以马克思主义观点讨论这些问题,此即创刊于1972年的 *Jahrbuch für Geschichte der Feudalismus*)。为了使本书目对研究者更有用,所列大多数书目为英文或两种语文的一般著作。法文或德文著作和文章在有译本的情况下,只列出英文版本。读者可参看本书前言引用的近著。

—— T.S.布朗

ARNOLD (B.), *German Knighthood 1050 - 1300*, (Oxford, 1985).

BACHRACH (B.), 'A Study of Feudal Politics: Relations between Fulk Nerra and William the Great. 995-1030', *Viator*, VII(1976), 111 - 122.

BARBERO (A.) and VIGIL, (M.), *La formación del feudalismo en la península ibérica*, (Barcelona, 1978).

BATES (D.), *Normandy before 1066*, (London, 1982).

BEECH (G.T.), *A Rural Society in Medieval France: The Gâtine of Poitou in the Eleventh and Twelfth Centuries*, (Baltimore, 1964).

BISSON (T.N.), 'The Problem of Feudal Monarchy: Aragon, Catalonia and France', *Speculum*, LIII(1978), 460 - 478.

BONASSIE (P.), *La Catalogue du milieu du Xe à la fin du XIe siècle*, (Toulouse, 1975).

BOSL (K.), *Frühformen der Gesellschaft im mittelalterlichen Europa*, (Munich-Vienna, 1964).

BOUSSARD (J.), 'Les destinées de la Neustrie du IXe au XIe siècle', in *Cahiers de Civilisation Médiévale*, XI(1968), 15 - 28.

——'Services féodaux, milices et mercenaires dans les armées en France aux Xe et XIe siècles', in *Settiman di Studio del Centro Italiano di Studi Sull' Alto Medioevo*, XV(1968), 131 - 168.

BOUTRUCHE (R.), *Seigneurie et Féodalité*, vol II. *L'Apogé, XIe et XIIe siècles*, (Paris, 1970).

BROWN (E.A.R.), 'The tyranny of a construct: feudalism and historians of medieval Europe', in *American Historical Review*, LXXIX(1974), 1063 - 1088.

BROWN (R.A.), *The Normans and the Norman Conquest*, (London, 1969).

BUR (M.), *La Formation du comté de Champagne*, v.950 - v.1150, (Nancy, 1977).

CAMPBELL (J.), 'Observations on English government from the Tenth to the Twelfth Century', in *Transactions of the Royal Historical Society*, 5th series, XXV(1975), 39 - 54.

CARAVALE, M., 'La feudalità nella Sicilia normanna', in *Atti del Congresso*

Internazionale di Studi sull Sicilia Normanna, (Palermo, 1973), 21 - 50.

CARDINI, (F.), *Alle radici della cavalleria medievale*, (Florence, 1981).

CHÉDEVILLE (A.), *Chartres et ses campagnes, XIe-XIIIe siècles*, (Paris, 1973).

CHEYETTE (F.L.), (ed.), *Lordship and Community in Medieval Europe, Selected Readings*, (New York, 1968).

CHIBNALL (M.), *Anglo-Norman England 1066 -1166*, (Oxford, 1986).

CLANCHY (M.), *England and its Rulers, 1066 -1272*, (London, 1983).

CONTAMINE (P.), (ed.), *La Noblesse au moyen âge, XIe-XVe siècles. Essais à la mémoire de Robert Boutruche*, (Paris, 1976).

—— *War in the Middle Ages*, trans. M. Jones, (Oxford, 1984).

COULSON (C.L.H.), 'Rendability and Castellation in Medieval France', in *Château Gaillard. Études de Castellogie Médiévale*, VI, Venlo, 1972, (Caen, 1973), 59-67.

DELOGU (P.), 'L'Italia nel feudalismo mediterraneo', *Quaderni medievali*, XIII(1982), 249-255.

DEVAILLY (G.), *Le Berry du Xe siècle au milieu du XIIIe siècle*, (Paris, 1973).

DOUGLAS (D.C.), *The Norman Achievement*, (London, 1969).

—— *William the Conqueror*, (London, 1964).

DUBY (G.), *The Chivalrous Society*, trans. C. Postan, (London, 1977).

—— *Droit Privé et Institutions Régionales. Études historiques offertes à Jean Yver*, (Paris, 1976).

—— *The Early Growth of the European Economy*, trans. H. B. Clarke, (London, 1974).

—— *La société aux XIe et XIIe siècles dans la region Mâconnaise*, 2nd edn, (Paris, 1971).

—— *Rural Economy and Country Life in the Medieval West*, trans. C. Postan, (London, 1968).

—— *The Three Orders. Feudal Society Imagined*, trans. A. Goldhammer, (London-Chicago, 1980).

—— and WALLON (A.), *L'Histoire de la France rurale*, vols. 1 and 2, (Paris, 1975).

L'Europe aux IXe - XIe siècles. Aux origines des états nationaux, (Warsaw, 1968).

EVERGATES (T.), *Feudal Society in the Bailliage of Troyes under the Counts of Champagne, 1152 - 1284*, (Baltimore, 1975).

FAWTIER (R.), LOT (F.) et al., *Histoire des Institutions Françaises au Moyen Age*, 3 vols., (Paris, 1957 - 1962).

FLORI (J.), 'Chevaliers et chevalerie au XIe siècle en France et dans l'Empire germanique', *Le Moyen Age*, LXXXII (1976), 257 - 279.

—— *L'Idéologie du glaive. Préhistoire de la chevalerie*, (Geneva, 1983).

FOSSIER (R.), 'Chevalerie et noblesse au Ponthieu aux XIe et XIIe siècles', in *Etudes de civilisation médiévale. Mélanges offerts à E. R. Labande*, (Poitiers, 1974), 297 - 306.

—— *La terre et les hommes en Picardie jusqu'à la fin du 13e siècle*, (Paris-Louvain, 1968).

FOVIAUX (J.), *De l'Empire romaine à la féodalité, i. Droit et institutions*, (Paris, 1986).

FOURQUIN (G.), *Lordship and Feudalism in the Middle Ages*, trans. I. and L.A. Lytton Sells, (London, 1976).

FUMAGALLI (V.), *Il Regno Italico*, (Storia d'Italia UTET), (Turin, 1980).

GARAUD (M.), *Les Châtelains de Poitou et l'avènement du régime féodale, XIe et XIIe siècles*, (Poitiers, 1967).

GÉNICOT (L.), 'Noblesse et principautés en Lotharingie du XIe au XIIIe siècle', in *Scrinium Lovaniense. Mélanges historiques E. van Cauwenbergh*, (Louvain, 1961), 191 - 206.

GILLINGHAM (J.), 'The Introduction of Knight Service into England', in

Proceedings of the Battle Conference on Anglo-Norman Studies, IV, 1981, (ed.) R.A.Brown, (Woodbridge, 1982), 53 - 64.

GOEZ (W.), *Der Leihezwang. Eine Untersuchung zur Geschichte des Deutsches Lehnrechtes*, (Tübingen, 1962).

GRASSOTTI (H.), *Las Instituciones feudo-vassaláticas en Leóny Castilla*, (Spoleto, 1969).

GUILLOT (O.), *Le Comte d'Anjou et son entourage au XIe siècles*, (Paris, 1972).

HAJDU (R.), 'Castles, Castellans and the Structure of Politics in Potou, 1152-1171', in *Journal of Medieval History*, IV (1978), 27 - 53.

HALLAM (E.), 'The Kings and the Princes in Eleventh-century France', in *Bulletin of the Institute of Historical Research*, LIII (1980), 143 - 156.

HANNIG (J.), *Consensus fidelium. Frühfeudale Interpretationen des Verhältnisses von Königtum und Adel im Beispiel des Frankenreichs*, (Stuttgart, 1982).

HARPER-BILL (C.) and HARVEY (R.), *The Ideals and Practice of Medieval Knighthood. Papers from the First and Second Strawberry Hill Conferences*, (Woodbridge, 1986).

HAVERKAMP (A.), *Medieval Germany 1056-1273*, trans. H. Brown and R. Mortimer, (Oxford, 1988).

HERLIHY (D.), (ed.), *The History of Feudalism*, (New York, 1970).

HOLLISTER (C. W.), *The Military Organization of Norman England*, (Oxford, 1965).

HOLT (J.C.), 'Feudal Society and the Family in Early Medieval England', in *Transactions of the Royal Historical Society*, 5th series, XXXII (1982), 193 - 212, XXXIII (1983), 193 - 220, XXXIV (1984), 1 - 25, XXXV (1985), 1 - 25.

——'The Introduction of Knight Service in England', in *Proceedings of the Battle Conference on Anglo-Norman Studies*, VI, (Woodbridge, 1984), 89 - 106.

—— 'Politics and Property in Early Medieval England', *Past and Present*, LVII (1972), 3 - 52.

JAMES (E.), *The Origins of France*, (London, 1982).

JAMISON (E.), 'Additional work on the *Catalogus Baronum* ', in *Bullettino dell' Istituto Storico Italiano per il Medio Evo*, LXXXIII (1971), 1 - 28.

KAMMLER (H.), *Die Feudalmonarchien: politische und wirtschaft-soziale Faktoren ihrer Entwicklung und Funktionsweise*, (Cologne, 1974).

KEEFE (T. K.), *Feudal Assessments and the Political Community under Henry II and his Sons*, (Berkeley, 1984).

KEEN (M.), *Chivalry*, (London, 1984).

LATOUCHE (R.), *The Birth of the Western Economy*, trans, E. M. Wilkinson, 2nd edn, (London, 1967).

LEACH (E.), Mukherjee (S. N.), and Ward (J.), eds, *Feudalism: Comparative Studies*, (Sydney, 1985).

LEMARIGNIER (J.-F.), *La France médiévale: institutions et société*, (Paris, 1970).

—— 'Political and Monastic Structures in France at the End of the Tenth and the Beginning of the Eleventh Century', in Cheyette, (ed.), *Lordship and Community in Medieval Europe. Selected Readings*, (New York, 1968), 100 - 127.

LE PATOUREL (J.), *Feudal Empires: Norman and Plantagenet*, (London, 1984).

LEWIS (A.R.), *The Development of Southern French and Catalan Society, 718 - 1050*, (Austin, 1965).

LEYSER (K.J.), *Medieval Germany and its Neighbours*, (London, 1983).

—— *Rule and Conflict in Early Medieval Society: Ottonian Saxony*, (London, 1979).

MCKITTERICK (R.), *The Frankish Kingdoms under the Carolingians, 751 - 987*, (London, 1983).

MAGNOU-NORTIER (E.), *La Société laique et l'église dans la province écclésiastique de Narbonne*, (Toulouse, 1974).

——'La Terre, la rente et le pouvoir dans le pays de Languedoc pendant le haut Moyen Age', *Francia*, XII (1984), 53 - 118.

MARTINDALE (J.), 'The French Aristocracy in the Early Middle Ages: A Reappraisal', in: *Past and Present*, LXXV (1977), 5 - 45.

MILSOM (S. F. C.), *The Legal Framework of English Feudalism*, (Cambridge, 1976).

MÍNGUEZ (J.M.), 'Ruptura social e implantación del feudalismo en el noroeste peninsular (siglos VII-X)', in *Studia Historia. Ha. Medieval*, III (1985), 7 - 32.

MOUSNIER (R.), *Problèmes de stratification sociale: actes du colloque de 1966*, (Paris, 1968).

MUSSET (L.), 'Aux origines de la féodalité normande: L'installation par les ducs de leurs vassaux normands et bretons dans le comté d'Avranches (XIe siècle)', in *Revue historique de droit français et étranger*, 4er série, XXIX (1950), 150ff.

PAINTER (S.), *Feudalism and Liberty*, (Baltimore, 1961).

PARISSE (M.), *La Noblesse Lorraine, XIe - XIIIe siècles*, 2 vols., (Paris, 1976).

POLY (J.-P.), *La Provence et la société féodale, 879 - 1166*, (Paris, 1976).

——and with BOURNAZIL (E.), *La Mutation féodale, X^e - XIIe siècles*, (Paris, 1980).

REUTER (T.), (ed.), *The Medieval Nobility*, (Amsterdam, New York, Oxford, 1979).

REYNOLDS (S.), *Kingdoms and Communities in Western Europe 900 - 1300*, (Oxford, 1984).

RICHARDSON (H. G.), and SAYLES (G. O.), *The Governance of Medieval England from the Conquest to Magna Carta*, (Edinburgh, 1963).

RILEY -SMITH (J.), *The Feudal Nobility and the Kingdom of Jerusalem*,

(London, 1973).

SETTIA (A. A.), *Castelli e villaggi nell' Italia Padana. Popolomento, potere e sicurezza fra IX e XIII secolo*, (Naples, 1984).

STEPHENSON (C.), *Medieval Feudalism*, (Ithaca, 1975).

STRAYER (J.R.), 'The Development of Feudal Institutions', in M. Clagett, G. Post, and R. Reynolds, (eds.), *Twelfth-Century Europe and the Foundation of Modern Society*, (Madison, 1961), 76 - 88, reprinted in his *Medieval Statecraft*, 77 - 89.

—— *Feudalism*, (Huntington, N.Y., 1979).

—— *Medieval Statecraft and the Perspectives of History: essays by Joseph R. Strayer*, ed.J.F. Benton and T.N.Bisson, (Princeton, 1971).

—— 'The two levels of feudalism', in R. S. Hoyt, ed., *Life and Thought in Medieval Europe*, (Minneapolis, 1967), 51 - 65, reprinted in his *Medieval Statecraft*, 63-76.

Structures féodales et féodalisme dans l'Occident méditerranéen (Xe-XIIIe siècles), (Rome, 1980).

Les structures sociales de l'Aquitaine, du Languedoc et de l'Espagne au premier âge féodal, (Colloque de Toulouse), (Paris, 1969).

TABACCO (G.), 'Alleu et fief considerés au niveau politique dans le royaume d'Italie (X^e - XIIe siècles)', *Cahiers de Civilisation Médiévale*, XXIII (1980), 1 - 15.

—— 'La storia politica e sociale', in *Storia d'Italia*, II (Einaudi), (Turin, 1974), 5 - 167.

—— 'Su nobiltà e cavalleria nel medioevo. Un ritorno a Marc Bloch', in *Studi di storia medievale e moderna per E. Sestan*, (Florence, 1980), 31 - 55.

TABUTEAU (E.Z.), 'Definitions of Feudal Military Obligations in Eleventh Century Normandy', in *Essays of Honour of S. E. Thorne*, (Chapel Hill, 1981), 18 - 59.

TOUBERT (P.), *Les Structures du Latium médiévale*, 2 vols., (Rome,

1973).

VERBRUGGEN (J.F.), *The Art of Warfare in Western Europe during the Middle Ages*, (Amsterdam, 1976).

WARLOP (E.), *The Flemish Nobility before 1300*, (Kortrijk, 1975).

WERNER (K.F.), 'Kingdom and Principality in Twelfth-century France', in T. Reuter (ed.), *The Medieval Nobility* (Amsterdam, New York, Oxford, 1979), 243-290.

—— *Structures politiques du monde franc (VIe - XIIe siècles)*, (London, 1979).

WICKHAM (C.), *Early Medieval Society Central Power and Local Society 400-1000*, (London, 1981).

索　引

（索引中数字为原书页码，即本书边码）

Aachen 亚琛,99,378,391,392
Aale 阿勒,24
abacus 算盘,75
abbeys, royal 王家修道院,423
abbots, appointment of 修道院院长的任命,348f,350; lay 修道院俗人院长,395
Abelard, Pierre 阿伯拉尔,皮埃尔 90,107,108,346
abridgement of fief 采邑的削减,209
absolutus 绝对的,215
accolade 授予骑士称号,316
accuracy, neglect of 对准确性的漠视,75
Adalard 阿达拉尔,191f
Adalbero, bishop of Rheims 阿德尔伯罗,兰斯主教,386f
Adalbert, bishop of Bremen 阿德尔伯特,不来梅主教,34
Adam of Bremen 不来梅的亚当,18
Adhemar of Chabannes 查班尼斯的阿德赫马尔,43,89
advocate 代理人,404ff; exactions of 代理人的苛捐杂税,406
advocatus of St. Peter 圣彼得的代理人,392
Aelfred 埃尔弗烈德,289
Aelphege, St. 坎特伯雷大主教,19

Aesir 埃西尔,379
aetheling 贵族,284
Aethelstan, king of England 埃塞尔斯坦,英国国王,182,185,226
Aethelwulf, king of Wessex 埃塞尔伍尔夫,威塞克斯国王,41
Africa (province) 非洲(行省),xix,4
ages, feudal, two 封建社会的两个阶段,60
Aghlabites 艾格莱卜,4
agrarii milites 农兵,180,184
agriculture, sparseness of 农业的荒疏状态,61
agriculture: nobles and 贵族和农业,302,329
aids, monetary 金钱援助,222ff
Aisne, river 纳河,69
Aix-la-Chapelle, 艾克斯拉沙佩勒, 见 Aachen
Alan Crooked-Beard 卷胡子阿兰,30
Alans 阿兰人,153
Alcuin 阿尔昆,42,53,55,183
Aldebert 阿尔德伯特,172
Alemannia 阿勒曼尼亚,398
Alemans 阿勒曼尼人,137
Alençon 阿朗松,46
Alexander 亚历山大,25

Alexis, St. 圣亚历克西斯,302
Alfonso the Wise, king of Castile 智者阿方索,卡斯蒂尔国王,321
Alfred, king of England 阿尔弗烈德,英国国王,22,40,48,53,73,75,232,234; fleet of 阿尔弗烈德的舰队,52
Alger 阿尔杰,172
alienation 转让:of fiefs 采邑转让,208ff; of property 财产转让,132,141
Alleu/allods 自主地,445; lawsuits and 诉讼和自主地,366; and nobility 自主地和贵族阶层,286
alleu/allods 自主地,171ff,248; in Aquitaine 阿基坦的自主地,175; in Germany 德国的自主地,180; and immunity 自主地与豁免权,245; in South Italy 意大利南部的自主地,188; rural 乡村自主地,243; in Saxony 萨克森地区的自主地,248,268
Alps 阿尔卑斯山,10,11
Alversham 阿尔沃尚,289
Amalfi 阿马尔斐,7,70
Amalings 阿马凌斯王朝,100
ambacte 被保护人,155
Amboise, Lords of 昂布瓦斯的领主们,285
Amiens, vidame of 亚眠的主教代理官,222
amusements 娱乐活动,303ff
Ancona, marquisate of 安科纳侯爵领,344
Andrew the Chaplain 安德鲁教士,309
Angevins 安茹王朝,134,430;又见 Plantagenets
Anglo-Saxon Chronicle《盎格鲁-撒克逊编年史》,45,62,75,234
Anglo-Saxon language 盎格鲁-撒克逊语,43f
Anglo-Saxon society, reasons for collapse 盎格鲁-撒克逊社会崩溃的原因,186
animals, wild 野兽,72
Anjou 安茹,195,197,205,215,231,264,438
annalists 编年史家,27f,65,89,96
Annamites 安南人,56
anointing: imperial 王室涂油礼,390; of kings 诸王涂油礼,380
Anse 昂斯,414
Anselm, St., of Canterbury 坎特伯雷的圣安塞尔姆,103,108,317
Anskar, St. 圣安斯卡尔,33,34
Antichrist 反基督,55,84
anticlericalism 反教权思想,348
Apocalypse 启示录,392
appeals 上诉,373
Apulia 阿普利亚,435
Aquitaine 阿基坦,77,89,176,380,396,397,413,423,424
Arabs 阿拉伯人,3ff,42; cavalry 阿拉伯骑兵,153; in South Italy 意大利南部的阿拉伯人,188; as sailors 阿拉伯水手,5
Aragon 阿拉贡,186,376
archaism, of German society 德国社会的拟古倾向,426
Archambaud, viscount 阿香博子爵,134
archieves 档案,422
Archipoeta 大诗人,104
architecture, Romanesque 罗马式建筑,60
Ardres 阿德尔,114,400
Arezzo 阿雷佐,127
Argenteuil 阿让特伊,130
Argento, Monte 阿根托山,4,5,55
Argonne 阿戈讷,382
Aribert, archbishop of Milan 阿里伯特,米兰大主教,198
aristocracy 贵族: in England 英国贵族,330f; hereditary 世袭贵族,284;又见

Aristotle 亚里士多德,105
Arles 阿尔,5; kingdom of 阿尔王国,277,279,413
armies, recruitment of 征募军队,151f
armorial bearings 纹章,328f,331
Armorica,阿莫利卡,见 Brittany
arms 军队: value of 军队的价值,152; Viking 维金人的军队,54
arms 武器: delivery of 武器的授受,313f; restriction on bearing 佩带武器的限制,289f
army, in England 英国军队,430
Arno, river 阿尔诺河,19
Arnulf of Ardres 阿德尔地方的阿尔努夫,99
Arnulf of Guines 吉讷的阿尔努夫,225
Arnulf, bishop of Soissons 阿尔努夫,苏瓦松主教,126
Arnulf, emperor 阿努尔夫皇帝,9,376,377,378
Arpad 阿尔帕德,13
Arques 阿尔克,128
Arras 阿拉斯,265,310; Abbey of St. Vaast 圣瓦斯特修道院,28
arrondissements 法国最小的行政区,363
art 艺术: in feudal society 封建社会的艺术,59f; Gothic 哥特艺术,104; Nordic, in Normandy 诺曼底的北欧艺术,50; Romanesque 罗马式艺术,104
Arthur, king 亚瑟王,95
Arthur, Prince 亚瑟王子,134
artisan class 手工业者阶层,71; artisans, fiefs of 手工业者的采邑,236
Artois 阿图瓦,160
Asia Minor, Byzantine reconquest of 拜占庭重新夺回小亚,4
assassinations, of kings 国王遭弑,381f
assimilation, linguistic 语言的同化,43

Assisi 阿西西,127
assize 条例: of arms 武器条例,330; of Jerusalem 耶路撒冷条例,452
Asturias 阿斯图里亚斯,186,266,375,380
Attila 阿提拉,100,101,136
Attoni 阿托尼,285
Augustine, St.圣奥古斯丁, xix,90,100,163
Austrasia 奥斯特拉西亚,285,396
Austria 奥地利,11,285; duchy of 奥地利公爵领地,201
autarky 自给自足,67
Autun 欧坦,396,397
Auvergne 奥弗涅,426
Auxerre 欧塞尔,215,416
Avallon 阿瓦隆,397
Avars 阿瓦尔人,9,11
Avesnes, lord of 阿韦讷的领主,214
avouerie, gens d' 受保护者,262
avouerie 代理人制,404
avoués 代表,173
Avranches 阿弗朗什,30,46
Azov, Sea of 亚速海,8

Babenbergs 巴奔堡家族,285
'bachelor' 低级骑士,332
bail féodal 封建监护权,328
bailiffs 管家,303,425
baillistre 代理人,201-202
Baldwin I, of Boulogne, king of Jerusalem 布洛涅地方的鲍德温一世,耶路撒冷国王,79
Baldwin II, count of Guines 鲍德温二世,吉讷伯爵,104f
Baldwin II, king of Jerusalem 鲍德温二世,耶路撒冷国王,136
Baldwin Iron Arm, count of Flanders 铁臂鲍德温,佛兰德伯爵,195

Baldwin IV of Flanders 佛兰德的鲍德温四世,418

Baldwin IV of Hainault 埃诺的鲍德温四世,304

Balearics 巴利阿里,5,19

Baltic 波罗的海: Islands 波罗的海岛屿, 37; sea 波罗的海,51,70

Balzac, H. de 巴尔扎克,102

banalités 勒索权,251

banneret 方旗骑士,333

ban 公职权,406,426

Barbary corsairs 巴巴里海盗船,19

Barcelona 巴塞罗那: Count of 巴塞罗那伯爵,233; county of 巴塞罗那伯爵领, 215,376; 'Usages' of 巴塞罗那的"习惯法",216,217,222,325,333,334

baron(s) 男爵(们),331,333,334

baronets 准男爵,331

barter 实物交换,67

Basle 巴塞尔,379

Basques 巴斯克人,376,397

Basses Marches 下边区,426

bastards 私生子,261

Bas-Limousin 下利穆赞,41

bath(s) 浴室,73

bath(s), of new knight 新骑士的沐浴, 316

battle, trial by 决斗裁判法,118,125, 360,367,373;又见 combat, judicial

Bauermeister 管家,337

Bavaria 巴伐利亚: bishoprics 巴伐利亚主教区,427; duchy of 巴伐利亚公爵领, 398; dukes of 巴伐利亚公爵,377,389

Bavarians 巴伐利亚人,137,284

Bavaria 巴伐利亚,9,10,11,66,139,267; duchy of 巴伐利亚公爵领,199,204

Bayard 贝亚德,316

Bayeux, bishop of 巴约主教,129,220

bayle 管家,337

Béarn 贝阿恩,372

bears 熊,72,114

Beaucaire 博凯尔,323

Beauce 勃斯,64

Beaulieu 博略,291

Beaumanoir, Philippe de 博马努瓦尔,腓力普·德,114,119,125,126,127,128, 134,138,139,181,228,316,322,323, 326,366,370

Beaumont-en-Argonne 博蒙昂纳尔戈讷, 276

Beauvais 博韦,413,414; Oath of 博韦誓约,414

Beauvaisis 博韦人,138,366; *Coutumes* of 《博韦人的习惯法》,119

Becket 贝克特,见 Thomas Becket

Bede 比德,42

Bedfordshire 贝德福德郡,47

Bédier, Joseph 比迪尔,约瑟夫,95

Bègue, Duke 贝格公爵,124

Bellême: house of 贝莱姆家族,285; lord of 贝莱姆的领主,333

Benedict, deacon 本尼狄克副主祭,91

Benedict, St., Miracles of 《圣本尼狄克的奇迹》,301

Benedict, St., Rule of 圣本尼狄克的教规,286,345

beneficium/benefit/bénéfice 恩地,164, 165,166; in England 英国的恩地,193; in Italy 意大利的恩地,178

Benevento 贝内文托,188

Benoît de Sainte-Maure 伯努瓦·德·圣莫尔,96

Beowulf 《贝奥武夫》,25,36,154,225

Berengar I, marquess of Friuli, king of Italy 贝伦加尔一世,弗留利的侯爵,意大利国王,55,379,382

Bergamo 贝加莫,402
Bernard of Chartres 沙特尔的伯纳德,104
Bernard of Comborn 康博恩的伯纳德,135
Bernard of Rethel 勒泰勒的伯纳德,94
Bernard, St., of Clairvaux 克莱尔沃的圣伯纳德,86,317
Bernay 贝尔奈,289
Bernicia 伯尼西亚,22
Bernier 伯尼尔,229,238
Berry 贝里,11,69,401,413,426; militia of 贝里的民兵,416,417
Bertrand de Born 伯特兰·德·博恩,131,233,293,296,297,298,301,332
Besançon 贝桑松,315,319,378
Bessin 贝桑,30,43,46,52
Bèze 贝兹,275; Annals of 贝兹编年史,89
Bible, and history 圣经和历史,90
Bigorre 比戈尔,229,303
biography, writing of 传记写作,89
Birka 伯卡,33
birth and privilege 出身和特权,328
bishoprics: heredity in 主教职位的世袭,350; sale of 主教职位的出售,350
bishops 主教: appointment of 主教的任命,348,350,351; counts 主教-伯爵,401f
Black Sea 黑海,66,153
Blois 布卢瓦: count of 布卢瓦伯爵,117,423; county of 布卢瓦伯爵领,195
blood-feuds 血族复仇,126ff, 134,139,414,416; curtailment of 血族仇恨的取消,142
blood-relationship, ties of 血缘关系纽带,123ff
boats, Northmen's 诺曼人的船只,16f,37
Boethius 波埃修斯,23
bol 中古丹麦农民土地的总称,49

Bologna 博洛尼亚,104,116,117
bondmen 契约奴,270; 又见 serfs
Bonizo, bishop of Sutri 博尼佐,苏特里主教,317,438
Book of Fiefs, Lombard 伦巴第的《采邑书》,216,234
bookland 特许保留地,133*n*
Bordeaux 波尔多,176,397,423
Bordelais 波尔多人,127
Boroughs, Five 五镇,45,51
boroughs 镇,22,48
Boso family 博骚家族,131
Boso 博骚,379
Bouchard of Vendôme 旺多姆的布沙尔,425
Boulainvilliers, Comte de 德·布兰维利耶伯爵,xvii,xviii,148
Boulogne, count of 布洛涅伯爵,172
boundaries, rural, fixing of 乡村边界的确定,339
Bourbon, castle of 波旁的城堡,401
Bourbonnais 波旁,401
Bourbons 波旁家族,284,450
bourgeois 市民,353;greater 大市民,355
Bourges 布尔日,70,397; county of 布尔日伯爵领,193
'boys' 年轻男仆,155f
Brandenburg nobles, privileges of 勃兰登堡贵族的特权,452
breach of homage, ceremonial 臣服毁弃仪式,228
Bremen-Hamburg, see of 不来梅-汉堡教区,14,33,34
Brennos 布伦诺斯,289
Brescia 布雷西亚,246
bridges 桥梁,61,69
Brigandage 抢掠行为,412
Brissarthe 布里撒特,194

Britain, Viking incursions 维金人入侵不列颠,23
Brittany 布列塔尼,30,166,380,397,425
broigne 锁金甲皮护胸,152
broigne 战袍,291
brotherhoods, peace 和平兄弟会,见 peace associations
brotherhoods 兄弟会,130
brothers, as successors 兄弟继承,200
Bruges 布鲁日,70,299,395,400
Brünhilde 布伦希德,101
Bruno, bishop of Toul 图勒主教布鲁诺,见 Leo IX
Brunswick and Lüneburg, duchy of 不伦瑞克和吕讷堡公爵领,181
brutality, legalized 合法化的残暴行为,115
bucellarii 家兵,154
Buckinghamshire 白金汉郡,47
Bulgarian empire 保加利亚帝国,8,9
Bulgars, Volga 伏尔加河畔的保加尔人,12
Burchard, bishop of Worms 伯查德,沃姆斯主教,91,411
bureaucracy, rise of 官僚体制的兴起,422
burgage tenure 租佃权,189
burgesses 市民,353—355
Burgundy 勃艮第,10,28,30,41,55,62,104,127,166,194,216,260,394,426,433,445; allods in 勃艮第的自主地,248; county of 勃艮第伯爵领,215; duchy of 勃艮第公爵领,201,380,397; kingdom of 勃艮第王国,160,284,379,396; king(s) of 勃艮第诸王,24,101,377; peace movement in 勃艮第和平运动,413
Burg 堡,353
burials, Northmen 诺曼人墓地,16

butler 仆役长,340
Byzantine empire 拜占庭帝国,444
Byzantium 拜占庭,295

Caen 卡昂,49,52,227,418
Caesar, Julius 恺撒,尤利乌斯,155
Caesarius of Arles 阿尔的恺撒里乌斯,362
Caesars 恺撒们,391
Caliphate 哈里发的地位,3
'call to the country' "国家的召唤",427
Camargue 康马格,5
Cambrai 康布雷,17,413
candles, for time-measurement 计时蜡烛,73
Canigou, abbey of La 卡尼古修道院,297
canon law, growth of 教会法的成长,110
Canossa 卡诺莎,396
Canterbury, archbishop of 坎特伯雷大主教,见 Thomas Becket
Canterbury 坎特伯雷,117; archbishop of 坎特伯雷大主教,见 Aelphege
cantons, chiefs of 地区的首领们,284
Capetians 卡佩王朝,69,174,196,217,284,372*f*,378,386,387*f*,397,418,422*ff*; and legal crystallization 卡佩王朝和法律的具体化,118; and 'seisin' 卡佩王朝与"依法占有权",115
capitalism 资本主义,445
capitularies 法规: Carolingian 加洛林法规,211,229; False 伪法规,91; last 最后的法规,109
captal 统领,333
Capua 卡普亚,188
Carinthia, duchy of 卡林西亚公爵领,199
Carloman 卡洛曼,159
Carolingians 加洛林王朝,196,285,376,378,383,387*f*,401,422,445,446; 'coercion' 加洛林王朝的强制,188;

disintegration of state 加洛林政权的瓦解,172,192; imitation, in England 英国对加洛林王朝的仿效,181; spoliation of clergy 加洛林王朝对教会的掠夺,165; work in Italy 加洛林王朝在意大利的事业,178

Caspian Sea 里海,66

castellany 城堡领地,372

Castile 卡斯蒂尔,186,266,376,443,446; epics of 卡斯蒂尔的史诗,101; kissing of hands in 卡斯蒂尔的吻手礼,228

castles 城堡,160,220,300ff,400; adulterine 非法城堡,401,431; French, defence of 法国城堡的防卫,180

Catalonia 加泰罗尼亚,70,115,186,203,213,271,326,418; liege homage in 加泰罗尼亚的绝对臣服,216; serfdom in 加泰罗尼亚的农奴制,266; 'Usages' of 加泰罗尼亚的"习惯法",见 Barcelona, 'Usages' of

catastrophes 灾难: final 最后的灾难,84; natural and social 自然和社会灾难,83

Caudebec 科德贝克,47

causes, major and minor 大案和小案,364,366

Caux 科镇,46,49,50,52,205

Cavaliacus 卡瓦利亚古,172

cavalry 骑兵,152ff; charge 骑兵的冲锋,153

Celtic legends 凯尔特传说,103

Celts 凯尔特人,37,247,248,375,397

cens 年贡,250

centenier 百户长,364

ceorl 自由民,289

chamberlain 财务管理员,340

Champagne 香槟,62,321,426; countess of 香槟女伯爵,74; county of 香槟伯爵领,425; fairs of 香槟集市,70

Chams 占人,56

chancery, letters of, 大法官证书,323

change, eternal 永恒的变化,91

Chanson d'Antioche《安条克之歌》,99

Chanson de Guillaume《纪尧姆之歌》,93,96,294

Chanson de Roland《罗兰之歌》,93,96,97,98,125,161,232,383,434,436

chansons 史诗,92ff,105; *rustiques* 乡村史诗,98

Charente, river 夏朗德河,17

Charlemagne 查理曼,7,15,19,93,96,98,152,179,339,355,388,391,394,416; and Avars 查理曼和阿瓦尔人,9,11; judicial reforms of 查理曼的司法改革,182,363; 'peers' of 查理曼的"贵族",333

Charles I the Bald, emperor and king of France 秃头查理一世,法国皇帝和国王,18,27,41,61,62,159,172,182n,193,194f,284,304,376,377,424,434,452

Charles II the Fat, emperor and king of France 胖子查理二世,法国皇帝和国王,18,27,193,376

Charles II, count of Provence 查理二世,普罗旺斯伯爵,321

Charles III the Simple, king of France 傻瓜查理三世,法王,29,235,287,384,385f,434,435

Charles Martel 查理·马特,153,157,165

Charles V, emperor 查理五世,皇帝,195

Charles VII of France 法国的查理七世,147

Charles, duke of Lorraine 查理,洛林公爵,386,387

Charroux, Council of 沙鲁会议,413,414

charters 契约: of customs 风俗特许契约,

276f；estate 地产契约，275；progress in drafting 契约拟订的进步，108；urban 城市契约，118f，277；vernacular 地方契约，105；又见 Great Charter

charters 特许状：French 法国特许状，425f；又见 Great Charter

Chartres 沙特尔，17；bailiff of 沙特尔的行政官，132，battle of 沙特尔之战，28，29；schools of 沙特尔的学校，103，104，306

chattelenie 堡领，401

Chester 切斯特，40

Chester, bishop of 切斯特主教，333；earldom of 切斯特伯爵职位，430

chevage 人头税，259f，261，262，263，267，269，271

chevalier 骑士，314

children 孩子，儿童：training of 孩子的培养，225f；as witnesses 儿童充当证人，114

chivalry, orders of 骑士团，449

Chrétien de Troyes 克雷蒂安・德・特鲁瓦，106，317，318，332

Christianity 基督教：Latin 拉丁基督教，107；organization in Hungary 匈牙利的基督教组织，14；in Scandinavia 斯堪的纳维亚的基督教，31ff；and war 基督教与战争，35f

church(es) 教堂：as fiefs 教堂作为采邑，174；and heritability 教堂与采邑继承，191，196；painting in 教堂中的绘画，82；parish 教区教堂，251f

Church, the 教会：and alienation 教会与采邑转让，208；and education 教会与教育，79，82；and freedmen 教会与获释奴，259；and private property 教堂与私人财产，131f；transfer of fief to 采邑转移给教会，209；and world, relations 教会和俗世的关系，86f；choice of dignitaries：高级教士的选择，348ff；courts of 教会法庭，360f；finances of 教会的财政，346；and knighthood 教会与骑士身份；318f；and peace 教会与和平，412f；and tournaments 教会与比武会，305

Châlon 沙隆，377

Cid, the 熙德，80，101，135，186，334

Cistercian monasteries 西多会修道院，104

Cité 城市，353，402

cities, tenements in 城市中的佃领地，246

clans 氏族，137

class 等级：distinctions, in England 英国的等级区别，183f，273；and vocabulary 等级与词汇，168；consciousness 等级意识，283；stratification of 等级层次，325

clergy 教士，345ff；political rôle of 教士的政治角色，80；spoliation of 对教士的剥夺，165

Clermont d'Auvergne 奥弗涅的克莱蒙，17

Clermont, Council of 克莱蒙市议会，215

clientela 被保护人，149

clocks, counterpoise 平衡钟，74；又见 water-clocks

Clontarf, battle of 克朗塔夫战役，43n

'close style' "谨严文体"，307

cloth trade 布匹贸易，70

Clovis 克洛维，179，381

Cluny 克吕尼，63，88，264，397；Abbot(s) of 克吕尼修道院院长，346，385，413

Cnut 卡纽特，24f，34，38，42，51，65，110，412

Coblenz 科布伦茨，378

codes 法典，360；penal 刑法法典，365

codes：legal, multiple 多重法规，111

coercion 强制，188

coins 货币，66f

colliberti/culverts 获释奴,262
Cologne 科隆,18,378
colonization. internal, Scandinavian 斯堪的纳维亚人内部的殖民化,38
colonus(-*i*) 隶农,257*f*
combat,judicial 司法决斗,366,又见 battle,trial by
Comborn, viscounts of 康博恩子爵,134*f*
commendatio/commendation/'commended man'委身制与委身者,146,150,156,161,346,349; in England 英国的委身制,181,270; for life 为生计而委身,158; in lower classes 下层等级的委身制,258
commerce 商业,见 trade
commise 没收,229
Commons: in England 英国的众议会,331; House of 议会下院,371
commune 公社,354; urban, in Italy 意大利的城市公社,403
communication, conditions of 交通状况,64
Commynes 科明尼斯,80,226
'companions'"亲兵",154,155,169,173,236
compensation, for injury or murder 伤害或杀人赔偿,129,138
Compiègne, Synod of 贡比涅宗教会议,227*n*
Compostela, St. James of 孔波斯特拉的圣詹姆斯,31,65,96
compurgation 保证誓言,124
comradeship 伙伴关系,236
comtors 伯爵,335
Concordat (of 1122) (1122 年的)协定,351
confession, auricular 秘密忏悔,106
Conrad I, archbishop of Salzburg 康拉德一世,萨尔茨堡大主教,170
Conrad I, king of Germany 康拉德 一世,德国国王,388
Conrad II, emperor 康拉德二世皇帝,24,62,79,89,92,198,199,237,391,409
Conrad III, emperor 康拉德三世皇帝,390
Conrad IV, emperor 康拉德四世皇帝,323
consecration 授职礼: of emperor 皇帝授职礼,390; of kings 诸王授职礼,380
Constantine 君士坦丁,391
Constantinople 君士坦丁堡,64,103; Latin empire of 君士坦丁堡的拉丁帝国,201
consuls 执政官,27
continence 节欲,308
contracts 契约: formalities of 契约形式,113; and manor expansion 契约和庄园扩张,245*f*
conversus 晚年从事教职的人,80
Corbie 科尔比,170
Cordova 科尔多瓦,5; caliph of 科尔多瓦的哈里发,7
Cork 科克,21
corn trade 谷物贸易,67
Cornelius 科尼利乌斯,289
Cornigliano,科尼格利亚诺,289
correspondence, family 家族通信,123
Cortenberg,Charter of 科登堡宪章,452
Cortés 代表会议,452
corvée 劳役,徭役,67,184
counsel 协商,410
count(s) 伯爵(们),355*f*; bishops as 主教做伯爵,402; in Germany 德国诸伯爵,426; and justice 伯爵与司法,363; relation to dukes 伯爵与公爵的关系,399;and vassals 伯爵和附庸,158
county(-ies) 伯爵领,400; acquired by kings;国王们获得的伯爵领,425; in

索 引

England 英国的郡,370; gifts of, to bishops 将伯爵领赠与主教,402; principalities and 大公国与伯爵领,394f; fragmentation 伯爵领的分割,204; as hereditary 伯爵领的世袭,199; as reward 伯爵领作为报酬,192;又见 courts
Couronnement de Louis《路易的加冕礼》,97n,235
coursing 追逐猎物,303
court(s) 法庭,304; baron 贵族法庭,367; county 伯爵领法庭,363f;370f,431; 'crowned' "朝廷",380; customary 习惯法庭,367; in England 英国的法庭,370f,431; in France 法国的法庭,371; in Germany 德国的法庭,371,373; hundred 百户区法庭,364,365f,371,372; royal 王室法庭,373; lord's 领主法庭,221f,229; royal, and manorial custom 王室法庭和庄园习俗,249;又见 justice
courtesy, 优雅, 305ff
Courtrai, battle of 库特赖之战,321,324
Coutances 库唐斯,30
crafts, entry into 行业进入,206n
criados 家内侍从,186
crop-rotation 作物轮种,61
cruelty, of Northmen 诺曼人的残忍,19
crusades 十字军,99,188,295f,436
Cunauld 库纳乌尔,20
currency 通货,66
custom(s) 习俗: bad 恶习,113; and law 习俗与法律,111; territorial, and group 地方和群体习俗,112
custom(s): regional, in France 法国的地方习惯法,426
Cynewulf 西奈伍尔夫,233
Cyprus 塞浦路斯,328
Côte d'Or 科多尔省,396

'dale' "长条地",49
Danegeld 丹麦金,431
Danelaw 丹麦法区,48,49,177,445
Danes 丹麦人,15,16,42,51f; in Normandy 诺曼底的丹麦人,52;又见 Denmark
Danube route 多瑙河道路,66
dating(末日审判)日期,84f
daughters, succession by 女儿继承权,200
Dauphiné, Statute of 多菲内法规,452
death penalty 死刑,364,365,372
death, premature 夭亡,72f
Decretals, Forged 伪教令集,91
Deeds of the Romans《罗马人的功绩》,105
deeds 契约,131f; exchange of 契约交换,113
Dées 迪埃斯,20
Defeux, Louis 德费乌克斯,路易斯,126
defiance 违抗行动,228
Deira 德伊勒,22,45
delle 长条地,49
demesne 领主自领地,241; dismemberment of 自领地的解体,253
demons 恶魔,83
denarii 第纳里,67,71
Denmark 丹麦,19,23,24,27,34; and Germany 丹麦和德国,35;又见 Danes
Déols, lord of 代奥勒的领主,416
'departure'(附庸)"离开",230
derogation,资格丧失,329
Deslandes, Captain 德兰德上尉,450
Devil, the 魔鬼,233
Dienstmänner,侍臣 337,342ff
Digest《法学汇纂》,116
Dijon 第戎,396
disingenuousness 虚伪,80

disinheritance 剥夺（采邑），229
disorder 混乱状态，350，408ff
distraint 扣押财物，367
Dithmarschen 迪特马申，137，140，247f
diutisc 古德语，435
djichs 武装匪徒，6
Dnieper, river 第聂伯河，8，10，66
dogma, flexibility of 教条的灵活性，82
Dol 多尔，423
Domesday Book《末日审判书》，185，245
domestic element, in vassalage 附庸制中的家庭因素，236
domestic offices 家内职务，337ff
Donation of Constantine《君士坦丁的赠礼》，91，391
Doon de Mayence《美因茨的杜恩》，231
Doon of Saint-Quentin 圣昆丁的杜恩，28，37
Douro, river 杜罗河，5
Dranse, river 德朗斯河，7
dreams 梦，73
dreng 德楞，48，177，184
dru 朋友，231
dubbing 骑士授封仪式，见 knight
Dublin 都柏林，21；king of 都柏林国王，43
duchies, German 德国的公爵领地，398f
dukes 公爵，395；又见 duchies
Durand, William, bishop of Mende 威廉·杜兰，芒德主教，216
Durand, William, bishop of Mende 芒德主教威廉·迪朗，315，319
duration 期限：of fiefs 采邑的期限，175，184，185；of military service 期限军役采邑 221
Durham 达勒姆，430
Duurstede 杜尔斯特德，26，32，39

Earls 伯爵，331，430；Anglo-Saxon 盎格鲁-撒克逊伯爵，429
earls, Anglo-Saxon 盎格鲁-撒克逊伯爵，193
East Anglia 东盎格利亚，17，22，45，370
Easter tables 复活节年表，27，85
Ebbo, archbishop of Rheims 艾博，兰斯大主教，17
Eberhard, bishop of Bamberg 埃伯哈德，班贝格主教，233
Eble, of Comborn 康博恩的埃布尔，135
Ebro, river 埃布罗河，5，376
échevin 陪审员，268，369
economy 经济，closed 封闭经济，67；natural 自然经济，66
edelinge 贵族，284
Edgar, king of Wessex 埃德加，威塞克斯国王，48，53
Edinburgh 爱丁堡，42
Edith, queen of England 伊迪丝，英国女王，432
education 教育：aristocratic 贵族教育，79；clerical 教士教育，82；decline of, and law 教育和法律的衰落，110；legal 法律教育，108；in twelfth century 12世纪的教育，104，422
Edward the Confessor, king 忏悔者爱德华国王，25f，38，185
Edward the Martyr, king 殉道者爱德华国王，381
Eigen 自己的，171
Eike von Repgow 艾克·冯·里佩高，268
Einhard 艾因哈德，168
election 选举：of bishops 主教选举，351；kingship and 王位与选举，383ff
electors, imperial 选帝侯，336
Ely chronicler 编年史作家伊利，170
emotional instability 情绪波动，73

emperor(s) 皇帝：Japanese 日本天皇，382；Roman 罗马皇帝，380；significance of title 皇帝称号的意义，390

emphyteusis 永佃地，179

Empire 帝国：Holy Roman 神圣罗马帝国，390*ff*；Roman 罗马帝国，422

Empire, Roman 罗马帝国，91

England 英格兰，英国，284，383，445；*banalités* 勒索权，251；Danish rule in 丹麦人对英国的统治，24*ff*；Danish threat to 丹麦人对英国的威胁，38；decay of kindred groups 家族群体的衰败，140；development of fief in 英国采邑的发展，181*ff*；effect of Viking invasions 维金人入侵的影响，40，42；heritability of fiefs 采邑的继承性，197；knight service in 英国骑士的役务，170；language in 英国的语言，43*f*；legal literature in 英国法律文献，110*f*；liege fealty in 英国的绝对臣服，216，218；manorial system 庄园制度，244；money fiefs in 英国的货币采邑，174；place-names 地名，47；primogeniture in 英国的长子继承制，205；town charters 城市特许契约，277；Viking settlements 维金人的定居，22*ff*；villeinage in 英国的维兰制，270*ff*；wardship in 英国对未成年孩子的监护权，202；administrative divisions 英国行政区划，398；coronation in 英国的加冕礼，380；evolution of nobility in 英国贵族的演变，329*ff*；evolution of State in 英国政权的演变，429*ff*；forests in 英国的王家狩猎区，303；judicial system in 英国的司法制度，370*f*；knighthood and heredity in 英国骑士资格和继承制，321；monarchies in 英国的君主制，375；peace gilds 和平协会，419*f*；private warriors in 英国的私家武士，449*f*；revolution 英国革命，448；serjeanty in 英国的管家，341

English language 英语，43，75

English missions in Scandinavia 斯堪的纳维亚半岛的英国传教团，33

Enns, river 恩斯河，9，11

enslavement, penal 刑事上罚没为奴，364

entail 限定继承权，204

Entre Deux 两国之间，378

environment, influence of 环境的影响，72

eorl 贵族，289

epics 史诗，298；anticlericalism 反教权思想，348；archaism of German 德国的拟古倾向，426

epics 史诗，92*ff*，101，103，235；courts in 史诗中的宫廷，221；and family reversion 史诗与家族继承权，195*f*

epidemics 流行病，73

Epte, river 埃普特河，29

equipment, military 军备，290*f*

era 纪元，时代：of Incarnation 道化肉身纪元，85；Spanish 西班牙时代，85

Ermentarius 埃尔门塔里乌斯，54，55

Ernaut of Douai 杜埃的厄尔努特，94

Ernst, Duke, *Lied* of 恩斯特公爵的《诗歌》，100

Estates, French, provincial 法国省区中产等级代表会议，426，452

estates, granting of 地产的授予，68

Esthonia 爱沙尼亚，24

Esturmi, count of Bourges 艾斯特米，布鲁日伯爵，93

Ethelred, king 埃塞赖德王，24

Eude, king of France 厄德，法国国王，195

Eure, river 厄尔河，17

Europe, the name 欧洲的名称，xx

Eusebius 尤西比乌斯，88

evil spirits 邪恶的精灵，106

Évreux, diocese of 埃夫勒教区, 29
exchange, mercantile 商品交换, 67 f

fabliaux 韵文故事, 339
faide 族间仇争, 126
fairs 集市, 70
'faith, ages of' "信仰时代", 81
Falaise 法莱, 227
family 家庭: contraction of 家族的缩小, 139; structure of 家庭的结构, 138 ff
famine 饥馑, 73
farae 法莱伊, 137
Faroes 法鲁, 21
fasti 年表, 27
father, succession by 采邑由父亲继承, 200
féal 效忠者, 48
fealty 效忠, 146 f; ceremony of 效忠式, 173; as family bond 作为家族纽带的效忠, 190; in Italy 意大利的效忠, 178 f
fees 采邑, 189, of professional men 职业人员的采邑, 168
felony 重罪, 217, 229
female succession 女性继承权, 200 f
féodalité 封建主义, xvii, xviii
feodum 采邑, xvii, 166
feos 采邑, 165 f
fertés 要塞, 300
feudalism 封建主义: meaning of 封建主义的含义, xviii, xx; basic features 封建主义的基本特征, 446; and Germanic invasions 封建主义与日耳曼人的入侵, 443; meaning of 封建主义的含义, 441 f; various forms 封建主义的各种形式, 441
fiefs 采邑: abridgement of 采邑的削减, 209; alienations of 采邑的转让, 208 ff; in Aquitatine 阿基坦的采邑, 176; *de chambre* 金钱采邑, 174; class distinctions 等级区别, 168; confiscation of 采邑的没收, 229; *de dignité* 职位采邑, 192, 194, 198 f; duration of 采邑期限, 见 duration of fiefs; ecclesiastical 教会采邑, 170; 'free' "自由"采邑, 168; heritability 继承性, 190 ff; history of word 采邑一词的历史, 165 ff; law of, codification 采邑法, 119; liege 绝对采邑, 217; limitations on nature of 对采邑性质的限定, 173; meaning 采邑的意义, xviii, 167; money, incomes as 金钱收入作为采邑, 174 f; in Normandy 诺曼底的采邑, 177; change of meaning 采邑意义的变化, 188; *de reprise* 回收采邑 173, 190, 197; rules of inheritance 采邑继承的规则, 123; as source of profits 采邑作为获利之源, 207; in Spain 西班牙的采邑, 187; 'of the sun' "阳光照得到的采邑", 172; Byzantine 拜占庭的采邑, 444; of serjeanty, 管家的采邑, 337 ff, 341
Field of Blood 血野之战, 136
fields: independent 独立地, 242; Norman 诺曼人的独立地, 52; square 四方形独立地, 49
Fiesole 斐索勒, 19
Finno-Ugrian language 芬兰-乌戈尔语, 8
Finns 芬兰人, 24
Flach, Jacques 弗拉克, 雅克, 441
Flanders 佛兰德, 65, 126, 129, 195, 220, 295, 326, 333, 372, 418; 'blades of' "佛兰德剑", 54; cloth trade in 佛兰德布匹贸易, 70; count of 佛兰德伯爵, 173, 174, 214, 232, 323, 395, 397n, 402; 佛兰德侯爵, 395; *mainmorte* in 佛兰德的永久管理权, 263; population 佛兰德的人口, 60
fleets, Northmen 诺曼人的船队, 16
Fleury 弗勒里, 17; abbot of 弗勒里修道院

院长,85

Flodoard of Rheims 兰斯的弗洛道特,12,28,29,40

Floovant《弗路凡特》,95,101

Florence 佛罗伦萨,324

Flotte, Pierre 弗洛特,皮埃尔,80

Folembray 福伦布雷,191

followers 侍从,220

Fontaines-lès-Dijon 第戎方丹,86

food-gathering 食物采集,72

foot soldier, decline of 步兵制的衰落,153

forage, lack of 饲料的缺乏,62

foreigners 外国人,261

forest land/forests 王家猎场,303

forest land/forests 林地/森林,61

Forez 福雷,246,248,266; count of 福雷伯爵,217

forgeries 赝品,91*f*

formariage 与庄园外部通婚,267,270,341

forswearing 发誓,140,190

fortresses 要塞,220,401; Saxon 萨克森的要塞,180; 又见 castles

fosterage 寄养,226

Fouquet, Nicholas 富凯,尼古拉,450

France 法国: charters of customs 法国的风俗特许契约,277; formation of national unity 法国国家统一的形成,176*ff*; inheritance in 法国的继承制,194*ff*; legal tradition in 法国的法律传统,109; marriages in 法国的婚姻,227; money fiefs 货币采邑,175; Scandinavians in 法国境内的斯堪的纳维亚人,26*ff*; Scandinavian influence 斯堪的纳维亚的影响,50; serfdom in 法国的农奴制度,260*ff*; South, development of fiefs in 采邑在法国南部的发展,176; succession in 法国的继承制,205; *taille* in 法国的人头税,223; chivalry in 法国的骑士制度,306; count-bishops in 法国的伯爵-主教,403; duke of 法国的公爵,396—397*n*,397; evolution of nobility in 法国贵族的演变,334*ff*; judicial system in 法国的司法制度,372; origin of name 法兰西名称的起源,434*ff*; primogeniture in 法国的长子继承制,385; reconstructed state in 法国的政权重建,422*ff*; royal, succession in 法国王权继承,383*ff*

Franche-Comté 弗朗什孔泰,397

Francia, East and West 东、西法兰西亚,376,378,434

Francis, St.,圣弗兰西斯,127

Franconia 法兰克尼亚,398,399,403,434

Franconia 弗兰科尼亚,267

francs hommes 自由人,287

francs-fiefs 自由采邑,287

Franks 法兰克人,434

frank-pledge 十家联保制,420

frank-pledge 十户联保制,271

Frederick I Barbarossa, emperor 红胡子腓特烈皇帝,108,117,204,224,229,290,321,323,343,385,392,409,427,428,429

Frederick I, duke of Swabia 腓特烈一世,士瓦本公爵,401

freedmen 获释奴,258,259; in Germany 德国的获释奴,267

freedom 自由: and nobility 自由与贵族,286*f*; purchase of, by serjeants 管家购买自由,342

freedom, meaning of 自由的含义,149

freemen, distinctions among 自由人之间的区别,256,286

Freinet, Le 桦树林 5–7,39,52,55

Fréjus 弗雷瑞斯,6

French language 法语,43; maritime terms in 法语中的航海词汇,53
French Revolution 法国大革命,xviii. 133, 148
Friedensbriefe 和平法令,419
'friends' "朋友",123*f*
friendship, promise of 友情诺言,450
friendship 朋友关系,231
Frisia 弗里西亚 27,36,53,126,129,137, 247*f*,251,267,445
Friuli, marquesses of 弗留利的侯爵,192, 377
Frode, king 弗罗德国王,431
frontiers 边境,382
fueros 风俗特许状,277
Fulbert of Chartres 沙特尔的富尔伯特, 65,219,228
Fulk le Réchin, count of Anjou 富尔克·勒·莱琴,安茹伯爵,89,134
Fulk Nerra, count 富尔克·奈拉伯爵, 134,196
Fulk, archbishop of Rheims 富尔克,兰斯大主教,384
Fürsten 诸侯,336
Fustel de Coulanges 菲斯泰尔·德·古朗治,432
fyrd 菲尔德,54

Gaeta 加埃塔,4,55,385,394
Galicia (Spain) 加利西亚(西班牙),5,186
game laws 狩猎法,303
Ganelon 加尼隆,95,102
garde noble 贵族的监护权,328
Garin le Lorrain 加林·勒·洛兰,136, 339
Garnier of Nanteuil 楠特伊尔的加尼尔, 225
Gascons 加斯科涅人,见 Basques

Gascony 加斯科尼,176,442
gasindus (*-i*) 亲兵,155; in Italy 意大利的亲兵,177*f*
gastaldi 王室总管,193
Gaul 高卢,434; companionage in 高卢的亲兵制,155; population movements 高卢的人口迁移,41*f*
Gaydon 《盖登》,332
Gelmirez, Diego, archbishop of Compostela 格尔米赖兹,迭戈,孔波斯特拉大主教,413
geneat 餐桌上的伙伴,182,183,184
generosity 慷慨行为,311
Genoa 热那亚,7
gens, gentes 族,氏族,137,140
gentilhomme 贵族,311
Geoffrey Martel 杰弗里·马特,134,196
Geoffroi le Bel, count of Anjou 杰弗里·勒·贝尔,安茹伯爵,104
Geoffroy de Preuilly 若弗鲁瓦·德·普罗利,304
geometry 几何学,75
Gérard de Roussillon 热拉尔·德·鲁西永,95
Gerbert of Aurillac 欧里亚克的格伯特, 63,79,179,386,387,432; 又见 Sylvester II
Gerhoh of Reichersberg 赖彻斯堡的格霍, 107
Germany 德国,376; count-bishops in 德国的伯爵-主教,403; break-up of State in 德国的分裂,426*ff*; development of nobility in 德国贵族的发展,336*ff*; duchies in 德国的公爵领,398*ff*; judicial system 德国的司法制度,371; peace movements in 德国的和平运动,418*f*; royal succession in 德国王室继承制, 388*ff*; *banalités* 德国的勒索权,251;

charters 德国的特许契约,277f; development of fief in 德国采邑的发展,179ff; epics of 德国的史诗,100f; inheritance in 德国的继承制,197ff; legal tradition in 德国的法律传统,109; money fiefs 德国的金钱采邑,174; national limits 德国的边界范围,35; peasant allods 德国的农民自主地,248; reliefs in 德国的慰问费,206f; and Rome 德国和罗马,148; serfdom in 德国农奴制,267ff

Geschlechter 部族,137,140

Gesella 大厅中的伙伴,182

gesith 亲兵,182

gesithcund 王室附庸,289

Gesta Dei per Francos《法兰西神歌》,436

gestes 史诗故事,92ff,105

Gévaudan 热沃当,131

Ghent 根特,124,299; abbey of St. Pierre 圣皮埃尔修道院,262

Gien 吉昂,207

gifts 礼物: to lords on succession 为获得继承权而给予领主礼物,205f; to vassals 给予附庸礼物,163f,169

Gilbert of Mons 蒙斯的吉尔伯特,172,290

Gilbert of Nogent 诺让的吉尔伯特,354

gilds 互助会,355,416; peace 和平互助会,419f

Gilles d'Orval 吉尔斯·多尔瓦,90

Gimignano, St.,圣吉米纳诺,41

Girart de Roussillon《吉拉特·德·鲁西永》,129,231,297,298,308,321,340,437

Giroys 吉罗瓦,127,141

Glaber, Ralph 格拉伯尔,拉尔夫,417

gladiators 斗士,155

Glanville, Ranulf 格兰维尔,雷纳夫,102,112,118,119

Godfrey of Bouillon 布永的戈弗雷,436

Godfrey of Lorraine, duke 洛林的戈弗雷公爵,98,198

Gog and Magog 戈格和默戈,55

Gokstad boat 戈克斯塔德船,16f

gold coinage 金币制,3,71; Arab 阿拉伯的金币制,65

Golden Bull《黄金诏书》,452

Gormont et Isembart《戈尔蒙与伊桑巴》,93,95,102

Goslar 戈斯拉尔,62

Goths, in Spain 西班牙的哥特人,375

Goths 哥特人,15n,153; 又见 Ostrogoths; Visigothic

Gournay 古尔奈,305

Graisivaudan 格累斯沃旦,6

Great Charter 大宪章,195,207,425,452

Greenland 格陵兰,16,19

Gregory of Tours 图尔的格利高里,36,88,155

Gregory the Great, St.,圣格利高里,33,100; *Pastoral Rule*《教士规则》,40

Gregory VII, Pope 格利高里七世教皇,62,106,390,419,428; 又见 reform, Gregorian

group consciousness 群体意识,432

guard, king's 国王的侍卫,155,156

guardianship 监护权,201f

Gudmar 古德马尔,51

Guérard, Benjamin 盖拉尔,本杰明,441

Guibert de Nogent 吉伯特·德·诺让,90,104,436

Guienne 吉耶讷,176

Guillaume d'Orange 奥兰治的纪尧姆,125

Guillaume, Count 纪尧姆,伯爵,93

Guines, count of 吉讷伯爵,172,304

Guizot, F. P. G. 基佐,148,382

Gundolf 冈多夫家族,289

Gundolfsheim 冈多夫什姆, 289
Gunther, bishop of Bamberg 冈特, 班贝格主教, 100
Guy of Spoleto 斯波莱托的盖伊, 376
Guy, bishop of Le Puy 盖伊, 勒皮的主教, 414
gyrovagi 游方修士, 63
Götar 哥塔尔人, 15, 23

Hacket 哈克特, 172
Hacquenville 哈肯庄园, 47
Hagano 黑格诺, 287
Hague fragment 海牙残篇, 92, 95
Hainault 埃诺, 127, 166, 172, 215, 232, 326; count of 埃诺伯爵, 140, 169, 173, 214
Hakon 哈肯, 47
Hamburg 汉堡, 33
hamlets 小村庄, 242
hands, joined, ceremony of 握手式, 151, 162, 183
hanging 绞刑, 228
Hanno, archbishop 汉诺, 大主教, 100
Hanover 汉诺威, 181
Harald Hardrada 哈拉德·哈德拉德, 26, 38, 226
Hariulf, chronicle of 哈里沃尔夫的编年史, 95
harness, as investiture gift 战具作为附庸式礼物, 206
harnessing 马匹挽具, 69
Harold II of England 英国的哈罗德二世, 26
Hartmann von Aue 哈特曼·冯·奥埃, 294
Hastein 哈斯顿, 47
Hastings, Battle of 黑斯廷斯战役, 26, 99, 184

'hatreds, mortal' "血海深仇", 128*f*
Hattentot 哈顿特, 47
hauberk 锁子甲, 291
hawking 擎鹰狩猎, 303*f*
health 健康状况, 72*f*
Hebrides 赫布里底群岛, 21, 38, 51
Heerschilde 骑士徽章, 336
heir, principles of choice 选择继承人的原则, 203; 又见 fiefs; inheritance; heritability
Heliand《赫里昂》, 167*n*
Hell, fear of 对地狱的恐惧, 87
Helmold 赫尔莫德, 83
Henri le Liberal, count of Champagne 亨利·勒·利伯拉尔, 香槟伯爵, 104
Henry I, king of England 亨利一世, 英国国王, 227, 381, 412*n*, 432; Laws of 亨利一世的法律, 232
Henry I, king of France 亨利一世, 法王, 72, 425
Henry I, king of Germany 亨利一世, 德王, 180, 389, 427, 435
Henry II, emperor 亨利二世, 皇帝, 384, 407, 409
Henry II, king of England 亨利二世, 英王, 112, 119, 134, 305, 330, 369, 430, 431
Henry III, Emperor 亨利三世, 皇帝, 79, 92
Henry III, king of England 亨利三世, 英王, 330
Henry IV, emperor 亨利四世, 皇帝, 89, 154, 199, 298, 381, 389, 419, 428
Henry of England, 'the young King' 英国的亨利, "年轻的国王", 304
Henry the Lion, duke of Bavaria and Saxony 狮子亨利, 巴伐利亚和萨克森公爵 180, 229, 428

Henry VI, emperor 亨利六世,皇帝,199, 200,201
Herbert de Vermandois 赫伯特·德·韦芒杜瓦,94,127,235
here 赫尔(丹麦军队),54
heresies 异端,310
heritability 继承:of kingship 王权继承, 383*ff*;in Germany 德国的王权继承, 389;of fiefs 采邑的继承性,190*ff*
Herroi 赫罗伊,172
Hervé 'the Francopol' "法国城的"埃尔韦,296
'hide' "海得",49
Hincmar of Rheims 兰斯的欣克马尔, 113,191
Histoire des ducs de Normandie《诺曼底公爵史》,96
history 历史:place of, in feudal life 历史在封建生活中的地位,88;writing of,历史写作 80
Hiung-nu 匈奴,8
hlaford 领主,182
Hohenstaufen emperors 霍亨斯陶芬诸帝, 174
Holland, county of 荷兰伯爵领,199
Homage 臣服,臣服式,臣服礼;ceremony of 臣服式,146*f*;conflicting 臣服冲突, 213;as expiatory act 作为赎罪行为的臣服式,161*n*;in Germany 德国的臣服式,180;in Italy 意大利的臣服式,179; liege 绝对的,见 liege homage;'of mouth and hands' "口头和手头上的臣服式",130,146,178,228;obligations of 臣服义务,219*ff*;plural 多重臣服, 211*ff*;servile 农奴的臣服,161;in Spain 西班牙的臣服,186;of ecclesiastics 教士的臣服礼,348,349*f*,352; gradation of acts of 臣服行为的层次,332;'of mouth and hands' "口和手的"臣服礼,341;post-feudal 后封建臣服礼, 449

homme de corps 人身束缚,261,266,279
homonyms 同名,140
homunculus 胎儿,148
'honours' "荣誉地",176,192,335;courts as 作为荣誉地的法庭,368;heritability of 荣誉地的继承,395
horses 马匹:role in England 马在英国的作用,184;use by Northmen 诺曼人使用马匹,17;war 战马,152
horses, war 骑马作战,290
horse-shoe 马掌,153
'Host, Great' "大部队",20
hour-glasses 沙漏,73
housecarl 家仆,182
household maintenance, of vassals 豢养家内附庸,170*f*
households, communal 共同家庭,131
'housing' vassals "安置"附庸,163,169*ff*
Hugh Capet 休·卡佩,212,233,386,424, 425
Hugh of Arles, king of Italy 阿尔的休,意大利国王,7,55,379
Hugh the Great, duke of France 大王休, 法国公爵,386,396
Hugh, relative of Charles the Fat 休,胖子查理的亲属,193
humanism 人文主义,104
hundred 百人会议,363,364,370;courts 百人法庭,见 courts
Hungarians 匈牙利人,3,8–14,42,400; conversion 匈牙利人的皈依,13*f*; methods of warfare 匈牙利人的战争方法,54;raids by 匈牙利人的入侵,9*ff*; way of life 匈牙利人的生活方式,12*f*
Huns 匈奴,91

hunting 狩猎,72,303f
Huon of Bordeaux 波尔多的休恩,298
Huy 于伊,90
hygiene, standard of 卫生标准,73
Höflich 优雅行为,306

Ibelin, Sire d' 德伊伯林家族,141,232
Iberian peninsula 伊比利亚半岛:charters of customs 伊比利亚半岛的风俗特许契约,277;colonization of 伊比利亚半岛的殖民化,69;feudalism in 伊比利亚半岛的封建主义,186f;population 伊比利亚半岛的人口,60;又见 Spain; Portugal
Ibn Khaldun 伊本·卡勒敦,54
Iceland 冰岛,19,21,35,36,38;chroniclers 冰岛编年史作家,90;genealogies 冰岛,族系,285
idiota 白痴,80
Île-de-France 法兰西岛,61,205,253,273,425
illiteracy 文盲,80
immunity 豁免权:Frankish 法兰克人的豁免权,245,362f;ecclesiastical,404 教会豁免权;judicial 司法豁免权,362ff,371;from raids, purchase of 法兰克人从入侵者手中购买豁免权,18;from raids, Western 西欧从入侵者手中购买豁免权,56
immutability 一成不变,90
Incarnation, era of 道化肉身纪元,85
indiction 十五年征税周期,85
indivisibility of fiefs 采邑的不可分割性,189,203f
Indo-China 印度支那,56
infant mortality 婴儿死亡率,72
infantry 步兵,291
Inge, king of Sweden 英奇,瑞典国王,34

ingenuus 真正的自由人,286
Ingleby 英国人的村庄,47
inheritance 继承权:in France 法国的继承权,194ff,in Germany 德国的继承权,197ff,on tenements 佃领地的继承权,250f;又见 heritability
initiation ceremonies 入会仪式,313
insecurity 不安全状态,410ff
insignia, royal, delivery of 王权象征物的移交式,380
institutions, legal, migration of 法律制度的转移,187
interpretation, and observation 诠释和观察,83
introspection 内心省思,106
investiture, ecclesiastical 神职的授封式,349,351,428
investiture 封地仪式,173,175,190,206;collective 集体封地仪式,203
Ireland 爱尔兰,18,21,51,226,445
Irnerius 伊尔内里乌斯,116
irrational, the 非理性,73
Islam 伊斯兰,3ff
Issoudun 伊苏丹,401
Italy 意大利,216;absence of epic in 史诗在意大利的缺乏,101;Arabs in 意大利的阿拉伯人,4;development of fiefs in 采邑在意大利的发展,177ff;felony in 意大利的重罪,229;hereditary fiefs in 采邑在意大利的继承,197ff;Hungarians in 匈牙利人在意大利,9ff;law and education in 意大利的法律和教育,110;and money fiefs 意大利与金钱采邑,174;multiple codes in 意大利的多种法典,111;and Roman law 意大利和罗马法,116;servitude in 意大利的奴役制,266;and imperial title 意大利与帝国称号,390;kingdom of 意大利王国,

377；Norman states in 意大利的诺曼政权，295；Southern, Islam and 伊斯兰教和意大利南部，4；Southern 意大利南部，又见 Sicily；written contracts in 意大利的成文契约，113

Ivo of Chartres 沙特尔的伊沃，212，384，388

Ivrea, marquises of，284，377 伊弗雷亚的侯爵们

James I of Aragon 阿拉贡的詹姆斯一世，321

Japan 日本，211，213，228，382，446 f，452

Japanese 日本人，56

jarls 首领，22 f，45，48

Jeanne d'Arc 贞德，138

Jerome, St.，圣哲罗姆，88，107

Jerusalem, kings/kingdom of 耶路撒冷诸王/王国，119 n，218

Jerusalem：Assizes of 耶路撒冷条令，452

Jews 犹太人，261

John of Salisbury 索尔兹伯里的约翰，316，317

John, king of England 约翰，英国国王，108，134，229，348 n

John, marshal of England 约翰，英国典礼官，135，136

Joinville, Jean de 儒安维尔，让·德，124，136，174，234 f

jongleurs 行吟诗人，94，97，99

Jordanes 约尔丹内斯，379

Joseph II, emperor 约瑟夫二世皇帝，195

judges 法官：king as supreme 国王作为最高法官，372；knights as 骑士作为法官，303；lords as 领主作为法官，359；retainers/serfs as 扈从/农奴作为法官，339，344

Judgment, Last 最后的审判，84

Judith, Book of 犹滴传，25

jurisdiction 司法权：ecclesiastical 教会司法权，361；in England 英国的司法权，370 f；in France 法国的司法权，372；in Germany 德国的司法权，371 f；limits of 司法权的范围，361；private 个人司法权，362

jurisprudence 法律：revival of 法律复兴，108；unification of 法律的统一，118；又见 law

jurors 陪审员，363，364，369，372

justice foncière 领地司法，367

justice 司法：administration of 司法机关，359 ff；Church courts 教会法庭，360 f；courts of 法庭，359，又见 courts；'high', 'middle', and 'low' 高、中、低级法庭，334，364，366 f，370；knights and 骑士和法庭，303；merchants' courts 商人法庭，360；territorial and personal 领地和私人法庭，367

justice, and freedom 正义和自由，273

justice, *haute* 高级裁判权，251

Justinian, Code of 查士丁尼法典，117

justitia, meaning 司法的含义，360

Jutland 日德兰，15，37

Kairouan 凯万，4

Kempten 肯普滕，287

Kent 肯特，20，370

Kerlinger 查理的臣民，424，434

Khazars 哈扎尔人，8

Khmers 高棉人，56

Kiev 基辅，10，66

king(s) 国王(们)：and liege homage 国王(们)与绝对效忠，218；power of, in Spain 西班牙国王的权力，187；relation to subjects 国王与臣民的关系，150；Scandinavian, and Christianity 斯堪的

纳维亚国王与基督教,32ff;duties of 国王的职责,408; as feudal superior 国王为最高领主,383;healing power 国王的治病能力,381,388;heredity and election 王位继承和选举,383ff;and judicial system 国王和司法制度,372f;and priesthood 国王与教士地位,380f;relation to subjects 国王与附庸的关系,382;sacred character 国王神圣性,380f

kinship and feudalism 血缘关系与封建主义,443

kinship groups 亲属关系群体,123ff;attenuation of 亲属关系的减弱,139–140,142;tightening of 亲属关系的加强,142;and vendettas 亲属关系与血族复仇,126;withdrawal from 脱离亲属关系,139;dual character 亲属关系的双重性,137;and vassalage 亲属关系和附庸制,233f

kiss,and homage 亲吻礼与臣服,162,180;in Spain 西班牙的亲吻礼,186

knight 骑士,290,291,294;dubbing 骑士授封,311,312ff;life of 骑士的生活,294ff;'non-noble' 非贵族骑士,340;serf 农奴骑士,337ff;status of 骑士的地位,314

knighthood 骑士身份:in England 英国的骑士身份,330;hereditary character 骑士身份继承性,320f;qualifications for 骑士资格,320ff;sale of 出售骑士身份,324f;peasant,in Span 西班牙农民的骑士身份,187

knights of the shire 郡选骑士,331

knights' fees, number of 骑士采邑的数量,74

knights-errant 游侠骑士,295

knight 骑士,162,182,183,184

Kriemhild 克伦希德,136

l'Archambault,castle of 阿香博城堡,401

La Cava, abbot of 拉·卡瓦修道院院长,323

La Ferté-sur-Aube 奥布堡,30n

La Garde-Freinet 桦树林堡,5n

La Garde-Guérin 拉加尔德-盖兰,325

labour 劳动,agricultural 农业劳动,173;services 劳役,241,244,250,273;reduction in 劳动的减少,253

ladies, great 贵妇,307

$laen$ 借用地,185

Lagny 拉尼,262

laity, and literacy 世俗社会和文化程度,80f

Lambert of Ardres 阿德尔的兰伯特,302

Lambert of Hersfeld 赫斯菲尔德的兰伯特,65,89

Lancashire 兰开夏郡,45

lance 长矛,291

Lancelot 朗斯洛,317,319

land tenure and knighthood 土地占有权与骑士身份,330

land tenure 土地佃领制,68f,115f;in England,free and unfree 英国境内自由和非自由佃领制,189

land 土地;grants of, to vassals 授予附庸的土地,164;sale of 土地的出售,132f;surrender for protection 为得到保护交出土地,171

$Landnáma$ 定居,21

$Landrecht$ 乡村普通法,181,189,204

$Landsassen$ 土地上定居的人,267

Langres 朗格勒,402,403

Langton, Stephen 兰顿,斯蒂芬,108

language 语言;dualism in 语言二元制,75,77;English 英语,43,75;Finno-Ugrian 芬兰-乌戈尔语,8;French 法语,

43；German 德语，76；national 民族语言，75*f*；Nordic 北欧语言，43；Scandinavian influence on 斯堪的纳维亚人对语言的影响，43；and German 语言和日耳曼人，435；and nationality 语言和民族性，435*f*；又见 Anglo-Saxon；Latin；Provençal；Romance languages；Scandinavian languages；Turkish languages
Languedoc 朗格多克，70，166，216，415，418，425，436；Declaration of Communes of 朗格多克公社宣言，452
Laon 拉昂，98*f*，366；bishop of 拉昂主教，386
Lara 拉腊，127
largesse 慷慨施舍，311
Laten 获释奴，267
Latifundium(-*a*) 大农庄，243，253，258
Latin 拉丁语，75*f*，432
Lausitz(Lusatia) 劳斯茨（卢萨提亚），63，199
law 法律：duality, in Germany 德国法律的两重性，181；personality of 法律属人，111*f*，150；Roman, decay of 罗马法的衰败，109*f*；——revival of 法律的复兴，116*ff*；Scandinavian 斯堪的纳维亚法，47*ff*，teaching of 法律教学，103；texts 法律文献，109；variability of 法律的多样性，113；Visigothic 西哥特法，157*f*；common 普通法，426；of nobles 贵族的法律，327*ff*
Le Mans, commune of 勒芒公社，417
Le Mans, count of 勒芒伯爵，213
Le Puy 勒皮，416*f*，423；Synod of 勒皮宗教会议，414
lease, three-generation 三代出租期，185
Lech, battle of the(Lechfeld) 莱希河之战，11
legates, Papal 教皇使节，65

Lehn 采邑，167，187
Lehnrecht 采邑法，181，189，204
Leibeigenschaft 农奴制，269，279
Leicester 莱斯特，48
Leitha, river 莱塔河，11
Leo IX, Pope 利奥九世，教皇，350
Leo the Wise, emperor 智者利奥皇帝，13
Leon 莱昂，186，266，376，391，413，442，446
Lérins 莱林斯，7
leudes 近臣，150
levy, general 普遍征兵制，152，329*f*
Lewis the German 日耳曼人路易，231，284，304，376*f*
liberties, ecclesiastical 教会特权，404
libertinism 放荡行为，308
Libri Feudorum《采邑书》，178
Liege 列日，419
Liège, bishops of 列日主教，90
'liege' homage"绝对"臣服，214*ff*
life, expectation of 平均寿命，72
Lille 里尔，139
Limerick 利默里克，21
Limoges 利摩日，172，296；Council of (1031)利摩日宗教会议，82，232；Viscountess of 利摩日子爵夫人，43
Limousin 利穆赞，61，311
Lincolnshire 林肯郡，45
Lindisfarne 兰迪斯法内，53，55
Lisois, lord of Amboise 利斯瓦，昂布瓦的领主，138
literati, and rulers 文化和统治者，79
literature, vernacular 方言文学，105
literature：knights and 骑士与文学，307
litigation 诉讼，见 justice
liveries 服役队，450
Livy 李维，88
Loire, river 卢瓦尔河，10，17，28，30，38，

397

Lombards 伦巴第人: feudal gradations among 伦巴第人的封建等级,197f; In South Italy 意大利南部的伦巴第人,188; kingdom of the 伦巴第王国,7,377

Lombardy 伦巴第,403; cloth trade 伦巴第的布匹贸易,70; law of fiefs in 伦巴第的采邑法,119; population 伦巴第的人口,60

Londe, forest of 兰德森林,46

London 伦敦,18,42,124,419

'long ships' "长船",16

Lorch 洛奇,14

'Lord, Great', of Hungarians 匈牙利人的"大头领",13

'lord' "领主",146,157; natural 天然领主,190; origin of name 领主名称的起源,182; relation to vassal 领主与附庸的关系,158

'lordless man' "无领主之人",157,182,224

Lorraine 洛林,10,245,275,276,342,387,396,403,413,419,434,436; duchy of 洛林公爵领,398

Lorrains 洛林人,96,127

Lorris 洛里斯,276

Lothar I, emperor 罗退尔一世皇帝,340,377,378

Lothar II, of Lorraine 洛林的罗退尔二世,18,378,434

Lotharingia 洛塔林吉亚,227,228,277,378,419,424

Lothian 洛锡安,375; duchy of 洛锡尔公爵领,399

Louis I the Pious, king of France 虔诚者路易一世,法国国王,26,33,36,40,90,109,159,163,191,192,284,287,377,390,394,435

Louis II, king of France 法王路易二世,315

Louis III the Blind, emperor 瞎子路易三世皇帝,379

Louis III, king of France 路易三世,法国国王,55,93

Louis IV, d'Outremer, king of France 路易四世,法国国王,202,285,386

Louis IX, St., king of France 圣路易九世,法国国王,127,129,174,212,249,262,298,306,318,323,352,376,412

Louis of Provence 普罗旺斯的路易,379

Louis V, king of France 路易五世,法王,386

Louis VI the Fat, king of France 胖子路易六世,法国国王,69,72,86,265,314,380,388,406,418

Louis VII, king of France 路易七世,法国国王,262

Louis VIII, king of France 路易八世,法国国王,425

Louis XI, king of France 路易十一,法国国王,449

Louis XIV, king of France 路易十四,法国国王,448

Louvain, House of 卢韦恩家族,399

love, courtly 优雅爱情,233,308f

Low Countries 低地国家,70,299

Lübeck 吕贝克,299

Lucca 卢卡,41,178,285

Ludolfings 鲁道芬家族,284,285

Lull, Ramon 鲁尔,拉蒙,312,317,319,321,346

Lund 隆德,35

Lüneburg, abbey of St. Michael 吕讷堡圣米歇尔修道院,340

Lupus, Servatus, abbot of Ferrières 卢普斯,瑟瓦图斯,费里耶尔修道院院长,

191
Lusatia 卢萨提亚,63；又见 Lausitz
Lyonnais 里昂人,378
lyric poetry 抒情诗,106,307

missi 钦差,394
Machiavelli 马基雅维利,80
Magdeburg 马格德堡,14
Magen und mannen 肚子和亲兵,124
'magnates'"权贵",333
Magnus the Good 好人马格努斯,34
Magyars 马扎尔人,见 Hungarians
Maillezais 马耶赛,168
mails 通信业务,64
maimbour 保护权,150,157,159,367
Main, river 美因河,398,434
Maine, county of 曼恩伯爵领,400
Maine 曼恩省,30n
mainmorte 永久管理费,206,263,341,448
maintenance 非法援助,450
Mainz 美因茨,376；abbey of St. Alban 美因茨圣阿尔班修道院,315
maire 管家,337,338ff
Maitland 梅特兰,xxi
Maldon, battle of 莫尔登之战,44
Man, Isle of 马恩岛,21
'man', being the 作为"人",145
Manasses, archbishop of Rheims 玛那西斯,兰斯大主教,347
mancipia 奴隶,258
Manichaeanism 摩尼教,82,106
manor(s) 庄园,173,241ff,288；custom of the 庄园习俗,248ff；in England 英国庄园,270ff；German 德国庄园,269；not a feudal institution 非封建制度的庄园,279；post-feudal 后封建庄园,279；rise of, in Empire 帝国庄园的兴起,244；size of 庄园规模,242

manorial system 庄园制度,49f,442；survival of 庄园制度的遗存,448；in Germany 德国庄园制度,267ff
manor-house 庄园住宅,300
Mansurah 曼苏拉,124,307
mansus(-*i*) 份地,243,332
manumission 释放,259
Marcel, Étienne 马塞尔,艾蒂安,325
Marignano 马里纳诺,316
markets 市场,67；as fiefs 市场作为采邑,174；Viking 维金人的采邑,21,22
Markward of Anweiler 安未勒的马克沃德,343
Marmoutier, abbey of 马尔穆迭修道院,267
marquises 侯爵,395
marriage 婚姻,135,226ff；consanguineous 血亲婚姻,139n；repeated 再婚,136；of serfs 农奴的婚姻,263,267；of tenants 租佃农的婚姻,258；of wards 被监护人的婚姻,203；of clergy 教士的婚姻,345；restriction of 对婚姻的限制,328；of retainers 扈从的婚姻,341；又见 remarriage
Marseilles 马赛,6,7
marshal 典礼官,340,343
Martel, Charles 马特,查理,见 Charles Martel；Geoffrey,见 Geoffrey Martel
Martigny 马蒂尼,39
Mass, the 弥撒,82
Massif Central 中部高地,397,418
mathematicians 数学家,74f
mathematics 数学,103
Maurille, archbishop of Liège 莫里勒,列日大主教,63
Mauvoisin, Guy de 毛瓦辛,盖伊·德,124
May-day festivals 五朔节,83

Maïeul, abbot of Cluny 梅艾乌尔,克吕尼修道院院长,7
Meaux 莫城,425
Mediterranean, Vikings in 地中海的维金人,19
Meissen 迈森,199
Melun 默伦,233,423
memory, and law 记忆和法律,114,115
mercenaries 雇佣军,290
merchant class 商人等级: as fighters 商人等级作为战士,290; and knighthood 商人等级和骑士身份,322
merchant class 商人阶层,71
Mercia 麦西亚,18,22,42,45,391
Méréville 梅雷维尔,64
Merovingians 墨洛温王朝,36,80,101,149,283,388,394; judicial system 墨洛温司法制度,363; military system 墨洛温王朝的军事制度,152; society under 墨洛温社会,148
Merseburg 梅泽堡,193
Messay 梅塞,20
Metz, abbey of St. Arnulf 梅斯地方的圣阿努尔夫修道院,275
Meurthe, river 默尔特河,10
Meuse, river 默兹河,179,306,376,378,382
Mexico 墨西哥,243
middle classes, urban 城市中产等级,69
migrations 迁徙: Germanic 日耳曼人的迁徙,15; Scandinavian 斯堪的纳维亚人的迁徙,16; causes of 迁徙的原因,36 f
Milan 米兰,198
miles 士兵,161 f
millennarianism 千年至福思想,84
ministeriales, imperial, investiture of 帝国侍臣封地仪式,200
ministeriales 侍臣,337 ff

Minnesang 爱情诗,310,317
minors, as heirs 庄园继承,201 f
minting 铸币,66
missi 钦差,62
missions, Christian 基督教传教团, to Hungary 前往匈牙利的基督教传教团,14; to Scandinavia 前往斯堪的纳维亚的传教团,33 f
Mistral 米斯特拉尔,176
mithium 保护制,450
Mjösen, lake 米约萨湖,23
Modena 摩德纳,41
Molesmes, abbey of 莫莱斯梅斯修道院,63
monarchies (-y): English 英国君主,272
monarchies (-y) 君主制: English 英国君主制,375; European 欧洲君主制,375 ff
monasticism, decay of 修道院活动的衰落,40
money 金钱,66—68,70 f,174; payments, on investiture 为举行封地仪式支付的钱款,206; 又见 aids
Mongolia 蒙古,13
Mongols 蒙古人,54,56
monks 修士,345; and epics 修士和史诗,95 f,98; wanderings of 修士的游历,42,63
monopolies 垄断,251
Mons-en-Pevèle, battle of 蒙斯-恩佩文利战役,323
Mons 蒙斯,74
Montbrison, Hospitallers of 蒙布里松教士救护团,246
Montesquieu 孟德斯鸠,xvii,xviii,190,426,441
Montfort, Simon de 西蒙·德·蒙福尔,316; sire de 蒙福尔老爷,265,400

Montmorency, lord of 蒙莫朗西的领主, 130
Montpellier 蒙彼利埃, 117
Mont-Saint-Michel 圣米歇尔山, 333
morality 道德, 308
Morava, river 摩拉瓦河, 11
Moravians 摩拉维亚人, 9
Morigny, abbot of 莫里格尼修道院院长, 215
Morocco 摩洛哥, 18
Morville-sur-Nied 尼德河上的莫维尔, 275
Moselle, river 摩泽尔河, 40
motte 土丘, 301
mund 保护, 181
mundium (强者对弱者的) 保护, 150
mundporo 庇护者, 225
Muntmen 委身者, 269
Mur, river 穆尔河, 11
murder 凶杀, 128f
myths 神话, 82
Mälar, Lake 梅拉伦湖, 15

names 名称: family 族名, 140f; personal 人名, 45, 137; place 地名, 46f
name-giving 命名法, 137
Namur 那慕尔, 215
Nantes 南特, 18, 27, 30, 397
Naples 那不勒斯, 394
Narbonne 纳博讷, 413, 423; Council of 纳博讷会议, 414
nationality 民族性, 431ff
nature-rites 自然崇拜仪式, 82f
nature 自然, 72; inadequate knowledge of 自然知识的缺乏, 83
Navarre 纳瓦拉, 376
Neustria 纽斯特里亚, 19, 176, 396
Nevers 讷韦尔, 426; count of 讷韦尔伯爵, 323

Newfoundland 纽芬兰, 20
Nibelungenlied《尼布龙根之歌》, 100, 136, 295, 308
Nicholas I, Tsar 沙皇尼古拉一世, 158
Nidaros 尼达罗斯, 35
niefs 受出身限定的人, 270, 271
nobility 贵族, 283ff; distinctions among 贵族的差别, 332ff; evolution in England 英国贵族的演变, 329ff; — in France 法国贵族的演变, 334ff; — in Germany 德国贵族的演变, 336ff; exclusivity of 贵族的排他性, 328f; letters of 贵族证书, 323, 331; revolt against 反对贵族的起义, 325; rules of conduct 贵族的行为准则, 305ff; as warriors 贵族武士, 289; 又见 knighthood; knights
'noble', meaning "贵族"的含义, 286ff
Nogi, Marshal 乃木希典大将, 211
Noirmoutier 努瓦尔穆捷, 20, 21
nomads 游牧民族: Asiatic 亚洲的游牧民族, 8; military superiority 游牧民族的军事优势, 54
non-prejudice, charters of 非伤害性契约, 115
Norbert, St. 圣诺伯特, 84
Nordic language 北欧语言, 43
Nordman 北方人, 15
Norfolk 诺福克, 370
Norman Conquest of England 诺曼人征服英国, 26, 270
Normandy 诺曼底, 49, 266, 295, 313, 326, 372, 380, 418, 425, 428; abbeys 诺曼底修道院, 63; development of fiefs in 诺曼底采邑的发展, 176f; duchy of 诺曼底公爵领, 26ff, 202; duke(s) of 诺曼底诸公爵, 48, 52, 205, 220; — and names 诺曼底和地名, 46; female succes-

sion in 诺曼底的女性继承,200; heritability of fiefs 诺曼底的采邑继承制,197; law in 诺曼底法律,48; liege homage in 诺曼底的绝对臣服,215; of the Loire 卢瓦尔河上的诺曼底,30; names in 诺曼底的人名,45f,141; origins of invaders 诺曼底入侵者的起源,52; peasant warriors in 诺曼底的农民武士,50; place-names 诺曼底的地名,46; seneschal of 诺曼底管家,125; succession in 诺曼底的继承制,205; wardship in 诺曼底的监护制,202;duke(s) of 诺曼底公爵,418;origin of 诺曼底的起源,307;peace associations 诺曼底和平联盟,418;peasant warriors in 诺曼底农民武士,445

Northmen 诺曼人,4,12,15ff,400;又见 Vikings

Northumbria 诺森伯里亚,42; abbeys 诺森伯里亚修道院,42

Norway 挪威,15,23,24,25,38; Christianity in 挪威的基督教,33; English influence in 英国对挪威的影响,34

Norwegians 挪威人,51; in Normandy 诺曼底的挪威人,52

notaries 公证员,78

Notker, bishop of Liège 诺克尔,列日主教,76

Novalesa 诺瓦莱萨,6,98

Novgorod 诺夫哥罗德,70

Noyon, assembly of 努瓦永会议,386

Noyon-Tournai,bishop of 努瓦永-图尔奈主教,418,423

number, vagueness regarding 对数字的模糊认识,74

Nîmes 尼姆,10,12

oath 誓言,誓约: respect for 对誓言的尊重,237; of security 保证誓言,220; collective, of burgesses 市民集体誓约,354f,417;exacted by Willian I 威廉一世强迫全体附庸宣誓,431;judicial 司法誓言,360;knight's 骑士誓约,317; mutual 相互间的誓约,445; of prelates 高级教士的誓约,352

oath-helping 发誓作证,124

obedience, freedmen and 获释奴与服从,258,260

obligations 义务: of homage 臣服义务,219ff; of lord 领主的义务,224; manorial,stabilization of 庄园义务的稳定性,276; reciprocity of 义务的相互依存,227f; of tenancy 租佃义务,249f; uncertainty of, and villeinage 义务的不确定性和农奴制,279

Odo of Blois 布卢瓦的奥多,423,425

Odo, king of Francia 奥多,法兰西亚王,29,30,376,385f,433

Odo, St.圣奥多,63

offices, remuneration of 职位报酬,192f

officials, Carolingian 加洛林王朝官员,157,159

oil, coronation 涂油礼,381

Oise, river 瓦兹河,69

Olaf Tryggvason,奥拉夫·特里格瓦逊,23,32

Olaf, St. 圣奥拉夫,30ff,35,43; *Saga of* 圣奥拉夫传奇,38

old age 老年期,72f

Oliver 奥利弗,102,294

olive-tree 橄榄树,97

Oppenheim 奥彭海姆,326

ordeals 神命裁判,360

Ordene de Chevalerie, L'《骑士的勋位》,317,318,319

Ordericus Vitalis 奥德里库斯·维塔利斯,

400
orders, three 三个等级, 291f
ordo 阶层, 314
origins, of Viking invaders 维金人侵略者的起源, 51f
Orkneys 奥克尼, 21
Orleans 奥尔良 17, 18, 69, 227, 397; sub-dean of 奥尔良副主教, 130
orphans 孤儿, 191, 202
Osbern 奥斯本, 45
Oslo fjord 奥斯陆峡湾, 23
Ostarrichi 奥斯塔里奇, 11
Ostrogoths 东哥特人, 100
Otranto 奥特朗托, 10
Otto I, the Great, emperor 奥托大帝, xx, 7, 11, 55, 76, 79, 81, 86, 92, 201, 377, 389, 390, 391, 392, 393, 410, 428
Otto II, emperor 奥托二世, 皇帝, 4, 79
Otto III, emperor 奥托三世, 皇帝, 79, 83, 92, 179, 391, 392, 393, 424
Otto of Freising 弗赖辛的奥托, 12, 14, 84, 91, 295, 322, 409
oubliettes 地牢, 302
Ouche, river 乌什河, 396
Oudenarde 奥登纳尔德, 139
Ouse, river 乌斯河, 17
Ousâma 乌萨玛, 291
Ouzouer, Thomas d' 乌佐尔, 托马斯·德, 126
over-population, Scandinavian 斯堪的纳维亚半岛的人口过剩, 37
ownership, conception of 所有权概念, 115f

paganism, in Scandinavia 斯堪的纳维亚的异教, 31f, 35
page 侍童, 225
Palaiseau 帕莱索, 137

Pannonia 潘诺尼亚, 14
papal government, and fiefs 教廷和采邑, 179
parage 帕拉日, 205, 207f
parcenary 共同继承权, 131
Paris 巴黎, 18, 21, 39, 69, 84, 86, 104, 397, 425; *Parlement* of 巴黎最高法院, 324, 329; Abbey of Sainte-Geneviève 巴黎的圣日乃韦修道院, 421n
Paris, Gaston 帕里斯, 加斯东, 90, 99
parish clergy 教区教士, 82
Parliament 议会, 426, 452
participation 参与, 116
Passau 帕绍, 14
Patrimony of St. Peter 圣彼得的遗产, 179
patriotism 爱国主义, 436
patron saints 圣徒保护神: English, in Sweden 瑞典的英国圣徒保护神, 34; invocation of 对圣徒保护神的祈求, 84
patronage, Church 教会庇护权, 252, 350
patron-client relationship 保护-被保护关系, 149, 164, 188
Paul Orosius 保罗·奥罗修斯, 88
Paul the Deacon 助祭保罗, 286
Paul, St. 圣保罗, 316, 380
paumée 掌击礼, 312, 316
Pavia 帕维亚, 10, 377, 409
peace 和平: common of 和平公基金, 418; desire for 对和平的渴望, 412; of God 上帝的和平, 412, 414
peace associations 和平联盟, 365, 411f, 415
peace, public 公共和平, 128
peacemakers, great 伟大的和平缔造者, 417
peasants and knighthood 农民和骑士地位, 321
peasants 农奴: independent, weakness of

独立农民的软弱性, 246; and language 农民与语言, 45; and law 农民与法律, 112; as warriors 农民武士, 183f, 187; 又见 villeins

pecus 家畜, 165

pedones 步兵, 291

'peer(s)' "贵族", 333, 334; in France 法国贵族, 334f; trial by 贵族裁判权, 368, 370

penal code 刑法, 365

Pepin II, king of Aquitaine 丕平二世, 阿基坦国王, 55

Pepin 丕平, 153, 388

Périgord 佩里戈尔, 296

Perreciot 佩雷西奥, 442

Perrin, C. E. 佩林, 277

Petchenegs 佩彻涅格人, 8

Peter Damiani, St. 圣彼得·达米亚尼, 98, 107

Peter Lombard 彼得·隆巴德, 108

Peterborough 彼得伯勒, 89

'petitory' "涉及所有权的", 115

pezade 和平公基金, 418

Philip I of Alsace, count of Flanders 阿尔萨斯的腓力一世, 佛兰德伯爵, 225, 438

Philip I, king of France 腓力一世, 法国国王, 72, 343, 381

Philip II Augustus, king of France 腓力二世·奥古斯都, 法国国王, 117, 119, 169, 174, 207f, 216, 227, 229, 306, 318, 383, 410, 425, 428; revenue of 腓力二世的收入, 421

Philip II the Bold, count of Flanders 大胆腓力二世, 佛兰德伯爵, 449

Philip III, king of France 腓力三世, 法国国王, 119, 262, 323

Philip IV the Fair, king of France 美男子腓力四世, 法国国王, 80, 119, 130, 235, 323, 324

Philip VI, king of France 腓力六世, 法国国王, 229

philosophy 哲学, 108

Picardy 皮卡第, 70, 215, 222, 263, 426

pied poudreux 行商, 63

Pierre des Vaux-de-Cernay 沃克斯-德-塞尔奈的皮埃尔, 316

Pilgrim, bishop of Passau 皮尔格林, 帕绍主教, 14

pilgrims 朝圣者, 63; Arab attacks on 阿拉伯人对朝圣者的攻击, 6

pirates 海盗: Arab 阿拉伯海盗, 5; Greek 希腊海盗, 6

Pisa 比萨, 7, 19, 118

Placentinus 普拉森提努斯, 117

place-names 地名, 46f

placita 公共法庭, 268, 278

Plantagenets 金雀花王朝, 174, 202, 220; judicial system 金雀花王朝的司法制度, 272; 又见 Angevins

Plato 柏拉图, xix

ploughland 犁, 49

Plunder 抢劫行为, 297

poblaciones 风俗特许状, 277

poems, vernacular 方言诗, 91

poets, Provençal 普罗旺斯诗人, 233

Poitiers 普瓦提埃, 195, 413; battle of 普瓦提埃之战, 153; Council of 普瓦提埃会议, 415

Poitou 普瓦图, 31, 397; count of 普瓦图伯爵, 168

Polovtsi 波洛夫齐人, 56

polygamy 多妻制, 37

polytheism 多神教, 32

pomeshchiks 领主, 158

Ponthieu, count(s) of 蓬蒂欧伯爵(们), 314, 400

Poperinghe 博普林赫,172
Popes 教皇: appointment of, and emperors 教皇的任命与皇帝,392f; and homage 教皇与臣服礼,348n; and imperial elections 教皇与皇帝选举,389; war with Emperors 教皇与皇帝的战争,428
population 人口: decline in 人口下降,60f; 又见 repopulation
population, growth of 人口的增长,421
populus Francorum 法兰克人,149
portage of boats 船只的运输,17
Portugal 葡萄牙,186,376
Port-sur-Saône 索恩河渡口,376f
posting service 邮政服务,64f
Pothières 波迪埃勒,95
praestitum 借用地,185
Prague 布拉格,66
prayer(s) 祈祷, anti-pagan 反对异教的祈祷,41; posture of 祈祷姿势,233
preaching 布道,82
prebends 俸禄,68,337f
precaria/*precarium* 恳请地,164
precedent, justice and 司法和判例,113f
prelates: choice of 高级教士的选择,348; warrior 武士,347
prestamo 借用地,187
preux 有益的、杰出的,306
pride 自豪感,292
priests 祭司: pagan, in Scandinavia 斯堪的纳维亚的异教祭司,31; 又见 clergy
priests: marriage of 教士的婚姻,345; 又见 clergy
primogeniture 长子继承权,189,203,204f,385
princes 诸侯,336
principalities, territorial 领地大公国,394ff; development in Germany 德国领地大公国的发展,429

prisoners 战俘,297
prisoners, of Northmen 诺曼人的俘虏,18f
privilege, equality in 特权的平等,195
profits 利润,353
property, real, and tradition 不动产与传统,115
prosody 诗体,76
protection 保护,148ff,224; of freedmen 对获释奴的保护,259
Provence 普罗旺斯,5—7,41,52f,89,326,329,379; countship of 普罗旺斯伯爵职位,131; Roman law in 普罗旺斯的罗马法,117; counts of 普罗旺斯诸伯爵,326,377; heresy in 普罗旺斯的异端,310
Provençal language 普罗旺斯语,77
Provins 普罗万,425
provosts 代理人,425
prudhomme 高洁之人,306,318
Prussia 普鲁士,448
punishments 惩罚措施,364
purveyance 食物征发权,250,278
puszta 平原,9

Quentovic 昆托维克,39
Quercy 凯尔西,77
quest for a lord 寻求领主,185
Queste du Saint-Grael《圣格拉尔的质询》,310
Quia Emptores,208n
Quierzy, placitum of 基尔希敕令,194,195
quintaine 人像靶刺练,312

Rabanus Maurus 拉班努·莫鲁斯,83
rachat 赎买费,206
Radcliffe, Mrs. 拉德克利夫夫人,302

radmen, 184
ransom/ransoming 赎金/赎买, 18, 297
Raoul de Cambrai《康布雷的拉乌尔》, 64, 94, 96, 102, 127, 196, 229, 238, 305
Raoul of Gouy 古伊地方的拉乌尔, 94
Raoul, king 拉乌尔, 国王, 29, 386
Ravenna 拉文纳, 411; duchy of 拉文纳公爵领, 344
Reading 雷丁, 17
rebellions 起义, 409
reconciliation, of feuds 族间复仇的和解, 129
records, dating of 文字记载的日期, 74, 84
redemption, right of, by relatives 亲属享有的赎回权, 133, 139, 142
reeve 管家, 337
referendaries, lay 世俗咨询官, 80
reform, Gregorian 格利高里改革, 308, 345, 347, 350, 352, 381, 407, 451
reform, religious 宗教改革, 91; Gregorian 格利高里宗教改革, 106*f*, 116, 252
Regino of Prüm 普吕姆的莱吉诺, 9, 89
Reichenau 赖歇瑙, 211
Reinald of Dassel 达瑟尔的赖纳德, 108
relics 圣物: Breton 布列塔尼圣物, 42; criticism and 批判精神和圣物, 90
relief de l'homme 偿命金, 129
relief 慰问费, 206*f*
religion, popular 民间宗教, 83
remarriage 再婚, 136
Rémi of Auxerre 欧塞尔的莱米, 55
remuneration 报酬: fief as 采邑作为报酬, 166; from honour 职务报酬, 192
renaissance: twelfth-century 12世纪文艺复兴, 103, 422; urban, in Germany 德国城市复兴, 426
Renan, Ernest 勒南, 欧内斯特, 381
Renaud of Montauban 蒙托邦的雷诺, 234

Rennes 雷恩, 397
rent, ground 250; paid to clergy 付给教士的地租, 165
repopulation 人口的再聚居, 69
representative system 代表制, 452
resistance 抵抗: lack of, to raids 对入侵的不抵抗, 54*f*; right of 抵抗权, 451*f*
respublica 国家, 408
'retainers, nobles' 贵族的扈从, 302, 337
retrait lignager and féodal 家族收回权和领主收回权, 210
reversion, family 家族继承权, 195
revocability, increasing difficulty of 采邑收回的日益困难, 192*f*
revolution, English 英国革命, 448
revolution, French 法国革命, 见 French Revolution
Rheims 兰斯, 299, 315, 319, 385, 413; archbishops of 兰斯大主教, 381, 402*f*
Rheims, fortifications 兰斯的防御工程, 40*f*
Rhine delta 莱茵河三角洲, 26, 28, 31
Rhine, river 莱茵河, 179, 378, 398, 434
Rhineland, charters of villages 莱茵河两岸地区的乡村特许契约, 277
Rhône, river 罗讷河, 5, 6, 19, 95, 377, 413
Rialto 里亚尔托, 394
Richard I, Cœur-de-Lion, king of England 狮心王理查一世, 英国国王, 200
Richard I, duke of Normandy 理查一世, 诺曼底公爵, 28
Richard II, duke 理查二世公爵, 43
Richard II, king of England 理查二世, 英王, 450
Richelet 里歇莱, xviii
Richer of Rheims 兰斯的里歇尔, 30, 191, 396
ridings 区, 48

索 引

ring and crosier, investiture by 指环和牧杖的授予式, 349, 351
Ripen 里奔, 33
Riquier, St. 圣里奎尔, 32
Risle, river 里斯尔河, 46
rivers, Northmen and 诺曼人与河流, 17
roads 道路, 62 *ff*; Roman 罗马的道路, 61
Robert de Clary 罗伯特・德・克拉里, 105, 334
Robert Guiscard 罗伯特・吉斯卡尔, 332
Robert I, king of France 罗伯特一世,法王, 381, 386
Robert II the Pious, king of France 虔诚者罗伯特二世,法国国王, 72, 79, 83, 381, 418, 425
Robert II, duke of Normandy 罗伯特二世,诺曼底公爵, 79
Robert the Strong, duke of France 大力士罗伯特,法国公爵, 194, 284, 394
Robert, count of Nantes 罗伯特,南特伯爵, 30
Robert, count-abbot 罗伯特,伯爵-修道院院长, 213
Roger II of Sicily 西西里的罗杰二世, 321, 323
Roland 罗兰, 93, 102, 125; 又见 *Chanson de Roland*
Rollo 罗洛, 29, 30, 36, 46, 52, 429
Roman de Rou《鲁的传奇》, 96
'Roman expeditions' "罗马远征", 427
Romance languages 罗曼语, 43, 75 *f*, 77
romances 浪漫传奇, 105 *f*
Romania 罗马辖区, 111, 398
Romaniae 罗马人团体, 394
Romans, king of the 罗马人之王, 390
Rome and Italy 罗马与意大利, 377; significance of 罗马与意大利的重要性, 391

Rome 罗马: Cnut's pilgrimage to 卡纽特的罗马朝圣之旅, 24; and Scandinavian hierarchy 罗马和斯堪的纳维亚的教阶制, 34
Romée, Jeanne 罗密,让娜, 138
Rosny-sous-Bois 罗尼苏布瓦, 262
rotrouenge 歌谣, 308
Rouen 鲁昂, 18, 30, 43, 423
Rouergue 鲁埃日, 77
Roumois 卢姆瓦, 28, 46, 50
Rousseau, J. -J. 卢梭, 381
Roussillon 鲁西永, 278, 414
Rudel, Geoffrey 鲁德尔,杰弗里, 309
Rudolf I, king of Upper Burgundy 鲁道夫一世,上勃艮第国王, 377 *ff*
Rudolf of Habsburg 哈布斯堡的鲁道夫, 344
runners 信使, 62
Russia 罗斯俄国, 17, 21, 36, 51, 56, 66, 70, 158, 228
'rustics' "乡下佬", 352

s cabini 陪审员, 333, 369, 372
Saales pass 萨勒关口, 10
Sachsenspiegel《萨克森法鉴》, 119, 129, 168, 223, 268, 451
sacrament, knighthood as 作为圣礼的骑士授予式, 316
sagas 萨迦, 154, 177
Saint Maurice d'Agaune 圣莫里斯・达高尼, 6
Sainte-Geneviève 圣日乃韦, 262
Saintonge 圣东日, 19
Saint-Alexis, Poem of《圣阿历克斯之歌》, 226
Saint-Denis-de-France, abbey of 法国圣德尼修道院, 95, 101, 114
Saint-Gall, abbey of 圣加尔修道院, 6, 98,

191,291,303; charter of 圣加尔契约,211n
Saint-Germain-des-Près, monk of 圣日耳曼修道院附近的修士,55
Saint-Martin, canons of 圣马丁修道院的教士,213
Saint-Martin-des-Champs 田园堡圣马丁,235
Saint-Michel, knights of 圣米歇米的骑士,449
Saint-Omer 圣奥默尔,139
Saint-Philibert, abbey of 圣菲利贝尔修道院,20
Saint-Pol, constable of 圣波尔的城堡镇守官,449
Saint-Pourçain-sur-Sioule 希乌尔河上的圣普尔桑,20
Saint-Riquier 圣里奎尔,287,288,400; abbot of 圣里奎尔修道院院长,222
Saint-Saturnin 圣萨图尔宁,196
Saint-Serge, monks of 圣塞尔吉的修士,231
Saint-Trond 圣特朗德,290,340
Saint-Tropez 圣特罗波兹,5
Saint-Wandrille, monks of 圣万德里尔修道院的修士,46
sake and soke 诉讼与判决,370
sale of land 土地出售,132f
Salic law 萨利克法,155
Salimbene 萨林宾,299
salvation, quest for 寻求得救,86
Salzburg 萨尔茨堡,14,427; Annals《萨尔茨堡编年史》,435
samurai 武士,211
Saracens 萨拉森人,见 Arabs
Sardinia 撒丁岛,7,77,247,394
Sargassa 萨拉戈萨,5
Sarmatians 萨尔马提亚人,153

'satraps' "总督",193
Saulx-Tavannes, dukes of 索尔克斯-塔瓦讷诸公爵,342
savonette à vilains 农民香皂,324
Saxo Grammaticus 萨克索·格拉玛提库,431
Saxons 萨克森人,154
Saxony 萨克森,10,129,179,243,284,392,428,446; inheritance in 萨克森的继承制,203; peasant allods in 萨克森的农民自主地,248,267f; duchy of 萨克森公爵领,398,427; duke of 萨克森公爵,427; East 东萨克森,403; peasant allods in 萨克森的农民自主地,372
Saône, river 索恩河,376,397
Scandinavia 斯堪的纳维亚,444,445; conversion of 斯堪的纳维亚的皈依,31ff,35
Scandinavian languages 斯堪的纳维亚语言,15,43
Scandinavians 斯堪的纳维亚人,3; as settlers 斯堪的纳维亚定居者,42f; 又见 Vikings
Scania 斯堪尼亚,15,35
scepticism 怀疑态度,32,81
Scheldt, river 些耳德河,17,28,38,376
Schism, Great 宗教大分裂,107
Schleswig 石勒苏益格,33
Scotland 苏格兰,42,375
sea, part played in migrations by 大海在人类迁徙中的作用,52
seafaring, disuse of, in West 西欧航海活动的停止,53
security, oath of 担保誓言,220
seigneurie 庄园,241
Seine, river 塞纳河,28,43,47,55
seisin 依法占有权,115,116,360
self-consciousness 自我意识,106ff

Semois, river 瑟穆瓦河, 376
senatorial order 元老等级, 283f
seneschal 管家, 340, 343, 425
Sens 桑斯, 17, 117, 130, 397
separation of powers 权力的分离, 381
Sepulchre, Holy 圣墓, 295; destruction of 圣墓的毁坏, 85
Sepulveda 塞普尔维达, 138
serfdom 农奴制: French, change, in character 法国农奴制特点的变化, 279; territorial 地方农奴制, 266; in England 英国农奴制, 331; post-feudal 后封建农奴制, 448
serfs 农奴, 161, 261, 279, 338ff; serf knights 农奴骑士, 337ff
sergents 执达吏, 337
Sergius, Pope 塞尔吉乌斯, 教皇, 315
serjeant(s) 管家(们), 167, 290, 337ff; in England 英格兰的管家, 341; in France 法国的管家, 341f; in German 德国的管家, 342ff; 'grand' and 'petty' 大、小管家, 341; hereditary of 管家地位的世袭, 340f; of Templars 圣殿骑士团的管家, 320
servants 仆人, 337ff
'service' "役务", 150, 223f
services 役务, fief and 采邑与役务, 167; methods of payment for 对役务的付酬方法, 169
servus(-i) 奴隶, 255
sheriffs 郡长, 430f
Shetlands 设得兰群岛, 21
'shields' "盾牌", 336, 430
shipping, levies of 船只的征集, 38
ships, of Northmen 诺曼船只, 见 boats
shire 郡, 370
shogun 幕府将军, 382
Siamese 暹罗人, 56

Sicily 西西里, 4, 323, 343; kingdom of 西西里王国, 188, 422; Norman kings of 西西里的诺曼诸王, 119n
Siegfried (of Lucca) (卢卡的)西格弗里德, 101, 136, 285
Siete Partidas《七部律》, 321
Sigebert of Gembloux 让布卢的西格伯尔, 434
'silent' community "鲜为人知的"共同体, 123, 139
silver, minting of 银币的铸造, 71
Simeon, tsar 西蒙, 皇帝, 9
Simon de Crépy, count 西蒙·德·克雷庇伯爵, 302
Simon de Montfort, 见 Montfort
slave trade 奴隶贸易, 66, 260, 268
slaves 奴隶, 255f, 286, 338, 443; Church and 教会和奴隶, 259; disappearance in France 奴隶在法国的消失, 260; enfranchisement 释奴运动, 256, 259; in England 英国的奴隶, 270; in Germany 德国的奴隶, 268; varieties 奴隶的多样性, 256; justice and 正义和奴隶, 361, 366
Slavs 斯拉夫人, 444
Slavs 斯拉夫, 9, 24, 268
Snorri Sturluson 施诺里·斯特鲁逊, 33
socage, free 自由免役权, 189
Soest 苏斯特, 299
Soissons 苏瓦松, 413; count of 苏瓦松伯爵, 307
sokeman 诉讼人, 371
soldiers, private 私兵, 155
soldurius 被保护人, 155
Solinus 索利努斯, 105
Spain 西班牙, 129, 157, 444, 445; Arabs and 阿拉伯人与西班牙, 4—5, 52; commendation in 西班牙的委身制, 158; era used in 西班牙使用的纪元, 85; feudal

development in N.W 西班牙西北部封建制的发展,186f,Moslem,trade with 西班牙与穆斯林的贸易,65,reconquest 西班牙的再征服,187,295; resettlement 人口再迁入西班牙,187; servitude in 西班牙的奴役制,266; slave trade with 与西班牙的奴隶贸易,66,Vikings and 维金人和西班牙,19; written law in 西班牙的成文法,111n;; kingdoms in 西班牙诸王国,375f; knighthood in 西班牙的骑士身份,323

Speyer 施派尔,376,402

Spoleto, dukes of 斯波莱托诸公爵,377

squires 骑士侍从,290,326

squires 侍从,220

St. Brice's day, massacre of 圣布赖斯节大屠杀,24

St. Victor, canons regular of 圣维克多正式教规团,86

Stadt 城镇,353

Stanford Bridge, battle of 斯坦福桥之战,26,31

Stanford 斯坦福,48

Stammesherzogtümer 部族公国,399

State, the 国家政权,408,443,445; evolution in England 英国政权的演变,429ff; — in France 法国政权的演变,422ff; — in Germany 德国政权的演变,426ff

States-General 议会,426

status 地位:of man and land 人的地位和土地的地位,257; personal, differences in 个人地位的不同,255ff

statuti 法规,277

Staufen, duke of 斯陶芬公爵,401

stelae 墓碑,35

Stephen Harding, St. 圣斯蒂芬·哈丁,63

Stephen, king of England 斯蒂芬,英国国王,135,431

Stephen, St., king of Hungary 圣斯蒂芬,匈牙利国王,13

stirrup 马镫,153,291

stone, building in 石头建筑,301

story-telling 讲述故事,81

Strasbourg 斯特拉斯堡:bishop of 斯特拉斯堡主教,323; Oaths of 斯特拉斯堡誓约,304,452

Stuart, House of 斯图亚特王朝,331

Stänede 等级会议,452

subinfeudation 分赐采邑,208n

submission, voluntary, deeds of 自愿的从属行为,262

subordination, principle of 从属原则,145

Substantion, count of 萨布斯坦翁公爵,348n

succession 继承:collateral 旁系继承,200; law of, for serfs 农奴的旁系继承法,131; taxes 继承税,263,267

Suffolk 南方人,370

Suger, abbot 休格,修道院院长,249,339,404,406

sundials 日晷,73

supernatural, sensibility to 对超自然事物的敏感,73,106

surveys 调查法,259,260,275

Susa 苏萨,6

Sussex 苏塞克斯,370

'suzerain', meaning "宗主"的意义,146n

Swabia 士瓦本,9,267,372; duchy of 士瓦本公爵领,199,398

Sweden, Christianization 瑞典的基督教化,32f

Swedes 瑞典人,15,23,51

Sweyn 斯韦恩,23f,36,38

Switzerland 瑞士,344

sword 剑:blessing of 佩剑祈福式,314f;

索　引　807

nobility of the 佩剑贵族,451；pleas of the 刀剑诉讼,364
Sylvester II, Pope 西尔维斯特二世,教皇,393；又见 Gerbert of Aurillac
Syria 叙利亚,188,201,216
Södermanland 南曼兰省,51

Tacitus 塔西佗,154,243,284,289,313
Tageschalken 日工,268
Tagus, river 塔古斯河,5
taille 人头税,223；rural 乡村贡税,252*f*
taille 贡税,421
tallage 人头税,278；又见 *taille*
Talmont, Sire of 塔尔蒙老爷,340
Talvas 塔尔瓦,127,141
Tannhäuser 汤豪泽,232
Taormina 塔奥米纳,4
taxation, development of 税制的发展,421,430
Templars 圣殿骑士团,320*f*
tenancy, burdens of 租佃负担,249*f*
tenants 租佃人：free 自由租佃人,265；status of 租佃人的地位,257
tenant-in-chief 总佃客,333
tenements 佃领地：inheritance 佃领地继承权,250*f*；manorial 庄园佃领地,241；servile 农奴佃领地,279；slave and free 奴隶和自由人的佃领地,243
terriers 地产册,249
Tertullian 德尔图良,113
Teutons 条顿人,435
Thames, river 泰晤士河,17,38
Thanet, Isle of 萨尼特岛,21
thegn 王室附庸,289
thegn 大乡绅,182,183,184,185；twofold meaning 大乡绅的双重含义,186
Theodoric the Great 狄奥多里克大帝,101
Theotisci 条顿人,435

Thérouanne, bishop of 塞茹安奈主教,172
Thiais 蒂艾斯,262
Thietmar 蒂耶马尔,193
Thiudans 民众首脑,382
Thomas Becket, St. 圣托马斯·贝克特,346,369
Thomasin 托马辛,317
Thrace 色雷斯,9,11
Thuringia 图林根,398
Tiel 蒂尔,31
time 时间：end of 时间的终结,84*f*,indifference to 对时间的漠不关心,74；measurement of 时间的计量,73*f*
Tisza, river 蒂萨河,8
tithe(s) 什一税,174,252；appropriation of 什一税的挪用,252
tithings 十户体,271
titles, official 官衔,335
title-deeds 地契,115
Tivoli 蒂沃利,392
Tofi 陶菲,47
tolls 渡口税,174
tombs, Scandinavian 斯堪的纳维亚人的坟墓,35
Tostig 托斯蒂格,62
Toul 图勒,378,402
Toulon 土伦,39,414
Toulouse 图卢兹,176,310；counts of 图卢兹诸伯爵,284,394,395,397*n*,418
Touraine 图赖讷,39,195
Tournai 图尔奈,299,402
tournaments 马上比武,304*f*
Tournehem 图尔内赫姆,302
Tournus 图尔尼,20
Tours 图尔,149,211
Toury 图里,64
tower, wooden 木塔楼,301
towns 城镇：effects of Scandinavian at-

tacks 斯堪的纳维亚人袭击城镇所造成的影响，39；internal strife in 城镇内部冲突，127f；and law 城镇和法律，118；as commercial centres 城镇作为商业中心，299；nobles and 贵族和城镇，299；and villages 城镇和乡村，353

Towthorpe 托瑟坡，47

trade 贸易，65ff，70ff；balance of 贸易平衡，66；law and 法律和贸易，360

tradition, oral legal 口传法律传统，109

traditionalism 传统主义，91

transitoriness of world 尘世的短暂，84

Transjurania 特兰西汝拉尼亚，377f

translation(s) 翻译（作品），78，103

transport 运输，62f

travel, speed of 旅行速度，62

treason 背叛行为，118

Trent, Council of 特兰托宗教会议，345

Tribur, Council of 特里布尔宗教会议，304

Trier 特里尔，168，378

Trondhjem 特隆赫姆，35

Trosly 特洛斯利，3

troubadours 抒情诗人，307

trouvères 诗人们，94，96

Troyes 特鲁瓦，397，425；count of 特鲁瓦伯爵，397n

truce of God 上帝的休战，412，414，418，419

trustis 王室侍从，155，156

Turkestan 突厥斯坦，66

Turkish languages 突厥语，8

Turks 突厥人，56

Turpin, archbishop 特平，大主教，93

Tuscany 托斯坎尼，248，381，403

Tyrrhenian sea 第勒尼安海，70

Ukraine 乌克兰，16

unchastity, sacerdotal 不洁罪，107

Upland 阿普兰，25

Uppsala 乌普萨拉，34，35

Urban II, pope 乌尔班二世，教皇，113，413n

Usagre 乌萨格雷，124

Utrecht, bishop of 乌特勒支主教，31

va(r)let 侍童，156

Vacarius 瓦卡里乌斯，117

Vaik, king of Hungary 维克，匈牙利国王，13

Valais 瓦莱，6

Valence 瓦朗斯，379

Valenciennes 瓦朗谢讷，442

Valerius Maximus 瓦勒里乌斯·马克西姆，104

Van, lake 凡湖，296

Vannes 瓦讷，30

Varangian kingdom 瓦兰吉亚王国，36

Varennes-en-Argonne 瓦雷讷-昂纳戈讷，451

vassal(s) 附庸，155f，442；in Anglo-Saxon England 盎格鲁-撒克逊时期英国的附庸，181；household and beneficed 私家附庸和受地附庸，169；in Italy 意大利的附庸，178；landless 无地附庸，169；'of the Lord'"国王的附庸"，159；methods of rewarding 对附庸的付酬方法，163ff；private 私人附庸，160；relation to Lord 附庸与领主的关系，158；use of word in Spain 附庸一词在西班牙的使用，186

vassalage 附庸制，145ff；Carolingian 加洛林附庸制，157ff；in England 英国的附庸制，181ff；in France 法国的附庸制，176f；in Germany 德国的附庸制，179ff；in Italy 意大利的附庸制，177ff；obligations of 附庸制义务，147；quasi-family character 附庸制的准家族

特点, 224 f; in Spain 西班牙的附庸制, 186 f; in the Church 教会附庸制, 348; Japanese 日本的附庸制, 447; law of 附庸关系法, 327; as warriors 武士附庸制, 289 ff

vassi dominici 钦命附庸, 159, 160, 171

vavasours 陪臣, 296, 332, 334; in Lombardy 伦巴第的陪臣, 197 f; Norman 诺曼人的陪臣, 177

Vegetius 韦格提乌斯, 104

Velluto di Buonchristiano 维鲁托·迪·逢克利斯迪亚诺, 125 f

vendetta 族间复仇, 125 ff, 365; extent of obligation 族间复仇义务的范围, 138

Vendôme 旺多姆, 304; abbey of 旺多姆修道院, 197

vengeance 复仇, 225, 412; 又见 vendetta

Venice 威尼斯, 64, 66, 70, 377, 385, 394

Vercelli, bishop of 韦尔切利主教, 392

Verdun, partition of 《凡尔登条约》, 376, 392

Vermandois 弗蒙多瓦, 305; counts of 弗蒙多瓦诸伯爵, 387

Verona 维罗纳, 379

Ver 威尔, 114

Vexin 韦克辛, 46

Vézelay 维泽雷, 95, 265

Vieh 牲畜, 165, 166

Vienna 维也纳, 11

Viennois 维也诺瓦, 379

vigil of arms 为武器守夜, 316

Vignory, lords of 维格诺利的贵族, 30 n

Vikings 维金人, 19 ff; methods of warfare 维金人的作战方式, 54; organization 维金人的组织, 20 f; origin of name 维金人名称的起源, 19

villa(e) 农庄, 243, 246, 300, 443

villages: disappearance of 村落的消失, 41 f; Hungarian 匈牙利人的村落, 12 f; and manors 村落与庄园, 242

villains 农奴, 352 f

Villehardouin 维拉杜安, 105

villein tenements 维兰佃领地, 167, 171 f

villeins 维兰, 农奴, 272, 279

villeneuve 新城, 276

ville 城镇, 353

Vimeu, river 维米奥河, 93

violence, as class privilege 暴力作为等级特权, 127

violence, omnipresence of 无所不在的暴力, 411 ff

viscounts 子爵, 395

Visigothic 西哥特: kings, and law 西哥特国王和法律, 111; society, heritage of 西哥特社会的遗产, 186

visions 幻象, 82

vocabulary 词汇: feudal 封建词汇, 148 ff, 183; of servitude 关于奴役制的词汇, 261 f; of status 关于身份地位的词汇, 258

Vogt 代理人, 406

voirie/*viguerie* 管区, 363

Voltaire 伏尔泰, 441

Vontes 封特斯, 39

Voyage de Charlemagne 《查理曼的旅程》, 95

Völundr 沃伦德尔, 27

Wace 瓦斯, 96, 340

wages 工资, 71; social function 工资的社会作用, 68

Wales 威尔士, 375

Waltharius 《瓦尔塔里乌斯》, 95, 100

wapentakes 区, 48

war(s), inter-feudal 内部封建战争, 235

war(s), holy 圣战, 295 f

Warcq-sur-Meuse 默兹河上的瓦尔克,400
wardship, seignorial 领主监护权,202
wardship, feudal and noble 封建的和贵族的监护权,328
warrens 小动物狩猎区,303
warriors 武士: private 私人武士,449f; *household* 私家武士,151ff; professional 职业武士,154,444; in Japan 日本的职业武士,447
water-clocks 水钟,73
wealth, amassing of 财富的积储,68,71
wealth; Church and 教会与财富,347
weapons 武器,290
Weistum 权利声明,277f
welfare legislation 公共事业立法活动,408
Welfs 韦尔夫家族,180,284,379
wergild 赎杀金,18,22,23,41,42,129,130,182,225,284
Wessex 威塞克斯,375; king of 威塞克斯国王,51,391
Western Isles, Norway and 挪威及西部群岛,38
Widukind 威杜金德,xx,433
will(s) 遗嘱,意志: disposal or property by 根据遗嘱处置财产,141f; hidden 隐秘意志,83
William III of Aquitaine 阿基坦的威廉三世,79
William IX of Aquitaine 阿基坦的威廉九世,307f
William Longsword, duke of Normandy 威廉·朗斯沃德,诺曼底公爵,43
William Marshal 威廉·马歇尔,297f,308

William the Bastard (Conqueror), king of England 私生子（征服者）威廉,英国国王,26,37f,42,63,74,75,79,89,128,139,170,270,295,297,315,412,429f,431
William the Pious, duke of Aquitaine 虔诚者威廉,阿基坦公爵,397
William, count of Provence 威廉,普罗旺斯公爵,7
Winchester 温切斯特,42
Wipo 维坡,110
Wolen 沃伦,246,247
Wolfram von Eschenbach 沃尔夫拉姆·冯·埃申巴赫,306
wolves 狼,72
women, inheritance of fiefs by 妇女的采邑继承权,200f
wood, use of 木材的使用,72
Worcester 伍斯特,89; bishop of 伍斯特主教,185
Worms 沃姆斯,11,376,428
writing and act, dichotomy 书面文字和行为,两面派手法,81

Ximenes 希梅内斯,80

Ybert of Ribémont 里布蒙的伊伯特,94
year, length of 一年的时间长度,85
Yonne, river 约讷河,17
Yorkshire 约克郡,45,47
York 约克,17,18,45,51; archbishop of 约克大主教,183

Zähringen 策林根,285

1989 年法文版序言

罗贝尔·福谢埃[*]

《封建社会》问世五十年了。对一部综合性著作而言,这是一个丰产时期:自从它问世以来,这个研究领域中精深研究或总体性概览一批批地涌现;最近几十年涌现的著作可能比以前为数更多;其批判精神可能更加活跃,更加犀利。新一代社会、心态和经济史研究者们,对伟大的前辈并不介意,他们在布洛赫划定了范围的园地中勇敢地耕耘着,但都小心谨慎,避免忽视最初的垄沟。诚然,目下这个领域变得更宽广、更开放,对它的认识也更深刻,但《封建社会》仍居于其中的核心,它是初出茅庐的研究者所需要的第一本读物,已经登堂入室的研究者需要一再研读的著作。

当一个人的学术或政治生涯因命运归于终结,尤其是归于猝然而残酷的终结时,人们读到逝者最后的作品,就会说这是他的"遗嘱"。《封建社会》诞生于布洛赫再没有走出的黑夜的前夕,对

---

[*] 罗贝尔·福谢埃(Robert Fossier,1927—2012),法国历史学家,索邦大学教授,主要研究西欧中世纪史,著述包括《皮卡第史》(1974)、《10—12 世纪的欧洲儿童》(1982)、《11—14 世纪的西欧农民》(1984)、《中世纪的农村与村民》(1995)、《剑桥插图中世纪史》(第二卷,1997)、《中世纪的人们》(2007)、《中世纪日常生活史》(2010)等。——译者

于它，人们也会如是说。可是我想，《史学家的技艺》所保留下的文字并没有展现一部更为广泛的历史哲学论著的雏形，还不是某种丰富思想的见证物。不过，这并不重要，因为在研究封建社会的历史家马克·布洛赫的研究历程中，眼下的这部著作就是一个终点。这一历程所表现出的旨趣可追溯至1911年，那时他已勃发兴趣，开始研究法兰西岛的农民、巴黎主教堂即罗斯尼（Rosny）的农奴；研究人身奴役与采地依附，获释农（colliberti）与王室领地，早期中世纪与蛮族入侵：他著述目录中十项左右的研究，标志着作者近二十五年的研究活动。1931年他为《社会科学百科全书》写了一份提纲，在《剑桥》上发表了另一篇提纲，1934年他被提名为法兰西学院"欧洲社会比较史"讲座的候选人，但由于纯粹非学术的原因而被拒绝。

《封建社会》于1939和1940年以两卷本问世，当时遭遇了两方面的不幸。一个是时局方面的：民族主义的隔阂、战争以及对犹太人的仇恨使得评论者们陷入沉默；另一个是著作的性质：它打乱了确定的看法，动摇了传统的格局。所以，它只是在大西洋彼岸引起十分平淡的反响；德国、西班牙和意大利不愿意出版一部未来遭禁的著作；奇怪的是，英国也保持了缄默。只有吕西安·费弗尔（Lucien Febvre）在《年鉴》上为它写了——他如何避而不为呢？——一篇带有暗中背弃的简评。接着是一片沉寂。后来，出于对这位在纳粹手中殉难者的尊敬，本书被收入其作品集。然而，它像《法国农村史》一样，以其新颖、雄辩和敏锐的特点、广泛的综合性脱颖而出，至今仍是戛戛独造。就像许多完善和成熟的著作一样，一位初学者会觉得他在其中读到的东西是显而易见的，因为他忘记了,那显而易见的东西恰恰是来自这本书。现在,还有哪位历史学家,包括法国之外的学者,不再借重这些显而易见的东西呢?今天哪位学者在实际上不依照这句名言去研究社会史呢?这句名言就是:"优秀的历史学家就像传说中的吃人巨魔,闻到哪里有人的气味,就知道哪里有猎物。"

马克·布洛赫并没有发明封建社会这个概念,而且他本人也极力申明这一点。17世纪人们以某些术语来描述贵族集团时,已经使用这个概念,但他们不大关注人对人的依附与联系。更早的时候,布兰维利耶*在其中看到了他愿意为之命名、孟德斯鸠加以谴责的反君主制的政府形式。英国历史学家,从休谟、斯密到梅特兰和西博姆(Seebohm),他们熟悉农民公社的研究,也关注中世纪欧洲各种依附等级的比较研究,比其他人更善于从人与人之间的联系、从封建性的"法律"中籀绎出封建社会这一概念,一种混合社会的观念。但马克思赋予这一辩论自己的特色。他认为,封建制度或人们胡乱使用的"封建主义",是人类发展之某一阶段上特有的经济和社会组织类型,它的基础在于对人及其部分劳动的占有。这样,马克思就打破了原来框框,使研究不再仅限于领主制或采邑制,乃至于政治权力。

布洛赫从未清楚地说明他曾感染过这些影响,尽管对德国史学的密切接触可能使其见解倾向于这个方向。因此,他的传记作者们热衷于发掘他的潜意识。由于他对于集体的兴趣先于对个人

---

* 布兰维利耶(Henri Comte de Boulainvilliers,1658—1722),法国贵族,史学家,有多种有关法国君主制、贵族和封建制度的著作。——译者

的兴趣,相信社会聚合力的活力,人们认为他是涂尔干[*]的热忱追随者;由于他拒绝实证主义和法理学视角,相信某种社会科学的存在,人们说他是菲斯泰尔[**]的门徒;由于他描绘、探索人的思想灵魂,又被视为米什莱[***]的后继者。但是,布洛赫公开奉为楷模的唯一"导师"是雅克·弗拉赫(Jacques Flach),他的《古代法国的起源》——今天已经鲜为人知——在1920年曾是布洛赫赞扬的对象。布洛赫在该书中看到了对中世纪社会所做的某种社会学解释的范例,采纳了"封建的"这个词语,但并未落入其中暗藏的陷阱,而是在那些有关"封建法"的"奠基性"论著和杰作丛中披荆斩棘。

*　　　*　　　*　　　*

弗拉赫的优点应予肯定,但贬低布洛赫的优点,则是荒谬的。《封建社会》不是一部通俗著作,而是一系列研究中的第一部,这些研究旨在从整体上把握人,追求一种"总体史":从漫长而多变的时段上将灵与物、身与心联系起来加以探索。当然,米什莱或古朗日已经知道历史学以人为素材,已经知道历史学首先是关于社会的学问,但那是关于过去的、静止的社会的学问。对于布洛赫而言,历史学家不能是发掘废墟的人,他应该是感觉敏锐的诗人和体察入微的心理学家;他应让那些存在重新活跃起来,借助现实之光去理解它们,追问自己如何激活它们;只有付出这样的代价才能消除真实与可能之间的壁垒。今天我们为什么不能醉心于宗教战争或

---

[*] Dürckheim,又译为迪尔凯姆。——译者
[**] 即菲斯特尔·德·古朗日(Fustel de Coulanges)。——译者
[***] 儒勒·米什莱(Jules Michelet,1798—1874),法国著名历史学家,著作丰富,包括《法国史》、《法国大革命史》等,文学色彩浓厚。——译者

垦荒运动呢？为什么不能根据周围的自然因素来估量人的行动呢？历史学应是无所不包的"时间之中的人的科学"，其他任何类型的思考都不像历史学那样，需要汲取一切研究资源，从法学以及当代人类学、植物学、神学、生物学以及时代风尚中汲取资源。此外，历史学家还应该懂得刻画，喜欢为那种可怕的生活——成堆的冰冷的法律说辞或枯燥乏味的数学计算——赋予色彩。人间的现象太微妙了，如果需要一位舞蹈家来处理，就不应把它交到一个金融家的案头。马克·布洛赫深知这一点，所以他更偏爱那些善于运用"词语技巧"的人。

不幸的是，应该承认，历史学"作为人类思想分析的理性化事业"，还仍然处于童年时期。它在这里至少停滞了半个世纪。此后它取得了进步，而这应该归功于布洛赫，归功于他使用过的、在今天看来昭然若揭的方法。这首先要与两种力量进行斗争，这两种力量乍看起来是在相反的意义上起作用，很可能以前还有过辉煌之日。第一种力量是古朗日所驳斥的"常识"或——更糟糕地说——"正确的见识"，它由那些莫名其妙的前提所构成，就像拉伯雷笔下的那位道听途说的老人的前提那样，最后变成了人们害怕违反的"法则"或"典范"，变成禁锢行为、窒息思想的桎梏，却仍有许多傲慢的理论家在坚持着。另一种危险的力量则由更体面的陈旧外衣装扮起来：纯粹而艰涩的深奥学术，以苍白的真理的名义，把人们的目光凝固在完全确定的细节之上，在深入历史之流时则显示出十足的无能。我们都知道，这是奥古斯特·孔德和夏尔－维克托·朗格诺瓦留下的遗产。对精确性的这种关怀使得瑟诺博斯说，历史学的目标乃是提出问题，而不是解答问题。

除了比较和理解，如何更有效地向这两个敌人进行斗争呢？理解，这是布洛赫经常提及的关键词；要理解附庸，不仅要从领主那里，而且要从上帝那里；要理解农民收成之微薄，不是以能力上的不足，而是由对利润的"鄙视"；佩鲁济家族展现的给神的往来账目，乃是一种信念，更甚于一种预防措施。"太初有灵"，这一点在引导历史家思考和写作，使人们探讨那些可以理解的事物，并把一连串乏味的契据条文转变成一幅生活画卷。至于比较，它不是为了编订目录，而是为了扩大视野。这里涉及一个纯然地理学和考古学的方法：马克·布洛赫十分赞赏 20 世纪初期以来法国地理学所取得的显著进步，把它们十分完美地融入了他的讲稿中；一种现象只有通过它对其他相同或相反现象的作用，才能被理解。很可惜，有一个时期，国外的众多研究者以及有些法国学者都忽视了这一维度，因此应该欢迎并重视对新领域的这种关注。当然，在更广阔的视野中，历史的见证可能改变和瓦解，但其他论证手段却能强化，而且历史时段已强行纳入。没有这些，对"历史契机"的研究便没有任何意义。

＊　　　＊　　　＊　　　＊

我已接近这部著作了。对《封建社会》做总结，看来意义不大；现在应是指出其优点和不足之处的时候了。毫无疑问，如果能阐明它所运用的方法，然后指出布洛赫开辟的、而我们现在正努力遵循着的新路径，我就是做有益的工作了。

该书仍然具有重大影响并使战前的史学家们哑然无声的，是它所采用的研究规划。迄至当时，对一个社会的研究，必须直接诉之于人权与物权，最好有一份政治性的导言。而在这部著作中，居于首要地位的是日常生活、思想方式；作者首先对9—10世纪的入侵所造成的动荡进行了长篇论述，但除了由诺曼人、萨拉逊人和匈牙利人混杂而带来的新局面之外，布洛赫仅提及他们的行动对社会运动的影响。这不是对"原因"或"起源"的研究：他知道这些东西是变动不居、难以把握、相互影响的。书中的个人行为仿佛是由信仰或食物所造成的。接着，作者论及各种依附关系，但不是采邑关系——确切意义或非确切意义上的"封建"采邑，是随后讨论的问题——而是血缘、家族、主从庇护关系；而且，依附关系是从社会顶层渐次向下进行考察的，其间没有断裂，因为它所涉及的乃是具有不同面目的同一现象。只是随后作者才论及社会阶级问题——布洛赫对这一用语不存任何疑虑——以及指挥权的等级制问题。封建社会就这样由内至外地得以阐明。这一步骤在我们今天看来是显而易见的，而当时却让实证主义者深感震惊。

马克·布洛赫深信人与物的流变性，无法适应于一张表格，因此便与主张缓慢而有规律演变的传统看法宣告决裂，把查理曼时代和巴巴罗萨时代纳入同一个整体之中。他研究了两个重要时代，这两个时代在没有断裂的情况下显示出新的发展方向：一个是加罗林时代末期，即临近公元900年的"封建第一阶段"，另一个是11世纪下半叶开始的"封建第二阶段"。确实，在过去五十年中，人们出于这样或那样的关怀——有人对信仰问题更敏感，而另有人更关心技术或经济，第三个人则对习俗和礼节更感兴趣——不断变动各阶段的分界线；但是把"蛮族"和加罗林王朝的中世纪，与领主和封建主的中世纪区分开来，仍是一个富有见地的观点。布洛赫的论述实际上终止于13世纪中叶，他认为13世纪中叶开启了一个新阶段,在这一阶段上"封建"一词已失去了它的基本涵义。

我在前面曾提到比较和理解。就第一个术语来说,《封建社会》提供了一个可以应用的理想领域。在涉及封臣制等级或封建制、农奴制和贵族、伯爵和国王之间的细微差异时,视野就扩大了,不过更多地集中于神圣罗马帝国或不列颠群岛,而不是布洛赫时代还不甚了解的地中海沿岸。但更重要的乃是"理解"。不借助于这些证据,不考问这些证据,不在总体史的园地中做多重意义的检查,又怎么能理解呢?这正是创新所在,其典范是至为重要的。马克·布洛赫博览群书,为读者提供了汲取整个欧洲资料的实例。我们可以说,这至少仍是依据文献进行工作的史学家所采用的古典方式;但应说明,他所依据的是各种文献:布洛赫最先使传奇、史诗和诗歌摆脱语言学家或文学家的控制,从中吸纳词语,然后将它们投入社会史,谛听其中所发出的回音。尤其是,他感到史诗中充满"噪声"和"寂静",是"对现实的忠实解释者","自发而真实的史料";为此他奉献出了惊人的篇幅来衡量记忆的范围,估计幻想的分量,正如今天我们经常所做的那样,不过这要归功于他。他确曾衷心地呼吁平等地使用各类文献写成的书面历史;但它也应反映出在一个完全为口传文化所浸染的社会中那种书面文字所起的作用:契据在目不识丁的农夫面前的威慑力,让"粗鄙无文的"领主感到恐惧的拉丁语的威严,文书在王家档案和官僚制度的发展中的作用。凡谈论文字都要论及语言学。布洛赫在承认自己无知的同时,也大力推动了这方面的研究:考察来自斯堪的纳维亚的外来词汇,探究村庄的名称,比较人们的姓氏,甚或确定语言在"民族性"觉醒过程中的地位。

1989年法文版序言

应该给予法律何种地位,由此而来的诸问题无疑困扰了马克·布洛赫。这方面几乎不可能有根本的革新,因为直到那时,正是法律在支撑着人们有关封建制度的观念。对他来说,礼和"法"的这层裹尸布太过沉重,难以掀开,因为,如果说法律"铸就"了某种社会状态,那么它既不能见证变动的现实,也无法见证他试图把握的内心世界。然而,无论是涉及封臣义务,还是谈及农奴负担,或继承权问题,他又不能对法律嗤之以鼻。他不断地在努力追求并呼吁以人类学来阐释法律。在人类学架构发展尚不完善的时代,用赋予"原始"社会以活力的"冲动力"来解释家族的轮廓及约束力、贵族的显赫身份或刑罚的价值,确属远见卓识。对于习惯法、"通俗"法的研究,他的偏好是很明显的,尽管这类法律中还有学术性法律的痕迹。

通过这些例子,我们便能很好地理解,对于马克·布洛赫来说,精神活力看起来就是历史研究中的一个极点:他摒弃了枯燥的法理分析,甚至也不诉诸政治的"原因",而不断诉诸人类的精神活力。封臣之获得恩地(chasement),不再让封君门第中最富有者感到羞辱。税金——帮助金还是贡税,难道不是一回事么?——的征取和挥霍乃是"贵族"的标志。至于12世纪的"文艺复兴",那只是一场简单的智力分析的加速运动。恐惧、复仇、赦罪、希望、羞耻都成了人类戏剧中的角色;我们已经远离了"人与物的法律"。

* * * *

一部著作中,有些段落或观念被语境赋予了价值,由于这一综合性质,它的某种人为的东西需要指出来。然而,必须做的是阐明其研究上的主要成就或新的方法。我有六点看法,这些看法之间并无明显的逻辑关系,我将按其交叉的关系依次加以阐述。

马克·布洛赫最关注农奴制问题,他在这个问题上所费的精力有甚于贵族问题;在这里可以发现他在《封建社会》中何以最终对这一问题阐述得相当简单。至少我们可以认为,他对农奴制的描述长期以来具有信条般的重要性。他确定了农奴身份的"特别负担"表,认为乡村采邑的世袭权是采邑转让的标志,并提出一种看法:与自由地的消失相对应的是一股潮流,即一种奴役制"关系网的加速形成",概言之,乡村世界是由"极大多数农奴"所构成的。如果再三阅读该书,这些论断远不像人们所说的那么明确——这不是它的风格,但它们几乎马上引起了长期的争论,有时像喜剧般的可笑。今天,无论是在时间上还是空间上,对于农奴阶级规模和所受强制的刻画已被大大修正了。在这个问题上,布洛赫或许是弄错了。不过,这是被推翻了的假说常有的命运。

马克·布洛赫讨论封臣身份以及随之相伴的"家中的面包味道",确实难能可贵。他首先排除了效忠关系与土地转移之间的联系,这种联系此前一直都被认为是固有的和不可避免的。封臣从前乃是家内武士、饥饿的"食客"、步兵,到了很晚的时候才成为领主。这一过渡期开始于加罗林王朝,布洛赫认为,在当时的主人们中,有"一小撮"世俗和教会的人,为一种"巨大的善意"所激发,但一无所有。现在已经不再有人否认"封建"历史的第一阶段,尽管有人对10世纪骑士-封臣的身份、或是对11世纪末职业武士(miles)融入"贵族"等级等问题,随处都有许多保留意见。很显然,布洛赫缺乏地中海地区的例证,我已经说过,当时对这一地区还很不了解。

1989年法文版序言

布洛赫显然对两个阶段上的贵族阶层这个问题很着迷。他曾以富有洞察力、活泼、动人的笔触描述贵族阶级的生活方式,描写他们对武力的爱好,对炫耀体力、狩猎或比武的兴致;他写的那些篇章始终是完美无缺的。诚然,他认为"蛮族"或元老院血统的旧贵族已经完全消失的观点,受到人们的批评,甚至他所主张的贵族的高贵性具有"整齐划一"特征的看法,也受到批评;在这方面无疑必须有所保留。不过,对于整个中世纪研究来说,对贵族阶级的刻画仍是一个要素。

对于我想要指出的其他方面,几乎没有必要再有保留意见。首先是血缘关系问题。如果说家族史在今天已经成为中世纪研究的一个热点,那么我们应赞赏马克·布洛赫在五十年前第一个赋予家族史以这样的地位:肉欲之爱的作用,家族团体的继承形式,家族活动的集体动态,夫妇在族系内部的影响,以及我们今天的著述所论及的其他各方面。另外,还有作为"封建社会"稳定因素的家族力量,与作为"封建制"进展因素的家族脆弱性之间存在的对立性。

描述10世纪的入侵,突出它在心态和政治方面的影响,这已是相当常见的做法。但若把它看作欧洲此后觉醒的关键环节,则体现了一种非常有见地的视角。布洛赫展示了居民的迁徙、村庄的重新聚合、以暴力引起道德震荡的交流、越来越多铁器的使用,不仅指出了古代以来最巨大的波动,而且预感到了经济、社会和思想上的整体性重建——这种整体性重建开启了名副其实的中世纪时代。

最后我要谈一下在我看来似为愿景性的东西,即"对人体的探索"。实际上布洛赫放弃了这方面的研究：他没有任何可资利用的办法对它进行仔细考察；但他目光所及似乎仍是我们今天难以企及的。他说,"不了解人体如何运作而妄称理解人是十分幼稚的"；不了解人们吃什么、遭受何种苦痛,甚至他们有多少人,我们就不能理解他们。我们今天有那么多声誉卓著的著作、那么多知名学者,对此却只字不提。他已觉察到这些问题的根本意义,这足以确保《封建社会》一书的价值。

*   *   *   *

让我们做一个总结吧。这样一部著作,既与那么多为人尊敬的观念决裂,又提出了那么丰富的假说,不可能没有缺陷。年轻的历史学家们有时非常严厉地指出了这些缺陷。这些弱点常常是不无缘由的：揭示生活场景的空中和地下考古学当时还刚刚起步；中世纪的统计学——布洛赫说它"不可能"有价值——还没有规则,或者说他还没有看到其中的规则；欧洲南部是个阴暗区,近二十年来大量文献已经揭去了它的面纱,但对布洛赫而言还是幽晦不明的。对于领主制、司法问题、采邑的义务和转让等问题,他仿佛是为了减少困难而步武前人的足迹。书中的研究有一些明显的、甚至严重的空白：货币、城市面目不清,技术问题勉强涉及一点；对于经济这一社会基础,推测多于写实。简言之,正像一位研究中世纪的年轻学者最近所说的那样,布洛赫对 900—1200 年世俗贵族的描述,多于对总体的"封建社会",尤其是"封建主义"的描述。若问布洛赫是否能在战后完成他谦称为"尝试之举"的一项工作,现在已经是徒劳的了。那场悲剧将他夺走了,把猜疑留给了我们。

不过,即使这部宏伟而有力的著作有其薄弱之处,即使仅具有

"一次未竟探索所具有的魅力",它在我们的知识领域中仍占有重要地位。马克·布洛赫说它是一份"问题表";诚哉斯言!它是众多研究活动的源头,这些研究都扎根于此,而且通常也承认这一点。视角高妙、措辞精当、文笔优雅、形象鲜明,使它历经波澜而色彩不减。这部杰作引人瞩目之处正在于此。

黄艳红译
何兆武校,张绪山润改

译 后 赘 语

马克·布洛赫是年鉴学派创始人,蜚声国际学术界的史学巨擘。在半个多世纪以前那样多灾多难的环境中,他以出众的才华和非凡的意志力完成了《封建社会》这样不朽的学术巨著,其毅力令人惊叹和敬佩;布洛赫又是勇敢、杰出的爱国者,国难当头毅然投身抵抗运动,终至惨死于德国法西斯屠刀之下,这样充满悲壮色彩的生命结局,令人万般痛心与悲哀。可以设想,如果这位才华卓绝、目光犀利而又壮怀激烈、大义凛然的史学家能从当时的灾难中活下来,他很可能会对他亲身经历的那个时代的历史进行独具只眼、新人耳目的评说,那时生活在今天的人们将会得到怎样的一笔精神财富!

《封建社会》的翻译工作开始于1990年,历时10多年至今始告完成,可以说是一本难产的译作。正如布洛赫见证了他生活的那个时代的巨变一样,本书的译者也见证了当代中国历史上那一段不平凡的岁月。这段历史的鲜活色彩至今未稍消退,但生活在今天的人们,甚至以历史批判为职志的历史学家们能对它进行公正、严肃的评说吗?饱经沧桑、历经磨难的中华民族,素有重史的传统,中国的士大夫向以天下为己任,兢兢然谨遵"位卑未敢忘忧国"的古训,但在书生议政横遭"王廷"忌惮乃至痛恨时,书生们的忧国情思就变成了廉价的自作多情;如果此时还有人刺刺不休于家国世事,则必是不识时务。"自由共道文人笔,最是文人不自由!"容易遭人猜忌的可怜的书生们对自己亲历的历史总是欲说还休、欲说还休,徒兴奈何之叹。

今日学术界诸同人对于十余年前的形势想必还记忆犹新。如果说在当时滚滚横流的物欲冲击中,过惯了清苦日子的读书人还能够以"君子固穷"的古训聊以自慰,那么冷春的料峭风寒则不免使书生们心生寒栗! 一句"百无一用是书生"的喟叹透出多少辛酸与无奈!"躲进小楼成一统,管它冬夏与春秋"虽属上策,但人毕竟无法脱离现实生存。当时频繁鼓入人们耳膜的是"资本主义"、"自由化"等只有少数人理解其真实含义的词汇,而我当时脑海中出现最多的则是"封建主义"这个概念。在这样的心境中读到布洛赫的《封建社会》,自是另有一番意义。

在一次偶然的机会中,与商务印书馆的一位编辑朋友谈到刚读过的这本书,始知商务印书馆早已有出版该译著的计划,只是尚未找到合适的译者。我不自量力,斗胆提出承译的请求。按照商务印书馆的传统要求,我交出一份试译文字后,承译之事基本确定下来。为了保证译文质量,我写信给我的老师、著名史学家和翻译家郭守田教授,请他为我校对译稿。郭师虽年事已高,但还是慨然应允,并谈了他的意见:布洛赫的《封建社会》是国际学术界中世纪研究领域非常重要的著作,我国学术界早应有译本;布洛赫不仅是杰出的史学家,而且是一位情操高尚的爱国者,他生前参加抵抗运动,为国捐躯;能承译此书,乃是一件幸事。他鼓励我下决心译好此书。

按照当时的设想,我约请其他三位朋友同译此书,计划在两年内完成。1991年我赴希腊留学,暂时中断了翻译工作,但我并没有放弃这项任务。在紧张的学习之余,我利用1992年的暑假时间完成了我承担的部分,并寄回郭师处。郭师对校对工作极为认真,把它作为晚年的一件大事。不幸的是,1993年上半年他不慎摔倒,造成骨折,入院治疗时因医疗事故而辞世。郭师去世前,仍念念不忘本书的译校工作,以未能亲自校完译稿为憾事。他将未竟之事托付他的学生徐家玲教授,并让她转告我,一定要善始善终地完成翻译工作。郭师生前如此重视这项工作,除了他对布洛赫的品德及其著作的学术价值的推崇外,大概也与他对我寄予的无限希望有关吧。

1998年我回到北京后获悉,原来约定承译此书的三位朋友因各自工作太忙,未能按原计划进行。商务印书馆负责此事的王明毅先生建议我把全部任务承担下来。当时考虑到本书翻译工作已经拖延很久,如由我一人完成,恐怕又要拖延许多时日,于是约请李增洪、侯树栋二位朋友合作。我译出上卷后,我们三人共译下卷(李增洪译第二十一至二十六章,侯树栋译第二十七至三十一章,我译第三十二、三十三章);上卷由郭师和徐家玲教授校订,第二卷由我校订,两卷的统稿和译名对照由我负责完成。现在翻译工作已经完成,总算对郭先生的在天之灵有个交代了。如果郭师健在,能亲眼看到本书的出版,该有多好啊!

需要特别提及的是,本书的翻译工作受到我国著名史学家马克垚教授的热情支持和鼓励,这是我们十分感佩的。他对本书的高度评价以及对我们工作的关注,增加了我们应对各种困难的信心和勇气。应我们的请求，他欣然赐序，纵横捭阖，洋洋洒洒七千余言，实是一篇综论封建主义的不可多得的力作。只是我们译力不逮，译文质量未能更上层楼，恐怕有辱布洛赫的这部名著和马先生的大序。

学术名著的移译至少需要面对两个难题，一是必须熟悉它所研究的内容，一是必须对中外语文有良好的掌握。不熟悉研究内容而率尔操觚，其结果犹如聋子听雅乐，虽有其心而不得其趣，亦犹如太监配美女，虽有其情而难得其实；中外文掌握不到火候而强为译事，则有类蹩脚画师欲为传世佳作，其心志虽高，但终难逃败笔。译事之难，非躬亲实践者不可与语。严复所谓"一名之立，旬月踟蹰"，洵非虚言。布洛赫的《封建社会》是一部内容极为深刻而广泛的名著，文字涉及多种语言，其移译难度向为众人所共知，这使我们的翻译工作常常有一种"以犬畎耕"的感觉。虽然我们竭尽全力，小心翼翼，但舛误定然不少，甚望博学高明有以指教，以待将来有机会加以改正。

张绪山
2004年1月于北京清华园

图书在版编目(CIP)数据

封建社会 / (法)马克·布洛赫著；张绪山，李增洪，侯树栋译. -- 北京：商务印书馆，2024. -- ISBN 978-7-100-24469-5

Ⅰ.K503

中国国家版本馆CIP数据核字第2024TP6831号

权利保留，侵权必究。

封建社会

〔法〕马克·布洛赫　著
张绪山　李增洪　侯树栋　译
郭守田　徐家玲　张绪山　校

商　务　印　书　馆　出　版
（北京王府井大街36号　邮政编码100710）
商　务　印　书　馆　发　行
北京市十月印刷有限公司印刷
ISBN 978-7-100-24469-5

2024年11月第1版	开本 850×1168 1/32
2024年11月北京第1次印刷	印张 26⅝　插页 6

定价：143.00元